OPTIMUM

Collection dirigée par Fabien Fichaux

Objectif 600 au TAGE-MAGE®

savoir-faire, techniques et astuces

3e édition

Igal Natan

ellipses

Dans la collection « Optimum »

Pour préparer l'ensemble des épreuves aux concours des Écoles de Commerce et Management :

- *Passerelle 1 & Tremplin 1 : grands classiques et questions pièges*, Anglais, tests TAGE 2® et ARPEGE, synthèse et oraux, Dorothée BUTIGIEG, Igal NATAN, Olivier GOMEZ et Jean-Claude BIBAS
- *Passerelle 2, Tremplin 2 & EM Lyon : grands classiques et questions pièges*, Anglais, TAGE MAGE®, synthèse, dissertation et oraux, Dorothée BUTIGIEG, Igal NATAN et Olivier GOMEZ
- *8 jours pour réussir les concours Passerelle & Tremplin*, Anglais, tests TAGE MAGE®, TAGE 2® et ARPEGE, synthèse et oraux, Dorothée BUTIGIEG, Igal NATAN et Olivier GOMEZ

Pour se préparer aux tests d'aptitude :

- *Tests de logique mathématique et de calcul* (3e édition), TAGE MAGE®, TAGE 2®, ARPEGE®, Score IAE-Message, les concours ESC, Passerelle, Tremplin, Sésame, Access, Mastères, IAE, Igal NATAN
- *Réussir les tests aux concours Passerelle & Tremplin* (3e édition), TAGE MAGE®, TAGE 2® et ARPEGE, Igal NATAN
- *Objectif 210 au TAGE 2®*, Igal NATAN
- *8 jours pour réussir le TAGE MAGE®*, Igal NATAN et Jonathan BOKHOBZA
- *L'essentiel pour réussir le TAGE 2®*, Igal NATAN et Jonathan BOKHOBZA

Pour se préparer au Score IAE-Message :

- *Objectif 400 au Score IAE-Message*, Laurence COSSU-BEAUMONT, Ghislaine IDABOUK et Igal NATAN
- *L'essentiel pour réussir le Score IAE-Message*, Laurence COSSU-BEAUMONT, Ghislaine IDABOUK et Igal NATAN

ISBN 978-2-7298-7741-5

32, rue Bargue 75740 Paris cedex 15

www.editions-ellipses.fr

COMMENT PRÉPARER VOS CONCOURS 7
PRÉSENTATION DU TAGE MAGE® 11

DIAGNOSTIC TEST 15
Compréhension de texte, Calcul, Raisonnement & Argumentation,
Conditions minimales, Expression et Logique
Cartographie des compétences

PREMIÈRE PARTIE : MODE ENTRAÎNEMENT 47

I – COURS, SAVOIR-FAIRE ET MÉTHODES MATHÉMATIQUES 51
I.1 – Reprenez les bases de l'arithmétique 53
I.2 – Maîtrisez les opérations élémentaires 61
I.3 – Domptez les équations 67
I.4 – Domestiquez les problèmes physiques et financiers 71
I.5 – Ne redoutez pas la géométrie 74

II – SOUS-TEST DE CALCUL 77
II.1 – Méthodologie du QCM de calcul 77
II.2 – Calcul : Entraînez-vous ! 87
II.2.1 – Calcul - Entraînement 1 87
II.2.2 – Calcul - Entraînement 2 99
II.2.3 – Calcul - Entraînement 3 111
II.2.4 – Calcul - Entraînement 4 124

III – SOUS-TEST DE CONDITIONS MINIMALES 135
III.1 – Méthodologie du QCM de conditions minimales 136
III.2 – Conditions minimales : Entraînez-vous ! 143
III.2.1 – Conditions minimales - Entraînement 1. 143
III.2.2 – Conditions minimales - Entraînement 2. 154
III.2.3 – Conditions minimales - Entraînement 3. 166

IV – SOUS-TEST DE COMPRÉHENSION DE TEXTE 177
IV.1 – Méthodologie du QCM de compréhension de texte 177
IV.2 – Compréhension de texte : Entraînez-vous ! 180
IV.2.1 – Compréhension de texte - Entraînement 1. 180
IV.2.2 – Compréhension de texte - Entraînement 2. 190

V – SOUS-TEST D'EXPRESSION 197
V.1 – Méthodologie du QCM d'expression 197
V.2 – Expression : Entraînez-vous ! 213
V.2.1 – Expression - Entraînement 1. 213
V.2.2 – Expression - Entraînement 2. 221

VI – SOUS-TEST DE RAISONNEMENT & ARGUMENTATION 227
VI.1 – Méthodologie du QCM de raisonnement & argumentation 227
VI.2 – Raisonnement & argumentation : Entraînez-vous ! 231
VI.2.1 – Raisonnement & Argumentation - Entraînement 1. 231
VI.2.2 – Raisonnement & Argumentation - Entraînement 2. 239

VII – SOUS-TEST DE LOGIQUE 247
VII.1 – Méthodologie du QCM de logique 247
VII.2 – Logique : Entraînez-vous ! 265
VII.2.1 – Logique - Entraînement 1. 265
VII.2.2 – Logique - Entraînement 2. 275
VII.2.3 – Logique - Entraînement 3. 285

SECONDE PARTIE : MODE CONCOURS 295

I – TAGE MAGE® BLANC N°1 299
I.1 – TAGE MAGE® blanc N°1 – Test blanc 300
Compréhension de texte, Calcul, Raisonnement & Argumentation, Conditions minimales, Expression et Logique
Ibis – TAGE MAGE® blanc N°1 – Correction 335

II – TAGE MAGE® BLANC N°2 359
II.1 – TAGE MAGE® blanc N°2 – Test blanc 360
Compréhension de texte, Calcul, Raisonnement & Argumentation, Conditions minimales, Expression et Logique
II.2 – TAGE MAGE® blanc N°2 – Correction 399

III – TAGE MAGE® BLANC N°3 423
III.1 – TAGE MAGE® blanc N°3 – Test blanc 424
Compréhension de texte, Calcul, Raisonnement & Argumentation, Conditions minimales, Expression et Logique
III.2 – TAGE MAGE® blanc N°3 – Correction 463

IV – TAGE MAGE® BLANC N°4 485
IV.1 – TAGE MAGE® blanc N°4 – Test blanc 486
Compréhension de texte, Calcul, Raisonnement & Argumentation, Conditions minimales, Expression et Logique
IV.2 – TAGE MAGE® blanc N°4 – Correction 523

V – TAGE MAGE® BLANC N°5 543
V.1 – TAGE MAGE® blanc N°5 – Test blanc 544
Compréhension de texte, Calcul, Raisonnement & Argumentation, Conditions minimales, Expression et Logique
V.2 – TAGE MAGE® blanc N°5 – Correction 579

VI – TAGE MAGE® BLANC N°6 .... **599**
VI.1 – TAGE MAGE® blanc N°6 – Test blanc 600
Compréhension de texte, Calcul, Raisonnement & Argumentation,
Conditions minimales, Expression et Logique
VI.2 – TAGE MAGE® Blanc N°6 – Correction 635

VII – TAGE MAGE® BLANC N°7 .... **655**

ANNEXES
Grilles de réponses et de correction 659

TAGE MAGE® blanc N°7
avec analyse statistique de vos performances sur
www.tagemaster.com/ellipses

Rendez-vous sur le site pour activer votre test en ligne.

tagemaster
masterise ton score aux concours !

Remarques.
Le TAGE MAGE® est un test administré par la FNEGE (Fondation Nationale pour l'Enseignement de la Gestion des Entreprises) : www.fnege.fr

Les sujets, les corrigés et les commentaires proposés dans cet ouvrage n'engagent que les auteurs et l'éditeur et n'ont aucun lien avec l'organisation des concours cités. Il s'agit de questions types et d'épreuves types des tests mentionnés.

Comment préparer vos concours

Les Grandes Écoles ne se préparent pas uniquement par la voie des classes préparatoires. Depuis plusieurs années maintenant, les admissions directes, proposées initialement à un petit nombre d'élèves Bacheliers, Bac+2 ou Bac+3, se sont considérablement développées. **Les écoles offrent un nombre important de places** (plus de 9 000 en 2013 !). En parallèle, le développement depuis quelques années des Mastères spécialisés offre une sérieuse opportunité pour les étudiants en Master 1 ou 2 d'acquérir un troisième cycle professionnalisant d'une école réputée.

Toutefois, si le nombre de places proposées par les écoles s'est sensiblement étoffé, il ne faut pas pour autant s'y tromper : ce recrutement est loin d'être une simple formalité. Ainsi, **la compétition demeure très vive pour obtenir une place dans les écoles les plus renommées**. Soyons juste, la sélectivité n'atteint pas le niveau du concours "prépa", mais elle est suffisamment forte pour mériter une préparation sérieuse et adaptée, d'autant plus que la plupart des écoles impose des épreuves (écrites, mais aussi orales avec notamment l'entretien) pour lesquelles les étudiants sont bien peu armés.

Présentation des différents concours recrutant sur TAGE MAGE®

Passerelle 2 *www.passerelle-esc.com*

EDC Paris, EM Normandie, EM Strasbourg, ESC Dijon, ESC Grenoble, ESC La Rochelle, ESC Montpellier, ESC Pau, ESC Rennes, ESC Saint-Etienne, ESC Troyes, Novancia Paris et Telecom Management.

Test d'aptitude **TAGE MAGE®** (6 épreuves de 20 mn)

- Test d'anglais (1h30)
- Synthèse de dossier (2h)
- Épreuve de spécialisation au choix (2h) : Allemand, Biologie, Créativité et gestion de projet, Droit, Économie, Éducation Artistique, Espagnol, Gestion, Informatique, Management d'une entreprise d'hôtellerie restauration, Marketing, Mathématiques, Philosophie/lettres/sciences humaines, STAPS, Technologie.
- Un ou deux oraux de langue : anglais et LV2 (20 mn environ)
- Un oral d'entretien spécifique pour chaque école (de 30 à 45 mn)

Tremplin 2 *www.ecricome.org*

BEM Bordeaux, ESCEM Tours-Poitiers, EuroMed Marseille, ICN Nancy, Reims MS, Rouen BS.

- Test d'aptitude **TAGE MAGE®** (6 épreuves de 20 mn)
- Test d'anglais (4 parties de 25 mn chacune)
- Un ou deux oraux de langue (40 mn chacun)
- Un oral d'entretien spécifique de chaque école (de 30 à 45 mn)

Skema Lille-Nice *www.skema-bs.fr*

- Test d'aptitude **TAGE MAGE®** (6 épreuves de 20 mn)
- Un oral d'anglais (40 mn)
- Un oral d'entretien (30 mn)

ESC Toulouse *www.esc-toulouse.fr*

Dossier
Test d'aptitude **TAGE MAGE®** (6 épreuves de 20 mn)
Test d'anglais TOEIC® (200 questions en 2h30)
Un oral d'anglais (20 mn)
Un oral d'entretien (45 mn)

EM Lyon *www.em-lyon.com*

Dossier
Test d'aptitude **TAGE MAGE®** (6 épreuves de 20mn)
Test d'anglais TOEIC®
Dissertation de culture générale sur documents (4h)
Un oral de langue (15 mn)
Un entretien face à un jury (30 mn)

AUDENCIA 2 *www.audencia.com*

Dossier
Test d'aptitude **TAGE MAGE®** (6 épreuves de 20 mn)
Un oral d'anglais (40 mn)
Un oral d'entretien (30 mn)

ESSEC *www.essec.com*

Dossier
Test d'aptitude GMAT ou **TAGE MAGE®** (6 épreuves de 20 mn)
Test d'anglais TOEFL® ou TOEIC®
Un oral d'anglais (40 mn)
Un oral d'entretien (45 mn)

En outre, la majorité des **Mastères Spécialisés** et de nombreux **IAE** intègrent dans leurs procédures de recrutement le TAGE MAGE® (en complément d'un dossier de candidature et d'un entretien individuel).

Une série d'ouvrages complémentaires développée par l'équipe de l'IPESUP

L'IPESUP, bien connu pour ses résultats en classes préparatoires (ses classes dominent les palmarès depuis plus de 30 ans), a accumulé une expérience inégalée à travers ses préparations spécifiques pour les procédures d'admissions directes à Bac, Bac+2 ou Bac+3/4 et Mastères spécialisés des grandes écoles de commerce. Depuis seize ans les étudiants préparés par l'IPESUP obtiennent régulièrement des résultats exceptionnels : plus de 90 % intègrent les écoles présentées.

Les équipes de l'IPESUP ont développé, en s'appuyant sur l'expérience acquise au cours des quatorze dernières années, **une série d'ouvrages permettant de préparer au mieux les concours des écoles de commerce et des IAE.** Chacun des ouvrages de cette série propose un entraînement systématique permettant d'acquérir les bases méthodologiques, de développer les réflexes d'analyse et de gagner en efficacité et en rapidité.

Bien évidemment, ces ouvrages sont parfaitement complémentaires avec une préparation en stage intensif aux concours des Écoles de Commerce. **L'articulation entre travail personnel et stages intensifs reste la composante majeure, la « colonne vertébrale »**

en quelque sorte, de toute préparation efficace. En effet, la préparation en groupe permet l'émulation entre étudiants et la prise de conscience de l'intensité de la compétition qui caractérise les concours. Pour la préparation des tests d'aptitude et des tests d'anglais, la mise à disposition de batteries de tests sans cesse renouvelées permet de « coller » aux questions « dans l'air du temps ». La possibilité de pouvoir composer plusieurs fois en situation d'examen des notes de synthèse entraîne une progression très sensible des notes. Enfin, les simulations d'entretien encadrées par des jurys expérimentés sont l'unique moyen de se former à ce type d'épreuve et d'assurer une admission définitive. Les étudiants se retrouvent au contact d'autres étudiants partageant la même préoccupation : **intégrer la meilleure école possible**.

Pour un entraînement plus spécifique aux tests d'aptitude :

Tests de logique mathématique et calcul (3ème éd.)
TAGE MAGE®, TAGE 2®, ARPEGE, ESSEC, SIM
Aux concours ESC, Passerelle, Tremplin, Sésame, Access, Mastères, IAE

Parfaitement complémentaire du présent ouvrage, ce manuel s'adresse aux étudiants désirant compléter certaines lacunes en mathématiques ou aux étudiants visant **un score maximal dans les parties Calcul et Conditions minimales**. Ces deux sous-tests sont les épreuves reines des tests d'aptitude.

Réussir les tests aux concours Passerelle 1 & 2 et Tremplin 1 & 2 (3ème éd.)
TAGE MAGE®, TAGE 2®, ARPEGE

Préparer les tests d'aptitude aux concours des écoles de commerce à Bac+2 et Bac+3/4. Abordant l'ensemble des sous-tests présents dans les concours : ***Calcul, Compréhension et Mémorisation de textes, Conditions minimales, Expression et Raisonnement, Culture générale, Logique alphanumérique et spatiale, Logique verbale...***

Pour un entraînement aux concours Tremplin et Passerelle :

Grands classiques et questions pièges
aux concours Passerelle 1 & Tremplin 1
Anglais, tests TAGE 2®, et ARPEGE, synthèse, oraux

Préparer les concours des écoles de commerce recrutant à Bac+2 et s'entraîner sur **l'ensemble des matières et des épreuves**. Il propose des centaines d'exercices couvrant la quasi-totalité des questions apparaissant dans les épreuves : les grands classiques mais aussi les questions pièges.

Grands classiques et questions pièges
aux concours Passerelle 2, Tremplin 2, Audencia & EM Lyon
Anglais, TAGE MAGE®, synthèse, dissertation, oraux

L'ouvrage de référence pour préparer les concours Passerelle 2 et Tremplin 2 (Bac+3/4) et s'entraîner sur **l'ensemble des matières et des épreuves aux concours**.

8 jours pour réussir
les concours Passerelle & Tremplin
Anglais, tests TAGE MAGE®, TAGE 2®, et ARPEGE, synthèse, oraux

Un outil synthétique et efficace qui se concentre sur les points les plus importants à connaître pour maximiser sa réussite aux concours… 8 chapitres pouvant être abordés en 8 journées.

Pour un entraînement sur internet :
www.tagemaster.com

À Sandy et Sarah mes bientôt trois amours

À mes parents

Mes remerciements à David et Arié, mes frères,
pour leurs précieux conseils et nombreuses relectures

Je tiens tout particulièrement à remercier :
Floran VADILLO pour son importante contribution
Yaacov ATTOUN pour ses précieux cours de réflexion et de logique
Jonathan Bokhobza, Adrien Cascarino,
Myriam Ribbe et Tommy Bentolila pour leurs relectures
Tous les autres qui se reconnaîtront au fil des pages

Présentation du TAGE MAGE®

Le test TAGE MAGE® est un test d'aptitude, il ne repose pas sur des connaissances spécifiques (économie, droit, littérature...), mais sur des compétences, des aptitudes générales de nature mathématique, linguistique et logique. **Il permet ainsi de sélectionner des candidats de formations très diverses, scientifiques ou littéraires.**

Créé en 1996, il résulte de la fusion de deux tests, le TAGE (créé par la FNEGE) et le MAGE (créé par l'EM Lyon). Il est actuellement passé par plus de 12 000 candidats tous les ans.

Le test TAGE MAGE® est une batterie de six sous-tests. Chacun est constitué de 15 questions et doit être passé impérativement dans un temps limité de 20 minutes. Le test TAGE MAGE® comprend donc en tout **90 questions pour une durée totale de passation de 120 minutes** (hors lecture des consignes le jour de l'examen).

Premier conseil : la gestion du temps est un élément essentiel dans la passation du test, *cette contrainte doit être intégrée dès votre entraînement, c'est pourquoi, pour chaque test présent dans cet ouvrage, nous vous indiquons un temps de passage à respecter scrupuleusement.*

Le test TAGE MAGE® est un outil d'évaluation et de sélection aux études de gestion et de management. **Il vise à évaluer des compétences dans trois domaines :**

- Résolution de problèmes de logique mathématique et de calcul (sous-test 2 de Calcul et sous-test 4 de Conditions Minimales) ;
- Aptitudes verbales (sous-test 1 de Compréhension de textes et sous-test 5 d'Expression) ;
- Raisonnement logique (sous-test 3 de Raisonnement/Argumentation et sous-test 6 de Suites logiques).

Notez que la FNEGE, qui gère aujourd'hui le TAGE MAGE®, garantit un niveau de difficulté équivalent quelle que soit votre session, et ce, grâce à un suivi statistique approfondi. Celui-ci permet de contrôler les niveaux de difficulté des sous-tests et de chacune des questions.

Le test TAGE MAGE® est un Questionnaire à Choix Multiple (QCM). Cinq solutions possibles sont proposées pour chacune des réponses. Le format QCM est très répandu dans les pays anglo-saxons (vous savez peut-être que les tests d'aptitude sont à l'origine une adaptation des célèbres SAT et GMAT américain), mais ce format est plutôt rare en France, c'est pourquoi les français sont assez mal préparés à ce type d'épreuves. Le choix d'une bonne réponse rapporte 4 points, celui d'une mauvaise retire 1 point et l'absence de réponse ne rapporte ni ne retire aucun point. Mathématiquement, l'espérance de gain d'un test entièrement fait au hasard est donc très proche de 0.

Deuxième conseil : ne répondez que lorsque vous êtes certain(e) de votre choix ! *Souvenez-vous qu'une mauvaise réponse constitue un « manque à gagner » de 5 points et non pas seulement la perte d'un point (notion de score absolu).*

Vous êtes nombreux à confondre un test de concours avec un examen (universitaire ou autre). Pourtant, la finalité des deux est très différente : un examen a pour objectif d'évaluer un niveau de connaissance, en revanche, un test de concours vise à classer un ensemble de candidats. C'est ensuite les recruteurs (Écoles, Mastères spécialisés, IAE) qui fixent une barre d'admissibilité en fonction du nombre de candidats admissibles recherché (en intégrant généralement les autres épreuves du concours). **Il s'agit donc au TAGE MAGE® d'obtenir le meilleur score relatif, d'être meilleur que les autres !**

C'est pourquoi il est important de vous présenter le **processus de calcul de la note finale**.

<u>1ère étape :</u> le score pour chaque épreuve est calculé selon l'attribution d'un montant de quatre points pour les bonnes réponses et le retrait d'un point pour les réponses fausses. Ce calcul permet d'obtenir une note comprise entre -15 (toutes les réponses sont fausses) et +60 (toutes les réponses sont justes).

<u>2ème étape :</u> la moyenne de chaque sous partie est calculée (il s'agit d'une moyenne arithmétique). Ainsi, à ce stade, vous disposez de trois notes en Résolution de problèmes de logique mathématique et de calcul, Aptitudes verbales et Raisonnement logique.

<u>3ème étape :</u> les trois notes obtenues sont à leur tour moyennées pour obtenir une note sur 60. Celle-ci est enfin multipliée par 10. C'est cette note sur 600 que vous recevrez par courrier et qui servira de référence dans les différents concours.

Sous-tests	Nombre de questions	Durée	Score	Moyenne par partie	Moyenne finale	Score final
Partie 1	30			/60	/60	**/600**
Calcul	15	*20 mn*	/60			
Conditions minimales	15	*20 mn*	/60			
Partie 2	30			/60		
Compréhension	15	*20 mn*	/60			
Expression	15	*20 mn*	/60			
Partie 3	30			/60		
Raisonnement/Argumentation	15	*20 mn*	/60			
Logique	15	*20 mn*	/60			

En conséquence **la note maximale au TAGE MAGE® est de 600** (d'où le titre de ce présent ouvrage) et la note minimale est de -150 (avouez que « Objectif -150 » était quand même moins vendeur !). La fourchette des notes est donc extrêmement large et contrairement à ce que pense la majorité des candidats, la moyenne mathématique n'est donc pas de 300 mais de 225 sur 600.

Information importante : la moyenne nationale sur un an se situe aux alentours de 260 sur 600, le meilleur score en fonction des années est d'environ 540 points et la note la plus basse est négative.
Selon les années, l'analyse statistique des réponses donne les résultats suivants : entre 45 % et 55 % de bonnes réponses, entre 20 % et 30 % de mauvaises réponses et entre 20 % et 30 % de non-réponses.

Le TAGE MAGE® pratique.

L'inscription au TAGE MAGE® doit se faire de 15 jours à deux mois à l'avance. Néanmoins, je vous conseille de vous y prendre le plus tôt possible, car certaines sessions sont rapidement complètes. Des sessions sont prévues partout dans le monde à différentes dates tout au long de l'année. L'inscription se fait en ligne (www.fnege.fr ou www.tagemage.com), vous pourrez régler les frais d'inscription par carte bancaire (59 €) ou par chèque.
Les résultats sont envoyés par courrier dans les dix jours suivant le passage du test.

Attention : la date de session du TAGE MAGE® doit tenir compte de la date limite de dépôt du ou des dossier(s) de candidature. Le score obtenu est valable 1 an (de décembre à novembre) et on ne peut présenter le TAGE MAGE® qu'une seule fois par an.

Ce Diagnostic test comme son nom l'indique vous permet de vous autoévaluer avant d'entamer votre remise à niveau à l'aide des exercices d'entrainement dans la première partie de cet ouvrage. Une fois familiarisé(e) avec l'épreuve et ses exigences, vous pourrez vous confronter aux six TAGE MAGE® blancs dans la seconde partie du livre.

Ce Diagnostic test aborde successivement l'ensemble des compétences et aptitudes requises par les six sous-tests du TAGE MAGE®.

- **Sous-test 1 : Compréhension de texte**
  Vous disposerez de 7 minutes pour répondre aux 5 questions.
- **Sous-test 2 : Calcul**
  Vous disposerez de 7 minutes pour répondre aux 5 questions.
- **Sous-test 3 : Raisonnement & Argumentation**
  Vous disposerez de 7 minutes pour répondre aux 5 questions.
- **Sous-test 4 : Conditions minimales**
  Vous disposerez de 7 minutes pour répondre aux 5 questions.
- **Sous-test 5 : Expression**
  Vous disposerez de 7 minutes pour répondre aux 5 questions.
- **Sous-test 6 : Logique**
  Vous disposerez de 7 minutes pour répondre aux 5 questions

Respectez scrupuleusement ces consignes et le temps imposé dans chacun des sous-tests, cette contrainte est une composante importante de cet exercice d'autoévaluation. Vous disposez ainsi au total de 42 minutes pour répondre aux 30 questions du Diagnostic Test (ce qui correspond à environ un tiers de TAGE MAGE®)

À l'issue du test, vous pourrez identifier vos forces, vos faiblesses et vos lacunes sur les différentes compétences mobilisées au cours de l'épreuve à l'aide de la grille de correction et de la cartographie des compétences en page 39 et ainsi orienter votre travail de révision et de préparation.

Détachez la grille de réponse en page suivante, vous devrez noircir soigneusement la case correspondant à la bonne réponse.

Bon Diagnostic Test !

Grille de réponses du « Diagnostic test »

Sous-Test 1

	A	B	C	D	E
Question 1					
Question 2					
Question 3					
Question 4					
Question 5					

5 questions en 7 mn

Sous-Test 2

	A	B	C	D	E
Question 6					
Question 7					
Question 8					
Question 9					
Question 10					

5 questions en 7 mn

Sous-Test 3

	A	B	C	D	E
Question 11					
Question 12					
Question 13					
Question 14					
Question 15					

5 questions en 7 mn

Sous-Test 4

	A	B	C	D	E
Question 16					
Question 17					
Question 18					
Question 19					
Question 20					

5 questions en 7 mn

Sous-Test 5

	A	B	C	D	E
Question 21					
Question 22					
Question 23					
Question 24					
Question 25					

5 questions en 7 mn

Sous-Test 6

	A	B	C	D	E
Question 26					
Question 27					
Question 28					
Question 29					
Question 30					

5 questions en 7 mn

Vous devez **NOIRCIR SOIGNEUSEMENT** la case correspondant à la bonne réponse.
Calculez votre score à l'aide de la grille de correction page 659.

Sous-test 1
COMPRÉHENSION D'UN TEXTE ÉCRIT

Durée : 7 minutes
5 questions

Consignes

Cette épreuve comporte un texte suivi d'une série de questions. Chaque question vous présente cinq propositions qui peuvent porter sur différents niveaux de lecture :
- Informations « isolées » contenues dans le texte ;
- Idées principales traitées dans un ou plusieurs paragraphes ;
- Position de l'auteur telle qu'elle se reflète dans le texte, etc.

Parmi les cinq propositions présentées dans le cadre de chaque question, certaines sont en contradiction flagrante avec le texte ; d'autres abordent des aspects qui n'y sont pas traités ; d'autres encore se rapprochent plus ou moins de ce qui est exprimé - directement ou indirectement - dans ce même texte.

La seule proposition considérée comme exacte est celle qui se rapproche le plus de ce qui est dit dans le texte. Les quatre autres propositions sont considérées comme fausses.

Barème d'évaluation

Réponse exacte :	+ 4 points
Réponse inexacte :	- 1 point
Absence de réponse ou réponse multiple :	0 point

La note finale de cette épreuve sera comprise entre -5 et + 20.

L'utilisation de toute calculatrice et de tout matériel électronique est interdite.

Démarrez le chronomètre pour 7 minutes de test.

Diagnostic test

Texte

Supposons que pour des raisons documentaires, vous soyez à la recherche d'informations sur Louis Figuier, auteur encyclopédiste du XIXème siècle que presque tout le monde a oublié : sur Google, vous tombez aussitôt sur la notice de Wikipédia (WP) qui lui est consacrée. Quelqu'un s'était donc préoccupé de rédiger une notice assez précise sur le personnage. Qui était ce rédacteur anonyme ? Pour le savoir, il faut se rendre en haut des pages de WP, là où figure l'onglet « Historique ». Cette page décrit toutes les interventions, de la rédaction initiale aux modifications successives les plus bénignes (comme les fautes d'orthographe). Elle contient aussi un onglet « Liste des auteurs ». Plusieurs personnes ont participé à la notice « Louis Figuier ». Toutes ont des pseudonymes : Badmood, Colporteur, Fagairolles 34, Hugo.soria et quelques autres. Colporteur a rédigé la première notice, les autres n'ont fait qu'apporter des suppléments ou corrections mineurs. La traçabilité du texte est donc totale. Par exemple, une précision érudite est notée par Gloubik : « Figuier ne peut pas avoir participé à la Revue scientifique de 1847 à 1854, écrit-il, elle n'a été créée qu'en 1863. »

Qui est Colporteur ? Pour le savoir, il suffit de cliquer sur son nom. Sur sa page d'accueil, il se présente ainsi : « Chargé de communication d'une ville, auteur d'ouvrages sur la communication publique, puis assistant parlementaire, et finalement en fugue dans la campagne bordelaise, au milieu de lamas et de moutons, et aussi de livres anciens. » On apprend ainsi quels sont ses « projets ». En 2006, Colporteur écrivait : « Je m'acharne aussi à finir ce @#»»!§; de roman commencé il y a quatre ans, un thriller du XVème siècle. Il aurait déjà été fini s'il n'y avait WP et son lot de contraintes. Méfions-nous de la wikidépendance ! » Il précise également quelques autres de ses desseins, notamment celui de « terminer l'entrée "Reliure" avec l'aide étonnante et stimulante des wikipédiens qui contribuent à cet article (mon projet quand je ne suis plus sous influence de la bière) ».

Colporteur, Fagairolles 34, Goublik... font partie de ce million de wikipédistes qui a participé à la rédaction d'articles de WP, depuis sa création en 2001. En 2001, il y avait deux rédacteurs francophones, en 2011, le nombre a dépassé les 65 000. Qui sont tous ces gens ? En principe, chacun peut contribuer quels que soient son âge, son milieu, sa condition : l'encyclopédie est ouverte à tous. Mais les statistiques montrent autre chose : les rédacteurs de WK ont un profil particulier. Une enquête internationale, « *Wikipédia Survey* », datant de mars 2010, révélait la jeunesse des wikipédiens (25 ans en moyenne) et, surtout, la proportion considérable d'hommes (87 % contre 13 % de femmes). Ces données sont confirmées par une autre étude française de 2011. Ouverte en principe à tout le monde, WP est en fait réalisée par une petite élite (0,7 % seulement des utilisateurs sont aussi rédacteurs) d'auteurs plutôt jeunes et diplômés. Ceux-ci appartiennent à ce nouveau Tiers État culturel - « les travailleurs du savoir » (étudiants, cadres, diplômés, enseignants, ingénieurs, etc.) - qui crée une « troisième culture » affranchie des milieux académique et médiatique.

Question 1. Comment définir Wikipédia en fonction des informations délivrées par le texte ?

a) Comme l'héritier de l'Encyclopédie de Diderot et d'Alembert.
b) Comme une entreprise à but lucratif et à projet éducatif.
c) Il s'agit d'une encyclopédie participative.
d) Le fruit d'un travail de spécialistes jeunes et diplômés.
e) Un nouveau mode de communication pour une petite élite.

Question 2. Quel est le profil de l'utilisateur de Wikipédia ?

1. Il est jeune (environ 25 ans).
2. Il est majoritairement de sexe masculin.
3. Il possède généralement un diplôme universitaire.

a) Uniquement 1
b) 1 + 2 + 3
c) Ni 1, ni 2, ni 3
d) 1 + 2
e) 2 + 3

Question 3. Quelle information, le texte ne délivre-t-il pas ?

a) On peut vérifier comment s'est construit l'article.
b) Moins d'un sixième des contributeurs sont des femmes.
c) Wikipédia participe d'une « troisième culture ».
d) Les universitaires sont très présents sur Wikipédia.
e) Colporteur boit de la bière lorsqu'il n'écrit pas.

Question 4. Parmi les affirmations suivantes, laquelle est fausse ?

a) L'enquête « *Wikipédia Survey* » dévoile le fonctionnement du site.
b) L'enquête « *Wikipédia Survey* » détruit certains clichés concernant les wikipédiens.
c) L'enquête « *Wikipédia Survey* » se livre à une étude sociologique des contributeurs.
d) L'enquête « *Wikipédia Survey* » a été corroborée par une enquête française.
e) L'enquête « *Wikipédia Survey* » souligne la grande part des hommes parmi les rédacteurs du site.

Question 5. Quel titre correspond le mieux au texte ?

a) Une nouvelle élite du savoir académique ?
b) De vieilles recettes pour un nouveau moyen de se cultiver
c) L'inéluctable élitisme de la culture
d) Le succès de la méthode Wikipédia
e) La révolution Wikipédia, vers une démocratisation du savoir

Ne pas tourner la page
avant expiration des 7 minutes.

Sous-test 2
CALCUL

Durée : 7 minutes
5 questions

Consignes

Cette épreuve est constituée de 5 questions pour lesquelles vous disposez de 7 minutes.

Les questions ne sont pas classées par ordre de difficulté.

Barème d'évaluation

Réponse exacte :	+ 4 points
Réponse inexacte :	- 1 point
Absence de réponse ou réponse multiple :	0 point

La note finale de cette épreuve sera comprise entre - 5 et + 20.

L'utilisation de toute calculatrice et de tout matériel électronique est interdite.

Démarrez le chronomètre pour 7 minutes de test.

Question 6. Un abonnement annuel s'élevait à 1 600 euros en 2011. Il a augmenté successivement de 10 % en 2012 puis de 5 % en 2013. Quel est le montant de l'abonnement à acquitter en 2013 ?

a) 1 840 euros
b) 1 844 euros
c) 1 848 euros
d) 1 852 euros
e) 1 856 euros

Question 7. Il y a 8 ans, Jean avait le triple de l'âge que Pierre avait alors. Dans 15 ans, Jean aura exactement le double de l'âge que Pierre aura dans 15 ans. Quel sera l'âge de Pierre dans 3 ans ?

a) 31 ans
b) 32 ans
c) 33 ans
d) 34 ans
e) 35 ans

Question 8. Pendant un an, je place une partie de mes économies à 4 % et la partie restant à 7 %. La partie placée à 7 % est d'un montant triple à celui de la partie placée à 4 %. L'ensemble de ces deux placements me rapporte un intérêt de 125 €. Quel est le montant de mes économies ?

a) 3 000 €
b) 1 500 €
c) 2 500 €
d) 2 000 €
e) 3 250 €

Question 9. On place une boule de rayon r dans un récipient cylindrique de rayon R et de hauteur h comme le montre le schéma ci-dessous. On ajoute de l'eau de telle sorte que le niveau soit tangent supérieurement à la boule.
Quel est le volume d'eau ?

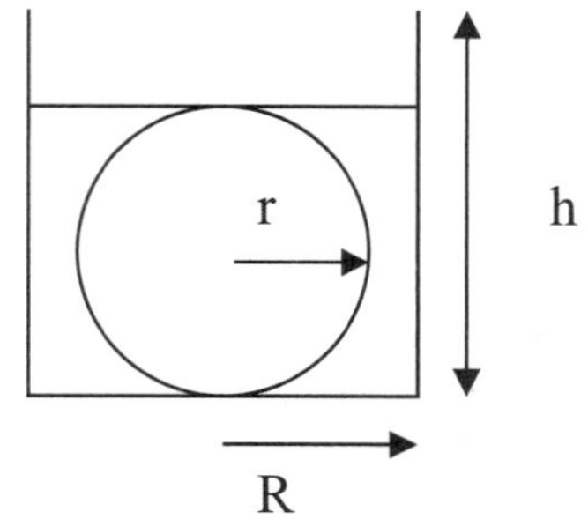

a) $\frac{4}{3}\pi(R^3 - r^3)$

b) $\frac{\pi \times r}{3}(6R^2 - 4r^2)$

c) $\frac{4}{3}\pi \times r(R^2 - r^2)$

d) $\frac{\pi \times r}{3}(\frac{3R^2}{2} - 4r^2)$

e) $\frac{4}{3}\pi \times r(R^2 + 2r^2)$

Question 10. Le rayon des desserts de Mounop' propose 200 références. 1 % de ces desserts sont des compotes le reste étant des yaourts. Combien de yaourts faudra-t-il retirer du rayon pour que celui-ci contienne 2 % de compotes ?

a) 2
b) 4
c) 20
d) 50
e) 100

Ne pas tourner la page
avant expiration des 7 minutes.

Sous-test 3
Raisonnement & Argumentation

Durée : 7 minutes
5 questions

Consignes

Cette épreuve comporte 5 questions constituées chacune d'un paragraphe de quelques lignes et d'une question. Ces questions sont des questions de raisonnement qui ne nécessitent pas une connaissance approfondie de la logique formelle. Il est fortement conseillé aux candidats de lire et de relire très attentivement les paragraphes ainsi que les questions avant d'y répondre.

Cinq propositions sont formulées. Une seule est acceptable en fonction du paragraphe et de la question. Certaines traduisent une parenté de formulation ; aussi il est fortement conseillé, là encore, de lire et de relire très attentivement les cinq propositions de réponse.

Barème d'évaluation

Réponse exacte :	+ 4 points
Réponse inexacte :	- 1 point
Absence de réponse ou réponse multiple :	0 point

La note finale de cette épreuve sera comprise entre - 5 et + 20.

L'utilisation de toute calculatrice et de tout matériel électronique est interdite.

Démarrez le chronomètre pour 7 minutes de test.

Question 11. La stabilité économique mondiale n'existe plus et il va falloir trouver un nouveau point d'équilibre pour lequel il faut espérer que l'Europe jouera un rôle. La résolution « par le haut » de la crise passera forcément par des avancées majeures en matière de gouvernance, de fédéralisme et de solidarité au prix d'un abandon partiel des souverainetés nationales. Une solution qui rendra sans doute le métier des hommes politiques plus difficile.

Selon cette argumentation, quelle est la proposition qui peut être considérée comme la plus probable ?

a) Les élites politiques ne savent pas comment gérer la crise.
b) Un réflexe nationaliste est à craindre en raison de l'intensité de la crise.
c) La souveraineté nationale est un facteur d'instabilité économique.
d) À l'avenir, la profession d'homme politique sera de plus en plus ardue.
e) La crise conduit vers un dépassement des cadres politiques traditionnels.

Question 12. Le système de responsabilisation des entreprises varie en fonction de la zone géographique touchée par leurs activités. Une partie de la solution consiste à mettre sur pied des cadres réglementaires qui autorisent l'État accueillant le siège social d'une entreprise à exiger qu'elle prenne des mesures visant à prévenir les atteintes à l'environnement et aux droits humains qui résultent directement de ses activités à l'étranger et à y remédier.

Laquelle de ces propositions représente-elle l'essentiel du point de vue exposé ci-dessus ?

a) L'impunité des entreprises ne peut plus durer.
b) Les États doivent aider les entreprises à se transformer.
c) Aucune politique ne peut aboutir sans les entreprises.
d) L'évasion fiscale est la cause de bien des maux.
e) Une entreprise responsable rend l'État meilleur.

Question 13. Sarah est la cousine de Noa. Eddy est le frère de Sandy. Dan est le neveu d'Eddy. Sarah est la cousine de Dan. Noa a au moins un frère et deux sœurs.

Parmi ces cinq propositions quelle est la seule qui peut être vraie ?

a) Dan est le frère de Sandy.
b) Sarah est le frère d'Eddy.
c) Noa est la sœur de Dan.
d) Noa est la cousine d'Eddy.
e) Dan n'a pas d'oncle.

Question 14. Le pape Benoît XVI a été dénoncé à la justice pour ne pas avoir accroché sa ceinture dans sa papamobile lors de son voyage dans son pays natal en septembre. Un avocat a été chargé par un citoyen allemand souhaitant garder l'anonymat de porter plainte contre « Monsieur Joseph Ratzinger ». En tant que « récidiviste », il devrait payer l'amende maximale de 2 400 euros, estime le plaintif. Sont appelés à témoigner l'archevêque de Fribourg ainsi que le ministre-président écologiste du land du Bade-Wurtemberg. Une vidéo de son passage à Fribourg diffusée sur You Tube pourra également servir de preuve.

Quel proverbe correspond le mieux au texte ci-dessus ?

a) Le coupable craint la loi, l'innocent le sort.
b) Selon que vous serez puissant ou misérable, les jugements de cour vous rendront blanc ou noir.
c) La loi est dure mais c'est la loi.
d) Nouveau roi, nouvelle loi.
e) Toute l'intelligence du monde est impuissante contre une idiotie à la mode.

Question 15. Un escargot cherche à atteindre le sommet d'un poteau haut de douze mètres. Il monte de trois mètres chaque jour, mais redescend de deux mètres chaque nuit. Combien de temps lui faudra-t-il pour atteindre le haut du poteau ?

a) 13 jours
b) 12 jours
c) 11 jours
d) 10 jours
e) 9 jours

Ne pas tourner la page avant expiration des 7 minutes.

Sous-test 4
CONDITIONS MINIMALES

Durée : 7 minutes
5 questions

Consignes

Chacun des 15 problèmes qui suivent comporte une question et deux informations étiquetées (1) et (2). Vous devez décider si ces informations sont suffisantes pour répondre à la question.

Vous cocherez :

A) Si l'information (1) permet à elle seule de répondre à la question, et si l'information (2) à elle seule ne permet pas de répondre à la question.

B) Si l'information (2) permet à elle seule de répondre à la question, et si l'information (1) à elle seule ne permet pas de répondre à la question.

C) Si les deux informations (1) et (2) ensemble permettent de répondre à la question, et aucune séparément ne le peut.

D) Si chaque information permet séparément de répondre à la question.

E) Si les deux informations ensemble ou séparément ne permettent pas de répondre à la question.

Sauf précision contraire, tous les nombres utilisés sont des nombres réels.

Barème d'évaluation

Réponse exacte :	+ 4 points
Réponse inexacte :	- 1 point
Absence de réponse ou réponse multiple :	0 point

La note finale de cette épreuve sera comprise entre - 5 et + 20.

L'utilisation de toute calculatrice et de tout matériel électronique est interdite.

Démarrez le chronomètre pour 7 minutes de test.

A)	Si l'information (1) permet à **elle seule** de répondre à la question, et si l'information (2) à elle seule ne permet pas de répondre à la question.
B)	Si l'information (2) permet à **elle seule** de répondre à la question, et si l'information (1) à elle seule ne permet pas de répondre à la question.
C)	Si les deux informations (1) et (2) **ensemble** permettent de répondre à la question, et aucune séparément ne le peut.
D)	Si **chaque** information permet séparément de répondre à la question.
E)	Si les deux informations **ensemble ou séparément** ne permettent pas de répondre à la question.

Question 16. La fibre optique qui relie l'antenne mobile de Free au central technique mesure 0,7 kilomètres de long. Elle est constituée de 3 tronçons de longueurs inégales. Quelle est la longueur du plus grand tronçon ?

(1) Le plus grand tronçon est quatre fois plus long que le plus petit.
(2) Le tronçon moyen est 2 fois plus long que le plus petit.

Question 17. Un nombre entier de trois chiffres différents et non nuls, est tel qu'il augmente de 198 si on intervertit le premier et le troisième chiffre et qu'il augmente de 90 si on intervertit les deux premiers chiffres. Quelle est la valeur du deuxième chiffre ?

(1) La somme des trois chiffres est égale à 6.
(2) Les trois chiffres du nombre sont trois entiers successifs.

Question 18. Une boutique animalière dispose de 31 serpents. Un acheteur ne veut que des serpents mesurant plus de 1 mètre. Parmi les 31 serpents, la longueur moyenne des serpents mesurant plus de 1 mètre est de 125 centimètres, et la longueur moyenne des serpents mesurant moins de 1 mètre est de 80 centimètres.
Combien de serpents la boutique peut-elle vendre au maximum ?

(1) Il y a cinq serpents mesurant plus de 1 mètre de plus que de serpents mesurant moins de 1 mètre.
(2) Si l'on enlève un serpent mesurant moins de 1 mètre, le nombre de serpents mesurant plus de 1 mètre est alors 50 % plus élevé que le nombre de serpents mesurant moins de 1 mètre.

Question 19. n est un nombre entier à deux chiffres (p,z). Quelle est sa valeur ?

(1) $p \times z = 12$
(2) (p,z) - (z,p) est un carré

A)	Si l'information (1) permet à **elle seule** de répondre à la question, et si l'information (2) à elle seule ne permet pas de répondre à la question.
B)	Si l'information (2) permet à **elle seule** de répondre à la question, et si l'information (1) à elle seule ne permet pas de répondre à la question.
C)	Si les deux informations (1) et (2) **ensemble** permettent de répondre à la question, et aucune séparément ne le peut.
D)	Si **chaque** information permet séparément de répondre à la question.
E)	Si les deux informations **ensemble ou séparément** ne permettent pas de répondre à la question.

Question 20. David et Stanley parcourent ensemble 38,5 km en vélo en 2h30mn. Quelle a été leur vitesse moyenne sur le trajet qui a suivi leur pause « casse-croûte » de 15 minutes ?

(1) Ils se sont arrêtés pour leur pause « casse-croûte » au bout de 18,5 km de trajet.

(2) Ils se sont arrêtés pour leur pause « casse-croûte » après 1 heure de trajet.

Ne pas tourner la page
avant expiration des 20 minutes.

Sous-test 5
EXPRESSION

Durée : 7 minutes
5 questions

Consignes

Cette épreuve comporte différents types d'exercices :

1. Évaluer le degré de synonymie dans les reformulations.
2. Choisir la formulation qui reprend le mieux (correction et clarté) l'énoncé initial.
3. Choisir les mots qui assurent la cohérence du texte.

Attention !

- Soyez rapide.
- Soyez attentif aux consignes de chaque exercice.

Barème d'évaluation

Réponse exacte :	+ 4 points
Réponse inexacte :	- 1 point
Absence de réponse ou réponse multiple :	0 point

La note finale de cette épreuve sera comprise entre - 5 et + 20.

L'utilisation de toute calculatrice et de tout matériel électronique est interdite.

Démarrez le chronomètre pour 7 minutes de test.

Recherche de synonymie

Consigne de 21 et 22 : Choisissez la reformulation dont le sens se rapproche le plus du passage / des passages souligné(s).

Question 21. C'est la progression de l'endettement public – base de l'enrayement de la crise, puis du soutien à une très artificielle reprise au T-3 2009 – qui est la plus nette. La progression de l'endettement financier de l'État fédéral atteint des sommets en T-3 2008 et T-4 2008. La crise financière atteint alors son acmé.

a) sa grandeur
b) son apogée
c) son nadir
d) son terme
e) son but

Question 22. À l'instar de ses voisines, cette ville traîne son lot d'*a priori*, d'inégalités, de contradictions et de quartiers pollués.

a)	Imitant ses voisines	génère beaucoup
b)	À la différence de ces voisines	connaît une grande quantité
c)	A l'image de ses voisines	subit nombre
d)	En opposition avec ses voisines	récupère autant
e)	En accord avec ses voisines	suscite un grand nombre

Correction linguistique

Consigne de 23 et 24 : Indiquez la formulation orthographiquement et grammaticalement la plus correcte, la plus claire et la plus élégante pour exprimer le sens du passage souligné. Le choix a) reprend la formulation initiale.

Question 23. Si je te l'ai envoyé c'est parce que elle sait de quoi elle parle.

a) Si je te l'ai envoyé c'est parce que elle sait de quoi elle parle.
b) Si je te l'aie envoyé c'est parce que elle sait de quoi elle parle.
c) Si je te l'ai envoyée c'est parce que elle sait de quoi elle parle.
d) Si je te l'ai envoyé c'est parce qu'elle sait de quoi elle parle.
e) Si je te l'ai envoyée c'est parce qu'elle sait de quoi elle parle.

Question 24. La défiance des opinions à l'égard de nos institutions est un phénomène quasi général dont l'Espagne, berceau du mouvement des "indignés", donne une illustration flagrante.

a) La défiance des opinions à l'égard de nos institutions est un phénomène quasi général dont l'Espagne, berceau du mouvement des "indignés", donne une illustration flagrante.
b) La défience des opinions à l'égard de nos institutions est un phénomène quasi général dont l'Espagne, berceau du mouvement des "indignés", donne une illustration flagrante.
c) La défience des opinions à l'égard de nos institutions est un phénomène quasi général dont l'Espagne, berceau du mouvement des "indignés", donne une ilustration flagrante.
d) La défiance des opinions à l'égar de nos institutions est un phénomène quasi général dont l'Espagne, berceau du mouvement des "indignés", donne une ilustration flagrante.
e) La défiance des opinions à l'égard de nos institutions est un phénomène quasi général dont l'Espagne, berceau du mouvement des "indignés", donne une ilustration flagrante.

Cohérence

Consigne de 25 : complétez avec la suite la plus cohérente.

Question 25. Les deux hommes se fréquentent assidûment, échangent de très nombreuses informations ……… qu'il envisageait de prendre la succession de son ami.

a) bien
b) à tel point
c) sans
d) avec l'idée
e) pour autant

Ne pas tourner la page avant expiration des 20 minutes.

Sous-test 6
LOGIQUE

Durée : 7 minutes
5 questions

Consignes

Les **trois premières questions** sont des problèmes d'intersection de deux séries. Chaque question contient deux séries, une série est présentée horizontalement et l'autre verticalement. Elles sont constituées de groupes de lettres ou de chiffres. Il s'agit pour vous de choisir parmi les cinq réponses qui vous sont proposées, le groupe de lettres ou de chiffres qui pourrait aussi bien appartenir à la série présentée horizontalement qu'à la série présentée verticalement et ainsi occuper **la place du point d'interrogation**.

Les **deux dernières questions** sont des problèmes de séries portant sur des données de nature spatiale. Chacune des séries est constituée de trois cases comprenant des graphiques suivies d'une case contenant un point d'interrogation. Les trois premières cases doivent vous permettre d'inférer le contenu de la case qui devrait occuper **la place du point d'interrogation**. La question porte donc sur le point d'interrogation et vous devez choisir votre réponse parmi les cinq propositions de réponse qui vous sont faites.

Barème d'évaluation

Réponse exacte :	+ 4 points
Réponse inexacte :	- 1 point
Absence de réponse ou réponse multiple :	0 point

La note finale de cette épreuve sera comprise entre - 5 et + 20.

L'utilisation de toute calculatrice et de tout matériel électronique est interdite.

Démarrez le chronomètre pour 7 minutes de test.

Question 26.

L K M
G F K
P O I
U Z Y   R V U   ?   K F E   D T S
W V E

a) J I G   b) S R U   c) U T S   d) A C B   e) I H G

Question 27.

1 3 3 1
2 6   8 1 8   1 1 2 4   ?   1 0 2 2
3 4 3
1
5 1 2

a) 8 1 8   b) 1   c) 1 4   d) 2 1 6   e) 5 1 2

Question 28.

W K D
Y K B
Z K A
O K A   U K C   ?   I K G   R K I
X K C

a) T K G   b) V K E   c) O K F   d) P K P   e) S K E

Question 29.

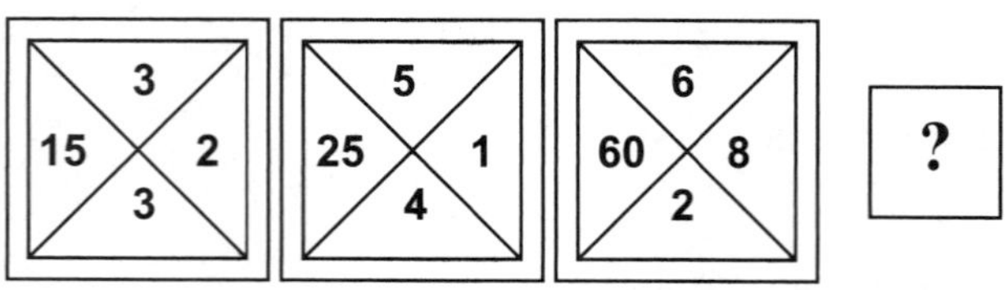

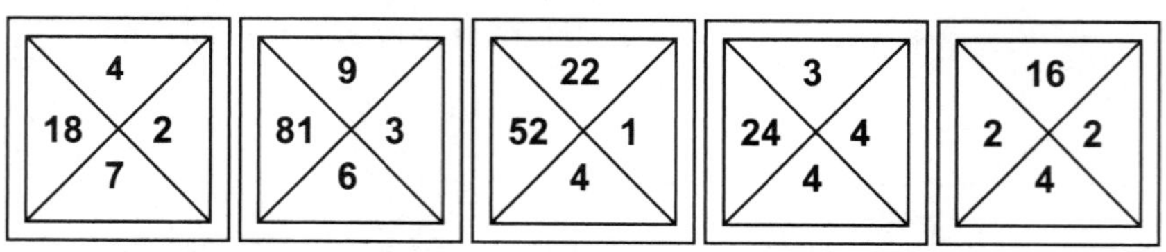

a) b) c) d) e)

Question 30.

A Z	D W	G T	?

a)	b)	c)	d)	e)
J Q	L N	R	B Q	W

Ne pas tourner la page
avant expiration des 7 minutes.

Calculez votre score à l'aide de la grille de correction en page 659.

Diagnostic test - *Correction*

Calculez votre score à l'aide de la grille de correction en page 659.

Cartographie de vos forces et faiblesses

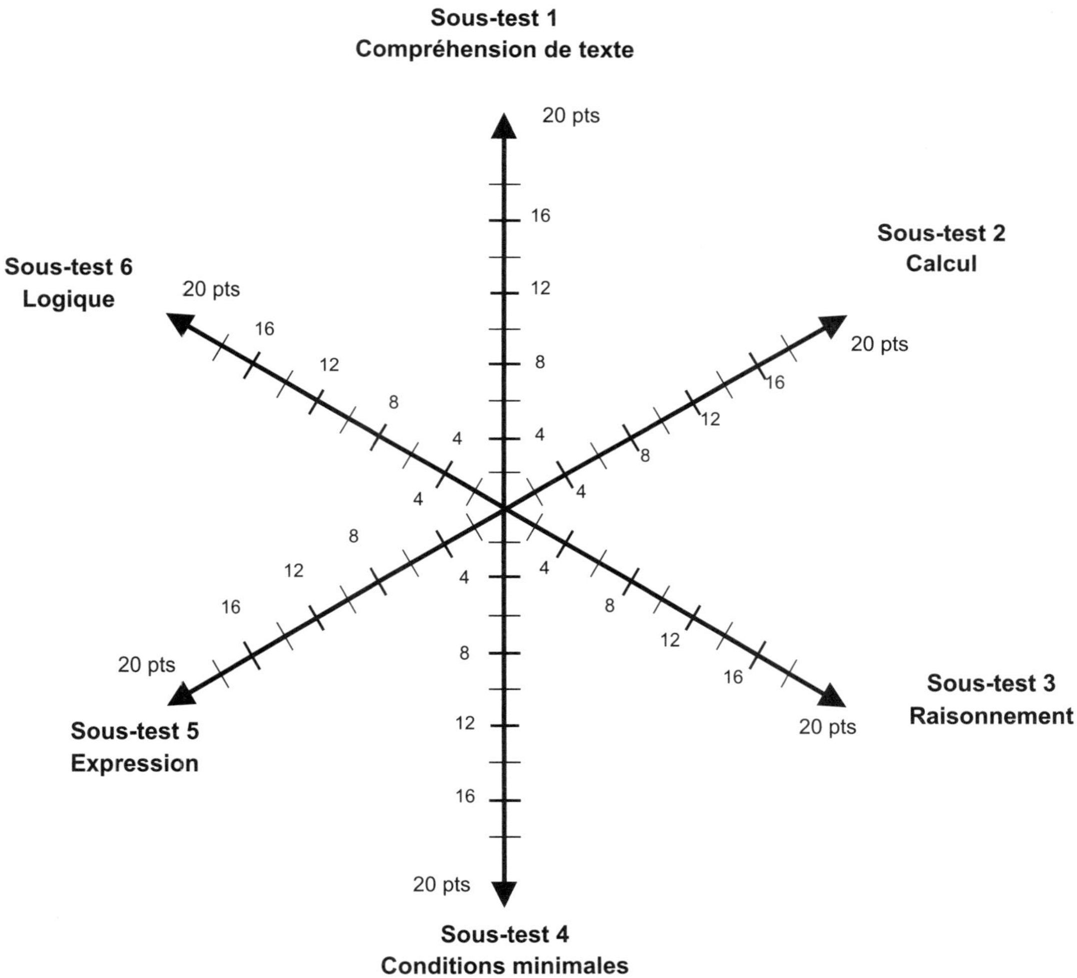

Correction détaillée

Question 1. *Réponse c)*

Question 2. *Réponse c)*

Attention au piège, le texte décrit le profil des rédacteurs de Wikipédia (jeunes hommes diplômés), mais ceux-ci ne sont pas représentatifs des utilisateurs (seulement 0,7 %).

Question 3. *Réponse d)*

Si les propositions a), b) et c) et même e) sont toutes présentes dans le texte, celui-ci nous rapporte que Wikipédia est exemplaire de cette « troisième culture » affranchie des milieux académiques.

Question 4. *Réponse a)*

Cette enquête n'étudie pas le fonctionnement du site mais la sociologie de ses rédacteurs.

Question 5. *Réponse c)*

Nous pouvons éliminer les réponses b), d) et e). Le choix entre les propositions a) et c) n'est pas facile, mais le texte conclut clairement que ce Tiers État culturel constitue une nouvelle élite (0,7 %).

Question 6. *Réponse c)*

$1\,600 \times 1{,}1 \times 1{,}05 = 1\,760 \times 1{,}05 = 1\,848$€

Question 7. *Réponse d)*

Nous appellerons J et P, les âges respectifs de Jean et Pierre **<u>aujourd'hui</u>**.

Il y a 8 ans : $(J - 8) = 3(P - 8)$ Alors : $J = 3P - 16$

Dans 15 ans : $(J + 15) = 2(P + 15)$ Alors : $J = 2P + 15$

Donc : $3P - 16 = 2P + 15$

Enfin : $P = 31$ ans et $J = 77$ ans

En conclusion, dans 3 ans, Pierre aura 34 ans.

Question 8. *Réponse d)*

Posons X la somme placée à 4% et Y la somme placée à 7%, nous savons que : $Y = 3X$

Appliquons la formule : Intérêts = Somme placée × taux d'intérêt × temps

$125 = X \times 4\% \times 1 + Y \times 7\% \times 1$

Nous nous retrouvons avec un système de 2 équations et 2 inconnues que nous pouvons résoudre :

$$\begin{cases} Y = 3X \\ 125 = X \times 4\% \times 1 + Y \times 7\% \times 1 \end{cases} \qquad \begin{cases} Y = 3X \\ 12\,500 = 4X + 21X \end{cases} \qquad \begin{cases} Y = 1\,500 \text{ €} \\ X = \dfrac{12\,500}{25} = 500 \text{ €} \end{cases}$$

Le montant total placé est égal à : $X + Y = 2\,000$ €

Question 9. *Réponse b)*

Le volume d'eau sera égal au volume du cylindre auquel on retranche le volume de la boule :

$V_{cylindre} - V_{boule}$

$= \pi R^2 \times 2r - \frac{4}{3}\pi \times r^3$

$= \frac{\pi \times r}{3}(6R^2 - 4r^2)$

Question 10. *Réponse e)*

Calculons le nombre de compotes : 1%×200 = 2 compotes

Il y a donc 198 yaourts.

Soyez logique ! Si l'on souhaite que 2 compotes représentent 2% du nombre total de desserts il faut donc que le nombre total de desserts soit de 100. Il faut donc retirer 100 yaourts.

Question 11. *Réponse e)*

Question 12. *Réponse a)*

Les propositions c), d) et e) sont farfelues. Concernant la réponse b), le texte explique que les États doivent contraindre et non aider les entreprises à exercer leurs responsabilités.

Question 13. *Réponse c)*

Question 14. *Réponse c)*

Quelle histoire ubuesque !

Question 15. *Réponse d)*

Ne vous trompez pas !

Si N est le nombre de jours, l'escargot a parcouru le soir (N + 2) mètres.

Il faut donc 10 jours.

Question 16. *Réponse C)*

1. Étape 1 : analyse de l'énoncé

En posant A, B et C les longueurs respectives des tronçons par ordre décroissant, nous obtenons : A + B + C = 700 mètres

2. Étape 2 : analyse de l'information (1) seule

A = 4C

L'information (1) seule ne nous permet pas de répondre.

⇨ Nous gardons les solutions B, C et E.

3. Étape 3 : analyse de l'information (2) seule

B = 2C

L'information (2) seule ne nous permet pas de répondre.

⇨ Nous gardons les solutions C et E.

4. Étape 3,5 : analyse des informations (1) & (2) ensemble

Énoncé : A + B + C = 70

Information (1) : A = 4C

Information (2) : B = 2C

Alors : C = 10 m, B = 20 m et A = 40 m

Les deux informations (1) et (2) ensemble nous permettent de répondre.

Question 17. *Réponse A)*

1. Étape 1 : analyse de l'énoncé

Écrivons le nombre recherché tel que XYZ. L'énoncé nous apprend que :

ZYX – XYZ = 198 Alors : Z = X + 2

YXZ – XYZ = 90 Alors : YX – XY = 9 et : Y = X + 1

Nous pouvons d'ores et déjà conclure de l'énoncé que :

| X est compris entre 1 et 7
| Z est compris entre 3 et 9
| Y est compris entre 2 et 8
| Z = X + 2
| Y = X + 1

Listons les valeurs possibles de X, Y et Z

Valeur de X	Valeur de Y	Valeur de Z
1	2	3
2	3	4
3	4	5
4	5	6
5	6	7
6	7	8
7	8	9

Vous pouvez tester ... ça marche !

D'après l'énoncé, les seules valeurs possibles de XYZ sont : 123, 234, 345, 456, 567, 678 ou 789 !

2. Étape 2 : analyse de l'information (1) seule

X + Y + Z = 6

Testons les valeurs possibles définies lors de l'étape 1 :

Valeur de X	Valeur de Y	Valeur de Z	Valeur de (X + Y + Z)	
1	2	3	6	→ OUI
2	3	4	9	→ non
3	4	5	12	→ non
4	5	6	15	→ non
5	6	7	18	→ non
6	7	8	21	→ non
7	8	9	24	→ non

L'information (1) seule nous permet de répondre.

⇨ Nous gardons les solutions A et D.

3. Étape 3 : analyse de l'information (2) seule

Nous le savons déjà !

L'information (2) seule ne nous permet pas de répondre.

Question 18. *Réponse D)*

1. Étape 1 : analyse de l'énoncé

Posons X le nombre de serpents mesurant plus de 1 mètre et Y le nombre de serpents mesurant moins de 1 mètre, alors : X + Y = 31

2. Étape 2 : analyse de l'information (1) seule

En utilisant la première équation :

$\begin{cases} X + Y = 31 \\ X = Y + 5 \end{cases}$ $\begin{cases} (Y + 5) + Y = 31 \\ 2Y = 26 \end{cases}$ $\begin{cases} X = 18 \\ Y = 13 \end{cases}$

L'information (1) seule nous permet de répondre.

⇨ Nous gardons les solutions A et D.

3. Étape 3 : analyse de l'information (2) seule

En utilisant la première équation :

$\begin{cases} X = 1{,}5\times(Y - 1) \\ X + Y = 31 \end{cases}$ $\begin{cases} X = 1{,}5\times(Y - 1) \\ 1{,}5\times(Y - 1) + Y = 31 \end{cases}$ $\begin{cases} X = 1{,}5\times(Y - 1) \\ 2{,}5Y = 32{,}5 \end{cases}$ $\begin{cases} X = 18 \\ Y = 13 \end{cases}$

L'information (2) seule nous permet de répondre.

Question 19. *Réponse E)*

1. Étape 1 : analyse de l'énoncé

La question est clairement énoncée.

2. Étape 2 : analyse de l'information (1) seule

Si [p×z = 12], alors, les couples de solutions sont (2,6) ; (6,2) ; (3,4) ou (4,3).

N vaut 26, 62, 43 ou 34.

L'information (1) seule ne nous permet pas de répondre.

⇨ Nous gardons les solutions B, C et E.

3. Étape 3 : analyse de l'information (2) seule

L'information (2) seule ne nous permet pas de répondre.

⇨ Nous gardons les solutions C et E.

4. Étape 3,5 : analyse des informations (1) & (2) ensemble

Information (1) : (p,z) vaut 26, 62, 43 ou 34

Information (2) : (p,z) - (z,p) est un carré

Si (p,z) vaut 62 Alors (p,z) - (z,p) = 36 → 36 est bien un carré

Si (p,z) vaut 43 Alors (p,z) - (z,p) = 9 → 9 est bien un carré

Donc n peut être égal à 62 ou 43.

Les deux informations (1) et (2) ensemble ne nous permettent pas de répondre.

Question 20. *Réponse C)*

1. Étape 1 : analyse de l'énoncé

Rappel de la formule : Distance = Vitesse×temps

2. Étape 2 : analyse de l'information (1) seule

Ils parcourent 18,5 km avant la pause, puis 20 km après la pause.

L'information (1) seule ne nous permet pas de répondre.

⇨ Nous gardons les solutions B, C et E.

3. Étape 3 : analyse de l'information (2) seule

Ils ont roulé durant 1 heure jusqu'à la pause puis roulent pendant 1h15 après la pause.

L'information (2) seule ne nous permet pas de répondre.

⇨ Nous gardons les solutions C et E.

4. Étape 3,5 : analyse des informations (1) & (2) ensemble

Après la pause, ils effectuent 20 km en 1h15.

Calculons la vitesse moyenne : V = $\frac{\boldsymbol{D}}{\boldsymbol{t}} = \frac{20}{1{,}25}$ = 16 km/h

Les deux informations (1) et (2) ensemble nous permettent de répondre.

Question 21. *Réponse b)*

L'acmé » est le plus haut point d'une maladie et, par extension, le plus haut point d'un développement. Pour les plus curieux, le nadir est le point du ciel qui est directement sous nos pieds !

Question 22. *Réponse c)*

Question 23. *Réponse e)*

Accord du participe passé (inversion du COD) et contraction obligatoire (qu'elle).

Question 24. *Réponse a)*

Orthographe des mots défiance, égard et illustration.

Question 25. *Réponse b)*

Question 26. *Réponse e)*

Logique horizontale :

La deuxième lettre suit la troisième. ➲ **Logique « suite de lettres »**

☒ Nous éliminons a).

Logique verticale :

La première lettre suit la seconde.

De plus, les dernières lettres se suivent avec 2 rangs d'écart : **E** f ? h **I** j **K** l **M**

➲ **Logique « saut de lettres »**

☒ Nous éliminons b), c) et d).

Question 27. *Réponse e)*

Logique verticale :

1331, 343, 1 et 512 sont tous des cubes. ➲ **Logique « cubes »**

☒ Nous éliminons a) et c).

Logique horizontale :

2/6 : 2 / 2×2 + 2

8/18 : 8 / 8×2 + 2

11/24 : 11 / 11×2 + 2

10/22 : 10 / 10×2 + 2 ➲ **Logique « somme »**

☒ Nous éliminons b) et d).

Question 28. *Réponse b)*

Logique horizontale :

Les troisièmes lettres se suivent avec deux rangs d'écart : **A** b **C** d ? f **G** h **I**

➲ **Logique « saut de lettres »**

☒ Nous éliminons a), c) et d).

Logique verticale :

WD : D est la quatrième lettre de l'alphabet et W la quatrième lettre en partant de la fin de l'alphabet.

YB : B est la deuxième lettre de l'alphabet et Y la deuxième lettre en partant de la fin de l'alphabet.

ZA : A est la première lettre de l'alphabet et Z la première lettre en partant de la fin de l'alphabet.

XC : C est la troisième lettre de l'alphabet et X la troisième lettre en partant de la fin de l'alphabet.

➲ **Logique « symétrie »**

☒ Nous éliminons e).

Question 29. *Réponse b)*

1ère étape : Trouvez une logique

15 = 3×(2 + 3)

25 = 5×(4 + 1)

60 = 6×(2 + 8)

➲ **Logique « produit »**

2ème étape : Élimination des solutions

☒ Nous éliminons a), c) et e).

1ère étape : Trouvez une logique

Le résultat est croissant.

➲ **Logique « ordre »**

2ème étape : Élimination des solutions

☒ Nous éliminons d).

Question 30. *Réponse a)*

1ère étape : Trouvez une logique

La somme des rangs des lettres est constante et égale à 27.

➲ **Logique « rang de lettre »**

2ème étape : Élimination des solutions

☒ Nous éliminons b), c), d) et e).

MODE ENTRAÎ-NEMENT

Objectifs

Ce qu'il faut connaître

- Les enjeux de l'épreuve ;
- Les règles et les spécificités de chacun des six sous-tests ;
- Les principaux savoir-faire, techniques et astuces ;
- Les principaux outils arithmétiques et mathématiques ;
- Les bases grammaticales et orthographiques.

Ce qu'il faut savoir faire

- Maîtriser les trois tactiques de résolution :
  - tactique du consciencieux ;
  - tactique du malin ;
  - tactique du fainéant ;
- Identifier les mécanismes à utiliser ;
- Mobiliser les bonnes connaissances ;
- Déjouer les pièges et les chausse-trappes ;
- Distinguer les questions les plus rentables.

Première partie
MODE ENTRAÎNEMENT

I – Cours, savoir-faire et méthodes mathématiques

I.1 – Reprenez les bases de l'arithmétique
I.2 – Maîtrisez les opérations élémentaires
I.3 – Domptez les équations
I.4 – Domestiquez les problèmes physiques et financiers
I.5 – Ne redoutez pas la géométrie

II – Le sous-test de calcul

II.1 – Méthodologie du QCM de calcul
II.2 – Calcul : Entraînez-vous !

III – Le sous-test de conditions minimales

III.1 – Méthodologie du QCM de conditions minimales
III.2 – Conditions minimales : Entraînez-vous !

IV – Le sous-test de compréhension de texte

IV.1 – Méthodologie du QCM de compréhension de texte
IV.2 – Compréhension de texte : Entraînez-vous !

V – Le sous-test d'expression

V.1 – Méthodologie du QCM d'expression
V.2 – Expression : Entraînez-cous !

VI – Le sous-test de raisonnement & argumentation

VI.1 – Méthodologie du QCM de raisonnement & argumentation
VI.2 – Raisonnement & argumentation : Entraînez-vous !

VII – Le sous-test de logique

VII.1 – Méthodologie du QCM de logique
VII.2 – Logique : Entraînez-vous !

I – Cours, savoir-faire et méthodes mathématiques

Les tests de calcul et de conditions minimales sont sans aucun doute les plus redoutés des candidats quels que soient leur profil et leur parcours académique… Et ce, à juste titre !
Composée de 15 questions à résoudre en 20 minutes, bien évidemment sans calculatrice, cette épreuve est exigeante : le programme qu'elle couvre est assez vaste, le chronomètre est impitoyable et son formalisme ajoute un stress supplémentaire.

Pourtant, cette épreuve est loin d'être insurmontable. Tentons de démystifier la fameuse partie Calcul.

1 – L'étendue du programme. Les notions mathématiques couvertes sont très denses, le programme officiel comprend en vrac :

- les entiers relatifs, les décimaux, les nombres réels ;
- les puissances et les racines carrées ;
- les pourcentages et les proportions ;
- les progressions arithmétiques et géométriques ;
- les identités remarquables ;
- les équations des premier et second degrés ;
- les systèmes d'équations à 2 et 3 inconnues ;
- l'analyse combinatoire ;
- les propriétés des droites parallèles (Théorème de Thalès) ;
- les propriétés des droites perpendiculaires (Théorème de Pythagore) ;
- les propriétés élémentaires du triangle, du cercle, du rectangle et du carré.

Dites-vous bien que toutes ces notions ont été abordées lors de vos études au collège. Les juristes, historiens et autres linguistes qui n'ont plus pratiqué les mathématiques depuis le lycée ont tous obtenu leur brevet des collèges … alors point d'inquiétude, il n'y a pas dans les tests de difficultés conceptuelles ou programmatiques. Avec une bonne remise à niveau, vous pourrez affronter tous types de questions. La difficulté réelle du test n'est pas là.

2 – Sans calculatrice. Cette contrainte doit être analysée correctement. « Sans calculatrice » signifie tout d'abord que les calculs ne seront jamais trop compliqués (on ne vous demande pas de devenir un génie du calcul et de déterminer de tête la racine cubique de 592 !). « Sans calculatrice » signifie aussi que les calculs doivent être résolus par le calcul mental ou – si cela est nécessaire – en les posant. Drogués à la calculatrice depuis bien longtemps, vous n'avez plus l'habitude du calcul mental et vous n'avez plus posé d'opération depuis le CM2 ! Le défi est donc, au cours de votre préparation, de retrouver une certaine habileté au calcul et, surtout, de gagner en rapidité.

RAPIDITÉ & HABILETÉ… C'est ce qui fera la différence le jour J !

3 – 15 questions, 20 minutes, le compte à rebours infernal. L'essentiel de la difficulté de la partie calcul réside dans la contrainte de temps qui vous est imposée. Vous le verrez, le temps devient très relatif lorsqu'on passe le TAGE MAGE®. Pourtant, cette contrainte n'est pas insurmontable à condition de garder la tête froide et de s'en tenir à quelques règles d'or.

Règle d'or : *Premièrement, n'espérez pas traiter la totalité des questions le jour J … et ce n'est pas grave ! Les bons candidats traitent entre 70% et 80% des questions, la moyenne se situant plutôt entre 40% et 50%. Je ne le répéterai jamais assez, il ne s'agit pas de répondre à toutes les questions mais à un maximum de questions dont vous êtes sûr à 99 %. Gardez à l'esprit qu'il s'agit de concours, la notation est relative. L'objectif est d'obtenir un meilleur score que les autres candidats. Vous disposez ainsi plutôt de 2 à 3 minutes par question.*

Règle d'or : *Deuxièmement, la rapidité s'acquiert avec l'entraînement. Comme un sprinter, vous devez multiplier les séances d'échauffement et d'entraînement au calcul mental et à la résolution de questions. Cet ouvrage sera votre produit dopant !*
De plus, nous le verrons dans la suite de cet ouvrage, il faut être malin le jour de l'épreuve, une approche tactique de chaque question est une des clefs du succès. Ne cherchez pas à traiter les questions que vous ne comprenez pas ou qui vous paraissent trop difficiles (une question facile rapporte autant de points qu'une question difficile), assurez-vous plutôt de répondre à toutes les questions que vous maîtrisez (parce que vous les avez déjà travaillées). Allez à l'essentiel. Nous le verrons, un même mécanisme mathématique peut donner lieu à une multitude de questions différentes. À vous de deviner, derrière l'énoncé, le mécanisme abordé. Ne vous laissez pas déconcentrer par la rédaction de la question, retrouvez très rapidement le principe mathématique dont il est question.

Règle d'or : *Enfin, le QCM a ceci de particulier que la réponse se trouve sous vos yeux, elle vous est donnée par le concepteur du test. Profitez-en. Vous le verrez, utiliser les réponses vous fera gagner un temps précieux.*

Pour terminer cette présentation, il faut rajouter que la préparation de la partie calcul n'est pas inutile pour votre avenir. La maîtrise du calcul et des bases de l'arithmétique est indispensable pour le manager que vous deviendrez. Vous solliciterez quotidiennement ces notions élémentaires dans votre vie professionnelle, quelle que soit votre future orientation. Un chef de produit ne peut se passer des fractions et des pourcentages pour déterminer ses parts de marché, un financier est amené à effectuer des calculs de marge ou de taux de rentabilité quotidiennement. Cette remise à niveau ou ce perfectionnement en mathématiques n'est pas un investissement vain, vous « rentabiliserez » pendant très longtemps le temps passé à cette préparation.

I.1 – Reprenez les bases de l'arithmétique

Avant de vous lancer dans la résolution des premières questions, il n'est pas inutile de consacrer du temps à réviser les connaissances élémentaires. Bien évidemment, nous ne pouvons dans cet ouvrage reprendre l'ensemble des notions. Pour un cours complet, nous vous renvoyons à l'ouvrage « *Tests de logique mathématique et calcul* » (même éditeur, même auteur).

I.1.1 – Nombres, opérations basiques et divisibilité

Astuce : Il est important de différencier les **nombres** et les **chiffres**.
Les chiffres (nous utilisons les chiffres arabes) sont les symboles : 0, 1, 2, 3, 4, 5, 6, 7, 8, 9 qui, combinés, forment des nombres.
Dans un nombre, le chiffre le plus à droite est appelé l'unité, le suivant vers la gauche la dizaine, le suivant la centaine, le millier,... Si le nombre possède des décimales, on trouve de gauche à droite après la virgule, les dixièmes, les centièmes, les millièmes, ...

Priorités dans les calculs.

$$a\times(b + c) = a\times b + a\times c$$

$$a\times(b - c) = a\times b - a\times c$$

$$(a + b)\times(c + d) = a\times c + a\times d + b\times c + b\times d$$

$$c\times(a + b) + d\times(a + b) = a\times(c + d) + b\times(c + d) = (a + b)\times(c + d)$$

Les tables de multiplication.

Je vous conseille vivement de **réapprendre (apprendre ?) vos tables de multiplication de 1 à 20**.

Recopiez-les, affichez-les, récitez-les... peu importe la méthode, sachez-les ! Comme il vous faut maîtriser l'alphabet avant d'écrire, les tables de multiplication sont la base de l'arithmétique.

X	**1**	**2**	**3**	**4**	**5**	**6**	**7**	**8**	**9**	**10**	**11**	**12**	**13**	**14**	**15**	**16**	**17**	**18**	**19**	**20**
1	**1**	2	3	4	5	6	7	8	9	10	11	12	13	14	15	16	17	18	19	20
2	2	**4**	6	8	10	12	14	16	18	20	22	24	26	28	30	32	34	36	38	40
3	3	6	**9**	12	15	18	21	24	27	30	33	36	39	42	45	48	51	54	57	60
4	4	8	12	**16**	20	24	28	32	36	40	44	48	52	56	60	64	68	72	76	80
5	5	10	15	20	**25**	30	35	40	45	50	55	60	65	70	75	80	85	90	95	100
6	6	12	18	24	30	**36**	42	48	54	60	66	72	78	84	90	96	102	108	114	120
7	7	14	21	28	35	42	**49**	56	63	70	77	84	91	98	105	112	119	126	133	140
8	8	16	24	32	40	48	56	**64**	72	80	88	96	104	112	120	128	136	144	152	160
9	9	18	27	36	45	54	63	72	**81**	90	99	108	117	126	135	144	153	162	171	180
10	10	20	30	40	50	60	70	80	90	**100**	110	120	130	140	150	160	170	180	190	200
11	11	22	33	44	55	66	77	88	99	110	**121**	132	143	154	165	176	187	198	209	220
12	12	24	36	48	60	72	84	96	108	120	132	**144**	156	168	180	192	204	216	228	240
13	13	26	39	52	65	78	91	104	117	130	143	156	**169**	182	195	208	221	234	247	260
14	14	28	42	56	70	84	98	112	126	140	154	168	182	**196**	210	224	238	252	266	280
15	15	30	45	60	75	90	105	120	135	150	165	180	195	210	**225**	240	255	270	285	300
16	16	32	48	64	80	96	112	128	144	160	176	192	208	224	240	**256**	272	288	304	320
17	17	34	51	68	85	102	119	136	153	170	187	204	221	238	255	272	**289**	306	323	340
18	18	36	54	72	90	108	126	144	162	180	198	216	234	252	270	288	306	**324**	342	360
19	19	38	57	76	95	114	133	152	171	190	209	228	247	266	285	304	323	342	**361**	380
20	20	40	60	80	100	120	140	160	180	200	220	240	260	280	300	320	340	360	380	**400**

Divisibilité. De nombreuses questions portent sur la divisibilité tant en calcul qu'en conditions minimales ou en logique, il faut donc parfaitement connaître les critères de divisibilité.

Multiple. On dit que N est un multiple de n si et seulement si N est divisible par n.

Méthode : critères de divisibilité

- **Critère de divisibilité par 2.**

Un nombre N est divisible par 2 si et seulement si N est pair, i.e. s'il se termine par 0, 2, 4, 6, 8.

- **Critère de divisibilité par 3.**

Un nombre N est divisible par 3 si et seulement si la somme de ses chiffres est divisible par 3.

Ex. : 1 215 est divisible par 3 car [1 + 2 + 1 + 5 = 9] et 9 est divisible par 3.

- **Critère de divisibilité par 4.**

Un nombre N est divisible par 4 si et seulement si le nombre formé par ses deux derniers chiffres est divisible par 4.

Ex. : 123 212 216 est divisible par 4 car 16 est divisible par 4.

- **Critère de divisibilité par 5.**

Un nombre N est divisible par 5 si et seulement si N se termine par 0 ou 5.

- **Critère de divisibilité par 6.**

Un nombre N est divisible par 6 si et seulement si N est à la fois divisible par 2 **et** par 3. Un nombre N est donc divisible par 6 s'il est pair et si la somme de ses chiffres est divisible par 3.

Ex. : 1 716 est divisible par 6 car il est pair, et [1 + 7 + 1 + 6 = 15] or, 15 est divisible par 3.

- **Critère de divisibilité par 7.**

Un nombre N est divisible par 7 si et seulement si en calculant la somme de ses chiffres pris à partir de la droite multipliés respectivement par 1, 3, 2, 6, 4, 5, 1, 3, 2, 6, 4, 5, … le résultat est un multiple de 7.

Ex. : 413 est divisible par 7 car [3×1 + 1×3 + 4×2 = 14] et 14 est divisible par 7.

Autre méthode pour un nombre à 3 chiffres : un nombre à trois chiffres CDU est divisible par 7 si et seulement si CD – 2U est divisible par 7.

Ex. : 413 est divisible par 7 car [41 - 2×3 = 35] et 35 est divisible par 7.

Inutile de vous faire remarquer que ces critères sont extrêmement compliqués à appliquer et que le meilleur moyen de savoir si un nombre est divisible par 7 est de connaître la table des 7 et de décomposer ce nombre en multiple(s) de sept.

Ex. : 413 peut se décomposer en multiples évidents de 7 : [413 = 420 – 7]
Donc, 413 = 6×7×10 – 7 = 59×7 !

- **Critère de divisibilité par 8.**

Un nombre N est divisible par 8 si et seulement si le nombre formé par ses trois derniers chiffres est divisible par 8.

Ex. : 123 212 216 est divisible par 8 car 216 est divisible par 8.

Révisions

- **Critère de divisibilité par 9.**

Un nombre N est divisible par 9 si et seulement si la somme de ses chiffres est divisible par 9.

Ex. : 7 218 est divisible par 9 car $7 + 2 + 1 + 8 = 18$
et, 18 est divisible par 9.

- **Critère de divisibilité par 10.**

Un nombre N est divisible par 10 si et seulement si N se termine par 0.

- **Critère de divisibilité par 11.**

Un nombre N est divisible par 11 si et seulement si la différence entre la somme de ses chiffres de rang impair et la somme de ses chiffres de rang pair est divisible par 11 (et 0 est divisible par 11).
Pour un nombre à trois chiffres, la somme des unités et des centaines est égale au chiffre des dizaines (attention, c'est un critère de divisibilité et pas de non divisibilité).

Ex. : 495 est divisible par 11 car $4 + 5 = 9$
8 690 est un multiple de 11 car $(8 + 9) – (6 + 0) = 11$

- **Critère de divisibilité par 13** (*pour un nombre à trois chiffres*).

Un nombre à trois chiffres CDU est divisible par 13 si et seulement si $CD + 4×U$ est divisible par 13.

Ex. : 637 est divisible par 13 car $63 + 4×7 = 91$ et 91 est divisible par 13.

- **Critère de divisibilité par 17** (*pour un nombre à trois chiffres).*

Un nombre à trois chiffres CDU est divisible par 17 si et seulement si $CD - 5×U$ est divisible par 17.

Ex. : 476 est divisible par 17 car $47 - 5×6 = 17$ et 17 est divisible par 17.

Les nombres premiers. Un nombre premier n'est divisible que par 1 et par lui-même.
Vous le constaterez lors des concours, de nombreuses questions portent sur les nombres premiers et par essence ils sont difficiles à repérer. C'est pourquoi il faut apprendre par cœur les plus usuels.

Les classiques : Apprenez-les.

2 ◆ 3 ◆ 5 ◆ 7 ◆ 11 ◆ 13 ◆ 17 ◆ 19 ◆ 23 ◆ 29 ◆ 31 ◆ 37 ◆ 41 ◆ 43 ◆ 47 ◆ 53 ◆ 59 ◆ 61 ◆ 67 ◆ 71 ◆ 73 ◆ 79 ◆ 83 ◆ 89 ◆ 97

Remarquez que 2 est le seul nombre premier pair.

Astuce. Comment savoir si un nombre est premier ?
Pour reconnaître un nombre premier, il faut essayer de le diviser par un nombre premier. L'astuce consiste à trouver une approximation de la racine carrée (R) du nombre et de vérifier si les nombres premiers inférieurs à la valeur approchée (R) divisent le nombre étudié. Si aucun des nombres premiers inférieurs à (R) ne divise ce nombre, alors il est premier.

Décomposition en facteurs premiers. Tout entier naturel supérieur à 1 peut être décomposé d'une manière unique en un produit de nombres premiers.

Ex. : la décomposition de 495 donne $11×3×3×5$

Astuce. La technique de décomposition de nombres est **LA** méthode-clé pour gagner en rapidité de calcul. Pour simplifier une fraction, calculez mentalement une division ou une multiplication : la décomposition vous permet de travailler avec des nombres simples. Devenue un réflexe, cette méthode vous fera gagner un temps précieux le jour du concours. Entraînez-vous !

Plus petit commun multiple (PPCM). C'est le plus petit entier positif qui est multiple de deux ou plusieurs entiers d'une série donnée. Le PPCM doit être divisible par l'ensemble des entiers de la série, sa décomposition doit contenir exactement chacun des termes des facteurs de tous les entiers de la série.

Plus grand commun diviseur (PGCD). C'est le plus grand entier positif diviseur de deux ou plusieurs entiers sans reste. Le PGCD correspond au produit des facteurs qui sont communs dans les décompositions de tous les entiers de la série.

Principales opérations sur les nombres pairs et impairs.

+	Pair	Impair
Pair	Pair	Impair
Impair	Impair	Pair

×	Pair	Impair
Pair	Pair	Pair
Impair	Pair	Impair

Retenez que pour tout **n** entier pair ou impair : **n×Pair = Pair**
$(Pair)^n$ = Pair
$(Impair)^n$ = Impair

Astuce. En cas de doute… testez la parité avec les chiffres 1 et 2.
Ex. : 1×2 = 2 (pair) 1×1 = 1 (impair) …

Révisions

I.1.2 – Puissances et racines carrées

Puissance. Une puissance indique combien de fois un nombre apparaît comme facteur d'un produit.
Dans l'expression b^p, b est la **base** et p la **puissance**. On dit que b est élevée à la puissance p ou que b est factorisé p fois.
Ex. : $12^6 = 12 \times 12 \times 12 \times 12 \times 12 \times 12$ (12 est factorisé 6 fois)

Remarques importantes.
- La puissance 2 se dit « au carré » et la puissance 3 se dit « au cube ».
- **Un carré est toujours positif !**
- Un nombre, qu'il soit positif ou négatif, élevé à une puissance paire est toujours positif.

- Un nombre élevé à une puissance impaire est toujours du signe de sa base.
- S'il n'y a pas de parenthèses, vous appliquez la puissance uniquement au nombre et non à son signe : $-2^2 = -4 \neq (-2)^2 = 4$
- La puissance d'un nombre compris entre 0 et 1 est toujours inférieure à sa base : $0{,}9^2 = 0{,}81$

Les formules classiques : Apprenez-les.

$$x^0 = 1$$

$$x^1 = x$$

$$x^a \times x^b = x^{a+b}$$

$$x^a \times y^a = (x \times y)^a$$

$$(x^a)^b = x^{a \times b}$$

$$\frac{1}{x^a} = x^{-a}$$

$$\frac{x^a}{x^b} = x^{a-b}$$

Astuce. Calculer facilement le carré d'un nombre.

Lorsque l'on connaît le carré d'un nombre, il est très facile de calculer le carré du nombre suivant ou du nombre précédent en utilisant les identités remarquables.

Souvenez-vous : $(a + 1)^2 = a^2 + 2a + 1$, il suffit donc de rajouter $(2a + 1)$ au carré de l'entier a pour calculer le carré de l'entier suivant !

Ex. : si vous connaissez $35^2 = 1\,225$,
alors $36^2 = 35^2 + [2\times35 + 1] = 1\,225 + 71 = 1\,296$

De même, $(a - 1)^2 = a^2 - 2a + 1$, il suffit donc de rajouter $(-2a + 1)$ au carré de l'entier a pour calculer le carré de l'entier précédent !

Ex. : si vous connaissez $35^2 = 1\,225$,
alors $34^2 = 35^2 + [-2\times35 + 1] = 1\,225 - 69 = 1\,156$

Astuce. Calculer le carré d'un nombre se terminant par 5.

Pour calculer le carré d'un nombre à deux chiffres se terminant par 5, il suffit de multiplier le chiffre des dizaines par son consécutif et de juxtaposer 25 au résultat obtenu.

Comprenez qu'un nombre à deux chiffres se terminant par 5 peut s'écrire de la forme *d5* (d matérialisant le chiffre des dizaines). Ce nombre peut se décomposer en $(10\times d + 5)$ et,

$(10\times d + 5)^2 = 100d^2 + 100d + 25 = 100\times d\times(d + 1) + 25$

Ex. : pour calculer le carré de 65, multiplions le chiffre des dizaines par son consécutif : $6\times7 = 42$, puis, juxtaposons 25 au résultat : 42//25
Alors : $65^2 = 4225$

En combinant ces deux astuces, vous pourrez calculer en quelques secondes le carré d'un nombre à deux chiffres quel qu'il soit !

Les carrés et les cubes parfaits. Apprenez-les !

Un carré parfait est un entier dont la racine carrée est un nombre entier.

Carrés	Cubes
$1^2 = 1$	$1^3 = 1$
$2^2 = 4$	$2^3 = 8$
$3^2 = 9$	$3^3 = 27$
$4^2 = 16$	$4^3 = 64$
$5^2 = 25$	$5^3 = 125$
$6^2 = 36$	$6^3 = 216$
$7^2 = 49$	$7^3 = 343$
$8^2 = 64$	$8^3 = 512$
$9^2 = 81$	$9^3 = 729$
$10^2 = 100$	$10^3 = 1\ 000$
$11^2 = 121$	$11^3 = 1\ 331$
$12^2 = 144$	$12^3 = 1\ 728$
$13^2 = 169$	
$14^2 = 196$	
$15^2 = 225$	
$16^2 = 256$	
$17^2 = 289$	
$18^2 = 324$	
$19^2 = 361$	
$20^2 = 400$	
$25^2 = 625$	
$30^2 = 900$	
$35^2 = 1\ 225$	

Révisions

Identités remarquables.

$a^2 - b^2 = (a + b)\times(a - b)$

$(a + b)^2 = a^2 + b^2 + 2.a.b$

$(a - b)^2 = a^2 + b^2 - 2.a.b$

$a^3 - b^3 = (a - b)\times(a^2 + a.b + b^2)$

$a^3 + b^3 = (a + b)\times(a^2 - a.b + b^2)$

Racine carrée. Un nombre réel positif **x** est appelé « racine carrée » d'un nombre réel positif **y** si **x** élevé au carré vaut **y**. On utilise le symbole $\sqrt{\ }$ pour indiquer la racine carrée d'un nombre.
Attention, la racine carrée est toujours positive !

Ex. : 4 et -4 élevés au carré donnent tous les deux 16, mais la racine carrée de 16 est 4

Les formules classiques. Apprenez-les.

Si x>0, $x = \sqrt{x^2}$

$$\left(\sqrt{x}\right)^a = \sqrt{x^a}$$

$$\sqrt{x} = x^{\frac{1}{2}}$$

$$\sqrt[a]{x^b} = x^{\frac{b}{a}}$$

$$\sqrt{x} \times \sqrt{y} = \sqrt{x \times y}$$

$$\frac{\sqrt{x}}{\sqrt{y}} = \sqrt{\frac{x}{y}}$$

Les racines carrées les plus fréquentes aux concours. Apprenez-les.

$$\sqrt{2} \approx 1{,}41 \qquad \sqrt{3} \approx 1{,}73 \qquad \sqrt{5} \approx 2{,}24$$

Remarques.

- Il est impossible de simplifier une somme de racines carrées.
- Pour simplifier une racine carrée il faut factoriser les carrés parfaits et les sortir de leurs racines.

Ex. : $\sqrt{10800} = \sqrt{100 \times 36 \times 3} = \sqrt{100} \times \sqrt{36} \times \sqrt{3} = 10 \times 6 \times \sqrt{3} = 60\sqrt{3}$

I.2 – Maîtrisez les opérations élémentaires

I.2.1 – Fractions, règle de trois et pourcentages

Fractions. Une fraction est un nombre que l'on écrit sous la forme $\frac{N}{D}$ où N est appelé le **numérateur** et D le **dénominateur**.

Les règles classiques. Apprenez-les !

Égalité de fractions : $\frac{a}{b}=\frac{c}{d} \Leftrightarrow a\times d=c\times b$

Addition de fractions

$$\frac{a}{b}+\frac{c}{d}=\frac{a\times d+c\times b}{b\times d}$$

Soustraction de fractions

$$\frac{a}{b}-\frac{c}{d}=\frac{a\times d-c\times b}{b\times d}$$

Multiplication de fractions

$$a\times\frac{b}{c}=\frac{a\times b}{c} \qquad \frac{1}{a}\times\frac{1}{b}=\frac{1}{a\times b} \qquad \frac{a}{b}\times\frac{c}{d}=\frac{a\times c}{b\times d}$$

Division de fractions

$$\frac{\frac{a}{b}}{c}=\frac{a\times c}{b} \qquad \frac{\frac{1}{a}}{\frac{1}{b}}=\frac{b}{a} \qquad \frac{\frac{a}{b}}{\frac{c}{d}}=\frac{a}{b}\times\frac{d}{c}$$

Méthode. Addition et soustraction de fractions.
Pour additionner ou soustraire des fractions, il faut les réduire au même dénominateur, i.e. le plus petit commun multiple (PPCM) des dénominateurs (le dénominateur commun).

Règle de trois. La règle de trois est probablement l'opération que vous utiliserez le plus lors des concours, et à juste titre, puisque sans vous en apercevoir, vous l'utilisez déjà tous les jours dans votre vie quotidienne.
Une règle de trois est une opération dans laquelle on connaît trois nombres et où l'on cherche la valeur d'un quatrième à l'aide d'un rapport d'équivalence entre les deux couples. En fait, la règle de trois se base sur l'égalité suivante :

$$\frac{a}{b} = \frac{c}{d} \Leftrightarrow a \times d = c \times b$$

Pourcentage. Un pourcentage est une proportion matérialisée par une fraction avec 100 pour dénominateur : $x\ \% = \frac{x}{100}$

Les règles classiques. Apprenez-les !

Déterminer une partie : **partie = total × pourcentage**

Déterminer un pourcentage : **pourcentage =** $\frac{\textbf{partie}}{\textbf{total}}$

Retrouver le total : **total =** $\frac{\textbf{partie}}{\textbf{pourcentage}}$

S augmente de **x** % : $S + x\% \times S = (1 + x\%) \times S$

Astuce. Calcul d'un pourcentage d'augmentation ou de baisse.
Pour calculer un pourcentage d'augmentation ou de baisse, divisez le montant de l'augmentation ou de la baisse par le montant total et multipliez le résultat par 100 pour donner un résultat en %.

$$Variation\ en\ \% = \frac{Variation}{total} \times 100$$

Savoir-faire. Question de concours.
Pour le lancement de la DS3, Citroën a fait appel à une célèbre agence d'évènementielle qui facture l'organisation complète de l'événement au prix de 17 500 €. Après négociation, l'agence leur accorde une remise d'un montant de 2 500 €. Quel est le pourcentage de réduction négocié par les futurs mariés ?

a) 14,3 %
b) 8,3 %
c) 7,3 %
d) 17,3 %
e) 1,5 %

☑ Correction

Appliquons la méthode énoncée ci-dessus :

$$\textbf{\textit{Baisse en}}\ \% = \frac{2\,500}{17\,500}\times 100 = \frac{25\times 100}{175\times 100}\times 100 = \frac{25}{7\times 25}\times 100 = \frac{1}{7}\times 100 \approx 14{,}3\%$$

Réponse a).

Astuce. Calcul d'une augmentation ou d'une baisse.

Pour calculer la valeur d'une augmentation ou d'une baisse à partir d'un pourcentage, multipliez le total par le pourcentage d'augmentation ou de baisse.

Pour obtenir la valeur du nouveau total, multipliez par (1 ± **x**%).

Variation = total × Variation en %
Nouveau total   ***= ancien total × (1 ± variation en %)***

Astuce. Calcul d'un total avant variation.

Pour calculer un total avant variation à partir d'un pourcentage de variation, divisez le nouveau total par le pourcentage de variation.

$$\textit{ancien total} = \frac{\textit{nouveau total}}{1 + \textit{variation en } \%}$$

Savoir-faire. Question de concours.

Pour leur voyage de noces en Guadeloupe, Xavier et Shirley hésitent à choisir la suite nuptiale de l'hôtel « Ben y Choo ». Avec la remise de 25 % accordée par le patron, le prix de la suite est de 1 200 € la quinzaine. Quel était le prix de la suite (pour deux semaines) avant réduction ?

a) 1 200 €
b) 1 400 €
c) 1 600 €
d) 1 800 €
e) 2 000 €

☑ Correction

Appliquons la méthode énoncée ci-dessus :

Ancien prix = nouveau prix/ (1 - réduction en %)

Ancien prix = 1 200 / 75 %

Ancien prix = 1 200 / 0,75

Prix : 1 600 €

Le prix de la suite avant remise est donc de 1 600 €.

Réponse c).

Révisions

Astuce. Calcul d'une évolution.

Pour calculer une évolution, vous devez diviser la différence entre le nouveau et l'ancien total, par l'ancien total et multiplier par 100 pour obtenir un résultat en pourcentage.

$$Evolution = \frac{valeur\ d'arrivée - valeur\ de\ départ}{valeur\ de\ départ} \times 100$$

Astuce. Calcul d'une succession de variations.

Pour calculer une succession de variations (hausse et/ou baisse), il suffit de déterminer leur produit.

Une autre astuce consiste à **partir d'une base 100** de manière à simplifier les calculs.

$$Variation = variation\ 1 \times variation\ 2$$

I.2.2 – Dénombrement, combinatoire et probabilités

Formule des ensembles

A et B sont deux parties d'un ensemble fini noté E. Le cardinal d'un ensemble fini E, noté Card(E), représente son nombre d'éléments.

Card(A ∪ B) = Card(A) + Card(B) – Card(A ∩ B)

Cette formule se lit :

Card(A ou B) = Card(A) + Card(B) – Card(A et B)

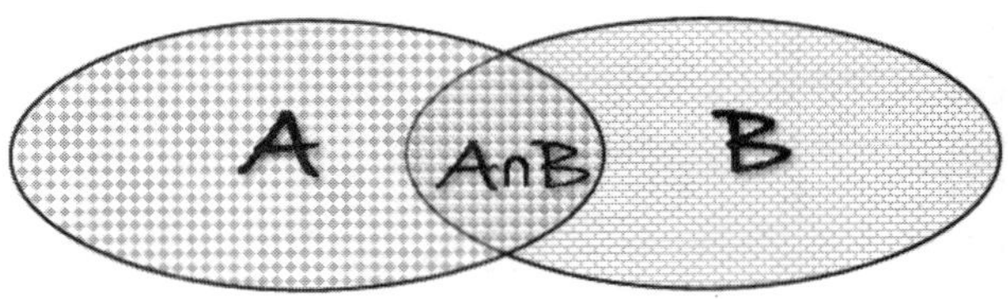

Si A et B sont disjoints i.e. ils n'ont aucun élément en commun, alors :

Card(A ∪ B) = Card(A) + Card(B) car Card(A ∩ B) = 0

et

Card(B) = Card(A ∪ B) – Card(A)

p-listes (éléments ordonnés et non forcément distincts)

Une p-liste d'un ensemble à n éléments est une liste (ou une suite) de p éléments non nécessairement distincts choisis au hasard dans cet ensemble.

Modèle : tirages successifs de p boules parmi n avec remise.

Le nombre de p-listes d'un ensemble à n éléments vaut : n^p

Arrangements (éléments ordonnés et distincts)
Un arrangement à p éléments dans un ensemble à n éléments est une suite de p éléments distincts de cet ensemble à n éléments.
Modèle : tirages successifs de p boules parmi n sans remise.

Le nombre d'arrangements se note A_n^p . Il vaut 0 si p>n et sinon :

$$A_n^p = \frac{n!}{(n-p)!} = n(n-1)...(n-p+1)$$

Permutations (éléments ordonnés et distincts)
Une permutation d'un ensemble à p éléments est une liste ou encore une suite (donc une partie ordonnée) de p éléments choisis au hasard dans cet ensemble à p éléments.
Modèle : tirages successifs de p boules parmi p sans remise.
Le nombre de permutations vaut :
p! = p×(p-1)×(p-2) ×...× 3×2×1

Remarques :
- p! se lit « factorielle p ».
- une permutation d'un ensemble à p éléments est un arrangement à p éléments de cet ensemble.

Combinaisons (éléments non ordonnés et distincts)
Une combinaison à p éléments d'un ensemble à n éléments est une partie à p éléments de cet ensemble, l'ordre étant indifférent.
Modèle : tirage simultané de p boules parmi n.

Le nombre de combinaisons se note C_n^p $\left(\text{ou } \binom{n}{p}\right)$. Il vaut 0 si p>n et sinon :

$$C_n^p = \binom{n}{p} = \frac{n!}{(n-p)!\,p!} = \frac{n(n-1)...(n-p+1)}{p(p-1)...1}$$

Probabilité. C'est le rapport du nombre de cas favorables à la réalisation d'un événement aléatoire au nombre total de cas possibles équiprobables.

Probabilité = $\mathcal{P}$ = $\dfrac{\text{nombre de cas favorables}}{\text{nbre total de cas possibles équiprobables}}$

Important. Notez qu'une probabilité est toujours comprise entre 0 et 1 !

La probabilité de $\bar{A}$(non-A) se calcule : $\mathcal{P}(\bar{A}) = 1 - \mathcal{P}(A)$
Notez aussi que : $\mathcal{P}(A \cup B) = \mathcal{P}(A) + \mathcal{P}(B) - \mathcal{P}(A \cap B)$

Révisions

Probabilité d'événements indépendants.
On dit de deux événements qu'ils sont indépendants si la probabilité d'obtenir l'événement B ne dépend en rien de l'événement A.
Si A et B sont deux événements indépendants, on a : $P(A \cap B) = P(A) \times P(B)$
La probabilité d'obtenir les deux événements ensemble est égale au produit des probabilités de chacun des événements.

Astuce et remarque importantes. De nombreuses questions que vous retrouverez lors des concours ont l'apparence de probabilité mais n'en sont pas. Du *Champomy* de probabilités !
Sachez les reconnaître : elles contiennent toutes une notion de certitude (or comme vous vous en doutez, la certitude n'est jamais probable).
Ces questions doivent alors se résoudre à l'aide d'un pur raisonnement logique.

Savoir-faire. Question de concours.
Sandy et Eddy, tous deux très joueurs, décident de s'adonner à un pari : ils placent dans un bol 5 pièces de 2 €, 10 pièces de 1 €, 15 pièces de 50 cents et 20 pièces de 20 cents.
Combien de tirages sans remise doivent-ils effectuer au minimum pour être sûrs d'obtenir deux pièces identiques ?

a) 2
b) 49
c) 3
d) 36
e) 5

☑ Correction
Voilà un exemple typique d'une question *Champomy* de probabilités ! Tous les éléments sont réunis, des joueurs, des paris, des tirages successifs... pourtant il ne s'agit aucunement d'une question de combinatoire ou de probabilité. En effet, le mot « sûr » introduit une notion de certitude.
Ainsi, la question n'est pas : quelle est la probabilité d'obtenir tel ou tel événement, mais quelles sont les conditions nécessaires pour être sûr d'obtenir un événement.
Je vous l'ai dit, la notion de certitude nous indique qu'il faut répondre à cette question de manière purement logique. Tentons de le faire.
Lorsque Sandy et Eddy tirent 4 pièces, ils peuvent avoir en main 4 pièces de 2 €, ou 2 pièces de 1 € et 2 pièces de 50 cents, ou ..., ou 1 pièce de 2 € et 1 pièce de 1 € et 1 pièce de 50 cents et 1 pièce de 20 cents. Bref, ils ne sont pas sûrs d'obtenir deux pièces identiques.
En revanche, si Sandy et Eddy tirent 5 pièces, ils seront sûrs d'obtenir au moins deux pièces identiques car même s'ils ont tiré 4 pièces différentes, le cinquième tirage ne pourra être qu'une deuxième pièce d'une catégorie de pièces déjà tirées.
Il faut donc au minimum 5 tirages pour être sûr d'obtenir deux pièces identiques.

Réponse e).

I.3 – Domptez les équations

I.3.1 – Équations, inéquations et systèmes

Méthode. Résoudre une équation du premier degré.
De nombreux exercices portent sur la résolution d'équations du premier degré. Pour cela, vous devez isoler l'inconnue d'un seul côté de l'équation, afin d'obtenir une équation de la forme a**x** = b dont le résultat est : $x = \frac{b}{a}$:

1. Éliminez tous les dénominateurs en multipliant les deux côtés de l'équation par le PPCM de tous les dénominateurs.
2. Éliminez toutes les parenthèses en développant les produits.
3. Mettez tous les termes contenant une variable d'un côté de l'équation et toutes les constantes (les nombres) de l'autre côté de l'équation.
4. Combinez les termes de chaque côté de l'équation pour obtenir un seul terme par côté de la forme a**x** = b
5. Isolez la variable **x** en divisant la constante par son coefficient : $x = \frac{b}{a}$

Inéquation. Une inéquation est une équation dans laquelle l'égalité est remplacée par le signe > (supérieur), < (inférieur), ≥ (supérieur ou égal) et ≤ (inférieur ou égal). Retenez que :

- si $a > b$ alors $-a < -b$

- si $a > b$ alors $\frac{1}{a} < \frac{1}{b}$

Système d'équations. C'est un groupe de plusieurs équations à plusieurs inconnues. **Important.** Pour qu'il y ait une solution unique, il faut que le système contienne le même nombre d'équations indépendantes et linéaires que d'inconnues.

Méthode. Résolution d'un système par combinaison.
La méthode par combinaison consiste à multiplier (ou diviser) l'une des deux équations afin qu'elle possède le même coefficient devant l'une des deux inconnues que dans l'autre équation. Puis, vous annulez cette inconnue en additionnant ou en soustrayant les deux équations ainsi obtenues. Il ne reste plus qu'une équation avec une seule inconnue qu'il est facile de résoudre.

Savoir-faire. Question de concours.

Résolvez le système suivant : $\begin{cases} 4\mathbf{x} + 9\mathbf{y} = -6 & \text{E1} \\ 2\mathbf{x} - 4\mathbf{y} = 14 & \text{E2} \end{cases}$

$$\Leftrightarrow \begin{cases} 4\mathbf{x} + 9\mathbf{y} = -6 & \text{E1} \\ 4\mathbf{x} - 8\mathbf{y} = 28 & 2{\times}\text{E2} \end{cases}$$

$$\Leftrightarrow \begin{cases} 4\mathbf{x} + 9\mathbf{y} = -6 & \text{E1} \\ 4\mathbf{x} + 9\mathbf{y} - 4\mathbf{x} + 8\mathbf{y} = -6 - 28 & \text{E1 - E2} \end{cases}$$

$$\Leftrightarrow \begin{cases} 4\mathbf{x} + 9\mathbf{y} = -6 & \text{E1} \\ 17\mathbf{y} = -34 & \text{E2} \end{cases}$$

$$\Leftrightarrow \begin{cases} 4\mathbf{x} + 9{\times}(-2) = -6 & \text{E1} \\ \mathbf{y} = -2 & \text{E2} \end{cases}$$

$$\Leftrightarrow \begin{cases} 4\mathbf{x} = -6 + 18 & \text{E1} \\ \mathbf{y} = -2 & \text{E2} \end{cases}$$

$$\Leftrightarrow \begin{cases} \mathbf{x} = 3 & \text{E1} \\ \mathbf{y} = -2 & \text{E2} \end{cases}$$

Méthode. Résolution d'un système par substitution.

La méthode par substitution consiste à isoler la première inconnue dans une des équations afin de l'exprimer en fonction de la seconde inconnue. Ensuite, vous substituez l'expression de cette première inconnue dans la seconde équation afin de vous retrouver avec une équation et une seule inconnue.

Savoir-faire. Question de concours.

Résolvez le système suivant : $\begin{cases} 4\mathbf{x} + 9\mathbf{y} = -6 \\ 2\mathbf{x} - 4\mathbf{y} = 14 \end{cases}$

$$\Leftrightarrow \begin{cases} 4\mathbf{x} + 9\mathbf{y} = -6 \\ \mathbf{x} = 7 + 2\mathbf{y} \end{cases}$$

$$\Leftrightarrow \begin{cases} 4(7 + 2\mathbf{y}) + 9\mathbf{y} = -6 \\ \mathbf{x} = 7 + 2\mathbf{y} \end{cases}$$

$$\Leftrightarrow \begin{cases} 28 + 8y + 9y = -6 \\ x = 7 + 2y \end{cases}$$

$$\Leftrightarrow \begin{cases} 17y = -6 - 28 \\ x = 7 + 2y \end{cases}$$

$$\Leftrightarrow \begin{cases} y = -2 \\ x = 7 + 2 \times (-2) \end{cases}$$

$$\Leftrightarrow \begin{cases} y = -2 \\ x = 3 \end{cases}$$

La résolution de systèmes d'équations est à la base d'un gros quart des questions aux concours. Il n'est pas vraiment utile que j'insiste sur l'importance d'une excellente maîtrise de ces méthodes de résolution.

Équation du second degré.

C'est une équation avec une seule inconnue de la forme : $ax^2 = b$ ou $ax^2 + bx = c$

➲ Les équations de la forme $ax^2 = b$

b est positif ou nul, car je vous rappelle qu'un carré est toujours positif ou nul (vous ne trouverez jamais dans les tests de nombres complexes).

Les solutions de cette équation sont $x = \sqrt{\frac{b}{a}}$ ou $x = -\sqrt{\frac{b}{a}}$

N'oubliez jamais qu'il y a toujours deux racines carrées : une positive et une négative (c'est l'objet de nombreux pièges aux concours).

➲ Les équations de la forme $ax^2 + bx + c = 0$

L'objectif, la plupart du temps, est de déterminer la ou les valeur(s) (appelé(es) aussi **racines**) de **x** qui annule(nt) le polynôme.

Étape 1 : Calculer le delta ou discriminant : $\Delta = b^2 - 4a \times c$
Étape 2 : Étude du signe de Δ :

Si $\Delta < 0$, l'équation n'admet pas de solution réelle

Si $\Delta = 0$, l'équation admet une solution unique : $x = \frac{-b}{2a}$

Si $\Delta > 0$, l'équation admet deux solutions : $x_1 = \frac{-b-\sqrt{\Delta}}{2a}$ et $x_2 = \frac{-b+\sqrt{\Delta}}{2a}$

Révisions

Astuces. Racines évidentes.

- Si c = 0, alors $\mathbf{x} = 0$ est solution évidente
- Si a + b + c = 0, alors $\mathbf{x} = 1$ est solution évidente.
- Si a - b + c = 0, alors $\mathbf{x} = -1$ est solution évidente.
- Lorsque vous trouvez une solution évidente, il est très facile de déterminer la seconde valeur possible de **x** en se souvenant que :
  - Somme = $\mathbf{x}_1 + \mathbf{x}_2 = \frac{-b}{a}$
  - Produit = $\mathbf{x}_1 \times \mathbf{x}_2 = \frac{c}{a}$
- Les identités remarquables permettent bien souvent de factoriser un polynôme pour pouvoir ensuite trouver les valeurs possibles facilement.

Ex. : $\mathbf{x}^2 + 8\mathbf{x} + 16 = 0 \leftrightarrow (\mathbf{x} + 4)^2 = 0$ donc $\mathbf{x} = -4$

Ex. : $64\mathbf{x}^2 - 16 = 0 \leftrightarrow (8\mathbf{x} - 4)\times(8\mathbf{x} + 4) = 0$ donc $\mathbf{x} = 0{,}5$ ou $\mathbf{x} = -0{,}5$

- Je vous rappelle aussi qu'un produit de facteurs est nul si et seulement si l'un des facteurs est nul.
  Donc si $(a\mathbf{x} + b)\times(c\mathbf{x} + d) = 0$ alors $a\mathbf{x} + b = 0$ ou $c\mathbf{x} + d = 0$

I.3.1 – Somme des termes, moyenne arithmétique et moyenne pondérée

Somme des termes. La somme des termes est l'addition de tous les termes d'une série.
Elle se calcule : **Somme des termes = moyenne×nombre de termes**

Moyenne arithmétique. La moyenne arithmétique permet de calculer une moyenne simple (*Ex.* : des notes sans coefficient).

Elle se calcule : **Moyenne arithmétique** = $\dfrac{\textbf{somme des termes}}{\textbf{nombre de termes}}$

Somme pondérée des termes. Le mécanisme de pondération permet d'affecter une pondération (coefficient) à chaque terme.

Elle se calcule : **Somme pondérée des termes** = $\sum n_i X_i$

Moyenne pondérée. La moyenne pondérée permet de calculer une moyenne de termes pondérés (*Ex.* : des notes coefficientées).

Elle se calcule : **Moyenne pondérée** = $\dfrac{\sum n_i X_i}{\sum n_i}$

= $\dfrac{\textbf{somme des termes multipliés par leurs coefficients}}{\textbf{somme des coefficients}}$

I.4 – Domestiquez les problèmes physiques et financiers

I.4.1 – Mouvements : croisement et rattrapage

Les questions de vitesse, temps et distance sont fréquentes aux concours, voici donc quelques méthodes pour y faire face !

La formule de la distance. Cette formule élémentaire de physique est à la base de toutes les questions portant sur des problèmes de croisement, rattrapage et autres mouvements.

Distance = vitesse × temps

La principale difficulté réside dans le choix des unités. Je vous conseille, sauf indication contraire de l'énoncé, de toujours travailler avec des distances en kilomètres, des temps exprimés en heures et des vitesses en km/h.

Notez que les trois expressions de cette formule sont :

$$\boxed{D = v \times t} \qquad \boxed{t = \frac{D}{v}} \qquad \boxed{v = \frac{D}{t}}$$

Les problèmes de mouvements. Ces questions fréquentes lors des tests sont, en fait, de petits problèmes de physique du niveau collège faisant intervenir deux mobiles.

Il suffit d'ordonner les informations à l'aide d'un tableau et d'apporter une attention particulière aux temps et aux distances de parcours de chacun.

	Mobile 1	Mobile 2
Vitesse	V_1	V_2
Temps	T_1	T_2
Distance	D_1	D_2

Dans le cas d'un croisement : $D_{totale} = D_1 + D_2$

Dans le cas d'un rattrapage : $D_1 = D_2$

Révisions

Savoir-faire. Question de concours. Résolution d'un rattrapage.
Nicolas et Carla font le même trajet de 60 km en vélo tous les dimanches. Dimanche dernier, Nicolas a roulé à une vitesse moyenne de 20 km/h. Carla a roulé à une vitesse moyenne de 25 km/h et est partie 15 minutes après Nicolas. Quelle distance restait-il à parcourir à Nicolas quand Carla l'a rattrapé ?

a) 35 km
b) 30 km
c) 15 km
d) 55 km
e) 25 km

☑ Correction
Étape 1 : Schématisons la situation.

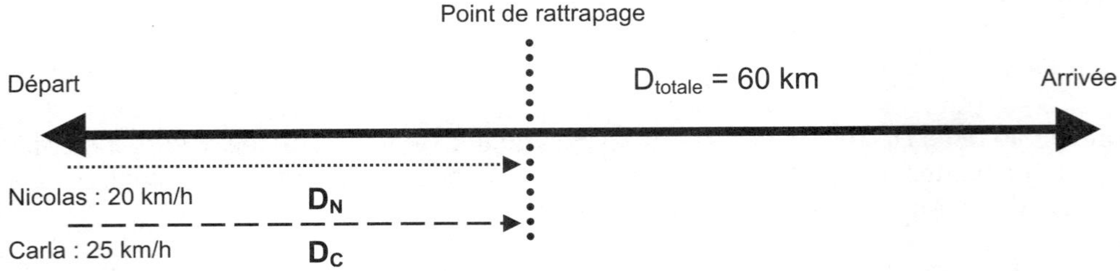

Étape 2 : Complétons le tableau.

	Nicolas	Carla
Vitesse	20 km/h	25 km/h
Temps	t + 1/4	t
Distance	D	D

Nicolas a roulé 15 mn de plus que Carla.
$D_N = D_C$

Étape 3 : Écrivons l'égalité du rattrapage et calculons.
La méthode consiste à calculer le temps qu'ils vont mettre pour se rejoindre, puis à déterminer la distance qu'ils auront parcourue pendant ce temps.

$D_N = D_C$ Notez que $D_N = 20(t + 1/4)$ et $D_C = 25t$
$20(t + 1/4) = 25t$
$5t = 5$
$t = 1$ heure

On peut alors facilement calculer la distance par rapport à l'arrivée :
$D_{restante} = D_{totale} - D_C = 60 - D_C = 35$ km

Réponse a).

NB : Je sais bien que nous avons changé de président, mais vous imaginez François et Valérie sur des vélos le dimanche après-midi ?

I.4.2 – Rendement et temps de travail

La formule de la quantité de travail. Vous l'avez probablement déjà noté, une distance est en fait une quantité de kilomètres et, par extension, la formule de la distance devient :

Quantité de travail = vitesse de travail × temps de travail

La principale difficulté réside ici encore dans le choix des unités, je vous conseille de toujours partir d'une **base identique de temps** et ainsi de toujours commencer par calculer la vitesse de travail.

Notez que les trois expressions de cette formule sont :

$$Q = v \times t \qquad t = \frac{Q}{v} \qquad v = \frac{Q}{t}$$

Important. Souvenez-vous que lorsque plusieurs personnes travaillent ensemble, **leurs vitesses s'additionnent**.

I.4.3 – Intérêts simples, intérêts composés et actualisation

Formule des intérêts simples. Cette formule correspond à un placement financier (le plus souvent inférieur à 1 an) dont les intérêts ne sont pas placés (ils ne produisent pas d'intérêts).

Intérêts = Somme placée × Taux d'intérêt × temps

Somme retirée = Somme placée × (1 + Taux d'intérêts) × temps
= Somme placée + Intérêts

Le montant des intérêts et la somme sont donnés en unité (€, $,...), le taux d'intérêt en % par période de temps et le temps en période de temps (an, mois,...).

Formule des intérêts composés. Cette formule correspond à un placement financier dont les intérêts produisent à leur tour des intérêts. C'est le mécanisme de composition des intérêts.

$$S_n = S_0 \times (1 + t)^n$$

Cette formule doit se lire : « **Somme retirée en année n** »
= Somme placée en année 0 × (1 + taux d'intérêt) ^{n}

Les sommes sont données en unité (€, $, ...) et le taux d'intérêt en % par période de temps.

Révisions

I.5 – Ne redoutez pas la géométrie

I.5.1 – Figures usuelles

Triangle. Le triangle est un polygone à trois côtés.
La somme des trois angles d'un triangle vaut 180°.

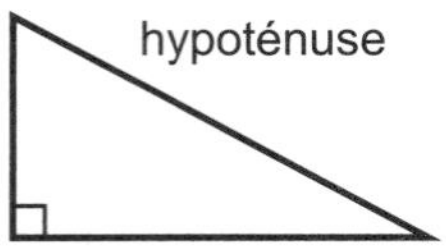

Triangle rectangle
Triangle dont l'un des angles vaut 90°.
Le plus grand côté est appelé hypoténuse.

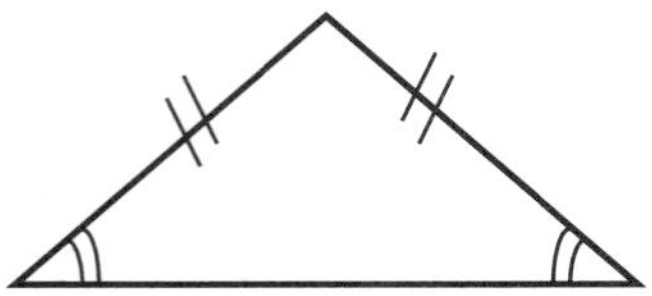

Triangle isocèle
Triangle dont deux côtés
et deux angles sont égaux.

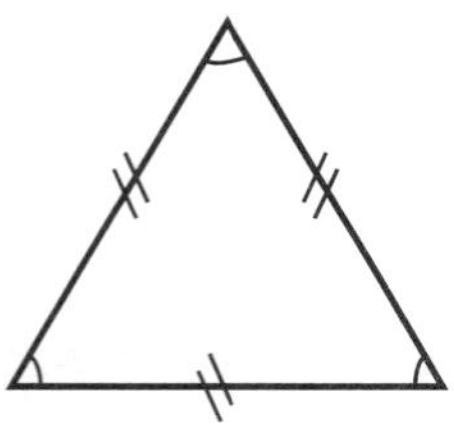

Triangle équilatéral
Triangle dont les trois côtés sont égaux,
et les trois angles sont égaux à 60°.

Surface ou aire d'un triangle.

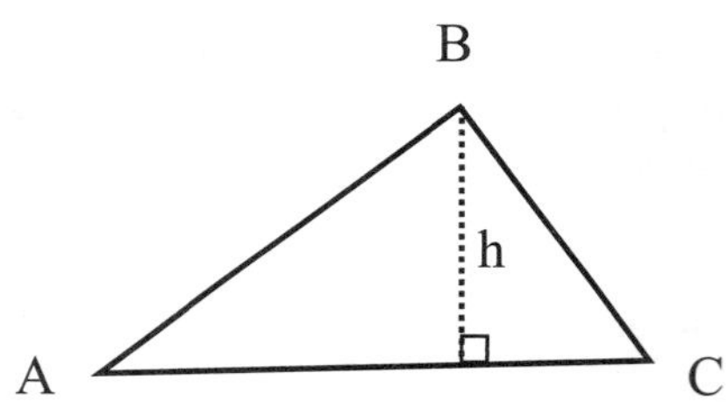

$$\textbf{Aire} = \frac{\textbf{base} \times \textbf{hauteur}}{2} = \frac{AC \times h}{2}$$

Cas particulier d'un triangle rectangle :

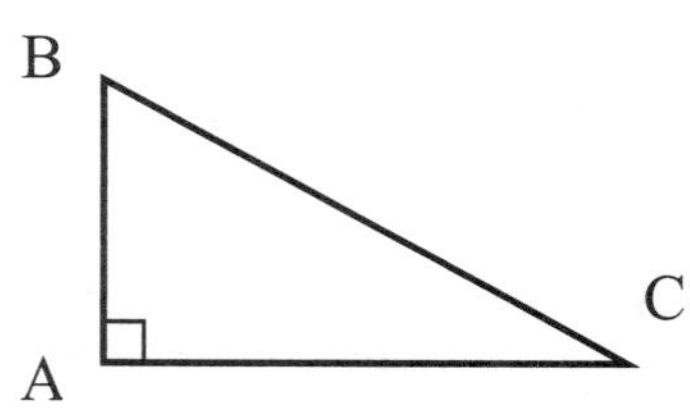

$$\text{Aire} = \frac{AB \times AC}{2}$$

Rectangle.
Quadrilatère possédant 4 angles droits.
Les côtés opposés sont de même longueur.
Ils sont appelés Longueur (L) et largeur (ℓ).
Périmètre = P = 2L + 2ℓ = 2(L + ℓ)
Surface = Aire = L×ℓ

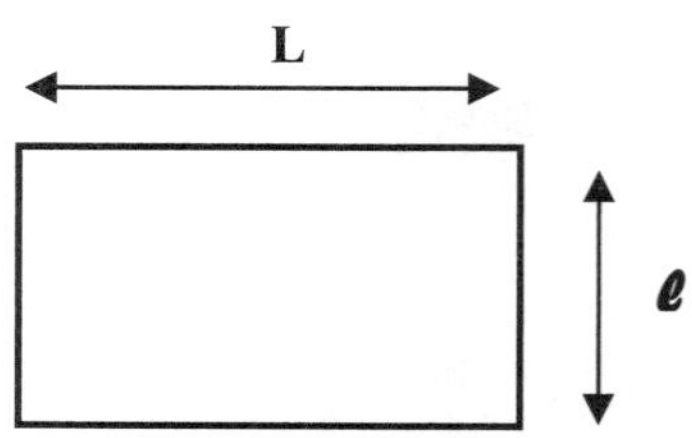

Carré.

Quadrilatère possédant 4 angles droits et dont les 4 côtés sont égaux (c).

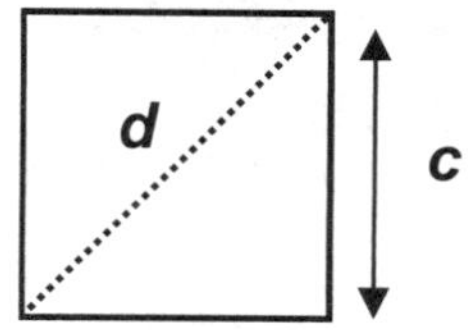

Souvenez-vous que la longueur de la diagonale (d) vaut $c\sqrt{2}$

Périmètre = P = 4c

Surface = Aire = c×c = c^2

Cercle.

C'est l'ensemble des points sur un plan qui se trouvent à la même distance d'un point particulier (son centre).

On appelle **rayon** (r) la distance entre le centre et un point quelconque du cercle.

On appelle **corde** un segment dont les deux extrémités sont deux points du cercle.

On appelle **diamètre** (d) une corde qui passe par le centre : **d = 2r**

On appelle **arc de cercle** une partie de la circonférence entre deux points.

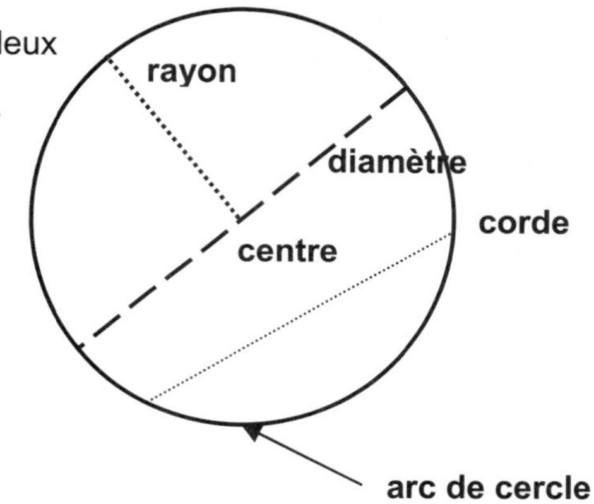

Circonférence d'un cercle (rappel : $\pi \approx 3{,}14$)

Périmètre = **Circonférence = $\mathcal{C}$ = 2πr**

Surface d'un disque

Surface = **Aire = πr^2**

Volumes.

Volume d'un **parallélépipède rectangle** : **V = L×ℓ×h**

Volume d'un **cube** : **$V = c^3$**

La longueur de la plus grande diagonale intérieure vaut $c\sqrt{3}$

La somme totale des surfaces d'un cube vaut $6c^2$

Volume d'une **sphère** : $V = \frac{4}{3}\pi r^3$

Volume d'un **cylindre** : **V = base×hauteur = $\pi r^2 \times h$**

Volume d'un **cône** : $V = \frac{1}{3}$**base×hauteur** $= \frac{1}{3}\pi r^2 \times h$

Révisions

I.5.2 – Théorème de Pythagore et théorème de Thalès

<u>Théorème de Pythagore.</u> Si un triangle est rectangle alors la somme des carrés des deux côtés perpendiculaires est égale au carré de l'hypoténuse.

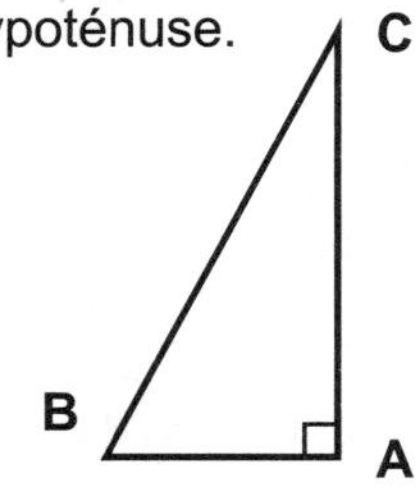

Dans le triangle ABC, si ABC est rectangle en A, alors $BC^2 = AB^2 + AC^2$

D'où la **réciproque du théorème de Pythagore**.
Si dans un triangle ABC, $BC^2 = AB^2 + AC^2$, alors ce triangle est rectangle en A.

Astuces.
Triplés pythagoriciens. Tous les triangles dont les longueurs des côtés satisfont la condition de la réciproque du théorème de Pythagore sont rectangles. Les plus usuels lors des concours sont (3, 4, 5) et (5, 12, 13) et leurs multiples.
Le triangle 30° / 60° / 90°. Dans un triangle dont les angles sont respectivement égaux à 30°, 60° et 90°, la longueur du côté opposé à l'angle de 30° est égale à la moitié de la longueur de l'hypoténuse.

<u>Théorème de Thalès</u>.
Dans un triangle ABC, si une droite parallèle au côté BC coupe (AB) en M et (AC) en N, alors :

$$\frac{MN}{BC} = \frac{AM}{AB} = \frac{AN}{AC}$$

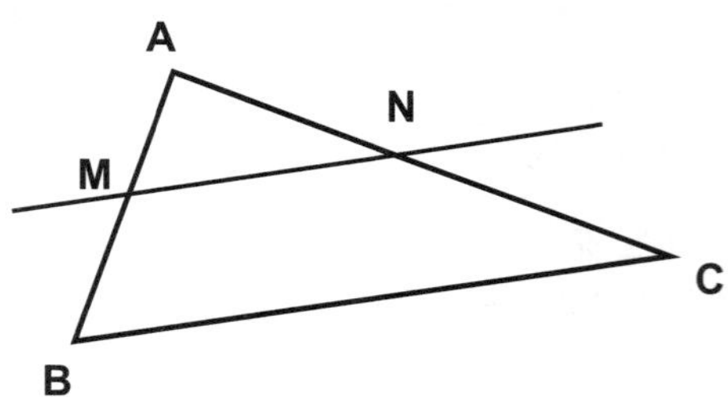

Réciproque du théorème de Thalès.

Dans un triangle ABC, M est un point de (AB) et N de (AC), si $\frac{AM}{AB} = \frac{AN}{AC}$, alors, (BC) et (MN) sont parallèles.

II – Sous-test de calcul

II.1 – Méthodologie du QCM de calcul

L'objectif de cette rubrique est de vous présenter les caractéristiques du QCM de Calcul et surtout de vous initier aux techniques ou plutôt aux tactiques de résolution. Il s'agit bien ici de tactiques qui visent à être le plus efficace et le plus rapide possible le jour J.

Avant de commencer, laissez-moi vous rappeler encore une fois que le TAGE MAGE® contient une notation négative en cas de réponse fausse. Inutile d'espérer répondre au hasard. Au contraire, cette stratégie vous mènerait droit à la catastrophe. Ne faites en aucun cas confiance à la chance ou à votre sixième sens (celui des mathématiques ?). La solution que vous cocherez *in fine* devra avoir été rigoureusement et méthodiquement déterminée.

Le conseil absolu pour le concours est simple : ***ne répondez que lorsque vous êtes certain(e) de votre choix !***

Première question que vous avez l'habitude de me poser lors des stages intensifs de préparation : **doit-on lire la totalité des questions avant de se lancer dans la résolution ?**

Ma réponse est clairement … ça dépend ! En réalité, la réponse dépend de votre aisance en logique mathématique et en calcul.

Il est évident que lire la totalité des questions avant de commencer à répondre permet de repérer les questions faciles ou tout au moins les questions que vous connaissez (parce que vous les avez déjà travaillées) et donc de traiter en priorité les questions « rentables », celles qui vous permettront de gagner des points.

D'un autre côté, le chronomètre est impitoyable et sacrifier quelques dizaines de secondes à lire la totalité des questions peut être dangereux. Ces précieuses secondes vous feront défaut lors de la résolution des questions. N'est-ce pas le temps qui vous aurait permis de répondre à une question supplémentaire et ainsi d'obtenir les 4 points qui vous feront passer la barre d'admissibilité ?...

Sérieux dilemme donc. Mon conseil est donc de ne pas lire les questions si vous êtes plutôt fort(e) en calcul : votre objectif est de répondre juste à un maximum de questions. En revanche, si vous êtes plutôt faible, il n'est pas stupide d'investir quelques secondes pour repérer les questions que vous maîtrisez : votre objectif est de répondre juste à au moins toutes les questions que vous savez traiter.

La réponse finale vous appartient donc, à vous d'évaluer en fonction des tests présents dans cet ouvrage la stratégie la mieux adaptée à votre profil.

Un second conseil absolu : ***ne perdez <u>jamais</u> votre temps sur une question.*** *Si vous ne comprenez pas ou si simplement vous ne « sentez » pas une question, passez rapidement à la suivante. De même, si vous bloquez depuis quelques dizaines de secondes dans la résolution, passez la ! Je vous l'ai déjà dit, il ne s'agit pas de répondre à toutes les questions mais de répondre JUSTE et VITE à un maximum de questions.*

Voici donc la méthodologie et les trois tactiques de résolution essentielles pour obtenir un score maximal au sous-test 2 du TAGE MAGE® : Calcul.

II.1.1 – La méthode de résolution MCPS

La méthode de résolution MCPS est somme toute assez basique mais vous devez en suivre scrupuleusement chacune des étapes. C'est de votre capacité à être rigoureux et méthodique le jour du test que dépendra votre score final.

Stress maximal, manque de temps, formalisme de l'épreuve, déconcentration intempestive...Gardez à l'esprit que le jour de l'examen, les conditions sont réunies pour vous mettre sous une pression maximale et vous pousser à la faute. Gardez la tête froide et concentrez-vous sur les méthodes, les tactiques et les automatismes acquis lors de votre préparation.

A – MCPS : Mécanisme, Connaissances, Pièges, Solutions

La première étape de toute méthode de résolution consiste évidemment à bien lire l'énoncé. Il ne s'agit pas de survoler ou de lire en diagonale la question en fonçant tête baissée vers la résolution. Avant de gravir un sommet, il faut l'observer, détecter ses spécificités, repérer les dangers puis s'équiper du matériel adéquat. La méthode est identique pour une question de calcul.

Quel Mécanisme ?

Le premier réflexe lors de la lecture de l'énoncé d'une question, c'est de vous demander quel mécanisme mathématique est abordé. Tout concepteur de test procède de la même façon, il définit d'abord un mécanisme mathématique (système d'équations, pourcentages, mouvements,...), puis il conçoit sa question en y ajoutant si besoin des pièges. Il vous faut donc deviner, au-delà de la situation décrite par l'énoncé, son fondement mathématique.

Nous avons abordé dans le cours l'essentiel des connaissances mathématiques au programme. À vous de rattacher la question à ce cours. Ne vous lancez jamais dans la résolution si vous n'avez pas repéré le mécanisme mathématique en question. Vous risqueriez de perdre du temps sans arriver à la solution.

Quelles Connaissances ?

Une fois le mécanisme mathématique repéré, vous devez être capable de rattacher immédiatement l'exercice au point de cours correspondant. Il vous faut mobiliser les bonnes connaissances.

Ce point est crucial. Mobiliser les bonnes connaissances vous permet de démarrer très rapidement la résolution, d'éviter de partir dans une mauvaise direction et de gagner du temps en évitant des calculs ou des démonstrations inutiles.

Quels Pièges ?

Une fois le mécanisme mathématique repéré, il vous faut déjouer les pièges tendus par le concepteur du test. Bien souvent, un mécanisme mathématique appliqué simplement à une question ne permet pas d'éliminer suffisamment de candidats ! La réalité est parfois cruelle, mais c'est bien de sélection dont il s'agit.

À vous de repérer ces pièges, en vous concentrant sur la rédaction de la question. Dites-vous que chaque information est utile, que chaque mot compte et qu'il est important d'identifier les données qui introduisent une difficulté supplémentaire.

Nous illustrerons dans les nombreux tests de cet ouvrage cette notion de piège.

Que m'apprennent les Solutions ?

C'est la spécificité du QCM. Des solutions possibles vous sont proposées et parmi celles-ci, la bonne réponse !
Apprenez à les utiliser. Cette étape, bien souvent négligée par les candidats est pourtant primordiale.

J'insiste, les solutions sont aussi importantes que l'énoncé, elles contiennent bien souvent des informations extrêmement utiles pour la résolution. **Il faut rigoureusement les analyser avant de se lancer dans la résolution.**

Voici les principales informations génériques que vous pouvez retirer d'une simple lecture des solutions :

- **Les unités :** km/h, €, kg, %, heures, étudiants, m², z,... Les solutions vous permettent de connaître l'unité dans laquelle votre réponse est attendue.

- **Les ordres de grandeur :** le résultat cherché est-il de l'ordre du millier, de l'unité, du millième ou du million ? La réponse à cette question vous est donnée par les solutions. Par exemple, si à mi-calcul vous vous retrouvez avec des dizaines alors que toutes les solutions sont en centièmes, c'est que vous avez commis une erreur de calcul, de signe, d'unité...

- **La nature arithmétique :** les solutions proposées sont-elles toutes des entiers, des décimaux, des fractions ? Si toutes les solutions sont des entiers, vous savez par exemple que les calculs se simplifieront.

- **Les informations tactiques :** ce que j'appelle une information tactique, c'est par exemple un écartement important entre les solutions, cette information nous évitera de « terminer » les calculs (puisque je ne peux pas hésiter entre plusieurs solutions).
  Autres exemples, des solutions qui commencent toutes par le même chiffre, la parité de la réponse…
  Nous aurons l'occasion d'isoler un grand nombre d'informations de ce type au cours de la résolution des tests dans la suite de cet ouvrage.

B – Quelle tactique de résolution ?

Après avoir dans un premier temps rigoureusement analysé l'énoncé et les solutions, puis dans un second temps mobilisé les connaissances nécessaires, il nous faut choisir la bonne tactique de résolution. Il y en a principalement trois.

Vous apprendrez progressivement avec cet ouvrage à être tour à tour consciencieux(se), malin(gne) et fainéant(e) !

La tactique du consciencieux.

Consciencieux, euse *adj.* Qui fait preuve de probité, de conscience professionnelle ; sérieux.

Cette tactique est la méthode classique de résolution d'un problème mathématique, celle que vous avez apprise dès le CE1 : résoudre un problème à partir de l'énoncé.

1 – J'identifie les données.
2 – Je mets en équation ou j'applique la formule concernée.
3 – Je résous.
4 – Je choisis parmi les solutions proposées la réponse calculée.

Notez que cette tactique permet de répondre à toutes les questions des tests.

La tactique du malin.

Malin, igne *adj. et n.* Qui manifeste une intelligence malicieuse, de l'astuce, de l'ingéniosité ; fin, rusé, habile.

Cette tactique consiste à déterminer la bonne réponse en partant des solutions proposées. **Il s'agit véritablement de TESTER les solutions (*backsolving*).**

Son nom n'a pas été choisi au hasard ! Cette tactique, bien appliquée, vous fera gagner un temps précieux car elle permet bien souvent d'éviter d'interminables calculs ou de complexes mises en équation.

1. J'ordonne les solutions par ordre croissant ou décroissant.
2. Je commence par traiter la solution du milieu.

3. Je résous « à l'envers » le problème posé par l'énoncé à l'aide de la solution. Si je retombe sur les données de l'énoncé, alors la solution testée est la bonne réponse.
4. Sinon, je traite une solution supérieure ou inférieure en fonction du résultat obtenu (nous l'illustrerons plus tard) jusqu'à déterminer la bonne réponse.

La tactique du fainéant.

Fainéant, e adj. et n. Qui ne veut rien faire.

Il ne s'agit en aucun cas d'encourager ici la fainéantise ! Je regroupe sous cette appellation un certain nombre de tactiques de résolution qui minimisent au maximum les calculs.

Vous le constaterez, ces tactiques font le plus souvent appel au bon sens et à quelques ruses. Mais elles ne peuvent être appliquées avec efficacité qu'à partir d'une étude minutieuse des solutions.

II.1.2 – Illustrations

Exemple 1.

Un capital de 45 000 € est placé pendant un an pour partie à 5 % et pour le reste à 8 %. La somme placée à 8 % a rapporté 2 240 € d'intérêts. Quel était le montant de la somme placée à 5 % ?

a) 14 000 €
b) 17 000 €
c) 19 000 €
d) 23 000 €
e) 28 000 €

☑ Correction

1. Lecture MCPS de la question (Mécanisme, Connaissances, Pièges, Solutions)

Mécanisme. Cette question porte clairement sur les notions de mathématiques financières. L'énoncé précise que la durée du placement a été de 1 an, il n'y a donc aucune hésitation sur la formule à appliquer, celle des intérêts simples.

Connaissances. Rappelons la formule :

Intérêts = Somme placée × taux d'intérêt × temps

N'oublions pas d'apporter une attention particulière aux unités : les intérêts et la somme seront en euros, le taux en pourcentage et le temps ici en année.

Pièges. Le piège est assez mal dissimulé ! L'application de notre formule va nous permettre de calculer la somme placée à 8 %, et, la question porte sur la somme placée à 5 %. À n'en pas douter, le montant de la somme placée à 8 % fera très certainement partie des solutions proposées. Évitons de tomber dans ce grossier piège !

Solutions. La réponse est comprise entre 14 000 € et 28 000 €.

2. Quelle tactique de résolution ?

La tactique du malin n'est pas vraiment applicable, lançons-nous dans une résolution classique : tactique du consciencieux.

3. Résolution.

Somme placée = Intérêts / (taux d'intérêt × temps)

Somme placée = 2 240 / (8%×1) $\qquad \dfrac{2\,240}{\dfrac{8}{100}} = \dfrac{2\,240 \times 100}{8} = \dfrac{224}{8} \times 1000$

Somme placée à 8 % = 28 000 € $\qquad 224 = 200 + 24 = 8 \times 25 + 8 \times 3 = 8 \times 28$

Si la somme placée à 8 % vaut 28 000 €, alors la somme placée à 5 % vaut :
45 000€ - 28 000 € = 17 000 €

Réponse b).

Exemple 2.

La pâtisserie Le Gai Choc a augmenté le prix de la baguette tradition de 12 % en 2012 et de 8 % en 2013. Quelle est l'augmentation du prix de la baguette tradition sur les deux années ?

a) 8 %
b) 12 %
c) 19 %
d) 21 %
e) 69 %

☑ Correction

1. Lecture MCPS de la question (Mécanisme, Connaissances, Pièges, Solutions)

Mécanisme. Il s'agit clairement d'une question portant sur les pourcentages.

Connaissances. Il s'agit ici d'un calcul d'une succession de variations, souvenons-nous que :

$$\text{Variation totale} = \text{variation 1} \times \text{variation 2}$$

L'astuce consiste à partir d'une base 100.

Pièges. La question ne présente aucun piège particulier.

Solutions. Remarquons que les réponses sont toutes des nombres entiers. Le calcul ne se simplifiant pas *a priori* ($1{,}12 \times 1{,}08$), nous n'aurons pas besoin de le « terminer ».

Par ailleurs, nous pouvons d'ores et déjà éliminer les réponses a) et b) qui sont reprises de l'énoncé. Une augmentation de 12 % puis de 8 % ne peut pas aboutir ni à une augmentation de 8 %, ni de 12 %.

Éliminons aussi la réponse e) qui semble bien trop grande.

A ce stade, il ne reste plus que les réponses c) et d).

2. Quelle tactique de résolution ?

Utilisons l'astuce base 100.

3. Résolution.

Partons d'une base 100 en 2011, en 2012, le prix est de 112.

En 2013, le prix est de :

$$112 \times 1{,}08$$
$$= 112 \times (1 + 0{,}08)$$
$$= 112 + 112 \times 0{,}08$$

C'est le moment d'être fainéant...

Le résultat de $112 \times 0{,}08 = 1{,}12 \times 8$ est forcément supérieur à 8.

Donc $112 \times 1{,}08$ sera forcément supérieur à $112 + 8 = 120$

Par rapport à une base 100, l'augmentation sera donc forcément supérieure à 20% !

Réponse d).

Exemple 3.

Agnès met 2 heures et 30 minutes pour préparer son plat préféré : la chouchouka. Si Agnès et sa belle-sœur Sandy cuisinent ensemble, la préparation d'un plat de chouchouka se fait en 1h30mn. Combien de temps Sandy mettrait-elle pour préparer seule un plat de chouchouka ?

a) 2 heures et 30 minutes
b) 4 heures et 15 minutes
c) 3 heures
d) 3 heures et 45 minutes
e) 5 heures et 15 minutes

☑ Correction

1. Lecture MCPS de la question (Mécanisme, Connaissances, Pièges, Solutions)

Mécanisme. L'énoncé de cette question aborde des problèmes de temps de travail. Il s'agit de déterminer la vitesse commune de travail d'Agnès et de Sandy.

Connaissances. Souvenons-nous que la principale difficulté réside dans le choix d'une base identique de temps et que lorsque plusieurs personnes travaillent ensemble, leurs vitesses s'additionnent.

Pièges. La question ne présente pas de piège particulier.

Solutions. Les solutions ne nous apprennent rien à ce stade.

2. Quelle tactique de résolution ?

Nous utiliserons probablement la tactique classique de résolution en appliquant rigoureusement la formule Q = v×t. Tactique du consciencieux.

3. Résolution.

Déterminons la vitesse d'Agnès : Q = v×t

1 plat = $V_{Agnès}$×2,5 heures Rappel : 30mn = 0,5 heure

$$V_{Agnès} = \frac{1}{2,5} \text{ plat/h} = \frac{2}{5} \text{plat/h}$$

Déterminons leur vitesse commune lorsque Agnès et Sandy cuisinent ensemble :

1 plat = $V_{Agnès\ et\ Sandy}$×1,5 heure

$$V_{Agnès\ et\ Sandy} = \frac{1}{1,5} \text{plat/h} = \frac{2}{3}\text{plat/h}$$

Or : $V_{Agnès\ et\ Sandy} = V_{Agnès} + V_{Sandy}$

Donc : $V_{Sandy} = V_{Agnès\ et\ Sandy} - V_{Agnès} = \frac{2}{3} - \frac{2}{5} = \frac{10}{15} - \frac{6}{15} = \frac{4}{15}$ plat/h

Pour préparer 1 plat, Sandy seule met : 1 plat = V_{Sandy}×t

$$t = \frac{1}{\frac{4}{15}} = \frac{15}{4} \text{ heures} = 3\text{h}45\text{mn}$$

Astuce : $\frac{15}{4} = \frac{16-1}{4} = 4 - \frac{1}{4}$

Réponse d).

Exemple 4.

L'an dernier, mon âge était multiple de 12. L'année prochaine, il sera multiple de 7. Aujourd'hui, quel est mon âge ?

a) 13 ans
b) 37 ans
c) 48 ans
d) 55 ans
e) 76 ans

☑ Correction

1. Lecture MCPS de la question (Mécanisme, Connaissances, Pièges, Solutions)

Mécanisme. La question porte sur la notion de divisibilité.

Connaissances. Souvenons-nous qu'un nombre N est multiple de 12 si et seulement si N est multiple de 3 et 4.

Pièges. Le piège est classique, si A est la valeur de mon âge aujourd'hui, l'an dernier mon âge était (A - 1) et l'an prochain, mon âge sera (A + 1).

Solutions. Les solutions nous apprennent que mon âge est compris entre 13 et 76 ans.

2. Quelle tactique de résolution ?

Évitons une mise en équation laborieuse et utilisons la tactique du malin, testons les réponses.

3. Résolution.

L'an dernier, mon âge était multiple de 12 signifie que (solution - 1) doit être divisible par 12 : j'élimine donc les solutions c), d) et e). Car, 47, 54 et 75 ne sont pas multiples de 12.
Ne restent que les solutions a) et b).
L'an prochain, mon âge sera multiple de 7 signifie que (solution + 1) doit être multiple de 7 : j'élimine la solution b). Car, 38 n'est pas multiple de 7.

Réponse a).

Remarque. Une résolution par une classique mise en équation pouvait nous conduire au résultat mais était bien plus laborieuse :

$$\begin{cases} N - 1 = 12k \\ N + 1 = 7j \end{cases} \Leftrightarrow \begin{cases} N = 12k + 1 \\ N = 7j - 1 \end{cases}$$

Donc : $12k + 1 = 7j - 1$

Et : $7j = 12k + 2$

Soit, pour k =	1 ;	2 ;	3 ;	4 ;	5 ;	6
7j =	14 ;	26 ;	38 ;	50 ;	62 ;	74
N =	13 ;	25 ;	37 ;	49 ;	61 ;	73

Je m'arrête à 72 car d'après les solutions, mon âge est inférieur à 76 ans.
Dans cette série, seul 14 est multiple de 7.

Exemple 5.

Quelle est la valeur du cube du quintuple de 3 ?

a) 2 744
b) 225
c) 4 913
d) 2 025
e) 3 375

☑ Correction

1. Lecture MCPS de la question (Mécanisme, Connaissances, Pièges, Solutions)

Mécanisme. La question après une lecture rapide -trop ?- porte sur les cubes et sur le calcul mental. Attention, une lecture plus attentive permet de comprendre que cette question porte aussi sur la parité et la divisibilité.

Piège. Le quintuple signifie « multiplié par 5 ».

Solutions. Les solutions nous permettent d'éviter les calculs.

2. Quelle tactique de résolution ?

Nous utilisons très clairement la tactique du fainéant : après une analyse de l'énoncé, nous faisons « parler » les solutions.

3. Résolution.

Ma réponse doit obligatoirement être un cube : j'élimine les réponses b) et d).

D'autre part, réfléchissons. Le quintuple de 3 est forcément un multiple de 5, ma solution doit donc obligatoirement être un multiple de 5 : le cube d'un multiple de 5 se termine forcément par 5 : j'élimine les réponses a) et c).

La réponse est évidemment 3 375.

Réponse e).

Astuce : Il pouvait être aussi rapide de calculer mentalement $[(5\times3)^3 = 15^3 = 3\ 375]$, cependant, retenez ces tactiques d'analyse des solutions (parité, nature, divisibilité ...).

II.2 – Calcul : Entraînez-vous !

II.2.1 – Calcul – Entraînement 1 – 15 questions en 20 min.

Grille de réponses à détacher en page 679.

Question 1. Soit XX un nombre à deux chiffres et YYZ un nombre à trois chiffres tels que XX + XX = YYZ. Que vaut X + 2Y + 3Z ?

a) 16
b) 34
c) 23
d) 7
e) 42

Question 2. Je pense à un nombre et je lui ajoute 15. Je divise le résultat par 4, puis je retranche 23. Je divise ce que j'obtiens par 4 et je trouve 20. De quel nombre suis-je parti ?

a) 387
b) 397
c) 398
d) 302
e) 345

Question 3. La somme de 4 nombres entiers consécutifs est égale à 646. Combien d'entre eux ne sont pas des nombres premiers ?

a) aucun
b) 1
c) 2
d) 3
e) 4

Question 4. $2\,989^2 - 1\,990^2 = ?$

a) 10 000
b) 4 979
c) 4 974 021
d) 1 000 000
e) 7 479 979

Question 5. Une voiture consomme 11 litres aux 100 kilomètres en roulant à 130 km/h. Son réservoir peut contenir 60 litres d'essence. Quelle distance peut-elle parcourir avec un plein de 49,5 litres en roulant à 130 km/h ?

a) 275 km
b) 350 km
c) 450 km
d) 500 km
e) 550 km

Question 6. Quel est le taux de remplissage d'un théâtre comptant 450 places, sachant qu'avec 50 spectateurs de moins, il serait rempli aux deux tiers ?

a) $\frac{1}{2}$
b) $\frac{5}{7}$
c) $\frac{2}{3}$
d) $\frac{7}{9}$
e) $\frac{4}{5}$

Question 7. Une école comprend deux classes de cinquième. Tous les élèves apprennent une ou deux langues vivantes. Parmi eux, 17 apprennent l'anglais, 12 apprennent l'allemand et 8 n'apprennent ni l'anglais, ni l'allemand. Sachant que 5 apprennent l'anglais et l'allemand, combien y a-t-il d'élèves de cinquième dans cette école ?

a) 30
b) 32
c) 34
d) 36
e) 38

Question 8. Dans un examen comportant m questions, Elisabeth répond juste à 17 des 20 premières questions et correctement à un quart des autres questions. Il n'y a pas de notation négative. Si son score final est égal à 50 % de la note maximale, quelle est la valeur de m ?

a) 48
b) 49
c) 50
d) 51
e) 52

Question 9. Un théâtre propose deux tarifs annuels à ses clients. Pour le premier, le client doit payer un abonnement de 250 € et chaque représentation est facturée 30 €. Pour le second, l'abonnement coûte 900 € et la place est gratuite. À partir de combien de pièces de théâtre l'abonnement à 900 € devient-il avantageux ?

a) 21
b) 22
c) 23
d) 24
e) 25

Question 10. Un enfant entre dans une boulangerie, il demande 3 sucettes et 2 berlingots. La boulangère lui demande 2,70 €. À peine sorti de la boulangerie, il se ravise, rentre dans la boulangerie et demande s'il est possible de rendre une sucette et d'obtenir un berlingot supplémentaire. La boulangère accepte et lui rend alors 15 centimes. Quel est le prix d'une sucette ?

a) 0,45 €
b) 0,525 €
c) 0,60 €
d) 0,70 €
e) 0,65 €

Question 11. Une famille est constituée de la mère, du père et des enfants. La moyenne des âges de tous les membres de la famille est de 19 ans. Si l'on retire le père qui a 43 ans, la moyenne d'âge du reste de la famille ne s'élève plus alors qu'à 15 ans. Combien y a-t-il d'enfants dans cette famille ?

a) 2
b) 3
c) 4
d) 5
e) 6

Question 12. Un coursier de Sushi Veste effectue la même tournée tous les jours. Il constate que lorsqu'il roule 20 km/h plus vite qu'habituellement, il met 30 minutes de moins pour effectuer sa tournée. En revanche, lorsque les embouteillages diminuent sa vitesse moyenne de 20 km/h, il termine sa tournée 1 heure et 30 minutes plus tard. Quelle est la longueur, en kilomètres, de sa tournée ?

a) 45 km
b) 50 km
c) 55 km
d) 60 km
e) 65 km

Question 13. Deux cyclistes (A et B) décident de faire une course poursuite sur un parcours de 35 km. À démarre le premier et roule à 36 km/h. B démarre 10 minutes après A et roule à 45 km/h. À quelle distance de l'arrivée B va-t-il rattraper A ?

a) 6 km
b) 30 km
c) 14 km
d) 25 km
e) 5 km

Question 14. Un épargnant décide de placer 1/3 de son capital sur un compte épargne rémunéré à 3 % et le reste sur un compte rémunéré à 7 %. Au bout d'un an, il a acquis 1 700 € d'intérêts au total. Quel est le montant du capital détenu par cet épargnant ?

a) 17 000 €
b) 21 000 €
c) 27 000 €
d) 30 000 €
e) 36 000 €

Question 15. Sur le stand de Victoria, un pull col V et trois pulls col rond coûtent 113 €, deux pulls col rond et deux cardigans coûtent 142 €, enfin, deux pulls col V et trois cardigans coûtent 205 €. Combien coûtent un pull col V, un pull col rond et un cardigan ?

a) 78 €
b) 89 €
c) 95 €
d) 106 €
e) 112 €

Calculez votre score à l'aide de la grille de correction en page 660.

II.2.1bis – Calcul - Entraînement 1 – Correction

Calculez votre score à l'aide de la grille de correction en page 660.

Question 1.

Difficulté : ★★ *Réponse d)*

1. Lecture MCPS de la question (Mécanisme, Connaissances, Pièges, Solutions)
Il s'agit ici de travailler sur les nombres entiers naturels.

2. Quelle tactique de résolution ?
Nous allons lister tous les nombres XX possibles. Il y en a 9 !

3. Résolution.
Les nombres XX tels que 2×XX donnent un nombre à trois chiffres ne sont pas nombreux, listons-les :

Valeur de X	Valeur de XX	Valeur de 2×XX	Valeur de Y	Valeur de Z
1	11	22	impossible	
2	22	44	impossible	
3	33	66	impossible	
4	44	88	impossible	
5	55	110	1	0
6	66	132	impossible	
7	77	154	impossible	
8	88	176	impossible	
9	99	198	impossible	

On a donc : 5 + 2x1 + 3x0 = 7

Question 2.

Difficulté : ★ *Réponse b)*

1. Lecture MCPS de la question (Mécanisme, Connaissances, Pièges, Solutions)
Cette question porte sur une série d'opérations basiques.

2. Quelle tactique de résolution ?
Posons les opérations énoncées.

3. Résolution.
Posons ***a*** la valeur du nombre cherché.

L'énoncé devient : $$\frac{\frac{a+15}{4}-23}{4}=20$$

Remarquons que résoudre cette opération revient à lire l'énoncé « à l'envers » :

(a + 15)/4 - 23 = 4×20

a + 15 - 92 = 4×80

a = 320 + 77

a = 397

Question 3. Difficulté : ★ *Réponse d)*

1. Lecture MCPS de la question (Mécanisme, Connaissances, Pièges, Solutions)
Une question classique portant sur les entiers naturels. Nous sentons bien que nous pouvons partir des solutions. Attention, la question porte sur les nombres qui ne sont **pas** premiers.

2. Quelle tactique de résolution ?
Deux tactiques de résolution sont efficaces sur ce type de question. À vous de déterminer celle qui vous plaît le plus.

3. Résolution.
Tactique du consciencieux.
Posons n, la valeur du plus petit des quatre entiers naturels.
$n + (n + 1) + (n + 2) + (n + 3) = 646$
$4n = 646 - 6$
$n = 640/4$
$n = 160$
Les 4 entiers naturels sont donc : 160, 161, 162 et 163.
163 est le seul nombre premier de la liste.
Tactique du fainéant.
Il s'agit ici de calculer la moyenne des quatre entiers :
$$\frac{646}{4} = 161{,}5$$
Les 4 entiers naturels sont donc : 160, 161, 162 et 163.
163 est le seul nombre premier de la liste.

Question 4. Difficulté : ★★★ *Réponse c)*

J'espère que vous avez repéré l'identité remarquable.

$2\,989^2 - 1\,990^2$
$= (2\,989 + 1\,990)\times(2\,989 - 1\,990)$
$= 4\,979\times999$
$= 4\,979\times(1\,000 - 1)$
$= 4\,979\,000 - 4\,979$
$= 4\,974\,021$

Astuce : décomposons 999 en (1 000 – 1)

Astuce pour aller plus vite, remarquez que :
$(2\,989 + 1\,990)\times(2\,989 - 1\,990) \approx 5\,000\times1\,000 \approx 5\,000\,000$

Question 5. Difficulté : ★ *Réponse c)*

1. Lecture MCPS de la question (Mécanisme, Connaissances, Pièges, Solutions)
Il s'agit d'une application typique du produit en croix. Déjouez le piège : la vitesse est inutile, nous nous intéressons uniquement à la consommation !

2. Quelle tactique de résolution ?

Raisonnons sur l'énoncé puis posons les calculs.

3. Résolution.

Distance	Consommation d'essence
100	11
x	49,5

Alors : $\mathbf{x} = \dfrac{100 \times 49{,}5}{11} = \dfrac{100 \times 44 + 100 \times 5{,}5}{11} = 100 \times 4 + 100 \times \dfrac{1}{2} = 450\text{km}$

Question 6.

Difficulté : ★★ *Réponse d)*

Appelons N le nombre de spectateurs présents et T le taux de remplissage.

Nous savons que 450 spectateurs équivalent à un taux de remplissage de 1 (ou 100 %).

Nous savons aussi que (N - 50) équivaut à un taux de remplissage de $\dfrac{2}{3}$

Alors : $N - 50 = \dfrac{2}{3} \times 450$

Et : $N = 300 + 50$

Donc : $N = 350$

T, le taux de remplissage se calcule à partir d'un banal produit en croix :

Nombre de spectateurs	Taux de remplissage
450	1
350	T

$T = \dfrac{350 \times 1}{450} = \dfrac{35}{45} = \dfrac{7 \times 5}{9 \times 5} = \dfrac{7}{9}$

Question 7.

Difficulté : ★★★ *Réponse b)*

1. Lecture MCPS de la question (Mécanisme, Connaissances, Pièges, Solutions)

Il s'agit d'un dénombrement et plus précisément de l'application de la formule des sous-ensembles.

Souvenons-nous que : $Card(A \cup B) = Card(A) + Card(B) - Card(A \cap B)$

Attention à cet énoncé particulièrement confus.

2. Quelle tactique de résolution ?

Appliquons la formule.

3. Résolution.

Posons E les élèves parlant anglais et A les élèves parlant allemand.

Alors : Card(E ou A) = Card(E) + Card(A) - Card(E et A)

Card(E) : nombre d'élèves parlant anglais

Et : Card (E ou A) = 17 + 12 - 5 = 24

24 élèves apprennent l'anglais <u>ou</u> l'allemand.
Il y a donc 32 élèves de cinquième dans cette école, les 24 élèves pratiquant une des deux langues et les 8 élèves n'apprenant ni l'anglais, ni l'allemand.

En schématisant l'énoncé :

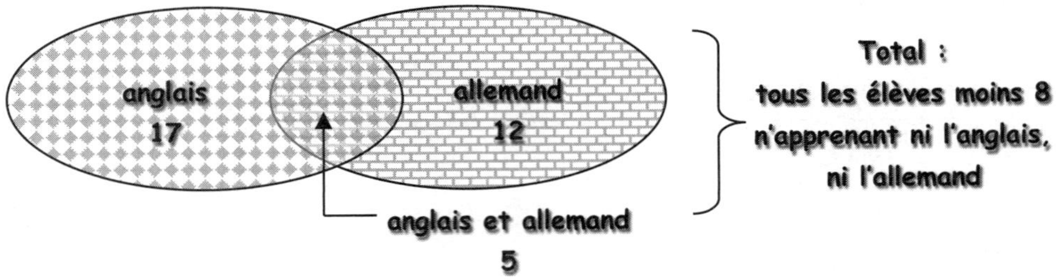

Question 8. Difficulté : ★★★ *Réponse a)*

1. Lecture MCPS de la question (Mécanisme, Connaissances, Pièges, Solutions)
Une mise en équations classique. Les solutions sont riches en informations, utilisez-les. La réponse est forcément paire, puisque Elisabeth répond juste à la moitié des questions, nous éliminons b) et d).

2. Quelle tactique de résolution ?
Raisonnons et calculons.

3. Résolution.
<u>Tactique du consciencieux.</u>

Nous savons qu'Elisabeth a répondu juste à $\frac{1}{2}$m questions en tout.

D'autre part, Elisabeth a répondu juste à [17 + $\frac{1}{4}$(m – 20)] questions.

Alors : $17 + \frac{1}{4}(m - 20) = \frac{1}{2}m$ Multiplions cette équation par 4.

$68 + m - 20 = 2m$

$m = 48$

<u>Tactique du malin.</u>
Testons les solutions en partant de la solution du milieu.
c) Elisabeth répond juste à la moitié des 50 questions, soit 25 questions mais $50 \neq 20 + 4 \times 8$
Le résultat étant supérieur au résultat attendu, nous éliminons c) et e).

Question 9. Difficulté : ★★ *Réponse b)*

1. Lecture MCPS de la question (Mécanisme, Connaissances, Pièges, Solutions)
Il s'agit d'une question classique de mise en inéquation.
Nous pourrions évidemment partir des solutions.

2. Quelle tactique de résolution ?

Posons l'inéquation et calculons.

3. Résolution.

Tactique du consciencieux.

Posons N le nombre de pièces, l'énoncé devient alors :

1er abonnement : 250 € + N×30 €

2ème abonnement : 900 €

Nous voulons : 2ème abonnement < 1er abonnement

$900 < 250 + 30N$

$650 < 30N$

$N > \frac{650}{30}$

$N > 21{,}66$

Astuce : $\frac{650}{30} = \frac{65}{3} = 21 + \frac{2}{3}$

Tactique du malin.

Testons les solutions en partant de la solution du milieu.

c) 250 + 30×23 = 940 €

Le résultat étant supérieur au résultat attendu, nous éliminons c), d) et e).

b) 250 + 30×22 = 910 €

a) 250 + 30×21 = 880 €

Question 10.

Difficulté : ★★ *Réponse c)*

1. Lecture MCPS de la question (Mécanisme, Connaissances, Pièges, Solutions)

Nous avons dans cette question un système de 2 équations à 2 inconnues. Je vous conseille de poser les équations et de les résoudre ici et à titre d'entraînement mais de ne surtout pas le faire le jour de l'examen !

2. Quelle tactique de résolution ?

Posons les équations et résolvons le système, puis tentons de trouver une astuce nous permettant de résoudre plus rapidement.

3. Résolution.

Tactique du consciencieux.

Posons T le prix d'une sucette et B le prix d'un berlingot, l'énoncé devient alors :

$\begin{cases} 3T + 2B = 2{,}7 \\ 2T + 3B = 2{,}7 - 0{,}15 \end{cases}$ $\begin{cases} 6T + 4B = 5{,}4 \\ 6T + 9B = 7{,}65 \end{cases}$ $\begin{cases} 6T + 4B = 5{,}4 \\ 5B = 7{,}65 - 5{,}4 \end{cases}$

$$\begin{cases} T = \dfrac{5{,}4 - 1{,}8}{6} = 0{,}60 \text{ €} \\ B = \dfrac{2{,}25}{5} = 0{,}45 \text{ €} \end{cases}$$

Tactique du fainéant.

En échangeant une sucette contre un berlingot, l'enfant récupère 0,15 €, nous en déduisons que la sucette coûte 0,15 € de plus que le berlingot. Alors testons les réponses en commençant par la réponse du milieu :

c) Si la sucette coûte 0,60 €, le berlingot coûte 0,45 €, de plus, 3 sucettes et 2 berlingots coûtent 2,70 € ...

Question 11. Difficulté : ★★ *Réponse d)*

1. Lecture MCPS de la question (Mécanisme, Connaissances, Pièges, Solutions)

Le mécanisme est évident : moyenne arithmétique, la mise en équation est en revanche plus complexe.

2. Quelle tactique de résolution ?

Une mise en équation classique permet de trouver la solution, mais une lecture astucieuse de l'énoncé permet de trouver le résultat sans calcul.

3. Résolution.

Tactique du consciencieux.

Posons N le nombre d'enfants dans cette famille, cette famille comprend alors (2 + N) membres (le père, la mère et les N enfants).

Nous savons que la moyenne des âges de cette famille est de 19 ans, la somme des âges de cette famille est donc de $(2 + N)\times19$.

Nous savons aussi que lorsqu'on retire le père, la moyenne des âges de cette famille est de 15 ans, la somme des âges de cette famille est donc de : $43 + (1 + N)\times15$

Évidemment, nous avons l'égalité suivante :

$$(2 + N)\times19 = 43 + (1 + N)\times15$$
$$38 + 19N = 43 + 15 + 15N$$
$$4N = 20$$
$$N = 5$$

Tactique du fainéant.

Comprenez que lorsqu'on retire l'âge du père, la différence entre l'âge du père et l'âge moyen « se répartit » sur les autres membres de la famille.

Nous cherchons :

$$(\text{solution} + 1)\times(19 - 15) = 43 - 19$$
$$(\text{solution} + 1) = \frac{24}{4} = 6$$

Donc : $N = 5$

Question 12. Difficulté : ★★ *Réponse d)*

Appliquons la formule $D = V\times t$.

Posons D, la distance parcourue par le coursier et t son temps de trajet.

Habituellement : $D = V\times t$

Sans embouteillage : $D = (V + 20)(t - 0,5)$

Avec embouteillages : $D =(V - 20)(t + 1,5)$

$$\begin{cases} D = Vt \\ Vt - 0,5V + 20t - 10 = Vt \\ Vt + 1,5\,V - 20t - 30 = Vt \end{cases} \quad \begin{cases} D = Vt \\ 20t = 10 + 0,5V \\ 1,5V - 20t = 30 \end{cases} \quad \begin{cases} D = Vt \\ t = 0,5 + 0,025V \\ 1,5V - 0,5V = 30 + 10 \end{cases}$$

$$\begin{cases} D = 60 \text{ km} \\ t = 1\text{h}30 \text{ mn} \\ V = 40 \text{ km/h} \end{cases}$$

Question 13. Difficulté : ★★ *Réponse e)*

1. Lecture MCPS de la question (Mécanisme, Connaissances, Pièges, Solutions)

Une question de mouvement : premier réflexe, sommes-nous dans un cas de croisement ou de rattrapage ? Puis, appliquons la méthode de résolution en 3 étapes. Attention au piège, la question porte sur la distance restante.

2. Quelle tactique de résolution ?

Méthode du tableau.

3. Résolution.

Étape 1 : Schématisons la situation.

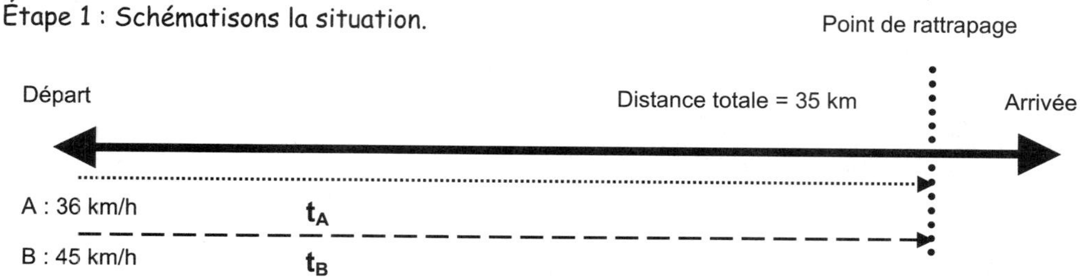

Étape 2 : Complétons le tableau.

	A	B
Vitesse	36 km/h	45 km/h
Temps	$t + \frac{1}{6}$	t
Distance	Da	Db

A a roulé 10 mn de plus que B.

Da = Db

Étape 3 : Écrivons l'égalité du rattrapage et calculons.

Da = Db

$36(t + \frac{1}{6}) = 45t$

$6 = 9t$

$t = \frac{2}{3}$ heure

$Da = Db = 45 \times \frac{2}{3} = 30$ km

Attention, les 2 cyclistes se rejoignent à 5 km de l'arrivée.

Question 14. Difficulté : ★★ *Réponse d)*

1. Lecture MCPS de la question (Mécanisme, Connaissances, Pièges, Solutions)

Cette question porte sur la formule des intérêts. Attention, la durée de placement est égale à 1 an, c'est donc la formule des intérêts simples qu'il nous faut utiliser :

Intérêts = Somme placée × taux d'intérêt × temps.

2. Quelle tactique de résolution ?

Appliquons la formule.

3. Résolution.

Posons X, la valeur de la somme initiale. Alors, le tiers de la somme initiale soit $\frac{1}{3}$X est placé à 3 %, et le reste, soit $\frac{2}{3}$X à 7 %.

Appliquons la formule : Intérêts = Somme placée × taux d'intérêt × temps

$$1\,700 = \frac{1}{3}X \times 3\% \times 1 + \frac{2}{3}X \times 7\% \times 1$$

$$170\,000 = \frac{1}{3}X \times 3 + \frac{2}{3}X \times 7 \qquad \text{Multiplions les deux côtés par 100.}$$

$$170\,000 = \frac{17}{3}X$$

$$X = 170\,000 \times \frac{3}{17} = 30\,000\ €$$

Question 15. Difficulté : ★★ *Réponse d)*

1. Lecture MCPS de la question (Mécanisme, Connaissances, Pièges, Solutions)

Cette question se résout en posant un système de 3 équations et 3 inconnues.

Les solutions peuvent nous permettre d'arriver au résultat plus rapidement.

2. Quelle tactique de résolution ?

Posons les équations et résolvons le système.

3. Résolution.

Posons V le prix d'un pull col V, R le prix d'un pull col rond et C le prix d'un cardigan, l'énoncé devient alors :

$$\begin{cases} V + 3R = 113 \\ 2R + 2C = 142 \\ 2V + 3C = 205 \end{cases} \quad \begin{cases} V = 113 - 3R \\ C = 71 - R \\ 2(113 - 3R) + 3(71 - R) = 205 \end{cases} \quad \begin{cases} V = 113 - 3R \\ C = 71 - R \\ 9R = 234 \end{cases}$$

$$\begin{cases} V = 35 \\ C = 45 \\ R = 26 \end{cases}$$

Alors : V + R + C = 106 €

Astuce pour les fainéants : si [V + 3R = 113] et [2V + 3C = 205] alors [3V + 3R + 3C = 318] !

II.2.2 – Calcul - Entraînement 2 – 15 questions en 20 min.

Grille de réponses à détacher en page 677.

Question 1. Deux voitures partent simultanément de deux villes (A et B) distantes de 100 km. Elles se croisent à 70 km de B au bout d'une demi-heure de route. Quelle est la différence de vitesse entre les deux voitures ?

a) 65 km/h
b) 70 km/h
c) 75 km/h
d) 80 km/h
e) 90 km/h

Question 2. $\boldsymbol{x}$ et $\boldsymbol{y}$ satisfont les égalités suivantes $\boldsymbol{x}^2 + \boldsymbol{y}^2 = 313$ et $\boldsymbol{x} \times \boldsymbol{y} = 156$. Quelle est la valeur de $(\boldsymbol{x} + \boldsymbol{y})$, sachant que $\boldsymbol{x}$ et $\boldsymbol{y}$ sont positifs ?

a) $\sqrt{156}$
b) $\sqrt{313}$
c) 25
d) 37
e) 41

Question 3. Au mariage de Xavier et Shirley il y a $\boldsymbol{a}$ invités. Avec un invité de plus, les convives pourraient être répartis en tables de 5 personnes, mais si un invité se décommande, les convives pourront être répartis en tables de 11 personnes. Quelle est la valeur de $\boldsymbol{a}$?

a) 55
b) 34
c) 25
d) 44
e) 23

Question 4. Un épargnant disposant d'un capital de 20 000 € décide de placer une partie de ce capital sur un compte épargne logement rémunéré à 3 %, et le reste sur un livret rémunéré à 8 %. Les intérêts acquis en une année s'élèvent à 1 300 €. Quelle est la proportion du capital placée sur le compte épargne logement ?

a) 10 %
b) 15 %
c) 20 %
d) 25 %
e) 30 %

Question 5. Une équipe médicale se réunit 2 fois par mois. Lorsque tout le monde est présent, 36 poignées de main sont échangées pour se saluer. Toutes les personnes ne se serrent la main qu'une seule fois. Combien de membres appartiennent à cette équipe ?

a) 15
b) 13
c) 11
d) 9
e) 7

Question 6. Quelle est la longueur d'un hangar si la différence entre les quatre cinquièmes et les trois quarts de sa longueur est égale à 12 mètres ?

a) 180 mètres
b) 192 mètres
c) 240 mètres
d) 256 mètres
e) 277 mètres

Question 7. Chantal, Farah et Cristina ont 36 ans à elles trois. Chantal a 5 ans de moins que Farah et 2 ans de plus que Cristina. Quel est l'âge de Cristina ?

a) 13 ans
b) 12 ans
c) 11 ans
d) 9 ans
e) 8 ans

Question 8. Parmi les nombres suivants, lequel n'est pas un nombre premier ?

a) 2
b) 19
c) 37
d) 87
e) 97

Question 9. Le café perd, au total, un cinquième de sa masse au cours de l'ensemble du processus de torréfaction. Un négociant achète 120 kg de café non torréfié à 35 €/kg. Il désire réaliser un bénéfice de 20 % du prix d'achat. À quel prix, en centimes d'euros, devra-t-il vendre le kilogramme de café torréfié ?

a) 4 250
b) 4 550
c) 4 850
d) 5 250
e) 5 450

Question 10. Patrick place 10 000 € sur un compte rémunéré par capitalisation. Sachant que la banque rémunère le dépôt à un taux annuel de 15 %, en combien d'années les intérêts cumulés seront-ils supérieurs au capital initial ?

a) 2
b) 4
c) 5
d) 6
e) 7

Question 11. Comme tous les dimanches, Sandy effectue un tour complet du lac du Bois de Boulogne en 90 minutes. Elle marche à 4 km/h et le lac est parfaitement circulaire. Harassée par la chaleur, elle décide sur un coup de tête de traverser le lac à la nage, en ligne droite et dans sa plus grande largeur. Quelle distance va-t-elle parcourir en nageant ?

a) 1 910,82 mètres
b) 905,41 mètres
c) 3 010,45 mètres
d) 2 866,15 mètres
e) 4 420 mètres

Question 12. Soit une boîte de longueur 5 cm, de largeur 3 cm et de hauteur 3 cm. De combien faut-il augmenter la hauteur, en centimètres, pour que le volume de la boîte augmente de 60 cm^3 ?

a) 2 cm
b) 6 cm
c) 4 cm
d) 7 cm
e) 8 cm

Question 13. Combien existent-ils de nombres à deux chiffres dont la somme des chiffres est paire ?

a) 45
b) 60
c) 25
d) 100
e) 35

Question 14. On a demandé à Jean-Pierre quel était l'âge de Florian, son fils. Il a répondu : prenez deux fois son âge dans deux ans et retranchez trois fois son âge d'il y a quatre ans pour obtenir son âge actuel. Quel est l'âge de Florian ?

a) 16 ans
b) 14 ans
c) 12 ans
d) 10 ans
e) 8 ans

Question 15. Une école a vu ses effectifs de 2010 progresser de 10 % par rapport à ses effectifs de 2009. En revanche, ses effectifs en 2011 ont baissé de 25 % par rapport à ceux de 2010. Quel est le pourcentage des effectifs en 2011 rapportés aux effectifs de 2009 ?

a) 115 %
b) 102,5 %
c) 90,5 %
d) 82,5 %
e) 17,5 %

Calculez votre score à l'aide de la grille de correction en page 660.

II.2.2bis – Calcul - Entraînement 2 – Correction

Calculez votre score à l'aide de la grille de correction en page 660.

Question 1. Difficulté : ★★ *Réponse d)*

1. Lecture MCPS de la question (Mécanisme, Connaissances, Pièges, Solutions)
Une question de mouvement : premier réflexe, sommes-nous dans un cas de croisement ou de rattrapage ? Puis, appliquons la méthode de résolution en 3 étapes.

2. Quelle tactique de résolution ?
Méthode du tableau.

3. Résolution.
Étape 1 : Schématisons la situation.

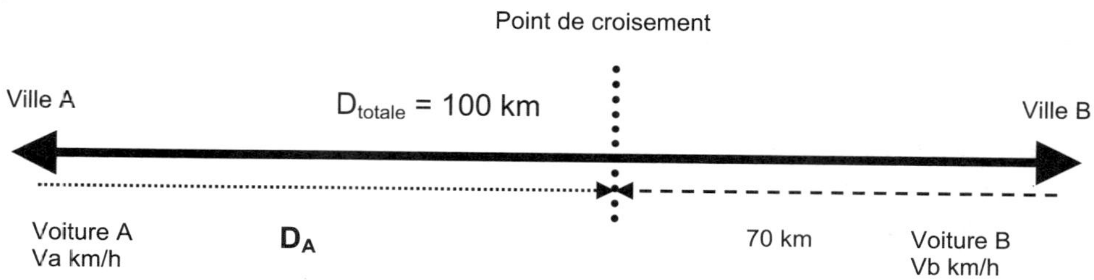

Étape 2 : Complétons le tableau.

	Voiture A	Voiture B
Vitesse	Va	Vb
Temps	0,5	0,5
Distance	30 km	70 km

Étape 3 : Calculons.
$30 = Va \times 0{,}5$ donc : $Va = 60$ km/h
$70 = Vb \times 0{,}5$ donc : $Vb = 140$km/h

Astuce pour les fainéants : si $0{,}5(Va + Vb) = 70 - 30 = 40$; alors $Va + Vb = 80$ km/h !

Question 2. Difficulté : ★★ *Réponse c)*

Pour calculer $(x + y)$ on peut commencer par calculer $(x + y)^2$
$(x + y)^2 = x^2 + y^2 + 2x \times y = 313 + 2 \times 156 = 625$
Donc, $(x + y)^2 = 625$
Et, $(x + y) = 25$ ou $(x + y) = -25$
Mais comme x et y sont positifs : $(x + y) = 25$

Question 3. Difficulté : ★★ *Réponse b)*

1. Lecture MCPS de la question (Mécanisme, Connaissances, Pièges, Solutions)

Une question de pure arithmétique. Ne vous laissez pas déstabiliser par Xavier, Shirley et leur plan des tables !

À moins de se lancer dans une équation hasardeuse, il faut probablement partir des réponses.

2. Quelle tactique de résolution ?

La tactique du malin s'impose, testons les réponses.

3. Résolution.

Nous voulons que le résultat de (réponse + 1) soit un multiple de 5.

Nous éliminons les réponses a), c) et e), car 56, 26 et 24 ne sont pas des multiples de 5.

Nous voulons que le résultat (réponse – 1) soit un multiple de 11. Nous éliminons d).

Question 4. Difficulté : ★ *Réponse e)*

1. Lecture MCPS de la question (Mécanisme, Connaissances, Pièges, Solutions)

Cette question porte sur la formule des intérêts. Attention, la durée de placement est égale à 1 an, c'est donc la formule des intérêts simples qu'il nous faut utiliser :

Intérêts = Somme placée × taux d'intérêt × temps

Le piège réside dans le fait qu'il s'agit de trouver un pourcentage et non une somme.

2. Quelle tactique de résolution ?

Appliquons la formule.

3. Résolution.

Si l'épargnant place X € sur le compte épargne logement rémunéré à 3 %, alors il place (20 000 – X) € sur le compte rémunéré à 8 %.

Appliquons la formule :

$1\,300 = X \times 3\% \times 1 + (20\,000 - X) \times 8\% \times 1$

$130\,000 = 3X + 8(20\,000 - X)$ Multiplions les deux côtés par 100.

$8X - 3X = 160\,000 - 130\,000$

$5X = 30\,000$

$X = 6\,000$ €

Si l'épargnant a placé 6 000 € sur le compte épargne logement et 14 000 € sur le compte rémunéré, alors il a placé : $\frac{6\,000}{20\,000} = \frac{6}{20} = \frac{3}{10}$ = 30 % sur le compte épargne logement

Question 5. Difficulté : ★★★ *Réponse d)*

1. Lecture MCPS de la question (Mécanisme, Connaissances, Pièges, Solutions)

Une question moins évidente qu'elle n'y paraît qui s'appuie sur le dénombrement.

Souvenons-nous de la formule de la somme des n entiers consécutifs : $\sum_{i=0}^{n} i = \frac{n(n+1)}{2}$

Lorsque l'ordre ne compte pas, nous utilisons les combinaisons.
Les solutions seront très certainement utilisables.

2. Quelle tactique de résolution ?
Nous pouvons utiliser plusieurs tactiques de résolution, choisissez celle qui vous convient le mieux.

3. Résolution.
En utilisant l'analyse combinatoire.
Une poignée de main est en fait un tirage de 2 éléments non ordonnés et distincts. Ainsi, compter des poignées de main, revient à compter des combinaisons.

Alors : $C_n^2 = \frac{n!}{(n-2)!2!} = \frac{n(n-1)}{2} = 36$

Et : n(n - 1) = 2×36

n(n - 1) = 72 or : 72 = 9×8

Donc : n = 9

Sans utiliser l'analyse combinatoire.
S'il y a n personnes, alors chaque personne peut serrer la main à (n - 1) personnes, et comme les gens ne se serrent la main qu'une seule fois, il y a $\frac{n(n-1)}{2}$ salutations.

Alors : n(n - 1) = 2×36

n(n - 1) = 72 Or : 72 = 9×8

Donc : n = 9

Tactique du malin.

Souvenons-nous de la formule $\frac{n(n-1)}{2}$ que nous utilisons à chaque fois qu'il s'agit de compter des salutations, puis testons les solutions en commençant par celle du milieu.

c) $\frac{1}{2}$×11×10 = 55 → Non

La réponse étant plus grande que le résultat attendu (36), nous éliminons a), b) et c).

d) $\frac{1}{2}$×9×8 = 36 → OUI

Question 6. Difficulté : ★★ *Réponse c)*

1. Lecture MCPS de la question (Mécanisme, Connaissances, Pièges, Solutions)
Une question mêlant équation du premier degré et proportions. La difficulté éventuelle réside dans la mise en équation. Attention, il s'agit d'une différence et non d'une somme.

2. Quelle tactique de résolution ?
Décomposons l'énoncé.

3. Résolution.

Posons L, la longueur du hangar, l'énoncé devient alors :

$\frac{4}{5}L - \frac{3}{4}L = 12$ Réduisons au même dénominateur : 5×4 = 20

$\frac{16}{20}L - \frac{15}{20}L = 12$ **Astuce** : 80%L - 75%L = 5%L

$\frac{1}{20}L = 12$

L = 12×20 = 240 mètres

Question 7.

Difficulté : ★ *Réponse d)*

1. Lecture MCPS de la question (Mécanisme, Connaissances, Pièges, Solutions)

Un système de 3 équations et 3 inconnues.

2. Quelle tactique de résolution ?

Posons le système et résolvons. Nous verrons que la tactique du malin est ici bien plus rapide.

3. Résolution.

<u>Tactique du consciencieux.</u>

Posons C l'âge de Chantal, F l'âge de Farah et N l'âge de Cristina. L'énoncé devient alors :

$\begin{cases} C + F + N = 36 \\ C = F - 5 \\ C = N + 2 \end{cases}$ $\begin{cases} C + (C + 5) + (C - 2) = 36 \\ F = C + 5 \\ N = C - 2 \end{cases}$ $\begin{cases} 3C = 33 \\ F = C + 5 \\ N = C - 2 \end{cases}$ $\begin{cases} C = 11 \\ F = 16 \\ N = 9 \end{cases}$

<u>Tactique du malin.</u>

Testons les solutions en commençant par la solution du milieu.

c) Si Cristina a 11 ans, Chantal a 13 ans et Farah 18 ans.

Mais : 11 + 13 + 18 ≠ 36 → Non

Le résultat étant supérieur au résultat attendu, nous éliminons a), b) et c).

d) Si Cristina a 9 ans, Chantal a 11 ans et Farah 16 ans.

Et : 9 + 11 + 16 = 36 → OUI

Question 8.

Difficulté : ★ *Réponse d)*

1. Lecture MCPS de la question (Mécanisme, Connaissances, Pièges, Solutions)

Des points faciles à gagner, avez-vous appris la liste des nombres premiers ?

2. Quelle tactique de résolution ?

Il suffit de lire les réponses.

3. Résolution.

87 est évidemment divisible par 1, 87, 3 et 29.

Question 9. Difficulté : ★★★ *Réponse d)*

1. Lecture MCPS de la question (Mécanisme, Connaissances, Pièges, Solutions)
Une question de calcul, il s'agit d'être rapide.

2. Quelle tactique de résolution ?
Calculons...

3. Résolution.
Prix d'achat total : 120×35 = 100×35 + 20×35 = 3 500 + 700 = 4 200 €

Calculons maintenant le poids du café torréfié : $120\times\frac{4}{5}$ = 96 kg

Le négociant cherche à réaliser un bénéfice 20% sur son prix d'achat :
Prix de vente = Prix d'achat(1 + Taux de bénéfice) = 4 200×1,2 = 5 040 €

Le prix de revente du café se calcule : $\frac{5\,040}{96}$ = 52,50 €

Astuce : avant de calculer... regardez les solutions proposées !

$$\frac{5\,040}{96}\approx\frac{5\,040}{100}\approx 50{,}4$$

Question 10. Difficulté : ★★★ *Réponse c)*

1. Lecture MCPS de la question (Mécanisme, Connaissances, Pièges, Solutions)
Cette question difficile porte sur les suites géométriques et sur l'application de la formule des intérêts composés.

2. Quelle tactique de résolution ?
Calculons.

3. Résolution.
Tactique du consciencieux.
Si on note S_n la somme sur le compte après n années, en appliquant la formule, on a :
$S_n = S_0 \times(1{,}15)^n$
Donc $S_n = 10\,000\times(1{,}15)^n$
Nous cherchons la valeur de n telle que $S_n > 2\times10\,000$
Pour déterminer la période de capitalisation permettant aux intérêts de dépasser la somme déposée, il suffit de savoir pour quelle valeur de n : $1{,}15^n > 2$.
En calculant on trouve : $1{,}15^5 = 2{,}01$
Tactique du malin.
Testons les solutions en commençant par celle du milieu.
c) $S_5 = (1{,}15)^5\times10\,000 \approx 2\times10\,000$ → OUI

Question 11. Difficulté : ★★ *Réponse a)*

1. Lecture MCPS de la question (Mécanisme, Connaissances, Pièges, Solutions)

Attention à cet énoncé particulièrement complexe, « la ligne droite qui traverse un cercle dans sa plus grande largeur » est tout simplement son diamètre (2×rayon). Souvenons-nous de la formule du périmètre d'un cercle : $2\pi r$.

2. Quelle tactique de résolution ?

Posons les calculs puis soyons astucieux.

3. Résolution.

Sandy a mis 1,5 h pour faire le tour en marchant à 4 km/h. Soit : 1,5×4 = 6 km

On peut donc écrire que : $2\pi r = 6$ km

Donc : diamètre = $2r = 6/\pi$

Il ne s'agit évidemment pas de calculer $6/\pi$. Soyons fainéants et raisonnons par approximation : $\pi \approx 3{,}14 \approx 3$

Donc : $6/\pi \approx 6/3 \approx 2$ km ≈ 2 000 mètres

Nous cherchons une réponse légèrement inférieure à 2 000 mètres.

Question 12. Difficulté : ★★ *Réponse c)*

1. Lecture MCPS de la question (Mécanisme, Connaissances, Pièges, Solutions)

Il s'agit d'une question de pure application des formules de volume.

Le volume de la boîte se calcule : L×l×h

2. Quelle tactique de résolution ?

Appliquons la formule.

3. Résolution.

Posons h', la hauteur cherchée.

Nous voulons :

$5 \times 3 \times h' = 5 \times 3 \times 3 + 60$

$15h' = 45 + 60$

$h' = \frac{105}{15} = 7$ cm

Attention, nous cherchons la valeur de l'augmentation de la hauteur, soit : 7 – 3 = 4 cm

Question 13. Difficulté : ★★★ *Réponse a)*

1. Lecture MCPS de la question (Mécanisme, Connaissances, Pièges, Solutions)

L'exercice porte sur la parité. Souvenons-nous que : Pair + Pair = Pair

Impair + Impair = Pair   et : Pair + Impair = Impair

2. Résolution.

Un nombre à deux chiffres s'écrit DU (Dizaine, Unité), pour que la somme de ses deux chiffres soit paire, il faut que ce nombre s'écrive : PP ou II (P = un nombre quelconque pair et I = un nombre quelconque impair).

Nombres s'écrivant PP :

Il y a 4 chiffres des dizaines possibles (2, 4, 6 et 8) et 5 chiffres des unités possibles (0, 2, 4, 6 et 8), soit : 4×5 = 20 nombres possibles.

Nombres s'écrivant II :

Il y a 5 chiffres des dizaines possibles (1, 3, 5, 7 et 9) et 5 chiffres des unités possibles (1, 3, 5, 7 et 9), soit : 5×5 = 25 nombres possibles.

Soit au total 45 nombres à deux chiffres dont la somme des chiffres est paire.

Question 14.

Difficulté : ★★ *Réponse e)*

1. Lecture MCPS de la question (Mécanisme, Connaissances, Pièges, Solutions)

L'énoncé est complexe, il s'agit pourtant d'une simple équation du premier degré. Attention à la mise en équation.

2. Quelle tactique de résolution ?

Posons l'équation.

3. Résolution.

Tactique du consciencieux.

Posons A l'âge du fils, l'énoncé devient :

2×(âge dans 2 ans) - 3×(âge d'il y a 4 ans) = âge actuel

$2(A + 2) - 3(A - 4) = A$

$16 = 2A$

$A = 8$ ans.

Tactique du malin.

Testons les solutions en commençant par la solution du milieu.

c) 2×14 - 3×8 = 4 ans ≠ 12 ans → Non

Le résultat étant inférieur au résultat attendu, nous éliminons a), b) et c).

d) 2×12 - 3×6 = 6 ans ≠ 10 ans → Non

Il n'est pas nécessaire de tester la solution e), nous savons que c'est la réponse.

Question 15.

Difficulté : ★ *Réponse d)*

1. Lecture MCPS de la question (Mécanisme, Connaissances, Pièges, Solutions)

La question porte sur une succession de variations.

Souvenons-nous que : Variation totale = variation 1 × variation 2 × ...

Attention, on vous demande ici d'exprimer les effectifs de 2011 en fonction des effectifs de 2009.

Les solutions ne sont, ici, pas nécessaires pour la résolution. L'augmentation étant largement inférieure à la baisse, le résultat sera forcément inférieur à 100 %. Nous éliminons a) et b).

2. Quelle tactique de résolution ?

Appliquons la formule.

3. Résolution.

$P_{2010} = (1 + 10\%) \times P_{2009}$

$P_{2011} = (1 - 25\%) \times P_{2010}$

$P_{2011} = 1{,}1 \times 0{,}75 \times P_{2009}$

$P_{2011} = 0{,}825 \times P_{2009}$

Astuce : Décomposez le calcul : $1{,}1 \times 0{,}75 = 1 \times 0{,}75 + 0{,}1 \times 0{,}75 = 0{,}75 + 0{,}075$

II.2.3 – Calcul - Entraînement 3 – 15 questions en 20 min.

Grille de réponses à détacher en page 679.

Question 1. Quel est le volume d'un cube dont la somme des surfaces de toutes les faces est égale à 486 cm^2 ?

a) 125 cm^3
b) 216 cm^3
c) 343 cm^3
d) 512 cm^3
e) 729 cm^3

Question 2. Si l'on reconstitue l'opération ci-dessous en remplaçant chaque tiret par le chiffre adéquat, quel est le chiffre qui apparaît le plus souvent dans la multiplication reconstituée ?

```
          4 - 8
 ×        7 - 2
         -------
          9 1 -
      1 - - 4
    - 2 - 6
 ---------------
    - - - - 5 -
```

a) 7
b) 6
c) 5
d) 4
e) 3

Question 3. Un tonneau de vin permet de remplir 3 000 pichets d'une contenance de 5 litres. Si les pichets avaient une contenance supérieure de un cinquième, combien pourrait-on alors remplir de pichets avec la quantité de vin de ce même tonneau ?

a) 2 500 pichets
b) 2 775 pichets
c) 3 457 pichets
d) 2 225 pichets
e) 3 000 pichets

Question 4. Lors de l'achat d'un vêtement, Sylvie a obtenu une remise de 15 % se traduisant par une réduction sur le prix de vente affiché de 45 €. Quel est le prix de vente affiché ?

a) 125 €
b) 200 €
c) 265 €
d) 300 €
e) 325 €

Question 5. Dans une classe de 32 élèves, il y a au moins une fille. La maîtresse décide d'appeler des équipes de deux élèves au tableau. À chaque appel, il y a toujours au moins un garçon. Combien y a-t-il de fille(s) dans la classe ?

a) 1
b) 31
c) 0
d) 3
e) 16

Question 6. Pour participer au jeu télévisé « *Qui veut gagner des zeuros ?* » le candidat doit répondre à 20 questions. Si l'on répond juste, on remporte sept euros, si l'on ne répond pas, on ne marque rien et si l'on répond faux, on perd deux euros. À combien de questions Sandy a-t-elle répondu sachant qu'elle a remporté 87 euros ?

a) 9
b) 11
c) 13
d) 15
e) 17

Question 7. Stéphane, le PDG de Diamondine achète un lot de diamants 243 000 €. Il revend chaque diamant 18 000 €. Son bénéfice est exactement égal au prix d'achat de 6 diamants. De combien de diamants était constitué le lot acheté ?

a) 16
b) 17
c) 18
d) 19
e) 20

Question 8. Une urne contient 10 boules blanches et 10 boules noires. On procède à cinq tirages successifs et sans remise. Quelle est la probabilité de tirer une boule noire lors du cinquième tirage si quatre boules blanches ont été tirées lors des quatre premiers tirages ?

a) $\frac{1}{3}$

b) $\frac{5}{8}$

c) $\frac{17}{20}$

d) $\frac{1}{2}$

e) $\frac{8}{5}$

Question 9. Pour un mariage, un caviste a vendu 52 bouteilles de vin, une partie au prix de 18 € la bouteille et une seconde au prix de 25 € la bouteille. Le coût global est de 1 055 €. Combien ce caviste a-t-il vendu de bouteilles à 25 € ?

a) 17
b) 24
c) 28
d) 29
e) 35

Question 10. Que vaut la somme des 24 premiers nombres entiers naturels ?

a) 351
b) 376
c) 300
d) 432
e) 400

Question 11. Un scientifique étudie la reproduction chez les Bonobos de Namibie, il s'avère que chaque femelle donne naissance à trois enfants femelles au cours de sa vie. On introduit deux femelles dans une réserve (génération 0), combien y aura-t-il de naissances femelles à la cinquième génération ?

a) 1 022
b) 728
c) 594
d) 486
e) 848

Question 12. Une école primaire accueillait l'année dernière 225 élèves. Le personnel était de 9 instituteurs et chacune de leurs classes comprenait le même nombre d'élèves. Cette année, les effectifs sont passés à 510 élèves et le personnel à 17 instituteurs. Les classes comprennent aussi cette année, le même nombre d'élèves. Le nombre d'élèves par classe, par rapport à l'année dernière, ...

a) est resté identique.
b) a baissé de 10 %.
c) a augmenté de 10 %.
d) a baissé de 20 %.
e) a augmenté de 20 %.

Question 13. Si x est un nombre entier pair, combien de ces expressions donnent un résultat pair ?

$x^5 + 3x^2 + 1$
$7x^5 + x^2 - 3$
$4x^3 + x^2 + 4$
$5x^4 + 3x^2 + 2$

a) aucune
b) 1
c) 2
d) 3
e) 4

Question 14. Sachant que la valeur acquise A par un capital C, placé pendant une période n (en années), au taux t, à intérêts composés, est donnée par la formule $A = C(1 + t)^n$, calculez la valeur acquise A par un capital C d'une valeur de 8 500 €, placé à un taux de 6 % au bout de 3 ans ?

a) 9 450,54 €
b) 10 123,64 €
c) 10 458,58 €
d) 10 987,16 €
e) 10 625,56 €

Question 15. Quelle est la valeur de $\frac{p}{m}$ si $m = \frac{m - p}{3}$?

a) 3
b) 2
c) 1
d) -1
e) -2

Calculez votre score à l'aide de la grille de correction en page 660.

II.2.3bis – Calcul - Entraînement 3 – Correction

Calculez votre score à l'aide de la grille de correction en page 660.

Question 1.

Difficulté : ★ *Réponse e)*

1. Lecture MCPS de la question (Mécanisme, Connaissances, Pièges, Solutions)

Il s'agit d'une question de pure application des formules de surface et volume.

La surface d'un carré se calcule : $S = c^2$

Le volume d'un cube se calcule : $V = c^3$

2. Quelle tactique de résolution ?

Appliquons les formules.

3. Résolution.

Remarquons qu'un cube possède 6 faces, si la surface totale des faces vaut 486 cm², alors la surface d'une face vaut : $\frac{486}{6} = 81$ cm²

La longueur d'un côté vaut : $\sqrt{81} = 9$ cm

Enfin, le volume se calcule : $V = 9^3 = 729$ cm³

Question 2.

Difficulté : ★★ *Réponse e)*

1. Lecture MCPS de la question (Mécanisme, Connaissances, Pièges, Solutions)

Une question classique dans les tests, il faut, pour la résoudre, savoir poser une multiplication. La technique ici consiste à poser la multiplication « à l'envers ».

2. Quelle tactique de résolution ?

Il va nous falloir poser cette multiplication !

3. Résolution.

Je sais que :

```
   4 - 8
×      2
--------
   9 1 -
```

Je sais que 2×8 = 16, je peux donc déjà placer 6 en remplacement du tiret.

4-8×2 = 916 ; or, 916/2 = 458 donc je connais le premier nombre de ma multiplication.

Je peux aussi descendre le 6 dans le résultat final.

```
        4 5 8
  ×     7 - 2
        9 1 6
    1 - - 4
  - 2 - 6
  -----------
  - - - - 5 6
```

Continuons.
458×7 = 3 206
La multiplication devient donc :

```
        4 5 8
  ×     7 - 2
        9 1 6
    1 - - 4
  3 2 0 6
  -----------
  3 3 - - 5 6
```

À ce stade, une astuce s'impose : le produit de 458 par le chiffre manquant donnera un résultat se terminant par 4 [1 - - 4].
Le chiffre manquant est donc 3 ou 8, car : 3×8 = 24 et 8×8 = 64.
Mais 8×400 = 3 200 ce qui ne peut correspondre au résultat [1 - - 4]
Donc, le chiffre manquant est 3 et la multiplication devient :

```
        4 5 8
  ×     7 3 2
        9 1 6
    1 3 7 4
  3 2 0 6
  -----------
  3 3 5 2 5 6
```

Le chiffre le plus fréquent est 3.

Question 3. Difficulté : ★ *Réponse a)*

La contenance totale d'un tonneau est égale à : 3 000×5 = 15 000 litres

La nouvelle contenance des pichets se calcule : $5 + \frac{1}{5} \times 5 = 5 + 1 = 6$ litres

Nous pouvons donc calculer le nombre de pichets de 6 litres : $\frac{15\,000}{6} = 2\,500$ pichets

Question 4. Difficulté : ★ *Réponse d)*

1. Lecture MCPS de la question (Mécanisme, Connaissances, Pièges, Solutions)

La question porte sur le calcul d'un prix avant réduction en partant de la remise. Souvenons-nous que : Quantité d'origine = baisse / baisse en %

2. Quelle tactique de résolution ?

Les tactiques du consciencieux et du malin sont possibles. Choisissez celle qui vous convient le mieux.

3. Résolution.

Tactique du consciencieux.

$Prix_{initial}$ = Réduction / (baisse en %)

$Prix_{initial}$ = 45 / 15%

$Prix_{initial}$ = 45 / 0,15

$Prix_{initial}$ = 300 €

Tactique du malin.

Nous savons que 15%×solution = 45 €. Testons les solutions en commençant par la solution du milieu.

c) 265×0,15 = 39,75 € → Non

Le résultat étant inférieur au résultat attendu, nous éliminons a), b) et c).

d) 300×0,15 = 45 € → OUI

Question 5. Difficulté : ★★ *Réponse a)*

1. Lecture MCPS de la question (Mécanisme, Connaissances, Pièges, Solutions)

Une question Champomy des probabilités : sur ce type de question, nous devons raisonner logiquement.

Attention, la question porte sur le nombre de filles et non sur le nombre de garçons.

2. Quelle tactique de résolution ?

Raisonnons logiquement.

3. Résolution.

Partons d'un constat simple, si la classe compte 2 filles, alors il peut exister un groupe de 2 élèves comprenant 2 filles.

L'énoncé précise que chaque groupe compte toujours au moins un garçon, il est donc impossible d'avoir un groupe avec 2 filles.

En conclusion, cette classe ne peut compter plus de 1 fille.

Question 6. Difficulté : ★★ *Réponse d)*

1. Lecture MCPS de la question (Mécanisme, Connaissances, Pièges, Solutions)

Un système d'équations relativement classique. Nous pouvons d'ores et déjà éliminer a) et b) qui sont manifestement trop basses : la réponse est donc 13, 15 ou 17.

2. Quelle tactique de résolution ?

Il faut être astucieux sur ce genre de question.

3. Résolution.

<u>Tactique du consciencieux.</u>

Posons X le nombre de réponses justes, Y le nombre de réponses fausses et Z le nombre de non réponses, l'énoncé devient alors :

$$\begin{cases} X + Y + Z = 20 \\ 7 \times X - 2 \times Y + 0 \times Z = 87 \end{cases} \qquad \begin{cases} X + Y + Z = 20 \\ 7X = 87 + 2Y \end{cases}$$

Astuce : Bien évidemment, X le nombre de réponses justes est un entier, nous en déduisons que (87 + 2Y) est un multiple de 7 : 91, 98, 105, 112, 119, 126, 133 ou 140.

Si 7X = 91, alors X = 13, Y = 2 et Z = 5 → OUI

Si 7X = 98, alors X = 14, Y = 5,5 → Non

Si 7X = 105, alors, X = 15, Y = 9 → Non

À ce stade, nous pouvons nous arrêter car toutes les valeurs possibles suivantes seront trop grandes.

<u>Tactique du malin.</u>

Chaque réponse fausse représente un manque à gagner de 9 points, alors :

c) $13 \times 7 = 91$ et $91 - 9Y \neq 87$

d) $15 \times 7 = 105$ et $105 - 9 \times 2 = 87$

Question 7. Difficulté : ★★ *Réponse c)*

1. Lecture MCPS de la question (Mécanisme, Connaissances, Pièges, Solutions)

Voici une question complexe se résolvant par une équation du second degré.

2. Quelle tactique de résolution ?

Tentons de poser puis de résoudre cette équation, MAIS je vous interdis de procéder ainsi le jour de l'examen !

3. Résolution.

<u>Tactique du consciencieux.</u>

Posons X le nombre de diamants vendus, l'énoncé devient :

$$18\,000 \times X = 243\,000 + 6 \times \frac{243000}{X}$$

Commençons par tout diviser par 1 000 !

$$18 \times X = 243 + 6 \times \frac{243}{X}$$

$18X^2 = 243X + 1\,458$ En multipliant par X

$18X^2 - 243X - 1\,458 = 0$ En divisant par 9

$2X^2 - 27X - 162 = 0$

Calculons le $\Delta = (-27)^2 - 4\times2\times(-162) = 729 + 1\,296 = 2\,025 = 45^2$

Alors : $X_1 = \frac{-(-27)+\sqrt{45^2}}{2\times2} = 18$ et $X_2 = \frac{-(-27)-\sqrt{45^2}}{2\times2} = -4{,}5$

La réponse étant forcément un entier positif, il faut répondre c).

Tactique du malin.

Testons les solutions en commençant par la solution du milieu : 16, 17, 18, 19, 20.

c) 18 diamants vendus 18 000 €, soit 324 000 € de ventes.

Pensez au carré de 18 : $18\,000\times18 = 18^2\times1\,000$

Bénéfice = 324 000 - 243 000 = 81 000 €

Le prix d'achat d'un diamant est de : $\frac{243000}{18} = 13500€$

Et nous avons 81 000 = 6×13 500 → OUI

Question 8.

Difficulté : ★★ *Réponse b)*

1. Lecture MCPS de la question (Mécanisme, Connaissances, Pièges, Solutions)

Une application usuelle des probabilités. Souvenons-nous qu'une probabilité se définit comme le rapport du nombre de cas favorables à la réalisation d'un événement aléatoire au nombre total de cas possibles :

$$\text{probabilité} = P = \frac{\text{nombre de cas favorables}}{\text{nbre total de cas possibles équiprobables}}$$

Une probabilité est toujours comprise entre 0 et 1. Nous pouvons éliminer e).

Évidemment, il faut comprendre que les événements sont équiprobables, en revanche, vous aurez remarqué que les tirages ne sont pas indépendants puisque les boules ne sont pas remises dans l'urne.

2. Quelle tactique de résolution ?

Appliquons la formule des probabilités.

3. Résolution.

Initialement, il y a 20 boules dans l'urne.

Après le quatrième tirage, il ne reste que 16 boules dans l'urne : 10 boules noires et 6 boules blanches.

Nombre total de cas possibles = 16

Nombre de cas favorables = 10

La probabilité d'obtenir une boule noire se calcule : $\frac{10}{16} = \frac{5}{8}$

Question 9. Difficulté : ★ *Réponse a)*

1. Lecture MCPS de la question (Mécanisme, Connaissances, Pièges, Solutions)

Une question portant sur la résolution d'un système d'équations et sur le mécanisme de pondération.

2. Quelle tactique de résolution ?

Posons le système et résolvons, nous verrons que la tactique du malin est ici à privilégier pour sa rapidité.

3. Résolution.

Tactique du consciencieux.

Posons X, le nombre de bouteilles à 18 € et Y, le nombre de bouteilles à 25 €. Il faut comprendre que le montant total dépensé en bouteilles à 18 € vaut (18×X) € et le montant total dépensé en bouteilles à 25 € vaut (25×Y) €. L'énoncé devient alors :

$\begin{cases} X + Y = 52 \\ 18X + 25Y = 1\,055 \end{cases}$ $\begin{cases} Y = 52 - X \\ 18X + 25(52 - X) = 1\,055 \end{cases}$ $\begin{cases} Y = 52 - X \\ -7X + 1\,300 = 1\,055 \end{cases}$

$\begin{cases} Y = 52 - X \\ 7X = 245 \end{cases}$ $\begin{cases} Y = 17 \\ X = 35 \end{cases}$

Tactique du malin.

Testons les solutions en commençant par la solution du milieu.

c) Il y a 28 bouteilles à 25 €

	Bouteilles 18 €	Bouteilles 25 €
Nombre	24	28
Dépense totale	432	700

Mais : 432 + 700 ≠ 1 055

Le résultat étant supérieur au résultat attendu, nous éliminons les réponses c), d) et e).

b) Il y a 24 bouteilles à 25 €

	Bouteilles 18 €	Bouteilles 25 €
Nombre	28	24
Dépense totale	504	600

Mais : 504 + 600 ≠ 1 055

Nous éliminons b), ne reste que la solution a).

Tactique du fainéant.

Le coût global se termine par 5 [1 055 €], le coût total des bouteilles à 25 € se terminera par 0 ou 5 [multiple de 25], il faut donc que le coût total des bouteilles à 18 € se termine par 0 ou 5. Le nombre de bouteilles à 18 € [52 – solution], doit donc être un multiple de 5. Nous éliminons les solutions b), c) et d).

Un rapide calcul mental (35×25 = 875) nous permet d'éliminer la solution e).

Question 10. Difficulté : ★★★ *Réponse c)*

LA suite arithmétique que vous devez parfaitement connaître : $\sum_{i=0}^{n} i = \frac{n(n+1)}{2}$

$$\sum_{i=0}^{n} i = \frac{n(n+1)}{2} = \frac{24 \times 25}{2} = \frac{600}{2} = 300$$

Question 11. Difficulté : ★★ *Réponse d)*

1. Lecture MCPS de la question (Mécanisme, Connaissances, Pièges, Solutions)
Cette question difficile porte sur une suite géométrique.

2. Quelle tactique de résolution ?
Appliquons la formule de la somme.

3. Résolution.
Nous sommes en présence d'une suite géométrique définie :
$U_0 = 2$ et $U_{n+1} = U_n \times 3$
Donc $U_n = U_0 \times 3^n$ et $U_5 = 2 \times 3^5 = 2 \times 3 \times 3 \times 3 \times 3 \times 3 = 486$ naissances femelles
Astuce : Sans utiliser les notions de suites géométriques, il nous suffit d'avancer étape par étape dans la résolution.
Génération 0 : 2 femelles
1ère génération : 2×3 = 6 naissances femelles
2ème génération : 6×3 = 18 naissances femelles
3ème génération : 18×3 = 54 naissances femelles
4ème génération : 54×3 = 162 naissances femelles
5ème génération : 162×3 = 486 naissances femelles

Question 12. Difficulté : ★★ *Réponse e)*

1. Lecture MCPS de la question (Mécanisme, Connaissances, Pièges, Solutions)
Une question portant sur le calcul et qui se joue sur votre rapidité en calcul mental !
Une évolution se calcule toujours : $\textbf{\textit{Evolution}} = \frac{\textbf{\textit{nouveau total}} - \textbf{\textit{ancien total}}}{\textbf{\textit{ancien total}}} \times 100$

2. Quelle tactique de résolution ?
Posons les opérations.

3. Résolution.
Nous cherchons le rapport nombre d'élèves / nombre d'enseignants

L'année dernière : $\frac{225}{9} = 25$

Cette année : $\frac{510}{17} = 30$

L'évolution se calcule donc : $\frac{30-25}{25}=\frac{5}{25}=+20\%$

Question 13. Difficulté : ★ *Réponse c)*

1. Lecture MCPS de la question (Mécanisme, Connaissances, Pièges, Solutions)

Si x est pair alors x^a est pair quelle que soit la valeur de a, donc, x^5, x^4, x^3 et x^2 sont pairs.
De plus : Pair×Impair = Pair et Impair×Impair = Impair

2. Quelle tactique de résolution ?

Tactique du consciencieux.

3. Résolution.

$x^5 + 3x^2 + 1 = P + P + I = I$
$7x^5 + x^2 - 3 = P + P - I = I$
$4x^3 + x^2 + 4 = P + P + P = P$
$5x^4 + 3x^2 + 2 = P + P + P = P$

Astuce : une autre tactique consistait à remplacer x par un entier pair.

Question 14. Difficulté : ★★ *Réponse b)*

1. Lecture MCPS de la question (Mécanisme, Connaissances, Pièges, Solutions)

Une question délicate d'application de la formule des intérêts composés :

$S_n = S_0 \times (1 + t)^n$

Remarquez que les solutions sont suffisamment différentes pour une simplification rapide des calculs.

2. Quelle tactique de résolution ?

Appliquons la formule et testons les solutions.

3. Résolution.

Appliquons la formule : $I = 0{,}06$, $n = 3$ et $S_0 = 8\,500$ €
$S_n = S_0 \times (1 + t)^n$
$S_3 = 8\,500 \times 1{,}06^3$
$S_3 \approx 8\,500 \times 1{,}2$ Simplifiez au maximum les calculs
$S_3 \approx 10\,200$
Il n'y a pas de doute possible sur le choix de la solution.

Question 15. Difficulté : ★ *Réponse e)*

1. Lecture MCPS de la question (Mécanisme, Connaissances, Pièges, Solutions)

Une question de pur calcul, prenez garde aux erreurs d'étourderies et de signes.
La solution est forcément négative (car m et p sont de signes opposés), nous pouvons d'ores et déjà éliminer les réponses a), b) et c).

2. Quelle tactique de résolution ?

Posons les calculs.

3. Résolution.

$$m = \frac{m - p}{3}$$

Alors : $3m = m - p$

Et : $p = -2m$

Ainsi : $\frac{p}{m} = -2$

II.2.4 – Calcul - Entraînement 4 – 15 questions en 20 min.

Grille de réponses à détacher en page 679.

Question 1. Les 2 triangles PSG et GOM ci-dessous sont équilatéraux et ont les mêmes mesures. L'angle PGO mesure 17,5 degrés. Quelle est la valeur de l'angle SPO ?

a) 81,25°
b) 162,5°
c) 141,25°
d) 201,25°
e) 90°

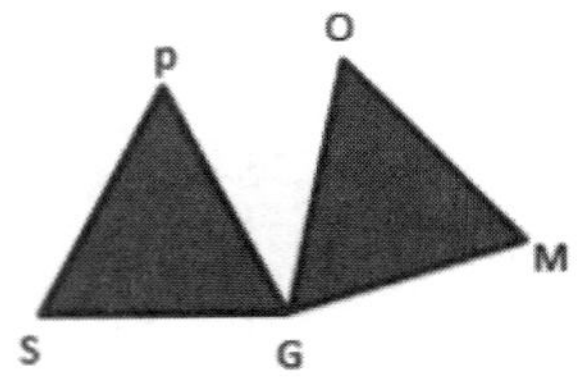

Question 2. On choisit un nombre, puis on le multiplie par 3, on rajoute 4, on élève le résultat obtenu au carré auquel on retire 16 et finalement on divise le nombre obtenu par le nombre de départ. Que vaut le nombre obtenu ?

a) 9 fois le nombre de départ plus 24
b) 9 fois le nombre de départ plus 28
c) 9 fois le nombre de départ moins 24
d) 9 fois le nombre de départ moins 28
e) 9 fois le nombre de départ

Question 3. Dans une livraison de 160 paires de chaussures, dont les tailles vont du 39 à 44, il y en a 25% en 41, autant en 40 qu'en 43, deux fois plus en 42 qu'en 40, moitié moins en 39 ou en 44 qu'en 43. Quel est le nombre de paires livrées en taille 42 ?

a) 32
b) 20
c) 48
d) 30
e) 24

Question 4. On lance deux dés puis on additionne les chiffres obtenus, quelle est la probabilité d'obtenir un résultat multiple de 3 ?

a) $\frac{9}{48}$

b) $\frac{7}{36}$

c) $\frac{1}{6}$

d) $\frac{1}{3}$

e) $\frac{1}{2}$

Question 5. Le carré ABCD représenté ci-dessous mesure 4 mètres de côté. À ses 4 coins sont dessinés 4 carrés de côtés de même longueur (**x** mètres). Quelle doit être la valeur de **x** pour que la surface de la croix hachurée soit la moitié de celle du carré ABCD ?

a) 2 mètres

b) $\sqrt{2}$ mètres

c) $3\sqrt{2}$ mètres

d) $\sqrt{3}$ mètres

e) $2\sqrt{2}$ mètres

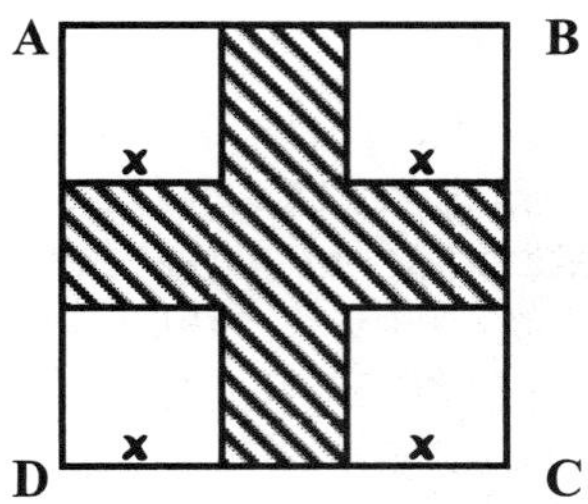

Question 6. Sur un relevé de notes, apparaissent les notes suivantes : 13 - 6,5 - 12 et 15. Une cinquième note est manquante. Sachant que la moyenne de ces notes est 11, quelle est la valeur de la note manquante ?

a) 8
b) 9,5
c) 11
d) 9
e) 8,5

Question 7. David, Jonathan et Stéphane vont aux Galeries Lafouyettes pour acheter des cadeaux à leurs fiancées. David achète un sac et un portefeuille. Le sac coûte 52 euros. Stéphane achète un foulard et un portefeuille. Le portefeuille coûte 32 euros. Stéphane a dépensé moins que David qui lui, a dépensé moins que Jonathan qui a acheté 3 portemonnaies et un foulard. Le porte-monnaie coûte 15,5 euros. Sachant que tous les foulards sont au même prix, quel prix parmi les cinq proposés pourrait correspondre au prix d'un foulard ?

a) 15 euros
b) 20 euros
c) 23 euros
d) 25 euros
e) 40 euros

Question 8. Un fût de bière a une contenance totale d'un tiers de 100 litres. Il est au trois quart plein. Lors d'une soirée, 20 litres de bière de ce fût sont consommés. Quelle quantité de bière reste-t-il dans ce fût ?

a) 30 litres
b) 25 litres
c) 15 litres
d) 10 litres
e) 5 litres

Question 9. Le site de préparation Tagemaster.com propose deux tarifs différents. Pour le premier, chaque TAGE MAGE® blanc coûte 4,5 €. Pour le deuxième, l'étudiant acquitte un abonnement de 12 € et paye alors chaque TAGE MAGE® blanc 3 €. À partir de combien de TAGE MAGE® blancs le tarif avec abonnement devient-il plus intéressant pour l'étudiant ?

a) 5
b) 6
c) 7
d) 8
e) 9

Question 10. Dans cette question on considèrera que tous les étudiants travaillent à la même vitesse. Deux étudiants résolvent 200 questions de TAGE MAGE® en deux heures. Combien de questions seraient résolues par cinq étudiants en cinq heures ?

a) 750
b) 1 250
c) 1 000
d) 800
e) 500

Question 11. Le TGV Paris-Lyon est deux fois plus long et roule deux fois moins vite que le TGV Lyon-Paris. Les deux trains, roulant en sens inverse, se croisent et leur rencontre dure exactement 3 secondes. À quelle vitesse roulait le TGV Paris-Lyon lors de cette rencontre sachant qu'il mesure 300 mètres de long ?

a) 180 km/h
b) 210 km/h
c) 250 km/h
d) 300 km/h
e) 320 km/h

Question 12. Un vendeur propose une réduction de 25 % sur tout le magasin. Un bon client se présente, le vendeur lui propose de diminuer le prix de 10 % supplémentaires sur le total qu'il devait payer avec la précédente réduction. Comme le client n'est pas satisfait il rajoute une réduction de 40 euros. On sait que la valeur totale, sans aucune réduction, des achats de ce client s'élève à 1 500 euros. De quel montant réel de réduction a-t-il bénéficié ?

a) 524,50 euros
b) 525,50 euros
c) 526,50 euros
d) 527,50 euros
e) 528,50 euros

Question 13. Une entreprise a vu sa production de 2004 progresser de 25 % par rapport à sa production de 2003. En revanche, sa production de 2005 a baissé de 10 % par rapport à celle de 2004. Quel pourcentage de la production de 2003 a été réalisé en 2005 ?

a) 119,5 %
b) 112,5 %
c) 102 %
d) 97 %
e) 12,5 %

Question 14. François vient de recevoir son salaire en petites coupures de 10 € et 50 €. Les vingt billets reçus correspondent à son salaire de 720 €. Il décide de conserver sur lui les billets de 10 € et de remettre en banque les billets de 50 €. Combien de billets déposera-t-il à la banque ?

a) 13
b) 7
c) 11
d) 10
e) 8

Question 15. Soient huit cercles identiques alignés en deux rangées de quatre cercles. On forme un rectangle ABCD dont les côtés tangentent les cercles comme sur la figure ci-dessous. On forme de même un second rectangle MNOP passant par les centres des huit cercles.

Quelle est la surface de MNOP sachant que le périmètre de ABCD est de 60 centimètres ?

a) 25 cm²
b) 60 cm²
c) 75 cm²
d) 120 cm²
e) 360 cm²

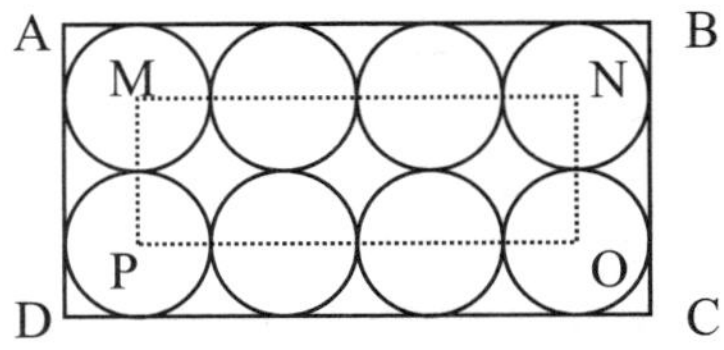

Calculez votre score à l'aide de la grille de correction en page 660.

II.2.4bis – Calcul - Entraînement 4 – Correction

Calculez votre score à l'aide de la grille de correction en page 660.

Question 1. Difficulté : ★★ *Réponse c)*

L'angle SPO est composé de l'angle SPG ainsi que de l'angle GPO.

L'angle SPG appartenant au triangle équilatéral PSG, il mesure 60°.

Le triangle PGO est isocèle puisque : PG = GO

L'angle GPO se calcule alors : $\frac{180-17{,}5}{2} = \frac{162{,}5}{2}$ = 81,25°

En conclusion :
- angle SPO = angle SPG + angle GPO
- angle SPO = 60° + 81,25°
- angle SPO = 141,25°

Question 2. Difficulté : ★★ *Réponse a)*

$\frac{((X \times 3)+4)^2-16}{X} = \frac{(3X+4)^2-16}{X} = \frac{9X^2+24X+16-16}{X}$ = 9X + 24

Le nombre obtenu est égal à 9 fois le nombre de départ plus 24.

Question 3. Difficulté : ★★ *Réponse c)*

Posons X, le nombre de paires de chaussures en taille 40 et ordonnons les informations de l'énoncé :

Tailles	Nombre
39	0,5X
40	X
41	40
42	2X
43	X
44	0,5X

Nous avons : 0,5X + X + 40 + 2X + X + 0,5X = 160

Alors : 5X = 120

Donc : X = 24

Attention, nous cherchons 2X, le nombre de paires de chaussures livrées en taille 42.

Question 4. Difficulté : ★★ *Réponse d)*

Rappelons qu'un dé est composé de 6 faces numérotées de 1 à 6, la somme des deux chiffres obtenus est donc comprise entre 2 et 12 (double 1 et double 6).
Listons à présent l'ensemble des résultats possibles en identifiant les résultats multiples de 3 (soulignés).

Dé 1	Dé 2	Somme	Dé 1	Dé 2	Somme	Dé 1	Dé 2	Somme
1	1	2	2	1	**3**	3	1	4
1	2	**3**	2	2	4	3	2	5
1	3	4	2	3	5	3	3	**6**
1	4	5	2	4	**6**	3	4	7
1	5	**6**	2	5	7	3	5	8
1	6	7	2	6	8	3	6	**9**

Dé 1	Dé 2	Somme	Dé 1	Dé 2	Somme	Dé 1	Dé 2	Somme
4	1	5	5	1	**6**	6	1	7
4	2	**6**	5	2	7	6	2	8
4	3	7	5	3	8	6	3	**9**
4	4	8	5	4	**9**	6	4	10
4	5	**9**	5	5	10	6	5	11
4	6	10	5	6	11	6	6	**12**

Il y a donc, au total, 36 résultats possibles dont 12 résultats multiples de 3.

Appliquons maintenant la formule des probabilités : $P = \frac{12}{36} = \frac{1}{3}$

Question 5. Difficulté : ★★ *Réponse b)*

La surface de la croix est égale à la surface du carré ABCD diminuée de la surface des 4 petits carrés.
Elle se calcule : $4^2 - 4 \times x^2$

Alors, nous voulons :

Surface de la croix = $\frac{1}{2}$surface de ABCD

$4^2 - 4 \times x^2 = \frac{1}{2} \times 4^2$

$4x^2 = 8$

$x^2 = 2$

$x = \sqrt{2}$ mètres

Question 6. Difficulté : ★ *Réponse e)*

Un simple calcul de moyenne :

$$\frac{13+6{,}5+12+15+x}{5} = 11$$

$46{,}5 + x = 55$

$x = 55 - 46{,}5$

$x = 8{,}5$

Question 7. Difficulté : ★★★ *Réponse e)*

Nous savons que : Stéphane < David < Jonathan

Posons : M = Porte-monnaie ; F = foulard ; S = Sac et P = Portefeuille

Alors : Stéphane = P + F ; David = S + P ; Jonathan = 3M + F

a) $32 + 15 < 52 + 32 < 3\times15{,}5 + 15$	→ $47 < 84 > 61{,}50$	→ Impossible
b) $32 + 20 < 52 + 32 < 3\times15{,}5 + 20$	→ $52 < 84 > 66{,}50$	→ Impossible
c) $32 + 23 < 52 + 32 < 3\times15{,}5 + 23$	→ $55 < 84 > 69{,}50$	→ Impossible
d) $32 + 28 < 52 + 32 < 3\times15{,}5 + 28$	→ $60 < 84 > 74{,}50$	→ Impossible
e) $32 + 40 < 52 + 32 < 3\times15{,}5 + 40$	→ $72 < 84 < 86{,}50$	→ OUI

Question 8. Difficulté : ★ *Réponse e)*

Soit C, la contenance totale de notre cuve.

Alors : $C = \frac{1}{3}\times 100$

Nous cherchons : $(\frac{3}{4}\times\frac{1}{3}\times 100) - 20 = 25 - 20 = 5$ litres

Question 9. Difficulté : ★★★ *Réponse e)*

Posons N le nombre de TAGE MAGE® blancs.

1er tarif : $N\times 4{,}5$ €

2ème tarif : 12 € + $N\times 3$ €

Nous voulons :

2ème tarif < 1er tarif

$12 + 3N < 4{,}5N$

$12 < 4{,}5N - 3N$

$12 < 1{,}5N$

$N > \frac{12}{1{,}5}$ **Astuce** : $\frac{12}{1{,}5} = \frac{12}{\frac{3}{2}} = \frac{12\times 2}{3}$

$N > 8$

Attention, pour 8 TAGE MAGE® blancs, les deux formules sont équivalentes, ce n'est qu'à partir de 9 que l'abonnement devient plus intéressant pour l'étudiant !

Question 10. Difficulté : ★★ *Réponse b)*

Un étudiant résout 50 questions en 1 heure.
Donc, cinq étudiants résoudraient 1 250 questions en 5 heures.

Question 11. Difficulté : ★★★ *Réponse a)*

Lors de ce croisement, les trains vont parcourir, au total, 450 mètres, soit 0,45 km.
Par ailleurs, le temps de parcours est de 3 secondes, soit 1/1200 heure.
Enfin, si vitesse $TGV_{Paris\text{-}Lyon}$ = V, alors, vitesse du $TGV_{Lyon\text{-}Paris}$ = 2V

Nous pouvons écrire :

Distance $TGV_{Paris\text{-}Lyon}$ + Distance $TGV_{Lyon\text{-}Paris}$ = 0,45

$$V\times\frac{1}{1200} + 2V\times\frac{1}{1200} = 0{,}45$$

3V = 540

V = 180 km/h

Question 12. Difficulté : ★★ *Réponse d)*

Calculons la réduction totale :

(1 500 x 25%) + (1 500x(1 - 25%))x10% + 40
= 375 + 112,5 + 40
= 527,5 €

Question 13. Difficulté : ★★ *Réponse b)*

$P_{2004} = (1 + 25\%)\times P_{2003}$

$P_{2005} = (1 - 10\%)\times P_{2004}$

$P_{2005} = 1{,}25\times 0{,}9\times P_{2003}$

$P_{2005} = 1{,}125\times P_{2003}$

Décomposez le calcul : 1,25×0,9 = 1×0,9 + 0,25×0,9

Question 14. Difficulté : ★★ *Réponse a)*

Posons X le nombre de billets de 10 € et Y le nombre de billets de 50 €. Il faut comprendre que la somme en billets de 10 € est égale à (10×X) € et la somme en billets de 50 € est égale à (50×Y) €. L'énoncé devient alors :

$$\begin{cases} X + Y = 20 \\ 10X + 50Y = 720 \end{cases} \quad \begin{cases} X = 20 - Y \\ 10(20 - Y) + 50Y = 720 \end{cases} \quad \begin{cases} X = 20 - Y \\ 40Y + 200 = 720 \end{cases}$$

$$\begin{cases} X = 7 \\ Y = \dfrac{520}{40} = 13 \end{cases}$$

Question 15. Difficulté : ★★★ *Réponse c)*

Posons D, la longueur du diamètre d'un cercle.

Alors :
$AB = 4D$
$BC = 2D$
$MN = 3D$
$MP = D$

De plus :
$2(AB + BC) = 60$
$2(4D + 2D) = 60$
$12D = 60$
$D = 5$ cm

Alors :
Surface de MNOP = $MN \times MP$
Surface de MNOP = $3D \times D$
Surface de MNOP = 15×5
Surface de MNOP = 75 cm^2

III – Sous-test de conditions minimales

Les questions de Conditions Minimales sont très spécifiques, elles sont une adaptation des questions de « *Data sufficiency* » du GMAT américain.

Leur appellation est plus claire en anglais qu'en français, il s'agit d'étudier les données présentes dans l'énoncé (*data*) et de vérifier si elles sont suffisantes (*sufficiency*) pour répondre à la question posée.

Chaque question comprend un énoncé suivi de deux énonciations. L'énoncé s'apparente à une question standard de calcul, il comprend un court problème de logique mathématique et une question. La spécificité des conditions minimales est que l'énoncé du problème ne comprend pas toutes les informations (ou données mathématiques) permettant de répondre à la question posée. C'est pourquoi l'énoncé est suivi de deux énonciations [(1) et (2)] qui contiennent des informations supplémentaires. Il s'agit alors de déterminer si ces énonciations permettent ou non de répondre à la question posée. Plus précisément, vous devez choisir si l'une, l'autre, les deux ensemble ou aucune de ces deux énonciations vous permettent de résoudre le problème.

Voici le détail des réponses. **Vous devez les apprendre par cœur !**

A) Si l'information (1) permet à **elle seule** de répondre à la question, et si l'information (2) à elle seule ne permet pas de répondre à la question.
B) Si l'information (2) permet à **elle seule** de répondre à la question, et si l'information (1) à elle seule ne permet pas de répondre à la question.
C) Si les deux informations (1) et (2) **ensemble** permettent de répondre à la question, et aucune séparément ne le peut.
D) Si **chaque** information permet séparément de répondre à la question.
E) Si les deux informations **ensemble** ou **séparément** ne permettent pas de répondre à la question.

Le sous-test de Conditions Minimales recouvre le même champ de compétences que le sous-test de Calcul. En réalité, une question de Conditions minimales est une question de Calcul dans un format différent. Ce sous-test ne présente ainsi aucune difficulté conceptuelle ou programmatique. En revanche, les candidats sont très déstabilisés par ce type de questions, le taux de bonnes réponses est assez faible, compris entre 35 % et 45 %. Il s'agit de vous tester sur votre capacité à comprendre rapidement un énoncé, à en isoler les données puis à déterminer si l'on peut y répondre.

En conclusion, cet exercice extrêmement technique nécessite l'acquisition d'une méthodologie précise.

III.1 – Méthodologie du QCM de conditions minimales

III.1.1 – Méthodologie

Avant de vous lancer dans la résolution des premières questions, vous devez obligatoirement avoir revu les connaissances élémentaires présentes dans le chapitre I de cet ouvrage.

La méthode de résolution que je vous propose est somme toute assez basique mais vous devez en suivre scrupuleusement chacune des étapes. C'est de votre capacité à être rigoureux et méthodique le jour de l'examen dont dépendra votre score final.

*Le **premier conseil** est qu'il ne faut jamais vous fier à votre intuition mais toujours appliquer cette méthode. Les questions de conditions minimales sont souvent déroutantes en raison de leur facilité apparente (je dis bien apparente !) et de nombreux candidats sont tentés de répondre après une simple lecture de l'énoncé. Ne tombez pas dans ce piège.*

*Le **second conseil** est que, contrairement à l'épreuve de calcul, vous devez garder à l'esprit que l'on ne vous demande pas de répondre à la question. Raisonnez toujours en terme de suffisance (Data Sufficiency). Ne vous lancez jamais dans une résolution ou dans des calculs lorsque ceci n'est pas nécessaire.*

La méthode de résolution s'appelle **Méthode 3,5** car la résolution peut se faire en 3 ou en 4 étapes en fonction de la question.

Étape 1 : Énoncé seulement

La première étape de toute méthode de résolution consiste évidemment à bien lire l'énoncé, l'énoncé seulement [sans lire les informations (1) et (2)].

Cette analyse MCP (Mécanisme, Connaissances, Piège) de l'énoncé doit vous permettre d'identifier la question posée, puis de déterminer les données mathématiques contenues dans l'énoncé.

Notez proprement sur votre brouillon la question posée et les informations.

À ce stade de la résolution, vous devez avoir identifié les données mathématiques manquantes.

Étape 2 : Information (1) seulement

Analysez dans un deuxième temps l'information (1) [sans lire l'information (2)]. Isolez les données mathématiques et notez-les sur votre brouillon.

Puis posez-vous les questions : ces données me permettent-elles de répondre à la question identifiée lors de la 1ère étape ? Correspondent-elles aux données manquantes ?

- ☑ Si vous pouvez répondre, alors les solutions possibles sont : A ou D
- ☒ Si vous ne pouvez pas répondre, alors les solutions possibles sont : B, C ou E

Étape 3 : Information (2) seulement

Oubliez ce que vous venez de lire dans l'information (1) !

Analysez maintenant l'information (2) [en oubliant l'information (1)]. Isolez les données mathématiques et notez-les sur votre brouillon.

Puis posez-vous les questions : ces données me permettent-elles de répondre à la question identifiée lors de la 1ère étape ? Correspondent-elles aux données manquantes ?

- ☑ Si vous pouvez répondre, alors les solutions possibles sont : B ou D
- ☒ Si vous ne pouvez pas répondre, alors les solutions possibles sont : A, C ou E

Étape 3,5 : Information (1) et (2) ensemble

UNIQUEMENT si les informations (1) et (2) ne permettent pas séparément de répondre, i.e. si vous avez déjà éliminé les solutions A, B et D.

Analysez maintenant les informations (1) et (2) ensemble. Reprenez les données mathématiques que vous avez notées sur votre brouillon, puis posez-vous les questions : ces données me permettent-elles de répondre à la question identifiée lors de la 1ère étape ? Correspondent-elles aux données manquantes ?

- ☑ Si vous pouvez répondre, alors la solution est : C
- ☒ Si vous ne pouvez pas répondre, alors la solution est : E

III.1.2 – Arbre de résolution

Vous l'avez compris, cette méthode en 3 ou 4 étapes permet d'éliminer les solutions possibles les unes après les autres. Voici donc un arbre de décision permettant de synthétiser ce processus.

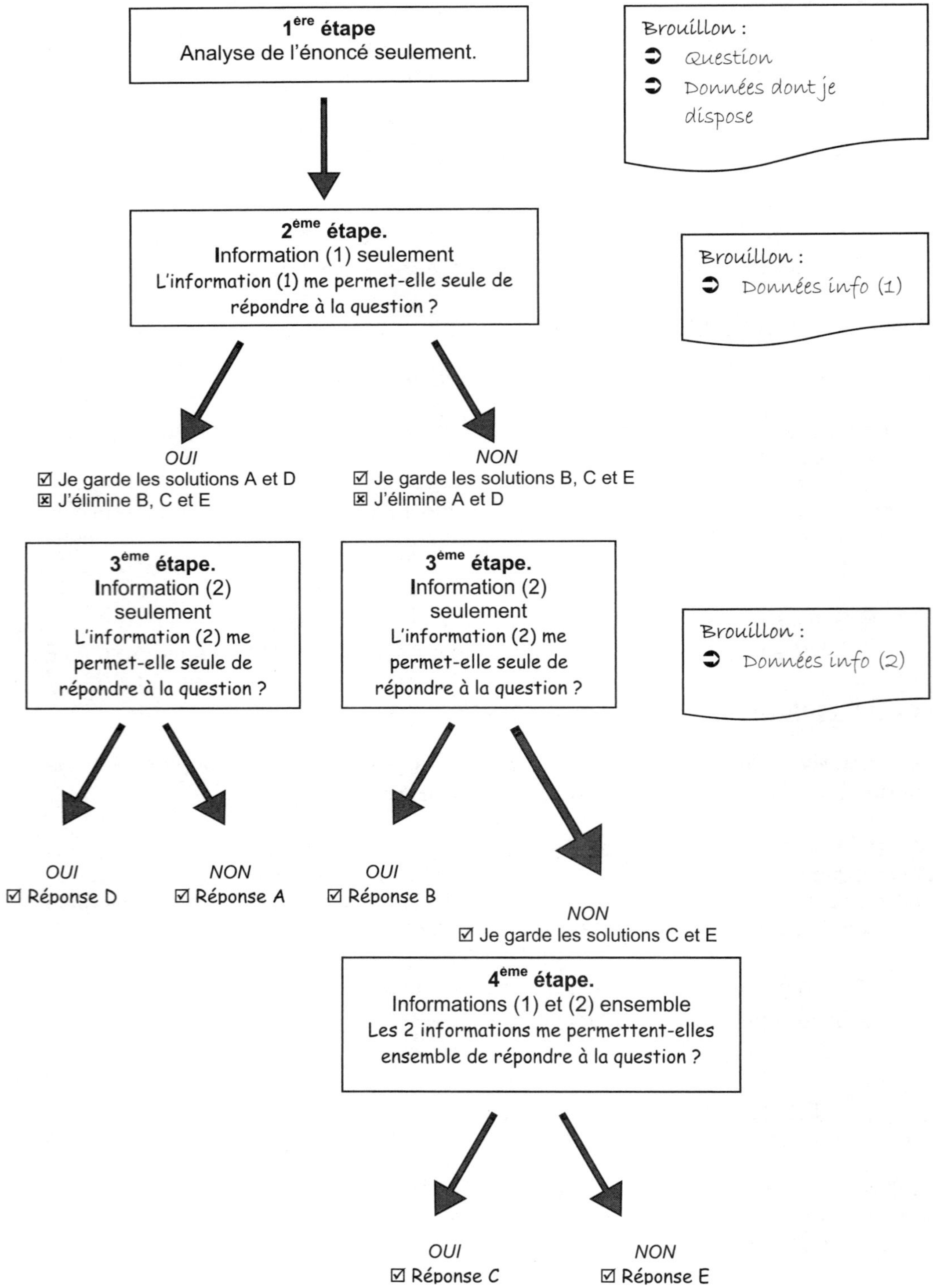
1ère étape
Analyse de l'énoncé seulement.
Brouillon :
➲ Question
➲ Données dont je dispose
2ème étape.
Information (1) seulement
L'information (1) me permet-elle seule de répondre à la question ?
Brouillon :
➲ Données info (1)
OUI
☑ Je garde les solutions A et D
☒ J'élimine B, C et E
NON
☑ Je garde les solutions B, C et E
☒ J'élimine A et D
3ème étape.
Information (2) seulement
L'information (2) me permet-elle seule de répondre à la question ?
3ème étape.
Information (2) seulement
L'information (2) me permet-elle seule de répondre à la question ?
Brouillon :
➲ Données info (2)
OUI
☑ Réponse D
NON
☑ Réponse A
OUI
☑ Réponse B
NON
☑ Je garde les solutions C et E
4ème étape.
Informations (1) et (2) ensemble
Les 2 informations me permettent-elles ensemble de répondre à la question ?
OUI
☑ Réponse C
NON
☑ Réponse E

III.1.3 – Illustrations

Exemple 1.

Dorothée a cinq ans de plus que Sophie, quel est son âge ?

(1) Il y a quinze ans, Dorothée était deux fois plus âgée que Sophie.
(2) Il y a cinq ans, Sophie avait cinq ans de moins que Dorothée.

☑ Correction

1. Étape 1 : analyse de l'énoncé

Posons D et S les âges respectifs de Dorothée et de Sophie. Alors : $D = S + 5$
Nous cherchons D.

2. Étape 2 : analyse de l'information (1) seule

$(D - 15) = 2(S - 15)$

Alors : $S - 10 = 2S - 30$ car: $D = S + 5$

Donc : $S = 20$ ans et $D = 25$ ans

L'information (1) seule nous permet de répondre.

⇨ Nous gardons les solutions A et D.

3. Étape 3 : analyse de l'information (2) seule

Cette information est clairement inutile : elle répète l'énoncé.
L'information (2) seule ne nous permet pas de répondre.

Réponse A).

Exemple 2.

Patrick a investi 100 000 € en deux parties inégales. La première sur un compte à terme rémunérant 6 % l'an, et la seconde sur une SICAV dynamique offrant une rentabilité variable en fonction de l'indice *subprime* américain. Quel est le taux final obtenu par l'investissement sur la SICAV dynamique ?

(1) En un an, Patrick a touché 2 000 € d'intérêts sur son investissement total.

(2) Son placement sur le compte à terme représente le triple de son placement sur la SICAV dynamique.

☑ Correction

1. Étape 1 : analyse de l'énoncé

Posons X le montant de la somme placée à 6 % et T, le taux obtenu sur la SICAV dynamique.
Alors, Patrick a placé X € à 6 % et (100 000 - X) € à T.
Nous cherchons T.

2. Étape 2 : analyse de l'information (1) seule

2 000 = X×6%×1 + (100 000 - X)×T×1
L'information (1) seule ne nous permet pas de répondre.

⇨ Nous gardons les solutions B, C et E.

3. Étape 3 : analyse de l'information (2) seule

X = 3(100 000 - X)
Alors, X = 75 000 €
L'information (2) seule ne nous permet pas de répondre.

⇨ Nous gardons les solutions C et E.

4. Étape 3,5 : analyse des informations (1) & (2) ensemble

Information (1) : 2 000 = X×6%×1 + (100 000 - X)×T×1
Information (2) : X = 75 000 €
Alors : 2 000 = 75 000×6%×1 + 25 000×T×1
Et : 25 000T = -2 500
Donc : T = -10 %
Les deux informations (1) & (2) ensemble nous permettent de répondre.

Réponse C).

Exemple 3.

Sandy, Eddy, Sylvie et Sylvain sont réunis tous les quatre autour d'une table ronde. Sandy et Eddy sont-ils voisins ?

(1) Sandy et Sylvie ne sont pas voisines.
(2) Lorsque Sylvain se moque de Sandy, Sylvie lui administre un discret coup de coude.

☑ Correction

1. Étape 1 : analyse de l'énoncé

Schématisons notre table.

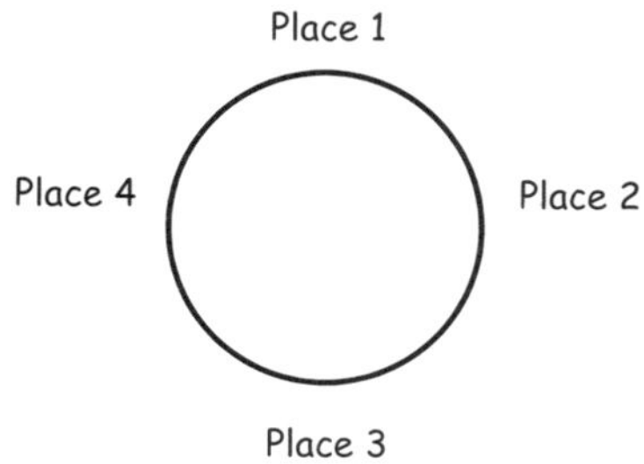

2. Étape 2 : analyse de l'information (1) seule

Réfléchissons ... si Sandy et Sylvie ne sont pas voisines, c'est qu'elles sont obligatoirement l'une en face de l'autre.
En positionnant Sandy et Sylvie sur notre schéma, nous nous apercevons que Eddy et Sylvain sont alors forcément voisins de Sandy et Sylvie.

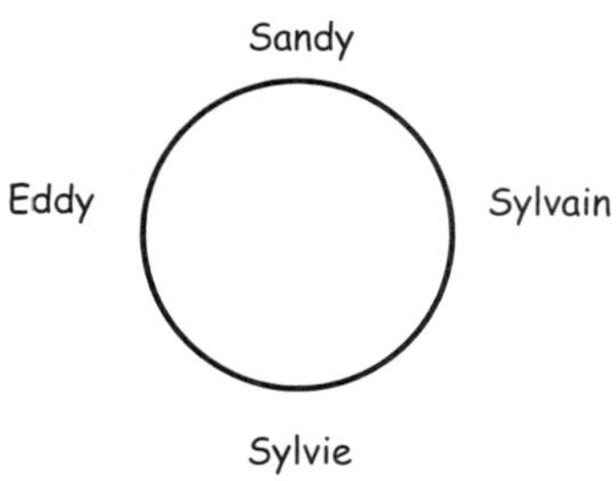

Ou

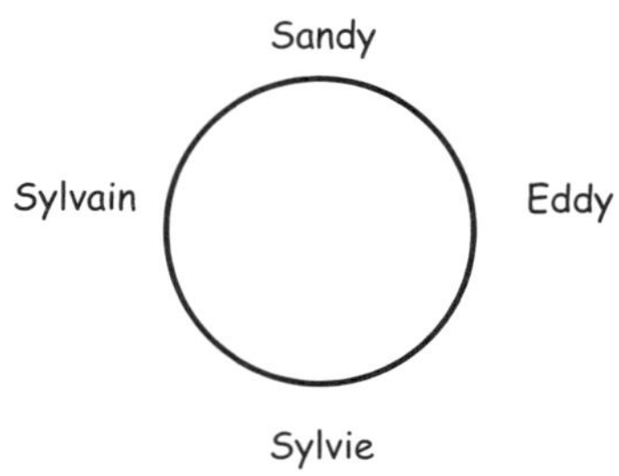

L'information (1) seule nous permet de répondre.

⇨ Nous gardons les solutions A et D.

3. Étape 3 : analyse de l'information (2) seule

Si Sylvie peut administrer un coup de coude à Sylvain, c'est qu'ils sont assis l'un à côté de l'autre. En positionnant Sylvain et Sylvie sur notre schéma, nous nous apercevons qu'Eddy et Sandy sont forcément voisins.
L'information (2) seule nous permet de répondre.

Réponse D).

Exemple 4.

Dingo est-il plus riche que Donald ?

(1) Picsou est plus riche que Dingo.
(2) Donald est moins riche que Picsou.

☑ Correction

1. Étape 1 : analyse de l'énoncé

Posons P, G et D, les fortunes respectives de Picsou, Dingo et Donald.

2. Étape 2 : analyse de l'information (1) seule

$P > G$

L'information (1) seule ne nous permet pas de répondre.

⇨ Nous gardons les solutions B, C et E.

3. Étape 3 : analyse de l'information (2) seule

$P > D$

L'information (2) seule ne nous permet pas de répondre.

⇨ Nous gardons les solutions C et E.

4. Étape 3,5 : analyse des informations (1) & (2) ensemble

Information (1) : $P > G$

Information (2) : $P > D$

Nous savons que Picsou est le plus riche des trois (mais il n'y a pas besoin du TAGE MAGE® pour savoir que Picsou est le plus riche !), en revanche, nous ne pouvons savoir qui de Dingo ou Donald est le plus riche.

Les deux informations (1) & (2) ensemble ne nous permettent pas de répondre.

Réponse E).

III.2 – Conditions minimales : Entraînez-vous !

III.2.1 – Conditions minimales - Entraînement 1 – 15 questions en 20 min.

Grille de réponses à détacher en page 681.

A)	Si l'information (1) permet à **elle seule** de répondre à la question, et si l'information (2) à elle seule ne permet pas de répondre à la question.
B)	Si l'information (2) permet à **elle seule** de répondre à la question, et si l'information (1) à elle seule ne permet pas de répondre à la question.
C)	Si les deux informations (1) et (2) **ensemble** permettent de répondre à la question, et aucune séparément ne le peut.
D)	Si **chaque** information permet séparément de répondre à la question.
E)	Si les deux informations **ensemble ou séparément** ne permettent pas de répondre à la question.

Question 1. Quel est le pourcentage de personnes rousses dans la population française ?

(1) Il y a 95 142 roux en France.
(2) Le ratio nombre de personnes rousses sur population totale est de 47 sur 3 458.

Question 2. Un agriculteur laboure un champ. Il travaille régulièrement et sans interruption jusqu'à réalisation totale de sa tâche. À quelle heure termine-t-il ?

(1) Il a commencé à 8h15, et à 12h, il a labouré la moitié du champ.
(2) Le temps total de labourage est de 7h30.

Question 3. David et Agnès partent tous les deux en vacances en Italie, de quelle somme disposent-ils ensemble ?

(1) David a deux fois plus d'argent qu'Agnès.
(2) Agnès possède 600 € de moins que David.

A)	Si l'information (1) permet à **elle seule** de répondre à la question, et si l'information (2) à elle seule ne permet pas de répondre à la question.
B)	Si l'information (2) permet à **elle seule** de répondre à la question, et si l'information (1) à elle seule ne permet pas de répondre à la question.
C)	Si les deux informations (1) et (2) **ensemble** permettent de répondre à la question, et aucune séparément ne le peut.
D)	Si **chaque** information permet séparément de répondre à la question.
E)	Si les deux informations **ensemble ou séparément** ne permettent pas de répondre à la question.

Question 4. W > X ?

(1) $\frac{6}{14} < W < \frac{10}{14}$

(2) $\frac{6}{21} < X < \frac{12}{21}$

Question 5. Quelle est le pourcentage de variation du volume d'une sphère ?

(1) Le rayon initial est de 4 cm.
(2) Le rayon est augmenté de 10 %.

Question 6. Un épargnant a placé un capital de 20 000 € pendant un an, dont une partie à 7 % et une autre à 3 %. Quel est le montant de la partie placée à 7 % ?

(1) Il a placé 3 fois plus d'argent à 7 % qu'à 3 %.
(2) Le total des intérêts s'élève à 1 200 €.

Question 7. Pour s'entraîner, un coureur utilise la piste d'un stade de 1 000 mètres pendant 45 minutes. Quelle distance a-t-il parcourue ?

(1) Il court en moyenne à 12 km/h.
(2) Il a effectué 9 tours complets.

Question 8. L'autoroute A36 d'une longueur de 280 km est divisée en trois tronçons. Quelle est la longueur du tronçon le plus long ?

(1) La différence de longueur entre les deux premiers tronçons mesure 32 km et le troisième tronçon mesure 16 km.
(2) Un des tronçons mesure 116 km.

A)	Si l'information (1) permet à **elle seule** de répondre à la question, et si l'information (2) à elle seule ne permet pas de répondre à la question.
B)	Si l'information (2) permet à **elle seule** de répondre à la question, et si l'information (1) à elle seule ne permet pas de répondre à la question.
C)	Si les deux informations (1) et (2) **ensemble** permettent de répondre à la question, et aucune séparément ne le peut.
D)	Si **chaque** information permet séparément de répondre à la question.
E)	Si les deux informations **ensemble ou séparément** ne permettent pas de répondre à la question.

Question 9. Jean-Pierre roule sans arrêt pendant trois heures pour se rendre chez sa mère, quelle a été sa vitesse moyenne ?

(1) Il a parcouru 240 km.
(2) Il a parcouru le tiers du trajet à 160 km/h et le reste à 64 km/h.

Question 10. La longueur de BC est de 3 cm, celle de AC de 4 cm. Quelle est la longueur de DE ?

(1) La longueur de BD est de 5 cm.
(2) La longueur de CE est de 4 cm.

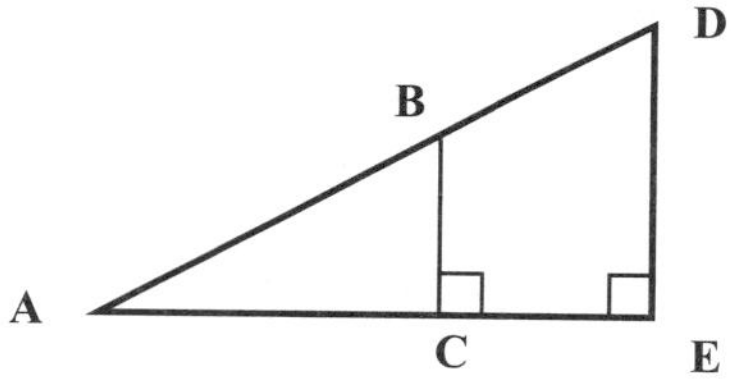

Question 11. Quel est le volume du cube ?

(1) La superficie totale du cube est de 96 cm².
(2) Chaque face a une surface de 16 cm².

Question 12. Lors d'une compétition, une prime totale de 7 000 € est distribuée aux trois premiers, la prime la plus importante étant attribuée au premier. Combien reçoit le premier des compétiteurs ?

(1) Chaque compétiteur reçoit deux fois moins que celui qui le précède.
(2) L'un des compétiteurs reçoit 4 000 €.

Question 13. Shirley, Sandy et Jessica se présentent à l'élection de *Miss Camping 2013*. Le titre est attribué à la majorité simple. Qui est élue ?

(1) Shirley obtient deux fois plus de voix que Jessica.
(2) Sandy obtient plus de voix que ses concurrentes réunies.

A)	Si l'information (1) permet à **elle seule** de répondre à la question, et si l'information (2) à elle seule ne permet pas de répondre à la question.
B)	Si l'information (2) permet à **elle seule** de répondre à la question, et si l'information (1) à elle seule ne permet pas de répondre à la question.
C)	Si les deux informations (1) et (2) **ensemble** permettent de répondre à la question, et aucune séparément ne le peut.
D)	Si **chaque** information permet séparément de répondre à la question.
E)	Si les deux informations **ensemble ou séparément** ne permettent pas de répondre à la question.

Question 14. Dans mon porte-monnaie il y a une somme de 4,60 €. Elle est constituée de pièces de 50 et de 20 centimes. Combien ai-je de pièces de 20 centimes dans mon porte-monnaie ?

(1) Chaque pièce de 50 centimes pèse 10 grammes.
(2) L'ensemble des pièces pèse 124 grammes.

Question 15. Quel est l'âge de Valérie ?

(1) Dans 3 ans, Valérie sera deux fois plus âgée que ne l'est Sandrine actuellement.
(2) L'âge de Corinne est égal à la moyenne des âges de Valérie et Sandrine.

Calculez votre score à l'aide de la grille de correction en page 661.

III.2.1bis – Conditions minimales - Entraînement 1 – *Correction*

Calculez votre score à l'aide de la grille de correction en page 661.

Question 1. Difficulté : ★★ *Réponse B)*

1. Étape 1 : analyse de l'énoncé

La question est clairement énoncée.

2. Étape 2 : analyse de l'information (1) seule

Il y a 95 142 roux en France, mais nous ne connaissons pas la population totale.

L'information (1) seule ne nous permet pas de répondre.

⇨ Nous gardons les solutions B, C et E.

3. Étape 3 : analyse de l'information (2) seule

Le pourcentage de roux se calcule : $\frac{47}{3\,458} = 1{,}359\%$ Inutile de calculer !

L'information (2) seule nous permet de répondre.

Question 2. Difficulté : ★ *Réponse A)*

1. Étape 1 : analyse MCP de l'énoncé

L'énoncé ne contient aucune donnée chiffrée, en revanche, vous ne devez pas passer à côté d'une information essentielle : l'agriculteur travaille régulièrement et sans interruption, i.e. il travaille avec une vitesse constante. C'est **LE** piège de la question.

2. Étape 2 : analyse de l'information (1) seule

Il réalise la moitié de sa tâche de 8h15 à 12h, soit en 3h45mn.

Puisqu'il travaille avec une vitesse constante, il lui faudra 2×3h45mn = 7h30mn pour terminer sa tâche.

Il a terminé à 15h45.

L'information (1) seule nous permet de répondre.

⇨ Nous gardons les solutions A et D.

3. Étape 3 : analyse de l'information (2) seule

L'information (2) nous permet de connaître le temps total de travail, mais nous ne pouvons pas déterminer l'horaire de fin puisque nous ne disposons pas de l'horaire de début.

L'information (2) seule ne nous permet pas de répondre.

Remarque : Le piège est évident ! La grande majorité des étudiants répondent C) à cette question.

Question 3. Difficulté : ★ *Réponse C)*

1. Étape 1 : analyse de l'énoncé

Posons A et D les montants respectifs d'Agnès et de David. Nous cherchons (A + D).

2. Étape 2 : analyse de l'information (1) seule

D = 2A, donc A + D = 3A

L'information (1) seule ne nous permet pas de répondre.

⇨ Nous gardons les solutions B, C et E.

3. Étape 3 : analyse de l'information (2) seule

A = D - 600

L'information (2) seule ne nous permet pas de répondre.

⇨ Nous gardons les solutions C et E.

4. Étape 3,5 : analyse des informations (1) & (2) ensemble

Information (1) : D = 2A

Information (2) : A = D - 600

Alors : A = 2A - 600

Donc : A = 600 € et D = 1 200 €

Les deux informations (1) & (2) ensemble nous permettent de répondre.

Question 4. Difficulté : ★★★ *Réponse E)*

1. Étape 1 : analyse de l'énoncé

La question est clairement énoncée.

2. Étape 2 : analyse de l'information (1) seule

$$\frac{3}{7} < W < \frac{5}{7}$$

L'information (1) seule ne nous permet pas de répondre.

⇨ Nous gardons les solutions B, C et E.

3. Étape 3 : analyse de l'information (2) seule

$$\frac{2}{7} < X < \frac{4}{7}$$

L'information (2) seule ne nous permet pas de répondre.

⇨ Nous gardons les solutions C et E.

4. Étape 3,5 : analyse des informations (1) & (2) ensemble

Les deux informations (1) & (2) ensemble ne nous permettent pas de répondre.

Question 5. Difficulté : ★★ *Réponse B)*

1. Étape 1 : analyse de l'énoncé

Le volume d'une sphère se calcule : $V = \frac{4}{3}\pi r^3$

2. Étape 2 : analyse de l'information (1) seule

Le volume initial de la sphère est de : $\frac{256}{3}\pi$ cm^3

L'information (1) seule ne nous permet pas de répondre.

⇨ Nous gardons les solutions B, C et E.

3. Étape 3 : analyse de l'information (2) seule

La longueur du rayon après augmentation vaut 1,1r.

Alors, le volume après augmentation vaut : $V' = \frac{4}{3}\pi \times (1{,}1r)^3 = 1{,}331\,(\frac{4}{3}\pi r^3) = 1{,}331V$

Le volume a augmenté de 33,1 %.

Astuce : Le volume d'une sphère dépend seulement de son rayon, donc sa variation dépend uniquement de la variation du rayon.

L'information (2) seule nous permet de répondre.

Question 6.

Difficulté : ★ *Réponse D)*

1. Étape 1 : analyse de l'énoncé

Posons X le montant de la somme placée à 3 %, alors, l'épargnant a placé (20 000 – X) à 7 %.

De plus : $I = X \times 3\% \times 1 + (20\,000 - X) \times 7\% \times 1$

2. Étape 2 : analyse de l'information (1) seule

$20\,000 - X = 3X$

$X = 5\,000$ €

L'épargnant a placé 5 000 € à 3 % et 15 000 € à 7 %.

L'information (1) seule nous permet de répondre.

⇨ Nous gardons les solutions A et D.

3. Étape 3 : analyse de l'information (2) seule

$1\,200 = X \times 3\% \times 1 + (20\,000 - X) \times 7\% \times 1$

$4\% \times X = 200$

$X = 5\,000$ €

L'épargnant a placé 5 000 € à 3 % et 15 000 € à 7 %.

L'information (2) seule nous permet de répondre.

Question 7.

Difficulté : ★ *Réponse D)*

1. Étape 1 : analyse de l'énoncé

$D = v \times t$

2. Étape 2 : analyse de l'information (1) seule

Il court pendant 45 mn = 0,75 h à 12 km/h, il parcourt donc 9 km.

L'information (1) seule nous permet de répondre.

⇨ Nous gardons les solutions A et D.

3. Étape 3 : analyse de l'information (2) seule

Le coureur effectue 9 tours de 1 km, soit 9 km.

L'information (2) seule nous permet de répondre.

Question 8.

Difficulté : ★★ *Réponse A)*

1. Étape 1 : analyse de l'énoncé

Posons X, Y et Z les longueurs respectives des trois tronçons. Nous savons que :

$X + Y + Z = 280$ km

2. Étape 2 : analyse de l'information (1) seule

$X + (X + 32) + 16 = 280$

$2X = 232$

$X = 116$ km, $Y = 148$ km et $Z = 16$ km.

L'information (1) seule nous permet de répondre.

⇨ Nous gardons les solutions A et D.

3. Étape 3 : analyse de l'information (2) seule

Un des tronçons mesure 116 km.

L'information (2) seule ne nous permet pas de répondre.

Question 9. Difficulté : ★★ *Réponse D)*

1. Étape 1 : analyse de l'énoncé

$D = v \times t$

2. Étape 2 : analyse de l'information (1) seule

$$V = \frac{240}{3} = 80 \text{ km/h}$$

L'information (1) seule nous permet de répondre.

⇨ Nous gardons les solutions A et D.

3. Étape 3 : analyse de l'information (2) seule

Cette résolution est plus délicate.

Il a parcouru le tiers du trajet à 160 km/h, alors : $\frac{1}{3}D = 160 \times t_1$ et donc : $D = 480t_1$

Il a parcouru le reste du trajet à 64 km/h, donc : $\frac{2}{3}D = 64 \times t_2$ et donc : $D = 96t_2$

De plus : $t_2 = 3 - t_1$ car son temps total de trajet est de 3 heures

$480t_1 = 96t_2$ en partant de l'égalité $D = D$

$480t_1 = 96(3 - t_1)$

$576t_1 = 288$

$t_1 = 0,5$ h ; $D = 240$ km et la vitesse moyenne est de 80 km/h.

L'information (2) seule nous permet de répondre.

Astuce : L'énoncé nous donne le temps de trajet ; dès qu'une information nous indique la distance ou la vitesse, nous pouvons calculer la variable manquante. Il est inutile d'effectuer les calculs.

Question 10 Difficulté : ★★ *Réponse D)*

1. Étape 1 : analyse de l'énoncé

Les triangles ABC et ADE sont rectangles, nous pourrons donc appliquer le théorème de Pythagore. Dans le triangle ABC rectangle, $AB^2 = BC^2 + AC^2 = 3^2 + 4^2 = 25$, donc AB = 5 cm (reconnaissez les triplés pythagoriciens).

Les droites BC et DE sont parallèles, nous pourrons donc appliquer le théorème de Thalès : $\frac{AB}{AD} = \frac{AC}{AE} = \frac{BC}{DE}$

2. Étape 2 : analyse de l'information (1) seule

Si BD = 5 cm, alors : AD = 10 cm

Et, en utilisant l'égalité du théorème de Thalès : DE = $BC \times \frac{AD}{AB} = 3 \times \frac{10}{5}$ = 6 cm

L'information (1) seule nous permet de répondre.

⇨ Nous gardons les solutions A et D.

3. Étape 3 : analyse de l'information (2) seule

Si CE = 4 cm, alors : AE = 8 cm

Et, en utilisant l'égalité du théorème de Thalès : DE = $BC \times \frac{AE}{AC} = 3 \times \frac{8}{4}$ = 6 cm

L'information (2) seule nous permet de répondre.

Question 11.

Difficulté : ★ *Réponse D)*

1. Étape 1 : analyse de l'énoncé

Un cube possède 6 faces et son volume se calcule c^3.

2. Étape 2 : analyse de l'information (1) seule

Si la superficie totale du cube est de 96 cm^2, alors la surface d'une seule face mesure 16 cm^2.

La longueur d'une arête vaut 4 cm, et son volume vaut 4^3 = 64 cm^3.

L'information (1) seule nous permet de répondre.

⇨ Nous gardons les solutions A et D.

3. Étape 3 : analyse de l'information (2) seule

Si la surface d'une face mesure 16 cm^2, alors la longueur d'une arête vaut 4 cm, et son volume se calcule : 4^3 = 64 cm^3.

L'information (2) seule nous permet de répondre.

Question 12.

Difficulté : ★ *Réponse D)*

1. Étape 1 : analyse de l'énoncé

Posons X, Y et Z les valeurs respectives des primes des trois premiers compétiteurs. Nous savons que X > Y > Z, et, X + Y + Z = 7 000 €

Nous cherchons la valeur de X.

2. Étape 2 : analyse de l'information (1) seule

X = 2Y = 4Z

Alors : 7 000 = 4Z + 2Z + Z

7 000 = 7Z

Z = 1 000 €, Y = 2 000 € et X = 4 000 €.

L'information (1) seule nous permet de répondre.

⇨ Nous gardons les solutions A et D.

3. Étape 3 : analyse de l'information (2) seule

Comme : X > Y > Z alors : X = 4 000 €

Attention : si la question avait porté sur la somme reçue par le deuxième ou le troisième, alors, cette information ne permettait pas de répondre.

L'information (2) seule nous permet de répondre.

Question 13. Difficulté : ★ *Réponse B)*

1. Étape 1 : analyse de l'énoncé

Une question très simple. Posons S, Y et J les nombres respectifs de voix remportées par Shirley, Sandy et Jessica. Nous cherchons la candidate ayant obtenu le plus grand nombre de voix (élection à la majorité simple).

2. Étape 2 : analyse de l'information (1) seule

$S = 2J$

Alors : $S > J$

L'information (1) seule ne nous permet pas de répondre.

⇨ Nous gardons les solutions B, C et E.

3. Étape 3 : analyse de l'information (2) seule

$Y > S + J$

Alors, c'est Sandy la Miss Camping 2013 !

L'information (2) seule nous permet de répondre.

Question 14. Difficulté : ★ *Réponse E)*

1. Étape 1 : analyse de l'énoncé

Il s'agit clairement d'un mécanisme de pondération. Posons X le nombre de pièces de 50 cts et Y le nombre de pièces de 20 cts.

$0{,}5X + 0{,}2Y = 4{,}60$ €

2. Étape 2 : analyse de l'information (1) seule

L'information (1) seule ne nous permet pas de répondre.

⇨ Nous gardons les solutions B, C et E.

3. Étape 3 : analyse de l'information (2) seule

L'information (2) seule ne nous permet pas de répondre.

⇨ Nous gardons les solutions C et E.

4. Étape 3,5 : analyse des informations (1) & (2) ensemble

Énoncé : $0{,}5X + 0{,}2Y = 4{,}60$

Information (1) : le poids d'une pièce de 50 cts est de 10 grammes

Information (2) : $10X + PY = 124$ gr P = poids d'une pièce de 20 cts

Les deux informations (1) & (2) ensemble ne nous permettent pas de répondre.

Question 15. Difficulté : ★★ *Réponse E)*

1. Étape 1 : analyse de l'énoncé

Posons V, S et C les âges respectifs de Valérie, Sandrine et Corine.

2. Étape 2 : analyse de l'information (1) seule

$V + 3 = 2 \times S$

L'information (1) seule ne nous permet pas de répondre.

⇨ Nous gardons les solutions B, C et E.

3. Étape 3 : analyse de l'information (2) seule

$C = \frac{1}{2}(V + S)$

L'information (2) seule ne nous permet pas de répondre.

⇨ Nous gardons les solutions C et E.

4. Étape 3,5 : analyse des informations (1) & (2) ensemble

Information (1) : $V + 3 = 2 \times S$

Information (2) : $C = \frac{1}{2}(V + S)$

Les deux informations (1) & (2) ensemble ne nous permettent pas de répondre.

III.2.2 – Conditions minimales - Entraînement 2
– 15 questions en 20 min.

Grille de réponses à détacher en page 681.

A)	Si l'information (1) permet à **elle seule** de répondre à la question, et si l'information (2) à elle seule ne permet pas de répondre à la question.
B)	Si l'information (2) permet à **elle seule** de répondre à la question, et si l'information (1) à elle seule ne permet pas de répondre à la question.
C)	Si les deux informations (1) et (2) **ensemble** permettent de répondre à la question, et aucune séparément ne le peut.
D)	Si **chaque** information permet séparément de répondre à la question.
E)	Si les deux informations **ensemble ou séparément** ne permettent pas de répondre à la question.

Question 1. Soit DU un nombre à deux chiffres, que vaut ce nombre ?

(1) $2D + 3U = 11D + 2U$
(2) Le nombre UD est un multiple de 13.

Question 2. Sachant que $\mathbf{x} = 2\mathbf{y}$, quelle est la valeur du produit $\mathbf{x} \times \mathbf{y}$?

(1) $\mathbf{x} + \mathbf{y} > 5$
(2) $5\mathbf{x} - 3\,\mathbf{y} = 28$

Question 3. Sur un site d'enchères en ligne, quelle a été la mise à prix initiale de la place pour le dernier concert parisien de Steevy Wonder sachant que chaque surenchère est de 1,5 € ?

(1) Entre la mise à prix et la vente définitive, on a compté 154 enchères successives.
(2) Sandy a proposé un prix de 250 € lors de la 151ème enchère.

Question 4. Pour remplir la piscine à ras-bord il a fallu laisser couler l'eau pendant 40 heures. Quel volume d'eau, en litres, y a-t-il dans cette piscine ?

(1) La piscine est un parallélépipède de 10 m x 6 m x 2 m.
(2) Le débit du robinet est de 3 000 litres / heure.

A)	Si l'information (1) permet à **elle seule** de répondre à la question, et si l'information (2) à elle seule ne permet pas de répondre à la question.
B)	Si l'information (2) permet à **elle seule** de répondre à la question, et si l'information (1) à elle seule ne permet pas de répondre à la question.
C)	Si les deux informations (1) et (2) **ensemble** permettent de répondre à la question, et aucune séparément ne le peut.
D)	Si **chaque** information permet séparément de répondre à la question.
E)	Si les deux informations **ensemble ou séparément** ne permettent pas de répondre à la question.

Question 5. Soient deux nombres réels x et y. Le résultat de l'expression $x^n y^3$ est-il positif ?

(1) n est un nombre pair.
(2) y est positif.

Question 6. x, y, z sont trois nombres réels inférieurs à 50, combien sont positifs ?

(1) $x + y + z = 123$
(2) $y + z = 83$

Question 7. Dans le triangle ABC, quelle est la longueur, en centimètres, du côté BC ?

(1) AB mesure 10 cm.
(2) AC mesure 7 cm.

Question 8. Sur son ordinateur, Eddy possède 6 400 films et chansons téléchargés légalement sur Hadoopee.com. Combien de films possède-t-il ?

(1) S'il ajoute 800 chansons supplémentaires, il aura alors deux fois plus de films que de chansons.
(2) S'il ajoute 1 600 films supplémentaires, il aura alors quatre fois plus de films que de chansons.

Question 9. Patrick achète au marché des mandarines, des pommes et des fraises pour un total de 61,14 €. Sachant que Patrick a acheté 6 kg de fraises, 3 kg de pommes et 4 kg de mandarines, quel est le prix, au kilogramme, des mandarines ?

(1) Il a acheté pour 32,34 € de pommes et de mandarines.
(2) Il a acheté pour 53,56 € de mandarines et de fraises.

A)	Si l'information (1) permet à **elle seule** de répondre à la question, et si l'information (2) à elle seule ne permet pas de répondre à la question.
B)	Si l'information (2) permet à **elle seule** de répondre à la question, et si l'information (1) à elle seule ne permet pas de répondre à la question.
C)	Si les deux informations (1) et (2) **ensemble** permettent de répondre à la question, et aucune séparément ne le peut.
D)	Si **chaque** information permet séparément de répondre à la question.
E)	Si les deux informations **ensemble ou séparément** ne permettent pas de répondre à la question.

Question 10. Dans un aquarium parallélépipédique de 2 m de long, 1 m de largeur et 80 cm de haut, Gérard immerge 80 kg de galets. Quel est le volume occupé par ces galets ?

(1) Les galets ont une masse volumique de 8 g/cm^3.
(2) Le niveau d'eau est monté de 0,5 cm.

Question 11. La somme des âges des trois frères Riri, Fifi et Loulou est de 27 ans. Quel est l'âge de chacun des frères ?

(1) Riri a deux ans de plus que Fifi.
(2) Fifi est deux fois plus âgé que Loulou.

Question 12. Monsieur et Madame Pannetier ont acheté des cadeaux de Noël pour leurs petits enfants, des trains électriques pour les enfants de moins de 10 ans et des jeux vidéo pour les autres. Combien ont-ils de petits-enfants ?

(1) Ils ont acheté 15 cadeaux dont 10 trains électriques.
(2) Les enfants de moins de 10 ans ont deux cadeaux, les autres un seul cadeau.

Question 13. Combien y a-t-il d'élèves dans la classe ?

(1) Il y a autant de garçons que de filles.
(2) Quand la moitié des filles est absente, il y a deux fois plus de garçons que de filles.

A)	Si l'information (1) permet à **elle seule** de répondre à la question, et si l'information (2) à elle seule ne permet pas de répondre à la question.
B)	Si l'information (2) permet à **elle seule** de répondre à la question, et si l'information (1) à elle seule ne permet pas de répondre à la question.
C)	Si les deux informations (1) et (2) **ensemble** permettent de répondre à la question, et aucune séparément ne le peut.
D)	Si **chaque** information permet séparément de répondre à la question.
E)	Si les deux informations **ensemble ou séparément** ne permettent pas de répondre à la question.

Question 14. Trouvez un nombre entier à trois chiffres qui augmente de 270 lorsqu'on intervertit l'ordre des deux premiers chiffres à gauche, et qui diminue de 99 lorsqu'on intervertit l'ordre des chiffres des extrémités.

(1) La somme des chiffres des centaines et des dizaines est un multiple du chiffre des unités.

(2) La somme des trois chiffres qui composent le nombre est égale à 20.

Question 15. Un épargnant a effectué trois placements de 10 000 €, chacun ayant un taux garanti positif. Au bout d'un an, le total des intérêts s'élève à 1 600 €. Quels sont les trois taux de placement ?

(1) L'un des placements a rapporté 800 €.

(2) L'écart entre deux des taux est de 5 %.

Calculez votre score à l'aide de la grille de correction en page 661.

III.2.2bis – Conditions minimales - Entraînement 2 – Correction

Calculez votre score à l'aide de la grille de correction en page 661.

Question 1. Difficulté : ★★ *Réponse A)*

1. Étape 1 : analyse de l'énoncé

Nous savons que D est compris entre 1 et 9 et que U est compris entre 0 et 9.

2. Étape 2 : analyse de l'information (1) seule

2D + 3U = 11D + 2U

Alors : 9D = U

Alors : DU = 19

L'information (1) seule nous permet de répondre.

⇨ Nous gardons les solutions A et D.

3. Étape 3 : analyse de l'information (2) seule

UD peut être égal à 13, 26, 39, 52, 65, 78 ou 91. Donc DU à 19, 25, 31, 56, 62, 87 ou 93.

L'information (2) seule ne nous permet pas de répondre.

Question 2. Difficulté : ★ *Réponse B)*

1. Étape 1 : analyse MCP de l'énoncé

Si $x = 2y$ alors $x \times y = 2y^2$

Nous cherchons uniquement x.

2. Étape 2 : analyse de l'information (1) seule

Si : $x + y > 5$ alors : $3y > 5$ et : $y > \frac{5}{3}$

Donc : $x \times y > 2\left(\frac{5}{3}\right)^2$

L'information (1) ne nous permet pas de répondre.

⇨ Nous gardons les solutions B, C et E.

3. Étape 3 : analyse de l'information (2) seule

Nous savons que $5x - 3y = 28$ et que $x = 2y$.

Alors : $5 \times 2y - 3y = 28$

Et : $7y = 28$

Enfin : $y = 4$

Donc : $2y^2 = 32$

L'information (2) seule nous permet de répondre.

Question 3. Difficulté : ★★ *Réponse B)*

1. Étape 1 : analyse de l'énoncé

Prix final = prix initial + 1,5×nbre de surenchères

2. Étape 2 : analyse de l'information (1) seule

Prix final = prix initial + 231 €

L'information (1) seule ne nous permet pas de répondre.

⇨ Nous gardons les solutions B, C et E.

3. Étape 3 : analyse de l'information (2) seule

250 = prix initial + 226,50

Alors : prix initial = 250 - 226,50 = 23,5 €

L'information (2) seule nous permet de répondre.

Question 4.

Difficulté : ★ — *Réponse D)*

1. Étape 1 : analyse de l'énoncé

Nous cherchons à déterminer le volume d'eau dans la piscine, i.e. le volume de la piscine puisqu'elle a été remplie à ras-bord.

2. Étape 2 : analyse de l'information (1) seule

Le volume de la piscine se calcule : $10 \times 6 \times 2 = 120$ m^3. **Rappel** : 1m^3 = 1 000 litres

L'information (1) seule nous permet de répondre.

⇨ Nous gardons les solutions A et D.

3. Étape 3 : analyse de l'information (2) seule

Le volume d'eau se calcule : $40 \times 3\,000 = 120\,000$ litres.

L'information (2) seule nous permet de répondre.

Question 5.

Difficulté : ★ — *Réponse C)*

1. Étape 1 : analyse de l'énoncé

y^3 sera du signe de y.

2. Étape 2 : analyse de l'information (1) seule

Quel que soit le signe de x, si n est pair, x^n est toujours positif.

n étant pair, x^ny^3 est du signe de y.

L'information (1) seule ne nous permet pas de répondre.

⇨ Nous gardons les solutions B, C et E.

3. Étape 3 : analyse de l'information (2) seule

y est positif, donc y^3 est positif.

L'information (2) seule ne nous permet pas de répondre.

⇨ Nous gardons les solutions C et E.

4. Étape 3,5 : analyse des informations (1) & (2) ensemble

Information (1) : n étant pair, x^ny^3 est du signe de y.

Information (2) : y est positif, donc y^3 est positif.

Les deux informations (1) & (2) ensemble nous permettent de répondre.

Question 6.

Difficulté : ★★ — *Réponse A)*

1. Étape 1 : analyse de l'énoncé

La question est clairement énoncée. Notez que x, y et z sont inférieurs à 50 (c'est évidemment essentiel).

2. Étape 2 : analyse de l'information (1) seule

Si x + y + z = 123

Alors x, y et z sont forcément positifs, pour être plus précis, x, y et z sont compris entre 23 et 50.

L'information (1) seule nous permet de répondre.

⇨ Nous gardons les solutions A et D.

3. Étape 3 : analyse de l'information (2) seule

Si y + z = 83 alors, y et z sont forcément positifs, pour être plus précis, y et z sont compris entre 33 et 50.

Nous n'avons en revanche aucune information concernant x.

L'information (2) seule ne nous permet pas de répondre.

Question 7.

Difficulté : ★ *Réponse E)*

1. Étape 1 : analyse de l'énoncé

Nous cherchons BC.

2. Étape 2 : analyse de l'information (1) seule

AB = 10 cm

L'information (1) seule ne nous permet pas de répondre.

⇨ Nous gardons les solutions B, C et E.

3. Étape 3 : analyse de l'information (2) seule

AC = 7 cm

L'information (2) seule ne nous permet pas de répondre.

⇨ Nous gardons les solutions C et E.

4. Étape 3,5 : analyse des informations (1) & (2) ensemble

Attention, le triangle ABC n'est a priori pas rectangle.

Les deux informations (1) & (2) ensemble ne nous permettent pas de répondre.

Question 8.

Difficulté : ★★ *Réponse D)*

1. Étape 1 : analyse de l'énoncé

Posons F et C les nombres respectifs de films et de chansons.

Nous savons que : F + C = 6 400

2. Étape 2 : analyse de l'information (1) seule

F = 2(C + 800)

Alors : 2C + 1 600 + C = 6 400 car : F + C = 6 400

Et : 3C = 4 800

Donc : C = 1 600 et F = 4 800

L'information (1) seule nous permet de répondre.

⇨ Nous gardons les solutions A et D.

3. Étape 3 : analyse de l'information (2) seule

(F + 1 600) = 4C donc, F = 4C – 1 600

Alors : 4C – 1 600 + C = 6 400 car : F + C = 6 400

Et : 5C = 8 000

Donc : C = 1 600 et F = 4 800

L'information (2) seule nous permet de répondre.

Question 9.

Difficulté : ★★ *Réponse C)*

1. Étape 1 : analyse de l'énoncé

Posons F, P et M les tarifs respectifs des fraises, pommes et mandarines achetées.

Alors : $6F + 3P + 4M = 61{,}14$ €

2. Étape 2 : analyse de l'information (1) seule

$3P + 4M = 32{,}34$ €

Alors : $6F = 28{,}5$ €

$F = 4{,}75$ €

L'information (1) ne nous permet pas de répondre.

⇨ Nous gardons les solutions B, C et E.

3. Étape 3 : analyse de l'information (2) seule

$4M + 6F = 53{,}56$ €

Alors : $3P = 7{,}68$ €

$P = 2{,}56$ €

L'information (2) seule ne nous permet pas de répondre.

⇨ Nous gardons les solutions C et E.

4. Étape 3,5 : analyse des informations (1) & (2) ensemble

Information (1) : $F = 4{,}75$ €

Information (2) : $P = 2{,}56$ €

Alors : $4M = 24{,}96$ €

Et : $M = 6{,}24$ €

Les deux informations (1) & (2) ensemble nous permettent de répondre.

Question 10.

Difficulté : ★★★ *Réponse D)*

1. Étape 1 : analyse de l'énoncé

Le volume de l'aquarium se calcule $L \times l \times h$

Pour déterminer le volume de galets, nous avons besoin de connaître leur masse volumique.

2. Étape 2 : analyse de l'information (1) seule

Gérard a immergé 80 kg, soit, 80 000 g de galets.

Ces galets occupent un volume de $\frac{80000}{8} = 10000 \text{ cm}^3$.

L'information (1) seule nous permet de répondre.

⇨ Nous gardons les solutions A et D.

3. Étape 3 : analyse de l'information (2) seule

Le principe d'Archimède nous apprend que le volume de galets est égal au différentiel entre le volume d'eau initial et le volume (eau + galets) après immersion des galets.

Le volume de galets se calcule : $200 \times 100 \times 0{,}5 = 10\,000 \text{ cm}^3$

L'information (2) seule nous permet de répondre.

Question 11. Difficulté : ★ *Réponse C)*

1. Étape 1 : analyse de l'énoncé

Posons R, F et L les âges respectifs de Riri, Fifi et Loulou, alors : $R + F + L = 27$ ans

2. Étape 2 : analyse de l'information (1) seule

$R = F + 2$ alors : $2F + L = 25$ ans

L'information (1) seule ne nous permet pas de répondre.

⇨ Nous gardons les solutions B, C et E.

3. Étape 3 : analyse de l'information (2) seule

$F = 2 \times L$ alors : $R + 3L = 27$ ans

L'information (2) seule ne nous permet pas de répondre.

⇨ Nous gardons les solutions C et E.

3. Étape 3,5 : analyse des informations (1) & (2) ensemble

Information (1) : $R = F + 2$

Information (2) : $F = 2L$

Alors : $(2L + 2) + 2L + L = 27$ d'où : $5L = 25$

Et : $L = 5$ ans, $F = 10$ ans et $R = 12$ ans

Les deux informations (1) & (2) ensemble nous permettent de répondre.

Question 12. Difficulté : ★★ *Réponse C)*

1. Étape 1 : analyse de l'énoncé

La question est clairement énoncée.

2. Étape 2 : analyse de l'information (1) seule

Nous ne connaissons pas la répartition des cadeaux par enfants. Attention au piège, les enfants peuvent évidemment recevoir plusieurs cadeaux chacun.

L'information (1) seule nous permet de répondre.

⇨ Nous gardons les solutions A et D.

3. Étape 3 : analyse de l'information (2) seule

En posant X le nombre d'enfants de moins de 10 ans et Y les autres, le nombre de cadeaux se calcule $(2X + Y)$.

L'information (2) seule ne nous permet pas de répondre.

⇨ Nous gardons les solutions C et E.

4. Étape 3,5 : analyse des informations (1) & (2) ensemble

Information (1) : Le nombre total de cadeaux vaut 15 dont 10 trains électriques.

Information (2) : $2X + Y$ = nombre total de cadeaux.

Alors : $2X + Y = 15$, et $2X = 10$

Alors : $X = 5$ et $Y = 5$.

Monsieur et Madame Pannetier ont 10 petits enfants.

Les deux informations (1) & (2) ensemble nous permettent de répondre.

Question 13. Difficulté : ★★ *Réponse E)*

1. Étape 1 : analyse de l'énoncé

La question est clairement énoncée. Posons F le nombre de filles et G le nombre de garçons. Nous cherchons la valeur de (F + G).

2. Étape 2 : analyse de l'information (1) seule

Nous savons que F = G

L'information (1) seule ne nous permet pas de répondre.

⇨ Nous gardons les solutions B, C et E.

3. Étape 3 : analyse de l'information (2) seule

Remarquez que cette seconde information ne fait que répéter l'information (1) !

$G = 2 \times \frac{1}{2} F$

L'information (2) seule ne nous permet pas de répondre.

Astuce : Inutile d'aller plus loin, ces deux informations sont identiques, les équations sont les mêmes.

Question 14. Difficulté : ★★★ *Réponse B)*

1. Étape 1 : analyse de l'énoncé

Voici une question extrêmement délicate. Accrochez-vous !

Écrivons le nombre recherché tel que XYZ. L'énoncé nous apprend que :

YXZ – XYZ = 270, alors, YX – XY = 27

Et : ZYX – XYZ = -99 alors : X = Z + 1

Nous pouvons d'ores et déjà conclure de l'énoncé que :

Z est compris entre 0 et 8

X est compris entre 1 et 9

X = Z + 1

YX – XY = 27

Listons les valeurs possibles de X, Y et Z

Valeur de Z	Valeur de X (X = Z + 1)	Valeur de Y (YX – XY = 27)
0	1	4
1	2	5
2	3	6
3	4	7
4	5	8
5	6	9
6	7	
7	8	
8	9	

Vous pouvez tester ... ça marche !

Alors, d'après l'énoncé, les seules valeurs possibles de XYZ sont : 140, 251, 362, 473, 584 et 695 !

2. Étape 2 : analyse de l'information (1) seule

$(X + Y) = kZ$, k étant un entier.

Testons les valeurs possibles définies lors de l'étape 1 :

Valeur de Z	de X	de Y	Valeur de (X + Y)	(X + Y) = kZ	
0	1	4	5	5 = k×0	→ impossible
1	2	5	7	7 = k×1	→ OUI
2	3	6	9	9 = k×2	→ impossible
3	4	7	11	11 = k×3	→ impossible
4	5	8	13	13 = k×4	→ impossible
5	6	9	15	15 = k×5	→ OUI

L'information (1) nous permet de conclure que XYZ vaut 251 ou 695, mais pas de déterminer la valeur de XYZ.

L'information (1) seule ne nous permet pas de répondre.

⇨ Nous gardons les solutions B, C et E.

3. Étape 3 : analyse de l'information (2) seule

$X + Y + Z = 20$

Testons les valeurs possibles définies lors de l'étape 1 :

Valeur de Z	Valeur de X	Valeur de Y	Valeur de (X + Y + Z)
0	1	4	5
1	2	5	8
2	3	6	11
3	4	7	14
4	5	8	17
5	6	9	20

Alors, la seule valeur de XYZ possible est 695.

L'information (2) seule nous permet de répondre.

Question 15.

Difficulté : ★★ *Réponse E)*

1. Étape 1 : analyse de l'énoncé

Nous avons :

$I_1 = 10\,000 \times t_1 \times 1$

$I_2 = 10\,000 \times t_2 \times 1$

$I_3 = 10\,000 \times t_3 \times 1$

Et : $I_1 + I_2 + I_3 = 1\,600$ €

Nous cherchons t_1, t_2 et t_3 (tous trois positifs).

2. Étape 2 : analyse de l'information (1) seule

Si $I_1 = 800$ €

Alors : $800 = 10\,000 \times t_1 \times 1$

$t_1 = 8\ \%$

De plus, $I_2 + I_3 = 800$ €

L'information (1) seule ne nous permet pas de répondre.

⇨ Nous gardons les solutions B, C et E.

3. Étape 3 : analyse de l'information (2) seule

L'écart entre deux taux est de 5 %.

L'information (2) seule ne nous permet pas de répondre.

⇨ Nous gardons les solutions C et E.

4. Étape 3,5 : analyse des informations (1) & (2) ensemble

Information (1) : $t_1 = 8$ % et $I_2 + I_3 = 800$ €.

Information (2) : L'écart entre deux taux est de 5 %

L'exercice se complique : soit $t_2 = 3$ %, soit, l'écart entre t_2 et t_3 est de 5 %.

Si $t_2 = 3$ %, $I_2 = 10\,000 \times 3\% \times 1 = 300$ € :

Et, $I_3 = 800 - 300 = 500$ €, donc t_3 : 5 %.

Les trois taux sont 8%, 5% et 3 %.

Si, $t_2 = t_3 + 5\%$:

$I_2 + I_3 = 800$

$10\,000 \times t_3 \times 1 + 10\,000 \times (t_3 + 5\%) \times 1 = 800$

$t_3 = 1{,}5$ %

Les trois taux sont 8 %, 6,5 % et 1,5 %.

Les deux informations (1) &(2) ensemble ne nous permettent pas de répondre.

III.2.3 – Conditions minimales - Entraînement 3

– 15 questions en 20 min.

Grille de réponses à détacher en page 681.

A)	Si l'information (1) permet à **elle seule** de répondre à la question, et si l'information (2) à elle seule ne permet pas de répondre à la question.
B)	Si l'information (2) permet à **elle seule** de répondre à la question, et si l'information (1) à elle seule ne permet pas de répondre à la question.
C)	Si les deux informations (1) et (2) **ensemble** permettent de répondre à la question, et aucune séparément ne le peut.
D)	Si **chaque** information permet séparément de répondre à la question.
E)	Si les deux informations **ensemble ou séparément** ne permettent pas de répondre à la question.

Question 1. Le triangle ABC possède-t-il un angle obtus ?

(1) Le triangle ABC est isocèle.
(2) L'un des trois angles du triangle est égal à 25°.

Question 2. Annie, Bernard et Charles ont fait une partie de poker à trois hier soir sur une table virtuelle du site ariouchpoker.com. Quel a été le gain d'Annie ?

(1) Charles a perdu 90 €.
(2) Le gain de Bernard est égal à deux fois celui d'Annie.

Question 3. Si l'on intervertit l'ordre des deux premiers chiffres d'un nombre entier de trois chiffres il augmente de 180. Si l'on intervertit l'ordre des deux chiffres extrêmes, il diminue de 297. Quelle est la valeur de ce nombre ?

(1) Le chiffre des dizaines est égal à la somme du chiffre des centaines et du chiffre des unités.
(2) La somme des chiffres de ce nombre n'est pas un nombre premier.

Question 4. Deux tonneaux identiques contiennent une quantité de vin différente. Combien de litres de vin le tonneau le plus rempli contient-il ?

(1) La quantité de vin contenue dans le tonneau le plus rempli est un multiple paire de celle contenue dans le moins rempli.
(2) Si l'on retire la moitié du vin du tonneau le plus rempli, il contient encore le double de la quantité contenue dans le moins rempli.

A)	Si l'information (1) permet à **elle seule** de répondre à la question, et si l'information (2) à elle seule ne permet pas de répondre à la question.
B)	Si l'information (2) permet à **elle seule** de répondre à la question, et si l'information (1) à elle seule ne permet pas de répondre à la question.
C)	Si les deux informations (1) et (2) **ensemble** permettent de répondre à la question, et aucune séparément ne le peut.
D)	Si **chaque** information permet séparément de répondre à la question.
E)	Si les deux informations **ensemble ou séparément** ne permettent pas de répondre à la question.

Question 5. Un capital est partagé en deux parts inégales A et B qui sont placées sur deux produits financiers différents. L'un rapporte 6 % l'an et l'autre 4 %. L'ensemble a rapporté 1 700 € en une année. Quel est le montant de la part du capital la moins élevée ?

(1) A est la part la plus élevée et correspond aux quatre tiers de B.
(2) B est inférieure à A.

Question 6. Une commune décide de réintroduire sur son territoire une espèce de grenouilles qui avait complètement disparue. Le nombre de grenouilles croac (AhAhAh !), de façon constante, de 8% par an. Quel est le nombre de grenouilles en 2012 ?

(1) Il y avait 1 500 grenouilles en 1993.
(2) Il y avait 3 238 grenouilles en 2023.

Question 7. Que vaut $\mathbf{x}$?

(1) $\mathbf{x}^2 - 2\mathbf{x} = -1$
(2) $-3\mathbf{x}^2 + 4\mathbf{x} = 1$

Question 8. Dans une basse-cour il y a des poules et des canards. Le nombre de canards est de 12, ce qui correspond aux trois quinzièmes du nombre total de volailles de la basse-cour. Une épidémie provoque la mort d'un cinquième des volatiles. Quel est le nombre de poules vivantes après l'épidémie ?

(1) Après l'épidémie, il y a un canard pour cinq poules.
(2) Le nombre de volatiles après l'épidémie est égal au nombre de poules avant l'épidémie.

A)	Si l'information (1) permet à **elle seule** de répondre à la question, et si l'information (2) à elle seule ne permet pas de répondre à la question.
B)	Si l'information (2) permet à **elle seule** de répondre à la question, et si l'information (1) à elle seule ne permet pas de répondre à la question.
C)	Si les deux informations (1) et (2) **ensemble** permettent de répondre à la question, et aucune séparément ne le peut.
D)	Si **chaque** information permet séparément de répondre à la question.
E)	Si les deux informations **ensemble ou séparément** ne permettent pas de répondre à la question.

Question 9. La roue A tourne à 100 tours/minute et entraîne la roue B grâce à une courroie crantée. À quelle vitesse tourne la roue B ?

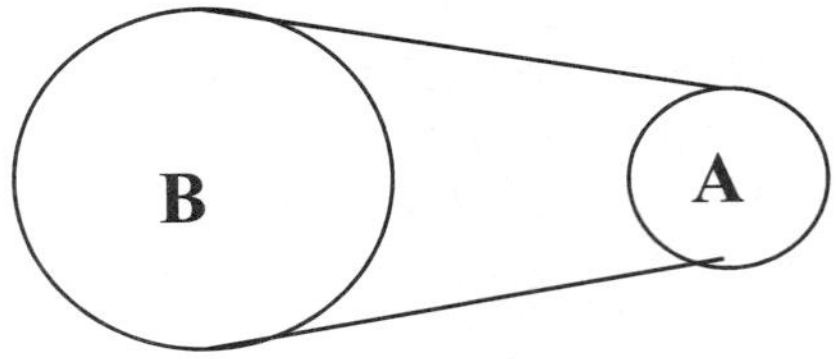

(1) La courroie est longue de 2 mètres.
(2) Le rayon de la roue B est égal à deux fois celui de la roue A.

Question 10. Henri fait ses courses chez Daily Carrouf, il achète du jus d'orange, des poires, du liquide vaisselle, des céréales et du dentifrice. Quelle réduction a-t-il obtenu grâce à sa carte de fidélité ?

(1) Le jour de son achat Daily Carrouf offrait aux porteurs de la carte de fidélité une réduction de 10 % uniquement sur le rayon non-alimentaire.
(2) Son ticket de caisse affiche un total avant réduction de 27,69 euros dont les deux tiers en alimentaire.

Question 11. Lors de la finale de la coupe du monde féminine de handball entre la France et l'Italie les deux équipes ont marqué au moins un but chacune. Quel fut le score ?

(1) La France a gagné avec 3 buts d'avance.
(2) Le score de l'Italie est un nombre qui est à la fois un cube et un carré.

Question 12. En 2012, quel a été le montant du dividende perçu par le détenteur de 100 actions Toupargel SA ?

(1) Le capital de l'entreprise est de 10 000 000 euros répartis en 1 000 000 d'actions.
(2) En 2012, le bénéfice net de l'entreprise a été de 1 000 000 euros et le taux de distribution des dividendes de 50 %.

A)	Si l'information (1) permet à **elle seule** de répondre à la question, et si l'information (2) à elle seule ne permet pas de répondre à la question.
B)	Si l'information (2) permet à **elle seule** de répondre à la question, et si l'information (1) à elle seule ne permet pas de répondre à la question.
C)	Si les deux informations (1) et (2) **ensemble** permettent de répondre à la question, et aucune séparément ne le peut.
D)	Si **chaque** information permet séparément de répondre à la question.
E)	Si les deux informations **ensemble ou séparément** ne permettent pas de répondre à la question.

Question 13. Un couple de lapins donne naissance chaque mois à un nouveau couple, qui ne devient reproductif (!) qu'après 2 mois. Combien de lapins, l'éleveur aura-t-il dans 2 ans ?

(1) Aujourd'hui, l'élevage compte exactement 10 couples de lapins reproductifs.
(2) Le taux de survie d'un lapin à un an est de 50 %.

Question 14. On augmente la longueur a du côté d'un carré de 10 %. Quelle est, en mètres, la valeur de a ?

(1) Avant l'augmentation, la surface du carré était de 100 m^2.
(2) Après l'augmentation, le périmètre est de 44 mètres.

Question 15. Dans un saloon, Smith et Weston démarrent une partie de poker avec des sommes différentes. À la fin de la partie Smith a gagné 150 $ et Weston n'a plus que les deux tiers de la somme de Smith au début de la partie. Quelle était la mise de départ de Weston ?

(1) Si Smith n'avait gagné que 120 $, alors Weston aurait eu en fin de partie les trois quarts de la somme de Smith au début de la partie.
(2) Weston a déjà remporté le *World Poker Tour*, mais ce soir, il a manqué de chance.

Calculez votre score à l'aide de la grille de correction en page 661.

III.2.3bis – Conditions minimales - Entraînement 3 – Correction

Calculez votre score à l'aide de la grille de correction en page 661.

Question 1. Difficulté : ★★ *Réponse E)*

1. Étape 1 : analyse de l'énoncé

Nous vous rappelons qu'un angle obtus est compris entre 90° et 180°. De plus, la somme des angles dans un triangle est égale à 180°.

2. Étape 2 : analyse de l'information (1) seule

Le triangle ABC étant isocèle, il possède 2 angles égaux.

L'information (1) seule ne nous permet pas de répondre.

⇨ Nous gardons les solutions B, C et E.

3. Étape 3 : analyse de l'information (2) seule

Si l'un des 3 angles du triangle vaut 25°, alors la somme des deux autres angles vaut 155°.

L'information (2) seule ne nous permet pas de répondre.

⇨ Nous gardons les solutions C et E.

4. Étape 3,5 : analyse des informations (1) & (2) ensemble

L'information (1) nous apprend que le triangle ABC possède 2 angles égaux, l'information (2) nous apprend que l'un des angles mesure 25°.

Alors, les angles du triangle ABC sont 25°/77,5°/77,5° ou 25°/25°/130°.

Les deux informations (1) et (2) ensemble ne nous permettent pas de répondre.

Question 2. Difficulté : ★★ *Réponse C)*

1. Étape 1 : analyse de l'énoncé

Posons, A, B et C les montants respectifs des gains d'Annie, Bernard et Charles.

Nous cherchons A.

Réfléchissons un peu ... Si les 3 amis jouent ensemble, alors la perte de l'un sera le gain de l'autre, et : $A + B + C = 0$

2. Étape 2 : analyse de l'information (1) seule

$C = -90$ € Alors : $A + B = 90$

L'information (1) ne nous permet pas de répondre.

⇨ Nous gardons les solutions B, C et E.

3. Étape 3 : analyse de l'information (2) seule

$B = 2 \times A$ Alors : $3A + C = 0$

L'information (2) seule ne nous permet pas de répondre.

⇨ Nous gardons les solutions C et E.

4. Étape 3,5 : analyse des informations (1) & (2) ensemble

Information (1) : $A + B = 90$

Information (2) : $B = 2A$

En résolvant le système : $A = 30$ €

Les deux informations (1) et (2) ensemble nous permettent de répondre.

Question 3. Difficulté : ★★★ *Réponse A)*

1. Étape 1 : analyse de l'énoncé

Voici une question extrêmement délicate. Accrochez-vous !

Écrivons le nombre recherché tel que XYZ. L'énoncé nous apprend que :

YXZ - XYZ = 180 Alors : YX - XY = 18 ; et : Y = X + 2

ZYX - XYZ = -297 Alors : X = Z + 3

Listons les valeurs possibles de X, Y et Z :

Valeur de Z	Valeur de X	Valeur de Y	XYZ
1	4	6	461
2	5	7	572
3	6	8	683
4	7	9	794

Vous pouvez tester ... ça marche !

En conclusion, les seules valeurs possibles de XYZ sont : 461, 572, 683 et 794 !

2. Étape 2 : analyse de l'information (1) seule

Confrontons cette condition avec les valeurs possibles définies à l'aide des données de l'énoncé :

Valeur de X	Valeur de Y	Valeur de Z	Y = X + Z	
4	6	1	6 ≠ 4 + 1	→ non
5	7	2	7 = 5 + 2	→ OUI
6	8	3	8 ≠ 6 + 3	→ non
7	9	4	9 ≠ 7 + 4	→ non

L'information (1) seule nous permet de répondre.

⇨ Nous gardons les solutions A et D.

3. Étape 3 : analyse de l'information (2) seule

Confrontons cette condition avec les valeurs possibles définies à l'aide des données de l'énoncé :

Valeur de X	Valeur de Y	Valeur de Z	X + Y + Z	
4	6	1	11	→ non
5	7	2	14	→ OUI
6	8	3	17	→ non
7	9	4	20	→ OUI

L'information (2) nous permet de déduire que XYZ vaut 572 ou 794.

L'information (2) seule ne nous permet pas de répondre.

Question 4. Difficulté : ★ *Réponse E)*

1. Étape 1 : analyse de l'énoncé

Posons V la quantité du plus grand et v la quantité du plus petit.

2. Étape 2 : analyse de l'information (1) seule

L'information (1) ne nous permet pas de répondre.

⇨ Nous gardons les solutions B, C et E.

3. Étape 3 : analyse de l'information (2) seule

V = 4v

L'information (2) seule ne nous permet pas de répondre.

⇨ Nous gardons les solutions C et E.

4. Étape 3,5 : analyse des informations (1) & (2) ensemble

Les deux informations (1) et (2) ensemble ne nous permettent pas de répondre.

Question 5.

Difficulté : ★★ *Réponse A)*

1. Étape 1 : analyse de l'énoncé

Appliquons la formule des intérêts : 1 700 = A×6%×1 + B×4%×1

2. Étape 2 : analyse de l'information (1) seule

$A = \frac{4}{3}B$

Alors : $1\,700 = \frac{4}{3}B \times 6\% \times 1 + B \times 4\% \times 1$

170 000 = B×8 + B×4 Multiplions par 100

170 000 = 12B

B ≈ 14 166 €

L'information (1) seule nous permet de répondre.

⇨ Nous gardons les solutions A et D.

3. Étape 3 : analyse de l'information (2) seule

L'information (2) seule ne nous permet pas de répondre.

Question 6.

Difficulté : ★★ *Réponse D)*

1. Étape 1 : analyse de l'énoncé

Cette question porte sur la formule des intérêts composés : $Pop_n = Pop_0 \times (1 + 0{,}08)^n$

2. Étape 2 : analyse de l'information (1) seule

$Pop_{2012} = Pop_{1993} \times 1{,}08^{19}$

$Pop_{2012} = 1\,500 \times 1{,}08^{19}$ Inutile de calculer.

L'information (1) seule nous permet de répondre.

⇨ Nous gardons les solutions A et D.

3. Étape 3 : analyse de l'information (2) seule

$Pop_{2023} = Pop_{2012} \times 1{,}08^{11}$

$3\,238 = Pop_{2012} \times 1{,}08^{11}$ Inutile de calculer.

L'information (2) seule nous permet de répondre.

Question 7.

Difficulté : ★★ *Réponse A)*

1. Étape 1 : analyse de l'énoncé

La question est clairement énoncée : résolution d'un polynôme du second degré.

2. Étape 2 : analyse de l'information (1) seule

Tentons de résoudre l'équation du second degré : $\mathbf{x}^2 - 2\mathbf{x} = -1$ Soit : $\mathbf{x}^2 - 2\mathbf{x} + 1 = 0$

$\Delta = b^2 - 4ac = (-2)^2 - 4\times1\times1 = 0$

Δ étant nul, nous savons que cette équation admet une seule solution : 1

Astuce : si la somme des coefficients est nulle, alors 1 est solution évidente.

L'information (1) seule nous permet de répondre.

⇨ Nous gardons les solutions A et D.

3. Étape 3 : analyse de l'information (2) seule

Tentons de résoudre l'équation du second degré : $-3\mathbf{x}^2 + 4\mathbf{x} = 1$ Soit : $-3\mathbf{x}^2 + 4\mathbf{x} - 1 = 0$

$\Delta = b^2 - 4ac = 4^2 - 4\times(-3)\times(-1) = 4$

Δ étant positif, nous savons que cette équation admet 2 solutions :

$$\mathbf{x}_1 = \frac{-b-\sqrt{\Delta}}{2a} = \frac{-4-\sqrt{4}}{-6} = 1 \quad \text{et} \quad \mathbf{x}_2 = \frac{-b+\sqrt{\Delta}}{2a} = \frac{-4+\sqrt{4}}{-6} = \frac{1}{3}$$

L'information (2) seule ne nous permet pas de répondre.

Question 8. Difficulté : ★★★ *Réponse A)*

1. Étape 1 : analyse de l'énoncé

Posons P et C les nombres respectifs de poules et de canards avant l'épidémie, et P' et C' les nombres respectifs de poules et de canards après l'épidémie. Nous avons :

$$\begin{cases} C = 12 \\ C + P = \dfrac{15}{3}\times 12 = 60 \qquad \text{Alors : } P = 48 \\ C' + P' = \dfrac{4}{5}\times 60 = 48 \end{cases}$$

2. Étape 2 : analyse de l'information (1) seule

$5C' = P'$

Alors : $C' + 5C' = 48$ Et donc : $C' = 8$ et $P' = 40$

L'information (1) seule nous permet de répondre.

⇨ Nous gardons les solutions A et D.

3. Étape 3 : analyse de l'information (2) seule

Nous connaissons déjà cette information !

L'information (2) seule ne nous permet pas de répondre.

Question 9. Difficulté : ★★★ *Réponse B)*

1. Étape 1 : analyse de l'énoncé

Instinctivement, vous devez comprendre que la vitesse dépend du périmètre de chaque roue.

2. Étape 2 : analyse de l'information (1) seule

L'information (1) seule ne nous permet pas de répondre.

⇨ Nous gardons les solutions B, C et E.

3. Étape 3 : analyse de l'information (2) seule

Si la roue B possède un rayon double du rayon de la roue A, alors la roue B possède un périmètre double du périmètre de la roue A car : $P = 2\pi r$

La vitesse de B est donc de 50 tours/minute.

L'information (2) seule nous permet de répondre.

Question 10. Difficulté : ★ *Réponse C)*

1. Étape 1 : analyse de l'énoncé

La question est clairement énoncée.

2. Étape 2 : analyse de l'information (1) seule

L'information (1) seule ne nous permet pas de répondre.

⇨ Nous gardons les solutions B, C et E.

3. Étape 3 : analyse de l'information (2) seule

Il a donc dépensé 18,46 € en alimentaire et 9,23 € en non-alimentaire.

L'information (2) seule ne nous permet pas de répondre.

⇨ Nous gardons les solutions C et E.

4. Étape 3,5 : analyse des informations (1) & (2) ensemble

Henri a bénéficié de 92 centimes d'euro de réduction. Il n'y a pas de petites économies...

Les deux informations (1) et (2) ensemble nous permettent de répondre.

Question 11. Difficulté : ★★ *Réponse E)*

1. Étape 1 : analyse de l'énoncé

Nous appellerons X et Y les scores respectifs de la France et de l'Italie.

2. Étape 2 : analyse de l'information (1) seule

$X = Y + 3$

L'information (1) seule ne nous permet pas de répondre.

⇨ Nous gardons les solutions B, C et E.

3. Étape 3 : analyse de l'information (2) seule

L'information (2) seule ne nous permet pas de répondre.

⇨ Nous gardons les solutions C et E.

4. Étape 3,5 : analyse des informations (1) & (2) ensemble

Il existe plusieurs scores possibles (1 et 4 ; 64 et 67 ; ...).

Les deux informations (1) et (2) ensemble ne nous permettent pas de répondre

Question 12. Difficulté : ★ *Réponse C)*

1. Étape 1 : analyse de l'énoncé

La question est clairement énoncée.

2. Étape 2 : analyse de l'information (1) seule

Retenons qu'il existe 1 000 000 d'actions Toupargel.

L'information (1) seule ne nous permet pas de répondre.

⇨ Nous gardons les solutions B, C et E.

3. Étape 3 : analyse de l'information (2) seule

Les détenteurs d'actions ont perçu, au total, 500 000 € en 2012.

L'action a rapporté : 1%×1 000 000 = 10 000 €

L'information (2) seule ne nous permet pas de répondre.

⇨ Nous gardons les solutions B, C et E.

4. Étape 3,5 : analyse des informations (1) & (2) ensemble

Chaque action a rapporté 0,5 €. Un détenteur de 100 actions Toupargel SA (le N°1 de la livraison de surgelés à domicile !) a perçu 50 € de dividende en 2012.

Les deux informations (1) et (2) ensemble nous permettent de répondre

Question 13. Difficulté : ★★ *Réponse C)*

1. Étape 1 : analyse de l'énoncé

La question, aussi curieuse fut-elle, est clairement énoncée !

2. Étape 2 : analyse de l'information (1) seule

L'information (1) seule ne nous permet pas de répondre.

⇨ Nous gardons les solutions B, C et E.

3. Étape 3 : analyse de l'information (2) seule

L'information (2) seule ne nous permet pas de répondre.

⇨ Nous gardons les solutions C et E.

4. Étape 3,5 : analyse des informations (1) & (2) ensemble

Attention nous sommes en conditions minimales donc pas de calcul, mais nous savons que nous pourrions le faire.

Les deux informations (1) et (2) ensemble nous permettent de répondre

Question 14. Difficulté : ★★ *Réponse D)*

1. Étape 1 : analyse de l'énoncé

Nous cherchons a. Posons a' la longueur du côté après augmentation : $a' = 1{,}1a$

2. Étape 2 : analyse de l'information (1) seule

$a^2 = 100$

$a = 10$ mètres

L'information (1) seule nous permet de répondre.

⇨ Nous gardons les solutions A et D.

3. Étape 3 : analyse de l'information (2) seule

$4a' = 44$

$a' = 11$ mètres

Donc : $a = 10$ mètres

L'information (2) seule nous permet de répondre.

Question 15. Difficulté : ★★★ *Réponse A)*

1. Étape 1 : analyse de l'énoncé

Posons S et W les mises de départ respectives de Smith et Weston. Posons S' et W' les sommes possédées par chacun à la fin de la partie.

$S + W = S' + W'$ — Comme en chimie, rien ne se crée, rien ne se perd,

$S' = S + 150$ — tout se transforme (Lavoisier) !

$W' = \frac{2}{3}S$

2. Étape 2 : analyse de l'information (1) seule

$$S + 120 + \frac{3}{4}S = S + 150 + \frac{2}{3}S$$

$$\frac{3}{4}S - \frac{2}{3}S = 30$$

$$\frac{1}{12}S = 30$$

S = 360 $

L'information (1) seule nous permet de répondre.

⇨ Nous gardons les solutions A et D.

3. Étape 3 : analyse de l'information (2) seule

L'information (2) seule ne nous permet pas de répondre.

IV – Sous-test de compréhension de texte

Cette épreuve de compréhension réclame à la fois beaucoup de rapidité, un esprit critique et une compréhension plus ou moins approfondie des textes proposés. Ceux-ci portent fréquemment sur les sciences, l'économie, les problèmes de société, ils sont en général fortement inscrits dans l'actualité.

IV.1 – Méthodologie du QCM de compréhension de texte

Bien évidemment, il ne s'agit pas ici de vous apprendre à lire un texte, mais simplement de vous présenter quelques astuces propres à l'exercice et de vous fournir l'occasion de vous entraîner en conditions réelles.

Cette épreuve comporte deux ou trois textes numérotés. Chacun de ces textes est suivi d'une série de questions. Chaque question présente cinq propositions qui peuvent porter sur différents niveaux de lecture : 1/ Informations « isolées » contenues dans le texte ; 2/ Idées principales, traitées dans un ou plusieurs paragraphes ; 3/ Position de l'auteur telle qu'elle se reflète dans le texte, etc. Parmi les cinq propositions présentées dans le cadre de chaque question, certaines sont en contradiction flagrante avec le texte ; d'autres abordent des aspects qui n'y sont pas traités ; d'autres encore se rapprochent plus ou moins de ce qui est exprimé - directement ou indirectement - dans ce même texte. La seule proposition considérée comme exacte est celle qui se rapproche le plus de ce qui est dit dans le texte. Les quatre autres propositions sont considérées comme fausses.

Remarque préalable : il ne s'agit aucunement d'une épreuve de mémorisation, il ne s'agit pas de retenir les informations mais de les comprendre, durant toute la durée du sous-test, vous pourrez revenir aux textes.

IV.1.1 – Le temps

Comme dans les autres sous-tests, la difficulté principale réside dans le manque de temps, vous aurez 20 minutes pour lire deux ou trois textes et pour répondre aux 15 questions. Cette contrainte de temps détermine grandement la stratégie et le type de lecture à adopter. Partez du principe que le but consiste exclusivement à répondre aux questions, il ne s'agit pas de comprendre le texte dans sa totalité ou d'en fournir un résumé (sauf question particulière). Ce qui nous permet de formuler ce premier conseil : il ne s'agit pas de lire pour tout assimiler, mais simplement de lire à la fois rapidement et sélectivement.

IV.1.2 – Méthode de lecture

Chacun d'entre nous est différent et possède ses propres atouts, certains ont une mémoire visuelle, d'autre auditive ou scripturale. C'est donc à vous, à l'aide des entraînements qui vous sont proposés dans cet ouvrage, de formuler *in fine* votre propre méthodologie. Les conseils qui suivent ne sont que des conseils standardisés que vous devrez, bien entendu, adapter à votre propre sensibilité.

Si vous êtes capable de lire rapidement, je vous conseille de commencer par une lecture très superficielle des questions **(les questions uniquement et pas les solutions proposées)**. Celles-ci vous permettront de situer le texte et de repérer ensuite, lors de la lecture, les paragraphes en lien avec telle ou telle question. Cette lecture doit être très rapide, il ne s'agit pas de perdre du temps !

Lors de la lecture du texte, ne vous attachez pas, dans un premier temps, aux détails. Repérez autant que possible le fil conducteur, la démonstration générale de l'auteur et hiérarchisez les différents arguments évoqués. **Pour cela, attachez-vous à souligner les liens ou connecteurs logiques (aussi, mais ...).**
Après cette lecture du texte, revenez à une lecture détaillée des questions, celles-ci peuvent porter sur une compréhension d'ensemble (en général 2 à 3 questions) ou sur des détails du texte portant sur un raisonnement, une prise de position ou une conclusion.

Cette épreuve comporte deux ou trois textes numérotés. Chacun de ces textes est suivi d'une série de questions. Chaque question vous présente cinq propositions qui peuvent porter sur différents niveaux de lecture :

- Informations "isolées" contenues dans le texte ;
- Idées principales, traitées dans un ou plusieurs paragraphes ;
- Position de l'auteur telle qu'elle se reflète dans le texte, etc.

Parmi les cinq propositions présentées dans le cadre de chaque question, certaines sont en contradiction flagrante avec le texte ; d'autres abordent des aspects qui n'y sont pas traités ; d'autres encore se rapprochent plus ou moins de ce qui est exprimé - directement ou indirectement - dans ce même texte.

La seule proposition considérée comme exacte est celle qui se rapproche le plus de ce qui est dit dans le texte. Les quatre autres propositions sont considérées comme fausses.

IV.1.3 – Répondez par élimination

Il n'existe pas comme en calcul ou en conditions minimales de méthode universelle en compréhension de texte. Cependant, il vous faut comprendre que les questions (et les solutions) posées ont été rédigées avec le souci de sélectionner au maximum les candidats, tout est fait pour vous conduire à une mauvaise réponse !

Ainsi, vous ne devez répondre que lorsque vous êtes certain de votre réponse, c'est à dire, lorsque 4 solutions sur les 5 proposées ont été éliminées avec certitude (le jour du test, rayez rapidement les solutions les unes après les autres).

Pour éliminer une solution, posez-vous les questions suivantes :

- Cette solution est-elle clairement fausse ? Vous le verrez, certaines solutions sont farfelues et vous pourrez les éliminer dès la première lecture.
- Cette solution est-elle contraire à la réponse attendue ?
- Cette solution est-elle lacunaire ou juste seulement en partie ?
- Cette solution est-elle vraie dans l'absolu mais non juste au regard du texte ? c'est le type de solution piège le plus difficile à éliminer, la solution proposée est vraie, mais elle ne fait pas partie des arguments énoncés dans le texte.

■■ IV.2 – Compréhension de texte : Entraînez-vous !

IV.2.1 – Compréhension de texte - Entraînement 1 - 15 questions en 20 min.

Grille de réponses à détacher en page 683.

Texte 1

Sociologue et homme politique français, Alexis de Tocqueville est un aristocrate dont les parents ont été emprisonnés à Paris au moment de la Révolution Française et sauvés de l'échafaud par le 9 Thermidor. Il est considéré aujourd'hui comme un des précurseurs de la sociologie politique et comme un des observateurs les plus perspicaces de son époque. Il pratique avec brio la méthode comparative à partir des trois sociétés qu'il connaît bien : française, anglaise et américaine. Il fait figure de théoricien majeur du libéralisme, interprète perspicace des institutions américaines et des origines de la Révolution française. Tocqueville se rend en tant que magistrat aux États-Unis à l'époque du président Jackson pour y étudier le système pénitentiaire. Il en revient non seulement avec les éléments d'un rapport sur ce système (1832) — dans lequel il estime que la peine contribue à la paix et à la sécurité publique si elle est certaine, suffisante et modérée — mais aussi avec un ouvrage important intitulé *De la Démocratie en Amérique* (1835-1840).

Dans ses ouvrages, Tocqueville ne s'enferme pas dans une narration, il soulève des questions abstraites relatives au fonctionnement des sociétés et il s'efforce d'y répondre en dégageant des causes qui se sont enchaînées les unes par rapport aux autres (construction de modèles explicatifs). Tocqueville s'interroge, par exemple, sur l'absence de mouvement d'irréligiosité aux États-Unis contrairement à la plupart des pays européens au XIXème siècle. Pour lui, les Églises américaines étant nombreuses et concurrentielles, elles ont échappé à la tentation du politique et ont inscrit leur action dans le social (éducation, santé publique, assistance sociale...). Ces Églises font partie de la vie sociale de tous les jours, les citoyens n'ont donc aucune raison de les rejeter. La fragmentation confessionnelle des États-Unis a permis à ce pays d'éviter une concurrence entre le politique et le religieux, le christianisme y est perçu comme une morale plutôt que comme une doctrine. Tocqueville montre que — par opposition — les intellectuels français de la fin du XVIIIème siècle ont des raisons de croire à la Raison : les difficultés du pays sont telles que la tradition apparaît à beaucoup comme la source de tous les maux. Les ordres liés à la tradition, la noblesse et le clergé, sont discrédités. Les institutions de l'Ancien Régime sont ressenties comme des résidus d'un passé révolu, les distinctions de rang perdent leur légitimité.

Tocqueville analyse les sociétés du XIXème siècle en donnant la primauté au fait démocratique (étude des institutions politiques). Il ne voit pas dans ce système politique uniquement une forme de gouvernement, il y voit également un « état social ». La démocratie, est pour lui, synonyme d'égalisation des conditions. Il voit dans la marche vers l'égalité des conditions une tendance de longue durée. Pour Tocqueville cette « grande révolution sociale » repose sur une dynamique égalitaire. Cependant, il évite de développer des analyses historicistes. L'avènement de la société démocratique ne répond pas à un schéma finaliste, mais plutôt contingent. Il ne repose pas sur une loi de l'histoire, il est encore moins synonyme de progrès. Comme le dit Raymond Aron : « Est démocratique la société où ne subsistent plus les distinctions des ordres et des classes, où tous les individus qui composent la société sont socialement égaux, ce qui ne signifie pas économiquement égaux, ce qui, d'après Tocqueville, serait impossible. L'égalité sociale signifie qu'il n'y a pas de différence héréditaire de conditions, et que toutes les occupations, toutes les professions, toutes les dignités, tous les honneurs sont accessibles à tous ».

La notion d'égalité combine trois éléments : l'égalité civile, l'égalité des chances et l'égalité de considération. Dans les sociétés démocratiques coexistent l'égalité des conditions et les inégalités économiques.

Question 1. *« Cependant, il évite de développer des analyses historicistes »*, cette affirmation, en contexte, signifie que :

a) Tocqueville ne souhaite pas étudier les périodes antérieures au XIXème siècle.
b) Si les dynamiques étudiées par Tocqueville pouvaient en partie s'expliquer par la théorie du sens de l'histoire, lui, ne l'a pas pris en compte dans son analyse.
c) Les analyses formulées par Tocqueville ne sont pas très développées.
d) Tocqueville n'étant pas historien, ses analyses ne reposent pas sur l'histoire.
e) Pour Tocqueville, seul le primat du politique permet de rendre compte de l'ordre humain.

Question 2. Quelle affirmation est inexacte ?

a) Pour Alexis de Tocqueville, les États-Unis ne sont pas marqués par une forte homogénéité confessionnelle, ce qui rend le religieux mieux accepté.
b) C'est la Raison qui explique le discrédit qui s'est abattu au XIXème siècle en France sur tout ce qui était considéré comme lié à la tradition.
c) La religion et le politique sont forcément en concurrence puisque l'une comme l'autre s'occupe de social.
d) La noblesse et le clergé caractérisent l'Ancien Régime.
e) En France, les Églises ne sont pas plus nombreuses qu'aux États-Unis.

Question 3. *« Il pratique avec brio la méthode comparative ». « avec brio »*, cette expression a, en contexte, le sens de :

a) avec maestria
b) avec facilité
c) avec fougue
d) avec baratin
e) avec virtuosité

Question 4. Quels sont, pour l'auteur, les éléments constitutifs de la notion d'égalité ?

1. La mobilité sociale.
2. Le fait que les individus se voient comme des égaux.
3. L'équité économique.

a) Uniquement 1
b) 2 + 3
c) Uniquement 3
d) 1 + 2
e) 1 + 2 + 3

Question 5. Quels sont les arguments évoqués par Tocqueville pour justifier le système pénitentiaire américain ?

a) La peine ne contribue pas à l'insécurité publique si elle est vraiment incertaine, plutôt modérée et très lourde.
b) La peine contribue au maintien de l'ordre public si elle est franchement modérée, plutôt certaine et pas trop lourde.
c) La peine ne contribue pas à la sécurité publique si elle est franchement suffisante, plutôt modérée et en aucun cas incertain.
d) La peine contribue à la paix mais pas à la sécurité publique si elle est clairement suffisante, pas trop modérée et pas vraiment incertaine.
e) La peine contribue au maintien de la paix publique si elle est franchement certaine, en aucun cas insuffisante et assez modérée.

Question 6. *« L'avènement de la société démocratique ne répond pas à un schéma finaliste, mais plutôt contingent ». « Plutôt contingent »*, cette expression a, en contexte, le sens de :

a) plutôt aléatoire
b) plutôt restreint
c) plutôt certain
d) plutôt limité
e) plutôt essentiel

Question 7. En définitive, pour Tocqueville, la démocratie contribue-t-elle à lisser les inégalités économiques ?

a) En aucun cas
b) Clairement oui
c) Pas vraiment
d) Clairement non
e) Sans aucun doute

Texte 2

L'évolution de la vision de l'Indien dans les westerns américains, depuis le sauvage sanguinaire jusqu'au sage doté d'un rapport privilégié avec une nature qu'il gère et préserve, illustre parfaitement le changement de nature de la question indienne en Amérique. Depuis quelques années celle-ci est apparue, ou réapparue, au premier plan de l'actualité. Depuis des siècles en effet les populations indiennes ont été victimes d'un génocide progressif et multiforme dans une espèce d'indifférence quasi-générale. Ces siècles de massacres et d'exploitation avaient conduit à poser la question du devenir de ces populations. Entre réserves et assimilation, leur disparition paraissait irrémédiable. Or, c'est à une incontestable renaissance à laquelle on assiste aujourd'hui.

La question indienne s'est posée dès les origines, variante ancienne de l'opposition entre barbarie et civilisation. Elle est marquée par un triple génocide. Celui-ci est d'abord démographique et inscrit dans les chiffres, même si ceux-ci demeurent imprécis. Au moins 80 % de la population indienne initiale a disparu. La population amérindienne estimée entre 70 et 90 millions de personnes au moment de la Découverte n'était plus que de 3 à 4 millions un siècle plus tard. Les massacres ont surtout affecté les populations nomades, peu contrôlables, au cours des « Guerres Indiennes » de la fin du XIXème. L'exploitation a surtout concerné les populations agricoles et sédentaires des Andes et des hauts plateaux mexicains. Le génocide est économique ensuite dans la mesure où ces populations ont subi en permanence diverses formes d'exploitation, comme le travail servile et les conditions de vie misérables. La spoliation des terres se poursuit encore dans les zones de progression pionnière d'Amazonie malgré les accords et les mesures gouvernementales. Le génocide est culturel enfin, dans leur volonté de convertir les Indiens, les ordres missionnaires ont procédé à une véritable « guerre des images » destinée à faire disparaître les anciennes coutumes de l'univers mental des Indiens pour y substituer les images de l'univers chrétien. Le succès ne fut pas total comme on l'observe à voir le maintien de certaines habitudes ancestrales et le syncrétisme dont sont teintées les manifestations religieuses actuelles. Entre maintien des coutumes et nécessaire développement, les politiques des divers pays latino-américains ont donc connu bien des hésitations.

On a longtemps estimé que la disparition des populations indiennes était inéluctable aussi bien en raison de leur difficulté à se maintenir à partir de groupes de taille modeste que par une assimilation inévitable et même souhaitée par beaucoup. Or depuis plusieurs années, la première surprise est le renouveau de vitalité qui fait augmenter rapidement ces populations. Plus révélateur encore est l'augmentation exceptionnelle des populations recensées comme indiennes parce que les métis, au lieu de se déclarer blancs comme autrefois, revendiquent aujourd'hui leur origine indienne. Au total la population indienne représente près de 40 millions de personnes en Amérique latine. Les pays où ils sont les plus nombreux correspondent aux hautes terres des vieilles civilisations agricoles. S'il y a partout, de la part des autorités, la reconnaissance de l'identité Indienne et la volonté affirmée de prendre en compte leurs intérêts, la situation réelle est très variable. Aux États-Unis, les Indiens n'ont obtenu la citoyenneté américaine qu'en 1924. Au Canada, la loi leur confère des privilèges (les Indiens inscrits vivant dans une réserve ne paient pas d'impôts et sont logés par l'État) qui alimentent des clichés. Les réserves vivent un changement profond et les communautés, mieux gérées, contrôlent leurs ressources. Aux États-Unis, la reconnaissance culturelle a fait de grands progrès, la participation des Indiens aux deux conflits mondiaux et le mouvement pour les droits civiques des années 1960 ont été les éléments essentiels qui ont déclenché ces évolutions. En Amérique latine, la situation est généralement beaucoup plus défavorable. Beaucoup de tribus sont encore menacées de disparition lorsque les fronts de mise en valeur les « débusquent » de la forêt. Les conflits, les chocs sanitaires, le confinement dans des réserves sans ressources les menacent gravement. Les conflits pour la terre restent actifs, notamment au Brésil. Mais ce qui est nouveau, partout dans le sous-continent, c'est le renouveau démographique et culturel. Politique aussi avec notamment l'arrivée au pouvoir d'Evo Morales en Bolivie et la candidature de Rigoberta Menchu, prix Nobel, aux élections présidentielles du Guatemala.

En perdant une connotation essentiellement folklorique, les Indiens s'inscrivent donc dans les grands débats du monde d'aujourd'hui : diversité culturelle, lutte contre le racisme, affirmation identitaire, lutte pour une plus grande égalité sociale.

Question 8. Quelle affirmation est inexacte au regard du texte ?

a) Les Indiens sont proportionnellement plus nombreux dans les pays andins car les hautes terres bénéficient de vieilles traditions agricoles.

b) La spoliation des terres est quasiment terminée sauf dans les zones de progression pionnière en Amazonie.

c) La population indienne a été décuplée entre la fin du XVIIème et le début du XXIème siècle.

d) Les populations nomades ont particulièrement souffert de l'exploitation économique en étant soumises à un travail servile et à des conditions misérables.

e) L'évangélisation des populations n'a pas réussi à faire disparaître les traditions indiennes.

Question 9. Quelle est l'opinion de l'auteur concernant les Indiens du Canada ?

a) Les Indiens du Canada sont des privilégiés.
b) Tous les indiens du Canada vivent dans des réserves et sont logés par l'État.
c) Au Canada, il faut être indien pour être logé par l'État.
d) En ne payant ni impôt, ni loyer, les Indiens du Canada se condamnent à vivre dans des réserves.
e) Certains Canadiens considèrent que les Indiens sont des privilégiés qui bénéficient de droits exceptionnels par rapport aux autres citoyens.

Question 10. « *travail servile* », cette expression a, en contexte, le sens de :

a) tâches avilissantes
b) occupation utile
c) labeur indispensable
d) rôle obséquieux
e) métiers abjectes

Question 11. Quels sont pour l'auteur les grands débats du monde contemporain ?

1. L'hétérogénéité culturelle.
2. Le cosmopolitisme.
3. L'écologie.

a) 1 + 2 + 3
b) Uniquement 3
c) Uniquement 1
d) 1 + 2
e) 1 + 3

Question 12. Pour l'auteur, quel phénomène sociologique impacte fortement les résultats statistiques ?

a) 80 % de la population indienne initiale ayant disparue, les statistiques sont forcément faussées.
b) On assiste depuis quelques années à un regain d'identité de la part de certaines populations.
c) Au Canada, il faut être inscrit dans une réserve pour pouvoir revendiquer son appartenance à la communauté indienne.
d) Le développement d'un certain syncrétisme religieux rend le travail statistique plus complexe.
e) L'assimilation des indiens, inévitable et même souhaitée par beaucoup complique la tâche des démographes.

Question 13. *« Le syncrétisme dont sont teintées les manifestations religieuses actuelles »*, quelle reformulation reprend le mieux l'idée développée dans cette phrase ?

a) Aujourd'hui, les manifestations sont marquées par un certain crétinisme.
b) Les cérémonies religieuses sont confuses et indéfinies.
c) Les Indiens font aujourd'hui preuve d'un certain éclectisme religieux.
d) Lors des manifestations religieuses, les chamanes ancestraux utilisent une peinture synthétique pour teinter les manifestants.
e) Ce sont surtout des cérémonies laïques qui sont célébrées actuellement.

Question 14. En définitive, la situation des Indiens en Amérique est-elle en amélioration ?

a) clairement non
b) pas vraiment
c) sans aucun doute
d) plutôt non
e) plutôt oui

Question 15. Quelle est la position de l'auteur concernant les westerns américains ?

1. Les westerns américains étaient particulièrement sanguinaires et sauvages.
2. Le western américain a permis de poser la question du massacre et de l'exploitation des populations indiennes.
3. Les westerns américains sont désormais convenus et adoptent le discours écologique dominant.

a) Ni 1, ni 2, ni 3
b) 1, 2, mais pas 3
c) 2, mais ni 1, ni 3
d) 2, 3, mais pas 1
e) 1 + 2 + 3

Calculez votre score à l'aide de la grille de correction en page 662.

IV.2.1bis – Compréhension - Entraînement 1 - Correction

Calculez votre score à l'aide de la grille de correction en page 662.

Question 1. Difficulté : ★★ *Réponse b)*

L'historicisme est une doctrine qui tend à rendre compte de tout ce qui est d'ordre humain, et notamment les idées, les valeurs, par la seule considération de l'histoire.

Question 2. Difficulté : ★ *Réponse c)*

Le deuxième paragraphe aborde les points a), b), d) et e), en revanche, le texte différencie clairement le fait social (éducation, santé publique, assistance sociale) du fait politique.

Question 3. Difficulté : ★ *Réponse e)*

« Avec brio » et « avec maestria » signifie une exécution brillante, avec une certaine virtuosité.

Question 4. Difficulté : ★★★ *Réponse d)*

Pour l'auteur (dernier paragraphe), la notion d'égalité combine trois éléments : l'égalité civile (i.e. l'égalité en droit), l'égalité des chances (i.e. l'existence d'une réelle mobilité sociale) et l'égalité de considération (i.e. les individus se voient comme des égaux). En revanche, dans les sociétés démocratiques, les inégalités économiques subsistent.

Question 5. Difficulté : ★★ *Réponse e)*

D'après le texte, Alexis de Tocqueville dans son rapport sur le système pénitentiaire américain estime que « la peine contribue à la paix et à la sécurité publique si elle est certaine, suffisante et modérée ».

Question 6. Difficulté : ★ *Réponse a)*

L'adjectif contingent signifie : qui peut se produire ou non, être ou ne pas être (il s'oppose à nécessaire). Pensez à « une contingence » qui signifie un événement imprévisible.

Question 7. Difficulté : ★ *Réponse c)*

Dans les deux derniers paragraphes, l'auteur aborde l'analyse de la démocratie formulée par Tocqueville (principalement dans son ouvrage *De la Démocratie en Amérique*). Pour Tocqueville, la démocratie maintient les inégalités économiques [nous éliminons b) et e)], mais elle est pour lui synonyme d'égalité des conditions. L'égalité des chances et l'égalité de considération contribuent indirectement à assurer une certaine mobilité sociale et économique [nous éliminons a) et d)].

Astuce : soyons malins, clairement oui = sans aucun doute et clairement non = en aucun cas, la seule réponse possible (il ne faut en choisir qu'une !) est donc « pas vraiment ».

Question 8. Difficulté : ★★★ *Réponse d)*

Les points a), b), c) et e) sont clairement abordés dans le deuxième paragraphe. En revanche, le texte précise que les populations nomades ont été massacrées et que ce sont les populations sédentaires qui ont été exploitées.

Question 9. Difficulté : ★★ *Réponse e)*

Au Canada, la loi confère aux Indiens des privilèges qui alimentent les clichés [e)].

Question 10. Difficulté : ★ *Réponse a)*

L'adjectif servile renvoie à l'état de serf, au servage du Moyen-Âge.

Question 11. Difficulté : ★★ *Réponse d)*

Dans le dernier paragraphe, en guise de conclusion, le texte liste les thèmes qui constituent pour l'auteur les grands débats contemporains : diversité culturelle, lutte contre le racisme, affirmation identitaire... En revanche, même si l'écologie est sans conteste l'un des grands sujets actuels, ce thème n'est pas énoncé par l'auteur.

Attention, je vous l'ai dit, le principal piège consiste à vous proposer une solution vraie dans l'absolu mais qui n'est pas abordée dans le texte.

Question 12. Difficulté : ★★ *Réponse b)*

Pour l'auteur, l'augmentation exceptionnelle des populations recensées comme indiennes est en partie expliquée par le fait que les métis, au lieu de se déclarer blancs comme autrefois, revendiquent aujourd'hui leurs origines indiennes.

Vous remarquerez que les autres solutions proposées sont toutes présentes dans le texte, mais elles ne sont pas présentées par l'auteur comme ayant un impact direct sur les résultats des recensements.

Question 13. Difficulté : ★ *Réponse c)*

Le syncrétisme est un système philosophique ou religieux qui tend à faire fusionner plusieurs doctrines différentes.

Question 14. Difficulté : ★ *Réponse c)*

La thématique générale du texte porte sur l'amélioration de la condition des Indiens sur le continent américain, nous éliminons donc toutes les réponses négatives [a), b) et d)]. En revanche, l'hésitation entre c) et e) est réelle. Pour l'auteur, la condition s'est globalement améliorée sur le plan sanitaire, démographique, culturel et politique, mais il nuance son jugement pour la condition économique et il pointe une situation beaucoup « plus défavorable en Amérique latine ». Pour départager les deux solutions restantes, il nous faut bien analyser la rédaction de la question : « est-elle en amélioration », le processus d'amélioration est enclenché et ne fait aucun doute [nous choisissons c)].

Question 15. Difficulté : ★★ *Réponse a)*

Question complexe, la phrase du texte 2 « la vision de l'Indien dans les westerns américains, depuis le sauvage sanguinaire jusqu'au sage doté d'un rapport privilégié avec une nature qu'il gère et préserve » pouvait nous orienter vers la proposition 1 et peut-être même la 3. Mais en aucun cas la proposition 2. La réponse a) étant la seule qui ne comprend pas la proposition 2, ce doit être la réponse juste.

IV.2.2 – Compréhension de texte - Entraînement 2

- 15 questions en 20 min.

Grille de réponses à détacher en page 683.

Texte 1

La crise de l'endettement entraîne, sous la pression des agences de notation et des Bourses, un recul, sinon de la démocratie, du moins de la représentativité électorale de ses acteurs. En témoigne la nomination, en Grèce puis en Italie, de technocrates sans véritable assise politique comme chefs de gouvernement.

Lucas Papademos, 64 ans, qui a succédé à Georges Papandréou à la tête du gouvernement grec, est un économiste fort respecté, ancien gouverneur de la Banque de Grèce puis vice-président de la Banque Centrale Européenne, mais sans aucune expérience ni assise politique. Mario Monti, 68 ans, professeur à l'université Bocconi de Milan, est ancien commissaire à la Concurrence de la Commission de Bruxelles jusqu'en 2004. S'il a été, fort opportunément, nommé sénateur à vie au début de ce mois par le président de la République italienne, il n'a jamais siégé dans aucune assemblée parlementaire. Dans le cas de Monti, réputé pour son austérité et sa rigueur, style protestant d'Europe du Nord, plus que pour sa chaleur méridionale, le caractère technocratique est accentué du fait qu'aucun homme politique n'a accepté de rentrer dans son gouvernement qui compte sept professeurs d'université, des banquiers, des experts, et l'ambassadeur à Washington, Giulio Terzi di Sant'Agata, comme ministre des Affaires étrangères.

On peut, certes, objecter que ces deux gouvernements, constitués dans la hâte après que la crise de liquidités traversée par leur pays eut fait chuter les gouvernements en place, ont bénéficié d'un vote de confiance de leurs assemblées parlementaires respectives. Il n'empêche que ces équipes issues de la société civile, dont les Britanniques disent déjà méchamment qu'elles ressemblent à des « juntes civiles », vont devoir faire rapidement leurs preuves et notamment celle-ci : sont-elles capables de faire accepter, sans débordements violents excessifs, par les peuples grecs et italiens des mesures d'austérité drastiques forcément impopulaires ? La réaction des Bourses, qui n'ont donné aucun signe de répit et ont contraint Rome, troisième puissance économique européenne, à emprunter à des taux quasi usuraires, montrait en fin de semaine à quel point le scepticisme restait de mise sur les marchés financiers.

Question 1. Selon le texte 1, quel élément joue en la défaveur de Mario Monti ou Lucas Papademos ?

a) L'intensité de la crise
b) L'absence de légitimité politique
c) Les agences de notation
d) La démocratie représentative
e) La politique d'austérité

Question 2. Les nouveaux dirigeants jouissent de…

1. compétences économiques
2. légitimité politique
3. soutien populaire

a) 1 + 2 + 3
b) Uniquement 3
c) 1 + 3
d) Uniquement 1
e) 2 + 3

Question 3. Quel titre correspond le mieux au texte 1 ?

a) La crise contre la démocratie
b) Un gouvernement de crise
c) L'Europe des technocrates
d) L'économie au crible du politique
e) Leçons de crise

Question 4. Quelle assertion ne correspond pas à la réalité décrite par le texte 1 ?

a) Le gouvernement de Mario Monti ne compte pas un seul homme politique.
b) Les bourses ont salué l'installation des nouveaux gouvernements.
c) Mario Monti s'illustre par son austérité qui contraste avec son italianité.
d) Les deux nouveaux dirigeants jouissent d'une expérience dans les institutions de l'Union Européenne.
e) Le président de la République italienne a nommé Mario Monti sénateur à vie pour préparer son accession au pouvoir.

Question 5. Qui sont les responsables de cette nouvelle situation politique ?

1. Les agences de notation
2. La crise des liquidités
3. L'impopularité des mesures d'austérité

a) 2 + 3
b) 1 + 2 + 3
c) Uniquement 3
d) 1 + 2
e) Uniquement 1

Question 6. Pourquoi les Britanniques parlent-ils de « *junte civile* » au sujet des nouveaux gouvernements italien et grec ?

a) Parce qu'ils ont réalisé un coup d'État démocratique.
b) Parce qu'ils imposent l'austérité aux citoyens sans contestation possible.
c) Parce que les deux pays ont déjà connu une dictature au XXème siècle.
d) Parce qu'ils ne sont pas militaires mais issue de la société civile.
e) Parce qu'il s'agit de technocrates imposés par la situation de crise.

Question 7. Comment ces gouvernements ont-ils été constitués ?

a) suite à un plan mûri mais gardé secret jusqu'au dernier moment
b) dans la précipitation et une totale opacité
c) après une décision majoritaire du Conseil de l'Europe
d) sur demande des agences de notation et pression des marchés financiers
e) le texte 1 ne l'indique pas

Texte 2

Le Nouveau Management Public

Indicateurs, objectifs, audits, *benchmarking*, missions, programmes, évaluations : le fonctionnaire qui aurait dormi au cours des dix dernières années ne reconnaîtrait sans doute pas son administration aujourd'hui ! Une petite révolution, plutôt silencieuse jusque-là, a en effet bouleversé la manière d'agir de la puissance publique. Traditionnellement, l'action de l'État revêtait, à tout le moins dans le cadre français, un caractère fortement hiérarchisé, l'accent étant mis sur le respect des procédures. La stabilité du personnel (sécurité de l'emploi) servait une certaine continuité de l'action. Dans ce schéma, il n'était guère question d'évaluer l'efficacité de l'action bureaucratique ou d'optimiser son rendement. Néanmoins, depuis une trentaine d'années, les transformations du rôle de l'État, moins interventionniste économiquement, décentralisé, et les difficultés financières qu'il connaît ont conduit les gouvernements à rechercher une plus grande efficience de l'action publique. C'est dans ce cadre qu'ont été introduits, par petites touches à partir du milieu des années 1980, plus franchement à partir du début des années 2000, les principes inspirés de ce que l'on appelle le Nouveau Management Public (NMP).

Le NMP ne constitue pas une doctrine bien établie, mais plutôt un « ensemble hétérogène d'axiomes » qui ont inspiré les réformes de l'État, d'abord dans les pays anglo-saxons à la fin des années 1970, puis ont essaimé un peu partout durant les décennies suivantes. Quelques principes se dégagent néanmoins, l'idée majeure étant que le secteur public peut et doit être managé selon les mêmes règles que le secteur privé. Dès lors, c'est l'esprit de l'action publique qui change : l'accent est mis moins sur le respect des procédures que sur le résultat de l'action, sous formes de mesures chiffrées de l'efficience et de mise en place d'objectifs quantitatifs. Un esprit de compétition est instillé en généralisant la comparaison entre services, sur la base d'indicateurs de performance (ce que l'on appelle le *benchmarking*). La relation hiérarchique est également transformée, le principe étant de privilégier l'autonomie des agents, en contrepartie d'un renforcement des mécanismes de contrôles (suivi d'indicateurs, rapports d'activité, audit des services...). Dans cette perspective, l'action publique se conçoit davantage comme une multitude d'entités contractant entre elles pour la réalisation d'objectifs communs. Cette quête de l'efficacité conduit aussi à privilégier la création d'agences indépendantes et spécialisées, censément plus réactives que les grosses administrations, ou encore à encourager les partenariats Public/Privé (dans la recherche ou la santé par exemple). Le statut du fonctionnaire est également appelé à évoluer, la préférence pour les contrats à durée déterminée et la généralisation de la mobilité professionnelle étant compensées par l'introduction d'incitations financières sous forme de primes.

Question 8. Quelle n'est pas la nouvelle philosophie de l'action publique ?

a) L'État doit diriger l'administration vers une plus grande modernité.
b) Les fonctionnaires doivent tendre vers la réalisation d'objectifs précis.
c) L'administration produit un service inquantifiable et difficilement évaluable.
d) L'administration est plurale et poursuit des objectifs communs à de nombreux services.
e) L'efficience représente un défi majeur pour l'administration publique.

Question 9. Le Nouveau Management Public jouit-il d'un appareil théorique cohérent ?

a) Absolument pas, il s'agit plutôt d'un pragmatisme
b) C'est clair, il s'agit d'une doctrine anglo-saxonne établie
c) Cela dépend, chaque État réinvente le NMP
d) Le texte ne l'indique pas clairement
e) Pas vraiment, il repose sur une série de postulats

Question 10. Quels sont les nouveaux moyens d'action privilégiés qu'évoque le texte 2 ?

1. la remise en cause de l'emploi à vie
2. les incitations financières sous forme de primes
3. la réduction du nombre de fonctionnaires

a) 2 + 3
b) 1 + 2 + 3
c) Uniquement 2
d) 1 + 2
e) Uniquement 3

Question 11. Pourquoi favoriser les agences indépendantes spécialisées ?

a) pour des questions de respect de procédures juridiques
b) pour une question de coût de revient comptable
c) en raison de leur plus grande efficience
d) pour une question d'indépendance idéologique
e) en raison d'une pénurie de fonctionnaires qualifiés

Question 12. Quel titre correspond le mieux au texte 2 ?

a) La fin de l'administration d'État
b) Pour une administration à l'anglo-saxonne
c) Des fonctionnaires précarisés
d) Le défi de la métamorphose administrative
e) Le privé au chevet du public

Question 13. Quels sont les principes majeurs du Nouveau Management Public ?

1. le service public peut être géré comme le privé
2. la procédure compte tout autant que le résultat
3. l'émulation entre fonctionnaires

a) 1 + 2 + 3
b) Uniquement 1
c) 1 + 2
d) 2 + 3
e) 1 + 3

Question 14. D'après l'auteur du texte 2, quel bilan initial le Nouveau Management Public dresse-t-il de la situation des États ?

a) L'État est moins interventionniste, moins riche et décentralisé.
b) L'État ne doit pas intervenir autant et se recentrer ainsi sur son cœur d'activité.
c) Le Privé a démontré sa supériorité économico-managériale sur l'État.
d) La crise économique prouve la faiblesse intrinsèque de l'État.
e) Les fonctionnaires ne travaillent pas assez, ils doivent être mieux managés et mieux payés.

Question 15. Quelle est la contrepartie de la plus grande autonomie des fonctionnaires ?

a) des primes financières
b) des contrôles renforcés
c) des contrats à durée déterminée
d) des salaires moins importants
e) le respect des procédures

IV.2.2bis – Compréhension - Entraînement 2 - *Correction*

Calculez votre score à l'aide de la grille de correction en page 662.

Question 1. Difficulté : ★ *Réponse b)*

Les réponses a), c) et e) ne sont pas spécifiques aux deux technocrates. La notion de démocratie représentative (d)) n'est pas en question, c'est le non-respect de celle-ci qui pose problème.

Question 2. Difficulté : ★★ *Réponse d)*

Les deux dirigeants ne jouissent ni de la légitimité politique (absence d'élections et de passé politique), ni du soutien populaire (le texte explique que les mesures d'austérité sont forcément impopulaires).

Question 3. Difficulté : ★★ *Réponse a)*

Les autres titres ne sont pas inappropriés, mais nous cherchons le <u>meilleur</u> titre (le mieux).

Question 4. Difficulté : ★ *Réponse b)*

Au contraire, les marchés financiers ont accueilli ces nominations avec scepticisme (le texte parle de taux quasi usuraires).

Question 5. Difficulté : ★★★ *Réponse d)*

C'est « la crise de l'endettement qui entraîne, sous la pression des agences de notations » cette nouvelle situation politique. Les mesures d'austérité forcément impopulaires n'en sont qu'une conséquence.

Question 6. Difficulté : ★★ *Réponse e)*

Le texte développe le caractère non démocratique de leur arrivée au pouvoir sous la pression des événements économiques.

Question 7. Difficulté : ★ *Réponse b)*

Les autres solutions sont fausses.

Question 8. Difficulté : ★ *Réponse c)*

Au contraire, le NMP introduit « des mesures chiffrées de l'efficience et de mise en place d'objectifs quantitatifs ».

Question 9. Difficulté : ★★ *Réponse e)*

Le texte le décrit comme « un ensemble hétérogène d'axiomes ».

Question 10. Difficulté : ★★ *Réponse d)*

Le sujet des effectifs de la fonction publique n'est pas abordé.

Question 11. Difficulté : ★ *Réponse c)*

D'après le texte, les agences indépendantes sont censées être plus réactives.

Question 12. Difficulté : ★★★ *Réponse d)*

La réponse a) ne convient pas, il ne s'agit pas d'en finir avec l'administration mais de la rendre plus efficace. La réponse b) non plus, car chaque État adapte le NMP. La réponse c) ne peut résumer le texte. Enfin, la réponse e) ne traduit pas la totalité des arguments développés.

Question 13. Difficulté : ★★★ *Réponse e)*

Au contraire, « l'accent est mis moins sur le respect des procédures que sur les résultats de l'action ».

Question 14. Difficulté : ★ *Réponse a)*

D'après le texte, depuis une trentaine d'années, les États sont moins interventionnistes économiquement, décentralisés et connaissent des difficultés financières.

Question 15. Difficulté : ★ *Réponse b)*

Pour l'auteur, le principe est de privilégier l'autonomie des agents en contrepartie d'un renforcement des mécanismes de contrôle.

V – Sous-test d'expression

V.1 – Méthodologie du QCM d'expression

V.1.1 – Cours, savoir-faire et pièges

A – Des chiffres et des lettres

Prennent un trait d'union tous les nombres composés inférieurs à 100 ne se terminant pas par 1 (sauf 81 et 91) :

Ex. : dix-sept, quarante-huit... quatre cent cinquante-trois... quatre-vingt-onze...

Les chiffres (de 1 à 9) et les nombres (composés de plusieurs chiffres) sont invariables. Ce sont des déterminants numéraux (de quantité).

Cas particuliers :

- Le zéro s'accorde.
- 20 et 100 s'accordent quand ils sont multipliés par un nombre sans être suivis par un autre nombre.
  Ex. : quatre-vingts, mais, quatre-vingt-trois
  quatre cents, mais, quatre cent vingt et un
- Mille est toujours invariable.
- Un est invariable en nombre mais pas en genre.
- Millier, million et milliard sont des noms et non des adjectifs, ils s'accordent.
  Ex. : quatre cents millions, deux cents milliers
- Lorsqu'ils indiquent un numéro (on peut alors les remplacer par «...ième»), tous les nombres sont invariables et ils prennent un trait d'union.
  Ex. : la page deux-cent (= la deux-centième page)

B – Savoir accorder les noms et les adjectifs

Un nom peut être masculin ou féminin, singulier ou pluriel.

Cas particuliers :

- **Sont masculins :** abîme, adage, aéronef, ail, akène, alcool, alvéole, amalgame, ambre, amiante, amphiie, anathème, antidote, antipode, antre, aphte, apogée, apothème, appendice, aréopage, argent, armistice, arôme, artifice, asile, asphalte, astérisque, augure, autodafé, automne, balustre, camée, chrysanthème, contralto, éclair, effluve, éloge, élysée, emblème, emplâtre, encéphale, éphémère, épilogue, épisode, équinoxe, esclandre, escompte, girofle, hallali, haltère, harmonica,

Révisions

hémisphère, hospice, hymne, incendie, indice, insigne, interstice, intervalle, ivoire, jade, lange, légume, mausolée, myrte, obélisque, orbe, ouvrage, ovule, pétale, pétiole, planisphère, pleur, rail, sépale, tentacule, tubercule, volatile.

- **Sont féminins :** acné, acoustique, agrafe, alcôve, alèse, algèbre, amnistie, anagramme, ancre, anicroche, ankylose, anse, antichambre, antilope, apothéose, argile, arrhes, artère, atmosphère, autoroute, azalée, azalée, campanule, chrysalide, ébène, ébonite, ecchymose, échappatoire, écharde, écritoire, égide, encaustique, éphéméride, épigramme, épigraphe, épitaphe, épître, équivoque, escarre, gemme, gent, glaire, icône, immondice, impasse, interview, mandibule, nacre, oasis, octave, odyssée, omoplate, orbite, oriflamme, paroi, penne, primeur, primevère, psyché, réglisse, scolopendre, sentinelle, vésicule.
- **Sont mixtes :** un ou une après-midi, amour et orgue (changent de genre selon qu'ils sont au singulier ou au pluriel), gens (quand gens est accompagné d'un adjectif placé après lui, il est masculin, sinon, il est féminin).
  Ex. : les gens mal informés, les bonnes gens

En général, les noms au pluriel se terminent par S.

Le pluriel commence à partir de 2.
Ex. : 1,9 point / 2 points ; 1,73 million / 2,24 millions

Cas particuliers :

- Les noms en « au, eau, eu » prennent un X au pluriel
  sauf : landau, sarrau, bleu, lieu, pneu (qui prennent un S)
- Les noms en « ou » prennent un S au pluriel
  sauf : bijou, caillou, chou, genou, hibou, joujou, pou, qui prennent un X
- Les noms en « ail » prennent un S au pluriel
  sauf : bail, corail, émail, soupirail, travail, vantail, vitrail
- Les noms en « al » font leur pluriel en AUX
  sauf : bal, aval, bancal, carnaval, chacal, festival, récital, régal
- Les noms terminant par « S, X, Z » ne changent pas au pluriel
  Ex. : des nez ; des gaz
- Les mots italiens font généralement leur pluriel en i
  Ex. : un paparazzo, des paparazzi.
- Accord en nombre d'un nom sans article
- Quand, précédé d'une préposition (à, de, en) un nom sans article est complément d'un autre mot, il faut alors se référer au sens pour savoir si on doit le mettre au singulier ou au pluriel.
  - Si ce nom donne l'idée d'une matière, d'une espèce, d'un objet inquantifiable, il sera au singulier.
    Ex. : des sacs de plâtre, des sauts de puce, des coups de fouet...
  - S'il donne l'idée de plusieurs êtres ou objets quantifiables, il sera au pluriel.
    Ex. : une réunion de locataires, un fruits à pépins, un sac de billes…
- Certains noms communs ne sont employés qu'au pluriel : gens, arrhes, abats, fonds baptismaux, décombres, condoléances, appas, calendes, affres, funérailles, semailles, ténèbres, frais, agapes, prémices, ambages
- Avec une tournure négative (sans, pas de, plus de, ni...) posez la question : « S'il y en avait ? »
  Ex. : un arbre sans feuilles (S'il y en avait ? il y aurait des feuilles)
- Complément de nom : pluriel si le sens est celui de collection ou de pluralité.

Ex. : un conte pour enfants (un conte pour des enfants)

- Les noms abstraits exprimant une idée sont le plus souvent singuliers
  Ex. : beaucoup de calme, trop de bruit

Pluriel des noms composés

Dans un nom composé, seuls le nom et l'adjectif prennent la marque du pluriel (suivant le sens et l'usage) : le verbe, l'adverbe, la préposition sont invariables.

- Noms composés s'écrivant en un seul mot : le dernier élément prend seul la marque du pluriel
  Ex. : des bonheurs, des portefeuilles
  Sauf : mesdames, mesdemoiselles, messieurs, bonshommes, gentilshommes
- Nom + nom (le second joue le rôle d'un adjectif) : accord pour les deux
  Ex. : des choux-fleurs, des oiseaux-mouches, les portes-fenêtres
- Nom + nom (le second joue le rôle de complément sans préposition exprimée) : accord pour le premier
  Ex. : des timbres-poste (c'est-à-dire pour la poste)
- Nom + nom (le second étant un complément avec préposition) : accord pour le premier
  Ex. : des crocs-en-jambe, des arcs-en-ciel
- Nom incomplet + nom (le premier termine généralement par " i ") : accord du second
  Ex. : des tragi-comédies
- Nom + adjectif, adjectif + nom, adjectif + adjectif : accord pour les deux
  Ex. : des coffres-forts, des beaux-frères, des francs-tireurs ; des sourds-muets
- Verbe + nom : accord du nom selon le sens
  Ex. : des gratte-ciel, (qui gratte le ciel), des porte-bagages.
- Verbe + adverbe : invariables
  Ex. : des touche-à-tout, des passe-partout
- Le mot « garde » s'accorde quand il a le sens de gardien.
  Ex. : une garde-malade / des gardes-malades, un garde-manger / des garde-manger

Le pluriel des adjectifs de couleurs

- Un adjectif pour une couleur : accord
  Ex. : des soies beiges
- Deux adjectifs pour une couleur : pas d'accord
  Ex. : des soies bleu vert
- Les noms exprimant par image la couleur restent invariables
  Sauf : mauve, écarlate, fauve, rose, pourpre qui s'accordent.
  Ex. : des yeux marron

C – Quand mettre un accent sur le E ?

Avant la lettre x, ou avant une consonne double (ff, ll, mm, nn, pp, rr, tt, ss, …), il n'y a jamais d'accent.

Ex. : examen, exact, essayer, dette, tourelle, benne, flemme, fesse, exiger, fillette, message…

Si, dans la syllabe contenant le E, celui-ci est suivi d'une consonne, on n'ajoute pas d'accent.

Ex. : espace / es-pa-ce ; dessin / des-sin ; dessert / des-sert ; rester / res-ter ; percer / per-cer ...

Si le E est seul (i.e. le E est en fin de syllabe), il prend un accent.

Ex. : désert / dé-sert ; mè-re / mère ; frè-re / frère ...

- é quand la syllabe suivante est sonore .
  Ex. : appétit / ap-pé-tit ; élément / é-lé-ment
- è quand la syllabe suivante est muette.
  Ex. : pièce / piè-ce ;

D – Reconnaître les adverbes

L'adverbe est un mot invariable (sauf « tout »).

Ex. : ils sont restés debout, nous partirons ensemble

L'adverbe peut amener des informations liées au temps (ici, quelquefois, parfois, sitôt, bientôt, aussitôt, tantôt, tard, dernièrement, immédiatement, tout de suite, d'antan, naguère, jadis) ; au lieu (y, ci-dessus, ci-dessous, ci-devant, là-dessus, là-haut, ci-joint, ci-inclus, ci-git) ; à la manière (bien, comme, mal, volontiers, nouvellement, singulièrement, prudemment, précisément, grièvement, obscurément, expressément) ; à la quantité (quasi, davantage, plus, moins).

Cas particulier

- « tout » est variable devant une consonne ou un h muet.
- Les adverbes en « ment »
  - Si l'adjectif se termine par « ent », l'adverbe se terminera par -emment
  - Si l'adjectif se termine par « ant », l'adverbe se terminera par -amment
    Sauf : sciemment, précipitamment, nuitamment, notamment...

E – Méfiez-vous des mots pièges !

- **Leur / Leurs**

Pronom : placé juste avant ou après le verbe, « leur » est invariable.

Ex. : nous leur parlons ; parlez-leur ; les comédiens leur ont fait peur

Déterminant : placé devant un nom, « leur » s'accorde avec ce nom.

Ex. : j'aime les forêts : leurs couleurs ; ils gaspillent leurs talents

Astuce : « Leur » est invariable si je peux le remplacer par lui, et variable si je peux le remplacer par son/sa/ses.

Ex. : je leur donne à manger / Je lui donne à manger

Ex. : j'apprécie leurs formes / j'apprécie ses formes

Attention aux homophones (leurre, l'heur, l'heure)
Un leurre (du verbe leurrer) est un nom masculin qui signifie « appât, piège, tromperie », l'heur est un nom masculin qui signifie « bonheur, plaisir, chance ».

➲ a / à

Le mot « à » prend un accent grave (c'est une préposition) ; il introduit des groupes du nom qui indiquent un endroit, un lieu, une direction, une destination, une appartenance, une manière d'être ou d'agir.

Ex. : Il va à Lausanne. Je pars à pied. Il fait plus froid à la montagne.

Le mot « a » est une forme du verbe avoir ; on peut le remplacer par avait.

Ex. : Il a changé de vêtements. Dès qu'il a reçu son argent de poche, il l'a dépensé.

➲ Quand / quant / qu'en

Quand : adverbe interrogatif ou conjonction de subordination exprimant le plus souvent le temps. Conjonction, on peut lui substituer lorsque.

Ex. : Je vous le porterai quand il sera réparé (lorsqu'il sera réparé).

Quant (à, aux) : locution signifiant « en ce qui concerne ». Elle est toujours suivie de à, au ou aux.

Ex. : Quant au téléviseur... (pour ce qui est du téléviseur...). Quant à vous, je vous garde à l'œil. Quant aux enfants, je m'en occupe.

Qu'en : composé de la conjonction que et en, est pronom, adverbe ou préposition. Le « en » peut être remplacé par cela.

Ex. : Mais qu'en ferez-vous sans antenne ? (mais que ferez-vous de cela). Qu'en dis-tu ? (que dis-tu de cela ?). Jonathan ne skie qu'en janvier (seulement en).

➲ Quel, quels, quelle, quelles / qu'elle, qu'elles / Quelque, quelques

Quel, quels, quelle, quelles : sont accompagnés d'un nom ; ils peuvent aussi introduire une question.

Ex. : Quelles couleurs aimes-tu ? Quels jolis dessins ! Quelle carte préfères-tu ? Quelle journée ! Quel bruit ! Quel film as-tu vu aujourd'hui ?

Qu'elle et qu'elles : sont suivis d'un verbe.

Ex. : Il ne faut plus qu'elle revienne aujourd'hui. Je pense qu'elle réussira. Ces filles, je ne crois pas qu'elles puissent être si méchantes.

Quel(s) que, quelle(s) que : se placent directement devant le verbe être au subjonctif ; quel que s'écrit en deux mots et quel s'accorde avec le nom qui suit le verbe être.

Ex. : Quel que soit votre diplôme... Quelle que soit votre adresse... Quelles que soient vos qualités…

Quelque : est invariable (adverbe) au sens de : un peu de, ou si le sens est vague, imprécis.

Ex. : Quelque habiles soient ces artisans, il y a des défauts dans leur travail ; il y a quelque trois cents personnes dans ce stade ; quelque incident l'aura retardé

Quelques : s'accorde s'il est l'équivalent de « plusieurs » (déterminant), également quand, employé sans nom après un nombre, il signifie « quelques-uns ».

Ex. : quelques minutes de plus ; il y a quelques taches sur sa robe ; il reste quelques fautes dans ta dictée ; nous étions trente et quelques

➲ Chaque

Le déterminant « **chaque** » introduit toujours un nom au singulier, pris isolément.

Ex. : chaque animal ; chaque soir ; chaque voiture

Chacun(e) est toujours au singulier

Ex. : chacune d'elles ment

➲ Même

« **Même** » est variable quand, employé avec un article, il précède immédiatement un nom ; également quand il est placé après un pronom personnel.

Ex. : les mêmes causes, elles-mêmes ; eux-mêmes

« **Même** » est invariable quand il a le sens de « aussi » ; « également » ; « de plus » ; invariable avec les pronoms personnels pluriels de politesse.

Ex. : Les esclaves même étaient partis. Nous même pensons.

➲ Tout, tous

« **Tout** » est invariable lorsqu'il signifie « tout à fait » ; « entièrement ». Sauf, devant un adjectif féminin commençant par une consomme ou un « h » aspiré.

Ex. : Myriam tout étonnée, toute surprise, toute honteuse.

« **Tout** » s'accorde lorsqu'il se rapporte à un pronom pluriel ou à un nom qu'un déterminatif (article - adjectif) met au pluriel

Ex. : tous (les, mes, tes, ses, ces, nos, vos ...) chiens

➲ Quoique, quoi que

« **Quoique** », en un seul mot, est une conjonction de subordination qui est l'équivalent de « bien que, encore que ».

Ex. : Quoique la tempête fût un peu moins forte, il ventait encore très fort.

« **Quoi que** », en deux mots, est un pronom relatif composé appelé encore pronom relatif indéfini qui a le sens de « quelle que soit la chose que ou de quelque chose que ».

Ex. : Quoi que vous écriviez, évitez la bassesse.

➲ Aucun

« Aucun(e) » s'emploie normalement au singulier. Il s'emploie au pluriel avec des mots qui n'existent qu'au pluriel

Ex. : aucun repos ; aucune issue ; aucuns frais

➲ Des plus, des moins, des mieux

L'adjectif qui suit « des plus, des moins, des mieux » se met au pluriel lorsqu'il se rapporte à un nom ; il se met au singulier lorsqu'il se rapporte à un verbe ou à un pronom neutre.

Ex. : C'est un homme des plus riches. Se moquer est des plus facile. Cela est des plus étonnant.

➲ **Égal**

« D'égal à égal » est une expression invariable

Ex. : ils étaient avec elle d'égal à égal

« Sans égal » s'accorde avec le mot auquel “égal ” se rapporte. Cependant au masculin pluriel il reste invariable.

Ex. : une joie sans égale ; des maris sans égal

Quelques mots pièges apparaissant dans les tests, sachez les orthographier !
aquarelliste, ardemment, asthme, automne, condamner, équation, équatorial, évidemment, excellemment, innocemment, intelligemment, loquace, muséum, paon, patiemment, poêle, poêlée, poêlon, prudemment, quadriennal, quadrupède, quadrupler, quaternaire, rhum, secondaire, seconder, solennel, solennellement, solennité, taon, violemment.

F – Participe ou adjectif ?

Le participe présent exprime une action. Il finit par « ant » et reste invariable.

Ex. : Provoquant le chat, la souris risque un coup de patte.

L'adjectif verbal désigne un état ; il appartient à un groupe nominal. Il se termine par « ent » ou « ant » et s'accorde avec le nom.

Ex. : La souris provocante est malheureusement décédée.

Astuce : Si le mot peut être encadré par « ne... pas », il s'agit d'un participe présent. S'il peut être précédé de « très », c'est un adjectif verbal.

Quelques cas où l'orthographe diffère

Participe présent	**Adjectif verbal**	**Comme**
adhérant	adhérent	adhérence
coïncidant	coïncident	coïncidence
communiquant	communicant	communication
convainquant	convaincant	conviction
différant	différent	différence
équivalant	équivalent	équivalence
excellant	excellent	excellence
fatiguant	fatigant	fatigue
influant	influent	influence
précédant	précédent	précédemment
provoquant	provocant	provocation

Révisions

G – Se souvenir de la conjugaison !

	je	*tu*	*il, elle*	*nous*	*vous*	*ils, elles*
Indicatif présent						
1er groupe (er)	e	es	e	ons	ez	ent
2e groupe (ir)	is	is	it	issons	issez	issent
3e groupe(ir ou autre)	s	s	t ou d	ons	ez	ent (nt)
Impératif présent						
1er groupe		e		ons	ez	
2e groupe		is		issons	issez	
3e groupe		s		ons	ez	
Subjonctif présent						
1er groupe	e	es	e	ions	iez	ent
2e groupe	isse	isses	isse	issions	issiez	issent
3e groupe	e	es	e	ions	iez	ent
Futur simple	rai	ras	ra	rons	rez	ront
Conditionnel présent	rais	rais	rait	rions	riez	raient
Imparfait						
1er groupe	ais	ais	ait	ions	iez	aient
2e groupe	issais	issais	issait	issions	issiez	issaient
3e groupe	ais	ais	ait	ions	iez	aient
Passé Simple						
1er groupe	ai	as	a	antes	âtes	èrent
2e groupe + verbe 3e groupe en tir	is	is	it	îmes	îtes	irent
3e groupe + verbe en oir	us	us	ut	ûmes	ûes	urent
3e groupe + verbe en nir	ins	ins	int	înmes	întes	inrent
Subjonctif Imparfait						
1er groupe	asse	asses	ât	assions	assiez	assent
2e groupe + verbe 3e groupe en tir	isse	isses	ît	issions	issiez	issent
3e groupe (lire)	usse	usses	ût	ussions	ussiez	issent
3e groupe (venir)	insse	insses	înt	inssions	inssiez	inssent

	AVOIR	ÊTRE	ALLER	FAIRE
Présent	j'ai tu as il a ns avons vs avez ils ont	je suis tu es il est ns sommes vs êtes ils sont	je vais tu vas il va ns allons vs allez ils vont	je fais tu fais il fait ns faisons vs faites ils font
Imparfait	j'avais tu avais il avait ns avions vs aviez ils avaient	j'étais tu étais il était ns étions vs étiez ils étaient	j'allais tu allais il allait ns allions vs alliez ils allaient	je faisais tu faisais il faisait ns faisions vs faisiez ils faisaient
Futur	j'aurai tu auras il aura ns aurons vs aurez ils auront	je serai tu seras il sera ns serons vs serez ils seront	j'irai tu iras il ira ns irons vs irez ils iront	je ferai tu feras il fera ns ferons vs ferez ils feront
Passé simple	j'eus tu eus il eut ns eûmes vs eûtes ils eurent	je fus tu fus il fut ns fûmes vs fûtes ils furent	j'allai tu allas il alla ns allâmes vs allâtes ils allèrent	je fis tu fis il fit ns fîmes vs fîtes ils firent
Conditionnel présent	j'aurais tu aurais il aurait ns aurions vs auriez ils auraient	je serais tu serais il serait ns serions vs seriez ils seraient	j'irais tu irais il irait ns irions vs iriez ils iraient	je ferais tu ferais il ferait ns ferions vs feriez ils feraient
Subjonctif Présent	que j'aie que tu aies qu'il ait que ns ayons que vs ayez qu'ils aient	que je sois que tu sois qu'il soit que ns soyons que vs soyez qu'ils soient	que j'aille que tu ailles qu'il aille que ns allions que vs alliez qu'ils aillent	que je fasse que tu fasses qu'il fasse que ns fassions que vs fassiez qu'ils fassent
Participe passé	eu, eue…	été	allé, allée…	fait, faite…
Participe présent	ayant	étant	allant	faisant
Passé composé	j'ai eu…	j'ai été…	je suis allé…	j'ai fait..

Révisions

	SAVOIR	POUVOIR	VOULOIR	VOIR
Présent	je sais tu sais il sait ns savons vs savez ils savent	je peux *ou* puis tu peux il peut ns pouvons vs pouvez ils peuvent	je veux tu veux il veut ns voulons vs voulez ils veulent	je vois tu vois il voit ns voyons vs voyez ils voient
Imparfait	je savais tu savais il savait ns savions vous saviez ils savaient	je pouvais tu pouvais il pouvait ns pouvions vs pouviez ils pouvaient	je voulais tu voulais il voulait ns voulions vs vouliez ils voulaient	je voyais tu voyais il voyait ns voyions vs voyiez ils voyaient
Futur	je saurai tu sauras il saura ns saurons vs saurez ils sauront	je pourrai tu pourras il pourra ns pourrons vs pourrez ils pourront	je voudrai tu voudras il voudra ns voudrons vs voudrez ils voudront	je verrai tu verras il verra ns verrons vs verrez ils verront
Passé simple	je sus tu sus il sut ns sûmes vs sûtes ils surent	je pus tu pus il put ns pûmes vs pûtes ils purent	je voulus tu voulus il voulut ns voulûmes vs voulûtes ils voulurent	je vis tu vis il vit ns vîmes vs vîtes ils virent
Conditionnel présent	je saurais tu saurais il saurait ns saurions vs sauriez ils sauraient	je pourrais tu pourrais il pourrait ns pourrions vs pourriez ils pourraient	je voudrais tu voudrais il voudrait ns voudrions vs voudriez ils voudraient	je verrais tu verrais il verrait ns verrions vs verriez ils verraient
Subjonctif Présent	que je sache que tu saches qu'il sache que ns sachions que vs sachiez qu'ils sachent	que je puisse que tu puisses qu'il puisse que ns puissions que vs puissiez qu'ils puissent	que je veuille que tu veuilles qu'il veuille que ns voulions que vs vouliez qu'ils veuillent	que je voie que tu voies qu'il voie que ns voyions que vs voyiez qu'ils voient
Participe passé	su, sue…	pu	voulu, e…	vu, vue…
Participe présent	sachant	pouvant	voulant	voyant
Passé composé	j'ai su…	j'ai pu…	j'ai voulu…	j'ai vu…

	VENIR	PRENDRE	METTRE
Présent	je viens tu viens il vient ns venons vs venez ils viennent	je prends tu prends il prend ns prenons vs prenez ils prennent	je mets tu mets il met ns mettons vs mettez ils mettent
Imparfait	je venais tu venais il venait ns venions vs veniez ils venaient	je prenais tu prenais il prenait ns prenions vs preniez ils prenaient	je mettais tu mettais il mettait ns mettions vs mettiez ils mettaient
Futur	je viendrai tu viendras il viendra ns viendrons vs viendrez ils viendront	je prendrai tu prendras il prendra ns prendrons vs prendrez ils prendront	je mettrai tu mettras il mettra, ns mettrons vs mettrez ils mettront
Passé simple	je vins tu vins il vint ns vînmes vs vîntes ils vinrent	je pris tu pris il prit, ns prîmes vs prîtes ils prirent	je mis tu mis il mit ns mîmes vs mîtes ils mirent
Conditionnel présent	je viendrais tu viendrais il viendrait ns viendrions vs viendriez ils viendraient	je prendrais tu prendrais il prendrait ns prendrions vs prendriez ils prendraient	je mettrais tu mettrais il mettrait ns mettrions vs mettriez ils mettraient
Subjonctif Présent	que je vienne que tu viennes qu'il vienne que ns venions que vs veniez qu'ils viennent	que je prenne que tu prennes qu'il prenne que ns prenions que vs preniez qu'ils prennent	que je mette que tu mettes qu'il mette que ns mettions que vs mettiez qu'ils mettent
Participe passé	venu, venue…	pris, prise…	mis, mise…
Participe présent	venant	prenant	mettant
Passé composé	je suis venu…	j'ai pris…	j'ai mis…

Révisions

Le **passé simple** est utilisé pour exprimer une action ponctuelle qui a vraiment eu lieu dans le passé.

Ex. : Il vint me voir. (il est vraiment venu, c'est fait)

Le **subjonctif** est utilisé pour exprimer une action simplement envisagée dans l'esprit donc non réalisée.

Ex. : Il se pourrait qu'il vînt. (il va peut-être venir, ce n'est pas fait)

Conjonction de subordination

Les conjonctions de subordination qui introduisent un fait certain, permettent l'emploi de l'indicatif : quand, lorsque, tandis que, comme, après que, dès que, parce que, vu que, si.

Ex. : Quand l'enfant parut. Après qu'il eut mangé, il vint.

Les conjonctions de subordination qui introduisent un fait possible mais incertain, obligent l'emploi du subjonctif : avant que, pour que, afin que, de sorte que, de manière que, à condition que, quoique, bien que, de peur que, sans que.

Ex. : Le jour se leva, avant qu'il entreprît ce travail.

Astuce : Pour faire la différence indicatif/subjonctif ; mettez la phrase au présent en utilisant un verbe dont les formes sont différentes à l'oreille (faire, aller, venir, prendre...).

Ex. : je souhaitais qu'il tînt ses promesses. (Qu'il fasse...).

H – Savoir accorder le participe passé

Étape préliminaire : Est-ce un participe passé ou un infinitif (-er ou -é) ?
Astuce : Remplacez le verbe par prendre.

Accord du participe passé employé sans auxiliaire

Si c'est un verbe transformé en adjectif, il adopte les règles d'accord de l'adjectif.

Ex. : Mes cousines assises sur le canapé, tricotaient des pulls.

Accord du participe passé employé avec être

Employé avec l'auxiliaire être, le participe passé s'accorde en genre et en nombre avec le sujet du verbe.

Ex. : Mes cousines sont allées en ville.

Accord du participe passé employé avec avoir

Le participe passé, conjugué avec l'auxiliaire avoir ne s'accorde jamais avec le sujet du verbe.

Ex. : Sandy n'aurait pas dépensé autant.

Lorsqu'il est précédé par un complément d'objet direct (COD), le participe passé s'accorde avec ce complément.

Ex. : Ces jupes, Victoria les a vendues. Quelles jupes, avez-vous vendues ? Les jupes que j'ai vendues sont belles.

Accord du participe passé des verbes pronominaux
Le participe passé des verbes pronominaux non réfléchis (l'action ne se reporte pas sur le sujet) s'accorde avec le sujet.
Sauf : se rire, se plaire, se déplaire, se complaire, se succéder
Ex. : Elles se sont jouées de lui. Ils se sont aperçus de sa présence.

Le participe passé des verbes pronominaux réfléchis (le sujet fait l'action sur lui-même) et le participe passé des verbes pronominaux réciproques (les sujets agissent l'un sur l'autre) s'accordent avec le COD s'il est placé avant.
Ex. : Ils se sont lavé les mains. (les mains)
≠ Ils se sont lavés. (eux-mêmes).

Accord du participe passé des verbes impersonnels
Le participe passé des verbes impersonnels (tels que falloir, agir) reste toujours invariable.
Ex. : Les soins qu'il leur a fallu prodiguer.

Accord du participe passé suivi d'un infinitif
Le participe passé suivi d'un infinitif s'accorde si le COD placé avant avait fait l'action exprimée par l'infinitif, dans le cas contraire, il reste invariable. C'est le cas généralement des participes passés d'un verbe de mouvement (emmener, envoyer) ou de sensation (écouter, entendre, sentir, voir...).
Ex. : Les cantatrices que j'ai entendues chanter.
Les opérettes que j'ai entendu chanter. (pas d'accord, les opérettes ne chantent pas)

Cas particulier. Accord du participe passé après « en, l', combien »
Le participe passé précédé de « en, l', combien » sont invariables.
Ex. : Des jupes, j'en ai vu beaucoup. Combien en as-tu vu ?
Le choix des jupes a duré plus de temps qu'on ne l'avait prévu.

V.1.2 – Méthodologie

Le sous-test d'Expression est décomposé en trois parties : **Synonymie**, **Correction linguistique** et **Cohérence**. L'objectif est de tester à la fois vos compétences en lecture (compréhension) et vos compétences en écriture (rédaction, reformulation…).

A – Quelques conseils

Pour la partie Synonymie, les questions peuvent porter sur des mots, des expressions ou des phrases entières. Gardez à l'esprit que la recherche de synonymes se fait « en contexte », il s'agit principalement de conserver le « sens » du mot ou du passage souligné.

Faites très attention aux détails omis ou aux détails ajoutés, vérifiez la ponctuation qui peut être déterminante pour la signification d'une phrase.

Les questions de Correction linguistique concernent la syntaxe et le style de la phrase, la grammaire (accords, conjugaison…) et l'orthographe.

Dans la partie Cohérence, il s'agit de tester votre capacité à assurer dans un fragment de texte (ou une longue phrase) la cohérence de la pensée exprimée par l'auteur. L'analyse fine des connecteurs (présentés plus haut) est donc primordiale.

B – Quelques définitions utiles

Le synonyme *[du grec sun (ensemble) et onoma (nom ou mot)]*
Un synonyme est un mot qui a presque le même sens et qui appartient à la même classe grammaticale que celui qui vous est soumis : un nom appellera un nom ; un adjectif, un autre adjectif ; un verbe, un autre verbe...

Ex. : escroc, filou, voleur, aigrefin, bandit, gredin, arnaqueur, …
mettre, poser, installer, placer, dresser, ranger, fixer, enfoncer, …

L'antonyme *[du grec anti (en face de, contre) et onoma (nom ou mot)]*
Un antonyme est un mot de sens opposé et qui appartient à la même classe grammaticale que celui qui vous est soumis.

Ex. : riche / pauvre ; servir / desservir ; convergence / divergence, tôt / tard, triste / gai

Les homonymes *[du grec homos (semblable) et onoma (nom ou mot)]*
Ce sont des mots de prononciation identique, mais de sens différent. C'est le sens du mot, éclairé par le contexte, qui renseigne sur la bonne orthographe.

Ex. : père / perd / paire / pers ; vair / ver / vers / verre / vert

Éléments grecs et latins

Il vous manquera peut-être du vocabulaire, mais une connaissance des principaux suffixes et préfixes vous permettra de déduire le sens de certains termes rencontrés lors des tests.

Élément	**Signification**	**Exemples**
ambi- (lat.)	tous les deux	ambidextre, ambivalent
bi, bis (lat.)	deux, deux fois	bicolore, bipède, binaire
dec- (lat.)	dix	décimètre, décupler, décennie
du(o) (lat.)	deux	duo, dualité, duel, duplicité
hexa- (gr.)	six	hexagone, hexaèdre
kilo- (gr.)	mille	kilomètre, kilogramme, kilowatt
mono- (gr.)	seul, unique	monoski, monoculture
multi- (lat.)	nombreux, beaucoup	multicolore, multiple, multitude
oct- (gr.)	huit	octobre, octaèdre, octogénaire
poly- (gr.)	multiplicité	polycopie, polygone
prim-, prém- (lat.)	premier, tout premier	primaire, primeur, prémices
tétra- (gr.)	quatre	tétraplégie, tétraèdre
tri- (laat.)	trois	triple, triangle
uni- (lat.)	un	uniforme, unité, unisson
-aie (lat.)	lieu planté de	roseraie, châtaigneraie
bibl- (gr.)	livre, écrit	bibliothèque, bibliographie
bio- (gr.)	vie	biographie, biologie
bucc(o)- (lat.)	bouche	buccal, bucco-dentaire
chron(o)- (gr.)	temps	chronomètre, chronologie
esthét- (lat.)	beauté	esthétique, esthéticienne
ethn(o)- (gr.)	peuple, groupe	ethnie, ethnologue
graph- (gr.)	dessin	orthographe, typographe
géo- (gr.)	terre	géographie, géométrie
hydr(o)- (gr.)	eau	hydraulique, hydrater
hyper- (gr.)	au-dessus, excessif	hyperonyme, hypermarché
hypo- (gr.)	sous, en dessous	hyponyme, hypoglycémie
-lit(t)er- (gr.)	lettre	littéraire, allitération, oblitérer
ortho- (gr.)	droit, correct	orthographe, orthogonal
rhin(o)- (gr.)	nez	rhinopharyngite, rhinocéros
-thèqu- (gr.)	rangement	bibliothécaire, discothèque

Lexique des principales figures de rhétorique

Allégorie
Représentation d'une idée ou d'une abstraction par un personnage.

Allitération
Sonorités semblables reprises dans des mots ou expressions qui se succèdent.
Ex. : « Pour qui sont ces serpents qui sifflent sur vos têtes ? » *(Racine)*

Anaphore
Reprise d'un même mot en tête de phrase pour créer un effet de rythme et de symétrie.
Ex. : « Rome, l'unique objet de mon ressentiment !
Rome, à qui vient ton bras d'immoler mon amant !
Rome qui t'a vu naître, et que ton cœur adore ! » *(Corneille)*

Euphémisme
Façon de parler qui adoucit ce que l'on va dire.
Ex. : « Le frère de Junie abandonna la vie » *(Racine)*

Litote
Atténuation de la pensée pour faire comprendre bien plus que ce qui est effectivement dit.
Ex. : « Va, je ne te hais point » *(Corneille)*

Métaphore
Procédé qui consiste à parler d'une chose en la désignant par un mot ou une expression qui correspond à autre chose avec laquelle elle offre des ressemblances.
Ex. : « Or moi, bateau perdu sous les cheveux des anses, ...» *(Rimbaud)*

Catachrèse
La catachrèse est une figure de style qui consiste à détourner un mot de son sens propre et étendre sa signification.
Ex. : les pieds d'une table, à cheval sur un mur, un dos d'âne, boire un verre …

■■ V.2 – Expression : Entraînez-vous !

V.2.1 – Expression – Entraînement 1 – 15 q. en 20 min.

Grille de réponses à détacher en page 683.

Recherche de synonymie
Consigne de 1 à 5 : Choisissez la reformulation dont le sens se rapproche le plus du passage / des passages souligné(s).

Question 1. À l'abri de la foule, il avait dormi dans un fauteuil, à quatre heures de l'après midi, comme un vieillard cacochyme. (*Montherlant*)

a) toujours en train de récriminer.
b) qui n'entend plus très bien.
c) d'une santé déficiente.
d) qui fuit les honneurs.
e) particulièrement avare.

Question 2. On a ainsi montré qu'un autre gène SUW4, à l'instar de ST2, s'exprimait plus tard que SZ32 dans les mêmes cellules.

a) On a ainsi montré qu'un autre gène SUW4, à l'image de ST2, s'exprimait plus tard que SZ32 dans les mêmes cellules.
b) On a ainsi montré qu'un autre gène SUW4, au contraire de ST2, s'exprimait plus tard que SZ32 dans les mêmes cellules.
c) On a ainsi montré qu'un autre gène SUW4, au détriment de ST2, s'exprimait plus tard que SZ32 dans les mêmes cellules.
d) On a ainsi montré qu'un autre gène SUW4, au profit de ST2, s'exprimait plus tard que SZ32 dans les mêmes cellules.
e) On a ainsi montré qu'un autre gène SUW4, en fonction de ST2, s'exprimait plus tard que SZ32 dans les mêmes cellules.

Question 3. Sans vraiment savoir s'il fallait s'en réjouir ou s'en inquiéter, Patrick et Victoria accueillaient le retour de l'enfant prodigue.

a) l'enfant dépensier.
b) l'enfant surdoué.
c) l'enfant que l'on bannit.
d) l'enfant soigneux.
e) l'enfant très respectueux de ses parents.

Question 4. Toutefois, non seulement le décor de Naples, où se situe l'aventure, mais encore la fougue amoureuse et je ne sais quelle plénitude ou quelle vénusté italienne me feraient plutôt aujourd'hui songer à Caravage, si tant est qu'il soit nécessaire de placer ce récit violent sous le vocable d'un peintre.

a) tant il est nécessaire de
b) en admettant qu'il soit nécessaire de
c) de sorte qu'il soit nécessaire de
d) puisqu'il se fait qu'il est nécessaire
e) car il est nécessaire de

Question 5. À notre époque, l'eau naturelle n'est souvent plus potable. Deux personnes sur trois dans le monde n'ont pas accès à des toilettes. Une personne sur six n'a pas d'eau potable à sa disposition. Cette situation, fondamentalement contraire à la dignité humaine, est en partie responsable chaque année de la mort de deux millions d'enfants et contribue à l'absentéisme scolaire. Par ailleurs, un assainissement insuffisant pollue les ressources en eau. Le coût des dommages causés à l'environnement et à la santé par le manque d'infrastructures sanitaires et l'utilisation d'une eau insalubre représente 1 % du PIB en Colombie, 0,6 % en Tunisie et 1,4 % au Bangladesh. Les chiffres sont encore plus élevés en Asie du Sud-Est.

a) À notre époque, il n'arrive pas souvent que l'eau soit potable.
b) À notre époque, il arrive souvent que l'eau ne soit plus potable.
c) À notre époque, il n'arrive pas souvent que l'eau soit davantage potable.
d) À notre époque, il arrive souvent que l'eau ne soit pas potable.
e) À notre époque, il n'arrive pas souvent que l'eau soit plus potable.

Correction linguistique

Consigne pour la question 6 : Combien de mots sont mal orthographiés (fautes d'accord ou d'orthographe) ?

Question 6. Puisque les élèves ont aujourd-hui des problèmes de chronologie, je croie qu'il conviendrait de choisir quelques œuvres certe représentatives des grands mouvements estéthiques, mais dans le but principal de les sensibilisés a se qui se passe dans ces choses étranges que l'on nomme « images ».

a) 4
b) 5
c) 6
d) 7
e) 8

Consigne de 7 à 10 : Indiquez la formulation orthographiquement et grammaticalement la plus correcte, la plus claire et la plus élégante pour exprimer le sens du passage souligné. Le choix a) reprend la formulation initiale.

Question 7. <u>Nos rouge-gorges reproducteurs</u> cèdent en effet volontiers la place en automne à ceux qui arrivent des latitudes septentrionales. La population française s'expatrie vers le bassin méditerranéen au sens large (Afrique du Nord incluse). Mais un pourcentage non quantifié d'entre eux opte pour un hiver parmi nous.

a) Nos rouge-gorges reproducteurs
b) Nos rouges-gorge reproducteurs
c) Nos rouge-gorge reproducteurs
d) Nos rouges-gorges reproducteurs
e) Nos rouges gorges reproducteurs

Question 8. <u>Les augmentations salariales seront moins importantes que prévu.</u> Même si l'incertitude économique actuelle ne change pas la réalité du vieillissement de la main-d'œuvre et des défis de recrutement. Par conséquent, la nécessité de recruter et de retenir les employés demeure l'un des principaux enjeux pour la majorité des employeurs canadiens, y compris pour 70 % des employeurs de l'Ouest canadien et environ 60 % des employeurs du centre du Canada, selon la plus récente enquête Rémunération - Tendances et prévisions de Morneau Sobeco.

a) Les augmentations salariales seront moins importantes que prévu.
b) Les augmentations salariales seront moins importantes que prévues.
c) Les augmentations salariales seront moins importantes que prévus.
d) Les augmentations salariales seront moins importantes que prevu.
e) Les augmentations salariales seront moins importantes que prévue.

Question 9. <u>Ils portaient des maillots tous neufs qu'ils préféraient à tout autre tenue.</u>

a) Ils portaient des maillots tous neufs qu'ils préféraient à tout autre tenue.
b) Ils portaient des maillots tout neufs qu'ils préféraient à tout autre tenue.
c) Ils portaient des maillots tous neufs qu'ils préféraient à toute autre tenue.
d) Ils portaient des maillots tout neufs qu'ils préféraient à toute autre tenue.
e) Ils portaient des maillots tous neufs qu'ils préféraient à tous autre tenue.

Question 10. Les exercices de simulations, pour utils et intérressants qu'ils soient, ne demeurent qu'une caricature de la réalité.

a) Les exercices de simulations, pour utils et intérressants qu'ils soient, ne demeurent qu'une caricature de la réalité.
b) Les exercices de simulation, bien qu'ils soient utiles et intéressants, ne demeurent qu'une caricature de la réalité.
c) Les exercices de simulation, bien qu'ils ne soient pas utils et intéressants, ne demeurent qu'une caricature de la réalité.
d) Les exercices de simulations, pourvu qu'ils soient utiles et intérressants, ne demeurent qu'une caricature de la réalité.
e) Les exercices de simulations, alors qu'ils sont utils et intéressants, ne demeurent qu'une caricature de la réalité.

Cohérence

Consigne de 11 à 15 : complétez avec la suite la plus cohérente.

Question 11. Le réchauffement climatique est une réalité **.........** la banquise fond. Le GIEC s'est exprimé très clairement sur le caractère anthropique du réchauffement de la planète et sur ses conséquences possibles, mais il ne faut pas oublier que l'on reste dans le domaine des statistiques. Il est donc délicat de commenter un événement en particulier.

a) pourtant
b) en effet
c) donc
d) or
e) cependant

Question 12. Certains ont remarqué que dans les pays industrialisés, il y a toujours eu un lien très fort entre dynamique économique et dynamique démographique. Ces remarques les ont amenés à penser que le chômage sévirait donc, si, dans la population, ...

a) il y avait plus de jeunes que de vieux.
b) il y avait plus de vieux que de jeunes.
c) le nombre des actifs l'emportait sur celui des inactifs.
d) le nombre des inactifs l'emportait sur celui des actifs.
e) on constatait une augmentation globale.

Question 13. Les négociations ont toutefois buté sur le statut de Bruxelles. Il réclamait aussi le maintien de certains droits pour la minorité francophone vivant en Flandre, à la périphérie de Bruxelles, en échange de la scission de ce qui est le dernier arrondissement bilingue de Belgique. Vendredi, M. Di Rupo, manifestement peu convaincu de ses chances de succès, a proposé un ultime compromis à Bart De Wever, président de la Nouvelle alliance flamande, vainqueur des élections du mois de juin en Flandre. .... Il a donc repris le chemin du Palais royal.

a) En conséquence !
b) En plus !
c) En définitive !
d) En outre !
e) En vain !

Question 14. Souvent, la classe politique est brocardée pour son incapacité à trouver les solutions à la hauteur des défis présents. Et chacun d'appeler de ses vœux l'homme d'État qui, quasi providentiellement, remettra la société sur des chemins plus sereins. On ne saurait critiquer l'homme politique lorsque celui-ci expose ses idées et les défend avec volontarisme dans l'expression et dans l'action. On connaît trop de discours qui, à force d'esprit de consensus, sont vides de sens. La démocratie a besoin pour vivre de la confrontation des points de vue émis par les meneurs d'opinions armés de leurs convictions tout autant que de leurs expériences personnelles dans le vécu de la société. Il est légitime que les positions prises par les hommes politiques prennent leurs racines dans l'expérience qu'ils détiennent de la vie sociale, dans l'entreprise, le quartier, l'association, le voisinage ou la famille. Ces expériences forment, au total, le miroir .... de notre vie collective, multiforme, image à partir de laquelle s'érige la conscience sociale de toute communauté humaine.

a) parfait
b) sans tain
c) déformant
d) kaléidoscopique
e) reflétant

Question 15. Toute politique étrangère, plongée dans l'urgence du quotidien, la gestion des crises et des échéances diplomatiques, a besoin d'une colonne vertébrale, d'un cadre global de pensée définissant les grands objectifs stratégiques de l'action extérieure étatique. Pour répondre à ce besoin se sont développées au lendemain de la Seconde Guerre mondiale dans la plupart des États des structures administratives dédiées à la prospection et aux analyses stratégiques, suivant « la conviction que la bureaucratie est inapte à saisir les transformations du système international et que, entre l'impossibilité de prédire l'avenir avec précision et la gestion au jour le jour d'une diplomatie, il y a une place pour la réflexion prospective, pour l'analyse et l'interprétation du changement, pour l'imagination ». Car, dans un monde complexe aux problématiques transversales, l'enjeu fondamental est bien, selon les termes de l'ancien Secrétaire d'État américain Zbigniew Brzezinski, ...

a) de passer effectivement à l'action.
b) de fusionner l'action avec la réflexion prospective.
c) de procéder à la prospection puis d'agir concrètement.
d) d'articuler la pensée avec l'action.
e) de contrer les lourdeurs de la bureaucratie.

Calculez votre score à l'aide de la grille de correction en page 663.

V.2.1bis – Expression – Entraînement 1 - *Correction*

Calculez votre score à l'aide de la grille de correction en page 663.

Question 1. Difficulté : ★★★ *Réponse c)*

Cacochyme se dit de quelqu'un, en particulier d'un vieillard, qui est faible, en mauvaise santé.

Question 2. Difficulté : ★ *Réponse a)*

« *A l'instar de* » permet de construire une comparaison sans y ajouter d'idée favorable (« *au profit de* »), défavorable (« *au détriment de* ») ou de contrastive (« *au contraire de* »).

Question 3. Difficulté : ★★ *Réponse a)*

Le Fils Prodigue, également connu sous le nom du Fils Perdu ou d'Enfant Prodigue est l'une des paraboles les plus connues de Jésus de Nazareth. Le terme « Fils Prodigue » est également passé dans l'utilisation courante pour désigner un enfant ou une personne à charge qui ne remplit pas les espérances de ceux qui l'ont lancé dans la vie ou une carrière. Ne confondez pas cette expression avec « fils prodige » qui elle signifie enfant très brillant, doué.

Question 4. Difficulté : ★★ *Réponse b)*

« *si tant est que* » permet d'introduire une supposition.

Question 5. Difficulté : ★★ *Réponse b)*

Question 6. Difficulté : ★ *Réponse d)*

Puisque les élèves ont **aujourd'hui** [aujourd-hui] des problèmes de chronologie, je **crois** [croie] qu'il conviendrait de choisir quelques œuvres **certes** [certe] représentatives des grands mouvements **esthétiques** [estéthiques], mais dans le but principal de les **sensibiliser** [sensibilisés] **à** [a] **ce** [se] qui se passe dans ces choses étranges que l'on nomme « images ».

Question 7. Difficulté : ★ *Réponse d)*

Nom + adjectif ou adjectif + nom : accord pour les deux

Question 8. Difficulté : ★★ *Réponse a)*

Décomposition de la phrase : les augmentations sont moins importantes que ce qu'on a prévu ou ce qui a été prévu. (prévu : impersonnel)

Question 9. Difficulté : ★★★ *Réponse d)*

tout est invariable lorsqu'il signifie « tout à fait » ; « entièrement ».

Question 10. Difficulté : ★ *Réponse b)*

Question 11. Difficulté : ★ *Réponse b)*

Le fait que la banquise fonde illustre le phénomène du réchauffement climatique et soutient l'argument.

Question 12. Difficulté : ★ *Réponse b)*

Si le dynamisme démographique est faible, le dynamisme économique devrait l'être aussi.

Question 13. Difficulté : ★★ *Réponse e)*

Nous attendons un mot de liaison permettant d'introduire l'opposition entre la proposition d'un compromis et le fait de devoir reprendre le chemin du Palais royal.

Question 14. Difficulté : ★★★ *Réponse d)*

Le terme « kaléidoscopique » renvoie au terme « multiforme ».

Question 15. Difficulté : ★★ *Réponse d)*

Les réponses a) et e) sont trop partielles. Les réponses b) et c) apportent des informations (fusion ou séquençage) qui ne sont pas vraiment amenées par l'argumentation développée dans le paragraphe.

V.2.2 – Expression – Entraînement 2 – 15 q. en 20 min.

Grille de réponses à détacher en page 683.

Recherche de synonymie
Consigne de 1 à 5 : Choisissez la reformulation dont le sens se rapproche le plus du passage / des passages souligné(s).

Question 1. Le Premier ministre est totalement circonvenu par les fidèles du Président.

a) appuyé
b) soutenu
c) assailli
d) aidé
e) entouré

Question 2. D'aucuns diront qu'il connaissait les effets secondaires du médicament.

a) Personne ne dira
b) Tout le monde dira
c) Certains diront
d) Ses amis diront
e) Ses adversaire diront

Question 3. Il faut dire que ce dernier le lui rend mieux que bien.

a) le lui redonne.
b) lui rend la monnaie de sa pièce.
c) se moque de lui.
d) lui prête beaucoup.
e) lui répond parfaitement.

Question 4. Depuis ces débuts calamiteux, il s'est efforcé de réussir une métamorphose audacieuse.

a)	abîmés	une rénovation totale
b)	cataclysmiques	un retour en grâce
c)	vieillis	un changement radical
d)	catastrophiques	une transformation ambitieuse
e)	rayonnants	une mue absolue

Question 5. Une embellie que l'intéressé fait mine de prendre avec des pincettes.

a) Une amélioration que l'intéressé prétend considérer avec précaution.
b) Un embellissement que l'intéressé ne veut pas considérer.
c) Une esthétisation que l'intéressé regarde de loin.
d) Une valorisation que l'intéressé prend du bout des doigts.
e) Une excroissance que l'intéressé empoigne négligemment.

Correction linguistique

Consigne pour la question 6 : Combien de mots sont mal orthographiés (fautes d'accord ou d'orthographe) ?

Question 6. Elle se présente comme une étudiante en médias et communication, athé depuis l'âge de 16 ans et « individualiste », et déclare milliter « contre une société de violence, de racisme, de sexisme, de harcèlement sexuel et d'hypocrysie », comme le traduit Le Monde. D'autres artistes semblent avoir joué avec son image, tel un certain Cheb Makhlouf qui, en référence aux singes de la sagesse japonais, reproduit trois fois l'image de la jeune fille aux ballerines rouges.

a) zéro faute
b) cinq fautes
c) deux fautes
d) quatre fautes
e) trois fautes

Consigne de 7 à 10 : Indiquez la formulation orthographiquement et grammaticalement la plus correcte, la plus claire et la plus élégante pour exprimer le sens du passage souligné. Le choix a) reprend la formulation initiale.

Question 7. Les tyrans sérieux meurent plus ou moins tranquillement dans leur lit, ou se suicident avant d'être humiliés.

a) Les tyrans sérieux meurent plus ou moins tranquillement dans leur lit, ou se suicident avant d'être humiliés.
b) Les tirans sérieux meurent plus ou moins tranquilement dans leur lit, ou se suicident avant d'être humiliés.
c) Les tyrans sérieux meurent plus ou moins tranquillement dans leur lit, ou se suicident avant d'être humilliés.
d) Les tyrans sérieux meurent plus ou moins tranquilement dans leur lit, ou se suicident avant d'être humilliés.
e) Les tirans sérieux meurent plus ou moins tranquillement dans leur lit, ou se suicident avant d'être humilliés.

Question 8. Il a renoué avec ses premiers amours en retrouvant le goût de l'écriture.

a) premiers amours
b) premières amoures
c) premières amour
d) premières amours
e) premier-amours

Question 9. Vingt ans constitue indéniablement le plus bel âge de la vie.

a) bel âge
b) belle âge
c) beau âge
d) bels âge
e) belles âge

Question 10. J'ai adressé ce courrier à l'intention de sa mère.

a) l'intention
b) l'inttention
c) l'attention
d) l'atention
e) l'intencion

Cohérence

Consigne de 11 à 14 : Complétez avec la suite la plus cohérente.

Question 11. L'Iran veut la bombe moins pour s'en servir que pour .... la région - et notamment empêcher un accord de paix israélo-palestinien.

a) prendre le contrôle militaire de
b) assurer sa domination politique sur
c) maîtriser le devenir monarchique de
d) essayer de menacer physiquement
e) impressionner fortement la politique de

Question 12. D'où la nécessité d'accompagner cette transition avec prudence .... éviter une série d'écueils dont il a dressé une liste sans appel.

a) pour ne pas
b) autant que faire se peut d'
c) sans pour autant
d) en mesure d'
e) afin d'

Question 13. La réforme .... visant à distribuer trois millions d'hectares profite plutôt aux grosses entreprises agricoles, ce qui accélère ...., à l'opposé de l'objectif recherché.

a)	culturelle	la désertification
b)	cultuelle	les départs
c)	agraire	l'exode rural
d)	agricole	les protestations
e)	politique	les élections

Question 14. Les lendemains de la Seconde Guerre Mondiale ont été marqués par les reliquats de la brutalisation induite et, avec le début .... entre les États-Unis d'Amérique et l'URSS, on assiste à .... des conflits directs ou indirects.

a)	du combat	une accélération
b)	de la séparation	une multitude
c)	de l'opposition	une myriade
d)	de l'affrontement	une recrudescence
e)	de l'inimité	une décélération

Consigne pour la question 15 : Quelle est l'expression qui ne convient pas en remplacement des points de suspension ?

Question 15. Le Premier ministre représente l'instance .... pour coordonner et gérer le renseignement grâce à son autorité administrative et à son pouvoir d'arbitrage.

a) susceptible
b) idoine
c) adaptée
d) appropriée
e) convenable

Calculez votre score à l'aide de la grille de correction en page 663.

V.2.2bis – Expression – Entraînement 2 - *Correction*

Calculez votre score à l'aide de la grille de correction en page 663.

Question 1. Difficulté : ★★ *Réponse c)*

Circonvenir signifie entourer, prendre de tous côtés. Mais, en contexte, la réponse c) traduit le mieux l'idée.

Question 2. Difficulté : ★ *Réponse c)*

Question 3. Difficulté : ★ *Réponse b)*

Question 4. Difficulté : ★★ *Réponse d)*

Question 5. Difficulté : ★ *Réponse a)*

Question 6. Difficulté : ★★ *Réponse e)*

Elle se présente comme une étudiante en médias et communication, **athée** depuis l'âge de 16 ans et « individualiste », et déclare **militer** « contre une société de violence, de racisme, de sexisme, de harcèlement sexuel et **d'hypocrisie** », comme le traduit Le Monde. D'autres artistes semblent avoir joué avec son image, tel un certain Cheb Makhlouf qui, en référence aux singes de la sagesse japonais, reproduit trois fois l'image de la jeune fille aux ballerines rouges.

Question 7. Difficulté : ★★ *Réponse a)*

Orthographe du mot « tyran », de l'adverbe « tranquillement » et du participe passé « humiliés ».

Question 8. Difficulté : ★★★ *Réponse d)*

Attention, « amours » est féminin lorsqu'il est au pluriel et masculin au singulier.

Question 9. Difficulté : ★ *Réponse a)*

Retenez cette expression : « le bel âge ».

Question 10. Difficulté : ★★ *Réponse c)*

Une question classique ! On utilise l'expression « à l'intention » pour des prières ou des aumônes et par extension pour des sollicitations.

Question 11. Difficulté : ★ *Réponse b)*

Question 12. Difficulté : ★ *Réponse e)*

Il s'agit d'une conséquence.

Question 13. Difficulté : ★★ *Réponse c)*

Question 14. Difficulté : ★★ *Réponse d)*

Question 15. Difficulté : ★★ *Réponse a)*

VI – Sous-test de raisonnement & argumentation

VI.1 – Méthodologie du QCM de raisonnement & argumentation

Les questions de raisonnement et argumentation évaluent votre capacité à raisonner de manière efficace dans les domaines de la construction d'un argument et de l'évaluation des arguments. Retenez qu'il n'est exigé aucune connaissance préalable de la terminologie et des conventions de la logique formelle.

A – Méthodologie du QCM d'argumentation

Argument : un argument est une ligne ordonnée de raisonnement composée de prémisses, de suppositions et d'une conclusion.

Prémisse : les prémisses sont des éléments d'information factuelle qui donnent la preuve servant à étayer la conclusion de l'argument.

Conclusion : la conclusion est l'étape finale vers laquelle tend la ligne de raisonnement d'un argument.

Supposition : les suppositions sont des faits implicites et des connexions logiques dans un argument.

<u>**Exemple commenté**</u>
La mondialisation et l'élargissement de la Communauté Européenne à de nouveaux membres provoquent de nombreuses délocalisations. Pour survivre, les grandes entreprises des pays les plus développés sont amenées à s'installer dans des pays à bas coûts. Est-ce une catastrophe ? On peut tout d'abord arguer que ces entreprises ne seraient pas compétitives si elles restaient en France et donc finiraient par disparaître. Par ailleurs, on peut aussi souligner qu'une entreprise en délocalisant certains de ses services sauve des emplois dans son pays d'origine. Enfin et peut-être surtout, l'histoire du monde tend à prouver que plus nombreux sont les pays accédant au développement économique, plus l'ensemble des pays s'enrichit.

Quelle conclusion peut-on tirer de l'argumentation de l'auteur ?

a) La mondialisation appauvrit massivement une grande partie de la planète.
b) Les délocalisations sont une juste revanche des pays pauvres sur les pays riches.

Méthodes

c) Les délocalisations, en permettant l'enrichissement des pays pauvres participent au maintien de l'enrichissement des pays riches.
d) Les pays riches sont à court terme condamnés à un déclin industriel en raison des délocalisations.
e) La création d'un gouvernement mondial pour réguler l'économie est devenue absolument nécessaire.

L'argumentation de l'auteur se décompose comme suit :

1. prémisse : La mondialisation entraîne une multiplication des délocalisations.
2. prémisse : Les grandes entreprises délocalisent pour survivre.
3. supposition : Sans délocalisations, les entreprises seraient amenées à disparaître.
4. prémisse : Délocaliser permet de sauver des emplois dans le pays d'origine.
5. supposition : Le développement des pays à bas coûts est favorable à la croissance des autres pays.

La question nous demande de trouver la conclusion qui formule le mieux la pensée de l'auteur.

a) Cette réponse contredit nettement la pensée de l'auteur, d'une part, la mondialisation entraîne -au moins- le développement des pays à bas coûts, d'autre part, son raisonnement tend à montrer que ce phénomène n'entraîne pas forcément un appauvrissement des pays développés.
b) Cette réponse sort du cadre de l'argumentation de l'auteur, celui-ci n'oppose pas pays riches et pays pauvres et ne place pas son analyse sur le plan d'un jugement historique ou historiciste.
c) Il s'agit là d'une conclusion assez logique par rapport aux deux suppositions formulées par l'auteur : le développement via les délocalisations des pays pauvres permet (3) d'éviter des faillites et (4) des destructions d'emplois dans les pays riches. De plus, (5) le développement des pays pauvres est facteur de croissance mondiale et donc favorise la croissance des pays riches.
d) Cette réponse contredit l'argumentation de l'auteur.
e) Cette réponse sort du cadre de l'argumentation de l'auteur. C'est peut-être vrai, mais ce n'est pas une conclusion logique du raisonnement.

Méthode de lecture

Lisez d'abord la question, cela vous permet de connaître la ou les informations à rechercher dans l'argument. Puis lisez très attentivement l'argumentation. Tentez de schématiser mentalement le raisonnement afin d'identifier la bonne réponse. Puis, éliminez successivement les mauvaises solutions.

Typologie des questions

- Tirer une conclusion ou inférer (tirer comme conséquence).
- Renforcer ou affaiblir une conclusion.
- Identifier une supposition.
- Renforcer ou affaiblir l'argument.
- Expliquer une contradiction apparente.

Retenez cette astuce : lorsque vous repérez plusieurs réponses semblables ou indistinguables, vous pouvez immédiatement les éliminer, car une seule réponse est correcte.

B – Les connecteurs spatiaux et logiques

Les connecteurs sont des mots de liaison. **Leur but est de relier les propositions**, les phrases ou les paragraphes d'un texte. Ils mettent l'accent sur le raisonnement qui sous-tend un paragraphe ou un texte. Ils sont indispensables dans un texte argumentatif, explicatif ou démonstratif. Ils structurent aussi les raisonnements mathématiques, marquent la progression logique ou chronologique.

Par exemple, le syllogisme - raisonnement qui part de deux propositions pour en déduire une troisième - utilise explicitement ou implicitement les connecteurs logiques :

> Les appartements bon marché sont rares. ***Or***, les appartements rares sont chers. ***Donc*** les appartements bon marché sont chers.

L'ensemble des connecteurs comprend différentes classes de mots invariables : adverbes, conjonctions de coordination (mais, ou, et, donc, or, ni, car), conjonctions de subordination.

<u>Quelques usages de ces mots de liaison</u>

Introduction : D'abord, En premier lieu…

Addition : Aussi, De même, De plus, Encore, Et, Également…

Énumération : D'abord, Enfin, Ensuite, Et Encore …

Liaison, transition : Bref, D'ailleurs, Donc, Ensuite, En somme, En outre, Or, Par ailleurs, Puis, Après…

Explication : Car, C'est-à-dire, En effet, Effectivement, Étant donné que, Puisque, Afin de, Pourquoi, Parce que...

Illustration : Entre autres, Notamment, Par exemple, Comme...

Opposition : Au contraire, Mais, Néanmoins, Par contre, Pourtant, Quoique, Toutefois, Sinon, Or, Cependant, Plutôt…

Atténuation : Certes…

Exclusion : Sauf, Sans, Hors, Ni, Ou…

Conséquence : Alors, Ainsi, C'est pourquoi, D'où, Dans ces conditions, De sorte que, Donc, En conséquence, Par conséquent, De ce fait…

Conclusion : Ainsi, En conclusion, Pour conclure…

Connecteurs spatiaux : Au-dessous, Auprès, Par-dessus, Sous, Autour, Dans, Dedans, Dehors, Ailleurs, Dessous, Devant, Ici, Là-bas, Près…

Connecteurs temporels : Aujourd'hui, Auparavant, Aussitôt, Puis, Quand, Toujours, Quelquefois, Tôt, Tard, Pendant, Parfois, Hier, Souvent, Soudain, Sitôt, Demain, Depuis, Autrefois, Avant, Dès lors, Dès que, Désormais, Durant, Dorénavant, Jamais, Maintenant…

■■ VI.2 – Raisonnement & argumentation : Entraînez-vous !

VI.2.1 – Raisonnement & Argumentation – Entraînement 1 – 15 questions en 20 min.

Grille de réponses à détacher en page 685.

Question 1. Alexis, Alexandra, Agnès et Antoine appartiennent à la même promotion de l'EM Lyon. Cinq années après la fin de leurs études, ils se retrouvent lors d'une réunion des anciens élèves. Ils discutent de leur réussite professionnelle et en viennent à comparer leurs salaires. Aucun ne gagne le même salaire. Il apparaît qu'Antoine n'a pas un salaire inférieur à celui d'Alexandra, qu'Agnès n'a pas un salaire inférieur à celui d'Antoine et qu'Alexis n'a pas un salaire inférieur à celui d'Agnès. Qui possède le troisième salaire le plus élevé ?

a) On ne peut pas le déterminer.
b) Alexis
c) Alexandra
d) Agnès
e) Antoine

Question 2. Après Champollion, il a exploré à fond la Vallée. Je connais par cœur sa conclusion : « C'est ma ferme opinion qu'après mes travaux, il n'y a plus de tombe à découvrir. »

Quelle est la seule réponse qui soit en accord avec l'énoncé ?

a) Les travaux du locuteur se sont déroulés avant les travaux de Champollion mais après l'exploration de la vallée.
b) Les travaux de Champollion se sont déroulés avant les travaux du locuteur et l'exploration de la vallée
c) L'exploration de la Vallée s'est déroulée après la certitude qu'il n'y a plus de tombe à découvrir, mais avant la mort de Champollion.
d) La certitude qu'il n'y a plus de tombe à découvrir est la ferme opinion de Champollion.
e) La mort de Champollion a conduit à l'exploration de la Vallée car il restait des tombes à découvrir.

Question 3. Ève a 4 sœurs et 3 frères. Dan est un frère d'Ève. Quel nombre obtient-on si l'on soustrait le nombre de frères au nombre de sœurs de Dan ?

a) 1
b) 4
c) 2
d) 5
e) 3

Question 4. Un jeune éditeur ayant créé une maison d'édition spécialisée dans les tests de logique me proposa un contrat mirifique que je ne signai pas, par bonheur, car il devait faire faillite deux ans après.

Quand la faillite dont il est question dans l'extrait ci-dessus a-t-elle eu lieu ?

a) Deux après la signature du contrat.
b) Deux ans avant la proposition de contrat.
c) Deux ans avant la signature du contrat.
d) Deux ans après la proposition de contrat.
e) Deux ans après la création de la maison d'édition.

Question 5. Un hiver inhabituellement froid s'est installé en Europe après que l'ensemble du continent européen a été recouvert d'une brume noirâtre, résultant de l'éruption du volcan Eyjafjöll en Islande pendant l'été 2010. Par conséquent, il est évident que les éruptions volcaniques les plus importantes rendent l'atmosphère plus froide qu'elle ne le serait sans ces éruptions.

Parmi les affirmations suivantes, quelle est celle qui affaiblit le plus la conclusion mise en avant ?

a) L'impact sur la température de l'atmosphère produit par l'éruption volcanique en 2010 a été annulé par un réchauffement des eaux du pacifique.
b) Il y a un lien statistique fort entre les éruptions volcaniques et l'importance de la saison des pluies en Inde.
c) Quelques mois après l'éruption du Chiwaprut en avril 2007, la température de l'air dans la région est restée supérieure à celle attendue, compte tenu des profils à long terme du climat.
d) Les effets sur le climat des éruptions volcaniques peuvent occulter temporairement la tendance générale au réchauffement climatique due à l'augmentation du niveau de dioxyde de carbone dans l'atmosphère.
e) Trois mois après une éruption volcanique en Amérique du Nord pendant un printemps de la fin du 19ème siècle, les températures de l'eau en surface près des côtes ont commencé à chuter.

Question 6. Il n'est pas jusqu'à certains Français qui, à l'étranger, ne prennent peur d'être pris pour des Français et s'exclament en apercevant un groupe de compatriotes : « Encore des Français ! ».

Quelle conclusion illustre le mieux le propos ci-dessus ?

a) Les Français à l'étranger n'ont pas peur d'être pris pour des Français.
b) Certains Français à l'étranger ont peur d'être pris pour des Français.
c) Tous les Français à l'étranger ont peur d'être pris pour des Français.
d) Il n'y a pas que les Français qui ont peur d'être pris pour des Français à l'étranger.
e) À l'étranger, les Français ne rencontrent que rarement d'autres Français.

Question 7. Jonathan dispose d'un jeu de cartes comportant 13 cœurs, 13 carreaux, 13 piques et 13 trèfles, chaque série ayant 3 personnages (Roi, Dame, Valet). Il retourne 10 cartes au hasard et 6 cœurs sont visibles. Il retourne 10 nouvelles cartes et 7 nouveaux cœurs apparaissent. Combien y a-t-il de Dames visibles ?

a) minimum 0 / maximum 2
b) minimum 1 / maximum 2
c) minimum 2 / maximum 4
d) minimum 1 / maximum 4
e) minimum 0 / maximum 4

Question 8. Ton père et mon regretté mari a toujours vécu à Istanbul. De très longue date, avant la nuit de l'Inquisition, ses ancêtres, les Saenz de Hermua, étaient des grands d'Espagne.

Quelle est la seule solution qui soit exacte ?

a) Le père et le regretté mari sont une seule et même personne.
b) Le père et le regretté mari sont deux membres de la famille Saenz de Hermua.
c) Le père et le regretté mari ont tous deux vécus en Turquie.
d) Le regretté mari est né à Istanbul, mais son père en Espagne avant l'Inquisition.
e) Les Saenz de Hermua en se mariant aux Natan sont devenus une grande famille d'Istanbul.

Question 9. La baisse récente de la valeur de l'euro face au dollar est survenue suite à la publication des estimations de croissance des pays de la zone euro pour la prochaine année par la BCE. Ces estimations n'auraient eu aucun effet sur la valeur de l'euro si l'impact potentiel sur les déficits budgétaires de ces pays n'avait été aussi dévastateur. Par conséquent, ces déficits doivent être réduits pour éviter toute dépréciation future de l'euro.

Parmi les conclusions suivantes, quelle est celle qui affaiblit le plus la conclusion concernant la future dépréciation de l'euro face au dollar ?

a) Les gouvernements de ces pays n'ont que peu essayé d'équilibrer leurs budgets.
b) Le déficit budgétaire de ces pays n'a pas eu d'incidence sur la croissance de leurs économies.
c) La valeur de l'euro face au yen s'est érodée tout au long de l'année qui a précédé cette publication des estimations.
d) Les estimations prévoyant un taux de croissance faible ont régulièrement causé une dépréciation de l'euro face au dollar, et ce bien avant que les déficits budgétaires deviennent abyssaux.
e) En cas de déficit budgétaire, la prévision d'une croissance faible peut parfois enclencher une baisse des taux de changes.

Question 10. Dans un sac, il y a des jetons blancs, noirs, rouges, verts et bleus. Combien de jetons doit-on tirer du sac pour être sûr d'avoir deux jetons de même couleur ?

a) 2
b) 3
c) 4
d) 5
e) 6

Question 11. « Les cordonniers sont les plus mal chaussés »

Quelle proposition explique le mieux le proverbe ci-dessus ?

a) Les cordonniers n'ont pas le temps de s'occuper de leurs chaussures.
b) Notre condition nous fait oublier les privilèges dont on jouit déjà.
c) Les cordonniers ont souvent du mal à trouver chaussures à leurs pieds.
d) On est souvent dans l'embarras pour conseiller les autres.
e) On peut rendre de grands services à autrui tout en négligeant sa propre condition.

Question 12. À côté des cours de mathématiques, d'anglais ou de géographie, l'emploi du temps des lycéens comporte des cours de français, cette formation est sanctionnée au baccalauréat par une dissertation, le plus souvent littéraire, à l'exclusion de questions portant par exemple sur le vocabulaire ou d'autres formes d'expression.

Vers quelle conclusion tend ce développement ?

a) Au lycée, la part de la formation en français n'est pas suffisante.
b) Les différentes matières sont mal évaluées au baccalauréat.
c) L'appellation de « français » pour l'épreuve du baccalauréat est abusive.
d) L'enseignement de la littérature devrait se rapprocher de celui des autres disciplines.
e) Au baccalauréat, la réussite à l'épreuve de français dépend beaucoup plus du sujet proposé que dans les autres disciplines.

Question 13. Christophe, Jean, Patrick, François et Jean-Pierre sont cinq hommes au look très différent. L'un porte toujours un chapeau, un autre un blouson, un autre des bottes, un autre des lunettes et un seul est blond. Christophe et François sont bruns. Jean et Patrick ne peuvent porter que des baskets. Christophe, François et Jean-Pierre ne portent jamais de lunettes. Christophe et François ont horreur d'avoir quelque chose sur la tête.

Parmi les cinq amis, lequel porte un blouson ?

a) Jean
b) François
c) Il est impossible de répondre.
d) Jean-Pierre
e) Christophe ou François

Question 14. C'est un conte de fées auquel les investisseurs aimeraient croire. Pourtant enchaîné par une solide politique monétaire, le démon "Inflation" s'est débrouillé pour faire prisonnière la gente "Prix des matières premières". Heureusement un preux chevalier, le fantasque sire "Ralentissement économique", s'est porté à la rescousse de la belle. "Prix des matières premières" s'est évanouie, "Inflation" a été derechef enchaîné et, pour fêter cette heureuse fin, le roi "Banque centrale" a donné à ses sujets un grand bal de baisse des taux.

Vers quelle conclusion tend ce texte ?

a) Les investisseurs sont comme les enfants, ils croient aux contes de fées.
b) L'économie moderne n'est pas un conte de fées, mais plutôt un scénario de film catastrophe.
c) Le ralentissement économique a entraîné un regain d'inflation permettant la hausse du prix des matières premières.
d) Une solide politique monétaire permet de lutter efficacement contre le démon « inflation ».
e) La hausse du prix des matières premières comme le spectre de l'inflation ont été écartés par la perspective d'un ralentissement économique permettant aux Banques centrales de baisser les taux.

Question 15. Au cours des dix dernières années, le déficit de la caisse de retraite des auteurs de TAGE MAGE® a été multiplié par vingt-cinq. Des mesures impopulaires mais salvatrices s'imposent. On peut augmenter les cotisations des auteurs actifs ou diminuer les pensions des auteurs retraités. Une dernière solution consiste à laisser filer le déficit en finançant par l'emprunt. Mais l'endettement sera insupportable à long terme.

Laquelle de ces propositions est déductible du propos ci-dessus ?

a) À long terme il faudra augmenter les cotisations ou baisser les pensions.
b) L'augmentation des cotisations est inévitable.
c) La baisse des pensions est la seule solution couplée à l'instauration d'une taxe payée par les candidats au TAGE MAGE®.
d) L'augmentation des cotisations est la seule solution à long terme.
e) L'emprunt est la meilleure solution pour couvrir le déficit à long terme.

Calculez votre score à l'aide de la grille de correction en page 664.

VI.2.1bis – Raisonnement & Argumentation – Entraînement 1 - *Correction*

Calculez votre score à l'aide de la grille de correction en page 664.

Question 1. Difficulté : ★★ *Réponse e)*

Faites bien attention à l'énoncé ! Le troisième salaire le plus élevé est perçu par Antoine. Lorsqu'on ordonne les salaires du plus élevé au moins élevé, l'ordre est le suivant : Alexis, Agnès, Antoine puis Alexandra.

Question 2. Difficulté : ★★ *Réponse b)*

Repérez qu'il s'agit de trouver une solution qui soit en accord avec l'énoncé et que vous devez procéder par élimination. « Après Champollion » ne signifie pas nécessairement après sa mort.

Question 3. Difficulté : ★ *Réponse e)*

Ève a 4 sœurs et 3 frères. Dan, son frère, a 5 sœurs (les 4 sœurs d'Ève et Ève) et 2 frères (les 3 frères d'Ève moins lui-même).

Question 4. Difficulté : ★★ *Réponse d)*

Attention, ce contrat n'a jamais été signé ! Nous éliminons a) et c). Nous n'avons pas d'information concernant la date de création de la maison d'édition. Nous éliminons e). La maison d'édition ne peut avoir fait faillite deux ans avant la proposition de contrat, nous éliminons b).

Question 5. Difficulté : ★★★ *Réponse c)*

La conclusion est clairement énoncée : les éruptions volcaniques refroidissent l'atmosphère. Cette conclusion s'appuie sur l'exemple rapporté.
La réponse c) rapporte un cas où une éruption a été suivie de températures supérieures à celles attendues, et non pas inférieures.

Question 6. Difficulté : ★★★ *Réponse b)*

Les deux négations s'annulent. Le tout revient globalement à dire : « il y a jusqu'à certains Français qui prennent peur… ».

Question 7. Difficulté : ★★ *Réponse d)*

Au final, sur la table, sont retournées 20 cartes dont 13 cœurs. Il y a donc forcément la dame de cœur de visible et, parmi les 7 autres cartes visibles, il peut très bien y avoir les trois autres dames du jeu.

Question 8. Difficulté : ★ *Réponse a)*

Bien évidemment, l'utilisation de la troisième personne du singulier nous indique que le père et le regretté mari sont une seule et même personne.

Question 9. Difficulté : ★★★ *Réponse d)*

La réponse d) explique que la dévaluation de l'euro face au dollar est survenue alors que les déficits budgétaires n'étaient pas importants. Cette affirmation contredit clairement la conclusion. La proposition b) contredit l'argument concernant l'impact des estimations sur la valeur de l'euro et les déficits budgétaires mais elle n'affaiblit pas la conclusion.

Question 10. Difficulté : ★ *Réponse e)*

Remarquons en préalable que nous n'avons aucune information sur le nombre total de jetons et sur la répartition des couleurs. Imaginons que l'on choisisse au hasard 2, 3, 4 ou 5 jetons, alors nous pouvons très bien avoir deux jetons de même couleur, mais ce n'est pas sûr. Tandis qu'avec 6 jetons nous aurons forcément 2 jetons de même couleur.

Question 11. Difficulté : ★★ *Réponse b)*

Question 12. Difficulté : ★★★ *Réponse c)*

Les propositions a), b), d) et e) débordent largement l'argumentation développée dans le paragraphe puisque nous n'avons aucune information sur les autres matières et les autres épreuves. Par élimination, nous choisissons c) ; l'épreuve de français n'est évaluée que par une pure épreuve littéraire, sa dénomination est donc trop générale.

Question 13. Difficulté : ★★ *Réponse e)*

En analysant l'énoncé, il s'avère que Christophe et François ne sont pas blonds, ne portent ni chapeaux, ni lunettes. Donc, l'un des deux chausse des bottes et l'autre porte un blouson.

Question 14. Difficulté : ★ *Réponse e)*

On nous parle ici d'un conte de fée, donc de quelque chose qui n'est pas arrivé mais qui est imaginaire. C'est donc bien la perspective d'un ralentissement économique qui a empêché le retour de l'inflation.

Question 15. Difficulté : ★ *Réponse a)*

Si l'endettement est insupportable à long terme, il faudra nécessairement choisir un autre remède : augmentation des cotisations ou baisse des prestations.

VI.2.2 – Raisonnement & Argumentation – Entraînement 2 – 15 questions en 20 min.

Grille de réponses à détacher en page 685.

Question 1. Agnès et David se sont mariés le Dimanche 6 septembre 2009. Quel jour fêteront-ils leurs noces de froment (3 ans de mariage) ?

a) lundi
b) jeudi
c) mercredi
d) samedi
e) mardi

Question 2. La sécheresse menace presque toutes les régions du monde, mais c'est uniquement en Afrique qu'elle a entraîné la famine. Ici, la pauvreté largement répandue et la négligence ont entravé la capacité des groupes les plus vulnérables à faire face à la sécheresse.

Avec quelle hypothèse l'auteur de ce passage serait-il en accord ?

a) La situation initiale d'un pays peut aggraver les effets d'un désastre naturel.
b) Les gouvernements des pays pauvres sont responsables de la sécheresse qui les frappe.
c) L'Afrique est particulièrement touchée par la sécheresse.
d) La famine s'inscrit comme une conséquence de la sécheresse.
e) La pauvreté empêche les gouvernements de lutter contre les effets de la sécheresse.

Question 3. Dans un hôpital psychiatrique, la population est composée de patients phobiques et de patients mythomanes. Les patients phobiques disent toujours la vérité tandis que les patients mythomanes mentent toujours. Trois personnes Arthur, Benjamin et Corentin se rencontrent.
Arthur murmure à Benjamin la phrase suivante : « je suis phobique ou mythomane ».
Benjamin se retourne vers Corentin et lui dit qu'Arthur prétend être un patient phobique.
Corentin lui répond qu'Arthur n'est pas un patient phobique et qu'il est un patient mythomane.

Parmi ces trois patients, combien sont-ils phobiques ?

a) 0
b) 1
c) 2
d) 3
e) Il est impossible de répondre.

Question 4. Toute la difficulté réside dans le fait que les conditions favorables à l'émergence de la vie sont aussi celles qui sont les plus défavorables à la conservation de ses traces : la rareté des fossiles sur la Terre en est une illustration.

Quelle justification peut-on apporter à cette apparente contradiction ?

a) L'activité humaine détruit les fossiles sur Terre.
b) Les paramètres de viabilité facilitent la détérioration des fossiles.
c) Les fossiles sont plus nombreux dans les zones densément peuplées.
d) Les rites funéraires empêchent d'accéder aux fossiles.
e) Le sous-sol est une propriété privée inaccessible aux chercheurs.

Question 5. Sarah, en dépit de l'interdiction formelle de ses parents, décide de jouer en pleine nuit dans sa chambre. Elle est surprise par une panne d'électricité au moment où elle va chercher ses jouets dans une boîte. Elle ne dispose d'aucun moyen d'éclairage, mais elle sait que cette boîte renferme neuf paires de Barbie & Ken et quatre paires de Tom & Jerry.

Combien doit-elle prendre de figurines au minimum, pour être certaine d'en avoir une paire coordonnée (Barbie + Ken ou Tom + Jerry) ?

a) 3
b) 9
c) 10
d) 13
e) 14

Question 6. La semaine qui débute lundi est réservée aux discussions entre les techniciens. Plusieurs milliers de participants -délégations officielles, lobbyistes, scientifiques, ONG- vont arpenter les couloirs, de réunions officielles en bilatérales discrètes. À eux de préparer les bases d'un éventuel accord à négocier à partir du 8 décembre par les représentants politiques des pays.

Parmi ces cinq conclusions, quelle est celle qui peut être considérée comme la plus logique en fonction du texte ?

a) Le vrai pouvoir appartient aux lobbyistes.
b) Les hommes politiques n'ont pas le temps de s'occuper des détails techniques.
c) Les pays sont exclus de cette première phase de discussion.
d) Les techniciens déterminent le préalable aux discussions politiques.
e) Les hommes politiques s'appuient sur le savoir des techniciens.

Question 7. Anne est plus grande que Lucie. Manon est plus petite que Charlotte qui est plus grande qu'Anne, mais moins grande qu'Antoine qui est plus grand que Lucie.

Comment ordonner ces cinq amis du plus grand au plus petit ?

a) Anne, Antoine, Lucie, Charlotte, Manon
b) Antoine, Anne, Lucie, Manon, Charlotte
c) Charlotte, Anne, Antoine, Lucie, Manon
d) Antoine, Charlotte, Anne, Lucie, Manon
e) Il est impossible de le déterminer.

Question 8. Si les dangers du nucléaire sont largement débattus sur la place publique depuis Fukushima, ils occultent aujourd'hui l'énorme problème moral posé par le don fait à nos enfants d'un monde où la température pourrait augmenter de six degrés et rendre la vie humaine très difficile.

Selon cette argumentation, quelle est la proposition qui peut être considérée comme la plus probable ?

a) L'auteur est favorable à l'énergie nucléaire car elle ne contribue pas au réchauffement climatique.
b) L'auteur estime que le débat sur le changement climatique découle de celui sur le nucléaire.
c) Les dangers du nucléaires sensibilisent à l'écologie et rendent aigue la question du réchauffement climatique.
d) L'auteur s'oppose au recours à l'énergie nucléaire car elle présente un trop grand danger pour les générations futures.
e) L'auteur critique la hiérarchie des problèmes publics.

Question 9. Eric, Jacques, Valentin et Bertrand se rencontrent une fois par an depuis la fin de leurs études afin d'évoquer le bon vieux temps. Lors de leur dernière rencontre la conversation s'est focalisée sur la question du mariage. Il est apparu que Jacques n'est pas marié depuis plus longtemps qu'Eric, que Valentin n'est pas marié depuis plus longtemps que Jacques et qu'Eric est marié depuis plus longtemps que Bertrand. Qui s'est marié en troisième ?

a) Valentin
b) Bertrand
c) Il est impossible de le déterminer.
d) Eric
e) Jacques

Question 10. Les catalyseurs de la crise seront certainement analysés à froid dans quelques mois et la réalité d'aujourd'hui trouvera sans aucun doute des explications évidentes liées à ce recul. Concernant l'Europe, la dégradation des États-Unis a mis le feu aux poudres, c'est incontestable. Nous avions bien évalué les risques qu'impliquaient ces catalyseurs sur nos économies, et notamment la faiblesse structurelle de la zone euro. Cependant, contre toute attente, la zone euro a montré son incapacité à se réformer devant l'évidence.

Quel proverbe correspond le mieux au texte ci-dessus ?

a) Celui qui ne risque rien ne perd ni ne gagne.
b) Le danger dissout tous les liens.
c) Qui se nourrit d'attente risque de mourir de faim.
d) Une réforme promise de longue date n'est plus une réforme, c'est un refrain.
e) Pour réformer ce qui va mal, il faut commencer par sa maison.

Question 11. Charlotte, Denise, Marie, Laure et Christine sont cinq femmes très différentes jusque dans leur apparence. L'une porte toujours un chapeau, une autre un ceinturon, une autre des sabots, une autre des lunettes de soleil et la dernière des cheveux de couleur rouge. Charlotte, Christine et Laure ont horreur d'avoir quelque chose sur la tête. Denise et Marie ne peuvent porter que des baskets. Charlotte, Laure et Christine ne portent jamais de lunettes. Charlotte et Laure sont brunes.

Laquelle des cinq a les cheveux rouges ?

a) Laure
b) Charlotte
c) Il n'est pas possible de répondre.
d) Christine
e) Denise

Question 12. Une famille compte cinq enfants, d'âges différents : Noa, Ève, Aaron, Jérémie et Dan. Seul Dan a un âge impair. Ève est la plus âgée. Le plus jeune a plus de 5 ans. Deux enfants ont plus de 13 ans. Noa est plus âgée que Jérémie. Aaron et Noa ont ensemble l'âge d'Ève. Aaron est le plus jeune. Aucun enfant n'est majeur.
Quelle est la somme des âges de ces cinq enfants ?

a) 49
b) 51
c) 53
d) 55
e) 57

Question 13. De récents rapports notent que les organisations philanthropiques réduisent également leurs financements ce qui pourrait sérieusement obérer la lutte contre le sida et l'accès aux soins dans les années à venir.

Laquelle de ces propositions représente-elle l'essentiel du point de vue exposé ci-dessus ?

a) La lutte contre le sida est en voie de réussite.
b) Les organisations philanthropiques aident la lutte contre le sida à s'autonomiser.
c) La lutte contre le sida a besoin de se détacher des associations d'aide.
d) La générosité des gens permet un meilleur accès aux soins.
e) La diminution des aides des associations met en péril la lutte contre le sida.

Question 14. En France, une kalachnikov déjà utilisée se négocie entre 400 et 500 euros. Neuve, le prix se situe autour de 2 000 euros. Mais l'apparition récente de kalachnikovs chinoises en provenance de Libye diviserait par deux ces tarifs. Autrement dit, une bouchée de pain pour des trafiquants de drogue ou des braqueurs. Et un prix accessible à des jeunes malfrats.

Vers quelle conclusion tend le passage ci-dessus ?

a) La kalachnikov chinoise concurrence la française.
b) Les trafiquants de drogue vendent également des armes.
c) L'usage de la kalachnikov s'est démocratisé.
d) Seuls les braqueurs disposent de kalachnikovs.
e) La plupart des criminels ont des kalachnikovs.

Question 15. Un mariage arrangé. Qui dure depuis près de soixante ans. Alors forcément, il y a des hauts et des bas. Des crises, des réconciliations, des rancunes et des pardons. On a appris à se connaître, à se supporter, parfois même à s'aimer. Puis un jour, la coupe est pleine, on ne peut plus voir la tête de l'autre, ses mensonges, ses trahisons. Les noces de diamant, entre le peuple et l'armée égyptienne, n'auront sans doute pas lieu.

Quel argument soutient le mieux la conclusion du texte ?

a) Le divorce entre l'armée et le peuple égyptiens est passager.
b) Le peuple égyptien souhaite désormais se défaire de l'influence militaire.
c) L'armée permet au peuple égyptien de surmonter les crises.
d) L'armée égyptienne ne supporte plus le pouvoir croissant acquis par le peuple.
e) L'armée et le peuple égyptiens ont encore du chemin à parcourir ensemble.

Calculez votre score à l'aide de la grille de correction en page 664.

VI.2.2bis – Raisonnement & Argumentation - Entraînement 2 - *Correction*

Calculez votre score à l'aide de la grille de correction en page 664.

Question 1. Difficulté : ★★ *Réponse b)*

Le 6 septembre 2010 tombe 52 semaines et 1 jour après un dimanche, soit un lundi. Le 6 septembre 2011 tombe un mardi et le 6 septembre 2012 tombe 52 semaines et 2 jours (année bissextile) après un mardi, soit un jeudi.

Question 2. Difficulté : ★ *Réponse a)*

En effet, si la sécheresse menace toutes les régions du monde, c'est uniquement en Afrique qu'elle entraîne des famines.

Question 3. Difficulté : ★★ *Réponse b)*

L'information d'Arthur est forcément vraie, il ne peut être que phobique ou mythomane, il est donc phobique. Benjamin tronque l'information en la rapportant, il est donc mythomane. Enfin, Corentin ment puisqu'Arthur est phobique.

Question 4. Difficulté : ★ *Réponse b)*

Ce sont les « conditions favorables à l'émergence de la vie » qui sont « défavorables à la conservation de ses traces ».

Question 5. Difficulté : ★ *Réponse e)*

Si Sarah tire 9 Barbie (ou Ken) et 4 Tom (ou Jerry), elle n'aura aucune paire coordonnée, elle doit donc tirer, au minimum, 14 figurines.

Question 6. Difficulté : ★★★ *Réponse d)*

Les réponses a) et c) sont clairement fausses. Les réponses b) et e) sont vraies mais supposent des prémisses supplémentaires qui ne sont pas exprimées dans le texte.

Question 7. Difficulté : ★ *Réponse e)*

Nous pouvons ordonner (du plus grand au plus petit) : Antoine, Charlotte, Anne et Lucie. Mais nous ne pouvons pas placer Manon.

Question 8. Difficulté : ★ *Réponse e)*

Les réponses b), c) et d) sont fausses. Le texte ne permet pas d'établir que l'auteur est favorable à l'énergie nucléaire (a)).

Question 9. Difficulté : ★ *Réponse c)*

Nous ne pouvons déterminer le positionnement de Bertrand.

Question 10. Difficulté : ★★ *Réponse d)*

La faiblesse structurelle de la zone euro était identifiée, mais la réforme a trop tardé.

Question 11. Difficulté : ★★ *Réponse d)*

Charlotte et Laure portent chacune des sabots ou un ceinturon, donc Christine est obligatoirement rousse.

Question 12. Difficulté : ★★★ *Réponse d)*

L'âge des enfants est compris entre 6 et 17 ans.
De plus : Aaron + Noa = Ève
Alors leurs âges respectifs (obligatoirement pairs) peuvent être : 6, 10 et 16 ans ; ou : 6, 8 et 14 ans. Mais, Ève est la plus âgée et il y a exactement deux enfants de plus de 13 ans.
Donc Aaron a 6 ans, Noa 10 ans et Ève 16 ans.
Jérémie est plus jeune que Noa et son âge est pair, il a donc 8 ans.
Nous savons que Dan a plus de 13 ans et que son âge est impair, il a donc 15 ans.
Alors, la somme des âges des cinq enfants est 55 ans.

Question 13. Difficulté : ★★★ *Réponse e)*

Les autres propositions sont fausses.

Question 14. Difficulté : ★ *Réponse c)*

Question 15. Difficulté : ★ *Réponse b)*

VII – Sous-test de logique

VII.1 – Méthodologie du QCM de logique

Cette épreuve, particulièrement technique, peut vous permettre après un entraînement sérieux et intensif d'engranger un maximum de points, profitez-en !

Vous serez confrontés à deux types de questions, celles portant sur les séries doubles alphanumériques (suites de lettres ou suites de chiffres) et celles portant sur des suites spatiales. Une des difficultés de cette épreuve réside dans le fait de passer successivement et très rapidement d'un type de logique à un autre. Il faut donc conserver tout au long de l'épreuve une extrême rigueur dans le raisonnement et adopter une méthode de résolution efficace.

Il s'agit tout d'abord de déterminer la « règle logique » qui réunit les éléments d'une même série, il en existe principalement deux : les logiques de construction et les logiques d'identité.

VII.1.1 – Des chiffres et des lettres

Les huit premières questions de logique portent sur des séries doubles alphanumériques. Cet exercice s'appelle officiellement « problèmes d'intersection de deux séries ». Chaque question contient deux séries, une série est présentée horizontalement et l'autre verticalement. Elles sont constituées de groupes de lettres ou de chiffres. Il s'agit de choisir parmi les cinq solutions qui vous sont proposées, le groupe de lettres ou de chiffres qui pourrait aussi bien appartenir à la série présentée horizontalement qu'à la série présentée verticalement et ainsi occuper la place du point d'interrogation.

En résumé, une série double, comme son nom l'indique, est constituée de deux séries de cinq éléments : une verticale et une horizontale. Ces deux séries se croisent et il s'agit alors de choisir parmi les cinq solutions proposées l'élément commun aux deux séries, comme l'illustre l'exemple ci-dessous.

		Vert. **1**		
		Vert. **2**		
Horiz. **1**	Horiz. **2**	**?**	Horiz. **4**	Horiz. **5**
		Vert. **4**		
		Vert. **5**		

a) Sol. 1 b) Sol. 2 c) Sol. 3 d) Sol. 4 e) Sol. 5

Méthodes

La réponse choisie parmi les cinq solutions proposées appartient **à la fois** aux deux séries, horizontale et verticale. Chacune des séries comprend cinq éléments liés logiquement. Il s'agit donc de **déduire** les deux logiques (la logique verticale et la logique horizontale) puis de trouver **LA** solution qui respecte à la fois ces deux logiques.

Vous l'avez compris, le défi ici est de déduire des quatre groupes de lettres ou chiffres la logique qui les rassemble, ceci … en un minimum de temps.

A – Savoir-faire : la méthode *LELE*

La méthode que je vous propose est simple mais redoutablement efficace à condition d'être rigoureusement appliquée. Le risque dans ce sous-test est de vouloir aller « trop vite » en suivant son instinct. N'oubliez jamais que le concepteur du sujet vous tend des pièges tout au long des épreuves.

1ère étape : Logique 1

Après avoir déterminé la série (horizontale ou verticale) sur laquelle vous voulez travailler, il s'agit de déduire la logique commune qui lie les quatre éléments de cette série. Notez que vous pouvez tout aussi bien démarrer en analysant la série verticale ou la série horizontale, ce choix est le fruit du hasard et du « feeling » que vous acquerrez avec l'entraînement.

A ce stade de la résolution, vous restez concentrés sur la série choisie, il ne s'agit pas de papillonner d'une série à l'autre.

Vous devez analyser chacun des quatre groupes de lettres ou chiffres afin de déduire le trait commun qui les rassemble logiquement dans une même série. Nous verrons par la suite les tactiques et les astuces qui nous permettront de déduire les logiques rapidement.

2ème étape : Élimination des solutions

Après avoir déduit cette première logique, il s'agit maintenant de réduire le choix des solutions possibles en éliminant celles qui ne remplissent pas les conditions de la première logique trouvée.

Cette seconde étape est incontournable, vous le constaterez au cours des exercices qui suivront, les solutions restantes ou les solutions éliminées nous permettront bien souvent de déduire la seconde logique.

Pourquoi ?

Vous comprenez que parmi les réponses éliminées certaines remplissaient les conditions de la seconde logique (celle que vous n'avez pas encore trouvée !), soyons donc extrêmement attentifs lorsque nous éliminons des solutions. De même, parmi les solutions restantes, une seule répond à la seconde logique.

3ème étape : Logique 2

Il s'agit maintenant de déduire la logique commune qui lie les quatre éléments de la seconde série.

Comme pour la première série, vous devez analyser chacun des quatre groupes de lettres ou chiffres afin de déduire le trait commun qui les rassemble logiquement dans une même série.

4ème étape : Élections de la réponse

Après avoir déduit cette seconde logique, il s'agit maintenant de choisir parmi les solutions restantes celle qui remplit les conditions de cette seconde logique.

Lorsque vous répondez, il ne doit rester plus qu'une seule solution possible (procédez toujours par élimination des mauvaises réponses).

Remarque : *En suivant scrupuleusement cette méthodologie, vous devez trouver la seule solution possible (la solution restante), si vous vous trouvez lors de cette quatrième étape avec plusieurs solutions possibles, c'est que vous n'avez pas trouvé la* ***logique la plus forte*** *(i.e. la logique choisie par le concepteur lors de la rédaction de sa question). Vous devez alors recommencer le processus.*

B – Illustrations

Exemple 1.

	T S O			
	E D K			
A G F	?	T R Q	H E D	A Y X
	M L A			
	P O Z			

a) J I H b) U T B c) P L U d) I W V e) A X T

☑ Correction

1ère étape : Logique 1

Nous décidons (au hasard) de commencer par analyser la série verticale.

TSO : les lettres S et T se suivent dans l'alphabet.

Tentons de confirmer cette première impression.

EDK : les lettres D et E se suivent aussi.

MLA : les lettres L et M se suivent.

POZ : les lettres O et P se suivent.

Méthodes

Nous pouvons maintenant déduire le trait commun qui rassemble logiquement ces quatre groupes de lettres : la première lettre suit la deuxième lettre avec un rang d'écart dans l'alphabet.

<u>2ème étape : Élimination des solutions</u>
Étudions maintenant les solutions proposées.
a) JIH : I et J se suivent, nous conservons cette solution.
b) UTB : T et U se suivent, nous conservons cette solution.
c) PLU : L et P ne se suivent pas, nous éliminons cette solution.
d) IWV : W et I ne se suivent pas, nous éliminons cette solution.
e) AUT : U et A ne se suivent pas, nous éliminons cette solution.

⇨ Ne restent donc que les solutions a) et b).

<u>3ème étape : Logique 2</u>
Intéressons-nous maintenant à la série horizontale.
AGF : les lettres F et G se suivent dans l'alphabet.
Tentons de confirmer cette première impression.
TRQ : les lettres Q et R se suivent aussi.
HED : les lettres D et E se suivent.
AYX : les lettres X et Y se suivent.
Nous pouvons maintenant déduire le trait commun qui rassemble logiquement ces quatre groupes de lettres : la deuxième lettre suit la dernière lettre avec un rang d'écart dans l'alphabet.

<u>4ème étape : Élections de la réponse</u>
Après avoir déduit cette seconde logique, il s'agit maintenant de choisir, parmi les solutions restantes a) et b), celle qui remplit les conditions de cette seconde logique.
a) JIH : H et I se suivent dans l'alphabet.
b) UTB : T et B ne se suivent pas dans l'alphabet, nous éliminons cette solution.

Réponse a).

Exemple 2.

		T R F		
		S Q H		
A C T	P R B	?	V X N	O Q F
		Q G L		
		P D B		

a) R S J b) R Y B c) R T J d) S U T e) B D P

☑ Correction

1ère étape : Logique 1

Nous décidons (au hasard) de commencer par analyser la série horizontale.
ACT : les lettres A et C se suivent dans l'alphabet avec deux rangs d'écart (AbC).
Tentons de confirmer cette première impression.
PRB : les lettres P et R se suivent aussi avec deux rangs d'écart (PqR).
VXN : les lettres V et X se suivent aussi avec deux rangs d'écart (VwX).
OQF : les lettres O et Q se suivent aussi avec deux rangs d'écart (OpQ).
Nous pouvons maintenant déduire le trait commun qui rassemble logiquement ces quatre groupes de lettres : la seconde lettre suit la première lettre avec deux rangs d'écart dans l'alphabet.

2ème étape : Élimination des solutions

Étudions maintenant les solutions proposées.
a) RSJ : R et S ne se suivent pas avec deux rangs d'écart, nous éliminons.
b) RYB : R et Y ne se suivent pas avec deux rangs d'écart, nous éliminons.
c) RTJ : R et T se suivent avec deux rangs d'écart (RsT), nous conservons.
d) SUT : S et U se suivent avec deux rangs d'écart (StU), nous conservons.
e) BDP : B et D se suivent avec deux rangs d'écart (BcD), nous conservons.

⇨ Ne restent donc que les solutions c), d) et e).

3ème étape : Logique 2

Intéressons-nous maintenant à la série verticale.
TRF : les lettres R et T se suivent dans l'alphabet avec deux rangs d'écart (RsT).
SQH : les lettres Q et S se suivent dans l'alphabet avec deux rangs d'écart (QrS).
Tentons de confirmer cette première impression.
QGL : les lettres G et Q ne se suivent pas dans l'alphabet avec deux rangs d'écart.
Nous faisons donc fausse route... tentons de trouver une autre logique.
Lorsque nous nous intéressons à la première lettre de chacun des quatre groupes de lettres, nous obtenons de bas en haut : P, Q, ?, S, T.
Nous pouvons maintenant déduire le trait commun qui rassemble logiquement ces quatre groupes de lettres : les premières lettres se suivent avec un rang d'écart dans l'alphabet.

4ème étape : Élections de la réponse

Après avoir déduit cette seconde logique, il s'agit maintenant de choisir parmi les solutions restantes c), d) et e) celle qui remplit les conditions de cette seconde logique : un groupe de lettres dont la première est R.

⇨ Seule la solution c) remplit cette condition.

Réponse c).

Méthodes

Exemple 3.

		81		
39	78	?	52	104
		121		
		36		
		64		

a) 37 b) 169 c) 91 d) 144 e) 45

☑ <u>Correction</u>

<u>1ère étape : Logique 1</u>

Nous décidons (au hasard) de commencer par analyser la série verticale.

81 : est le carré de 9.

Tentons de confirmer cette première impression.

121 : est le carré de 11.

36 : est le carré de 6.

64 : est le carré de 8.

Nous pouvons maintenant déduire le trait commun qui rassemble logiquement ces quatre groupes de chiffres : ce sont tous des carrés.

<u>2ème étape : Élimination des solutions</u>

Étudions maintenant les solutions proposées.

a) 37 : n'est pas un carré, nous éliminons cette solution.

b) 169 : est le carré de 13, nous conservons cette solution.

c) 91 : n'est pas un carré, nous éliminons cette solution.

d) 144 : est le carré de 12, nous conservons cette solution.

e) 45 : n'est pas un carré, nous éliminons cette solution.

⇨ Ne restent donc que les solutions b) et d).

<u>3ème étape : Logique 2</u>

Intéressons-nous maintenant à la série horizontale.

39 : est un multiple de 13, 13×3 = 39.

Tentons de confirmer cette première impression.

78 : est aussi un multiple de 13, 13×6 = 78.

52 : est aussi un multiple de 13, 13×4 = 52.

104 : est aussi un multiple de 13, 13×8 = 104.

Nous pouvons maintenant déduire le trait commun qui rassemble logiquement ces quatre groupes de chiffres : ce sont tous des multiples de 13.

<u>4ème étape : Élections de la réponse</u>

Après avoir déduit cette seconde logique, il s'agit maintenant de choisir, parmi les solutions b) et d), celle qui remplit les conditions de cette seconde logique : un multiple de 13.

Seule la solution b) remplit cette condition : 13×13 = 169

Réponse b).

C – Logique alphabétique : tactiques et astuces

Remarque 1 : Notez que dans tous les tests, l'alphabet est conçu comme circulaire : la lettre suivant Z est la lettre A.

Remarque 2 : Dans certaines séries, seules certaines lettres obéissent à une suite logique, les autres lettres sont alors choisies aléatoirement. Ces questions sont très déstabilisantes.

Il existe deux familles de logiques : les logiques internes, chaque groupe de lettres est indépendant et possède une logique propre **(règle d'identité)**, et, les logiques externes, il faut alors considérer l'ensemble des cinq groupes de lettres **(règle de construction)**.

Les logiques internes : règles d'identité

Logique « répétition »
Une lettre est répétée dans chaque élément de la série.

A **B B**	P **D D**	?	S **K K**	R **N N**

Logique « suite de lettres »
Des lettres se suivent dans l'alphabet dans chaque élément de la série.

A B O	**P Q** D	?	**S T** K	**R S** N

Logique « saut de lettres »
Des lettres se suivent avec plusieurs rangs d'écart dans l'alphabet dans chaque élément de la série.

A J **C**	**P** M **R**	?	**S** L **U**	**R** B **T**
+ 2	+ 2		+ 2	+ 2

Logique « saut croissant ou décroissant de lettres »
Des lettres se suivent avec plusieurs rangs d'écart dans l'alphabet dans chaque élément de la série. Le rang d'écart augmente ou diminue d'un élément à l'autre.

A J **B**	**P** M **R**	?	**S** L **W**	**G** V **L**
+ 1	+ 2		+ 4	+ 5

Logique « somme de lettres »

Il s'agit ici de s'intéresser à la somme des rangs des lettres : cette somme peut être constante, croissante, décroissante…

J B C	E E E	?	F B G	I E A
10+2+3 = 15	5+5+5 = 15		6+2+7 = 15	9+5+1 = 15

Logique « produit de lettres »

Il s'agit ici de s'intéresser au produit des rangs des lettres.

H C X	D D P	?	B E J	C G U
8×3 = 24	4×4 = 16		2×5 = 10	3×7 = 21

Les logiques externes : règles de construction

Logique « répétition »

Une lettre est répétée dans chacun des quatre éléments de la série.

A B **C**	G **C** U	?	P O **C**	**C** V B

Logique « suite de lettres »

Des lettres se suivent dans l'alphabet dans chacun des quatre éléments de la série.

A M R	**B** U C	?	**D** O C	**E** B C

Logique « saut de lettres »

Des lettres se suivent avec plusieurs rangs d'écart dans l'alphabet dans chacun des quatre éléments de la série.

A M R	**C** U H	?	**G** O C	**I** B C

+ 2 + 2 + 2 + 2

Logique « saut croissant ou décroissant de lettres »

Des lettres se suivent avec plusieurs rangs d'écart dans l'alphabet dans chaque élément de la série. Le rang d'écart augmente ou diminue d'un élément à l'autre.

A J P	**B** M R	?	**G** L V	**K** B V

+ 1   + 2   + 3   + 4

Logique « voyelle »

Une voyelle est présente dans chacun des quatre éléments de la série.

A B **I**	G C **U**	?	P **O** C	C V **Y**

Logique « position »

Le logique « position » est une logique complémentaire, elle se rajoute à toutes les autres logiques, il s'agit alors d'étudier le positionnement des lettres dans chacun des éléments.

En horizontale :

A B C	P A **B**	?	A S **D**	**E** A N

M R **A**	**C** U H	?	**G** O C	B C **I**

A J P	M **B** R	?	L **G** V	**K** B V

Et en verticale :

A B C
P A **B**
?
A S **D**
E A N

A M R
U **C** H
?
O **G** C
I B C

J P **A**
M **B** R
?
L **G** V
B V **K**

Tableau des rangs de lettres à connaître parfaitement.

A	**B**	**C**	**D**	**E**	**F**	**G**	**H**	**I**	
1	*2*	*3*	*4*	*5*	*6*	*7*	*8*	*9*	
J	**K**	**L**	**M**	**N**	**O**	**P**	**Q**	**R**	**S**
10	*11*	*12*	*15*	*14*	*15*	*16*	*17*	*18*	*19*
T	**U**	**V**	**W**	**X**	**Y**	**Z**			
20	*21*	*22*	*23*	*24*	*25*	*26*			

Astuce : pour repérer rapidement le rang des lettres, souvenez-vous du mot AJT (lire « agiter ») qui comprend les lettres de rangs 1/10/20.

Méthodes

D - Logique numérique : tactiques et astuces

Logique « répétition »
Un chiffre est répété dans chacun des quatre éléments de la série.

9 1 6	7 8 **9**	?	5 **9** 2	**9** 1 0 4

Logique « suites de chiffres »
Des chiffres se suivent dans chacun des quatre éléments de la série.

1 6 **2**	**7** 9 **8**	?	**2** 5 **3**	**4** 9 **5**

Logique « nombre premier »
Un nombre premier est présent dans chacun des quatre éléments de la série.

9 7	5 3	?	1 7	3 1

Logique « multiples »
Les quatre chiffres de la série ont tous un multiple ou un diviseur commun.
Cette logique, une des plus fréquentes dans les tests, vous impose de bien connaître les critères de divisibilité, les tables de multiplication et la décomposition en produits de facteurs premiers (cf. chapitre I du présent ouvrage).

3 6	1 4 4	?	9 6	1 8 0
12×3	12×12		12×8	12×15

Logique « carrés »
Les quatre chiffres de la série sont tous des carrés.

1 6 9	6 4	?	6 2 5	3 6
13^2	8^2		25^2	6^2

Logique « chiffre / carré »
Les quatre éléments de la série sont des chiffres suivis ou précédés de leur carré.

1 3 1 6 9	8 6 4	?	2 5 6 2 5	6 3 6
$13/13^2$	$8/8^2$		$25/25^2$	$6/6^2$

Logique « cubes »

Les quatre chiffres de la série sont tous des cubes.

2 1 6	1 2 5	?	2 7	3 4 3
6^3	5^3		3^3	7^3

Logique « chiffre / cube »

Les quatre éléments de la série sont des chiffres suivis ou précédés de leur cube.

6 2 1 6	5 1 2 5	?	3 2 7	7 3 4 3
$6/6^3$	$5/5^3$		$3/3^3$	$7/7^3$

Logique « somme de chiffres »

La somme des chiffres de chaque élément peut être constante, croissante, décroissante…

1 6 9	7 1 8	?	5 4 5 2	1 2 4 9
1+6+9 = 16	7+1+8 = 16		5+4+5+2 = 16	1+2+4+9 = 16

Logique « somme / chiffre »

Les quatre éléments de la série sont des chiffres suivis ou précédés de leur somme.

1 6 7	7 1 8	?	5 4 9	1 2 3
1+6 = 7	7+1 = 8		5+4 = 9	1+2 = 3

Logique « somme / somme »

Chacun des quatre éléments de la série peut être séparé en groupes de chiffres dont la somme est constante.

1 6 3 4	7 2 1 8	?	5 5 7 3	7 6 4 9
1+6 = 3+4	7+2 = 1+8		5+5 = 7+3	7+6 = 4+9

Logique « produits de chiffres »
Le produit des chiffres de chaque élément peut être constant, croissant, décroissant…

3 6	9 2	?	3 2 3	6 3
3×6 = 18	9×2 = 18		3×2×3 = 18	6×3 = 18

Logique « produit / chiffre »
Les quatre éléments de la série sont des chiffres suivis ou précédés de leur produit.

3 6 1 8	5 3 1 5	?	3 2 6	8 8 6 4
3×6/18	5×3/15		3×2/6	8×8/64

VII.1.2 – Des figures, des chiffres et des lettres

Les sept dernières questions de logique portent sur des séries spatiales. Chaque question est constituée d'une série de neuf carrés contenant des formes géométriques, des chiffres ou des lettres. Les trois premiers à gauche doivent vous permettre de trouver le lien logique afin de déterminer, parmi les cinq carrés proposés à droite, celui qui pourrait occuper la place du carré contenant le point d'interrogation.

Le lien logique peut se situer entre les carrés dans le cas des **règles de construction** ou bien à l'intérieur de chacun des carrés dans le cas de **règles d'identité**.

Carré 1	**Carré 2**	**Carré 3**	?	Sol. a)	Sol. b)	Sol. c)	Sol. d)	Sol. e)

La réponse choisie parmi les cinq solutions proposées répond à l'ensemble des logiques qui rassemblent les trois premiers carrés. Il s'agit donc de **<u>déduire</u>** des trois premiers carrés la ou les règle(s) logique(s) (de construction ou d'identité) qui les rassemble(nt), puis de trouver **LA** solution qui respecte à la fois l'ensemble de ces logiques. Attention, une même série peut rassembler jusqu'à quatre ou cinq logiques différentes.

A - Savoir-faire : la méthode « *Trouvez, éliminez* »

La méthode que je vous propose est simple mais redoutablement efficace à condition d'être rigoureusement appliquée. Le risque dans ce sous-test est de vouloir aller « trop vite » en suivant son instinct. N'oubliez jamais que le concepteur du sujet vous tend des pièges tout au long des épreuves.

1ère étape : Trouvez une logique

Il s'agit tout simplement d'observer les trois premiers carrés et de découvrir une logique qui les rassemble.

2ème étape : Éliminez des solutions

Après avoir déduit cette première logique, il s'agit maintenant de réduire le nombre de solutions possibles en éliminant celles qui ne remplissent pas les conditions de la première logique trouvée.

Cette seconde étape est incontournable, pourquoi ?

Vous le constaterez tout au long de votre entraînement, la difficulté ne réside pas dans la recherche des différentes logiques. Contrairement aux logiques alphanumériques, les logiques spatiales sont souvent évidentes. Le risque, en revanche, réside dans le fait de ne pas découvrir **TOUTES** les logiques et d'arrêter ainsi trop tôt le processus « Trouvez, éliminez ».

Ce processus est **itératif**, vous devez recommencer tant qu'il reste plus d'une solution possible.

B - Illustration de la méthode *« Trouvez, éliminez »*

Exemple 1.

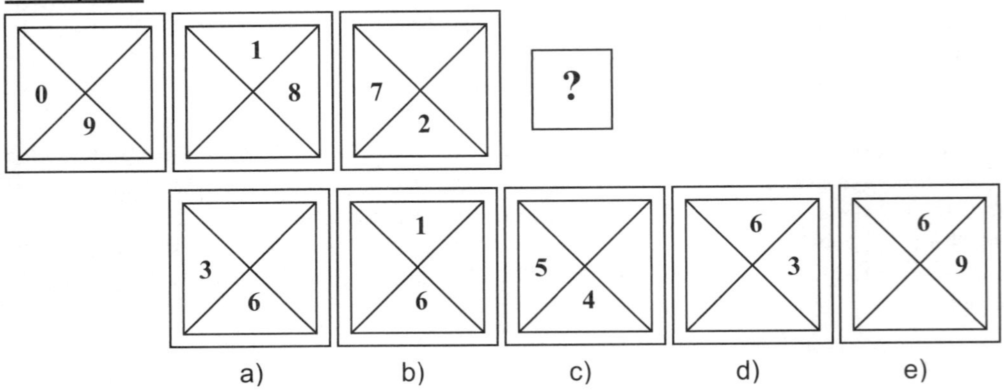

☑ Correction

1ère étape : Trouvez une logique

Clairement, une première logique est spatiale, les deux chiffres sont positionnés successivement à gauche et en bas, puis, à droite et en haut.

2ème étape : Éliminez des solutions

Étudions maintenant les solutions proposées, nous cherchons une solution dans laquelle les chiffres sont positionnés à droite et en haut. Nous éliminons a), b) et c).

⇨ Ne restent donc que les solutions d) et e).

Nous hésitons entre deux solutions possibles, il faut donc trouver une seconde logique.

1ère étape : Trouvez une logique

Intéressons-nous maintenant aux chiffres.

0 + 9 = 9 : somme des chiffres est égale à 9.

Tentons de confirmer cette première impression.

1 + 8 = 9 : le second carré respecte cette logique.

7 + 2 = 9 : le troisième carré respecte cette logique

Notre seconde logique est maintenant déterminée : somme des chiffres égale à 9.

2ème étape : Éliminez des solutions

Après avoir déduit cette seconde logique, il s'agit maintenant de choisir parmi les solutions restantes d) et e), celle qui remplit les conditions de cette seconde logique.

d) 6 + 3 = 9 → OUI

e) 6 + 9 = 15 → Non

Réponse d).

Exemple 2.

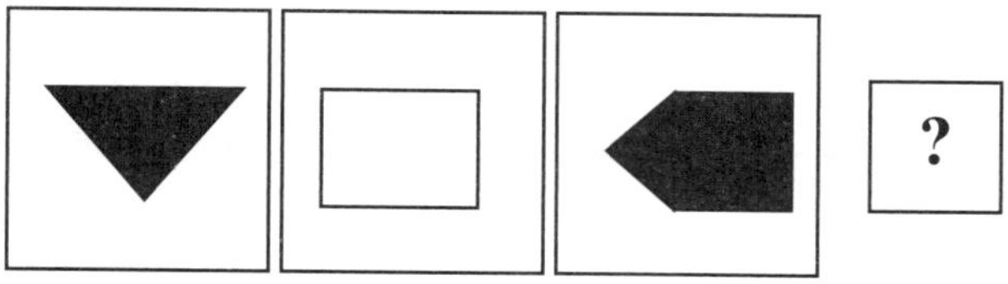

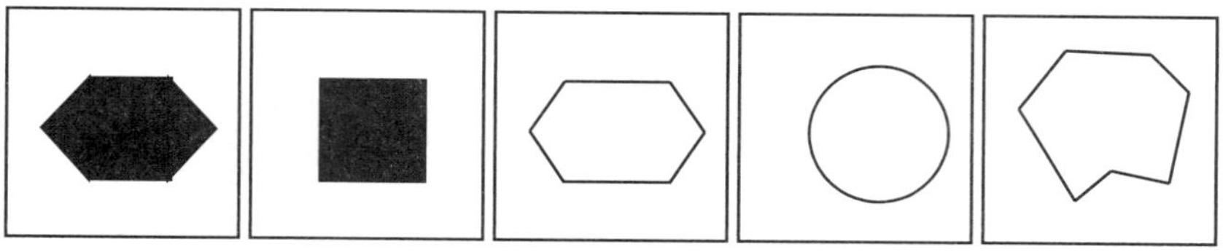

a) b) c) d) e)

☑ Correction

1ère étape : Trouvez une logique

Clairement, une première logique porte sur la couleur de la figure, celle-ci est successivement noire puis blanche.

2ème étape : Élimination des solutions

Étudions maintenant les solutions proposées, nous cherchons une solution dans laquelle la figure est blanche. Nous éliminons a) et b).

⇨ Ne restent donc que les solutions c), d) et e).

Nous hésitons entre trois solutions possibles, il faut donc trouver une seconde logique.

1ère étape : Trouvez une logique

Intéressons-nous maintenant aux figures.

1er carré : triangle, figure à 3 côtés.

2ème carré : rectangle, figure à 4 côtés.

3ème carré : pentagone, figure à 5 côtés

Notre seconde logique est maintenant déterminée, le nombre de côtés augmente de 1.

Méthodes

2ème étape : Élimination des solutions

Après avoir déduit cette seconde logique, il s'agit maintenant de choisir parmi les solutions restantes c), d) et e), celle qui remplit les conditions de cette seconde logique : une figure à 6 côtés (hexagone).

⇨ Seule la solution c) remplit cette condition.

Réponse c).

Exemple 3.

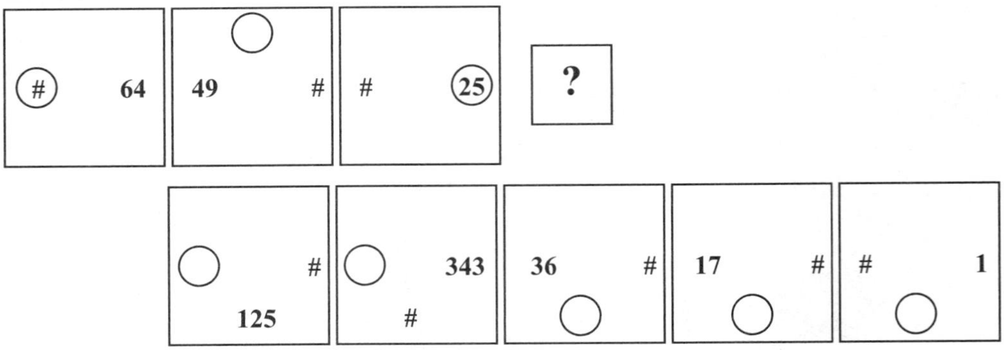

a) b) c) d) e)

☑ Correction

1ère étape : Trouvez une logique

Une première logique porte sur la rotation du rond blanc : à gauche, puis en haut, puis à droite.

2ème étape : Élimination des solutions

Étudions maintenant les solutions proposées, nous cherchons une solution dans laquelle le rond blanc se trouve en bas. Nous éliminons a) et b).

⇨ Ne restent donc que les solutions c), d) et e).

Nous hésitons entre trois solutions possibles, il nous faut donc trouver une deuxième logique.

1ère étape : Trouvez une logique

Intéressons-nous maintenant à la position des chiffres et des signes #.

Ils sont respectivement à droite et à gauche, puis, à gauche et à droite.

Notre deuxième logique est maintenant déterminée, alternance des chiffres et du signe #.

2ème étape : Élimination des solutions

Après avoir déduit cette deuxième logique, il s'agit maintenant de choisir, parmi les solutions restantes c), d) et e), celle qui remplit les conditions de cette deuxième logique : chiffre à gauche et # à droite. Nous éliminons e).

⇨ Ne restent donc que les solutions c) et d).

Nous hésitons entre deux solutions possibles, il nous faut donc trouver une troisième logique.

1ère étape : Trouvez une logique

Intéressons-nous maintenant aux nombres.

64, 49 et 25 sont les carrés respectifs de 8, 7 et 5.

Notre troisième logique est maintenant déterminée, les nombres sont tous des carrés parfaits.

2ème étape : Élimination des solutions

Après avoir déduit cette troisième logique, il s'agit maintenant de choisir parmi les solutions restantes c) et d), celle qui remplit les conditions de cette troisième logique.

⇨ Seule la solution c) remplit cette condition.

Réponse c).

C - Logique spatiale : tactiques et astuces

Les logiques alphanumériques

Toutes les logiques étudiées dans la partie précédente peuvent apparaître dans les questions de logique spatiale, gardez-les toujours en mémoire.

Pour les lettres :

- Logique « répétition »
- Logique « suites »
- Logique « saut de lettres »
- Logique « saut croissant ou décroissant »
- Logique « somme de lettres »
- Logique « voyelle »

Pour les chiffres :

- Logique « répétition »
- Logique « suite de chiffres »
- Logique « nombres premiers »
- Logique « multiples »
- Logique « carrés »
- Logique « chiffre / carré »
- Logique « cubes »
- Logique « chiffre / cube »
- Logique « somme de chiffres »
- Logique « somme / chiffre »
- Logique « somme / somme »
- Logique « produit de chiffres »

Les logiques purement spatiales

Logique « mouvement »
Les mouvements sont souvent évidents : oscillations haut/bas ou droite/gauche…

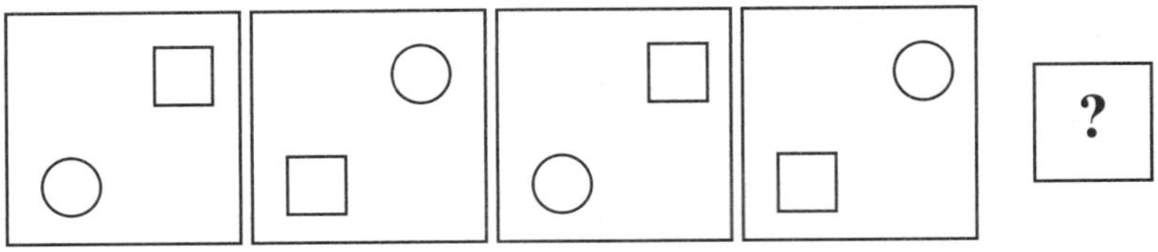

Logique « rotation »
Les figures intérieures assurent un mouvement rotatif dans le sens ou dans le sens inverse des aiguilles d'une montre.

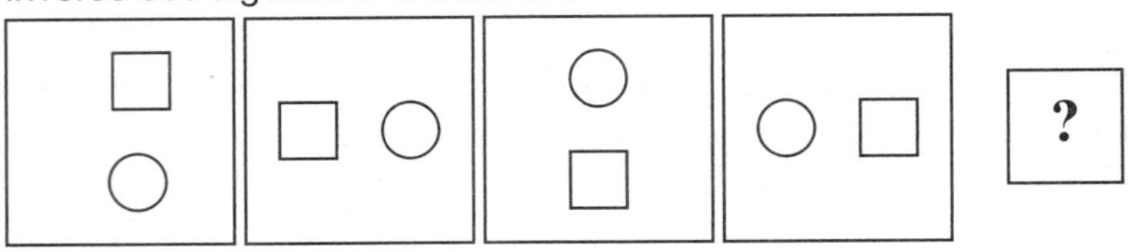

Logique « nombre de côtés »
Les figures sont souvent utilisées en fonction de leur nombre de côtés.

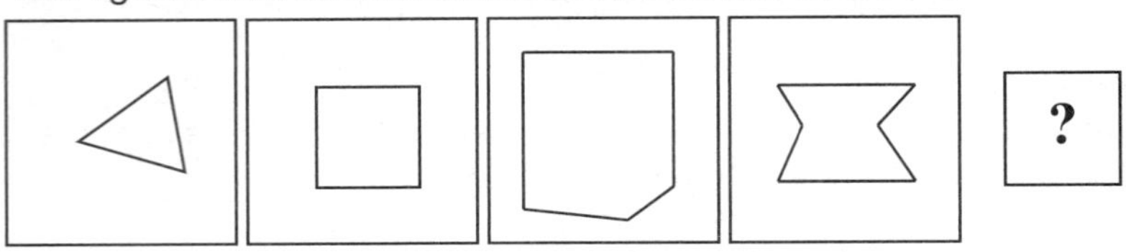

Logique « couleurs »
Bien évidemment, le test TAGE MAGE® est imprimé à l'encre noir (sur du papier couleur), nous entendons donc par couleur : blanc et noir.

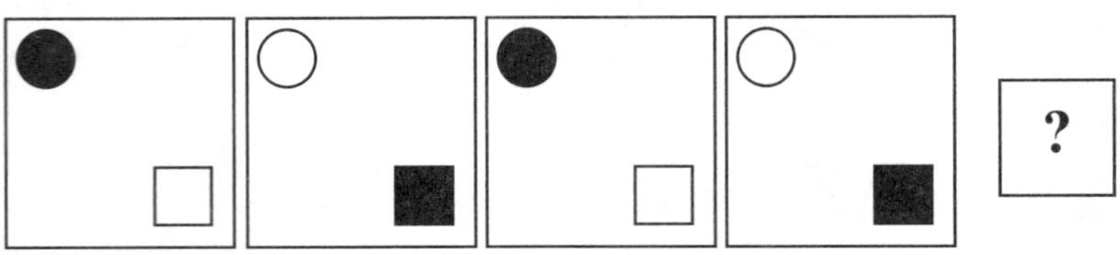

Logique « bâtonnets »
Certaines lettres sont composées de 1 à 4 bâtonnets.

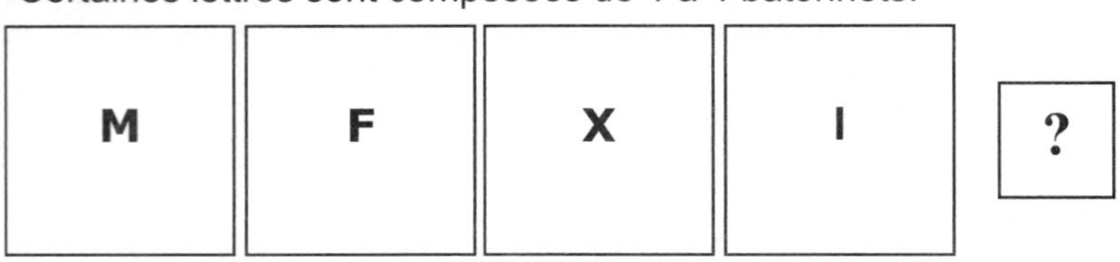

■■ VII.2 – Logique : Entraînez-vous !

VII.2.1 – Logique - Entraînement 1 – 15 questions en 20 min.

Grille de réponses à détacher en page 687.

Question 1.

	2 8 8			
	8 1 9			
	3 4 2			
	1 3 5			
7 2 9	?	2 7	1 2 5	3 4 3

a) 8 b) 2 1 6 c) 4 5 9 d) 5 1 2 e) 7 2 7

Question 2.

		O U I		
		N H K		
Z D T	U E A	?	R G W	S H C
		L X O		
		K Y Q		

a) V F B b) M H O c) M F M d) Z I K e) M L M

Question 3.

	8 6 4			
	6 4 8			
2 7	?	1 0 0 0	5 1 2	1 2 5
	5 4 0			
	3 2 4			

a) 2 1 6 b) 1 c) 3 4 3 d) 9 7 2 e) 7 2 9

Question 4.

		G K E		
		K O O		
S G P	X O U	?	F W C	N Z K
		R V F		
		B F V		

a) N M L b) E I B c) D F B d) S H P e) Q U A

Question 5.

	2 3 6			
	1 2 2			
	5 2 1 0			
9 1 9	?	2 3 9 4	9 5 6	9 2 8
	4 2 8			

a) 3 7 9 b) 2 2 4 c) 3 5 1 5 d) 3 3 9 e) 1 3 9

Question 6.

		D F Y		
		M O E		
		U W Q		
W G I	A X Z	?	N O Q	T B D
		H J F		

a) I E G b) F X P c) K M O d) R T P e) G Q B

Question 7.

		1 4 7		
		2 1 0		
9 3	3 6 6	?	4 9 7	2 5 5
		6 3		
		1 5 4		

a) 1 3 b) 6 4 8 c) 4 6 d) 1 5 5 e) 4 2

Question 8.

		F E J		
A F G	Z N O	?	L Y Z	P C D
		X W R		
		I H F		
		T S M		

a) J I Q　b) Q P Q　c) D L M　d) R O R　e) V J K

Question 9.

		1 2 5		
		7 2 9		
7 7	1 4 0	?	2 1	8 4
		6 4		
		2 1 6		

a) 5 1 2　b) 2 8　c) 3 4 3　d) 1 9 7　e) 4 9

Question 10.

Q S U				
H J L				
N P R				
?	C H B	D Q R	E F P	F D E
T V X				

a) B F O　b) G I K　c) L M F　d) B D F　e) F H J

Question 11.

5 2				
2 6				
?	5 6	9 1 0	1 2	2 3
1 6 9				
6 5				

a) 7 8　b) 1 3　c) 8 9　d) 2 3　e) 5 2

Question 12.

		A K E		
		N D C		
		E P W		
H J P	R T A	?	Q S U	V X E
		I G G		

a) X X G b) F X P c) K M G d) R T P e) G Q B

Question 13.

		1 0 0		
		3 6		
		2 5		
4 1 5	1 6 5	?	9 0 0	2 5 5
		8 1		

a) 4 9 b) 2 2 5 c) 1 0 5 d) 1 3 5 e) 6 4 0

Question 14.

		B I R		
		K H Y		
		L G D		
V O M	H L O	?	J P S	K Z U
		E E C		

a) O U Z b) K F L c) Z W Q d) I P A e) I F Q

Question 15.

		3 6		
		8 1		
		4 5		
		3 3 3		
1 4 3	1 0 4	?	6 5	3 9

a) 1 8 b) 6 3 c) 1 3 0 d) 1 1 7 e) 1 6 9

Calculez votre score à l'aide de la grille de correction en page 665.

VII.2.1bis – Logique - Entraînement 1 – *Correction*

Calculez votre score à l'aide de la grille de correction en page 665.

Question 1. Difficulté : ★★ *Réponse b)*

Logique verticale :

288, 819, 342 et 135 sont tous des multiples de 9.

➲ **Logique « multiples »**

☒ Nous éliminons a), d) et e).

Logique horizontale :

729, 27, 125 et 343 sont les cubes respectifs de 9, 3, 5 et 7.

➲ **Logique « cubes »**

☒ Nous éliminons c).

Question 2. Difficulté : ★ *Réponse c)*

Logique horizontale :

Z **D** T U **E** A ? R **G** W S **H** C

Les deuxièmes lettres de chaque groupe se suivent : D E ? G H

➲ **Logique « suite de lettres »**

Nous cherchons une réponse qui contienne la lettre F en deuxième position (-F-).

☒ Nous éliminons b), d) et e).

Logique verticale :

O U **I**

N H **K**

?

L X **O**

K Y **Q**

Les premières lettres de chaque groupe se suivent : K L ? N O

Les dernières lettres de chaque groupe se suivent : **I** j **K** l ? n **O** p **Q**

➲ **Logique « suite de lettres »**

Nous cherchons une réponse qui contienne la lettre M en première position (M--).

☒ Nous éliminons a).

Question 3. Difficulté : ★ *Réponse a)*

Logique verticale :

8/64 = 8/8×8 ; 6/48 = 6/8×6 ; 5/40 = 5/8×5 ; 3/24 = 3/8×3

➲ **Logique « chiffre / multiple »**

☒ Nous éliminons b), c) et e).

Logique horizontale :

27, 1000, 512 et 125 sont les cubes respectifs de 3, 10, 8 et 5.

➲ **Logique « cubes »**

☒ Nous éliminons d).

Question 4. Difficulté : ★★ *Réponse b)*

Logique verticale :

GKE : les lettres G et K se suivent avec 4 rangs d'écart (GhijK).

KOO : les lettres K et O se suivent avec 4 rangs d'écart (KlmnO).

RVF : les lettres R et V se suivent avec 4 rangs d'écart (RstuV).

BFV : les lettres B et F se suivent avec 4 rangs d'écart (BcdeF).

➲ **Logique « saut de lettres »**

Nous cherchons une réponse dont la deuxième lettre suit la première avec 4 rangs d'écart.

☒ Nous éliminons a), c) et d).

Logique horizontale :

SGP : les lettres P et S se suivent avec 3 rangs d'écart (PqrS).

XOU : les lettres U et X se suivent avec 3 rangs d'écart (UvwX).

FWC : les lettres C et F se suivent avec 3 rangs d'écart (CdeF).

NZK : les lettres K et N se suivent avec 3 rangs d'écart (KlmN).

➲ **Logique « saut de lettres »**

☒ Nous éliminons e).

Question 5. Difficulté : ★★ *Réponse d)*

Logique horizontale :

Chacun des éléments contient le chiffre 9.

➲ **Logique « répétition »**

☒ Nous éliminons b) et c).

Logique verticale :

Une logique particulièrement délicate :

2/3/6 : 2/3/2×3

1/2/2 : 1/2/1×2

5/2/10 : 5/2/5×2

4/2/8 : 4/2/4×2

➲ **Logique « chiffres / produit »**

☒ Nous éliminons a) et e).

Question 6. Difficulté : ★ *Réponse c)*

Logique horizontale :

WGI : les lettres G et I se suivent avec 2 rangs d'écart (GhI).

AXZ : les lettres X et Z se suivent avec 2 rangs d'écart (XyZ).

NOQ : les lettres O et Q se suivent avec 2 rangs d'écart (OpQ).

TBD : les lettres B et D se suivent avec 2 rangs d'écart (BcD).

➲ **Logique « saut de lettres »**

Nous cherchons une réponse dont la dernière lettre suit la deuxième avec 2 rangs d'écart.

☒ Nous éliminons b), d) et e).

Logique verticale :

DFY : les lettres D et F se suivent avec 2 rangs d'écart (DeF).

MOE : les lettres M et O se suivent avec 2 rangs d'écart (MnO).

UWQ : les lettres U et W se suivent avec 2 rangs d'écart (UvW).

HJF : les lettres H et J se suivent avec 2 rangs d'écart (HiJ).

➲ **Logique « saut de lettres »**

Nous cherchons une réponse dont la deuxième lettre suit la première avec 2 rangs d'écart.

☒ Nous éliminons a).

Question 7. Difficulté : ★ *Réponse e)*

Logique horizontale :

$3^2/3$; $6^2/6$; $7^2/7$; $5^2/5$ ➲ **Logique « carré / chiffre »**

☒ Nous éliminons a), c) et d).

Logique verticale :

147, 210, 63 et 154 sont tous multiples de 7.

➲ **Logique « multiples »**

☒ Nous éliminons b).

Question 8. Difficulté : ★ *Réponse b)*

Logique verticale :

FEJ : les lettres E et F se suivent.

XWR : les lettres W et X se suivent.

IHF : les lettres H et I se suivent.

TSM : les lettres S et T se suivent. ➲ **Logique « suite de lettres »**

Nous cherchons une réponse dont la première lettre suit la deuxième.

☒ Nous éliminons c), d) et e).

Logique horizontale :

AFG : les lettres F et G se suivent.

ZNO : les lettres N et O se suivent.

LYZ : les lettres Y et Z se suivent.

PCD : les lettres C et D se suivent. ➲ **Logique « suite de lettres »**

Nous cherchons une réponse dont la dernière lettre suit la deuxième.

☒ Nous éliminons a).

Question 9. Difficulté : ★ *Réponse c)*

Logique verticale :

125, 729, 64 et 216 sont les cubes respectifs de 5, 9, 4 et 6.

➲ **Logique « cubes »**

Nous cherchons une réponse qui soit un cube.

☒ Nous éliminons b), d) et e).

Logique horizontale :
77, 140, 21 et 84 sont tous multiples de 7.

➲ **Logique « multiples »**

Nous cherchons une réponse multiple de 7.
☒ Nous éliminons a).

Question 10. Difficulté : ★★ *Réponse d)*

Logique verticale :
QSU : les lettres Q, S et U se suivent avec 2 rangs d'écart (QrStU).
HJL : les lettres H, J et L se suivent avec 2 rangs d'écart (HiJkL).
NPR : les lettres N, P et R se suivent avec 2 rangs d'écart (NoPqR).
TVX : les lettres T, V et X se suivent avec 2 rangs d'écart (TuVwX).

➲ **Logique « saut de lettres »**

☒ Nous éliminons a) et c).

Logique horizontale :
Les premières lettres se suivent avec 1 rang d'écart : ? C D E F

➲ **Logique « suite de lettres »**

☒ Nous éliminons b) et e).

Question 11. Difficulté : ★★ *Réponse a)*

Logique verticale :
52, 26, 169 et 65 sont tous multiples de 13. ➲ **Logique « multiples »**
☒ Nous éliminons c) et d).
Logique horizontale :
5 + 1 = 6 ; 9 + 1 = 10 ; 1 + 1 = 2 ; 2 + 1 = 3 ➲ **Logique « chiffres / somme »**
☒ Nous éliminons b) et e).

Question 12. Difficulté : ★★★ *Réponse c)*

Logique verticale :

A K E
N D **C**
E P W
?
I G G

Les premières et troisièmes lettres de chaque groupe se suivent avec 2 rangs d'écart :
A b **C** d **E** f **?** h **I**

➲ **Logique « suite de lettres & position »**

Nous cherchons une réponse dont la dernière lettre est G (--G).
☒ Nous éliminons b), d) et e).

Logique horizontale :
HJP : les lettres H et J se suivent avec 2 rangs d'écart (HiJ).
RTA : les lettres R et T se suivent avec 2 rangs d'écart (RsT).
QSU : les lettres Q et S se suivent avec 2 rangs d'écart (QrS).
VXE : les lettres V et X se suivent avec 2 rangs d'écart (VwX).

➲ **Logique « saut de lettres »**

Nous cherchons une réponse dont la deuxième lettre suit la première avec 2 rangs d'écart.
☒ Nous éliminons a).

Question 13. Difficulté : ★★ *Réponse b)*

Logique verticale :
100, 36, 25 et 81 sont tous des carrés. ➲ **Logique « carrés »**
☒ Nous éliminons c), d) et e).
Logique horizontale :
415, 165, 900 et 255 sont tous multiples de 5. ➲ **Logique « multiples »**
☒ Nous éliminons a).

Question 14. Difficulté : ★★ *Réponse e)*

Logique horizontale :

V O **M**   H L **O**   ?   J P **S**   K Z **U**

Les dernières lettres de chaque groupe se suivent avec 2 rangs d'écart :
M n **O** p **?** r **S** t **U**

➲ **Logique « saut de lettres »**

Nous cherchons une réponse qui contienne la lettre Q en troisième position (--Q).
☒ Nous éliminons a), b) et d).
Logique verticale :

B **I** R
K **H** Y
L **G** D
?
E **E** C

Les deuxièmes lettres de chaque groupe se suivent : E F G ? I

➲ **Logique « suite de lettres »**

Nous cherchons une réponse qui contienne la lettre F en deuxième position (-F-).
☒ Nous éliminons c).

Question 15. Difficulté : ★ *Réponse d)*

Logique verticale :

3 + 6 = 8 + 1 = 4 + 5 = 3 + 3 + 3 = 9 ➲ **Logique « somme »**

☒ Nous éliminons c) et e).

Logique horizontale :

143, 104, 65 et 39 sont tous multiples de 13. ➲ **Logique « multiples »**

☒ Nous éliminons a) et b).

VII.2.2 – Logique - Entraînement 2 – 15 questions en 20 min.

Grille de réponses à détacher en page 687.

Question 1.

	6 4 8			
	2 5 5			
2 4 4	?	1 8 3	4 2 7	5 4 9
	1 6 4			
	8 1 9			

a) 2 0 5 b) 3 6 6 c) 3 0 5 d) 4 9 7 e) 9 3

Question 2.

		T Z A		
A H P	M W Z	?	G I Y	C B D
		A Y K		
		V A L		
		D X A		

a) F A K b) A F P c) B A J d) F G J e) L B A

Question 3.

	2 1 5 2 5			
8 9 3	?	4 9 2 5	7 7 3 3	4 6 6 4
	1 1 1 2 1			
	1 1 2 4 4			
	4 2 0 0 0			

a) 6 3 0 0 3 b) 2 6 4 4 c) 1 1 3 6 9 d) 2 1 7 8 9 e) 6 5 6 4

Question 4.

		O Z T		
		S I Y		
K M J	O Q N	?	L E K	F P E
		Q W C		
		D X P		

a) Z T Y b) F X S c) S U R d) D P L e) K A R

Question 5.

9 3 6	8 5 3	5 3 2	?	7 5 2
			6 1 2	
			8 1 6	
			5 1 0	
			7 1 4	

a) 4 0 8 b) 9 1 8 c) 6 2 4 d) 3 0 6 e) 4 1 3

Question 6.

		B U M		
		B O M		
K I G	P N L	?	R A Y	I H F
		V U B		
		V O B		

a) C W U b) F D B c) H F D d) B H R e) B D F

Question 7.

	1 2 3			
	2 4 6			
	6 1 2 1 8			
	2 4 4 8 7 2			
8 8 2	?	5 3 5 5	9 9	7 6 5

a) 7 8 b) 3 6 9 c) 2 4 5 d) 3 7 8 e) 7 1 4 2 1

Question 8.

		H C X		
		D D P		
		B E J		
		B J T		
K G K	G O P	?	B G B	E R G

a) C D L b) T T U c) G C U d) L U Z e) G O V

Question 9.

		1 4 1		
		3 7 7		
		2 2 5		
		5 5 5		
7 3 2	2 3 8	?	5 3 9	4 3 1

a) 3 7 5 b) 1 3 5 c) 3 3 3 d) 4 4 9 e) 2 9 6

Question 10.

	J M Z			
	U K W			
	S S Q			
J K N	?	Q M Q	P N Y	K O P
	N J L			

a) M O K b) N L P c) N F K d) V L P e) N A T

Question 11.

5 3 6 6				
3 4 7 4 2				
5 5 5 5				
?	1 1 1 2 1	1 2 1 4 4	1 5 2 2 5	1 0 1 0 0
1 9 8 2				

a) 3 6 9 2 b) 4 1 6 c) 1 3 1 6 9 d) 1 6 2 8 4 e) 9 8 1

Question 12.

				R F P
				D M B
				T J R
				L V J
D M M	U L A	P K F	E J R	?

a) M T I b) O Y Q c) F I D d) M Z K e) M I Q

Question 13.

				2 4 1 8
				2 8 4 4
				7 7 7 7
9 1 9 1	5 8 3 4	6 7 7 0	1 4 9 6	?
				3 4 6 2

a) 2 9 6 3 b) 6 4 8 3 c) 1 6 5 3 d) 7 6 7 4 e) 5 4 7 4

Question 14.

		P W J		
		Y U O		
E Z L	G D N	?	K T R	M J T
		A Q D		
		C O T		

a) K A P b) T S V c) I A V d) I S P e) B S C

Question 15.

	4 2 7 5			
	1 7 9 7			
3 4 3 7	?	6 4 4	5 1 2 8	2 7 3
	3 1 4 4			
	3 4 8 6			

a) 7 2 9 9 b) 2 1 6 6 c) 1 2 5 5 d) 4 5 9 9 e) 3 3 6 6

Calculez votre score à l'aide de la grille de correction en page 665.

VII.2.2bis – Logique - Entraînement 2 – Correction

Calculez votre score à l'aide de la grille de correction en page 665.

Question 1. Difficulté : ★ *Réponse b)*

<u>Logique verticale :</u>

$8^2/8$; $5^2/5$; $4^2/4$; $9^2/9$ ➲ **Logique « carré / chiffre »**

☒ Nous éliminons a) et c).

<u>Logique horizontale :</u>

24/4 : 6×4/4

18/3 : 6×3/3

427 : 6×7/7

549 : 6×9/9 ➲ **Logique « multiple / chiffre »**

☒ Nous éliminons d) et e).

Question 2. Difficulté : ★★★ *Réponse c)*

<u>Logique verticale :</u>

TZA, AYK, VAL et DXA contiennent tous la lettre A.

➲ **Logique « lettre commune »**

☒ Nous éliminons d).

<u>Logique horizontale :</u>

A H **P** **M** W Z ? **G** I Y C B **D**

Accrochez-vous ! Les premières et dernières lettres de chaque groupe se suivent avec 3 rangs d'écart : **D** e f **G** h i **?** k l **M** n o **P**

➲ **Logique « saut de lettres & position »**

Nous cherchons une réponse qui contienne la lettre J en dernière position (--J).

☒ Nous éliminons a), b) et e).

Question 3. Difficulté : ★★★ *Réponse c)*

<u>Logique verticale :</u>

Une logique particulièrement délicate, le nombre formé par le premier et les deux derniers chiffres est le carré du nombre formé par le deuxième et le troisième chiffres.

2/15/25 : 15/225 = 15^2

1/11/21 : 11/121 = 11^2

1/12/44 = 12/144 = 12^2

4/20/00 : 20/400 = 20^2 ➲ **Logique « chiffre / carré »**

☒ Nous éliminons a), b) et e).

<u>Logique horizontale :</u>

8 + 9 + 3 = 4 + 9 + 2 + 5 = 7 + 7 + 3 + 3 = 4 + 6 + 6 + 4 = 20

➲ **Logique « somme »**

☒ Nous éliminons d).

Question 4. Difficulté : ★★ *Réponse c)*

Logique horizontale :

KMJ : les lettres J et K se suivent.

OQN : les lettres N et O se suivent.

LEK : les lettres K et L se suivent.

FPE : les lettres E et F se suivent. ➲ **Logique « suite de lettres »**

Nous cherchons une réponse dont la première lettre suit la dernière.

☒ Nous éliminons b), d) et e).

Logique verticale :

O Z **T**

S I Y

?

Q W C

D X **P**

Les premières et troisièmes lettres de chaque groupe se suivent : P Q ? S T

➲ **Logique « saut de lettres & position »**

Nous cherchons une réponse qui contienne la lettre R en dernière position (--R).

☒ Nous éliminons a).

Question 5. Difficulté : ★ *Réponse b)*

Logique verticale :

6/2×6 ; 8/2×8 ; 5/2×5 ; 7/2×7 ➲ **Logique « chiffre / multiple »**

☒ Nous éliminons c) et e).

Logique horizontale :

9 = 3 + 6 ; 8 = 5 + 3 ; 5 = 3 + 2 ; 7 = 5 + 2 ➲ **Logique « somme / chiffres »**

☒ Nous éliminons a) et d).

Question 6. Difficulté : ★★ *Réponse b)*

Logique verticale :

Tous les éléments contiennent la lettre B. ➲ **Logique « répétition »**

☒ Nous éliminons a) et c).

Logique horizontale :

KIG : les lettres G et I se suivent avec 2 rangs d'écart (GhI).

PNL : les lettres L et N se suivent avec 2 rangs d'écart (LmN).

RAY : les lettres Y et A se suivent avec 2 rangs d'écart (YzA). [alphabet circulaire]

IHF : les lettres F et H se suivent avec 2 rangs d'écart (FgH).

➲ **Logique « saut de lettres »**

☒ Nous éliminons d) et e).

Question 7. Difficulté : ★★ *Réponse b)*

Logique verticale :

123 : 1, 2×1, 3×1

246 : 2, 2×2, 3×2

61218 : 6, 2×6, 3×6

244872 : 24, 2×24, 3×24 ➲ **Logique « chiffre / multiple »**

Nous cherchons une réponse de la forme (chiffre, 2×chiffre, 3×chiffre).

☒ Nous éliminons a), c) et d).

Logique horizontale :

882 : 8 + 8 + 2 = 18

5355 : 5 + 3 + 5 + 5 = 18

99 : 9 + 9 = 18

765 : 7 + 6 + 5 = 18 ➲ **Logique « somme »**

Nous cherchons une réponse dont la somme des chiffres est égale à 18.

☒ Nous éliminons e).

Question 8. Difficulté : ★★★ *Réponse c)*

Logique verticale :

Une logique particulièrement délicate qui concerne le rang des lettres : le rang de la dernière lettre est égal au produit des rangs des deux premières lettres.

Souvenons-nous de AJT qui donne les rangs 1/10/20.

HCX, si l'on remplace les lettres par leur rang : 8×3 = 24

DDP, si l'on remplace les lettres par leur rang : 4×4 = 16

BEJ, si l'on remplace les lettres par leur rang : 2×5 = 10

BJT, si l'on remplace les lettres par leur rang : 2×10 = 20

➲ **Logique « produit des rangs »**

☒ Nous éliminons b), d) et e).

Logique horizontale :

Tous les éléments contiennent la lettre G. ➲ **Logique « répétition »**

☒ Nous éliminons a).

Question 9. Difficulté : ★★ *Réponse c)*

Logique verticale :

141, 377, 225 et 595 au moins un chiffre est répété.

➲ **Logique « répétition »**

Nous cherchons une réponse qui contienne un chiffre répété.

☒ Nous éliminons a), b) et e).

Logique horizontale :

732, 238, 539 et 431 contiennent tous le chiffre 3.

➲ **Logique « répétition »**

Nous cherchons une réponse qui contienne le chiffre 3.

☒ Nous éliminons d).

Question 10. Difficulté : ★★★ *Réponse b)*

Logique verticale :

J M **Z**
U K W
S S **Q**
?
N J **L**

Une logique compliquée impliquant le positionnement des lettres et un saut croissant de lettres. Les premières et dernières lettres alternativement se suivent avec un écart de rangs croissant : **L** m **?** o p **Q** r s t **U** v w x y **Z**

➲ **Logique « saut de lettres & position »**

☒ Nous éliminons a) et d).

Logique horizontale :

Les deuxièmes lettres se suivent avec 1 rang d'écart : K ? M N O

➲ **Logique « suite de lettres »**

☒ Nous éliminons c) et e).

Question 11. Difficulté : ★ *Réponse c)*

Logique horizontale :

$11/11^2$; $12/12^2$; $16/16^2$; $10/10^2$ ➲ **Logique « nombre / carré »**

☒ Nous éliminons a) et d).

Logique verticale :

$5 + 3 + 6 + 6 = 3 + 4 + 7 + 4 + 2 = 5 + 5 + 5 + 5 = 1 + 9 + 8 + 2 = 20$

➲ **Logique « somme »**

☒ Nous éliminons b) et e).

Question 12. Difficulté : ★ *Réponse c)*

Logique horizontale :

D **M** M U **L** A P **K** F E **J** R ?

Les deuxièmes lettres de chaque groupe se suivent : ? J K L M

➲ **Logique « suite de lettres »**

Nous cherchons une réponse dont la deuxième lettre est I (-I-).

☒ Nous éliminons a), b) et d).

Logique verticale :

RFP : les lettres P et R se suivent avec 2 rangs d'écart (PqR).
DMB : les lettres B et D se suivent avec 2 rangs d'écart (BcD).
TJR : les lettres R et T se suivent avec 2 rangs d'écart (RsT).
LVJ : les lettres J et L se suivent avec 2 rangs d'écart (JkL).

➲ **Logique « saut de lettres »**

Nous cherchons une réponse dont la première lettre suit la dernière avec 2 rangs d'écart.

☒ Nous éliminons e).

Question 13. Difficulté : ★★ *Réponse a)*

Logique verticale :

Une logique particulièrement délicate : le produit des deux premiers chiffres est égal au produit des deux derniers.

2×4 = 1×8

2×8 = 4×4

7×7 = 7×7

3×4 = 6×2 ➲ **Logique « produit / produit »**

☒ Nous éliminons c), d) et e).

Logique horizontale :

9 + 1 + 9 + 1 = 5 + 8 + 3 + 4 = 1 + 4 + 9 + 6 = 20 ➲ **Logique « somme »**

☒ Nous éliminons b).

Question 14. Difficulté : ★★ *Réponse d)*

Logique horizontale :

E Z **L** G D **N** ? K T **R** M J **T**

Les dernières lettres de chaque groupe se suivent avec 2 rangs d'écart :

L m **N** o **?** q **R** s **T** ➲ **Logique « saut de lettres »**

Nous cherchons une réponse qui contienne la lettre P en troisième position (--P).

☒ Nous éliminons b), c) et e).

Logique verticale :

P **W** J

Y **U** O

?

A **Q** D

C **O** T

Les deuxièmes lettres de chaque groupe se suivent avec 2 rangs d'écart :

O p **Q** r **?** t **U** v **W** ➲ **Logique « saut de lettres »**

Nous cherchons une réponse qui contienne la lettre S en deuxième position (-S-).

☒ Nous éliminons a).

Question 15. Difficulté : ★★★ *Réponse a)*

Logique verticale :

Une logique particulièrement délicate : la somme des deux derniers chiffres est égale au double de la somme des deux premiers.

7 + 5 = 2×(4 + 2)

9 + 7 = 2×(1 + 7)

4 + 4 = 2×(3 + 1)

8 + 6 = 2×(3 + 4) ➲ **Logique « somme / somme »**

☒ Nous éliminons b) et c).

Logique horizontale :
$7^3/7$; $4^3/4$; $8^3/8$; $3^3/3$
☒ Nous éliminons d) et e).

➲ **Logique « cube / chiffre »**

VII.2.3 – Logique - Entraînement 3 – 15 questions en 20 min.

Grille de réponses à détacher en page 687.

Question 1.

			P I L	
			R L K	
			L O T	
N A Y	K N P	R N Z	?	N P F
			S E L	

a) A Z T b) X L Y c) V L N d) E B O e) N L T

Question 2.

		7 7 0		
		3 5 6		
5 1 2 5	2 8	?	6 2 1 6	3 2 7
		9 2 3		
		4 8 2		

a) 4 6 4 b) 9 8 1 c) 5 5 4 d) 7 3 4 3 e) 8 7 3

Question 3.

		T O F		
		S Q H		
A Q T	P R B	?	V T N	O U F
		Q G L		
		P D N		

a) R S J b) R Y B c) R B J d) R S T e) B S P

Question 4.

	3 6			
	1 2 1			
	4 9			
	1 4 4			
6 1 3	?	9 1 9	5 1 1	4 9

a) 2 5 b) 2 3 c) 3 7 d) 2 4 3 e) 6 4

Question 5.

		L Z O		
		I K Y		
		J W E		
T O U	C K D	?	R A S	M D N
		H Q E		

a) R Z X b) U P V c) L E Y d) F I G e) A I Q

Question 6.

		1 4 1		
		3 7 7		
		2 2 5		
		5 9 5		
7 3 2	2 3 8	?	5 3 9	4 3 1

a) 2 7 5 b) 1 3 5 c) 3 3 3 d) 4 4 9 e) 2 9 6

Question 7.

		Z X J		
		B D Y		
		X J F		
A B C	J G Q	?	R A S	M D Q
		V D E		

a) R B X b) U A V c) L E W d) F I G e) O H W

Question 8.

3 4 0				
2 0 4				
?	1 5 3	4 0 8	4 5 9	2 5 5
8 5				
4 0 8				

a) 2 0 4 b) 9 1 6 c) 4 1 d) 2 3 1 e) 1 8 7

Question 9.

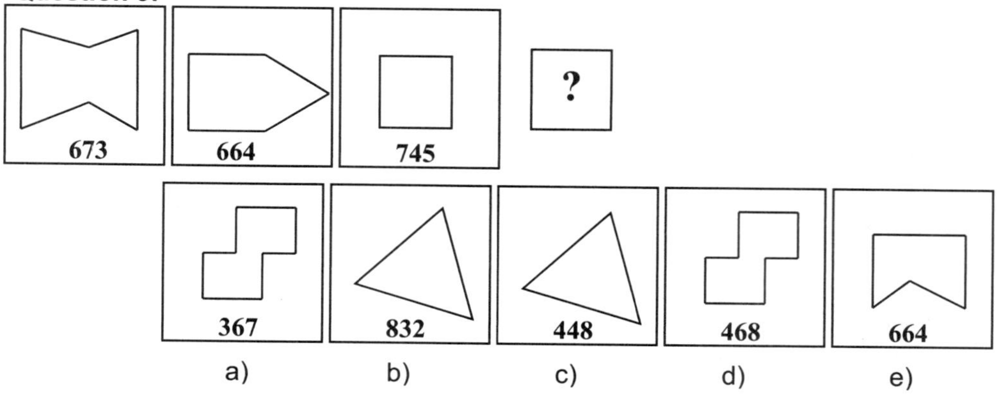

Question 10.

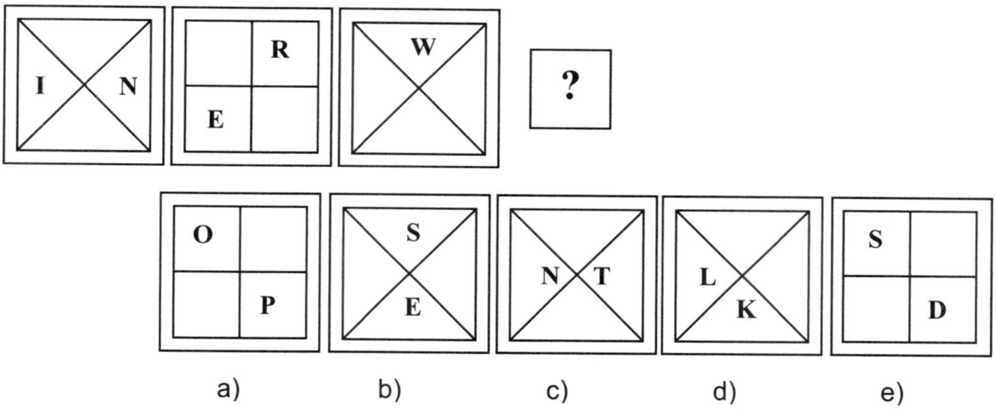

Question 11.

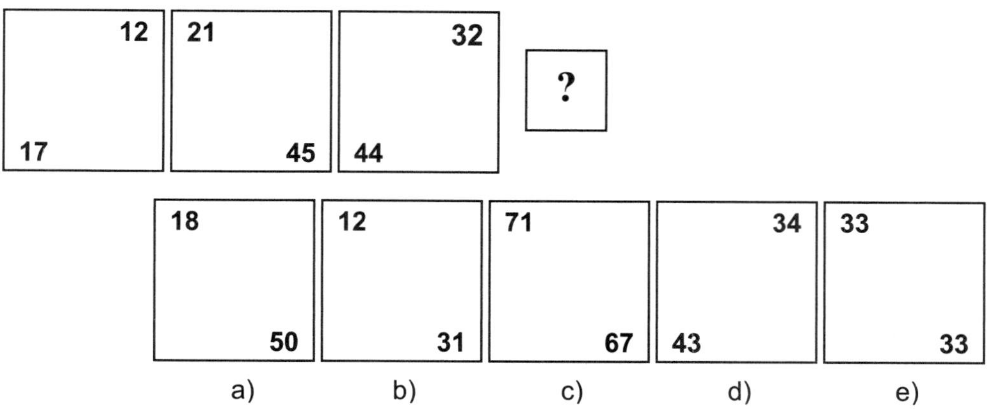

Question 12.

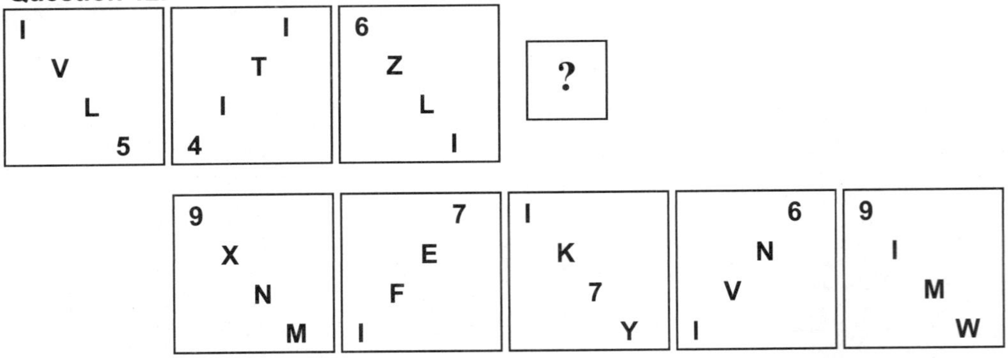

a) b) c) d) e)

Question 13.

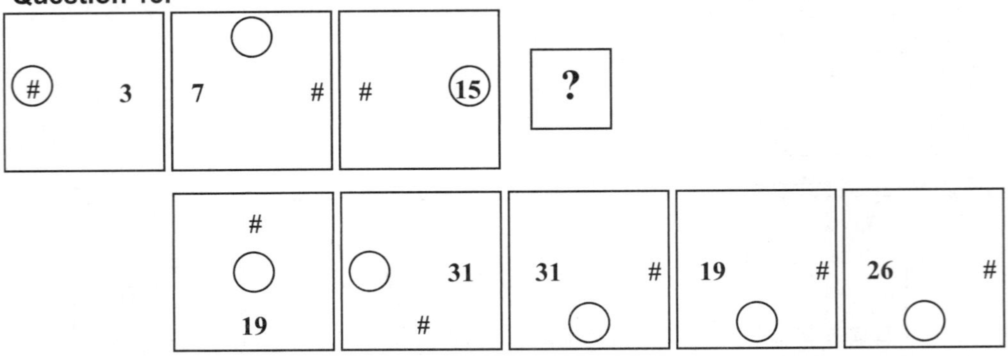

a) b) c) d) e)

Question 14.

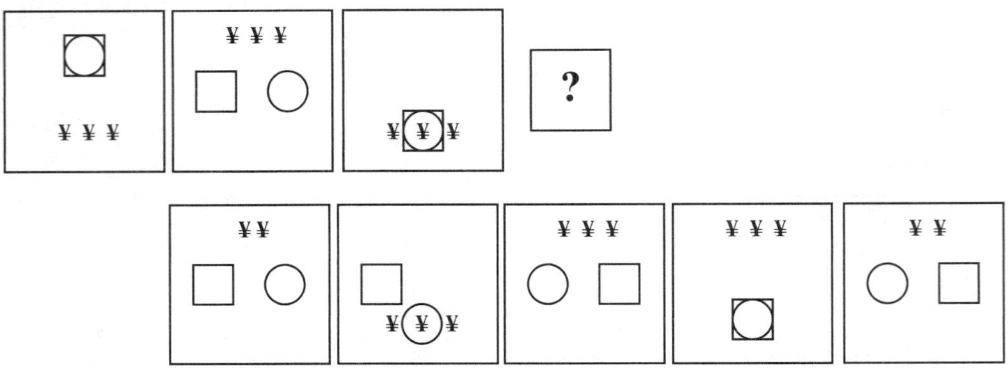

a) b) c) d) e)

Question 15.

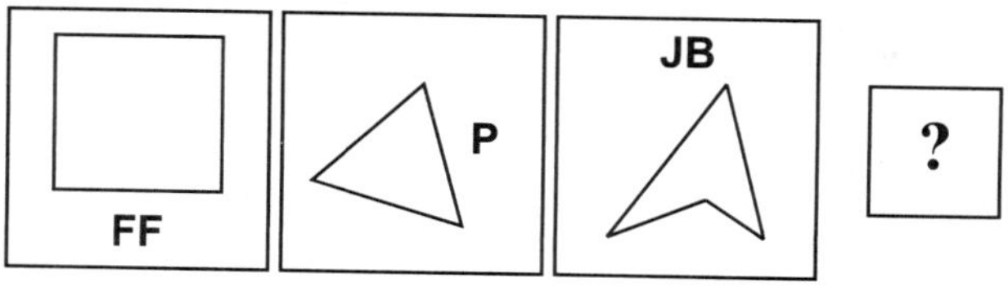

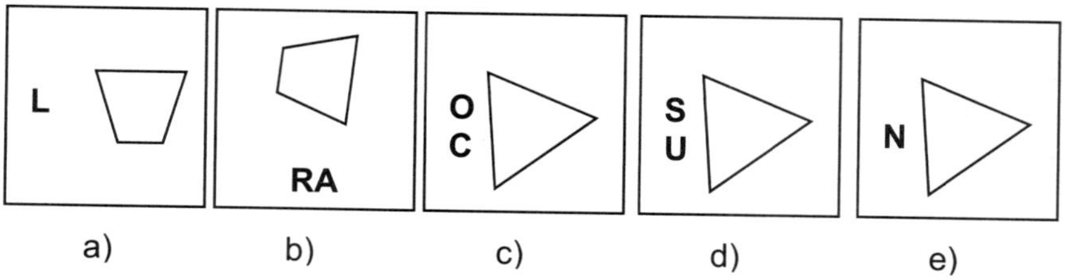

Calculez votre score à l'aide de la grille de correction en page 665.

VII.2.3bis – Logique - Entraînement 3 – Correction

Calculez votre score à l'aide de la grille de correction en page 665.

Question 1. Difficulté : ★★ *Réponse e)*

<u>Logique verticale :</u>

PIL, RLK, LOT et SEL contiennent tous la lettre L. Celle-ci oscille entre la dernière et la première place. **➲ Logique « répétition & position »**

☒ Nous éliminons a) et d).

<u>Logique horizontale :</u>

NAY, KNP, RNZ et NPF contiennent tous la lettre N.

De plus, les premières et dernières lettres se suivent avec 2 rangs d'écart : **N** o **P** q **R** s ? u **V**

➲ Logique « suite de lettres »

☒ Nous éliminons b) et c).

Question 2. Difficulté : ★ *Réponse a)*

<u>Logique horizontale :</u>

5/125 : 125 est le cube de 5

2/8 : 8 est le cube de 2

6/216 : 216 est le cube de 6

3/27 : 27 est le cube de 3 **➲ Logique « chiffre / cube »**

☒ Nous éliminons b), c) et e).

<u>Logique verticale :</u>

7 + 7 + 0 = 3 + 5 + 6 = 9 + 2 + 3 = 4 + 8 + 2 = 14 **➲ Logique « somme »**

☒ Nous éliminons d).

Question 3. Difficulté : ★★★ *Réponse a)*

<u>Logique horizontale :</u>

Les secondes lettres de chaque groupe se suivent : Q R ? T U

➲ Logique « suite de lettres »

☒ Nous éliminons b) et c).

<u>Logique verticale :</u>

Les premières lettres de chaque groupe se suivent : P Q ? S T

De plus, les dernières lettres se suivent avec 2 rangs d'écart : **F** g **H** i ? k **L** m **N**

➲ Logique « saut de lettres »

☒ Nous éliminons d) et e).

Question 4. Difficulté : ★★ *Réponse a)*

Logique verticale :

36, 121, 49 et 144 sont les carrés respectifs de 6, 11, 7 et 12.

➲ **Logique « carrés »**

☒ Nous éliminons b), c) et d).

Logique horizontale :

6 / 6×2 + 1
9 / 9×2 + 1
5 / 5×2 + 1
4 / 4×2 + 1

➲ **Logique « chiffre / multiple »**

☒ Nous éliminons e).

Question 5. Difficulté : ★★ *Réponse d)*

Logique verticale :

Alternativement, les premières et deuxièmes lettres de chaque groupe se suivent : H ? J K L

➲ **Logique « saut de lettres & position »**

☒ Nous éliminons a), b) et c).

Logique horizontale :

TOU : les lettres T et U se suivent.
CKD : les lettres C et D se suivent.
RAS : les lettres R et S se suivent.
MDN : les lettres M et N se suivent.

➲ **Logique « suite de lettres »**

☒ Nous éliminons e).

Question 6. Difficulté : ★ *Réponse c)*

Logique verticale :

141, 377, 225 et 595 contiennent tous au moins un chiffre répété.

➲ **Logique « répétition »**

☒ Nous éliminons a), b) et e).

Logique horizontale :

732, 238, 539 et 431 contiennent tous le chiffre 3.

➲ **Logique « répétition »**

☒ Nous éliminons d).

Question 7. Difficulté : ★★★ *Réponse e)*

Logique verticale :

Les premières et troisièmes lettres de chaque groupe se suivent : Z Y X ? V

➲ **Logique « suite de lettres & position »**

☒ Nous éliminons a), b) et d).

Logique horizontale :

AJT-vous ! La somme des rangs des deux premières lettres de chaque groupe est égale au rang de la troisième lettre :

ABC : 1 + 2 = 3

JGQ : 10 + 7 = 17

RAS : 18 + 1 = 19

MDQ : 13 + 4 = 17 ➲ **Logique « rang de lettre »**

☒ Nous éliminons c).

Question 8. Difficulté : ★★ *Réponse a)*

Logique verticale :

340, 204, 85 et 408 sont tous des multiples de 17. ➲ **Logique « multiples »**

☒ Nous éliminons b), c) et d).

Logique horizontale :

15/3 : 3×5 / 3

40/8 : 8×5 / 8

45/9 : 9×5 / 9

25/5 : 5×5 / 5 ➲ **Logique « multiple / chiffre »**

☒ Nous éliminons e).

Question 9. Difficulté : ★ *Réponse c)*

1ère étape : Trouvez une logique

Les figures sont composées respectivement de 6 côtés, 5 côtés et 4 côtés.

➲ **Logique « côtés »**

2ème étape : Élimination des solutions

☒ Nous éliminons a), d) et e).

1ère étape : Trouvez une logique

La somme des chiffres est égale à 16. ➲ **Logique « somme »**

2ème étape : Élimination des solutions

☒ Nous éliminons b).

Question 10. Difficulté : ★★★ *Réponse e)*

1ère étape : Trouvez une logique

Le carré est alternativement découpé en triangles ou en carrés.

➲ **Logique « carrés / triangles »**

2ème étape : Élimination des solutions

☒ Nous éliminons b), c) et d).

1ère étape : Trouvez une logique

La somme des rangs des lettres est constante et égale à 23.

➲ **Logique « rang de lettre »**

2ème étape : Élimination des solutions

☒ Nous éliminons a).

Question 11. Difficulté : ★★★ *Réponse a)*

<u>1ère étape : Trouvez une logique</u>

La somme des chiffres est égale à : 11, 12 et 13. ➲ **Logique « somme »**

<u>2ème étape : Élimination des solutions</u>

☒ Nous éliminons b), c) et e).

<u>1ère étape : Trouvez une logique</u>

Les deux nombres occupent les diagonales opposées. ➲ **Logique « diagonale »**

<u>2ème étape : Élimination des solutions</u>

☒ Nous éliminons d).

Question 12. Difficulté : ★★ *Réponse d)*

<u>1ère étape : Trouvez une logique</u>

Vous reconnaissez la logique des bâtonnets : le chiffre est égal à la somme des bâtonnets.

➲ **Logique « bâtonnets »**

<u>2ème étape : Élimination des solutions</u>

☒ Nous éliminons a) et b).

<u>1ère étape : Trouvez une logique</u>

Repérez aussi le sens des diagonales et le positionnement du chiffre.

➲ **Logique « diagonale »**

<u>2ème étape : Élimination des solutions</u>

☒ Nous éliminons c) et e).

Question 13. Difficulté : ★★ *Réponse c)*

<u>1ère étape : Trouvez une logique</u>

Le cercle tourne dans le sens des aiguilles d'une montre. De plus le signe # et les nombres oscillent. ➲ **Logique « rotation »**

<u>2ème étape : Élimination des solutions</u>

☒ Nous éliminons a) et b).

<u>1ère étape : Trouvez une logique</u>

Le nombre est égal au double du précédent auquel on ajoute 1.

➲ **Logique « multiple »**

<u>2ème étape : Élimination des solutions</u>

☒ Nous éliminons d) et e).

Question 14. Difficulté : ★ *Réponse c)*

<u>1ère étape : Trouvez une logique</u>

Les trois signes ¥ sont alternativement en bas puis en haut.

➲ **Logique « oscillation »**

<u>2ème étape : Élimination des solutions</u>

☒ Nous éliminons b) et e).

1ère étape : Trouvez une logique

Les carrés effectuent une rotation dans le sens inverse des aiguilles d'une montre et les cercles dans le sens des aiguilles d'une montre. ➲ **Logique « rotation »**

2ème étape : Élimination des solutions

☒ Nous éliminons a) et d).

Question 15. Difficulté : ★★ *Réponse a)*

1ère étape : Trouvez une logique

Les lettres effectuent une rotation dans le sens inverse des aiguilles d'une montre.

➲ **Logique « rotation »**

2ème étape : Élimination des solutions

☒ Nous éliminons b).

1ère étape : Trouvez une logique

Le produit du nombre de côtés et de la somme des rangs des lettres est constant :

$(6+6)\times4 = 16\times3 = (10 + 2)\times4 = 48$ ➲ **Logique « rang de lettre »**

2ème étape : Élimination des solutions

☒ Nous éliminons c), d) et e).

MODE CON-COURS

Remarque : Les tests blancs proposés dans cette partie n'ont aucun lien avec l'organisation des concours cités. Il s'agit de tests types.

■■■■ Objectifs

■ Ce qu'il faut connaître

- ▷ Le séquençage déstabilisant du TAGE MAGE® ;
- ▷ Le rythme infernal d'enchainement des sous-tests.

■ Ce qu'il faut savoir faire

- ▷ Optimiser les 20 minutes par sous-test en répondant à un maximum de questions ;
- ▷ Rentabiliser vos efforts en détectant les questions les plus faciles (qui rapportent autant de points que les questions difficiles !) ;
- ▷ Maximiser votre score en minimisant les pertes de points : ne répondez que lorsque vous êtes certain(e) de votre réponse ;
- ▷ Perfectionner vos méthodes de résolution et votre maitrise des techniques et astuces.

Seconde partie
MODE CONCOURS

I – TAGE MAGE® blanc N°1

I.1 – TAGE MAGE® blanc N°1 – Test blanc
I.2 – TAGE MAGE® blanc N°1 – Correction

II – TAGE MAGE® blanc N°2

II.1 – TAGE MAGE® blanc N°2 – Test blanc
II.2 – TAGE MAGE® blanc N°2 – Correction

III – TAGE MAGE® blanc N°3

III.1 – TAGE MAGE® blanc N°3 – Test blanc
III.2 – TAGE MAGE® blanc N°3 – Correction

IV – TAGE MAGE® blanc N°4

IV.1 – TAGE MAGE® blanc N°4 – Test blanc
IV.2 – TAGE MAGE® blanc N°4 – Correction

V – TAGE MAGE® blanc N°5

V.1 – TAGE MAGE® blanc N°5 – Test blanc
V.2 – TAGE MAGE® blanc N°5 – Correction

VI – TAGE MAGE® blanc N°6

VI.1 – TAGE MAGE® blanc N°6 – Test blanc
VI.2 – TAGE MAGE® blanc N°6 – Correction

I – TAGE MAGE® blanc N°1

Le Test TAGE MAGE® est présent dans de nombreux concours (Passerelle 2, Tremplin 2, ESSEC, EM Lyon, Audencia), mais aussi dans la procédure de recrutement de nombreuses Grandes Écoles ou Universités en Mastères spécialisés (HEC, ESSEC,…), Masters (SAI, …) et IAE.

Le Test TAGE MAGE® est un QCM de 2 heures.
Il s'agit d'une épreuve qui permet le recrutement de candidats possédant des cursus scolaires variés.

Il est composé de six sous-tests de 15 questions à résoudre en 20 minutes :

- ***Compréhension d'un test écrit :*** lecture de textes suivie par une série de questions de compréhension. Le retour aux textes est possible.
- ***Calcul :*** cette épreuve évalue la maîtrise de connaissances simples dans les domaines de l'arithmétique, de la géométrie, de l'algèbre et du calcul.
- ***Raisonnement :*** 15 questions de raisonnement logique.
- ***Conditions minimales :*** cette épreuve vise à contrôler la capacité d'analyse de la pertinence des informations en vue de la résolution d'un problème.
- ***Expression :*** épreuve destinée à tester l'aptitude à comprendre une information formulée dans un court message verbal puis à en trouver rapidement une reformulation ou une suite probable.
- ***Logique :*** 15 questions portant sur des croisements de séries de chiffres, de lettres ou de figures.

90 questions-types TAGE MAGE® en 120 minutes
5 choix multiples
Réponse juste : +4 points **Réponse fausse : -1 point**

Découpez la grille de réponses en page 689.

Remarque : Je vous conseille vivement de découper la grille de réponses et de vous entraîner à soigneusement noircir les cases. Vous le constaterez, cet exercice est moins évident qu'il n'y paraît. Gardez à l'esprit que chaque année, certains candidats ratent leurs concours pour un simple décalage de ligne !
Vous pourrez vous corriger et calculer votre score à l'aide de la grille de correction en fin d'ouvrage en page 666. Établissez la cartographie de vos forces et faiblesses et comparez-la au Diagnostic test : le Mode entrainement a-t-il été bénéfique ?

Let's go !

I.1 – TAGE MAGE® blanc N°1 – Test blanc

Sous-test 1
COMPRÉHENSION D'UN TEXTE ÉCRIT

Durée : 20 minutes
15 questions

Consignes

Cette épreuve comporte deux textes numérotés 1 et 2. Chacun de ces textes est suivi d'une série de questions. Chaque question vous présente cinq propositions qui peuvent porter sur différents niveaux de lecture :

- Informations « isolées » contenues dans le texte ;
- Idées principales traitées dans un ou plusieurs paragraphes ;
- Position de l'auteur telle qu'elle se reflète dans le texte, etc.

Parmi les cinq propositions présentées dans le cadre de chaque question, certaines sont en contradiction flagrante avec le texte ; d'autres abordent des aspects qui n'y sont pas traités ; d'autres encore se rapprochent plus ou moins de ce qui est exprimé - directement ou indirectement - dans ce même texte.

La seule proposition considérée comme exacte est celle qui se rapproche le plus de ce qui est dit dans le texte. Les quatre autres propositions sont considérées comme fausses.

Barème d'évaluation

Réponse exacte :	+ 4 points
Réponse inexacte :	- 1 point
Absence de réponse ou réponse multiple :	0 point

La note finale de cette épreuve sera comprise entre -15 et + 60.

L'utilisation de toute calculatrice et de tout matériel électronique est interdite.

Démarrez le chronomètre pour 20 minutes de test.

Texte 1

Que l'adulte français voit l'Enfant comme un autre lui-même, il n'y en a pas de meilleur exemple que le jouet français. Les jouets courants sont essentiellement un microcosme adulte ; ils sont tous reproductions amoindries d'objets humains, comme si aux yeux du public l'enfant n'était en somme qu'un homme plus petit, un homunculus à qui il faut fournir des objets à sa taille.

Les formes inventées sont très rares : quelques jeux de construction, fondés sur le génie de la bricole, proposent seuls des formes dynamiques. Pour le reste, le jouet français signifie toujours quelque chose, et ce quelque chose est toujours entièrement socialisé, constitué par les mythes ou les techniques de la vie moderne adulte : l'Armée, la Radio, les Postes, la Médecine (trousses miniatures de médecin, salles d'opération pour poupées), l'École, la Coiffure d'Art (Casques à onduler), l'Aviation (parachutistes), les transports (Trains, Citroën, Vedette, Vespa, Stations-service), la Science (Jouets martiens).

Que les jouets français préfigurent littéralement l'univers des fonctions adultes ne peut évidemment que préparer l'enfant à les accepter toutes, en lui constituant avant même qu'il réfléchisse l'alibi d'une nature qui a créé de tout temps des soldats, des postiers et des vespas. Le jouet livre ici le catalogue de tout ce dont l'adulte ne s'étonne pas : la guerre, la bureaucratie, la laideur, les Martiens, etc. Ce n'est pas tant, d'ailleurs, l'imitation qui est signe d'abdication, que sa littéralité : le jouet français est comme une tête réduite de Jivaro, où l'on retrouve à la taille d'une pomme les rides et les cheveux de l'adulte. Il existe par exemple des poupées qui urinent ; elles ont un œsophage, on leur donne le biberon, elles mouillent leurs langes ; bientôt, sans nul doute, le lait dans leur ventre se transformera en eau. On peut par-là préparer la petite fille à la causalité ménagère, la « conditionner » à son futur rôle de mère.

Seulement, devant cet univers d'objets fidèles et compliqués, l'enfant ne peut se constituer qu'en propriétaire, en usager, jamais en créateur ; il n'invente pas le monde, il l'utilise : on lui prépare des gestes sans aventure, sans étonnement et sans joie. On fait de lui un petit propriétaire pantouflard qui n'a même pas à inventer les ressorts de la causalité adulte ; on les lui fournit tout prêts : il n'a qu'à se servir, on ne lui donne jamais rien à parcourir. Le moindre jeu de construction, pourvu qu'il ne soit pas trop raffiné, implique un apprentissage du monde bien différent : l'enfant n'y crée nullement des objets significatifs, il lui importe peu qu'ils aient un nom d'adulte : ce qu'il exerce, ce n'est pas un usage, c'est une démiurgie : il crée des formes qui marchent, qui roulent, il crée une vie, non une propriété ; les objets s'y conduisent eux-mêmes, ils n'y sont plus une matière inerte et compliquée dans le creux de la main. Mais cela est plus rare : le jouet français est d'ordinaire un jouet d'imitation, il veut faire des enfants usagers, non des enfants créateurs.

L'embourgeoisement du jouet ne se reconnaît pas seulement à ses formes, toutes fonctionnelles, mais aussi à sa substance. Les jouets courants sont d'une matière ingrate, produits d'une chimie, non d'une nature.

Jouets,
Roland Barthes, *Mythologies*, 1957.

Question 1. Quelle est la thèse défendue par l'auteur du texte 1 ?

a) L'auteur regrette que l'industrie française ne propose que des jouets faits de matériaux de mauvaise qualité.
b) L'auteur regrette que l'industrie française ne propose que des jouets microscopiques aux enfants.
c) L'auteur affirme qu'il est nécessaire de fournir aux enfants des jouets à leur taille.
d) L'auteur regrette que les jouets français correspondent à une vision réductrice de l'enfant.
e) L'auteur regrette que l'enfant soit devenu un homunculus à cause de ses jouets.

Question 2. Quelle est la signification de l'expression « *proposent seuls des formes dynamiques* » ?

a) Quelques jeux de construction ont des formes ergonomiques.
b) Les jeux de construction sollicitent l'imaginaire.
c) L'énergie du jeu de construction réside dans ses formes.
d) Quelques jeux de construction ont une forme adaptée aux enfants.
e) Les jeux de construction permettent de développer le génie de la bricole.

Question 3. *Démiurgie*, ce mot a, en contexte, le sens de :

a) excès
b) désir puissant
c) processus industriel
d) acte de création
e) apprentissage sorcier

Question 4. Parmi les affirmations suivantes, laquelle est défendue par l'auteur du texte 1 ?

a) Les jouets français apportent à l'enfant toutes les explications sur le monde des adultes.
b) Les jouets français enferment l'enfant dans un conformisme social.
c) Les jouets français aident l'enfant à accepter la société des adultes.
d) Les jouets français aident l'enfant à prendre conscience des réalités de la nature.
e) Les jouets français ont aussi un rôle pédagogique fort en initiant les enfants à l'économie.

Question 5. Quels sont les reproches adressés par l'auteur à l'industrie du jouet ?

1. Le jouet est une reproduction en miniature du monde des adultes.
2. Le jouet ne permet pas de socialiser les enfants dès le plus jeune âge.
3. Le jouet prépare les enfants à accepter l'Armée, La Science, l'École.

a) Uniquement 1
b) Uniquement 3
c) Uniquement 2
d) 1 + 2
e) 1 + 3

Question 6. « *Les jouets courants sont d'une matière ingrate* ». En contexte, quel synonyme pourrait remplacer le terme *ingrat* ?

a) rugueuse
b) déplaisante
c) artificielle
d) inerte
e) désagréable

Question 7. Quelle est l'opinion de l'auteur du texte 1 relative à l'éducation des petites filles ?

a) Les petites filles ne devraient pas jouer avec des poupées ridées comme des adultes car ceci est néfaste à leur bon développement psychologique.
b) Les nouvelles poupées par leur complexité (œsophage, capacité à uriner) ne permettent pas de développer la créativité des petites filles.
c) Les petites filles, au lieu de jouer à la poupée, devrait apprendre dès leur plus jeune âge les tâches ménagères.
d) Bientôt les poupées auront la faculté de transformer le lait en eau, laissant croire aux petites filles que ce sont les mères qui produisent l'eau.
e) Les jouets destinés aux petites filles les enferment dans les schémas dominants sur la place de la femme dans la société.

Texte 2

Le XXème siècle a été témoin de révolutions dans l'art de la guerre. La première a suivi l'apparition des perfectionnements techniques de la Première Guerre Mondiale, notamment la mitrailleuse, le char d'assaut, le sous-marin et les gaz toxiques. Pendant la seule année 1915, l'armée française a perdu 1,4 million d'hommes et, en 1916, à la bataille de Verdun, l'Allemagne en a perdu 336 000 en dix mois. La deuxième révolution, qui a causé des morts innombrables parmi les populations civiles, est survenue au cours de la Seconde Guerre Mondiale avec les innovations d'importance que représentaient les grandes forces aériennes, les porte-avions, le bombardement stratégique d'objectifs civils et le lancement des premières fusées par l'Allemagne. L'explosion des bombes atomiques d'Hiroshima et de Nagasaki a constitué la révolution suivante, ces armes se démarquaient nettement de toutes celles qui les avaient précédées, tant sur le plan quantitatif que sur le plan qualitatif. La dernière révolution a suivi la mise au point du missile balistique intercontinental (ICBM). Les États-Unis, jusqu'alors à l'abri de toute attaque grâce à leur situation géographique, sont d'un seul coup devenus plus vulnérables qu'ils ne l'avaient jamais été. À cause des progrès technologiques réalisés pendant la Seconde Guerre mondiale et par la suite, le monde entier s'est trouvé également exposé aux ravages de la guerre, la mort s'étant elle aussi démocratisée.

Dès lors, si l'on veut donner au mot « guerre » un sens assez précis et pas trop éloigné de l'usage courant, on doit pouvoir distinguer la guerre du simple conflit ou de la lutte entre individus. Toute définition doit donc mettre en évidence le caractère collectif de la guerre et aussi le fait qu'elle suppose l'emploi des armes. Cependant, cela n'implique pas que le conflit dont elle est la manifestation se réduise entièrement à son aspect militaire. En ce sens, Q. Wright a raison de dire qu'elle est « un conflit simultané de forces armées, de sentiments populaires, de dogmes juridiques, de cultures nationales ». Mais il n'y a pas de guerre à proprement parler tant que ces tensions n'aboutissent pas à la lutte violente. Il faut même, pour que ce concept puisse être employé, que l'affrontement ne soit pas trop limité.

Quoiqu'il en soit, la guerre pose diverses questions, dont celle de son inéluctabilité ; certains auteurs comme Freud voient en effet dans la guerre un fait de société inséparable de la dimension humaine de l'homme. Proudhon, dans *La Guerre et la Paix*, écrit : « La guerre est inhérente à l'humanité et doit durer autant qu'elle : elle fait partie de sa morale », l'humanité se serait alors affirmée et civilisée dans et par la guerre. D'autre part, la question de la guerre est indissociable de la question politique : l'État peut alors se définir, comme le pense Max Weber, par « le monopole de la violence physique légitime ». La guerre devient alors nécessaire à l'État pour se construire et s'imposer. En outre, si l'action politique seule peut légitimer la guerre et le recours à la violence, c'est parce que la finalité politique d'une guerre est d'imposer sa volonté politique à l'adversaire. Enfin, la guerre entretient un rapport étroit avec le sacré : d'abord parce qu'elle fut longtemps considérée comme une activité sacrée, soumise à des règles précises et correspondant à une philosophie du sacrifice ; mais aussi parce qu'aujourd'hui encore, la religion est une cause première et majeure de conflits.

Question 8. Quelle affirmation s'accorde le mieux avec la définition du mot guerre telle qu'elle est exprimée dans le texte 2 ?

a) La guerre est un conflit armé entre deux puissances qui suppose exclusivement l'emploi des armes.
b) La guerre ne peut se résumer à un conflit armé et il existe des guerres sans aucune lutte violente.
c) Un affrontement armé extrêmement limité, à condition qu'il soit collectif, est assimilable à une guerre.
d) Un conflit simultané de sentiments nationaux, de principes juridiques et de cultures populaires est une guerre.
e) Un affrontement armé minimum et l'implication de communautés permet de définir une guerre.

Question 9. Comment l'auteur du texte 2 définit-il le rapport entre la guerre et le sacré ?

1. De nombreux conflits sont religieux.
2. La guerre est un moyen efficace de conversion.
3. La symbolique guerrière comprend une dimension sacrée.

a) 1 + 3
b) 2 + 3
c) 1 + 2 + 3
d) Uniquement 2
e) Uniquement 3

Question 10. Quelles sont les caractéristiques de la troisième révolution dans l'art de la guerre ?

a) Le bombardement stratégique d'objectifs civils entraînant un accroissement significatif du nombre de morts.
b) Une rupture technologique qualitative permettant de mieux définir les cibles.
c) Un accroissement considérable de la puissance des armes.
d) Le bombardement d'Hiroshima et de Nagasaki.
e) Une certaine démocratisation de la mort.

Question 11. Quelle est la conclusion de l'auteur du texte 2 quant à la dimension politique de la guerre ?

a) L'action politique est un des éléments permettant de légitimer la guerre.
b) La sacralité de l'État est une source majeur de conflit.
c) La guerre doit être un instrument exclusif de l'État lui permettant d'asseoir sa légitimité intérieure et extérieure.
d) La guerre a permis de civiliser l'homme et de rendre possible l'avènement des États.
e) La guerre permet la création de nations en agrégeant des sentiments populaires, des règles juridiques et des cultures nationales.

Question 12. Le texte 2 conclut-il à une légitimation de la guerre ?

a) Plutôt oui
b) Sans aucun doute
c) Ni oui, ni non
d) Plutôt non
e) Clairement non

Question 13. Pour Q. Wright, la guerre se définit par :

1. L'emploi des armes.
2. Une animosité des populations.
3. Une certaine dimension dans le temps.

a) 1 + 2
b) 1 + 3
c) 2 + 3
d) 1 + 2 +3
e) Uniquement 2

Question 14. Pour l'auteur du texte 2, quelle est la cause principale des mutations de la guerre au cours du XXème siècle ?

a) La dimension politique et l'affirmation de l'État-Nation.
b) La religion, cause majeure de conflits.
c) Les sentiments populaires et les cultures nationales.
d) Les évolutions techniques et technologiques.
e) L'implication d'un nombre croissant de civils conduisant à une démocratisation de la mort.

Question 15. Quelle sont les principales innovations apparues au cours de la Seconde Guerre Mondiale ?

a) Les porte-avions, les sous-marins, les bombardements de civils mais ni les fusées ni les missiles.
b) Les forces aériennes, le bombardement de civils, la bombe atomique mais pas les sous-marins.
c) L'aviation, les bombardements de civils, les fusées mais pas la bombe atomique.
d) Les missiles balistiques intercontinentaux, les fusées, les porte-avions mais pas les gaz toxiques.
e) La bombe atomique, les sous-marins, les porte-avions, le bombardement de civils mais pas les missiles balistiques intercontinentaux.

Ne pas tourner la page   ***avant expiration des 20 minutes.***

Sous-test 2
CALCUL

Durée : 20 minutes
15 questions

Consignes

Cette épreuve est constituée de 15 questions pour lesquelles vous disposez de 20 minutes.

Les questions ne sont pas classées par ordre de difficulté.

Barème d'évaluation

Réponse exacte :	+ 4 points
Réponse inexacte :	- 1 point
Absence de réponse ou réponse multiple :	0 point

La note finale de cette épreuve sera comprise entre -15 et + 60.

L'utilisation de toute calculatrice et de tout matériel électronique est interdite.

Démarrez le chronomètre pour 20 minutes de test.

Question 16. Grégory et Jonathan sont les meilleurs opticiens de Lyon. Seul, Grégory met trois heures pour réparer une monture et Jonathan, seul, met 1h30. Combien de temps mettront-ils, s'ils réparent une monture ensemble ?

a) 2 heures
b) 45 minutes
c) 1 heure
d) 1 heure et 30 minutes
e) 1 heure et 45 minutes

Question 17. Que vaut le treizième du septième de 2 639 ?

a) 14
b) 19
c) 24
d) 29
e) 34

Question 18. Deux ouvriers montent des téléviseurs. En une semaine (5 jours de travail), le second monte 2 fois plus de téléviseurs que le premier. En une journée, le second monte deux téléviseurs de plus que le premier. Combien le premier monte-t-il de téléviseurs en une journée ?

a) 4
b) 5
c) 3
d) 2
e) 1

Question 19. « *Les supporters de la dernière chance* » décident de se rendre en train en Biélorussie pour assister au premier match de l'équipe de France comptant pour les éliminatoires de la coupe d'Europe. Le train affrété compte 800 places. Les 50 premières réservations bénéficient d'un demi-tarif ; une réduction de 25 % est appliquée sur un quart des places destinées au moins de 25 ans ; les autres supporters paient plein tarif. Au moment du départ, le responsable du club de supporters est ravi, le train est complet et la recette a permis de couvrir le coût d'affrètement de 100 000 €. Quel est le prix du billet plein tarif ?

a) 137,93 €
b) 130,60 €
c) 125,00 €
d) 133,96 €
e) 140,10 €

Question 20. Si on divise 3^{63} par 9, on obtient :

a) $\frac{1^{63}}{3}$
b) 3^{21}
c) 3^{61}
d) $\left(\frac{1}{3}\right)^{62}$
e) 1^{21}

Question 21. Pour la fabrication d'un carré Hermèch, l'opérateur découpe les trois cinquièmes d'une plaque de 0,012 m² de soie qu'il divise ensuite en six parts égales. Quelle est la surface de chaque carré ?

a) 1,2 cm²
b) 2,2 cm²
c) 120 cm²
d) 22 cm²
e) 12 cm²

Question 22. En 2010 les collèges de ZEP comptaient en moyenne 1 080 élèves pour 90 professeurs. Mais en 2013, cette moyenne est de 1 170 élèves pour 78 professeurs. Quelle est l'évolution du nombre moyen d'élèves par professeur ?

a) Il est resté rigoureusement constant.
b) Il a augmenté de 20 %.
c) Il a augmenté de 25 %.
d) Il a baissé de 20 %.
e) Il a baissé de 25 %.

Question 23. Lors des fiançailles de David et Agnès, chaque personne a fait deux bises (une sur chaque joue) à chacune des autres personnes présentes. Combien de personnes étaient présentes sachant que 2 070 bises ont été échangées en tout ?

a) 24
b) 39
c) 46
d) 51
e) 58

Question 24. De retour sur son bateau, Gérard met directement le cap sur Antigua. Il décide de ranger son grelin (le cordage de forte section utilisé pour l'amarrage du bateau) en le pliant en deux. Puis en repliant le résultat obtenu en deux, et ainsi de suite... L'opération est répétée 10 fois. Le dernier pli mesure 2 mètres. Quelle est la longueur, en mètres, de son grelin ?

a) 16 mètres
b) 64 mètres
c) 384 mètres
d) 1 024 mètres
e) 2 048 mètres

Question 25. Le cabinet *Elkaim, Père, Fils & Fille* compte 500 auditeurs. Ce prestigieux cabinet facture en moyenne 80 € l'heure d'audit. Les auditeurs seniors sont facturés 125 € de l'heure, en revanche, les auditeurs juniors ne sont facturés que 75 € de l'heure. Combien d'auditeurs seniors compte le cabinet *Elkaim, Père, Fils & Fille* ?

a) 50
b) 175
c) 25
d) 450
e) 250

Question 26. Le petit Aaron est immobile sur le quai de la gare, il observe un train défiler devant lui, la scène dure 9 secondes. Son père a calculé que la traversée totale d'un pont de 300 mètres par ce même train à la même vitesse prendrait 27 secondes. Quelle est, en mètres, la longueur du train ?

a) 100 mètres
b) 150 mètres
c) 175 mètres
d) 210 mètres
e) 240 mètres

Question 27. Deux villes A et B sont distantes de 258 km. Deux cars partent strictement au même moment de A et B. Le car partant de A roule à 60 km/h et celui partant de B roule à 50 km/h. À quelle distance (arrondie à l'inférieur) de A les deux cars se croiseront-ils ?

a) 117,27 kilomètres
b) 126,58 kilomètres
c) 131,25 kilomètres
d) 140,72 kilomètres
e) 148,65 kilomètres

Question 28. Si on augmente la largeur d'un rectangle de 5 cm et sa longueur de 3 cm, l'aire de ce rectangle augmente de 52 cm². Si on diminue la largeur du rectangle de 3 cm et sa longueur de 1 cm, l'aire de ce rectangle diminue de 16 cm². Quelle est l'aire initiale du rectangle ?

a) 37 cm²
b) 36 cm²
c) 20 cm²
d) 19 cm²
e) 45 cm²

Question 29. ABC est un triangle rectangle en A tel que BC = 80 cm et AB = 48 cm. Que vaut AC ?

a) 64 cm
b) 56 cm
c) 60 cm
d) 52 cm
e) 72 cm

Question 30. Parmi les nombres entiers à deux chiffres compris entre 10 et 99, combien n'ont pas le produit de leurs chiffres égal à 8 ?

a) 4
b) 88
c) 6
d) 86
e) 2

Ne pas tourner la page
avant expiration des 20 minutes.

Sous-test 3
Raisonnement & Argumentation

Durée : 20 minutes
15 questions

Consignes

Cette épreuve comporte 15 questions constituées chacune d'un paragraphe de quelques lignes et d'une question. Ces questions sont des questions de raisonnement qui ne nécessitent pas une connaissance approfondie de la logique formelle. Il est fortement conseillé aux candidats de lire et de relire très attentivement les paragraphes ainsi que les questions avant d'y répondre.

Cinq propositions sont formulées. Une seule est acceptable en fonction du paragraphe et de la question. Certaines traduisent une parenté de formulation ; aussi il est fortement conseillé, là encore, de lire et de relire très attentivement les cinq propositions de réponse.

Barème d'évaluation

Réponse exacte :	+ 4 points
Réponse inexacte :	- 1 point
Absence de réponse ou réponse multiple :	0 point

La note finale de cette épreuve sera comprise entre -15 et + 60.

L'utilisation de toute calculatrice
et de tout matériel électronique est interdite.

Démarrez le chronomètre pour 20 minutes de test.

Question 31. Victoire est moins jeune que Constance. Priscille est plus âgée que Victoire mais n'est pas plus jeune que Domitille. Quelle est la personne la plus jeune ?

a) On ne peut pas le déterminer.
b) Victoire
c) Constance
d) Priscille
e) Domitille

Question 32. Il ne se passait pas de jour que quelque incident surprenant ou sinistre ne ravive l'angoisse qui était née en lui à l'instant où, ayant compris qu'il était le seul survivant du naufrage, il s'était senti orphelin de l'humanité.

Quelle affirmation ne contredit pas l'énoncé ?

a) Rien ne vient jamais raviver son angoisse.
b) Il est rare que quelque incident vienne raviver son angoisse.
c) Il arrive que quelque incident vienne raviver son angoisse.
d) Chaque jour quelque incident vient raviver son angoisse.
e) Parfois, un incident vient surprendre son angoisse.

Question 33. Vous disposez d'un dé à 6 faces parfaitement équilibré dont les faces sont numérotées de 1 à 6. Combien de fois au minimum devez-vous lancer ce dé pour être sûr d'obtenir la face numérotée 2 ?

a) 1
b) 2
c) 6
d) 26
e) Il n'y a pas de minimum fini.

Question 34. Trouvez l'intrus.

a) Aussi peu réaliste que soit cette proposition, elle séduira le public.
b) Même si son réalisme ne fait aucun doute, cette proposition séduira le public.
c) Quel que soit son irréalisme, cette proposition séduira le public.
d) Bien qu'elle soit tout sauf réaliste, cette proposition séduira le public.
e) Le succès de cette proposition auprès du public est assuré, même si cette proposition est loin d'être réaliste.

Question 35. Plusieurs critiques estiment que des importants progrès seront fait dans le domaine de l'intelligence artificielle uniquement à condition que notre compréhension des processus de la pensée humaine progresse. Cependant, aucune avancée significative dans la technologie des submersibles n'a été réalisée grâce à notre meilleure compréhension de la nage des poissons.

Le raisonnement suivant repose sur une analogie établie entre les domaines de l'intelligence artificielle et ...

a) le processus de la pensée humaine.
b) la simulation numérique de la nage des poissons.
c) la méthode utilisée par les dauphins pour nager.
d) les recherches dans le domaine des sciences cognitives.
e) l'hydrodynamique des submersibles.

Question 36. En 2010 les cas de dengue ont été les maladies les plus courantes en Guadeloupe, suivies par les angines de poitrine et les cancers. Le nombre d'angine de poitrine et de cancer augmente avec le vieillissement de la population, alors que le taux de dengue reste stable quel que soit l'âge. Il faut savoir que l'âge moyen de la population augmente chaque année en Guadeloupe.

Quelle conclusion peut-on tirer ?

a) Les cas de dengue seront plus fréquents en 2045.
b) Les angines de poitrine seront les maladies les plus courantes en 2045.
c) L'âge moyen des personnes souffrant de la dengue se sera accru entre 2010 et 2045.
d) Moins de personnes souffriront de la dengue en 2045 par rapport à 2010.
e) Une majorité de la population souffrira de la dengue, d'un cancer ou d'une angine de poitrine en 2045.

Question 37. À chaque bonne réponse, la maîtresse distribue une image à ses élèves. Elle détient dans son tiroir 13 images de Zidane et 13 images de Materrazi. Combien faut-il de bonnes réponses pour être sûr que les élèves reçoivent au moins une image de Zidane ?

a) 2
b) 3
c) 15
d) 14
e) 26

Question 38. Le chat gris qu'il avait dérangé dans le salon, la nuit passée, mit la tête à la chatière, se glissa en dépêtrant ses pattes du trou, l'une après l'autre, et vint se frotter à lui en ronronnant.

Quel fait se déroule avant tous les autres ?

a) Le chat met la tête à la chatière.
b) Le chat est dérangé.
c) Le chat dépêtre ses pattes du trou.
d) Le chat ronronne.
e) Le chat se glisse.

Question 39. La ravissante Noa a 4 sœurs et 3 frères. Jérémie est un frère de Noa. Quel nombre obtient-on si l'on multiplie le nombre de sœurs par le nombre de frères de Jérémie ?

a) 5
b) 8
c) 10
d) 14
e) 15

Question 40. Vaincus par le nombre, les défenseurs du navire ne purent empêcher finalement que les hommes de Jack Sparrow, montant à l'abordage avec une férocité inouïe, ne prennent pied sur le pont.

Quelle proposition s'accorde le mieux avec le paragraphe ?

a) Les hommes de Jack Sparrow n'ont pas pris le pont.
b) Seuls quelques hommes de Jack Sparrow ont pris pied sur le pont.
c) Les hommes de Jack Sparrow ont brutalement pris pied sur le pont.
d) On ne sait pas si les hommes de Jack Sparrow ont finalement pris pied sur le pont ou non.
e) Jack Sparrow a enlevé la belle Elizabeth Swann.

Question 41. Christophe, Jean, François et Jean-Pierre sont quatre hommes au look très différent. L'un porte toujours des chemises roses, un autre des baskets, un autre des lunettes et le dernier a toujours ses clefs autour du cou. Christophe et François, grands fans de Dick Rivers portent toujours des Santiags. Jean et Jean-Pierre ont horreur du rose. François et Jean-Pierre ne portent jamais de lunettes. Christophe et François trouvent ridicule de se promener avec des clefs autour du cou.

Lequel des quatre porte toujours des chemises roses ?

a) Jean
b) François
c) Il n'est pas possible de le dire
d) Jean-Pierre
e) Christophe

Question 42. Samuel, Yankel et Majid sont invités à une compétition de Fantasia marocaine. Samuel a prévenu qu'il viendrait si son frigidaire fonctionne normalement, mais aussi que si son frigidaire ne marche pas il est prêt à faire venir un réparateur. Yankel a dit qu'il viendrait uniquement en cas de beau temps. Finalement seul Samuel a assisté au match.

Quelle affirmation découle obligatoirement de ces informations ?

a) Le copain de Yankel n'était pas invité.
b) Le temps était pluvieux.
c) Le frigidaire de Samuel était en panne.
d) Samuel a fait réparer son frigidaire avant la compétition.
e) Majid est un réparateur de frigidaires efficace.

Question 43. Il se souleva un peu du derrière et s'assit dans le vide à l'emplacement qu'il venait de déblayer. Il s'adossa confortablement et ne bougea plus : ses pieds ne touchaient plus terre. La vieille dame était si impressionnée qu'elle se leva ; le contraire de tout à l'heure : quand Arié se levait elle s'asseyait, quand il s'asseyait, elle se levait. Elle se grattait la tête.

Quel fait se déroule avant tous les autres ?

a) Arié se soulève du derrière.
b) La vieille dame est impressionnée.
c) Arié déblaie l'emplacement.
d) Arié s'assied dans le vide.
e) La vieille dame se gratte la tête.

Question 44. Les Français sont les champions d'Europe de la consommation de somnifères, tranquillisants, neuroleptiques et autres antidépresseurs. Et cela n'est pas près de s'arranger, car le médicament représente aujourd'hui une réponse au dysfonctionnement de notre société.

Quel argument soutient le mieux la conclusion de ce passage ?

a) Les industriels de la pharmacie contrôlent la formation et l'information des médecins grâce aux revues et aux colloques financés par les laboratoires.
b) Les utilisateurs ont généralisé un comportement de consommateurs, achetant ces produits comme de la bière ou des yaourts (sauf qu'ils sont remboursés à 70 %).
c) Ces produits modifient la vigilance et la mémoire : ils sont la cause de nombreux accidents de la route ou du travail.
d) Un médecin n'a pas le temps d'approfondir le suivi thérapeutique d'un patient anxieux car menacé par le chômage, seulement de rédiger une ordonnance.
e) Dans le domaine du psychique, on a induit des schémas de pensée où la tristesse et l'angoisse sont considérées comme des stades de dépression maladive.

Question 45. « La fortune vient en dormant »

Quelle proposition explique le mieux le proverbe ci-dessus ?

a) Dormir excessivement favorise la chance.
b) C'est en dormant bien et en étant reposé que l'on trouve les meilleures idées pour s'enrichir.
c) Les rêves nous dissuadent de notre soif de richesses.
d) Il faut attendre patiemment un heureux coup du sort pour s'enrichir.
e) La fortune comme l'avenir appartient aux gens qui se couchent tôt et qui se lèvent tôt.

Ne pas tourner la page
avant expiration des 20 minutes.

Sous-test 4
CONDITIONS MINIMALES

Durée : 20 minutes
15 questions

Consignes

Chacun des 15 problèmes qui suivent comporte une question et deux informations étiquetées (1) et (2). Vous devez décider si ces informations sont suffisantes pour répondre à la question.

Vous cocherez :

A) Si l'information (1) permet à elle seule de répondre à la question, et si l'information (2) à elle seule ne permet pas de répondre à la question.

B) Si l'information (2) permet à elle seule de répondre à la question, et si l'information (1) à elle seule ne permet pas de répondre à la question.

C) Si les deux informations (1) et (2) ensemble permettent de répondre à la question, et aucune séparément ne le peut.

D) Si chaque information permet séparément de répondre à la question.

E) Si les deux informations ensemble ou séparément ne permettent pas de répondre à la question.

Sauf précision contraire, tous les nombres utilisés sont des nombres réels.

Barème d'évaluation

Réponse exacte :	+ 4 points
Réponse inexacte :	- 1 point
Absence de réponse ou réponse multiple :	0 point

La note finale de cette épreuve sera comprise entre -15 et + 60.

L'utilisation de toute calculatrice et de tout matériel électronique est interdite.

Démarrez le chronomètre pour 20 minutes de test.

A)	Si l'information (1) permet à **elle seule** de répondre à la question, et si l'information (2) à elle seule ne permet pas de répondre à la question.
B)	Si l'information (2) permet à **elle seule** de répondre à la question, et si l'information (1) à elle seule ne permet pas de répondre à la question.
C)	Si les deux informations (1) et (2) **ensemble** permettent de répondre à la question, et aucune séparément ne le peut.
D)	Si **chaque** information permet séparément de répondre à la question.
E)	Si les deux informations **ensemble ou séparément** ne permettent pas de répondre à la question.

Question 46. Trois enfants possèdent en moyenne 136 billes, l'enfant possédant le moins de billes a-t-il moins de 120 billes ?

(1) L'enfant possédant le plus de billes détient 144 billes.
(2) Un des enfants possède 140 billes.

Question 47. Quel est l'âge de Paul sachant qu'il a moins de cent ans ?

(1) Dans trois ans le deuxième chiffre de son âge sera le double du premier.
(2) Son âge actuel est un multiple de 11.

Question 48. $X + Y \geq 0$?

(1) $X - Y \geq 0$
(2) $Y - X \leq 0$

Question 49. Quelle heure indique une vielle montre automatique Felipe Potek lorsque l'heure officielle est 21h30 ?

(1) La montre a été mise à l'heure officielle à 8h du matin et actuellement, l'angle entre l'aiguille des heures et l'aiguille des minutes est de 92°.
(2) La montre prend 1 seconde de retard par rapport à l'heure officielle à chaque période de 10 minutes.

Question 50. L'assemblée générale des copropriétaires du lotissement des Aqueducs à Chaponost s'est tenue le 25 janvier. Combien de personnes participaient à cette réunion ?

(1) Le lotissement comporte 35 maisons.
(2) 50 % de copropriétaires étaient représentés par une et une seule personne.

A)	Si l'information (1) permet à **elle seule** de répondre à la question, et si l'information (2) à elle seule ne permet pas de répondre à la question.
B)	Si l'information (2) permet à **elle seule** de répondre à la question, et si l'information (1) à elle seule ne permet pas de répondre à la question.
C)	Si les deux informations (1) et (2) **ensemble** permettent de répondre à la question, et aucune séparément ne le peut.
D)	Si **chaque** information permet séparément de répondre à la question.
E)	Si les deux informations **ensemble ou séparément** ne permettent pas de répondre à la question.

Question 51. Soient a et b deux nombres entiers positifs. Le résultat de l'expression $3a^2b^3 + b^2$ est-il pair ?

(1) a est pair.
(2) b est pair.

Question 52. Un vendeur de téléphone mobile perçoit une commission de 6 % du prix de vente d'un combiné. Quel est le prix de vente du dernier modèle Aïpomme 4 d'Appeule ?

(1) Le vendeur a touché 2 220 € de commission le mois dernier.
(2) La commission pour les vendeurs s'élève à 15 € par téléphone Aïpomme vendu.

Question 53. Combien Dan a-t-il de frères ?

(1) Mélina, sa maman, est l'heureuse mère de cinq enfants.
(2) Dan a autant de frères que de sœurs.

Question 54. Soit cdu un nombre à trois chiffres divisible par 9. Que vaut ce nombre sachant que les chiffres c, d et u forment une progression arithmétique décroissante ?

(1) Le chiffre des dizaines est un multiple de 3.
(2) Le chiffre des centaines est le double du chiffre des dizaines.

Question 55. Patrick dispose de deux tuyaux A et B offrant la même pression pour remplir sa piscine. Lorsqu'il utilise exclusivement le tuyau A, le réservoir est rempli en 20 minutes. Combien de temps lui faudra-t-il pour remplir sa piscine en utilisant conjointement les tuyaux A et B ?

(1) La section du tuyau B est le double de celle du tuyau A.
(2) Le débit du tuyau B est égal à 10 litres/mn.

A)	Si l'information (1) permet à **elle seule** de répondre à la question, et si l'information (2) à elle seule ne permet pas de répondre à la question.
B)	Si l'information (2) permet à **elle seule** de répondre à la question, et si l'information (1) à elle seule ne permet pas de répondre à la question.
C)	Si les deux informations (1) et (2) **ensemble** permettent de répondre à la question, et aucune séparément ne le peut.
D)	Si **chaque** information permet séparément de répondre à la question.
E)	Si les deux informations **ensemble ou séparément** ne permettent pas de répondre à la question.

Question 56. Ève participe au plus grand tournoi de tir à l'arc de Césarée. Mélina, sa maman, suit la compétition avec attention, elle sait que la cible comprend quatre régions circulaires inscrites l'une dans l'autre : bleue, jaune, verte et rouge. Lorsque la flèche atteint l'une des régions colorées, le tireur obtient respectivement zéro, trois, cinq et sept points. Après son dernier tir, Ève a obtenu en tout 73 points. Mélina s'interroge : combien de fois Ève a-t-elle atteint la région jaune, celle qui rapporte trois points ?

(1) Ève a tiré 7 fois au cours de la première manche, 7 fois au cours de la deuxième manche et seulement 6 fois au cours de la troisième et dernière manche.
(2) La somme des points obtenus dans les régions jaune, verte et rouge sont comprises entre 20 et 40 points.

Question 57. Victoria a ouvert un magasin de pulls le 15 mai et a vendu ce jour-là 20 pulls. Les affaires prennent de l'ampleur et chaque jour elle augmente régulièrement de N le nombre de pulls vendus. Quel est le prix de vente d'un pull ?

(1) Le 26 mai, elle a vendu 152 pulls.
(2) Son chiffre d'affaires réalisé entre le 15 et le 26 mai est de 23 736 €.

Question 58. Lors de la finale du 200 mètres aux JO de Londres, tous les coureurs sont marqués par un numéro différent et supérieur à 0 dans le dos. Quels sont les numéros des trois premiers dans le désordre ?

(1) La somme des numéros des trois premiers est égale à 6.
(2) Le vainqueur porte le numéro 2.

Question 59. Quel est le pourcentage d'étudiants étrangers dans cette université ?

(1) 70 % des étudiants étrangers sont boursiers.
(2) 30 % des étudiants sont boursiers.

A)	Si l'information (1) permet à **elle seule** de répondre à la question, et si l'information (2) à elle seule ne permet pas de répondre à la question.
B)	Si l'information (2) permet à **elle seule** de répondre à la question, et si l'information (1) à elle seule ne permet pas de répondre à la question.
C)	Si les deux informations (1) et (2) **ensemble** permettent de répondre à la question, et aucune séparément ne le peut.
D)	Si **chaque** information permet séparément de répondre à la question.
E)	Si les deux informations **ensemble ou séparément** ne permettent pas de répondre à la question.

Question 60. Le nombre x est-il divisible par 18 ?

(1) x est divisible par 2 et 3.
(2) x est divisible par 11 et 5.

Ne pas tourner la page
avant expiration des 20 minutes.

Sous-test 5
EXPRESSION

Durée : 20 minutes
15 questions

Consignes

Cette épreuve comporte différents types d'exercices :

1. Évaluer le degré de synonymie dans les reformulations.
2. Choisir la formulation qui reprend le mieux (correction et clarté) l'énoncé initial.
3. Choisir les mots qui assurent la cohérence du texte.

Attention !

- Soyez rapide.
- Soyez attentif aux consignes de chaque exercice.

Barème d'évaluation

Réponse exacte :	+ 4 points
Réponse inexacte :	- 1 point
Absence de réponse ou réponse multiple :	0 point

La note finale de cette épreuve sera comprise entre -15 et + 60.

L'utilisation de toute calculatrice et de tout matériel électronique est interdite.

Démarrez le chronomètre pour 20 minutes de test.

Recherche de synonymie

Consigne de 61 à 65 : Choisissez la reformulation dont le sens se rapproche le plus du passage / des passages souligné(s).

Question 61. Après toutes ces années de collaboration, Igal considérait Jean-Claude comme un véritable mentor.

a) un fieffé menteur.
b) un devin patenté.
c) un héros sauveur du monde.
d) un conseiller attentif et avisé.
e) un patron zélé.

Question 62. Mais, au-delà de cet enracinement dans le territoire, la nouvelle congolaise de langue française est aussi ouverte sur le monde. Elle pose, en définitive, le problème récurrent des valeurs universelles : droits fondamentaux de l'homme dont les libertés, la dignité de toute vie humaine, extermination de la misère sous toutes ses formes, etc. On a, dans cette nouvelle vision du réalisme, affaire à une valeur universelle fondamentale : l'humanisme.

a) le problème qui obsède tous les esprits
b) le problème le plus important
c) le problème qui revient régulièrement
d) le problème latent
e) le problème de plus en plus grave

Question 63. Elle ne croyait pas à la possibilité d'une rémission, mais, encore y eût-elle cru, qu'elle n'eût pas retrouvé pour autant sa véritable raison de vivre.

a) elle y croyait encore, mais elle n'avait pas retrouvé
b) elle n'y avait pas encore cru, mais elle avait déjà retrouvé
c) elle doit pourtant y croire encore pour pouvoir retrouver
d) même si elle y avait cru, elle n'aurait pas retrouvé
e) si elle y avait cru, elle aurait retrouvé

Question 64. En revanche, selon le médecin lyonnais Gilibert, la mortalité des enfants confiés à des nourrices est dévastatrice puisqu'il écrit : « Nous avons trouvé que les Lyonnais, tant bourgeois qu'artisans, perdaient les deux tiers de leurs enfants sous la direction des nourrices mercenaires. »

a) parmi lesquels il y a autant de bourgeois que d'artisans
b) tant ils sont bourgeois et artisans
c) qu'ils soient bourgeois ou qu'ils soient artisans
d) tant il y a parmi eux de bourgeois et d'artisans
e) les bourgeois tendant vers les artisans

Question 65. Voltaire conclut alors son discours devant les académiciens par cette phrase : « <u>Chaque animal a son instinct ; et l'instinct de l'homme fortifié par la raison, le porte à la société.</u> »

a) L'homme est fait pour travailler en collectivité.
b) L'homme a naturellement besoin d'autrui.
c) C'est la société qui corrompt l'homme.
d) La faute place l'homme au rang de la bête.
e) La solitude naturelle de l'homme ne correspond pas à son état civilisé.

Correction linguistique
Consigne de 66 à 70 : Indiquez la formulation orthographiquement et grammaticalement la plus correcte, la plus claire et la plus élégante pour exprimer le sens du passage souligné.
Le choix a) reprend la formulation initiale.

Question 66. <u>Les institutions que l'Europe a examinées se sont révélées très hétérogènes.</u>

a) Les institutions que l'Europe a examinées se sont révélées très hétérogènes.
b) Les institutions que l'Europe a examiné se sont révélées très hétérogènes.
c) Les institutions que l'Europe a examinées se sont révélé très hétérogènes.
d) Les institutions que l'Europe a examiné se sont révélé très hétérogènes.
e) Les institutions que l'Europe a examiné se sont révélé très hétérogène.

Question 67. Avec l'enthousiasme qu'on lui connaît, Yoann cria au fils de Victoria : « <u>Vaincs ta peur et demandes-la en mariage</u> ».

a) Vaincs ta peur et demandes-la en mariage.
b) Vainc ta peur et demande-la en mariage.
c) Vains ta peur et demandes-la en mariage.
d) Vaincs ta peur et demande-la en mariage.
e) Vainc ta peur et demandes-la en mariage.

Question 68. <u>Elles obligeaient les porteurs à de fatiguants détours</u> et plusieurs fois Michel dut grimper sur l'une d'elles pour tenter de s'orienter.

a) Elles obligeaient les porteurs à de fatiguants détours
b) Elles obligeaient les porteurs à de fatiguant détours
c) Elles obligeaient les porteurs à de fatigants détours
d) Elles obligeaient les porteurs à de fatigant détours
e) Elles obligeaient les porteurs à de fatiguants des tours

Question 69. Huit à neuf mille supporters de l'Olympique Lyonnais, très heureux de voir les leurs mener par un but à zéro, scandaient leur hymne.

a) Huit à neuf mille supporters de l'Olympique Lyonnais, très heureux de voir les leurs mener par un but à zéro, scandaient leur hymne.
b) Huit à neuf mille supporters de l'Olympique Lyonnais, très heureux de voir les leurs menés par un but à zéro, scandaient leur hymne.
c) Huit à neuf milles supporters de l'Olympique Lyonnais, très heureux de voir les leurs menés par un but à zéro, scandaient leur hymne.
d) Huit à neuf milles supporters de l'Olympique Lyonnais, très heureux de voir les leurs mener par un but à zéro, scandaient leur hymne.
e) Huit à neuf mille supporters de l'Olympique Lyonnais, très heureux de les voir mener les leurs par un but à zéro, scandaient leur hymne.

Question 70. Précédée d'effluves capiteuse, coiffure laquée, ongles effilés rouge carmin, sourire de tirelire et œil aguicheur : Myriam fit son entrée et son sourire tint aussi ferme que ses cheveux quand Yann lui avoua son amour.

a) Précédée d'effluves capiteuse, coiffure laquée, ongles effilés rouge carmin, sourire de tirelire et œil aguicheur : Myriam fit son entrée et son sourire tint aussi ferme que ses cheveux quand Yann lui avoua son amour.
b) Précédée d'effluves capiteux, coiffure laquée, ongles effilés rouges carmins, sourire de tirelire et œil aguicheur : Myriam fit son entrée et son sourire tint aussi ferme que ses cheveux quand Yann lui avoua son amour.
c) Précédée d'effluves capiteux, coiffure laquée, ongles effilés rouge carmin, sourire de tirelire et œil aguicheur : Myriam fit son entrée et son sourire tint aussi ferme que ses cheveux quand Yann lui avoua son amour.
d) Précédé d'effluves capiteux, coiffure laquée, ongles effilés rouge carmin, sourire de tirelire et œil aguicheur : Myriam fit son entrée et son sourire tint aussi ferme que ses cheveux quand Yann lui avoua son amour.
e) Précédée d'effluves capiteuses, coiffure laquée, ongles efilés rouge carmin, sourire de tirelire et œil aguicheur : Myriam fit son entrée et son sourire tint aussi ferme que ses cheveux quand Yann lui avoua son amour.

Cohérence

Question 71. D'après la mythologie, quelle est l'expression incorrecte ?

a) Le talon d'Achille
b) La boîte de Pandore
c) Un supplice de Tantale
d) Les yeux d'Argus
e) Les bras de Scylla

Consigne de 72 à 75 : complétez avec la suite la plus cohérente.

Question 72. C'est vous qui m'apprîtes que cette édition ………… [du Siècle de Louis XIV] était chargée de quatre lettres de la Beaumelle, dans lesquelles il outrage des officiers de la maison du roi de Prusse.

a) subjonctive
b) subjective
c) subliminale
d) subrogée
e) subreptice

Question 73. En l'an 2010, 4,9 millions de personnes ont été contaminées par le sida, dont 3,7 millions en Afrique. Dans un rapport, le Comité du développement de la Banque mondiale mesure l'importance de la progression de l'épidémie et de ses conséquences. Au-delà de sa dimension proprement sanitaire, le sida apparaît désormais aux yeux des responsables politiques mondiaux comme un problème de développement. Le sida menace, en effet, la croissance économique et sociale de nombreux pays dans la mesure où, touchant surtout les tranches d'âge entre 15 et 49 ans, elle atteint les populations les plus ……………

a) à risques
b) consommatrices
c) émergentes
d) productives
e) jeunes

Question 74. Depuis deux ans, une soirée mensuelle, « *Facebook Colocation Group* », réunit à Paris ceux qui offrent une chambre à louer dans un appartement et ceux qui cherchent un logement à partager. La plupart des colocataires potentiels sont jeunes et l'ambiance est en apparence décontractée : si on commence toujours, …………, par se vouvoyer, le tutoiement devient assez vite la norme.

a) noblesse oblige
b) fidélité oblige
c) politesse oblige
d) immobilier oblige
e) respect oblige

Question 75. Mais, lorsque l'immobilier britannique et la City ont commencé à pâlir, la livre a dû descendre de ………… Or, aujourd'hui, l'économie américaine semble comparativement plus forte que celle du Royaume-Uni, où les marchés attendent encore que les taux britanniques baissent plus vite que partout ailleurs.

a) son piédestal
b) son nuage
c) son sommeil
d) son Panthéon
e) sa torpeur

Ne pas tourner la page avant expiration des 20 minutes.

Sous-test 6
LOGIQUE

Durée : 20 minutes
15 questions

Consignes

Les **huit premières questions** sont des problèmes d'intersection de deux séries. Chaque question contient deux séries, une série est présentée horizontalement et l'autre verticalement. Elles sont constituées de groupes de lettres ou de chiffres. Il s'agit pour vous de choisir parmi les cinq réponses qui vous sont proposées, le groupe de lettres ou de chiffres qui pourrait aussi bien appartenir à la série présentée horizontalement qu'à la série présentée verticalement et ainsi occuper **la place du point d'interrogation**.

Les **sept dernières questions** sont des problèmes de séries portant sur des données de nature spatiale. Chacune des séries est constituée de trois cases comprenant des graphiques suivies d'une case contenant un point d'interrogation. Les trois premières cases doivent vous permettre d'inférer le contenu de la case qui devrait occuper **la place du point d'interrogation**. La question porte donc sur le point d'interrogation et vous devez choisir votre réponse parmi les cinq propositions de réponse qui vous sont faites.

Barème d'évaluation

Réponse exacte :	+ 4 points
Réponse inexacte :	- 1 point
Absence de réponse ou réponse multiple :	0 point

La note finale de cette épreuve sera comprise entre - 15 et + 60.

L'utilisation de toute calculatrice et de tout matériel électronique est interdite.

Démarrez le chronomètre pour 20 minutes de test.

Question 76.

	2 5 6			
	1 9 6			
	2 8 9			
2 7 3	?	1 1 7	7 8	2 2 1
	1 4 4			

a) 2 2 5 b) 1 4 3 c) 1 3 4 d) 1 6 9 e) 3 2 4

Question 77.

		U M P		
		L P S		
		Q S H		
L J B	M H O	?	P G U	X L S
		M L N		

a) R P R b) R Z O c) R G T d) N J O e) N A T

Question 78.

5 5 5 5				
?	5 2 1 0	5 3 1 5	4 6 2 4	8 2 1 6
6 4 3 7				
1 4 7 8				
2 7 8 3				

a) 9 5 b) 5 6 9 0 c) 1 0 5 d) 8 8 6 4 e) 2 9 1 8

Question 79.

		A A C		
		A A E		
J J U	J J E	?	D D H	U U P
		A A K		
		A A M		

a) A A A b) T H P c) A A F d) A A G e) A A I

Question 80.

	8 5 5			
	9 0			
4 6 2 3	?	8 4	2 1	4 2 2 1
	6 4 8			
	3 6 9			

a) 9 9 b) 2 1 c) 1 6 4 d) 4 9 5 e) 6 3

Question 81.

	B G T			
	S H C			
	D M R			
A F G	?	K H I	Y M N	S O P
	F A P			

a) K I J b) Q I E c) G H I d) A M N e) Q D E

Question 82.

	2 1 6			
	1 2 5			
3 2 5	?	1 0 1	9 1 1 0	4 1 5
	1 3 3 1			
	5 1 2			

a) 2 2 4 b) 6 4 c) 7 2 9 d) 5 5 1 0 e) 1 0 0

Question 83.

			J B C	
			E E E	
M C D	E P O	R T F	?	H H H
			F C F	
			H E B	

a) G U J b) R C R c) K A C d) G A G e) B B K

Question 84.

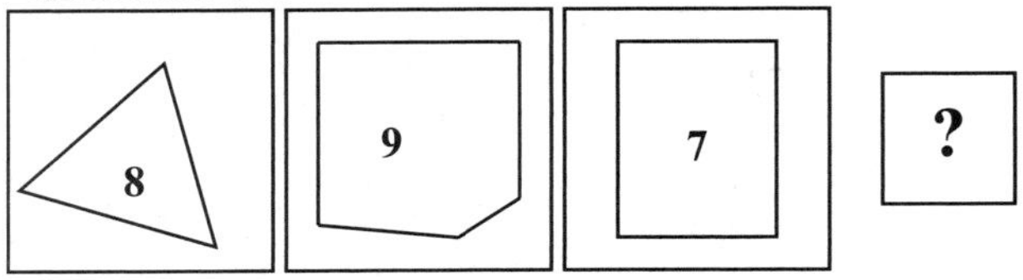

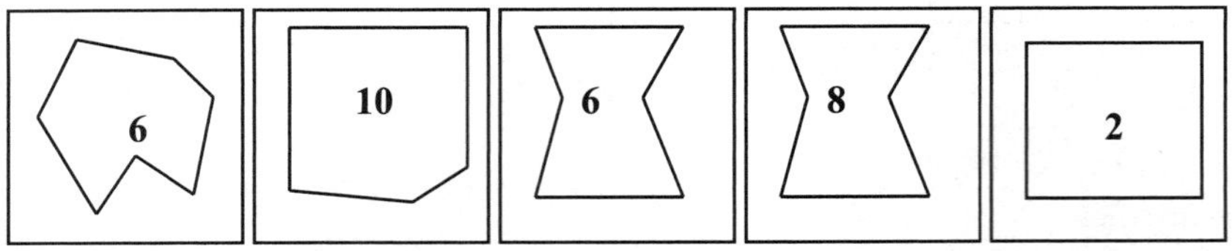

a) b) c) d) e)

Question 85.

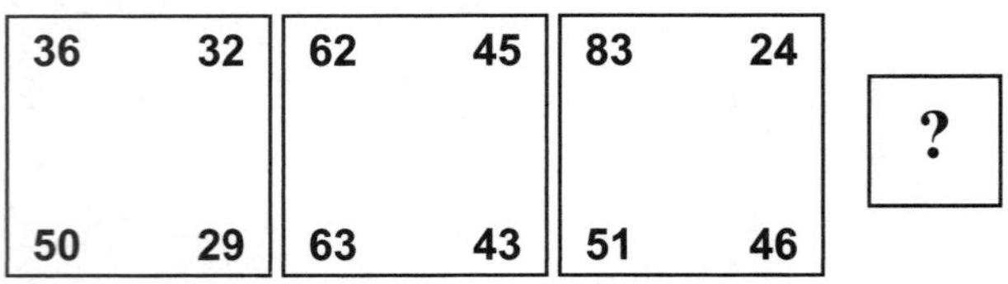

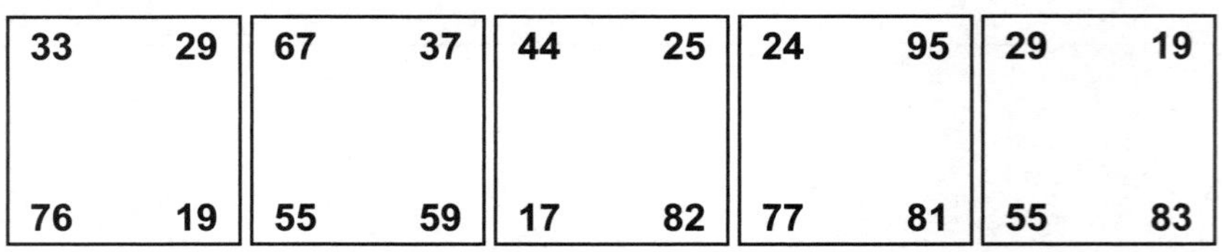

a) b) c) d) e)

Question 86.

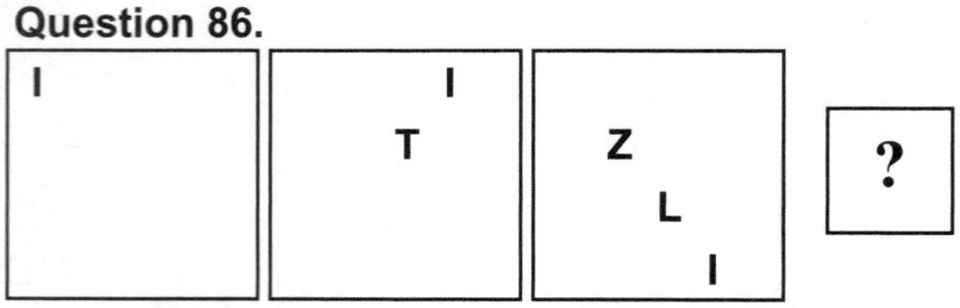

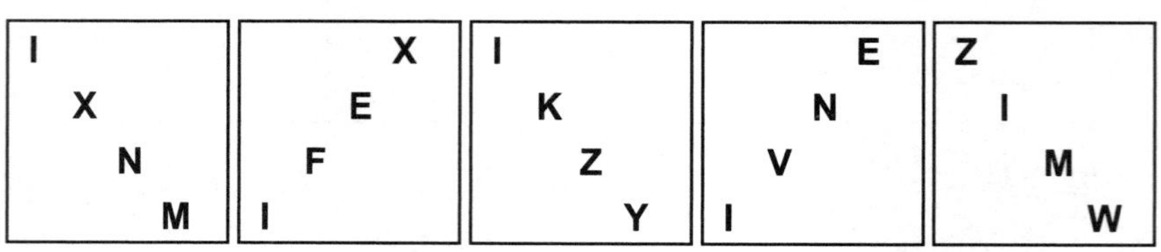

a) b) c) d) e)

Question 87.

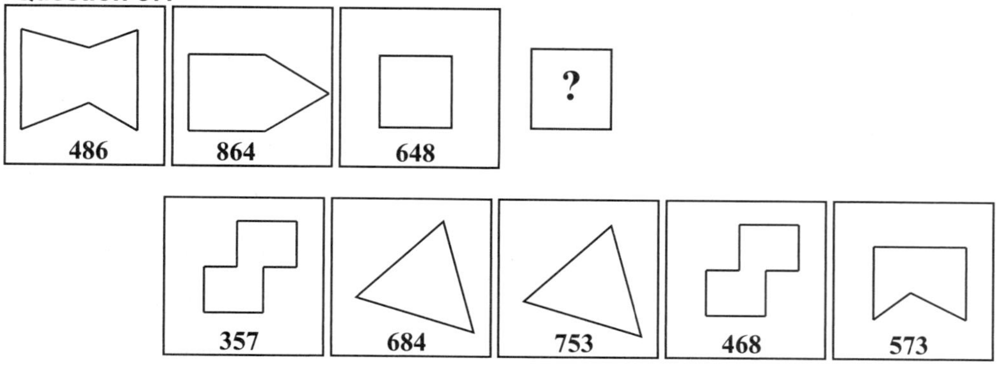

a) b) c) d) e)

Question 88.

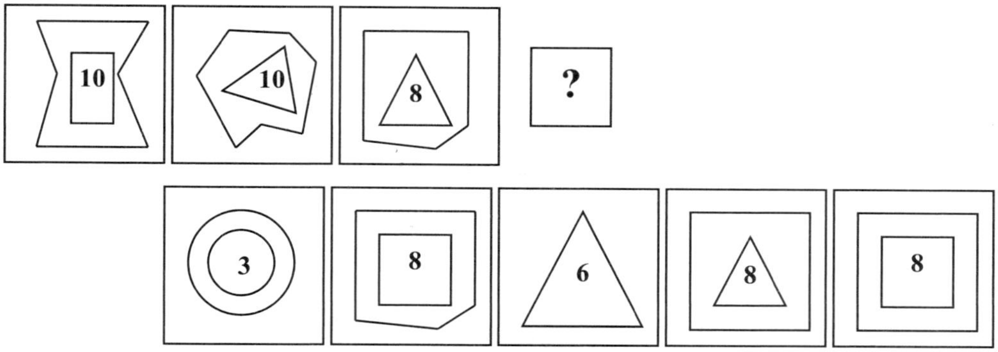

a) b) c) d) e)

Question 89.

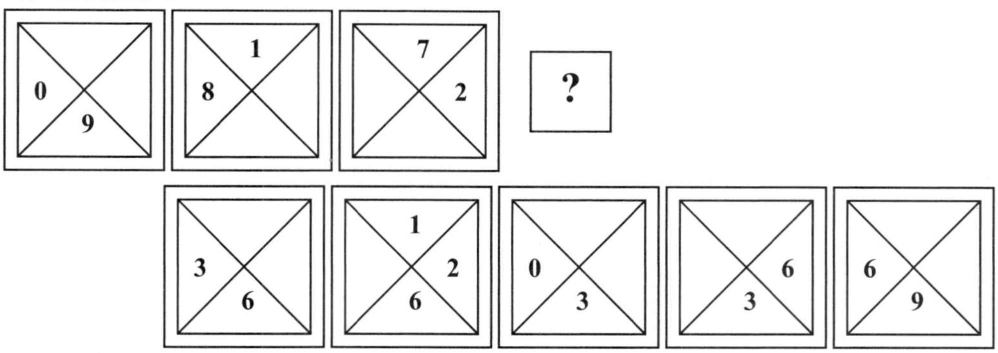

a) b) c) d) e)

Question 90.

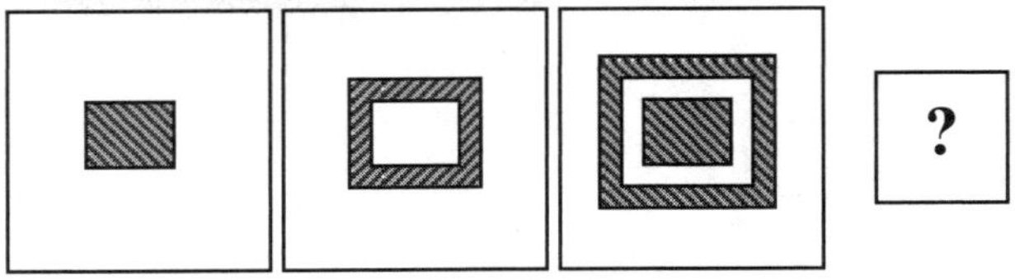

a) b) c) d) e)

Ne pas tourner la page
avant expiration des 20 minutes.

Calculez votre score à l'aide des grilles de correction en pages 666 et 667.

Calculez votre score à l'aide des grilles de correction en pages 666 et 667.

Cartographie de vos forces et faiblesses

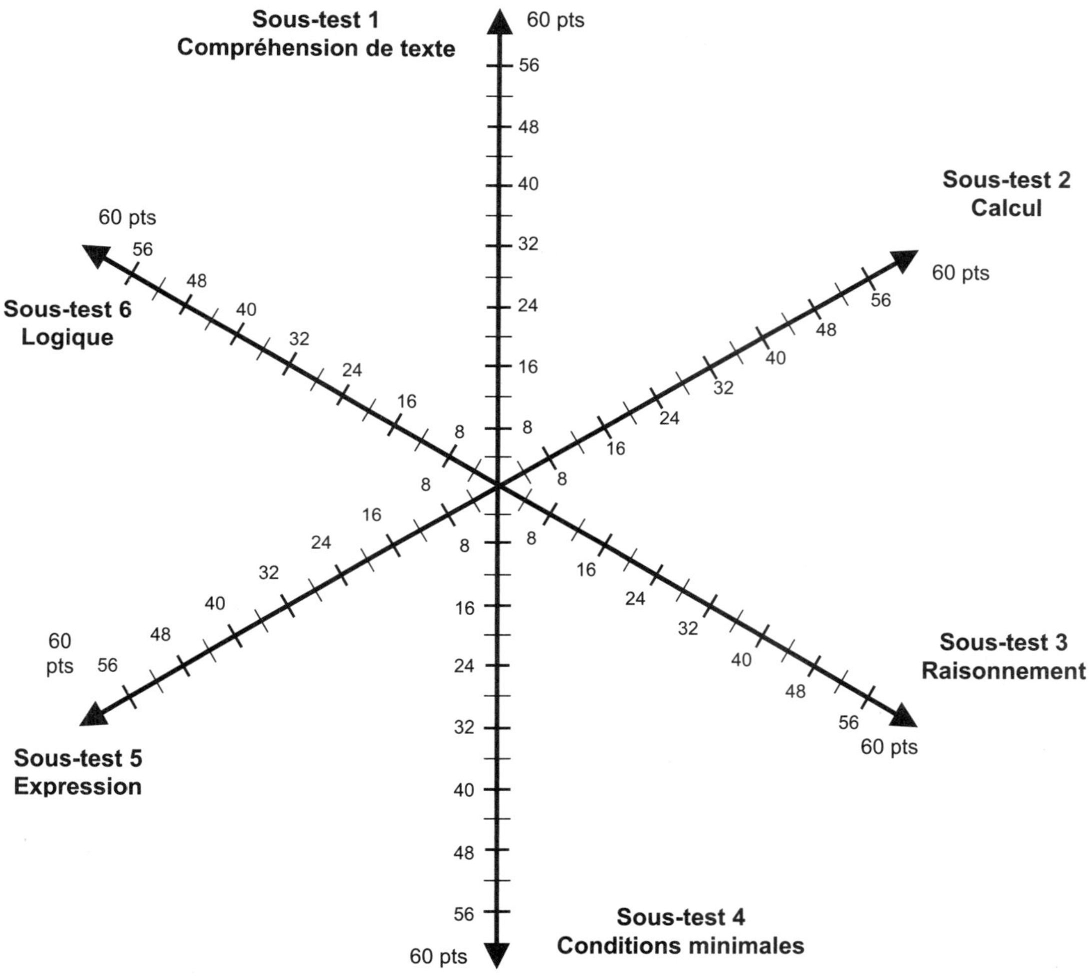

Comparez cette cartographie avec celle du Diagnostic test : le Mode entrainement a-t-il été bénéfique ?

Correction détaillée

Question 1. Difficulté : ★★★ *Réponse d)*

Si les points a) et b) sont abordés par le texte, ils n'en constituent pas la thèse principale. Les points c) et e) sont farfelus.

Question 2. Difficulté : ★★ *Réponse b)*

L'auteur oppose les jouets « industrialisés » aux jouets de construction qui seuls permettent de solliciter l'imaginaire des enfants, la créativité (démiurgie).

Question 3. Difficulté : ★ *Réponse d)*

Un démiurge est une personne qui manifeste une puissance créatrice.

Question 4. Difficulté : ★ *Réponse b)*

Si les points a), c), d) et e) ne sont pas hors de propos, il est clair que la position générale de l'auteur est à charge. Or, seule la solution b) est négative.

Question 5. Difficulté : ★★ *Réponse e)*

Les jouets, en ne reproduisant que le monde des adultes (1), préparent les enfants à l'accepter (3).

Question 6. Difficulté : ★ *Réponse c)*

L'adjectif ingrat signifie désagréable ou disgracieux [a), b) et e)], mais il s'agit ici de trouver un synonyme <u>en contexte</u>, ces matières ingrates sont le produit d'une chimie (artificielle) par opposition aux matières naturelles.

Question 7. Difficulté : ★ *Réponse e)*

L'auteur exprime son opinion en conclusion du paragraphe : il s'agit de « préparer la petite fille à la causalité ménagère, la conditionner à son futur rôle de mère ».

Question 8. Difficulté : ★ *Réponse e)*

L'auteur précise que la guerre ne se résume pas à son aspect militaire [nous éliminons a)], en revanche, elle suppose l'emploi des armes [nous éliminons b) et d)]. La distinction entre c) et e) est plus subtile, mais l'auteur précise que l'affrontement ne doit pas être trop limité. Nous éliminons c).

Question 9. Difficulté : ★★ *Réponse a)*

La guerre « fut longtemps considérée comme une activité sacrée, soumise à des règles précises » et « la religion est une cause première et majeure de conflit ». En revanche, s'il est vrai que la guerre est un moyen efficace de conversion (croisades missionnaires...), ce point n'est absolument pas abordé par l'auteur.

Question 10. Difficulté : ★ *Réponse d)*

Le point a) correspond à la deuxième révolution. Le point b) n'est pas abordé (il correspond au débat sur la notion de « guerre propre » qui se développe à partir de la première Guerre du Golfe). Le point c) est une tendance historique qui caractérise l'évolution générale de la guerre depuis toujours. Le point e) est la conséquence d'un siècle d'évolution et non la cause.

Question 11. Difficulté : ★★★ *Réponse c)*

Nous pouvons rapidement éliminer les solutions b) et e). Les points a) et d) vont au-delà de ce qui est exprimé par l'auteur.

Question 12. Difficulté : ★ *Réponse c)*

Le texte est clairement descriptif dans les deux premiers paragraphes puis, dans le dernier paragraphe, l'auteur ne fait que rapporter différentes opinions permettant d'expliquer la guerre mais pas de la légitimer, attention à cette nuance.. En définitive, le texte ne laisse apparaître ni condamnation, ni légitimation de la guerre.

Question 13. Difficulté : ★★ *Réponse a)*

Pour Q. Wright, la guerre est un conflit de forces armées (1) et de sentiments populaires (2). Attention au piège, le terme simultané indique que les différentes natures du conflit s'expriment en même temps mais pas que le conflit soit instantané !

Question 14. Difficulté : ★ *Réponse d)*

Les points a), b) et c) sont abordés par l'auteur, mais ils n'expliquent pas les mutations de la guerre au cours du siècle. Le point e) est la conséquence (et non la cause) des évolutions techniques et technologiques qui conduisent à une puissance de feu toujours plus importante.

Question 15. Difficulté : ★ *Réponse b)*

Les solutions a) et e) peuvent être rapidement éliminées : l'apparition des sous-marins date de la Première Guerre Mondiale. Les missiles balistiques intercontinentaux [d)] ne sont apparus qu'après la Seconde Guerre Mondiale. Départager les solutions b) et c) est plus difficile : nous savons bien que la première bombe atomique date de la Seconde Guerre Mondiale, la confusion provenait du fait que l'auteur isolait son apparition dans une « troisième révolution de l'art de la guerre ».

Question 16. Difficulté : ★★ *Réponse c)*

Calculons la vitesse de Grégory : $V = \frac{Q}{t} = \frac{1 \textbf{ monture}}{3 \textbf{ heures}} = \frac{1}{3}$ monture/h

Calculons la vitesse de Jonathan : $V = \frac{Q}{t} = \frac{1 \textbf{ monture}}{\frac{3}{2} \textbf{ heures}} = \frac{2}{3}$ monture/h

Ensemble, Grégory et Jonathan travaillent à une vitesse de : $\frac{1}{3} + \frac{2}{3} = 1$ monture/h

Question 17. Difficulté : ★★ *Réponse d)*

1. Lecture MCPS de la question (Mécanisme, Connaissances, Pièges, Solutions)

Une question de calcul et d'habileté.

L'écartement entre les solutions est suffisamment important pour que nous puissions raisonner avec habileté.

2. Quelle tactique de résolution ?

Les trois tactiques sont possibles en fonction de votre aisance en calcul mental.

3. Résolution.

Tactique du consciencieux.

Nous cherchons : $\frac{1}{13} \times \frac{1}{7} \times 2\,639 = \frac{2\,639}{13 \times 7}$

Calculons : $\frac{2\,639}{13} = 203$ Nous cherchons donc : $\frac{203}{7} = 29$

Tactique du malin.

13×7 = 91

Testons la solution du milieu : 24×91 = 2 184. Nous éliminons a), b), et c).

d) 29×91 = 2 639

Tactique du fainéant.

Le dernier chiffre de l'opération 13×7 = 91 est 1.

Notre résultat (2 639) se terminant par 9, la réponse ne peut être qu'un nombre terminant par 9 : b) ou d).

De plus : 2 700/90 ≈ 30 Donc, la réponse ne peut être que d).

Question 18. Difficulté : ★★ *Réponse d)*

1. Lecture MCPS de la question (Mécanisme, Connaissances, Pièges, Solutions)

Une question portant sur la résolution d'un système d'équations dont l'énoncé est particulièrement confus : ne vous laissez pas piéger.

2. Quelle tactique de résolution ?

Posons le système et résolvons, nous verrons que la tactique du malin est ici à privilégier pour sa rapidité.

3. Résolution.

<u>Tactique du consciencieux.</u>

Posons X le nombre de téléviseurs montés en une journée par le premier ouvrier et Y le nombre de téléviseurs montés en une journée par le second, l'énoncé devient alors :

En une semaine : $5Y = 2\times(5X)$

En une journée : $Y = X + 2$

$$\begin{cases} 5Y = 2\times(5X) \\ Y = X + 2 \end{cases} \quad \begin{cases} Y = 2X \\ Y = X + 2 \end{cases} \quad \begin{cases} Y = 2X \\ 2X = X + 2 \end{cases} \quad \begin{cases} Y = 4 \\ X = 2 \end{cases}$$

<u>Tactique du malin.</u>

Testons les solutions en commençant par la solution du milieu : 1, 2, 3, 4 et 5.

c) le premier monte 3 téléviseurs par jour

	Premier	Second
En une journée	*3*	5
En une semaine	15	25

Mais : $25 \neq 2\times15$

Le résultat obtenu étant supérieur au résultat attendu, nous éliminons a), b) et c).

d) le premier monte 2 téléviseurs par jour

	Premier	Second
En une journée	*2*	4
En une semaine	10	20

Et : $20 = 2\times10$

Question 19.

Difficulté : ★★★ *Réponse a)*

Soit P le prix du billet plein tarif, P' le prix du billet demi-tarif et P'' le prix du billet avec 25% de réduction. Alors :

$P' = 0,5P$

$P'' = 0,75P$

Nous savons que la recette totale correspondant aux 800 places est de 100 000 € :

$100\,000 = 50P' + 200P'' + (800 - 50 - 200)P$

$100\,000 = 50\times0,5P + 200\times0,75P + 550P$

$100\,000 = 25P + 150P + 550P$

$100\,000 = 725P$

$P = 100\,000/725$

$P = 137,93$ €

Astuce : Nous savons que $1/7 \approx 0,14$
Inutile de calculer pour déterminer la réponse.

Question 20.
Difficulté : ★ *Réponse c)*

Je vous rappelle que 3^{63} signifie que 3 est multiplié 63 fois.

Nous cherchons : $\dfrac{1}{9}\times 3^{63} = \dfrac{1}{3^2}\times 3^2 \times 3^{61} = 3^{61}$

Question 21.
Difficulté : ★★ *Réponse e)*

Soit C, la surface d'un carré Hermèch.

Chaque carré représente : $\dfrac{3}{5}\times\dfrac{1}{6}=\dfrac{1}{10}$ de la surface initiale d'une plaque de soie.

Astuce : Je vous rappelle que : 1 m² = 10 000 cm²

Donc : C = 12 cm²

Question 22.
Difficulté : ★★ *Réponse c)*

Nous recherchons le nombre moyen d'élèves par professeur, i.e. $\dfrac{\textbf{nbre élèves}}{\textbf{nbre prof.}}$

En 2010 : $\dfrac{\textbf{nbre élèves}}{\textbf{nbre prof.}} = \dfrac{1\,080}{90} = 12$ élèves par professeur

En 2013 : $\dfrac{\textbf{nbre élèves}}{\textbf{nbre prof.}} = \dfrac{1170}{78} = 15$ élèves par professeur

Calculons maintenant l'évolution : $\dfrac{15-12}{12} = \dfrac{3}{12} = \dfrac{1}{4}$ = +25 %

Question 23.
Difficulté : ★★★ *Réponse c)*

Attention, chaque personne a fait deux bises, il y a donc eu en tout 1 035 salutations.

<u>En utilisant l'analyse combinatoire.</u>

Une bise est, en fait, un tirage de 2 éléments non ordonnés et distincts. Ainsi, compter des bises revient à compter des combinaisons.

Alors : $C_n^2 = \dfrac{n!}{(n-2)!2!} = \dfrac{n(n-1)}{2} = 1035$

Et : n(n-1) = 2×1 035

n(n-1) = 2 070 2 070 ≈ $<$ 50×50 En tâtonnant : 2 070 = 46×45

Donc : n = 46

<u>Sans utiliser l'analyse combinatoire.</u>

S'il y a n invités aux fiançailles alors chaque invité peut faire la bise à (n – 1) personnes, il y a $\dfrac{n(n-1)}{2}$ salutations.

Alors : n(n-1) = 2×1 035

n(n-1) = 2 070 2 070 ≈ $<$ 50×50 En tâtonnant : 2 070 = 46×45

Donc : n = 46

Tactique du malin.

Testons les solutions en commençant par celle du milieu.

c) $\frac{1}{2}\times 46\times 45 = 1\,035$ → OUI

Astuce : Lorsque vous repérez que 2 070 ≈ < 50×50, vous pouvez cocher la réponse c) sans hésitation.

Question 24.

Difficulté : ★★ *Réponse e)*

Quel énoncé ! La longueur du grelin est divisée par 2, puis par 2, puis par 2,...

Au final, elle est divisée par : $2\times2\times2\times2\times2\times2\times2\times2\times2\times2 = 2^{10}$

Les réponses a), b) et c) sont trop petites, elles ne peuvent être égale à : 2×2^{10}

Longueur = $2\times2\times2\times2\times2\times2\times2\times2\times2\times2\times2$ mètres

Longueur = 2 048 mètres

Question 25.

Difficulté : ★★ *Réponse a)*

Une question portant sur la résolution d'un système d'équations et sur le mécanisme de pondération.

Posons X le nombre d'auditeurs seniors alors le nombre d'auditeurs juniors est (500 - X).

L'énoncé devient :

$$\frac{125\times X + 75(500-X)}{500} = 80$$

$$50X + 37\,500 = 80\times 500$$

$$50X = 40\,000 - 37\,500$$

$$X = \frac{2500}{50}$$ = 50 auditeurs seniors

Question 26.

Difficulté : ★★★ *Réponse b)*

1. Lecture MCPS de la question (Mécanisme, Connaissances, Pièges, Solutions)

Les concepteurs de Tage Mage sont parfois très vicieux !!

Attention, il faudra prendre en considération la longueur du train, c'est évidemment le piège de la question.

2. Quelle tactique de résolution ?

Raisonnons puis calculons.

3. Résolution.

Posons v la vitesse du train (en mètres/seconde) et d sa longueur totale.

Lorsque le train défile devant un point immobile : d = v×9

Lorsque le train traverse le pont : (d + 300) = v×27

$$\begin{cases} d = v \times 9 \\ (d + 300) = v \times 27 \end{cases} \qquad \begin{cases} d = v \times 9 \\ v \times 9 + 300 = v \times 27 \end{cases} \qquad \begin{cases} d = v \times 9 \\ 300 = v \times 18 \end{cases}$$

$$\begin{cases} d = \dfrac{50}{3} \times 9 = 150 \text{ mètres} \\ v = \dfrac{300}{18} = \dfrac{50}{3} \text{ m/s} \end{cases}$$

Astuce pour les fainéants : Le temps de passage du pont étant 3 fois plus long que devant un point fixe, la longueur du train mesure la moitié du pont !

Question 27. Difficulté : ★★★ *Réponse d)*

Étape 1 : Schématisons la situation.

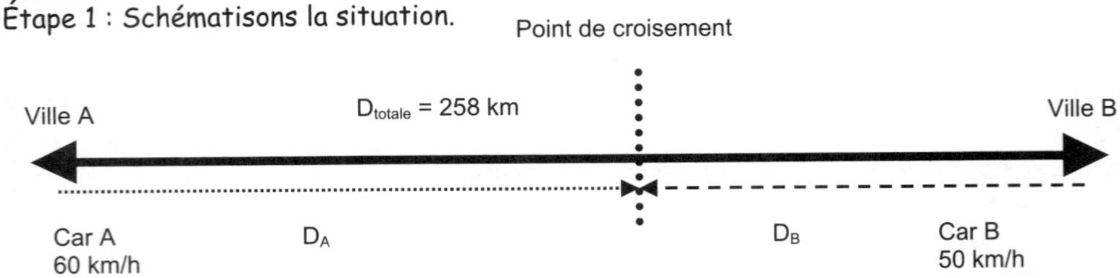

Étape 2 : Complétons le tableau.

	Car A	Car B
Vitesse	60 km/h	50 km/h
Temps	t	t
Distance	D_A	D_B

$D_A + D_B = 258$ km

Étape 3 : Écrivons l'égalité du croisement et calculons.

La méthode consiste à calculer le temps qu'ils vont mettre pour se croiser, il s'agit ensuite de déterminer la distance qu'ils auront parcourue durant ce temps.

$D_A + D_B = 258$

$60t + 50t = 258$

$110t = 258$

$t = \dfrac{258}{110} \approx 2{,}35$ h

Alors : $D_A = 60 \times 2{,}35 = 141$ km

Il n'y a aucun doute sur la réponse à cocher.

Question 28. Difficulté : ★★★ *Réponse c)*

On note L et l, la longueur et la largeur du rectangle.

La première information s'écrit sous la forme d'une équation :

$(L + 3)\times(l + 5) = L\times l + 52$ (éq. 1)

La seconde information s'écrit sous la forme d'une équation :

$(L - 1)\times(l - 3) = L\times l - 16$ (éq. 2)

On multiplie la deuxième équation par 3 et on soustrait la première (on élimine les l).

On trouve alors : $4L = 20$ Et donc : $L = 5$ et $l = 4$

L'aire initiale du rectangle est donc : $L\times l = 20$

Question 29. Difficulté : ★★ *Réponse a)*

Le triangle est rectangle, nous pouvons appliquer le théorème de Pythagore.

$BC^2 = AB^2 + AC^2$

$AC^2 = BC^2 - AB^2$

$AC^2 = 80^2 - 48^2$

$AC^2 = 64^2 = 4\,096$

$AC = 64$ cm

Astuce : $8\times10\times8\times10 - 8\times6\times8\times6 = 64\times[100 - 36] = 64^2$

Astuce : Il suffisait de reconnaître un multiple des triplés pythagoriciens.

Question 30. Difficulté : ★★ *Réponse d)*

Soyons fainéants !

Nous ne connaissons que deux couples d'entiers naturels à un chiffre dont le produit est égal à 8 : (1 et 8) ; (2 et 4)

Les nombres à deux chiffres dont le produit des chiffres est égal à 8 sont : 18, 24, 42 et 81.

Astuce : Pour ne pas en oublier, lorsque vous listez des nombres, faites-le par ordre croissant ou décroissant.

Question 31. Difficulté : ★★ *Réponse a)*

Nous ne pouvons déterminer qui de Domitille ou Constance est la plus jeune.

Question 32. Difficulté : ★★ *Réponse d)*

« Il ne se passait pas de jour » signifie chaque jour.

Question 33. Difficulté : ★ *Réponse e)*

Évidemment !

Question 34. Difficulté : ★★ *Réponse b)*

Visiblement, la proposition dont il est question n'est pas réaliste, mais elle devrait tout de même séduire le public. La proposition b) explique au contraire que son réalisme ne fait aucun doute.

Question 35. Difficulté : ★★ *Réponse e)*

En résumant, l'intelligence artificielle est liée à la pensée humaine et, les submersibles aux poissons. Ainsi, il apparaît clairement que l'intelligence artificielle et les submersibles sont mis sur le même plan.

Question 36. Difficulté : ★ *Réponse c)*

Étant donné que le taux de dengue reste stable quel que soit l'âge et que l'âge moyen de la population va augmenter, il en découle logiquement que l'âge moyen des personnes souffrant de la dengue sera plus élevé en 2045 qu'en 2010.

Question 37. Difficulté : ★ *Réponse d)*

Imaginons que la maîtresse distribue les 13 images de Materrazi, alors il ne reste plus que des images de Zidane dans son tiroir, elle doit donc distribuer une image supplémentaire pour qu'il y ait au moins 1 image de Zidane.
Soient 14 images au total.
Bien sûr, les élèves peuvent très bien recevoir une image de Zidane dès la première image distribuée, mais nous n'en sommes pas certains.

Question 38. Difficulté : ★★★ *Réponse b)*

Question 39. Difficulté : ★★ *Réponse c)*

Noa a 4 sœurs et 3 frères, Jérémie son frère a 5 sœurs (les 4 sœurs de Noa et Noa) et 2 frères (les 3 frères de Noa moins lui-même).

Question 40. Difficulté : ★★★ *Réponse c)*

Question 41. Difficulté : ★★★ *Réponse b)*

François ne porte que des santiags, jamais de lunettes et il n'accroche pas ses clefs autour du cou, c'est donc lui qui porte toujours des chemises roses. Bonjour le look !

Question 42. Difficulté : ★★ *Réponse b)*

Éliminez les réponses l'une après l'autre. Les réponses a) et e) sont farfelues. Les réponses c) et d) peuvent être vraies mais elles ne découlent pas obligatoirement des informations : Samuel a éventuellement assisté à la compétition parce que son frigidaire a toujours fonctionné normalement ou bien parce que son frigidaire défectueux a été réparé à temps.
Pour votre culture, la Fantasia (ou jeu de la poudre) désigne différents spectacles équestres traditionnels marocains simulant des assauts militaires.

Question 43. Difficulté : ★★★ *Réponse c)*

Question 44. Difficulté : ★★ *Réponse d)*

Les réponses a), c) et e) sont hors sujet. Départager les réponses b) et d) n'est pas aisé, mais la réponse b) rapporte un fait qui se caractérise plus comme une conséquence que comme une cause.

Question 45. Difficulté : ★★ *Réponse d)*

Question 46. Difficulté : ★★★ *Réponse A)*

1. Étape 1 : analyse de l'énoncé

Posons X, Y et Z les nombres respectifs de billes des trois enfants.

Nous savons que : $X + Y + Z = 3 \times 136 = 408$ billes

2. Étape 2 : analyse de l'information (1) seule

$X = 144$

Donc : $Y + Z = 264$

Comme la valeur maximale de Y est de 144 billes (il ne peut avoir plus de billes que l'enfant qui possède le plus de billes), alors Z possède au minimum : $264 - 144 = 120$ billes

Nous pouvons répondre Non à la question.

Attention : NON est une réponse en conditions minimales.

L'information (1) seule nous permet de répondre.

⇨ Nous gardons les solutions A et D.

3. Étape 3 : analyse de l'information (2) seule

Si $Z = 140$, nous pouvons répondre.

Si $X = 140$ alors, $Y + Z = 268$ et Z possède au minimum 128 billes, alors nous pouvons répondre.

Si $Y = 140$ alors, $X + Z = 268$ et Z possède au maximum 128 billes, alors nous ne pouvons pas répondre.

L'information (2) seule ne nous permet pas de répondre.

Question 47. Difficulté : ★★ *Réponse C)*

1. Étape 1 : analyse de l'énoncé

Paul a moins de cent ans, son âge peut s'écrire sous la forme DU (D étant le chiffre des dizaines et U le chiffre des unités).

2. Étape 2 : analyse de l'information (1) seule

Listons les différentes valeurs possibles de l'âge de Paul dans 3 ans.

Valeur de D	Valeur de U	Age de Paul dans 3 ans	Age de Paul aujourd'hui
1	2	12	9
2	4	24	21
3	6	36	33
4	8	48	45

L'information (1) seule ne nous permet pas de répondre.

⇨ Nous gardons les solutions B, C et E.

3. Étape 3 : analyse de l'information (2) seule

Listons les différentes valeurs possibles de l'âge de Paul aujourd'hui : 11, 22, 33, 44, 55, 66, 77, 88 ou 99 ans.

L'information (2) seule ne nous permet pas de répondre.

⇨ Nous gardons les solutions C et E.

4. Étape 3,5 : analyse des informations (1) & (2) ensemble

Information (1) : Paul a 9, 21, 33 ou 45 ans.

Information (2) : Paul a 11, 22, 33, 44, 55, 66, 77, 88 ou 99 ans.
Alors : Paul a 33 ans
Les deux informations (1) & (2) ensemble nous permettent de répondre.

Question 48. Difficulté : ★★ *Réponse E)*

1. Étape 1 : analyse de l'énoncé
La question est clairement énoncée.
2. Étape 2 : analyse de l'information (1) seule

	$X \geq Y$
Alors	si Y est positif : $X + Y \geq 0$
Mais	si X est négatif : $X + Y \leq 0$

L'information (1) seule ne nous permet pas de répondre.
⇨ Nous gardons les solutions B, C et E.

3. Étape 3 : analyse de l'information (2) seule
Les informations (1) et (2) sont identiques !
L'information (2) seule ne nous permet pas de répondre.
Il est inutile de poursuivre l'exercice, nous pouvons répondre E).

Question 49. Difficulté : ★★★ *Réponse C)*

1. Étape 1 : analyse de l'énoncé
La question est clairement énoncée.
2. Étape 2 : analyse de l'information (1) seule
L'information (1) seule ne nous permet pas de répondre.
⇨ Nous gardons les solutions B, C et E.

3. Étape 3 : analyse de l'information (2) seule
L'information (2) seule ne nous permet pas de répondre.
⇨ Nous gardons les solutions C et E.

4. Étape 3,5 : analyse des informations (1) & (2) ensemble
De 8h à 21h30, il y a 13h30 ou 810 minutes. La montre a donc accumulé un retard de 81 secondes ou 1mn21s. À 21h30, la montre indique 21h28mn39s.
Les deux informations (1) & (2) ensemble nous permettent de répondre.
Remarque 1 : un angle donné entre les deux aiguilles d'une montre apparaît 24 fois au cours d'une journée.
Remarque 2 : le jour du concours, calculer est une perte de temps !

Question 50. Difficulté : ★★ *Réponse E)*

1. Étape 1 : analyse de l'énoncé
Nous cherchons le nombre de copropriétés et le nombre de représentants par copropriété.
2. Étape 2 : analyse de l'information (1) seule
35 maisons, nous ne connaissons pas le nombre de représentants par maison.
L'information (1) seule ne nous permet pas de répondre.
⇨ Nous gardons les solutions B, C et E.

3. Étape 3 : analyse de l'information (2) seule

L'information (2) seule ne nous permet pas de répondre.

⇨ Nous gardons les solutions C et E.

4. Étape 3,5 : analyse des informations (1) & (2) ensemble

Les deux informations (1) & (2) ensemble ne nous permettent pas de répondre.

Question 51.

Difficulté : ★★★ *Réponse B)*

1. Étape 1 : analyse de l'énoncé

Pair + Impair = Impair et Impair + Impair = Pair

Pair × Impair = Pair et Impair × Impair = Impair

2. Étape 2 : analyse de l'information (1) seule

Si a est pair, alors $3a^2b^3$ est pair et b^2 est aussi pair.

Donc : $3a^2b^3 + b^2$ est pair si b est pair, et impair si b est impair.

L'information (1) seule ne nous permet pas de répondre.

⇨ Nous gardons les solutions B, C et E.

3. Étape 3 : analyse de l'information (2) seule

Si b est pair, alors, $3a^2b^3$ est pair.

Donc : $3a^2b^3 + b^2$ est pair

L'information (2) seule nous permet de répondre.

Question 52.

Difficulté : ★★ *Réponse B)*

1. Étape 1 : analyse de l'énoncé

Nous savons que : commission = 6%×prix de vente

2. Étape 2 : analyse de l'information (1) seule

Cette information est inutile, nous ne connaissons pas le nombre de ventes.

L'information (1) seule ne nous permet pas de répondre.

⇨ Nous gardons les solutions B, C et E.

3. Étape 3 : analyse de l'information (2) seule

15 € = 6%×prix de vente

Donc : prix de vente = 250 €

L'information (2) seule nous permet de répondre.

Question 53.

Difficulté : ★ *Réponse C)*

1. Étape 1 : analyse de l'énoncé

La question est clairement énoncée.

2. Étape 2 : analyse de l'information (1) seule

Si sa maman a cinq enfants, alors Dan a 4 frères et sœurs.

L'information (1) seule ne nous permet pas de répondre.

⇨ Nous gardons les solutions B, C et E.

Correction détaillée

3. Étape 3 : analyse de l'information (2) seule

nombre de frères = nombre de sœurs

L'information (2) seule ne nous permet pas de répondre.

⇨ Nous gardons les solutions C et E.

4. Étape 3,5 : analyse des informations (1) & (2) ensemble

Information (1) : Dan a 4 frères et sœurs.

Information (2) : nombre de frères = nombre de sœurs

Alors, Dan a 2 frères.

Les deux informations (1) & (2) ensemble nous permettent de répondre.

Question 54. Difficulté : ★★★ *Réponse B)*

1. Étape 1 : analyse de l'énoncé

cdu est un multiple de 9, alors : c + d + u = 9, 18 ou 27

c, d et u forment une progression arithmétique décroissante : c = d + x = u + 2x

Important : une progression arithmétique est une suite de nombres rangés dans un ordre tel que chacun d'eux s'obtient en ajoutant un nombre constant à celui qui le précède.

2. Étape 2 : analyse de l'information (1) seule

Si d est un multiple de 3 alors il peut être égal à 3 ou 6 mais pas 9.

L'information (1) seule ne nous permet pas de répondre.

⇨ Nous gardons les solutions B, C, E.

3. Étape 3 : analyse de l'information (2) seule

c = 2d

Nous savons de l'énoncé que : c = d + x

Donc : x = d et le nombre à trois chiffres cdu peut s'écrire : (2d, d, 0).

cdu peut être égal à : 210, 420, 630 ou 840.

Parmi ces quatre nombres, seul 630 est multiple de 9.

L'information (2) seule nous permet de répondre.

Question 55. Difficulté : ★ *Réponse A)*

1. Étape 1 : analyse de l'énoncé

Le débit du tuyau A, V_A = 3 piscines/heure.

Nous cherchons V_B pour pouvoir répondre à la question.

2. Étape 2 : analyse de l'information (1) seule

Vous devez le savoir, le débit d'un tuyau, pour une pression identique, est fonction de son diamètre. Si la section du tuyau B est le double de celle du tuyau A, alors :

$V_B = 2V_A$

V_B = 6 piscines/heure

Et donc : $V_{A+B} = V_A + V_B = 3 + 6 = 9$ piscines/heures

La piscine sera remplie en : $t = \frac{Q}{V} = \frac{1}{9}\,heure = \frac{60}{9}\,\text{min} = \frac{54}{9} + \frac{6}{9}$ = 6 min et 40 sec

L'information (1) seule nous permet de répondre.

⇨ Nous gardons les solutions A et D.

3. Étape 3 : analyse de l'information (2) seule

Nous n'avons aucune information quant au volume de la piscine.
L'information (2) seule ne nous permet pas de répondre.

Question 56.

Difficulté : ★★★ *Réponse B)*

1. Étape 1 : analyse de l'énoncé

L'énoncé paraît complexe mais vous avez tous déjà tiré à l'arc !
Posons w, x, y et z les nombres respectifs de tirs dans les régions bleue, jaune, verte et rouge. Nous savons que : $0 \times w + 3 \times x + 5 \times y + 7 \times z = 73$

2. Étape 2 : analyse de l'information (1) seule

Nous savons qu'Ève a tiré 20 fois au cours du tournoi : $w + x + y + z = 20$
L'information (1) seule ne nous permet pas de répondre.

⇨ Nous gardons les solutions B, C et E.

3. Étape 3 : analyse de l'information (2) seule

La question se complique... Listons les valeurs possibles.
Nombre de points obtenus dans la région bleue : 0 point
Nombre de points obtenus dans la région jaune : 21, 24, 27, 30, 33, 36 et 39
Nombre de points obtenus dans la région verte : 20, 25, 30, 35, 40
Nombre de points obtenus dans la région rouge : 21, 28, 35
Nous voulons : région bleue + région jaune + région verte + région rouge = 73 points
En tentant différentes combinaisons vous constaterez qu'une seule nous permet d'obtenir 73 points : 0 + 27 + 25 + 21 = 73 pts
Alors Ève a atteint 9 fois la région jaune.
L'information (2) seule nous permet de répondre.

Question 57.

Difficulté : ★★ *Réponse C)*

1. Étape 1 : analyse de l'énoncé

Ne nous compliquons pas la vie inutilement avec une mise en forme de suite arithmétique : analysons logiquement les données de l'énoncé.

2. Étape 2 : analyse de l'information (1) seule

Il s'est écoulé 11 jours entre le 15 et le 26 mai. Entre le premier et le dernier jour elle vend 132 pulls de plus. Nous pouvons calculer la valeur de N : N = 132/11 = 12
Nous pouvons calculer pour chaque jour le nombre de pulls vendus :
20 + 32 + 44 + 56 + 68 + 80 + 92 + 104 + 116 + 128 + 140 + 152 = 1 032 pulls

Pour les plus matheux : $S_n = (n+1)U_0 + \frac{n(n+1)}{2}r = 12 \times 20 + \frac{11 \times 12}{2} \times 12 = 1\,032$

Nous pouvons déterminer le nombre de pulls vendus mais nous n'avons aucune indication quant au prix de vente.
L'information (1) seule ne nous permet pas de répondre.

⇨ Nous gardons les solutions B, C et E.

3. Étape 3 : analyse de l'information (2) seule

Nous n'avons aucune indication quant au nombre de pulls vendus.
L'information (2) seule ne nous permet pas de répondre.

⇨ Nous gardons les solutions C et E.

4. Étape 3,5 : analyse des informations (1) & (2) ensemble

Information (1) : 1 032 pulls vendus

Information (2) : 23 736 € de chiffre d'affaires.

Alors : prix d'un pull = 23 736/1 032 = 23 €

Les deux informations (1) & (2) ensemble nous permettent de répondre.

Question 58. Difficulté : ★ *Réponse A)*

1. Étape 1 : analyse de l'énoncé

Posons X, Y et Z les valeurs des trois numéros cherchés.

2. Étape 2 : analyse de l'information (1) seule

$X + Y + Z = 6$

Alors, nous savons que les valeurs des trois numéros sont forcément : 1, 2 et 3.

L'information (1) seule nous permet de répondre.

⇨ Nous gardons les solutions A et D.

3. Étape 3 : analyse de l'information (2) seule

$X = 2$

L'information (2) seule ne nous permet pas de répondre.

Question 59. Difficulté : ★★ *Réponse E)*

1. Étape 1 : analyse de l'énoncé

L'énoncé ne contient aucune donnée exploitable. En revanche, une information est ici essentielle : nous cherchons un pourcentage.

Posons N le nombre d'étudiants et E le nombre d'étudiants étrangers.

2. Étape 2 : analyse de l'information (1) seule

L'information (1) ne nous permet pas de répondre.

⇨ Nous gardons les solutions B, C et E.

3. Étape 3 : analyse de l'information (2) seule

Le nombre d'étudiants boursiers est égal à 0,3N.

L'information (2) seule ne nous permet pas de répondre.

⇨ Nous gardons les solutions C et E.

4. Étape 3,5 : analyse des informations (1) & (2) ensemble

Les deux informations (1) & (2) ensemble ne nous permettent pas de répondre.

Remarque : nous aurions pu répondre si l'information (1) nous avait donné en plus le pourcentage d'étrangers parmi les boursiers.

Question 60. Difficulté : ★ *Réponse E)*

1. Étape 1 : analyse de l'énoncé

Une question basique portant sur la divisibilité. Nous savons que N est divisible par 18 si N est divisible par 2 et 9 ou par 3 et 6.

2. Étape 2 : analyse de l'information (1) seule

N est divisible par 2 et 3.

L'information (1) seule ne nous permet pas de répondre.

⇨ Nous gardons les solutions B, C et E.

3. Étape 3 : analyse de l'information (2) seule

N est divisible par 5 et 11.

L'information (2) seule ne nous permet pas de répondre.

⇨ Nous gardons les solutions C et E.

4. Étape 3,5 : analyse des informations (1) & (2) ensemble

Information (1) : N est divisible par 2 et 3.

Information (2) : N est divisible par 5 et 11.

Les deux informations (1) & (2) ensemble ne nous permettent pas de répondre.

Question 61. Difficulté : ★★ *Réponse d)*

Dans la mythologie grecque, Mentor (en grec ancien Μέντωρ / Méntôr), fils d'Alcimos d'Ithaque, est un ami d'Ulysse. Mentor a été chargé par ce dernier de l'éducation de son fils Télémaque, ainsi que de la gestion de ses biens et de ses terres, lors de son absence.

Question 62. Difficulté : ★ *Réponse c)*

Question 63. Difficulté : ★★★ *Réponse d)*

Question 64. Difficulté : ★★ *Réponse c)*

Question 65. Difficulté : ★★★ *Réponse b)*

Même s'il n'était pas fortifié par la raison, l'instinct de l'homme le porterait à la société.

Question 66. Difficulté : ★★ *Réponse a)*

Inversion du COD et accord des verbes pronominaux.

Question 67. Difficulté : ★★ *Réponse d)*

Impératif du verbe vaincre : vaincs

Impératif du verbe demander : demande

Question 68. Difficulté : ★★★ *Réponse c)*

Fatiguant est le participe présent, il est invariable.

Ici, c'est l'adjectif verbal qu'il nous faut utiliser.

Question 69. Difficulté : ★★ *Réponse a)*

Mille est toujours invariable.

Menés (le participe passé) est correct syntaxiquement, mais il ferait dire [comme pour la solution e)] que les supporters sont heureux de voir leur équipe perdre !

Question 70. Difficulté : ★★★ *Réponse c)*

C'est Myriam qui est précédé<u>e</u>. Nous éliminons d). Effluve est un nom masculin qui signifie émanation. Nous supprimons a) et e). Lorsqu'on juxtapose deux adjectifs, ceux-ci ne s'accordent pas. Nous éliminons b).

Question 71. Difficulté : ★★ *Réponse e)*

Le talon d'Achille - ***Le point faible où l'on peut vous blesser.***
La mère d'Achille, souhaitait que son fils soit immortel. Pour ce faire, elle le plongea en le tenant par un pied, dans le Styx, le fleuve réservé aux Dieux. Le talon non immergé resta vulnérable. C'est dans le talon que se planta la flèche de Pâris.

La boîte de Pandore - ***Situation ennuyeuse ou catastrophique sous couvert de charme et d'attirance.***
Pandore fut la première femme créée par Vulcain. Elle désobéit à l'ordre de ne pas ouvrir un coffret refermant tous les maux. Elle ouvrit la boîte fatale d'où s'en échappât tous les fléaux du monde.

Un supplice de Tantale - ***Envie, désir que l'on ne peut atteindre.***
Le roi mythique de Lydie, Tantale, le fils de Zeus et d'une nymphe, pour éprouver la divinité des dieux qu'il recevait à sa table, leur servit les membres de son propre fils Pélops. Suite à cela, il fut précipité dans le Tartare et condamné à ressentir une faim et une soif dévorante sans jamais pouvoir les assouvir. Dès qu'il faisait le geste de boire ou de manger, le lac et les vergers disparaissaient.

Les yeux d'Argus - ***Se dit de quelqu'un qui voit tout, qui à l'œil à tout et qui se montre lucide et vigilant.***
Argus, qui avait cent yeux, n'en fermait jamais que la moitié. Héra, l'épouse jalouse de Zeus, chargea Argus de surveiller Io, la maîtresse de Zeus. Mais Hermès endormit Argus avec sa flûte enchantée et en profita pour lui couper la tête.

Tomber de Charybde en Scylla - ***De mal en pis. Passer d'une difficulté à une autre.***
Hercule punit Charybde, la fille de Poséidon, du vol de son bétail, qu'elle avait dévoré par faim, en la précipitant dans le gouffre de Messine où se trouvait le monstre Scylla tout aussi affamé qu'elle. Les navires qui passaient dans ce détroit, pour éviter les tourbillons de Charybde, risquaient de tomber sur les dangereux écueils de Scylla.
Ne pas confondre avec « Les bras de Morphée » qui signifie un sommeil profond.

Question 72. Difficulté : ★★★ *Réponse e)*

« Subreptice » signifie quelque chose qui est fait furtivement, à l'insu des intéressés. « Subroger » signifie mettre à la place de quelque chose ou de quelqu'un.

Question 73. Difficulté : ★ *Réponse d)*

C'est la croissance économique qui est menacée.

Question 74. Difficulté : ★ *Réponse c)*

Question 75. Difficulté : ★ *Réponse a)*

Le piédestal est littéralement le socle d'une colonne, d'une statue. Au sens figuré, descendre de son piédestal signifie perdre de son prestige.

Question 76. Difficulté : ★★ *Réponse d)*

<u>Logique verticale :</u>
256, 196, 289 et 144 sont les carrés respectifs de 16, 14, 17 et 12.

➲ **Logique « carrés »**

☒ Nous éliminons b) et c).

<u>Logique horizontale :</u>
273, 117, 78 et 221 sont tous multiples de 13.

➲ **Logique « multiples »**

☒ Nous éliminons a) et e).

Question 77. Difficulté : ★★★ *Réponse b)*

<u>Logique verticale :</u>

U M P
L P **S**
Q S H
?
M L N

Les premières et dernières lettres alternativement se suivent avec 2 rangs d'écart :
M n **?** p **Q** r **S** t **U** ➲ **Logique « saut de lettres & position »**

☒ Nous éliminons a), c) et e).

<u>Logique horizontale :</u>

L J B M H **O** ? P G **U** X L S

Les premières et dernières lettres alternativement se suivent avec 3 rangs d'écart :
L m n **O** p q **?** s t **U** v w **X** ➲ **Logique « saut de lettres & position »**

☒ Nous éliminons d).

Question 78. Difficulté : ★★ *Réponse e)*

<u>Logique horizontale :</u>
Une logique particulièrement délicate, le nombre formé par les deux derniers chiffres est égal au produit des deux premiers.
5×2 = 10 ; 5×3 = 15 ; 4×6 = 24 ; 8×2 = 16 ➲ **Logique « chiffres / produit »**

☒ Nous éliminons a), b) et c).

<u>Logique verticale :</u>
5 + 5 + 5 + 5 = 20
6 + 4 + 3 + 7 = 20
1 + 4 + 7 + 8 = 20
2 + 7 + 8 + 3 = 20 ➲ **Logique « somme »**

☒ Nous éliminons d).

Question 79. Difficulté : ★★★ *Réponse d)*

Logique horizontale :

Les premières et deuxièmes lettres sont identiques.

➲ **Logique « répétition »**

☒ Nous éliminons b).

Logique verticale :

Une logique particulièrement délicate qui concerne le rang des lettres, les rangs des troisièmes lettres sont tous des nombres premiers, de plus ils forment une suite de nombres premiers !

Souvenons-nous de AJT qui donne les rangs 1/10/20.

AAC : rang de C = 3

AAE : rang de E = 5

AAK : rang de K = 11

AAM : rang de M = 13 ➲ **Logique « rang de lettres »**

☒ Nous éliminons a), c) et e).

Question 80. Difficulté : ★★ *Réponse e)*

Logique verticale :

855, 648, 90 et 369 sont tous des multiples de 9.

☒ Nous éliminons b) et c). ➲ **Logique « somme »**

Logique horizontale :

46 = 2×23 ; 42 = 2×21 ; 8 = 2×4 ; 2 = 2×1

☒ Nous éliminons a) et d). ➲ **Logique « multiples »**

Question 81. Difficulté : ★ *Réponse e)*

Logique verticale :

Deux suites de lettres entre les premières et les dernières lettres : B C D ? F et P ? R S T

➲ **Logique « suite de lettres & position »**

☒ Nous éliminons a), c) et d).

Logique horizontale :

AFG : les lettres F et G se suivent.

KHI : les lettres H et I se suivent.

YMN : les lettres M et N se suivent.

SOP : les lettres O et P se suivent. ➲ **Logique « suite de lettres »**

☒ Nous éliminons b).

Question 82. Difficulté : ★ *Réponse c)*

Logique horizontale :

3 + 2 = 5 ; 1 + 0 = 1 ; 9 + 1 = 10, 4 + 1 = 5 ➲ **Logique « chiffres / somme »**

☒ Nous éliminons b) et e).

Logique verticale :

216, 125, 1331 et 512 sont les cubes respectifs de 6, 5, 11 et 8.

➲ **Logique « cubes »**

☒ Nous éliminons a) et d).

Question 83. Difficulté : ★★★ *Réponse d)*

Logique verticale :

Une logique particulièrement délicate qui concerne le rang des lettres, la somme des rangs des lettres est égale à 15.

Souvenons-nous de AJT qui donne les rangs 1/10/20.

JBC, si l'on remplace les lettres par leur rang : 10 + 2 + 3 = 15

EEE, si l'on remplace les lettres par leur rang : 5 + 5 + 5 = 15

FCF, si l'on remplace les lettres par leur rang : 6 + 3 + 6 = 15

HEB, si l'on remplace les lettres par leur rang : 8 + 5 + 2 = 15

➲ **Logique « somme des rangs »**

☒ Nous éliminons a) et b).

Logique horizontale :

M C **D**

E P O

R T **F**

?

H H **H**

Les premières et dernières lettres se suivent alternativement avec 1 rang d'écart : D E F ?H

➲ **Logique « suite de lettres & position »**

☒ Nous éliminons c) et e).

Question 84 Difficulté : ★★★ *Réponse d)*

1ère étape : Trouvez une logique

Intéressons-nous aux figures : 3, 5 et 4 côtés.

Si on rapproche cette information des chiffres inscrits : la différence entre le chiffre inscrit et le nombre de côtés est successivement égale à : 5, 4 et 3.

➲ **Logique « côtés »**

2ème étape : Élimination des solutions

☒ Nous éliminons a), b) et c).

1ère étape : Trouvez une logique

La somme entre le chiffre inscrit et le nombre de côtés est alternativement égale à 11 et à 14.

➲ **Logique « côtés »**

2ème étape : Élimination des solutions

☒ Nous éliminons e).

Correction détaillée

Question 85. Difficulté : ★★ *Réponse d)*

1ère étape : Trouvez une logique

3×6 = 2×9 ; 6×2 = 4×3 ; 8×3 = 4×6 ➲ **Logique « produit »**

2ème étape : Élimination des solutions

☒ Nous éliminons b) et e).

1ère étape : Trouvez une logique

3 + 2 = 5 + 0 ; 6 + 3 = 4 + 5 ; 5 + 1 = 2 + 4 ➲ **Logique « somme »**

2ème étape : Élimination des solutions

☒ Nous éliminons a) et c).

Question 86 Difficulté : ★★ *Réponse d)*

1ère étape : Trouvez une logique

Vous reconnaissez la logique des bâtonnets.

I est formée d'un seul bâtonnet

I, 1 bâtonnet, T, 2 bâtonnets

I, 1 bâtonnet, L, 2 bâtonnets, Z, 3 bâtonnets ➲ **Logique « bâtonnets »**

2ème étape : Élimination des solutions

☒ Nous éliminons b), c) et e).

1ère étape : Trouvez une logique

Intéressons-nous maintenant à la lettre I : elle effectue une rotation dans le sens des aiguilles d'une montre. ➲ **Logique « rotation »**

2ème étape : Élimination des solutions

☒ Nous éliminons a).

Question 87. Difficulté : ★ *Réponse b)*

1ère étape : Trouvez une logique

Une première logique porte sur les chiffres : 4, 6 et 8 sont répétés et permutent.

➲ **Logique « répétition »**

2ème étape : Élimination des solutions

☒ Nous éliminons a), c) et e).

1ère étape : Trouvez une logique

Intéressons-nous maintenant aux figures, elles sont composées respectivement de 6 côtés, 5 côtés et 4 côtés. ➲ **Logique « côtés »**

2ème étape : Élimination des solutions

☒ Nous éliminons d).

Question 88. Difficulté : ★★ *Réponse e)*

1ère étape : Trouvez une logique

Intéressons-nous aux chiffres : 10, 10 puis 8. Ce n'est pas très logique !

Intéressons-nous aux figures, en additionnant les côtés :

4 côtés + 6 côtés = 10 côtés

7 côtés + 3 côtés = 10 côtés

3 côtés + 5 côtés = 8 côtés ➲ **Logique « chiffres = côtés »**

2ème étape : Élimination des solutions

☒ Nous éliminons a), b), c) et d).

Question 89.

Difficulté : ★ *Réponse d)*

1ère étape : Trouvez une logique

La somme des chiffres est constante :

0 + 9 = 9

1 + 8 = 9

7 + 2 = 9

➲ **Logique « somme des chiffres »**

2ème étape : Élimination des solutions

☒ Nous éliminons b), c) et e).

1ère étape : Trouvez une logique

Intéressons-nous maintenant au positionnement des chiffres : ils tournent dans le sens des aiguilles d'une montre.

➲ **Logique « position »**

2ème étape : Élimination des solutions

☒ Nous éliminons a).

Question 90.

Difficulté : ★ *Réponse a)*

1ère étape : Trouvez une logique

Le nombre de carrés augmente d'une unité : 1, 2 puis 3. De plus, les carrés sont alternativement blancs puis hachurés ... attention au sens des hachures !

2ème étape : Élimination des solutions

☒ Nous éliminons b), c), d) et e).

II – TAGE MAGE® blanc N°2

Le Test TAGE MAGE® est présent dans de nombreux concours (Passerelle 2, Tremplin 2, ESSEC, EM Lyon, Audencia), mais aussi dans la procédure de recrutement de nombreuses Grandes Écoles ou Universités en Mastères spécialisés (HEC, ESSEC,...), Masters (SAI, ...) et IAE.

Le Test TAGE MAGE® est un QCM de 2 heures.
Il s'agit d'une épreuve qui permet le recrutement de candidats possédant des cursus scolaires variés.

Il est composé de six sous-tests de 15 questions à résoudre en 20 minutes :

- ***Compréhension d'un test écrit :*** lecture de textes suivie par une série de questions de compréhension. Le retour aux textes est possible.
- ***Calcul :*** cette épreuve évalue la maîtrise de connaissances simples dans les domaines de l'arithmétique, de la géométrie, de l'algèbre et du calcul.
- ***Raisonnement :*** 15 questions de raisonnement logique.
- ***Conditions minimales :*** cette épreuve vise à contrôler la capacité d'analyse de la pertinence des informations en vue de la résolution d'un problème.
- ***Expression :*** épreuve destinée à tester l'aptitude à comprendre une information formulée dans un court message verbal puis à en trouver rapidement une reformulation ou une suite probable.
- ***Logique :*** 15 questions portant sur des croisements de séries de chiffres, de lettres ou de figures.

90 questions-types TAGE MAGE® en 120 minutes
5 choix multiples
Réponse juste : +4 points **Réponse fausse : -1 point**

Découpez la grille de réponses en page 691.

Remarque : Je vous conseille vivement de découper la grille de réponses et de vous entraîner à soigneusement noircir les cases. Vous le constaterez, cet exercice est moins évident qu'il n'y paraît. Gardez à l'esprit que chaque année, certains candidats ratent leurs concours pour un simple décalage de ligne !
Vous pourrez vous corriger et calculer votre score à l'aide de la grille de correction en fin d'ouvrage en page 668. Établissez la cartographie de vos forces et faiblesses et comparez-la à celle du TAGE MAGE® blanc N°1 : quels ont été vos progrès ?

Let's go !

■■ II.1 – TAGE MAGE® blanc N°2 – Test blanc

Sous-test 1
COMPRÉHENSION D'UN TEXTE ÉCRIT

Durée : 20 minutes
15 questions

Consignes
Cette épreuve comporte deux textes numérotés 1 et 2. Chacun de ces textes est suivi d'une série de questions. Chaque question vous présente cinq propositions qui peuvent porter sur différents niveaux de lecture :

- Informations « isolées » contenues dans le texte ;
- Idées principales, traitées dans un ou plusieurs paragraphes ;
- Position de l'auteur telle qu'elle se reflète dans le texte, etc.

Parmi les cinq propositions présentées dans le cadre de chaque question, certaines sont en contradiction flagrante avec le texte ; d'autres abordent des aspects qui n'y sont pas traités ; d'autres encore se rapprochent plus ou moins de ce qui est exprimé - directement ou indirectement - dans ce même texte.

La seule proposition considérée comme exacte est celle qui se rapproche le plus de ce qui est dit dans le texte. Les quatre autres propositions sont considérées comme fausses.

Barème d'évaluation

Réponse exacte :	+ 4 points
Réponse inexacte :	- 1 point
Absence de réponse ou réponse multiple :	0 point

La note finale de cette épreuve sera comprise entre -15 et + 60.

L'utilisation de toute calculatrice et de tout matériel électronique est interdite.

Démarrez le chronomètre pour 20 minutes de test.

Texte 1

L'école néolibérale des choix publics, appelée outre-Atlantique l'école du *Public Choice*, propose une analyse critique de l'État. Les principaux fondateurs de ce courant sont Antony Downs (*An Economic Theory of Democracy*, 1957), Duncan Black (*The Theory of Committees and Elections*, 1958) et James Buchanan et Gordon Tullock qui se sont faits connaître par la publication, en 1962, d'un ouvrage intitulé *The Calculus of Consent*.

Selon les membres de cette école, les choix électoraux, les programmes des partis, les décisions publiques relèvent fondamentalement du même type d'interprétation que les comportements économiques : les acteurs n'ont jamais qu'une raison d'agir, ils cherchent à maximiser leur utilité. La politique est une affaire comme une autre que masque la rhétorique de l'intérêt public. Cette analyse rencontre néanmoins des limites car elle ne permet pas d'expliquer pourquoi les régimes démocratiques diffèrent des autres types de régime politique ou encore pourquoi la participation politique des électeurs qui ont le capital scolaire le plus faible est moins élevée que celle du reste de la population.

Le *Public Choice* comble un vide, à savoir l'absence d'une théorie de l'État dans l'analyse néoclassique. Comme l'affirme James Buchanan (*The Economics of Politics*, 1978) : « Le choix public est l'application et l'extension de la théorie économique au domaine des choix politiques ou gouvernementaux ». L'objectif est de fonder l'analyse politique sur d'autres bases : « Le défi consiste à construire ou à reconstruire un ordre politique commun dans la lignée du modèle d'Adam Smith pour l'ordre économique ».

Les théoriciens de ce qu'on appelle encore l'école de Virginie — James Buchanan, Anthony Downs, Gordon Tullock, Duncan Black ou Mancur Olson — ont fondé une théorie du marché politique et de la bureaucratie et se sont engagés dans une critique de l'économie du bien-être. Leur défiance à l'égard des pouvoirs excessifs de l'État les pousse à critiquer l'accroissement des dépenses publiques, le gonflement de la dette étatique... Ils rejettent toute interprétation simpliste de la vie politique. En effet, selon eux, on ne peut pas soutenir que, dans la vie économique, les individus se comportent de manière rationnelle et égoïste et considérer que ces mêmes individus, une fois passés du côté de la sphère politique, se comportent de manière altruiste et désintéressée.

L'accord collectif nécessaire pour engager des dépenses publiques repose sur des modalités bien différentes de celles d'une allocation marchande : il n'est satisfaisant pour l'ensemble des parties que si on utilise la règle de l'unanimité, mais celle-ci a un champ d'application extrêmement restreint (le théorème d'Arrow montre déjà en 1951 qu'il n'existe aucune procédure non dictatoriale permettant une révélation des préférences individuelles susceptible de garantir la cohérence des choix collectifs). L'utilisation de la règle de majorité est nécessaire ; il faut alors comparer les gains perçus par certains au détriment des autres. La règle majoritaire pousse à l'augmentation des dépenses publiques : celles-ci profitent à des groupes limités de bénéficiaires. Il suffit que la moitié des électeurs décide d'appuyer une nouvelle dépense pour que les autres qui n'ont pas d'intérêt personnel à cette réalisation soient quand même contraints de payer.

Question 1. Parmi les affirmations suivantes, laquelle est exacte ?

a) Adam Smith a construit un modèle permettant d'expliquer l'ordre politique mais ce sont les néoclassiques qui ont apporté une théorie de l'État opérante.
b) Le modèle construit par Adam Smith permet d'expliquer à la fois l'ordre économique et l'ordre politique.
c) Les tenants de l'École du *Public Choice* cherchent à construire un modèle d'analyse de l'ordre politique aussi puissant que le modèle fondé par Adam Smith pour expliquer l'ordre économique.
d) Le modèle construit par Adam Smith ne permet pas d'expliquer l'ordre politique, et encore moins l'ordre économique.
e) Les économistes de l'École de Virginie cherchent à remplacer le modèle développé par Adam Smith, car celui-ci ne comprend aucune théorie de l'État.

Question 2. Au regard du texte, la théorie selon laquelle les acteurs cherchent à maximiser leur utilité :

1. Permet d'expliquer le comportement d'un client dans un supermarché.
2. Permet d'expliquer le comportement d'un électeur qui se rend aux urnes.
3. Permet d'expliquer la décision de la mise en construction de la ligne de TGV Lyon-Turin.

a) Uniquement 3
b) Uniquement 2
c) 1 + 3
d) 1 + 2 + 3
e) 1 + 2

Question 3. Quel paradoxe a mis en évidence l'économiste Kenneth Arrow sous le nom de *Théorème d'impossibilité* ?

a) La dictature est le meilleur régime politique puisqu'il permet de garantir la cohérence des choix collectifs.
b) La règle majoritaire est plus efficace que la dictature car elle permet la révélation des préférences individuelles.
c) La règle de l'unanimité, en visant un consensus total, est tout à fait adaptable aux régimes démocratiques.
d) La règle majoritaire conduit à des comportements dictatoriaux en imposant à la minorité des choix contraires à l'intérêt des individus qui la compose.
e) Hormis le cas où un dictateur imposerait ses choix à tout le reste de la population, les systèmes politiques ne permettent pas d'agréger de façon cohérente des préférences individuelles en préférences sociales.

Question 4. À partir de quelle date l'École néolibérale des choix publics ou l'École de Virginie s'est-elle fait connaître ?

a) Dès la fin de XVIIIème siècle avec Adam Smith.
b) Déjà en 1951, avec les premières thèses de l'économiste Kenneth Arrow.
c) À partir de 1957 et 1958 avec la publication des ouvrages de Downs et Black.
d) En 1962, avec la publication de l'ouvrage de référence : « *The Calculus of Consent* ».
e) Véritablement en 1978 en complétant les lacunes laissées par l'École néoclassique.

Question 5. Pour les théoriciens du *Public Choice*, quel principe explique qu'il faille appliquer la même théorie aux comportements électoraux et aux comportements économiques ?

a) La critique de l'économie du bien-être a permis de démontrer que les agents économiques cherchaient à maximiser le bien-être collectif.
b) Les individus sont égoïstes dans tout ce qu'ils entreprennent.
c) L'accroissement des dépenses publiques et le gonflement de la dette étatique conduisent les individus à adopter des comportements égoïstes et rationnels.
d) La bureaucratie étatique étant devenue très importante, les fonctionnaires interagissent entre eux comme dans un marché libre et parfait.
e) Les individus sont altruistes tant dans leurs comportements économiques que politiques et cherchent à concilier intérêt public et intérêt personnel.

Question 6. Quelle critique adressée aux théoriciens de l'école néolibérale du choix public est rapportée par l'auteur ?

a) Leur théorie ne permet pas d'expliquer l'impact du déterminisme éducatif dans les comportements électoraux.
b) La mise en pratique des théories du *Public Choice* risque de conduire à l'instauration de régimes anti-démocratiques.
c) Les tenants de l'école du *Public Choice* n'arrivent pas à expliquer pourquoi une minorité accepte silencieusement les choix imposés par la majorité.
d) En définitive, l'école du *Public Choice* adopte une interprétation simpliste de la vie politique.
e) Le *Public Choice* a laissé, dans son corpus idéologique, un vide relatif à l'absence d'une théorie de l'État.

Question 7. En définitive, les théoriciens de l'école néolibérale des choix publics appellent-ils à un renforcement des pouvoirs de l'État ?

a) Clairement non.
b) Pas vraiment.
c) Plutôt oui.
d) Sans aucun doute.
e) Ils ne tranchent pas cette question.

Texte 2

Les jeux de hasard et d'argent constituent un phénomène majeur, le chiffre d'affaires des opérateurs, dont la croissance est plus rapide que celle du PIB, dépasse, globalement, celui de la SNCF. De même, le total des prélèvements est supérieur au budget de la Culture et de la Communication.

Pourtant, ces activités semblent relativement mésestimées par les pouvoirs publics dont la politique est caractérisée par quatre tendances. Premièrement, une vision partielle qui privilégie la protection nécessaire mais pas suffisante, de l'ordre public au détriment de la prise en compte de la dynamique économique du secteur et de l'aide aux joueurs dépendants. Deuxièmement, une attitude ambivalente des pouvoirs publics qui prélèvent des recettes importantes sur le produit d'activités implicitement réprouvées sur le plan moral. Il en résulte un régime particulier articulé autour d'un triptyque prohibition-exception-monopole. En outre, l'État est à la fois régulateur et actionnaire majoritaire de l'un des trois principaux opérateurs : la Française des Jeux. Le troisième point est un certain immobilisme, le cadre législatif et réglementaire des jeux paraît à la fois archaïque et d'une complexité excessive. L'État semble par trop se contenter de limiter la croissance de l'offre et de maintenir le statu quo juridique et financier. Enfin, une position restrictive qui comporte des risques, une politique trop limitative et des prélèvements excessifs peuvent freiner la dynamique de croissance et d'emploi du secteur des jeux et provoquer des expatriations (des meilleurs chevaux de courses, des « start-up » créatrices de cyberjeux...) ou le développement de pratiques illicites (machines à sous clandestines, cybercasinos « offshore »...). Le Parlement est tenu à l'écart de ces questions du fait du caractère non fiscal de la majorité des prélèvements effectués et de la forme réglementaire des décisions prises les plus importantes.

Faut-il, dès lors, interdire tous les jeux d'argent et, avec eux, les établissements qui en font commerce ? Les réglementer, ou les autoriser librement ? Il n'y a pas d'État, en réalité, où le commerce des jeux d'argent soit totalement libre. Mais entre les deux positions de principe – interdire ou réglementer – les gouvernements n'ont cessé de balancer.

Les casinos entraînent-ils la ruine des joueurs et, donnant l'illusion de l'argent facile, détournent-ils les populations de l'effort et du travail ? Favorisent-ils les comportements asociaux (fraudes, jeu pathologique, etc.) ? Les adversaires des maisons de jeux sont aujourd'hui bien isolés et leurs critiques semblent en porte-à-faux. Les casinotiers font valoir que les jeux publics légaux et fiscalisés sont un moyen indolore de lever de l'argent au profit de la collectivité et qu'interdire ou réprimer les jeux d'argent et les priver d'une exploitation légale conduisent immanquablement à la prolifération des jeux clandestins. Refuser toute légalité aux jeux d'argent, c'est en confier par défaut la gestion et les profits au crime organisé. L'arsenal réglementaire mis en place dans les pays qui ont la plus grande expérience des jeux publics permet de satisfaire les joueurs sans brimer pour autant les exploitants. Enfin, l'ensemble des activités légales s'occupant de jeux d'argent constitue désormais un puissant secteur économique (« l'industrie du jeu »), source de profits – dont une part importante est reversée à la collectivité – et d'emplois nombreux.

Question 8. Les jeux publics légaux et fiscalisés vont-ils à l'avenir se développer ?

a) Non, le secteur est économiquement puissant et il ne croît plus en raison d'un cadre règlementaire excessif.
b) Oui, le secteur est économiquement dynamique et fiscalement très rentable.
c) Le texte n'apporte pas de précision sur ce point.
d) Non, car le parlement ne restera pas éternellement tenu à l'écart de ces questions.
e) Oui, car les adversaires des maisons de jeux ont perdu la bataille.

Question 9. Quels sont les risques inhérents à une politique trop restrictive ?

1. L'affaiblissement économique du secteur.
2. La prolifération des jeux clandestins.
3. Le déclin des courses de chevaux du fait des expatriations au profit des casinotiers.

a) 1 + 3
b) 1 + 2
c) 2 + 3
d) 1 + 2 + 3
e) Uniquement 1

Question 10. Comment l'auteur qualifie-t-il les politiques publiques relatives aux jeux ?

a) Elles sont économiquement inefficaces, règlementairement injustes et moralement désastreuses.
b) Elles sont moralement restrictives, économiquement discutables et règlementairement pertinentes.
c) Elles sont règlementairement simples, moralement acceptables et économiquement désastreuses.
d) Elles sont économiquement pertinentes, règlementairement discutables et moralement désastreuses.
e) Elles sont moralement discutables, économiquement inefficaces et règlementairement inacceptables.

Question 11. En définitive, les jeux de hasard et d'argent sont-ils bénéfiques pour la société française ?

a) Non
b) Pas vraiment
c) Plutôt oui
d) Sans aucun doute
e) Clairement non

Question 12. Quels sont les arguments évoqués dans le texte concernant l'environnement légal, législatif et règlementaire ?

a) L'arsenal règlementaire est compliqué et dépassé et entrave la croissance du secteur.
b) Le cadre règlementaire, bien que récent, est excessivement compliqué.
c) L'arsenal règlementaire actuel permet de satisfaire à la fois les joueurs et les exploitants.
d) Le cadre règlementaire, trop laxiste, favorise le développement de pratiques illicites.
e) L'arsenal règlementaire est focalisé sur la protection des joueurs et n'est pas efficace fiscalement.

Question 13. Quels critères sont utilisés par l'auteur pour évaluer le poids économique du secteur des jeux de hasard et d'argent en France ?

1. Un chiffre d'affaires supérieur à celui de la SNCF.
2. Des bénéfices supérieurs au budget du Ministère de la Culture et de la Communication.
3. Une masse salariale importante.

a) 1 + 2
b) 1 + 3
c) 2 + 3
d) 1 + 2 +3
e) Ni 1, ni 2, ni 3

Question 14. Existe-t-il une ambivalence quant au rôle de l'État dans le secteur des jeux de hasard et d'argent ?

a) Oui, il définit le cadre règlementaire tout en influant sur le dynamisme économique du secteur.
b) Oui, l'État est à la fois régulateur et indirectement opérateur du secteur.
c) Ni oui, ni non, le parlement et donc l'État est tenu à l'écart de ces questions.
d) Non, le cadre légal est certes complexe et archaïque mais le rôle de l'État est clair.
e) Non, l'État adopte une position clairement restrictive.

Question 15. Quels sont les arguments des adversaires des casinotiers ?

a) Les casinos ruinent les joueurs et donc, l'État, du fait de la perte fiscale occasionnée.
b) Le développement des jeux d'argent favorise le crime organisé.
c) Il est impossible d'aboutir à une réglementation du secteur qui satisfasse à la fois les joueurs et les professionnels.
d) L'addiction aux jeux d'argent entraîne la faillite des joueurs et le développement de comportements marginaux.
e) L'exploitation légale des jeux d'argent conduit à accroître la pression fiscale.

Ne pas tourner la page
avant expiration des 20 minutes.

Sous-test 2
CALCUL

Durée : 20 minutes
15 questions

Consignes

Cette épreuve est constituée de 15 questions pour lesquelles vous disposez de 20 minutes.

Les questions ne sont pas classées par ordre de difficulté.

Barème d'évaluation

Réponse exacte :	+ 4 points
Réponse inexacte :	- 1 point
Absence de réponse ou réponse multiple :	0 point

La note finale de cette épreuve sera comprise entre -15 et + 60.

L'utilisation de toute calculatrice et de tout matériel électronique est interdite.

Démarrez le chronomètre pour 20 minutes de test.

Question 16. Marie-Claire est heureuse, elle vient de réaliser une superbe vente pour un montant total de 305 € réglé sous forme de 28 billets de 5 € et de 20 €. Quel est le nombre de billets de 5 € ?

a) 11
b) 13
c) 15
d) 17
e) 19

Question 17. La population de Chaponost a doublé entre 2000 et 2010. La proportion de jeunes de moins de 25 ans représentait 60 % de la population en 2000. Le désintérêt des jeunes de moins de 25 ans pour les travaux agricoles conduit à une décroissance du nombre de jeunes de moins de 25 ans de 10 % entre 2000 et 2005 puis de nouveau de 10 % entre 2005 et 2010. Quel était le pourcentage, arrondi au point inférieur, de jeunes de moins de 25 ans en 2010 ?

a) 60
b) 48
c) 34
d) 24
e) 25

Question 18. La neige donne 5 % de son volume en eau en fondant. Le toit d'une maison est formé de deux surfaces planes rectangulaires de 150 décimètres sur 7 mètres, il est recouvert de 40 centimètres de neige. Quel volume d'eau donnera la neige en fondant ?

a) 8,4 hectolitres
b) 42 hectolitres
c) 2,1 hectolitres
d) 21 hectolitres
e) 4,2 hectolitres

Question 19. Un pilote de rallye a parcouru les quatre étapes du « *4L Trophy* » en respectivement 21min48s, 13min56s, 28min57s et 25min39s. Une pénalité de un quarantième d'heure lui a été infligée. Quel est son temps officiel de parcours ?

a) 1 heure 30 minutes et 30 secondes
b) 5 410 secondes
c) 1 heure 31 minutes et 30 secondes
d) 91 minutes et 50 secondes
e) 5 520 secondes

Question 20. Étant directeur du rayon chaussures du Printemps, Jonathan bénéficie d'une réduction de 37 % sur ses achats. Quel était le prix avant réduction de la paire de chaussures qu'il a payé 48,50 €, sachant que la caisse enregistreuse arrondit les prix au dixième d'euro ?

a) 48,50 €
b) 78 €
c) 30,50 €
d) 76 €
e) 77 €

Question 21. Dans le triangle représenté ci-dessous, I est le milieu de AB et J le milieu de AC. Quel est le rapport entre la surface du triangle AIJ et l'aire du quadrilatère BIJC ?

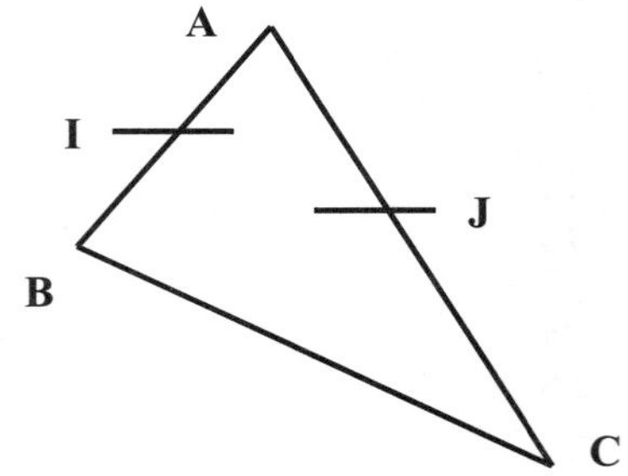

a) $\frac{1}{3}$
b) 2
c) $\frac{3}{2}$
d) 0,5
e) 1

Question 22. Un nouveau VTT est proposé aux clients sous trois versions différentes A, B et C. Un magasin de sport en expose 357 modèles. Il y a 3 fois plus de versions A exposées que de versions B et 4 fois plus de versions B que de versions C. Combien de versions B sont-elles exposées ?

a) 175
b) 252
c) 35
d) 63
e) 84

Question 23. La partie Conditions minimales du Tage Mage comprenant 15 questions est notée sur 60 (+ 4 points pour une bonne réponse ; - 1 point pour une mauvaise, 0 point pour une non réponse). Tommy a obtenu 25 points en répondant aux 15 questions, de plus, en discutant avec ses amis à la sortie de l'épreuve, il conclut qu'il a commis au moins une erreur. Le nombre de réponses fausses est compris entre :

a) 0 et 2
b) 2 et 4
c) 4 et 6
d) 6 et 8
e) 8 et 10

Question 24. Brigitte Sab a acheté une broche et deux colliers pour un total de 110 €. Son amie Brigitte Gaill a dépensé deux fois plus pour l'achat de deux broches et deux bagues. Quel est le prix d'un collier sachant qu'une bague coûte 60 € ?

a) 15 €
b) 45 €
c) 20 €
d) 25 €
e) 30 €

Question 25. Pour être accepté dans une école de commerce la moyenne générale d'un candidat doit être d'au moins 14,75. Le concours comprend trois épreuves avec des coefficients différents. À l'épreuve de mathématiques a été attribué le coefficient 2, à l'épreuve d'économie, le coefficient 3 et à l'épreuve de littérature française, le coefficient 1. Après la passation des épreuves d'économie et de mathématiques, la moyenne d'Amandine est de 14,25. Quelle note minimale doit-elle obtenir en littérature française pour être reçue ?

a) 15,75
b) 17,25
c) 16,75
d) 18,25
e) 18,50

Question 26. Jacques et Paul font le même trajet de 60 km en vélo tous les dimanches. Dimanche dernier Jacques a roulé à une vitesse moyenne de 20 km/h. Paul a roulé à une vitesse moyenne de 25 km/h et il est parti 15 minutes après Jacques. Quelle distance restait-il à parcourir à Jacques quand Paul est arrivé au bout du trajet ?

a) 5 km
b) 7 km
c) 9 km
d) 11 km
e) 13 km

Question 27. Un problème d'imprimante a obligé François à numéroter à la main les pages de son mémoire de fin d'étude. Il a écrit 3 773 chiffres. Combien son mémoire contient-il de pages ?

a) 1 090 pages
b) 1 112 pages
c) 1 178 pages
d) 1 220 pages
e) 1 227 pages

Question 28. Reine met R heures pour ranger la totalité du magasin, Stella est cinq fois plus rapide. Combien de temps leur prendra le rangement de la totalité du magasin si elles travaillent ensemble ?

a) 6R heures

b) $\frac{1}{6}\times$R heures

c) (R+6) heures

d) 360R minutes

e) $(\frac{1}{6}+ R)$ heures

Question 29. Un champ rectangulaire d'une longueur de 11 mètres et d'une largeur de 7 mètres est entouré d'une clôture espacée de 2**x** mètres. Quel est le périmètre de la clôture ?

a) $18 + \mathbf{x}$

b) $36 + 8\mathbf{x}$

c) $36 + 16\mathbf{x}$

d) $11 + 8\mathbf{x}^2$

e) $18 + 4\mathbf{x}^2$

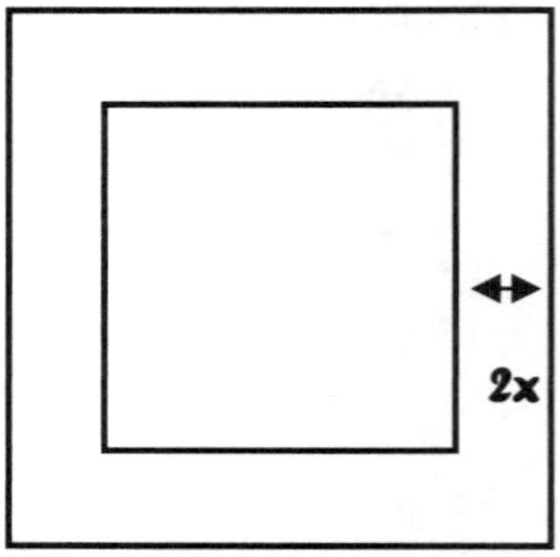

Question 30. Quelle solution donne le plus grand résultat ?

a) $(2 + 2 + 2)^2$

b) $[(2 + 2)^2]^2 - 2^3$

c) $(2\times2\times2)^2 + 2$

d) $2 + 2^2 + (2^2)^2$

e) 2×4^3

Ne pas tourner la page avant expiration des 20 minutes.

Sous-test 3
Raisonnement & Argumentation

Durée : 20 minutes
15 questions

Consignes

Cette épreuve comporte 15 questions constituées chacune d'un paragraphe de quelques lignes et d'une question. Ces questions sont des questions de raisonnement qui ne nécessitent pas une connaissance approfondie de la logique formelle. Il est fortement conseillé aux candidats de lire et de relire très attentivement les paragraphes ainsi que les questions avant d'y répondre.

Cinq propositions sont formulées. Une seule est acceptable en fonction du paragraphe et de la question. Certaines traduisent une parenté de formulation aussi il est fortement conseillé, là encore, de lire et de relire très attentivement les cinq propositions de réponse.

Barème d'évaluation

Réponse exacte :	+ 4 points
Réponse inexacte :	- 1 point
Absence de réponse ou réponse multiple :	0 point

La note finale de cette épreuve sera comprise entre -15 et + 60.

L'utilisation de toute calculatrice et de tout matériel électronique est interdite.

Démarrez le chronomètre pour 20 minutes de test.

Question 31. Lors d'une tombola, 20 lots ont été prévus pour 1 000 billets vendus. Combien un joueur doit-il acheter de billets pour être sûr d'obtenir six lots ?

a) 994
b) 981
c) 986
d) 506
e) 999

Question 32. Le soleil n'était pas encore levé lorsqu'il eut franchi la porte de la ville.

Quelle affirmation se rapproche le plus de l'énoncé ?

a) Le soleil se lève d'abord, il franchit la porte de la ville ensuite.
b) Le soleil se lève et il franchit la porte de la ville au même moment.
c) Il attend que le soleil soit levé pour ensuite franchir la porte de la ville.
d) Il franchit la porte de la ville d'abord, le soleil se lève ensuite.
e) Il a quitté la ville bien avant que le soleil ne se lève.

Question 33. Des études cliniques ont démontré qu'une personne en état fiévreux obtenait un score médiocre au Tage Mage®. Puisque jouer au squash augmente la température du corps, il n'est pas raisonnable de pratiquer ce sport avant de se présenter à sa session de Tage Mage®.

Parmi les propositions suivantes, laquelle soutient le mieux la conclusion mise en avant par l'auteur ?

a) Une activité amoureuse intense augmente la température du corps des candidats et par conséquent provoque des pertes de mémoire et des difficultés à raisonner.
b) Une personne qui a de la température souffre aussi de maux de tête.
c) Dans certaines circonstances une personne peut avoir de très bons résultats au Tage Mage® en Compréhension de textes mais une mauvaise note en Calcul.
d) Le squash augmente autant le rythme cardiaque que la température ce qui engendre un état de concentration optimale.
e) L'anxiété engendrée par l'examen peut accroître la température du corps.

Question 34. « Ce n'est pas un dogmatique qui impose ses idées d'en haut mais un pragmatique qui croit à l'expérimentation et fait appel aux initiatives de la base. »

Vers quelle conclusion tend cette affirmation ?

a) C'est un homme qui écoute et construit des propositions à partir des essais sur le terrain.
b) C'est un homme qui n'a pas d'idées préconçues sur l'éducation.
c) C'est un homme qui fait confiance aux expérimentations pour faire évoluer la situation.
d) C'est un homme pour qui le changement ne passe pas par un processus hiérarchique descendant.
e) C'est homme n'est pas un religieux qui croit aux dogmes.

Question 35. L'alcoolisme des jeunes est devenu un problème majeur de santé publique pour les autorités françaises. Les pratiques de « consommations extrêmes » qui ont fait leur apparition ces dernières années tendent à devenir un phénomène généralisé. C'est à qui ingurgitera le plus d'alcool en un minimum de temps. Plusieurs expressions désignent cette compétition d'un genre douteux à laquelle se livrent filles et garçons : « biture express », « défonce minute », « *binge drinking* » : le but est d'avaler la quantité maximale d'alcool avant de s'effondrer en vomissant. En France, où la réglementation en matière de publicité est plus stricte qu'ailleurs en Europe, le gouvernement a entrepris de lutter sévèrement contre ce phénomène en interdisant, à partir de 2013, la vente d'alcool aux mineurs, sa consommation aux abords des établissements scolaires et la pratique des "open bars", où l'on peut boire à volonté pour un prix forfaitaire.

Vers quelle conclusion tend ce texte ?

a) Une réglementation stricte en matière de publicité permet d'éradiquer les pratiques de « consommations extrêmes ».
b) Le « *binge drinking* » ne se pratique qu'aux abords des établissements scolaires.
c) Dans cette compétition au genre douteux, les filles obtiennent de meilleurs résultats que les garçons.
d) Le gouvernement espère que l'interdiction de la vente d'alcool aux mineurs sera plus efficace que la réglementation en matière de publicité.
e) L'alcoolisme des jeunes se résume à avaler la quantité maximale d'alcool avant de s'effondrer en vomissant.

Question 36. Paris n'est pas moins riche que Rihanna. Britney est à la tête d'une fortune supérieure de celle de Beyonce qui est plus riche que Rihanna mais moins fortunée que Paris. Au classement *Fortune-Voici* des patrimoines de stars, laquelle de ces people est avant dernière ?

a) On ne peut pas le déterminer.
b) Paris
c) Rihanna
d) Britney
e) Beyonce

Question 37. Les détracteurs républicains de la réforme Obama rapportent le cas du gouvernement irlandais qui a décidé de développer un système national gratuit de protection de la santé. Avant la création du système, chaque personne devait payer ses dépenses de santé. Cinq ans après la mise en place du système, la demande de soins a radicalement augmenté et des pénuries sont apparues bien que la population et le nombre des services de santé offerts soient restés constants.

Laquelle des propositions suivantes explique le mieux pourquoi la demande de soins a augmenté ?

a) Dès qu'un service est fourni gratuitement sa demande augmente.
b) La qualité de la protection de la santé fournie a décliné après la création du système national.
c) Les fournisseurs privés de prestations médicales, en dehors du système national, ont amélioré leurs affaires année après année.
d) La propension des gens à utiliser les services de protection de santé est bien supérieure s'ils n'ont jamais eu à les payer.
e) Le salaire des médecins s'est accru après la création du système de protection santé national.

Question 38. J'ai joué le mari ennuyé, mais ennuyé au point où il est impossible qu'on ne lui demande pas s'il n'a pas un ennui.

Quelle est la meilleure conclusion ?

a) Personne ne demandera au mari s'il est ennuyé.
b) Personne ne remarquera que le mari est ennuyé.
c) Tout le monde remarquera que le mari est ennuyé.
d) Le mari ennuie tout le monde.
e) Le mari n'est pas si ennuyé qu'il en a l'air.

Question 39. Un grand nombre de personnes rencontrent des difficultés insurmontables dans la compréhension des mathématiques. Leurs symboliques et leur absence de sens donnent un sentiment de langue étrangère à la majorité d'entre nous. Il faudrait commencer leur apprentissage par l'enseignement de leur histoire car leur construction obéit à des principes simples dont la connaissance facilite leur compréhension.

Laquelle de ces propositions représente l'essentiel du point de vue présenté ci-dessus ?

a) Pour comprendre l'histoire des mathématiques, il faut comprendre les mathématiques.
b) La plupart des gens sont incapables de comprendre les mathématiques.
c) Pour mieux comprendre les mathématiques leur enseignement devrait commencer par une présentation de leur histoire.
d) Une connaissance de l'histoire des mathématiques est indispensable à leur compréhension.
e) Les mathématiques sont comparables à une langue étrangère.

Question 40. Sandy n'allait pas à l'Edhec Lille et elle n'y allait pas en moto.

Quelle affirmation est en accord avec l'énoncé ?

a) Sandy a intégré l'Edhec Nice et a reçu une moto en cadeau.
b) Ce n'est pas en moto que Sandy allait à l'Edhec Lille.
c) Ce n'est pas à l'Edhec Lille que Sandy allait en moto.
d) Ce n'est ni à l'Edhec Lille ni en moto que Sandy allait.
e) C'est en moto que Sandy allait à l'Edhec Lille.

Question 41. Myriam, Bettina, Annabelle et Sophie appartiennent à la même promotion de l'EM Lyon. Cinq ans après la fin de leurs études, elles se retrouvent lors d'un dîner et discutent de leurs métiers, qui sont très différents. Elles sont consultante en organisation, trader sur les marchés financiers, responsable marketing et metteur en scène. Myriam et Annabelle n'ont jamais rien compris à la finance. Sophie a gravi tous les échelons de son cabinet de conseil en organisation tout en soutenant activement la carrière de metteur en scène de son amie Myriam. Annabelle et Bettina ont toujours été étonnées que l'on puisse se lancer dans une carrière de metteur en scène après avoir fait une grande école de commerce. Myriam et Sophie ferventes militantes du mouvement altermondialiste, détestent le marketing.

Laquelle des quatre est trader dans la finance ?

a) Myriam
b) Bettina
c) Annabelle
d) Sophie
e) Il n'est pas possible de répondre.

Question 42. En attendant Gérard, Paulette joue avec un jeu de 52 cartes (13 cœurs, 13 carreaux, 13 piques et 13 trèfles, chaque série ayant trois personnages). Elle retourne 10 cartes au hasard et 5 trèfles sont visibles. Elle retourne 10 nouvelles cartes et fait apparaître 6 autres trèfles. Combien y a-t-il de cartes ayant des chiffres noirs visibles (les as sont assimilés au chiffre 1) ?

a) minimum 5 / maximum 13
b) minimum 6 / maximum 17
c) minimum 11 / maximum 18
d) minimum 8 / maximum 19
e) minimum 10 / maximum 20

Question 43. Majid, Benjamin et Karim sont les trois premiers d'un rallye pédestre organisé par Sup de Co Reims. Ils pratiquent des sports différents (athlétisme, tennis et football) et sont originaires de trois villes différentes (Chaponost, Casablanca et Lyon). Nous savons que Karim qui pratique le tennis précède immédiatement Benjamin, que l'amateur de football qui n'est pas lyonnais précède immédiatement celui qui pratique l'athlétisme, enfin, Majid est casaoui (habitant de Casablanca).

Parmi les propositions suivantes, laquelle est vraie ?

a) Benjamin est chaponois.
b) Majid est arrivé premier.
c) Karim est chaponois.
d) Celui qui pratique l'athlétisme est second.
e) Benjamin et Karim sont en fait ex-aequo.

Question 44. « Fais ce que dois, advienne que pourra »

Quelle proposition explique le mieux le proverbe ci-dessus ?

a) Il n'est pas utile d'agir si l'on sait qu'on ne parviendra pas à ses fins.
b) Il n'est pas utile d'avoir une conscience morale pour faire le bien.
c) Il faut agir impunément sans se soucier du qu'en dira-t-on.
d) Il faut accomplir son devoir sans s'inquiéter de ce qui en résultera.
e) A l'impossible nul n'est tenu.

Question 45. L'Europe entière, du moins l'Europe aristocratique, parla français aussi longtemps que, de Richelieu à Bonaparte, les armées françaises mirent l'Europe à feu et à sang.

Laquelle des affirmations suivantes est exacte ?

a) L'Europe entière équivaut exactement à l'Europe aristocratique.
b) L'Europe entière est plus étendue que l'Europe aristocratique.
c) L'Europe entière est moins étendue que l'Europe aristocratique.
d) L'Europe entière est au moins aussi étendue que l'Europe aristocratique.
e) L'Europe entière équivaut à peu près à l'Europe aristocratique.

Ne pas tourner la page avant expiration des 20 minutes.

Sous-test 4
CONDITIONS MINIMALES

Durée : 20 minutes
15 questions

Consignes

Chacun des 15 problèmes qui suivent comporte une question et deux informations étiquetées (1) et (2). Vous devez décider si ces informations sont suffisantes pour répondre à la question.

Vous cocherez :

A) Si l'information (1) permet à elle seule de répondre à la question, et si l'information (2) à elle seule ne permet pas de répondre à la question.

B) Si l'information (2) permet à elle seule de répondre à la question, et si l'information (1) à elle seule ne permet pas de répondre à la question.

C) Si les deux informations (1) et (2) ensemble permettent de répondre à la question, et aucune séparément ne le peut.

D) Si chaque information permet séparément de répondre à la question.

E) Si les deux informations ensemble ou séparément ne permettent pas de répondre à la question.

Sauf précision contraire, tous les nombres utilisés sont des nombres réels.

Barème d'évaluation

Réponse exacte :	+ 4 points
Réponse inexacte :	- 1 point
Absence de réponse ou réponse multiple :	0 point

La note finale de cette épreuve sera comprise entre -15 et + 60.

L'utilisation de toute calculatrice et de tout matériel électronique est interdite.

Démarrez le chronomètre pour 20 minutes de test.

A)	Si l'information (1) permet à **elle seule** de répondre à la question, et si l'information (2) à elle seule ne permet pas de répondre à la question.
B)	Si l'information (2) permet à **elle seule** de répondre à la question, et si l'information (1) à elle seule ne permet pas de répondre à la question.
C)	Si les deux informations (1) et (2) **ensemble** permettent de répondre à la question, et aucune séparément ne le peut.
D)	Si **chaque** information permet séparément de répondre à la question.
E)	Si les deux informations **ensemble ou séparément** ne permettent pas de répondre à la question.

Question 46. Si $x+y \neq 0$, que vaut $\dfrac{x^2 - y^2}{x + y}$?

(1) $x=12+y$

(2) $y=16-x$

Question 47. Un ballotin de chocolats est composé de 15 orangettes et de 20 rigolettos. Quel est, en grammes, le poids total du ballotin ?

(1) Un rigoletto pèse deux fois plus lourd qu'une orangette.
(2) Deux rigolettos et une orangette pèsent ensemble 50 grammes.

Question 48. Les prix du litre de l'essence ordinaire et du super ont subi des augmentations différentes. Quelle est, en pourcentage, l'augmentation du prix de l'essence ordinaire ?

(1) Avant l'augmentation, le prix du litre de super était de 1,15 €.
(2) L'augmentation a été de 12 centimes par litre pour l'essence et le super.

Question 49. Sur l'étalage d'un marchand de volailles, on peut acheter des poules et des lapins. Combien y a-t-il de lapins ?

(1) Quand on compte les têtes, on en trouve 16.
(2) Quand on compte les pattes, on en trouve 56.

A)	Si l'information (1) permet à **elle seule** de répondre à la question, et si l'information (2) à elle seule ne permet pas de répondre à la question.
B)	Si l'information (2) permet à **elle seule** de répondre à la question, et si l'information (1) à elle seule ne permet pas de répondre à la question.
C)	Si les deux informations (1) et (2) **ensemble** permettent de répondre à la question, et aucune séparément ne le peut.
D)	Si **chaque** information permet séparément de répondre à la question.
E)	Si les deux informations **ensemble ou séparément** ne permettent pas de répondre à la question.

Question 50. Lors de ses fameuses soirées, DJ Campus of Millery propose deux cocktails différents, le Cuba libre et le Mojito. Quelle quantité de rhum, exprimée en verres, utilise-t-il pour confectionner un verre de Mojito ?

(1) Lorsqu'il prépare quatre verres de Cuba libre et quatre verres de Mojito, DJ Campus utilise quatre verres et demi de rhum.

(2) Lorsqu'il prépare un verre de Cuba libre et huit verres de Mojito, DJ Campus utilise cinq verres et demi de rhum.

Question 51. Quelle est la moyenne arithmétique des nombres a, b , c , d , e ?

(1) La moyenne de a, b, c est 13.

(2) La moyenne de c, d, e est 18.

Question 52. Le triangle ABC est-il rectangle ?

(1) La hauteur AH est aussi médiatrice de BC.

(2) L'angle ABC mesure 45°.

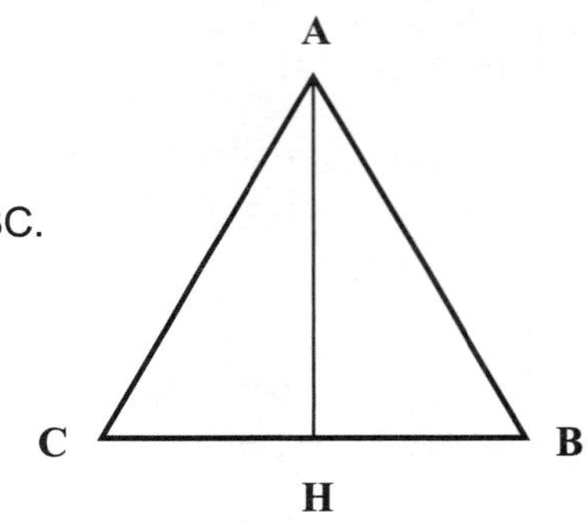

Question 53. Quel est la valeur de $(2y - 7)(2y + 7) - 10y^2 + 10$?

(1) $17y + 13 = 0$

(2) $y^2 = \frac{169}{289}$

A)	Si l'information (1) permet à **elle seule** de répondre à la question, et si l'information (2) à elle seule ne permet pas de répondre à la question.
B)	Si l'information (2) permet à **elle seule** de répondre à la question, et si l'information (1) à elle seule ne permet pas de répondre à la question.
C)	Si les deux informations (1) et (2) **ensemble** permettent de répondre à la question, et aucune séparément ne le peut.
D)	Si **chaque** information permet séparément de répondre à la question.
E)	Si les deux informations **ensemble ou séparément** ne permettent pas de répondre à la question.

Question 54. Lors des soldes, une chemise Dolché Gabouna est proposée avec une réduction de 15 % sur son prix d'origine. Quel était son prix avant réduction ?

(1) La réduction est égale à 18 €.
(2) La prix de la chemise en solde est égal à 102 €.

Question 55. x est-il divisible par 21 ?

(1) x est divisible par 14 et 3.
(2) x est divisible par 2 et 1.

Question 56. ab représente l'écriture décimale d'un nombre à deux chiffres supérieur à 10. Que vaut ce nombre ?

(1) $6b - 5a = 5b + 4a$
(2) Ce nombre est un multiple de 19.

Question 57. Dans une entreprise le montant des ventes de l'année 2011 est-il supérieur au montant des ventes de l'année 2013 ?

(1) En 2011, le montant des ventes est 3 fois celui de 2012.
(2) Le montant des ventes de 2011 est le double de la moyenne arithmétique du montant des ventes des années 2011, 2012, 2013.

Question 58. Deux droites se coupent en A. Quelle est la mesure de l'angle Ô ?

(1) L'angle Û mesure 70°
(2) L'angle Î mesure 110°

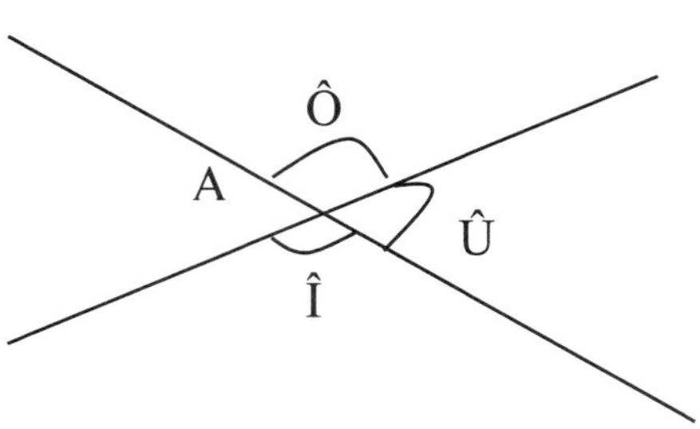

A)	Si l'information (1) permet à **elle seule** de répondre à la question, et si l'information (2) à elle seule ne permet pas de répondre à la question.
B)	Si l'information (2) permet à **elle seule** de répondre à la question, et si l'information (1) à elle seule ne permet pas de répondre à la question.
C)	Si les deux informations (1) et (2) **ensemble** permettent de répondre à la question, et aucune séparément ne le peut.
D)	Si **chaque** information permet séparément de répondre à la question.
E)	Si les deux informations **ensemble ou séparément** ne permettent pas de répondre à la question.

Question 59. Soient x, y et z, trois nombres réels tous les trois inférieurs à 100. Combien sont supérieurs à 49 ?

(1) $y + z = 150$
(2) $x + y + z = 190$

Question 60. Quelle est la valeur numérique de **x** ?

(1) $\mathbf{x}^2 - 3\mathbf{x} + 2 = 0$
(2) $\mathbf{x}^2 - 4\mathbf{x} + 4 = 0$

Ne pas tourner la page
avant expiration des 20 minutes.

Sous-test 5
EXPRESSION

Durée : 20 minutes
15 questions

Consignes

Cette épreuve comporte différents types d'exercices :

1. Évaluer le degré de synonymie dans les reformulations.
2. Choisir la formulation qui reprend le mieux (correction et clarté) l'énoncé initial.
3. Choisir les mots qui assurent la cohérence du texte.

Attention !

- Soyez rapide.
- Soyez attentif aux consignes de chaque exercice.

Barème d'évaluation

Réponse exacte :	+ 4 points
Réponse inexacte :	- 1 point
Absence de réponse ou réponse multiple :	0 point

La note finale de cette épreuve sera comprise entre -15 et + 60.

L'utilisation de toute calculatrice et de tout matériel électronique est interdite.

Démarrez le chronomètre pour 20 minutes de test.

Recherche de synonymie

Consigne de 61 à 65 : Choisissez la reformulation dont le sens se rapproche le plus du passage / des passages souligné(s).

Question 61. Face à la belle Maylis, Majid se retrouvait confronté à un sérieux dilemme.

a) un lourd remords.
b) une interrogation embarrassante.
c) un choix difficile.
d) une parole malheureuse.
e) un grand danger.

Question 62. Il est vrai que le Vivant a longtemps patiné avant de prendre son envol ne s'est-il pas cantonné au stade unicellulaire plusieurs milliards d'années durant.

a) Le Vivant a longtemps patiné, puis il a pris son envol pour rester cantonner au stade unicellulaire plusieurs milliards d'années durant.
b) Le Vivant a patiné au stade unicellulaire plusieurs milliards d'année durant, puis il a pris son envol.
c) Le Vivant est resté cantonné au stade unicellulaire plusieurs milliards d'année durant avant de prendre son envol puis de patiner.
d) Le Vivant a pris son envol avant de patiner au stade unicellulaire durant plusieurs milliards d'années.
e) Durant plusieurs milliards d'années, le Vivant a pris son envol avant de patiner au stade unicellulaire.

Question 63. Nonobstant le protocole entre princesses marocaines et sultans turcs, Sady Elkaidou et Igul Ntran se jetèrent dans les bras l'un de l'autre.

a) Selon le protocole
b) Conformément au protocole
c) Malgré le protocole
d) À la suite du protocole
e) À l'instar du protocole

Question 64. Je ne l'approuve pas sans réserve mais, après tout, que pouvons-nous tenter d'autre ?

a) Je ne l'approuve pas du tout, mais, après tout, que pouvons-nous tenter d'autre ?
b) Je l'approuve avec réserve, après tout, que pouvons-nous tenter d'autre ?
c) Je l'approuve sans réserve, car, après tout, que pouvons-nous tenter d'autre ?
d) Je ne l'approuve pas subtilement, mais, après tout, que pouvons-nous tenter d'autre ?
e) Sans réserve, je ne l'approuve pas, car, après tout, que pouvons-nous tenter d'autre ?

Question 65. Est-il possible et légitime d'accorder sa confiance à l'évidence, c'est-à-dire, *stricto sensu*, à ce qui s'impose à l'esprit avec une telle force qu'il n'est besoin d'aucune autre preuve pour accéder à la vérité ? Évidence vient du latin *videre*, voir, et désigne ce qui se manifeste avec une telle transparence que nous le voyons littéralement.

a) est métaphorique
b) est parodontal
c) est bêtabloquant
d) est prégnant
e) est hexandre

Correction linguistique

Consigne de 66 à 70 : Indiquez la formulation orthographiquement et grammaticalement la plus correcte, la plus claire et la plus élégante pour exprimer le sens du passage souligné.
Le choix a) reprend la formulation initiale.

Question 66. Les marchandises qu'ils avaient amené sont considérées comme abîmé.

a) Les marchandises qu'ils avaient amené sont considérées comme abîmé.
b) Les marchandises qu'ils avaient amenées sont considérées comme abîmé.
c) Les marchandises qu'ils avaient amené sont considérées comme abimées.
d) Les marchandises qu'ils avaient amenées sont considérées comme abîmées.
e) Les marchandises qu'ils avaient amenée sont considérées comme abimées.

Question 67. <u>L'agrafe rouillée qu'il avait oublié était tombé.</u>

a) L'agrafe rouillée qu'il avait oublié était tombé.
b) L'agrafe rouillée qu'il avait oubliée était tombée.
c) L'agraphe rouillée qu'il avait oublié était tombé.
d) L'agrafe rouillée qu'il avait oublié était tombée.
e) L'agraphe rouillée qu'il avait oubliée était tombée.

Question 68. <u>Au début du XVIIème siècle, les naturalistes français poursuivent la réfléxion et aboutissent à de toutes autres conclusions.</u>

a) Au début du XVIIème siècle, les naturalistes français poursuivent la réfléxion et aboutissent à de toutes autres conclusions.
b) Au début du XVIIème siècle, les naturalistes français poursuivent la réflexion et aboutissent à de tout autres conclusions.
c) Au début du XVIIème siècle, les naturalistes français poursuivent la réflexion et aboutissent à de tous autres conclusions.
d) Au début du XVIIème siècle, les naturalistes français poursuivent la réflèxion et aboutissent à de toute autres conclusions.
e) Au début du XVIIème siècle, les naturalistes français poursuivent la réflexion et aboutissent à de toutes autres conclusions.

Question 69. <u>Ensuite, si je devais participer au tournoi de vitesse, ce serait avec de moindres ambitions, bien que les compétitions de cet hiver m'ont fait progressé au plan tactique.</u>

a) Ensuite, si je devais participer au tournoi de vitesse, ce serait avec de moindres ambitions, bien que les compétitions de cet hiver m'ont fait progressé au plan tactique.
b) Ensuite, si je devais participer au tournoi de vitesse, ce serait avec des ambitions plus faibles, bien que les compétitions de cet hiver m'aient fait progresser au plan tactique.
c) Ensuite, si je devais participer au tournoi de vitesse, ce serait avec de moindres ambitions, bien que les compétitions de cet hiver m'aient fait progressé au plan tactique.
d) Ensuite, si je devais participer au tournoi de vitesse, ce serait avec de moindres ambitions, bien que les compétitions de cet hiver me fissent progressé au plan tactique.
e) Ensuite, si je devais participé au tournoi de vitesse, ce serait avec des ambitions plus faibles, bien que les compétitions de cet hiver me fissent progresser au plan tactique.

Question 70. Au printemps, le rosier de Sylvie déploie tous ses charmes, nous offre son feuillage somptueux, vert amande, des feuilles larges, veloutées, au revers argenté, et s'épanouit en se couvrant de grandes et belles fleurs à pétales blancs rosés.

a) Au printemps, le rosier de Sylvie déploie tous ses charmes, nous offre son feuillage somptueux, vert amande, des feuilles larges, veloutées, au revers argenté, et s'épanouit en se couvrant de grandes et belles fleurs à pétales blancs rosés.
b) Au printemps, le rosier de Sylvie déploie tous ses charmes, nous offre son feiullage somptueux, vert amande, des feuilles larges, veloutées, au revers argenté, et s'épanouit en se couvrant de grandes et belles fleurs à pétales blancs rosé.
c) Au printemps, le rosier de Sylvie déploie tous ses charmes, nous offre son feuillage somptueux, vert amande, des feuilles larges, veloutées, au revers argenté, et s'épanouit en se couvrant de grandes et belles fleurs à pétales blanches rosé.
d) Au printemps, le rosier de Sylvie déploie tous ses charmes, nous offre son feuillage somptueux, vert amande, des feuilles larges, veloutées, au revers argenté, et s'épanouit en se couvrant de grandes et belles fleurs à pétales blanc rosé.
e) Au printemps, le rosier de Sylvie déploie tous ses charmes, nous offre son feuillage somptueux, verts amandes, des feuilles larges, veloutées, aux revers argentés, et s'épanouit en se couvrant de grandes et belles fleurs à pétales blanc rosés.

Cohérence

Consigne de 71 à 75 : complétez avec la réponse la plus cohérente.

Question 71. Le manque d'intérêt du Président, ainsi que de nombreux élus de droite, face au numérique, pourrait être dangereux pour 2012. ...., ces choix d'ignorer les évolutions technologiques du web 2.0. créent un « gouffre culturel » entre une droite e-ringardisée et qui s'est fabriqué de toute pièce une image anti-Internet, autant dire anti-modernité, voire anti-jeunes et une population de plus en plus connectée.

a) En outre
b) Ainsi
c) A priori
d) Pourtant
e) Aussi

Question 72. Ceux qui ………… ne sont pas sans savoir que, depuis la démission de Jean-Marie Messier, dernier PDG flamboyant du groupe de média et télécoms, la fameuse firme est passée dans les mains de Jean-Bernard Levy.

a) ne l'ignorent pas
b) l'ignorent
c) ne le savent pas
d) ne le savent plus
e) ne l'ont jamais su

Question 73. Dans l'actuel ouvrage, Caroline Fourest centre son propos sur les dangers du multiculturalisme. L'universalisme, écrit-elle, « *risque de succomber à force de tolérer les idées les plus intolérantes au nom du droit à la différence* ». ………… L'absolutisation de la différence culturelle a, en effet, été instrumentalisée par les idéologies identitaires pour lesquelles l'individu n'existe qu'en tant que membre de sa communauté d'origine.

a) On ne peut lui donner tort sur ce point.
b) On ne peut que lui donner tort sur ce point.
c) On ne peut qu'être en désaccord sur ce point.
d) On ne peut qu'infirmer ce point.
e) On ne peut corroborer ce point.

Question 74. Le retournement conjoncturel de 2007 a vu la croissance de l'emploi chuter d'un rythme annuel moyen de 3,3 % sur la période 2001-2007 à 0,9 % en 2008 et 0,1 % en 2009. Les créations d'emplois se sont ensuite progressivement redressées pour atteindre un rythme de 1,6 % en 2010, soit la plus forte hausse depuis 2002. ………… qui a été largement tirée par les métiers de la construction et dans une moindre mesure par les services. En cinq ans, le salaire moyen *per capita* a par ailleurs crû de 13,9 %, pour atteindre en moyenne 2 136 euros par mois en 2010. Avec une inflation de 8,7 % sur la même période, le pouvoir d'achat moyen a donc augmenté de 5 %.

a) Une image idyllique
b) Une situation de crise
c) Une orientation jamais atteinte
d) Une relative embellie
e) Une conjoncture défavorable

Question 75. Il existe en effet dans les cellules du foie (hépatocytes) des mécanismes moléculaires très astucieux, sortes d'éboueurs des cellules, qui assurent normalement l'élimination individuelle des protéines altérées, ... des déchets.

a) en outre
b) en plus
c) bref
d) à l'opposé
e) mais aucunement

Ne pas tourner la page avant expiration des 20 minutes.

TAGE MAGE® blanc

Sous-test 6
LOGIQUE

Durée : 20 minutes
15 questions

Consignes

Les **huit premières questions** sont des problèmes d'intersection de deux séries. Chaque question contient deux séries, une série est présentée horizontalement et l'autre verticalement. Elles sont constituées de groupes de lettres ou de chiffres. Il s'agit pour vous de choisir parmi les cinq réponses qui vous sont proposées, le groupe de lettres ou de chiffres qui pourrait aussi bien appartenir à la série présentée horizontalement qu'à la série présentée verticalement et ainsi occuper **la place du point d'interrogation**.

Les **sept dernières questions** sont des problèmes de séries portant sur des données de nature spatiale. Chacune des séries est constituée de trois cases comprenant des graphiques suivies d'une case contenant un point d'interrogation. Les trois premières cases doivent vous permettre d'inférer le contenu de la case qui devrait occuper **la place du point d'interrogation**. La question porte donc sur le point d'interrogation et vous devez choisir votre réponse parmi les cinq propositions de réponse qui vous sont faites.

Barème d'évaluation

Réponse exacte :	+ 4 points
Réponse inexacte :	- 1 point
Absence de réponse ou réponse multiple :	0 point

La note finale de cette épreuve sera comprise entre - 15 et + 60.

L'utilisation de toute calculatrice et de tout matériel électronique est interdite.

Démarrez le chronomètre pour 20 minutes de test.

Question 76.

	2 2 8 5 6 2			
	1 3 9 8 5 1			
	7 7 2 6 4 7			
	4 9 5 7 6 6			
9 9 0 3	?	8 8 4 7	6 6 1 4	5 5 2 5

a) 7 7 9 4 b) 9 9 2 8 c) 7 7 6 9 d) 1 6 7 6 8 1 e) 7 7 0 3

Question 77.

	A C G			
Q W M	?	N S G	A Q S	V O A
	K M M			
	X Z P			
	Q R S			

a) T U L b) M U J c) B G J d) K U N e) K B V

Question 78.

9 8	2 1	?	1 1 9	9 1
		3 1 2		
		2 2 2		
		4 0 2		
		4 2 0		

a) 1 2 3 b) 2 0 6 c) 2 3 1 d) 3 3 3 e) 4 1 1

Question 79.

	R T K			
	P S R			
	F R G			
P S A	?	A O P	A P M	L M P
	A P R			

a) P Q R b) Z I P c) P S T d) R Q J e) A Q R

Question 80.

1 2 2				
3 3 9				
?	2 7	5 7	1 9 2	6 6
2 4 8				
2 3 6				

a) 9 9 b) 3 1 3 c) 5 1 5 d) 6 3 6 e) 1 1 1

Question 81.

	5 2 5			
	1 0 1			
4 0 8	?	6 1 2	7 1 4	9 1 8
	7 4 9			
	8 6 4			

a) 2 0 4 b) 3 0 9 c) 2 2 d) 5 1 0 e) 4 1 6

Question 82.

	E F K			
F F L	?	H H M	I I Y	J J R
	B C E			
	D H L			
	E S X			

a) P P O b) G G N c) A A B d) C C I e) G G B

Question 83.

7 2 6				
6 7 2				
?	7 5 6	8 9 7	3 5 7	8 7 8
8 1 6				
3 7 5				

a) 7 5 3 b) 4 5 6 c) 7 7 7 d) 5 5 5 e) 9 3 3

Question 84.

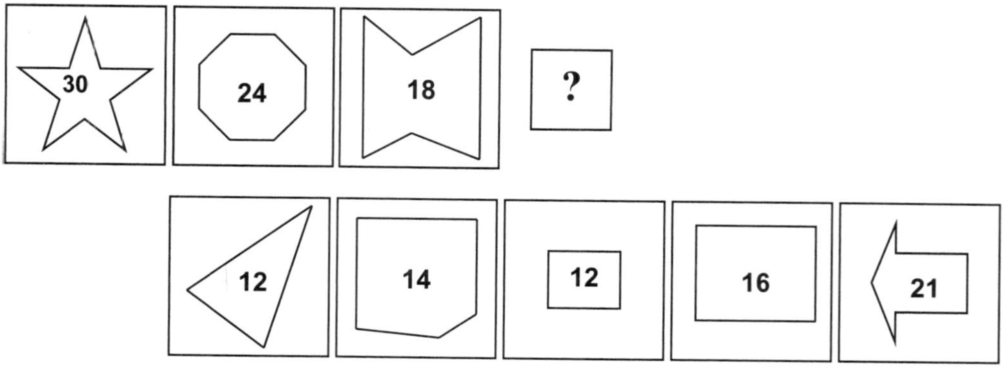

a) b) c) d) e)

Question 85.

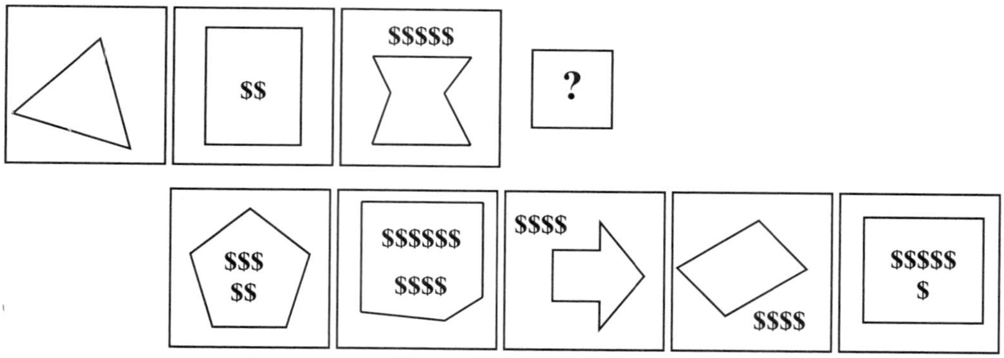

a) b) c) d) e)

Question 86.

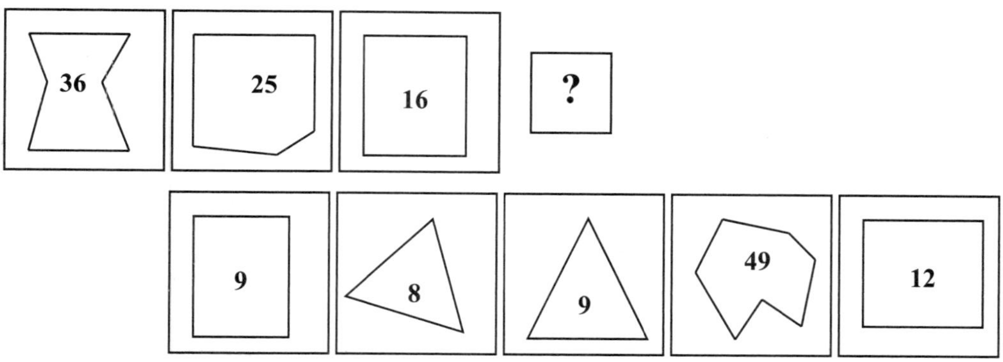

a) b) c) d) e)

Question 87.

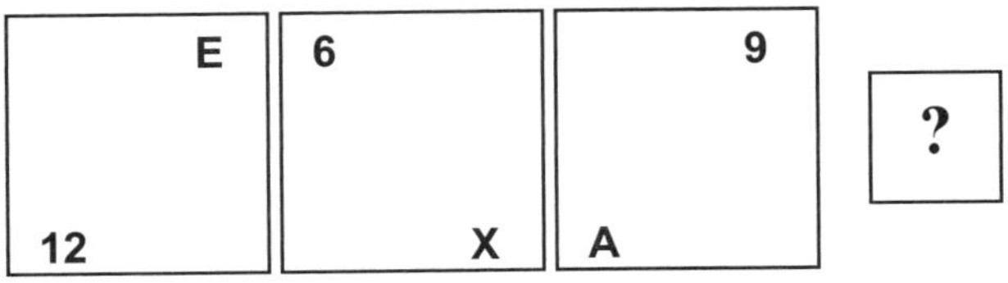

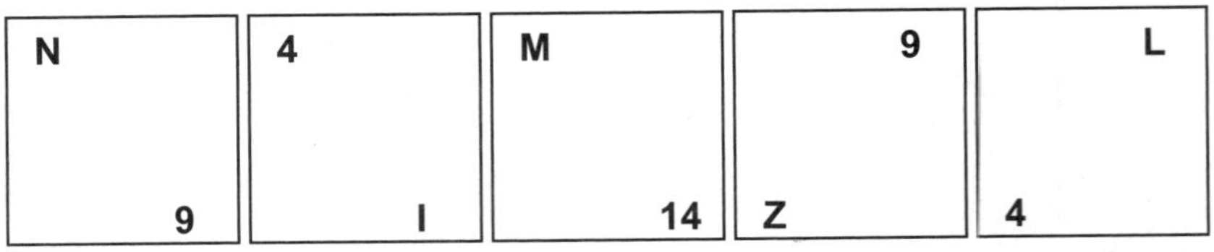

a) b) c) d) e)

Question 88.

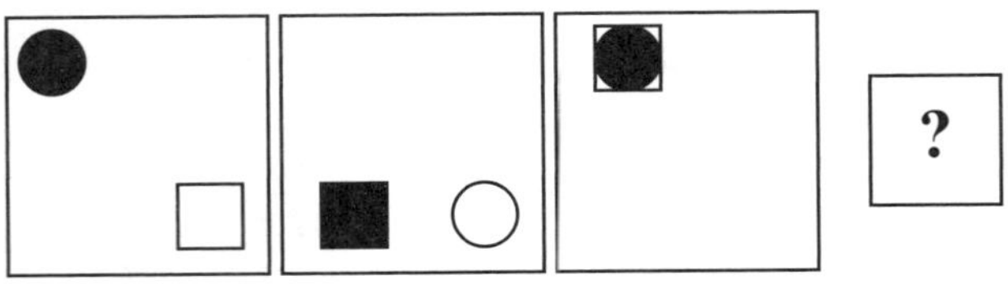

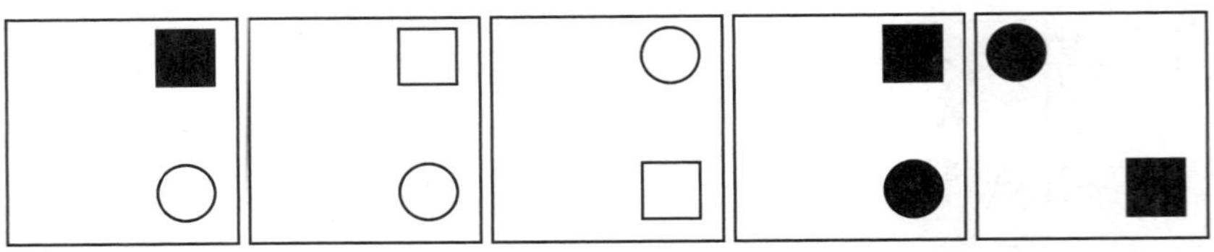

a) b) c) d) e)

Question 89.

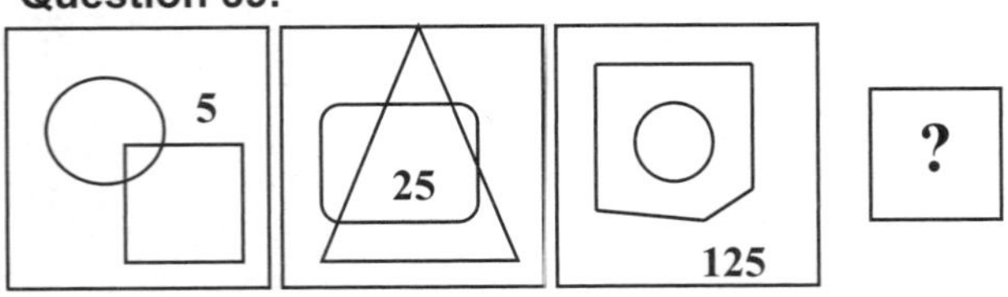

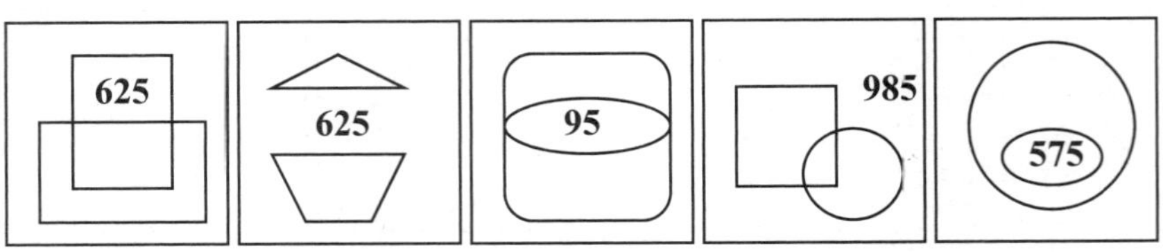

a) b) c) d) e)

Question 90.

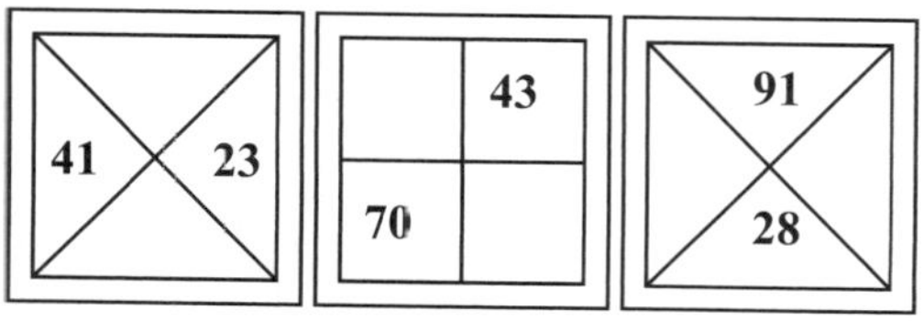

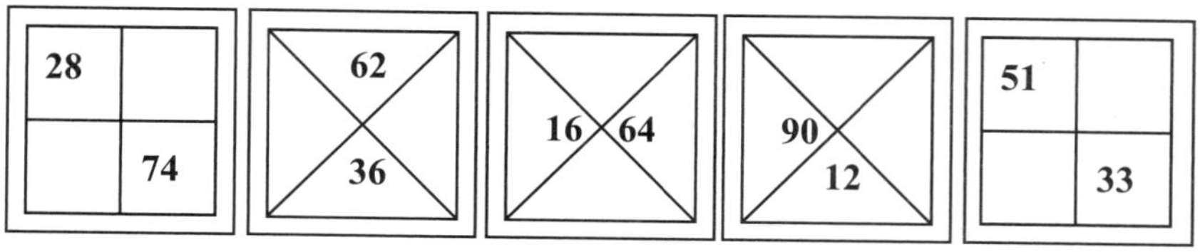

a) b) c) d) e)

Ne pas tourner la page
avant expiration des 20 minutes.

Calculez votre score à l'aide de la grille de correction en pages 668 et 669.

II.2 – TAGE MAGE® blanc N°2 - Correction

Calculez votre score à l'aide de la grille de correction en pages 668 et 669.

Cartographie de vos forces et faiblesses

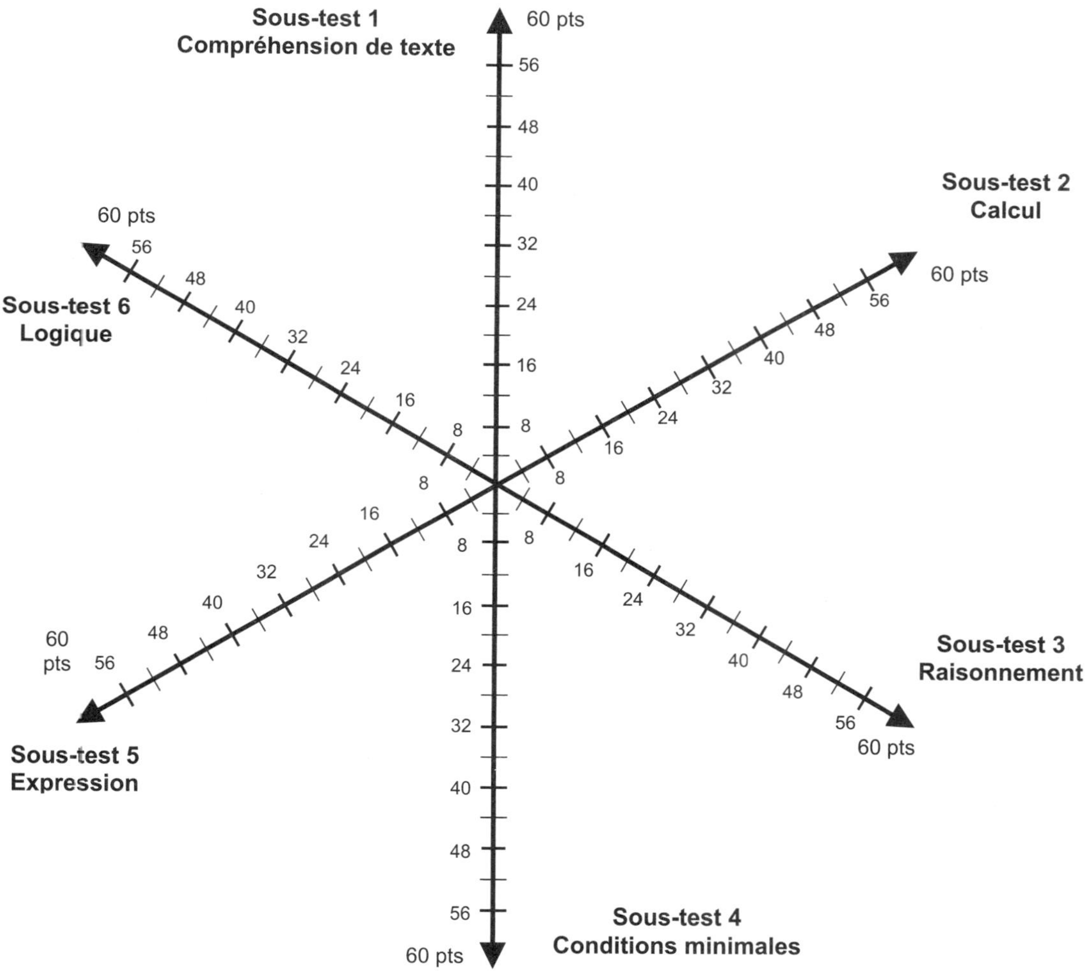

Comparez cette cartographie à celle du TAGE MAGE® blanc N°1 : quels ont été vos progrès ?

Correction détaillé

Question 1. Difficulté : ★★ *Réponse c)*

« Le défi consiste à construire ou reconstruire un ordre politique commun dans la lignée du modèle d'Adam Smith ».

Question 2. Difficulté : ★★★ *Réponse d)*

Une question piège !

Selon les membres de cette école, les choix électoraux (2), les programmes des partis, les décisions publiques (3) relèvent fondamentalement du même type d'interprétation que les comportements économiques (1) : « les acteurs (...) cherchent à maximiser leur utilité ». Certes le texte souligne à la fin du paragraphe, les limites du modèle explicatif (spécificité des régimes démocratiques, incohérence dans le taux de participation des électeurs...), mais ces nuances ne remettent pas en cause la portée générale de la théorie du *Public Choice*.

Question 3. Difficulté : ★ *Réponse e)*

Le Théorème d'Arrow, ou Théorème d'impossibilité montre qu'il n'existe aucune procédure non dictatoriale permettant une révélation des préférences individuelles susceptibles de garantir la cohérence des choix collectifs. Il n'est pas question de promouvoir la dictature [a)], mais de souligner le fait que la règle de l'unanimité n'est pas compatible avec un régime démocratique [c)]. La règle majoritaire, opérante en système démocratique, ne permet pas de révéler simultanément l'intégralité des préférences individuelles [b)], en imposant les préférences individuelles majoritaires à la minorité, elle pousse à la dépense publique mais évidemment pas à un régime dictatorial [d)].

Question 4. Difficulté : ★★ *Réponse c)*

Premier paragraphe du texte.

Question 5. Difficulté : ★★ *Réponse b)*

Engagés dans une critique de l'économie du bien-être, les économistes du *Public Choice* concluent : « on ne peut pas soutenir que dans la vie économique les individus se comportent de manière rationnelle et égoïste et considérer que ces mêmes individus, une fois passés du côté de la sphère politique, se comportent de manière altruiste et désintéressée. » En bref, les individus sont rationnels et égoïstes dans tout ce qu'ils entreprennent. [b)]

Question 6. Difficulté : ★★ *Réponse a)*

Deuxième paragraphe, « elle ne permet pas d'expliquer pourquoi (...) la participation des électeurs qui ont le capital scolaire le plus faible est moins élevée que celle du reste de la population ».

Question 7. Difficulté : ★ *Réponse a)*

Question 8. Difficulté : ★★ *Réponse b)*

Le texte souligne à plusieurs reprises la dynamique actuelle et le potentiel du secteur, la réponse à la question est donc forcément positive. Nous éliminons a), c) et d). Certes, l'auteur précise que « les adversaires des maisons de jeux sont aujourd'hui bien isolés », mais ce n'est pas l'argument favorable en faveur d'un développement économique. Nous éliminons e).

Question 9. Difficulté : ★★★ *Réponse b)*

Deuxième paragraphe, une politique trop limitative peut freiner la dynamique de croissance (1), et, provoquer le développement de pratiques illicites (2). En revanche, si l'expatriation des meilleurs chevaux de courses est citée, il n'est pas écrit que celle-ci favorise les casinotiers.

Question 10. Difficulté : ★ *Réponse e)*

La rédaction de cette question la rend particulièrement délicate. Tentons de synthétiser la position de l'auteur sans tenir compte des solutions proposées.

Globalement, les politiques publiques sont plutôt inefficaces sur le plan économique (dynamisme du secteur freiné par une position trop restrictive, importance des recettes fiscales…) ; la réglementation, en revanche, est décrite comme archaïque et d'une complexité excessive. Enfin, moralement, la position des pouvoirs publics est discutable puisqu'ils sont à la fois les régulateurs et les principaux bénéficiaires d'une activité implicitement réprouvée sur le plan moral.

Question 11. Difficulté : ★ *Réponse d)*

Vous remarquerez que l'auteur aborde les jeux de hasard de manière très pragmatique en passant très vite sur l'aspect moral. Son analyse, règlementaire et économique, conclut clairement à un bilan positif du secteur des jeux (sous certaines conditions tout de même).

Question 12. Difficulté : ★★ *Réponse a)*

« Le cadre législatif et règlementaire des jeux paraît à la fois archaïque et d'une complexité excessive. »

Question 13. Difficulté : ★★★ *Réponse b)*

Cette question est particulièrement vicieuse et je vous félicite si vous avez répondu juste !

Dans le premier paragraphe, le texte précise que le chiffre d'affaires des opérateurs dépasse globalement celui de la SNCF (1). En revanche, -et c'est le premier piège- ce sont les prélèvements fiscaux et non pas les bénéfices qui sont supérieurs au budget de la Culture et de la Communication (pas 2) ; et en matière de fiscalité sur les jeux de hasard, les prélèvements fiscaux ne sont pas assis uniquement sur les bénéfices. Enfin, -et c'est le

Correction détaillée

second piège- il faut se rendre à la dernière ligne du texte pour lire que les jeux sont un « puissant secteur économique (...) source d'emplois nombreux ».

Question 14. Difficulté : ★ *Réponse b)*

L'auteur souligne une attitude ambivalente des pouvoirs publics. Nous éliminons c), d) et e). En effet, l'État prélève des recettes importantes sur une activité moralement réprouvée et, l'État est à la fois régulateur et actionnaire d'un des principaux opérateurs du marché.

Question 15. Difficulté : ★★ *Réponse d)*

Pour les adversaires des casinotiers, les casinos entraînent la ruine des joueurs et favorisent les comportements asociaux.

Question 16. Difficulté : ★★ *Réponse d)*

Tactique du consciencieux.

Posons X le nombre de billets de 5 € et Y le nombre de billets de 20 €. Il faut comprendre que la somme en billets de 5 € est égale à (5×X) € et que la somme en billets de 20 € est égale à (20×Y) €. L'énoncé devient alors :

$$\begin{cases} X + Y = 28 \\ 5X + 20Y = 305 \end{cases} \quad \begin{cases} Y = 28 - X \\ 5X + 20(28 - X) = 305 \end{cases} \quad \begin{cases} Y = 28 - X \\ -15X + 560 = 305 \end{cases}$$

$$\begin{cases} Y = 11 \\ X = \dfrac{255}{15} = 17 \end{cases}$$

Tactique du malin.

Testons les solutions en commençant par la solution du milieu.

c) Il y a 15 billets de 5 €.

	Billets de 5 €	Billets de 20 €
Nombre de billets	15	13
Montant total	75	260

Mais : 75 + 260 ≠ 305 €

Le résultat étant supérieur, nous éliminons a), b) et c).

d) Il y a 17 billets de 5 €.

	Billets de 5 €	Billets de 10 €
Nombre de billets	17	11
Montant total	85	220

Et : 85 + 220 = 305 €

Astuce : Lorsque vous testez la solution c), il y 30 € de trop, il faut donc « échanger » 2 billets de 20 € contre 2 billets de 5 €.

Question 17.

Difficulté : ★★ *Réponse d)*

Astuce : Dans ce genre de problème je vous conseille de décréter (vous êtes le maire de la ville après tout, non ?) que Chaponost compte une population totale de 100 personnes. Base 100.

Calculons l'évolution de la population en 2000, 2005 et 2010.

Posons P la population totale et J le nombre de jeunes dans cette ville.

<u>En 2000 :</u>

P = 100

J = 60%×P = 60%×100 = 60

<u>En 2005 :</u>

$J_{2005} = 0{,}9J_{2000} = 0{,}9 \times 60 = 54$

<u>En 2010 :</u>

$P_{2010} = 2 \times P_{2000} = 2 \times 100 = 200$

$J_{2010} = 0{,}9 \times J_{2005} = 0{,}9 \times 54 = 54 - 5{,}4 = 48{,}6$

La question posée porte sur le pourcentage de jeunes de moins de 25 ans :

$\frac{48{,}6}{200} = \frac{24{,}3}{100}$ = 24,3 % de jeunes

Question 18.

Difficulté : ★★★ *Réponse b)*

150 décimètres = 1 500 centimètres = 15 mètres

40 centimètres = 0,4 mètre

Volume d'une surfaces planes rectangulaire = 15×0,4×7 = 42 m^3

Attention il y a 2 pentes donc le volume doit être multiplié par 2 pour avoir le volume total de neige : 84 m^3

Le volume de la neige se réduit de 95%, donc le volume d'eau dégagé se calcule :

84×5% = 4,2 m^3

Dernière complication : 4,2 m^3 = 4 200 litres = 42 hectolitres

Question 19.

Difficulté : ★★ *Réponse d)*

Tout d'abord, un quarantième d'heure = 3600s/40 = 90s = 1min30s

Astuce : Pour gagner du temps, décomposer d'un côté l'addition des secondes et de l'autre l'addition des minutes.

<u>Addition des secondes :</u>

48 + 56 + 57 + 39 + 30 = 230 secondes soit 3min50s

<u>Additions des minutes :</u>

21 + 13 + 28 + 25 + 1 = 88 minutes soit 1h28min

<u>Temps officiel de parcours :</u>

1h28min + 3min 50s = 1h3min50 s = 91 minutes et 50 secondes

Question 20. Difficulté : ★★ *Réponse e)*

1. Lecture MCPS de la question (Mécanisme, Connaissances, Pièges, Solutions)

La question porte sur le calcul d'une quantité d'origine. Souvenons-nous que :

Nouveau total = ancien total × (1 - baisse en %).

Le prix d'origine (i.e. avant la réduction de 37%) était nécessairement supérieur au prix après réduction, nous pouvons d'ores et déjà éliminer les solutions a) et c).

2. Quelle tactique de résolution ?

Les tactiques du consciencieux et du malin sont possibles. Choisissez celle qui vous convient le mieux.

3. Résolution.

Tactique du consciencieux.

$Prix_{normal}$ = $Prix_{soldé}$ / (1 – baisse en %)

$Prix_{normal}$ = 48,5 / (1 – 37%)

$Prix_{normal}$ = 48,5 / 0,63

$Prix_{normal}$ = 77 €

Tactique du malin.

Nous savons que [solution - 37%×solution] = 48,5 €. Testons les réponses restantes [nous avons éliminé a) et c)] :

e) 77×0,63 = 48,5 € → OUI

Question 21. Difficulté : ★★★ *Réponse a)*

Les rapports AI/AB et AJ/AC étant équivalents (1/2), nous pouvons appliquer la réciproque du théorème de Thalès.

En premier lieu, la réciproque nous apprend que (IJ) et (BC) sont parallèles.

En second lieu, la réciproque nous apprend que le rapport IJ/BC est égal au rapport AI/AB (lui-même égal au rapport AJ/AC).

Donc BC = 2×IJ et la longueur de la hauteur de ABC passant par BC est égale à deux fois la longueur de la hauteur de AIJ passant par IJ.

Alors : $S_{AIJ} = \frac{IJ \times H_{IJ}}{2} = \frac{0{,}5BC \times 0{,}5H_{BC}}{2} = \frac{1}{4}S_{ABC}$

Et donc : $S_{AIJ} = \frac{1}{3}S_{BIJC}$

De plus : $S_{ABC} = S_{AIJ} + S_{BIJC}$ Donc : $S_{BIJC} = \frac{3}{4}S_{ABC}$

Enfin : $S_{AIJ} = \frac{1}{3}S_{BIJC}$

Question 22. Difficulté : ★★ *Réponse e)*

Posons A, B et C les nombres respectifs de VTT. L'énoncé devient :

$$\begin{cases} A + B + C = 357 \\ A = 3B \\ B = 4C \end{cases} \quad \begin{cases} 12C + 4C + C = 357 \\ A = 12C \\ B = 4C \end{cases} \quad \begin{cases} 17C = 357 \\ A = 12C \\ B = 4C \end{cases} \quad \begin{cases} C = 21 \\ A = 252 \\ B = 84 \end{cases}$$

Question 23. Difficulté : ★★ *Réponse d)*

Nous pouvons clairement utiliser les solutions dans notre résolution et d'ores et déjà éliminer a). La tactique du malin sera-t-elle la plus rapide ?

Tactique du malin.

Testons les solutions en partant de la solution du milieu :

c) 11×4 - 4×1 = 40, et, 9×4 - 6×1 = 30 → Non

Le résultat étant supérieur au résultat attendu, nous éliminons a), b) et c).

d) 9×4 - 6×1 = 30, et 7×4 - 8×1 = 20 → OUI

Tactique du fainéant.

Une autre méthode consiste à raisonner en « score absolu ».

En effet, une bonne réponse rapporte 4 points, une non-réponse 0 point et une mauvaise retire 1 point. Le score final est donc compris entre + 60 (tout est juste) et - 15 (tout est faux), ce sont donc 75 points dont on dispose ! Et (tirez en les leçons qui s'imposent !), une mauvaise réponse correspond alors à une perte de 5 points (1 point de perdu et un « manque à gagner » de 4 points).

Donc, si Tommy a obtenu 25 points, il en a potentiellement perdu 35 soit l'équivalent de 7 questions (7×5 = 35), on sait donc que Tommy a répondu faux à 7 questions.

Question 24. Difficulté : ★ *Réponse e)*

Tactique du consciencieux.

Posons B le prix d'une broche, C le prix d'un collier, l'énoncé devient alors :

$$\begin{cases} 1B + 2C = 110\ € \\ 2B + 2\text{bagues} = 2\times110\ € \end{cases} \quad \begin{cases} B + 2C = 110 \\ 2B + 120 = 220 \end{cases} \quad \begin{cases} 2C = 110 - B \\ B = \dfrac{100}{2} \end{cases} \quad \begin{cases} C = 30\ € \\ B = 50\ € \end{cases}$$

Tactique du malin.

Testons les solutions en partant de la solution du milieu : 15, 20, 25, 30, 45

d) collier = 25 € alors broche = 110 - 2×25 = 60 €

Mais, 2 broches + 2 bagues = 2×60 + 2×60 = 240 → Non

Le résultat étant supérieur au résultat attendu (220 €), nous éliminons d), c) et a).

e) collier = 30 € alors broche = 110 - 2×30 = 50 €

Et, 2 broches + 2 bagues = 2×50 + 2×60 = 220 → OUI

Question 25. Difficulté : ★ *Réponse b)*

Posons N, la note minimale qu'Amandine doit obtenir en littérature pour obtenir une moyenne générale de 14,75.

Nous cherchons :

$$\frac{(2+3)\times 14{,}25+1\times N}{6}=14{,}75$$

$$71{,}25+N=88{,}5$$

$$N=17{,}25$$

Question 26. Difficulté : ★★ *Réponse b)*

Schématisons la situation.

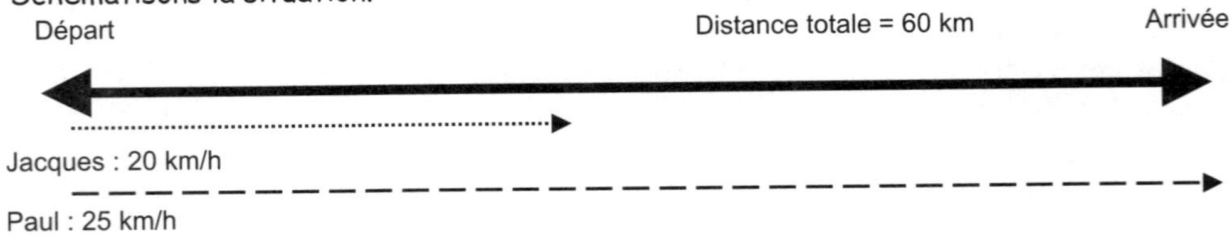

Paul : $60 = 25\,t_P$; alors, $t_P = \frac{60}{25} = 2{,}4$ h = 2h24mn

Jacques : $D = 20\times(2{,}4 + \frac{1}{4}) = 48 + 5 = 53$ km

Attention, la question porte sur la distance restante à parcourir, soit 7 km.

Question 27. Difficulté : ★★★ *Réponse d)*

1. Lecture MCPS de la question (Mécanisme, Connaissances, Pièges, Solutions)

Un problème classique sur les nombres entiers. Pas de piège particulier, attention tout de même, la page 0 n'existe pas.

2. Quelle tactique de résolution ?

Raisonnons.

3. Résolution.

Listons les pages et comptons le nombre de chiffres :
De la page 1 à 9, il y a 9 chiffres.
De la page 10 à 99, il y a 90 nombres à deux chiffres, soit 180 chiffres.
De la page 100 à 999, il y a 900 nombres à trois chiffres, soit 2 700 chiffres.
À la page 999, François a déjà écrit : 2 700 + 180 + 9 = 2 889 chiffres.
Il a donc utilisé 3 773 - 2 889 = 884 chiffres pour numéroter les pages à 4 chiffres (à partir de la page 1 000).
Soit : 884/4 = 221 pages
Le mémoire de François contient donc 1220 pages. Maudite imprimante !

Question 28. Difficulté : ★★ *Réponse b)*

Calculons la vitesse de Reine : $V = \frac{Q}{t} = \frac{1\,mag}{R\,heures} = \frac{1}{R}$ magasin/h

Stella est cinq fois plus rapide soit une vitesse de travail de : $\frac{5}{R}$ magasin/h

Ensemble, Reine et Stella travaillent à une vitesse de : $\frac{1}{R} + \frac{5}{R} = \frac{6}{R}$ magasin/h

Alors : $t = \frac{Q}{V} = \frac{1\,mag}{\frac{6}{R}} = \frac{R}{6}$ heure

Question 29. Difficulté : ★★ *Réponse c)*

Le périmètre de la clôture se calcule :

2×Longueur + 2×largeur
= 2(11 + 4x)+ 2(7 + 4x)
= 36 + 16x

Question 30. Difficulté : ★ *Réponse b)*

a) $(2 + 2 + 2)^2 = 6^2 = 36$

b) $[(2 + 2)^2]^2 - 2^3 = (4^2)^2 - 8 = 16^2 - 8 = 256 - 8 = 248$

c) $(2\times2\times2)^2 + 2 = 8^2 + 2 = 64 + 2 = 66$

d) $2 + 2^2 + (2^2)^2 = 2 + 4 + 4^2 = 6 + 16 = 22$

e) $2\times4^3 = 2\times64 = 128$

Question 31. Difficulté : ★★ *Réponse c)*

Remarquons en préalable que nous avons 1 000 billets dont 20 seulement sont gagnants (il y a 20 lots).
Imaginons qu'un joueur achète 980 billets, alors il peut très bien n'avoir que des billets perdants. En revanche, avec 986 billets, il aura forcément au moins 6 billets gagnants.

Question 32. Difficulté : ★ *Réponse d)*

Ne vous laissez pas déstabiliser par l'emploi du plus-que-parfait du subjonctif.

Question 33. Difficulté : ★★ *Réponse a)*

À bon entendeur, salut !

Question 34. Difficulté : ★★★ *Réponse c)*

La solution e) est farfelue. Les solutions a), b) et d) sont vraies mais ne rendent pas totalement compte de l'affirmation.

Question 35. Difficulté : ★★ *Réponse d)*

Les solutions b) et c) sont farfelues. La solution a) est en contradiction avec le texte. La solution e) est fausse.

Question 36. Difficulté : ★★ *Réponse e)*

En ordonnant les fortunes de nos people de la plus pauvre (sic !) à la plus riche, nous obtenons : Rihanna, Beyonce, puis, Britney et Paris que nous ne pouvons départager.

Question 37. Difficulté : ★★★ *Réponse a)*

Les réponses b), c) et e) sont évidemment hors sujet. Il faut écarter la réponse d) car elle aborde une situation dans laquelle les gens « n'ont jamais eu à payer (les services) » ce qui n'est pas le cas en l'espèce.

Question 38. Difficulté : ★★★ *Réponse e)*

Les deux négations « ne » (il est impossible qu'on ne lui demande pas) s'additionnent pour s'annuler. Le tout revient à dire : « il est certain qu'on lui demandera ». Nous éliminons a), b) et d). La solution c) est vraie mais elle ne correspond pas à une conclusion.

Astuce : L'addition de négations ne se résout pas aussi simplement en langage naturel qu'en langage logique : par la double négation, on passe du sens de possible à celui de certain.

Question 39. Difficulté : ★ *Réponse c)*

La solution a) exprime l'idée inverse du propos de l'auteur. Nous éliminons a).

La solution d) est fausse puisque c'est « un grand nombre de personnes » qui rencontrent des difficultés, il n'est pas dit que les autres (celles qui ne rencontrent pas de difficultés) ont étudié l'histoire des mathématiques. Nous éliminons d).

Les solutions b) et e) sont effectivement exprimées dans le paragraphe, mais elles ne représentent pas « l'essentiel du point de vue ». Nous éliminons b) et e).

Question 40. Difficulté : ★★ *Réponse c)*

Sandy n'allait pas à l'Edhec Lille en moto aurait pu signifier aussi bien que « Sandy allait à l'Edhec Lille autrement qu'en moto » ou, que « Sandy allait en moto ailleurs qu'à l'Edhec Lille ». En disloquant la construction et en maintenant deux négations dans chaque membre, l'auteur exclut la première interprétation.

Par la dislocation et la répétition de la négation dans les deux membres, l'auteur nous indique en effet que la négation porte sur l'élément présent dans chacun des deux membres, c'est-à-dire sur le complément à l'Edhec Lille / y et que, par conséquent, le complément en moto échappe à la portée de la négation. Il est donc dit que : « Sandy va quelque part en moto, mais ce n'est pas à l'Edhec Lille ».

Question 41. Difficulté : ★ *Réponse b)*

Cette question vous paraissait familière ? La correction est pourtant différente des autres questions du même type.

Nous savons que Sophie est consultante et que Myriam est metteur en scène. Alors Annabelle et Bettina sont forcément trader ou responsable marketing. Comme Annabelle ne comprend rien à la finance, nous pouvons conclure que Bettina est trader.

Question 42. Difficulté : ★ *Réponse d)*

Rappelons qu'un jeu de 52 cartes contient 26 cartes rouges (cœurs et carreaux) et 26 cartes noires (piques et trèfles).

Déterminons le maximum.

Paulette a retourné 11 trèfles, elle a donc au maximum retourné 10 cartes de trèfle numérotées et une carte de trèfle représentant un personnage. Si les 9 autres cartes sont des cartes de pique numérotées, alors, il y a sur la table un maximum de 19 cartes ayant des chiffres noirs visibles.

Remarque : nous pouvons nous arrêter et répondre d).

Déterminons le minimum.

Au minimum, il y a 3 personnages de trèfle et 8 cartes de trèfle numérotées, donc un minimum de 8 cartes ayant des chiffres noirs visibles.

Question 43. Difficulté : ★★ *Réponse a)*

En classant les participants, nous déduisons : Majid est casaouis, il pratique l'athlétisme et est arrivé bon dernier. Benjamin est arrivé deuxième, il est chaponois et il pratique le football. Enfin, Karim, arrivé premier, vient de Lyon et pratique le tennis.

Question 44. Difficulté : ★ *Réponse d)*

Question 45. Difficulté : ★ *Réponse b)*

« Du moins » introduit une atténuation ou une limitation.

Question 46. Difficulté : ★★★ *Réponse A)*

1. **Étape 1 : analyse de l'énoncé**

Commençons par simplifier l'énoncé, repérez l'identité remarquable :

$$\frac{x^2 - y^2}{x + y} = \frac{(x + y)(x - y))}{x + y} = x - y$$

2. **Étape 2 : analyse de l'information (1) seule**

Alors : $\frac{x^2 - y^2}{x + y} = x - y = 12$

L'information (1) seule nous permet de répondre.

⇨ Nous gardons les solutions A et D.

3. **Étape 3 : analyse de l'information (2) seule**

Cette information n'est pas exploitable.

L'information (2) seule ne nous permet pas de répondre.

Correction détaillée

Question 47. Difficulté : ★ *Réponse C)*

1. Étape 1 : analyse de l'énoncé

Posons G et R, les poids respectifs d'une orangette et d'un rigoletto. Le poids total du ballotin se calcule (15G + 20R).

2. Étape 2 : analyse de l'information (1) seule

$R = 2G$

Donc, poids du ballotin : $15G + 20\times2G = 55G$

L'information (1) seule ne nous permet pas de répondre.

⇨ Nous gardons les solutions B, C et E.

3. Étape 3 : analyse de l'information (2) seule

$2R + G = 50$ gr

L'information (2) seule ne nous permet pas de répondre.

⇨ Nous gardons les solutions C et E.

4. Étape 3,5 : analyse des informations (1) & (2) ensemble

Information (1) : $R = 2G$

Information (2) : $2R + G = 50$ gr

Alors : $5G = 50$ gr

Donc : $G = 10$ gr et : $R = 20$ gr

Le poids total d'un ballotin vaut : $15\times10 + 20\times20 = 550$ grammes

Les deux informations (1) & (2) ensemble nous permettent de répondre.

Question 48. Difficulté : ★ *Réponse E)*

1. Étape 1 : analyse de l'énoncé

L'énoncé ne contient aucune donnée chiffrée.

2. Étape 2 : analyse de l'information (1) seule

L'information (1) ne nous permet pas de répondre.

⇨ Nous gardons les solutions B, C et E.

3. Étape 3 : analyse de l'information (2) seule

Attention, la question porte sur l'augmentation en pourcentage, l'augmentation en valeur (12cts) est insuffisante pour répondre.

L'information (2) seule ne nous permet pas de répondre.

⇨ Nous gardons les solutions C et E.

4. Étape 3,5 : analyse des informations (1) & (2) ensemble

Nous pouvons calculer l'augmentation en pourcentage du super : $\frac{0{,}12}{1{,}15} \approx 10\%$

En revanche, nous ne pouvons pas calculer l'augmentation en pourcentage du prix de l'essence ordinaire.

Les deux informations (1) & (2) ensemble ne nous permettent pas de répondre.

Question 49. Difficulté : ★★ *Réponse C)*

1. Étape 1 : analyse de l'énoncé

Une question piège ! Bien évidemment, nous savons qu'un lapin a 4 pattes et 1 tête et qu'une poule n'a que 2 pattes et 1 tête.

Notons P le nombre de poules et L le nombre de lapins. Nous cherchons L.

2. Étape 2 : analyse de l'information (1) seule

Comptons le nombre de têtes : $1 \times P + 1 \times L = 16$

L'information (1) seule ne nous permet pas de répondre.

⇨ Nous gardons les solutions B, C et E.

3. Étape 3 : analyse de l'information (2) seule

Comptons le nombre de pattes : $2 \times P + 4 \times L = 56$

L'information (2) seule ne nous permet pas de répondre.

⇨ Nous gardons les solutions C et E.

4. Étape 3,5 : analyse des informations (1) & (2) ensemble

Information (1) : $P + L = 16$

Information (2) : $2P + 4L = 56$

Alors : $L = 12$ et : $P = 4$

Les deux informations (1) & (2) ensemble nous permettent de répondre.

Astuce : vous n'avez pas besoin de résoudre le système puisqu'il s'agit simplement de savoir si l'on peut répondre.

Question 50. Difficulté : ★★ *Réponse C)*

1. Étape 1 : analyse de l'énoncé

Posons M et C les quantités respectives de rhum dans un Mojito et dans un Cuba libre. Nous cherchons M.

2. Étape 2 : analyse de l'information (1) seule

$4C + 4M = 4{,}5$

L'information (1) seule ne nous permet pas de répondre.

⇨ Nous gardons les solutions B, C et E.

3. Étape 3 : analyse de l'information (2) seule

$C + 8M = 5{,}5$

L'information (2) seule ne nous permet pas de répondre.

⇨ Nous gardons les solutions C et E.

4. Étape 3,5 : analyse des informations (1) & (2) ensemble

Information (1) : $4C + 4M = 4{,}5$

Information (2) : $C + 8M = 5{,}5$

Après résolution de ce système, nous trouvons : $M = 0{,}5$

Les deux informations (1) & (2) ensemble nous permettent de répondre.

Question 51. Difficulté : ★★ *Réponse E)*

1. Étape 1 : analyse de l'énoncé

Nous cherchons : $(a + b + c + d + e)/5$

2. Étape 2 : analyse de l'information (1) seule

$(a + b + c)/3 = 13$

Donc : $a + b + c = 39$

L'information (1) seule ne nous permet pas de répondre.

⇨ Nous gardons les solutions B, C et E.

3. Étape 3 : analyse de l'information (2) seule

(c + d + e)/3 = 18

Donc : c + d + e = 54

L'information (2) seule ne nous permet pas de répondre.

⇨ Nous gardons les solutions C et E.

4. Étape 3,5 : analyse des informations (1) & (2) ensemble

Les informations (1) & (2) ensemble ne nous permettent pas de répondre.

Question 52. Difficulté : ★★★ *Réponse C)*

1. Étape 1 : analyse de l'énoncé

Dans le triangle ABC la somme des angles est égale à 180°.

2. Étape 2 : analyse de l'information (1) seule

Si AH est la médiatrice de BC, alors AC = AB.

Nous pouvons en déduire que le triangle ABC est isocèle, donc :

angle ABC = angle ACB.

L'information (1) seule ne nous permet pas de répondre.

⇨ Nous gardons les solutions B, C et E.

3. Étape 3 : analyse de l'information (2) seule

Le triangle ABC étant quelconque, nous savons que : angle CAB + angle ACB = 135°

L'information (2) seule ne nous permet pas de répondre.

⇨ Nous gardons les solutions C et E.

4. Étape 3,5 : analyse des informations (1) & (2) ensemble

Information (1) : ABC est isocèle.

Information (2) : angle ABC = 45°.

Alors, angle ABC = angle ACB = 45° et l'angle CAB mesure 90°.

Les deux informations (1) & (2) ensemble nous permettent de répondre.

Question 53. Difficulté : ★ *Réponse D)*

1. Étape 1 : analyse de l'énoncé

Ne vous laissez pas intimider, il n'y a qu'une seule inconnue : y

2. Étape 2 : analyse de l'information (1) seule

$17y + 13 = 0$

$17y = -13$

$y = \frac{-13}{17}$

Inutile de calculer, nous pouvons résoudre et donc répondre.

L'information (1) seule nous permet de répondre.

⇨ Nous gardons les solutions A et D.

3. Étape 3 : analyse de l'information (2) seule

$y^2 = \frac{169}{289}$

Intuitivement, sentez que nous pouvons répondre.

Cependant, pour le plaisir du calcul (!) étudions l'équation de l'énoncé.

$(2y - 7)(2y + 7) = 4y^2 - 49$ Identité : $a^2 - b^2 = (a + b)(a - b)$

Alors : $(2y - 7)(2y + 7) - 10y^2 + 10 = 4y^2 - 49 - 10y^2 + 10 = -6y^2 - 39 = -6\times\frac{169}{289} - 39$

L'information (2) seule nous permet de répondre.

Question 54. Difficulté : ★★★ *Réponse D)*

1. Étape 1 : analyse de l'énoncé

Le taux de réduction est de 15 %.

2. Étape 2 : analyse de l'information (1) seule

18 = 15 %×Prix d'origine

Prix d'origine = 120 €

L'information (1) seule nous permet de répondre.

⇨ Nous gardons les solutions A et D.

3. Étape 3 : analyse de l'information (2) seule

102 = Prix d'origine – 15%×Prix d'origine

102 = 0,85×Prix d'origine

Prix d'origine = 120 €

L'information (2) seule nous permet de répondre.

Question 55. Difficulté : ★ *Réponse A)*

1. Étape 1 : analyse de l'énoncé

Une question basique portant sur la divisibilité. Nous savons que N est divisible par 21 si et seulement si N est divisible par 3 et par 7.

2. Étape 2 : analyse de l'information (1) seule

N est divisible par 2, 3 et 7.

L'information (1) seule nous permet de répondre.

⇨ Nous gardons les solutions A et D.

3. Étape 3 : analyse de l'information (2) seule

N est divisible par 1 et 2.

L'information (2) seule ne nous permet pas de répondre.

Question 56. Difficulté : ★ *Réponse A)*

1. Étape 1 : analyse de l'énoncé

Nous savons que a est compris entre 1 et 9 et que b est compris entre 0 et 9.

2. Étape 2 : analyse de l'information (1) seule

$6b - 5a = 5b + 4a$

$6b - 5b = 4a + 5a$

$b = 9a$

Sachant que b ne peut être supérieur à 9 et que la valeur minimum de a est 1 alors :

$b = 9$ et $a = 1$

L'information (1) seule nous permet de répondre.

⇨ Nous gardons les solutions A, D.

3. Étape 3 : analyse de l'information (2) seule

ab peut être égal à 19, 38, 57, 76 et 95.

L'information (2) seule ne nous permet pas de répondre.

Question 57.

Difficulté : ★★★ *Réponse B)*

1. Étape 1 : analyse de l'énoncé

Nous cherchons à savoir si $V_{2011} > V_{2013}$

2. Étape 2 : analyse de l'information (1) seule

$V_{2011} = 3 \times V_{2012}$

L'information (1) seule ne nous permet pas de répondre.

⇨ Nous gardons les solutions B, C, E.

3. Étape 3 : analyse de l'information (2) seule

$V_{2011} = \frac{2}{3}(V_{2012} + V_{2011} + V_{2013})$

$3V_{2011} = 2(V_{2012} + V_{2011} + V_{2013})$

$V_{2011} = 2\ V_{2012} + 2\ V_{2013}$

Les ventes de 2011 sont donc forcément supérieures aux ventes de 2012 **car $V_{2011} > 0$.**

L'information (2) seule nous permet de répondre.

Question 58.

Difficulté : ★★ *Réponse D)*

1. Étape 1 : analyse de l'énoncé

Les angles sont opposés par le sommet, alors : $\hat{O} = \hat{I}$ et $\hat{O} + \hat{U} = 180°$

2. Étape 2 : analyse de l'information (1) seule

$\hat{O} + \hat{U} = 180°$ Donc $\hat{O} = 180° - \hat{U} = 110°$

L'information (1) seule nous permet de répondre.

⇨ Nous gardons les solutions A et D.

3. Étape 3 : analyse de l'information (2) seule

$\hat{O} = \hat{I} = 110°$

L'information (2) seule nous permet de répondre.

Question 59.

Difficulté : ★★ *Réponse C)*

1. Étape 1 : analyse de l'énoncé

Notez que x, y et z sont inférieurs à 100 (c'est évidemment essentiel).

2. Étape 2 : analyse de l'information (1) seule

Si $y + z = 150$

Alors, y et z sont forcément positifs, pour être plus précis, y et z sont compris entre 50 et 100.

Nous n'avons en revanche aucune information concernant x.

L'information (1) seule ne nous permet pas de répondre.

⇨ Nous gardons les solutions B, C et E.

3. Étape 3 : analyse de l'information (2) seule

Si x + y + z = 190

Alors : x, y et z sont compris entre -10 et 100

L'information (2) seule ne nous permet pas de répondre.

⇨ Nous gardons les solutions C et E.

4. Étape 3,5 : analyse des informations (1) & (2) ensemble

Information (1) : y + z = 150

Information (2) : x + y + z = 190

Alors : x = 40 et, y et z compris entre 50 et 100.

Donc, deux des trois nombres sont supérieurs à 49.

Les deux informations (1) & (2) ensemble nous permettent de répondre.

Question 60.

Difficulté : ★ *Réponse B)*

1. Étape 1 : analyse de l'énoncé

Équations du second degré.

2. Étape 2 : analyse de l'information (1) seule

Tentons de résoudre l'équation du second degré : $\mathbf{x}^2 - 3\mathbf{x} + 2 = 0$

$\Delta = b^2 - 4ac = (-3)^2 - 4\times1\times2 = 1$

Δ étant positif, nous savons que cette équation admet 2 solutions :

$\mathbf{x}_1 = \dfrac{-\boldsymbol{b}-\sqrt{\Delta}}{2\boldsymbol{a}} = \dfrac{-(-3)-\sqrt{1}}{2} = 1$ et $\mathbf{x}_2 = \dfrac{-\boldsymbol{b}+\sqrt{\Delta}}{2\boldsymbol{a}} = \dfrac{-(-3)+\sqrt{1}}{2} = 2$

Astuce : si la somme des coefficients est nulle, alors 1 est racine évidente !

Attention, nous avons trouvé 2 valeurs possibles de x, nous ne pouvons donc pas répondre à la question.

L'information (1) seule ne nous permet pas de répondre.

⇨ Nous gardons les solutions B, C et E.

3. Étape 3 : analyse de l'information (2) seule

Tentons de résoudre l'équation du second degré : $\mathbf{x}^2 - 4\mathbf{x} + 4 = 0$.

$\Delta = b^2 - 4ac = (-4)^2 - 4\times1\times4 = 0$

Δ étant nul, nous savons que cette équation admet 1 solution unique : $\mathbf{x} = 2$

L'information (2) seule nous permet de répondre.

Question 61.

Difficulté : ★ *Réponse c)*

Originellement, le *dilemme* désigne un argument à deux prémisses. Sa signification s'est restreinte, chez les rhéteurs hellénistiques du IIe siècle, aux arguments dont les stances du Cid représentent pour nous le meilleur exemple :

> « - Si je tue Don Gormas [le père de Chimène], je perds Chimène.
> - Si je ne tue pas Don Gormas [et ainsi me déshonore], je perds Chimène.
> - Ou bien je tue Don Gormas, ou bien je ne le tue pas.
> - De toute façon, je perds Chimène. »

Ce dilemme peut s'exprimer, en logique propositionnelle, par la loi logique suivante : si p alors q et si r alors q, et si p ou r, alors q.

Question 62. Difficulté : ★★ *Réponse b)*

Les solutions a), c), d) et e) sont en contradiction avec le texte.

Question 63. Difficulté : ★★ *Réponse c)*

Nonobstant permet d'exprimer différentes nuances allant de la concession à l'exclusion.

Question 64. Difficulté : ★ *Réponse b)*

En valeur logique, deux négations qui s'additionnent s'annulent. Une phrase à double négation est donc une phrase globalement positive.

Question 65. Difficulté : ★★★ *Réponse d)*

Prégnant signifie « qui prédomine, qui s'impose à l'esprit, qui est particulièrement expressif par rapport au reste ».

Question 66. Difficulté : ★★ *Réponse d)*

Premier verbe : Lorsqu'il est précédé par un complément d'objet direct (COD), le participe passé s'accorde avec ce complément. Deuxième verbe : Employé avec l'auxiliaire être, le participe passé s'accorde en genre et en nombre avec le sujet du verbe. Prenez garde à l'accent circonflexe de abîmées.

Question 67. Difficulté : ★ *Réponse b)*

Rouillée : Si c'est un verbe transformé en adjectif, il adopte les règles d'accord de l'adjectif. **Oubliée** : Lorsqu'il est précédé par un complément d'objet direct (COD), le participe passé s'accorde avec ce complément. **Tombée** : employé avec l'auxiliaire être, le participe passé s'accorde en genre et en nombre avec le sujet du verbe.
Attention à l'orthographe du mot « agrafe ».

Question 68. Difficulté : ★★★ *Réponse b)*

L'adverbe tout n'est susceptible de s'accorder que lorsqu'il porte sur un adjectif féminin commençant par une consonne. Le second E du mot réflexion est suivi de la lettre x, il ne prend donc pas d'accent.

Question 69. Difficulté : ★★★ *Réponse b)*

Question 70. Difficulté : ★★ *Réponse d)*

Lorsque deux adjectifs sont utilisés pour exprimer une couleur (blanc rosé), il n'y a pas d'accord.

Question 71. Difficulté : ★★★ *Réponse b)*

Il faut un mot de liaison permettant d'introduire une illustration : la deuxième phrase permet d'illustrer la première.

Question 72. Difficulté : ★ *Réponse a)*

Ne pas être sans savoir équivaut à savoir (deux négations s'annulent).
Ne pas ignorer équivaut à savoir (deux négations s'annulent).
Ne pas être sans savoir équivaut à ne pas ignorer.

Question 73. Difficulté : ★★ *Réponse a)*

Nous attendons une transition positive puisque les deux assertions développent la même idée.

Question 74. Difficulté : ★ *Réponse d)*

Les créations d'emplois se sont redressées, la situation est donc positive mais pas parfaite.

Question 75. Difficulté : ★★ *Réponse c)*

Si les hépatocytes se comportent comme des éboueurs, elles éliminent les déchets. Nous éliminons d) et e). La phrase construit un parallèle entre les hépatocytes et les éboueurs, celui-ci se termine par une assimilation des protéines altérées aux déchets.

Question 76. Difficulté : ★★★ *Réponse c)*

Logique verticale :
Une logique particulièrement délicate, la somme des trois derniers chiffres est égale à la somme des trois premiers augmentée de 1.
5 + 6 + 2 = (2 + 2 + 8) + 1
8 + 5 + 1 = (1 + 3 + 9) + 1
6 + 4 + 7 = (7 + 7 + 2) + 1
7 + 6 + 6 = (4 + 9 + 5) + 1 ➲ **Logique « somme / somme + 1 »**
☒ Nous éliminons a), b) et e).
Logique horizontale :
Les deux premiers chiffres sont identiques et la différence des deux derniers chiffres est constante (égale à 3). ➲ **Logique « somme »**
☒ Nous éliminons d).

Question 77. Difficulté : ★★★ *Réponse b)*

Logique verticale :
Piège : A/C, K/M et X/Z se suivent avec deux rangs d'écart, mais pas Q/R.

A C **G**
?
K M **M**
X Z **P**
Q R **S**

Les troisièmes lettres se suivent avec 3 rangs d'écarts : **G** h i **?** k l **M** n o **P** q r **S**
➲ **Logique « saut de lettres »**
☒ Nous éliminons a), d) et e).

Logique horizontale :

Q **W** M ? N **S** G A **Q** S V **O** A

Les secondes lettres se suivent avec 2 rangs d'écart : **O** p **Q** r **S** t **?** v **W**

➲ **Logique « saut de lettres »**

☒ Nous éliminons c).

Question 78. Difficulté : ★★ *Réponse c)*

Logique verticale :

3 + 2 + 1 = 2 + 2 + 2 = 4 + 0 + 2 = 1 + 4 + 1 = 6 ➲ **Logique « somme »**

☒ Nous éliminons b) et d).

Logique horizontale :

98, 21, 119 et 91 sont tous multiples de 7. ➲ **Logique « multiples »**

☒ Nous éliminons a) et e).

Question 79. Difficulté : ★★ *Réponse a)*

Logique verticale :

R **T** K

P **S** R

F **R** G

?

A **P** R

Les secondes lettres se suivent de haut en bas avec 1 rang d'écart : P ? R S T

➲ **Logique « suite de lettres »**

☒ Nous éliminons b) et c).

Logique horizontale :

Chaque élément contient la lettre P. ➲ **Logique « répétition »**

☒ Nous éliminons d) et e).

Question 80. Difficulté : ★★ *Réponse e)*

Logique verticale :

Une logique particulièrement délicate, le produit des deux premiers chiffres est égal au dernier chiffre.

1×2 = 2 ; 3×3 = 9 ; 2×4 = 8 ; 2×3 = 6 ➲ **Logique « chiffres / produit »**

☒ Nous éliminons a) et d).

Logique horizontale :

27, 57, 192 et 66 sont tous multiples de 3. ➲ **Logique « multiple »**

☒ Nous éliminons b) et c).

Question 81. Difficulté : ★ *Réponse a)*

Logique verticale :

$5/5^2$; $1/1^2$; $7/7^2$; $8/8^2$ ➲ **Logique « chiffre / carré »**

☒ Nous éliminons c) et d)

Logique horizontale :

4/2×4 ; 6/2×6 ; 7/2×7 ; 9/2×9 ➲ **Logique « chiffre / produit »**

☒ Nous éliminons b) et e).

Question 82. Difficulté : ★★★ *Réponse b)*

Logique verticale :

Une logique particulièrement délicate qui concerne le rang des lettres, le rang de la dernière lettre est égal à la somme des rangs des deux premières lettres.

Souvenons-nous de AJT qui donne les rangs 1/10/20.

EFK, si l'on remplace les lettres par leur rang : 5 + 6 = 11

BCE, si l'on remplace les lettres par leur rang : 2 + 3 = 5

DHL, si l'on remplace les lettres par leur rang : 4 + 8 = 12

ESX, si l'on remplace les lettres par leur rang : 5 + 19 = 24

➲ **Logique « somme des rangs »**

☒ Nous éliminons a), d) et e).

Logique horizontale :

Les premières et deuxièmes lettres sont identiques. Remarquons que cette logique, ne nous permet pas d'éliminer des solutions supplémentaires.

F F L ? **H H** M **I I** Y **J J** R

Les premières (et secondes) lettres ses suivent avec un rang d'écart : F ? H I J

➲ **Logique « suite de lettres »**

☒ Nous éliminons c).

Question 83. Difficulté : ★★ *Réponse a)*

Logique horizontale :

Chacun des éléments contient le chiffre 7. ➲ **Logique « répétition »**

☒ Nous éliminons b), d) et e).

Logique verticale :

7 + 2 + 6 = 6 + 7 + 2 = 8 + 1 + 6 = 3 + 7 + 5 = 15 ➲ **Logique « somme »**

☒ Nous éliminons c).

Question 84. Difficulté : ★ *Réponse c)*

1ère étape : Trouvez une logique

Le nombre inscrit correspond au triple du nombre de côtés : 3×10 ; 3×8 ; 3×6

➲ **Logique « côtés »**

2ème étape : Élimination des solutions

☒ Nous éliminons a), b) et d).

1ère étape : Trouvez une logique

Le nombre de côtés est successivement égal à 10, 8 et 6.

➲ **Logique « côtés »**

2ème étape : Élimination des solutions

☒ Nous éliminons e).

Question 85. Difficulté : ★★ *Réponse a)*

1ère étape : Trouvez une logique

Les signes $ sont alternativement à l'intérieur et à l'extérieur des figures.

➲ **Logique « positionnement »**

2ème étape : Élimination des solutions

☒ Nous éliminons c) et d).

1ère étape : Trouvez une logique

Une logique particulièrement délicate, rapprochons le nombre de signes $ du nombre de côtés. Leur différence est successivement égale à 3, 2 et 1.

Nous cherchons une différence égale à 0. ➲ **Logique « côtés »**

2ème étape : Élimination des solutions

☒ Nous éliminons b) et e).

Question 86. Difficulté : ★★ *Réponse c)*

1ère étape : Trouvez une logique

Les nombres sont tous des carrés et ils sont décroissants : 6^2, 5^2 et 4^2

➲ **Logique « carrés »**

2ème étape : Élimination des solutions

☒ Nous éliminons b), d) et e).

1ère étape : Trouvez une logique

Intéressons-nous maintenant aux figures : le nombre de côtés est décroissant : 6, 5 et 4. De plus, le nombre de côtés correspond à la racine carrée du nombre inscrit.

➲ **Logique « côtés »**

2ème étape : Élimination des solutions

☒ Nous éliminons a).

Question 87. Difficulté : ★ *Réponse a)*

1ère étape : Trouvez une logique

Une première logique évidente porte sur le positionnement des lettres et des nombres : ils tournent dans le sens des aiguilles d'une montre.

➲ **Logique « rotation »**

2ème étape : Élimination des solutions

☒ Nous éliminons b), d) et e).

1ère étape : Trouvez une logique

Les lettres sont formées de bâtonnets et le nombre est égal à (nbre de bâtonnets×3).

➲ **Logique « bâtonnets »**

2ème étape : Élimination des solutions

☒ Nous éliminons c).

Question 88. Difficulté : ★ *Réponse a)*

1ère étape : Trouvez une logique

Les carrés et les ronds sont alternativement noirs et blancs.

➲ **Logique « couleur »**

De plus, le carré tourne dans le sens des aiguilles d'une montre et le rond oscille.

➲ **Logique « positionnement »**

2ème étape : Élimination des solutions

☒ Nous éliminons b), c), d) et e).

Question 89. Difficulté : ★★ *Réponse a)*

1ère étape : Trouvez une logique

Les nombres sont des puissances successives de 5 : 5^1, 5^2, 5^3, nous voulons 5^4

➲ **Logique « puissances »**

2ème étape : Élimination des solutions

☒ Nous éliminons c), d) et e).

1ère étape : Trouvez une logique

Les nombres sont alternativement à l'intérieur puis à l'extérieur des figures.

➲ **Logique « positionnement »**

2ème étape : Élimination des solutions

☒ Nous éliminons b).

Question 90. Difficulté : ★ *Réponse e)*

1ère étape : Trouvez une logique

Le carré est alternativement découpé en triangles et en carrés.

➲ **Logique « figures »**

2ème étape : Élimination des solutions

☒ Nous éliminons b), c) et d).

1ère étape : Trouvez une logique

$4 + 1 = 2 + 3$

$7 + 0 = 4 + 3$

$9 + 1 = 2 + 8$

La somme des chiffres est constante. ➲ **Logique « somme / somme »**

2ème étape : Élimination des solutions

☒ Nous éliminons a).

Correction détaillée

III – TAGE MAGE® blanc N°3

Le Test TAGE MAGE® est présent dans de nombreux concours (Passerelle 2, Tremplin 2, ESSEC, EM Lyon, Audencia), mais aussi dans la procédure de recrutement de nombreuses Grandes Écoles ou Universités en Mastères spécialisés (HEC, ESSEC,...), Masters (SAI, ...) et IAE.

Le Test TAGE MAGE® est un QCM de 2 heures.
Il s'agit d'une épreuve qui permet le recrutement de candidats possédant des cursus scolaires variés.

Il est composé de six sous-tests de 15 questions à résoudre en 20 minutes :

- ***Compréhension d'un test écrit :*** lecture de textes suivie par une série de questions de compréhension. Le retour aux textes est possible.
- ***Calcul :*** cette épreuve évalue la maîtrise de connaissances simples dans les domaines de l'arithmétique, de la géométrie, de l'algèbre et du calcul.
- ***Raisonnement :*** 15 questions de raisonnement logique.
- ***Conditions minimales :*** cette épreuve vise à contrôler la capacité d'analyse de la pertinence des informations en vue de la résolution d'un problème.
- ***Expression :*** épreuve destinée à tester l'aptitude à comprendre une information formulée dans un court message verbal puis à en trouver rapidement une reformulation ou une suite probable.
- ***Logique :*** 15 questions portant sur des croisements de séries de chiffres, de lettres ou de figures.

90 questions-types TAGE MAGE® en 120 minutes
5 choix multiples
Réponse juste : +4 points **Réponse fausse : -1 point**

Découpez la grille de réponses en page 693.

Remarque : Je vous conseille vivement de découper la grille de réponses et de vous entraîner à soigneusement noircir les cases. Vous le constaterez, cet exercice est moins évident qu'il n'y paraît. Gardez à l'esprit que chaque année, certains candidats ratent leurs concours pour un simple décalage de ligne !
Vous pourrez vous corriger et calculer votre score à l'aide de la grille de correction en fin d'ouvrage en page 670. Établissez la cartographie de vos forces et faiblesses et comparez-la à celle du TAGE MAGE® blanc N°2.

Let's go !

Sous-test 1
COMPRÉHENSION D'UN TEXTE ÉCRIT

Durée : 20 minutes
15 questions

Consignes

Cette épreuve comporte trois textes numérotés 1, 2 et 3. Chacun de ces textes est suivi d'une série de questions. Chaque question vous présente cinq propositions qui peuvent porter sur différents niveaux de lecture :

- Informations « isolées » contenues dans le texte ;
- Idées principales, traitées dans un ou plusieurs paragraphes ;
- Position de l'auteur telle qu'elle se reflète dans le texte, etc.

Parmi les cinq propositions présentées dans le cadre de chaque question, certaines sont en contradiction flagrante avec le texte ; d'autres abordent des aspects qui n'y sont pas traités ; d'autres encore se rapprochent plus ou moins de ce qui est exprimé - directement ou indirectement - dans ce même texte.

La seule proposition considérée comme exacte est celle qui se rapproche le plus de ce qui est dit dans le texte. Les quatre autres propositions sont considérées comme fausses.

Barème d'évaluation

Réponse exacte :	+ 4 points
Réponse inexacte :	- 1 point
Absence de réponse ou réponse multiple :	0 point

La note finale de cette épreuve sera comprise entre -15 et + 60.

L'utilisation de toute calculatrice
et de tout matériel électronique est interdite.

Démarrez le chronomètre pour 20 minutes de test.

Texte 1

Jusqu'aux ébranlements monétaires des années soixante-dix, la monnaie n'a eu qu'un rôle accessoire dans le projet européen. Ce projet paraît alors plutôt porté par la dynamique de l'union douanière et la volonté politique. Certes la création de l'Union Européenne des Paiements (UEP) le 16 septembre 1950 précède largement l'acte fondateur du traité de Rome. Mais il s'agit alors de permettre aux pays européens de développer leurs échanges et de bénéficier de l'aide fournie par le plan Marshall. Un système de compensation permet à des pays ruinés par le conflit, d'exporter et d'importer en ne réglant que les soldes ce qui évite les sorties excessives de devises, rares à l'époque. Le système est régulé par la BRI, Banque des Règlements Internationaux. En revanche si la perspective d'une union monétaire n'est pas ignorée, elle reste un projet lointain du même ordre que le projet politique global. Dans l'immédiat le traité de Rome en reste à l'idée d'une union douanière et des institutions chargées de la mettre en place et de la faire fonctionner.

Dès lors fixer les étapes d'une union monétaire pouvait paraître prématuré. Une telle démarche entraînerait en effet la remise en cause d'un droit régalien fondamental. Dans les années cinquante, les défenseurs de l'idée européenne n'en sont pas là. En 1954 l'échec de la CED a bien montré, notamment en France, l'impossibilité qu'il y avait alors d'accepter l'abandon, même partiel, des instruments de la souveraineté nationale. Une Europe des marchands certes mais qui reste une Europe des nations. Par ailleurs les accords de Bretton Woods avaient établi un système de changes fixes. Dans ces conditions un abandon des monnaies nationales n'était ni nécessaire ni envisageable.

Pourtant les progrès de la construction européenne rendent nécessaire une coopération monétaire. Le succès rapide du Marché Commun relance le projet d'harmonisation monétaire. C'est le but du plan Triffin de 1960. L'idée d'une convergence progressive des politiques économiques est relancée. Il faut alors harmoniser progressivement les politiques budgétaires et monétaires pour parvenir à cette convergence, à moins que ce ne soit l'inverse… Dans cette petite Europe de six pays, très proches à bien des égards, s'il y a incertitude sur les priorités - le rapprochement des monnaies pour obtenir l'union économique ou l'harmonisation économique pour produire l'union monétaire -, il y a une volonté de progresser. Un Comité de politique conjoncturelle est créé en 1960, puis un Comité des gouverneurs des Banques Centrales en 1964 mais il n'a qu'un rôle consultatif. Pourtant les ministres des Finances des six pays arrivent à définir une position commune au sein du FMI.

Question 1. À partir de la fin de la Seconde Guerre Mondiale jusqu'au premier choc pétrolier de 1973, quelle a été la place de la monnaie dans la construction européenne ?

a) La monnaie a été l'accessoire majeur du projet européen.
b) Le projet européen a rendu inévitable l'établissement d'une monnaie commune.
c) La monnaie n'a jamais été une préoccupation des pères fondateurs de l'Europe politique et économique.
d) La monnaie a certes été un sujet de préoccupation pour les pères fondateurs, mais elle est restée un sujet secondaire.
e) La monnaie a été une préoccupation majeure pour les tenants d'une Europe économique mais s'est révélée accessoire pour les partisans d'une Europe des nations.

Question 2. Quelle est l'idée rapportée par l'auteur du texte 1 dans son parallèle entre Europe des marchands et Europe des nations ?

a) Les marchands sont des nationalistes.
b) L'union économique s'inscrit dans un cadre politique.
c) L'Europe des nations ne peut se laisser dicter sa conduite par l'Europe des marchands.
d) Les échanges économiques sont d'abord nationaux avant d'être européens.
e) À cette époque, la marchandisation de l'Europe était freinée par la puissance politique des nations.

Question 3. Quels sont les objectifs visés par la mise en place, le 16 septembre 1950, de l'Union Européenne des Paiements (UEP) ?

1. Permettre une intensification des échanges économiques entre les pays membres.
2. Harmoniser progressivement les taux de change.
3. Assurer le financement du plan Marshall.

a) Uniquement 1
b) Uniquement 2
c) Uniquement 3
d) 1 + 2
e) 1 + 2 + 3

Question 4. Quel adjectif qualifie le mieux le ton du texte 1 ?

a) partial
b) dithyrambique
c) insipide
d) descriptif
e) analytique

Question 5. Comment fonctionne le système de compensation mis en place dans le cadre de l'Union Européenne des Paiements (UEP) ?

a) Ce système permet à des pays ruinés par le conflit d'importer des marchandises à prix soldé.

b) Ce système, régulé par la BRI, a ruiné les pays membres en accroissant brutalement le volume des exportations et des importations.

c) Ce système a permis aux pays membres de ne payer que le différentiel monétaire entre les exportations et les importations.

d) Ce système a été, dans le cadre du plan Marshall, une compensation faite à destination de pays ruinés par le conflit.

e) La régulation par le BRI permettait de ne payer qu'une quote-part fixe des échanges (importations et exportations) effectués avec les autres pays membres.

Texte 2. L'Éducation

Laridon et César, frères dont l'origine

Venait de chiens fameux, beaux, bien faits et hardis,
A deux maîtres divers échus au temps jadis,
Hantaient, l'un les forêts, et l'autre la cuisine.
Ils avaient eu d'abord chacun un autre nom ;

Mais la diverse nourriture
Fortifiant en l'un cette heureuse nature,
En l'autre l'altérant, un certain marmiton
Nomma celui-ci Laridon ;
Son frère, ayant couru mainte haute aventure,

Mis maint cerf aux abois, maint sanglier abattu,
Fut le premier César que la gent chienne ait eu.
On eut soin d'empêcher qu'une indigne maîtresse

Ne fît en ses enfants dégénérer son sang.
Laridon négligé témoignait sa tendresse

A l'objet le premier passant.
Il peupla tout de son engeance :

Tournebroches par lui rendus communs en France
Y font un corps à part, gens fuyant les hasards,
Peuple antipode des Césars.
On ne suit pas toujours ses aïeux ni son père :

Le peu de soin, le temps, tout fait qu'on dégénère,
Faute de cultiver la nature et ses dons,
O Combien de Césars deviendront Laridons !

La Fontaine, *Fables*
Fable XIV, livre huitième

Question 6. Quel sous-titre pourrait compléter le titre de cette fable ?
« L'Éducation ou .... »

a) des parents inconscients
b) des fils disparates
c) les fils ont dérogé
d) le déclin de l'empire romain
e) à chacun son maître

Question 7. Quelle phrase peut commenter cette fable ?

a) La France est peuplée de gens sans noblesse.
b) Les marmitons ont besoin d'un chien pour tourner la broche.
c) Les amours de César ont défrayé la chronique.
d) Il faut savoir cultiver son jardin.
e) Comme le chien, l'homme est un loup pour l'homme.

Question 8. Le texte décrit la destinée de deux frères. Parmi les réponses suivantes, quelle est la seule qui soit juste au regard du texte 2 ?

a) Un des frères a beaucoup voyagé aux antipodes.
b) Un des frères est devenu empereur après une chasse prodigieuse.
c) Un des frères distribue des objets de curiosité aux passants.
d) Un des frères a été appelé Laridon par un cuisinier.
e) Un des frères aboie sur un cerf.

Question 9. Quelle conclusion, parmi les suivantes, donne un sens à cette fable ?

a) Il faut faire comme son père pour hériter de sa fortune.
b) La nourriture qui profite aux uns n'est pas bonne pour les autres.
c) La France est le pays de la bonne cuisine.
d) Tel maître, tel chien !
e) Les malappris risquent de se multiplier.

Question 10. Que dénonce La Fontaine, dans cette fable s'inspirant d'un écrit de Plutarque (« *Dits notables des Lacédémoniens* ») ?

a) la bourgeoisie
b) l'agriculture
c) l'ancienne noblesse
d) la chasse à courre
e) les animaux domestiques

Texte 3 : Interview

La République tchèque souhaite-t-elle toujours rejoindre l'euro ?

Ce n'est pas le débat prioritaire pour mon gouvernement. Pour être admis dans l'euro, il faut être prêt, et nous pouvons parier sans difficulté que les conditions d'admission seront de plus en plus rigoureuses. Et puis, pour entrer dans l'euro, il faut que vos partenaires souhaitent votre adhésion, et je ne suis pas sûr que ce soit la question clef en ce moment.

En tout cas, que l'on souhaite ou non entrer dans l'euro, la priorité de la politique économique pour la République tchèque doit être de stabiliser et d'assainir ses finances publiques. Actuellement, le déficit budgétaire rapporté au PIB atteint 5,3 % et nous prévoyons de le ramener à 3 % en 2013. Alors pourra s'ouvrir le débat sur l'adoption ou non de la monnaie européenne. Cette décision politique sera certainement influencée par l'actuelle crise.

La crise grecque fait-elle peur dans les pays de l'Est ?

Indubitablement, elle vient nourrir les armes des eurosceptiques. Les opposants à la monnaie commune ont désormais des arguments forts, en rappelant que rejoindre l'euro, c'est se couper de l'arme du taux de change. Et d'affirmer que, en dévaluant, la Grèce aurait eu moins de difficultés. Dans la vie courante, cette crise a peu de conséquences, nos échanges avec la Grèce étant très faibles. Mais, pour moi qui suis, à l'origine, un professionnel de la statistique, le vrai problème de la Grèce est d'avoir présenté des informations incorrectes. Je n'en impute pas la faute aux statisticiens grecs, qui sont certainement compétents, mais au manque d'indépendance de l'institut statistique. Le cordon ombilical n'a pas été coupé avec le monde politique. Sans statistiques indépendantes, c'est la mort de la démocratie.

La Commission européenne doit-elle modifier ses règles pour assurer la fiabilité des statistiques ?

Non. Il y a eu des contrôles et ils n'ont pas fonctionné. Ce qui est en jeu, c'est la volonté politique. En sus des mesures économiques prises, le pouvoir politique grec doit à présent donner un signal politique clair sur l'indépendance de ses services comptables.

Question 11. Quelles sont les recommandations formulées par la personne interrogée à l'égard de la Grèce ?

a) Les Grecs ne doivent pas limiter leur volonté politique pour pouvoir donner un signal politique clair, ainsi la Commission européenne n'aura pas à modifier ses règles.
b) Les Grecs ont trop joué avec leurs statistiques, ceci était une volonté politique et cela doit changer.
c) A la place des mesures politiques, il serait préférable d'affirmer, sur le plan politique, la stricte indépendance des services comptables.
d) La volonté politique doit s'affirmer à la fois dans la prise de mesures économiques et dans une plus forte indépendance des services comptables.
e) Il faut successivement assurer l'indépendance des services comptables, prendre des mesures économiques et modifier les règles de la Commission européenne.

Question 12. Quelles sont les priorités de la politique économique pour la République tchèque ?

1. Stabiliser et réduire la dette du pays.
2. Réduire le déficit de 2,3 points de PIB.
3. Veiller à ce que les conditions d'admission dans la zone euro ne changent pas trop.

a) Uniquement 1
b) Uniquement 2
c) Uniquement 3
d) 1 + 2 + 3
e) 1 + 2

Question 13. Quelle semble être la fonction occupée par la personne interrogée ?

a) Le chef du gouvernement tchèque
b) Un professionnel de la statistique
c) Le président de la Commission européenne
d) Un journaliste
e) Un député grec

Question 14. Pour l'interviewé, les conditions d'admission dans l'euro seront de plus en plus rigoureuses.

a) Sans aucun doute
b) Probablement
c) C'est clair
d) Absolument pas
e) Plutôt oui

Question 15. Quel argument est contraire à l'argumentation des eurosceptiques ?

a) Une dévaluation monétaire permet de restaurer la compétition d'un pays.

b) La crise grecque est une excellente illustration des risques liés à la perte de souveraineté monétaire.

c) Les statisticiens grecs aurait probablement été mieux contrôlés dans un cadre national qu'ils ne l'ont été dans le cadre européen.

d) L'arme du taux de change est efficace à condition que les échanges extérieurs soient significatifs.

e) La stabilité monétaire assurée par la monnaie commune n'a pu jouer son rôle par la faute des statisticiens grecs.

Ne pas tourner la page
avant expiration des 20 minutes.

Sous-test 2
CALCUL

Durée : 20 minutes
15 questions

Consignes

Cette épreuve est constituée de 15 questions pour lesquelles vous disposez de 20 minutes.

Les questions ne sont pas classées par ordre de difficulté.

Barème d'évaluation

Réponse exacte :	+ 4 points
Réponse inexacte :	- 1 point
Absence de réponse ou réponse multiple :	0 point

La note finale de cette épreuve sera comprise entre -15 et + 60.

L'utilisation de toute calculatrice et de tout matériel électronique est interdite.

Démarrez le chronomètre pour 20 minutes de test.

Question 16. David décide d'installer, dans une pièce de 6 mètres de longueur, 3 mètres de largeur et 2,5 mètres de hauteur, un système complexe de culture de « *plantes qui font rire ses amis* ». La masse de CO_2 dans l'air contenu dans cette pièce est de 0,8 gramme par décimètre cube d'air. Dans combien de jours, sa curieuse plantation aura-t-elle absorbé l'intégralité du CO_2 contenu dans la pièce sachant que cette pièce est hermétique et que sa plantation absorbe 10 grammes de CO_2 par heure ?

a) 13 jours et 22 heures
b) 150 jours
c) 250 jours et 3 heures
d) 84 jours
e) 128 jours et 17 heures

Question 17. Trois personnes sont parties en voyage après avoir déboursé 9 690 € en ayant bénéficié de la promotion groupe donnant lieu à une remise de 15 % sur le prix initial. Quel est le prix, en euros, avant réduction et par voyageur ?

a) 3 600 €
b) 3 700 €
c) 3 800 €
d) 3 900 €
e) 4 000 €

Question 18. Soit deux nombres entiers a et b. Leur différence $(a - b)$ est égale à 4 et leur produit est égal à 45. Que vaut $(a^2 + b^2)$?

a) 99
b) 81
c) 76
d) 121
e) 106

Question 19. La plus grande salle de l'UGC Les Halles comprend 712 places. Lors de l'avant-première de Spiderman 28, il y avait un siège vide pour trois sièges occupés. Combien de spectateurs ont assisté à la projection du film ?

a) 178
b) 274
c) 510
d) 534
e) 542

Question 20. Si on divise 9^{63} par 243^9, on obtient :

a) $\dfrac{9^{63}}{3^{17}}$
b) 9^{59}
c) 27^{27}
d) $\left(\dfrac{1}{3}\right)^{62}$
e) 9^{61}

Question 21. Une entreprise de montres possède trois unités de production. La première unité fabrique 25 % des montres dont 5 % sont défectueuses. La deuxième fabrique 35 % des montres dont 7 % sont défectueuses. Enfin, la troisième fabrique 40 % des montres dont 10 % sont défectueuses. Quel est le pourcentage de montres défectueuses sur la totalité de la production de l'entreprise ?

a) 6,3 %
b) 7,7 %
c) 8,7 %
d) 9,1 %
e) 9,8 %

Question 22. La route d'accès à Courchevel 1650, une station de sports d'hiver, fait 16 kilomètres. Elle débute à Annecy qui se trouve à une altitude de 400 mètres. Elle a une pente moyenne de 6 % sur les 9 premiers kilomètres et de 8 % sur le reste du parcours. Quelle est l'altitude de la station Courchevel 1650 ?

a) 150 mètres
b) 1 500 mètres
c) 12 250 mètres
d) 15 000 mètres
e) 1 650 mètres

Question 23. Que vaut le tiers du dix-neuvième du treizième de 5 187 ?

a) 7
b) 21
c) 12
d) 3
e) 18

Question 24. Au bout d'un an, un concessionnaire a vendu 72 voitures en version « coupé », deux septièmes en version « break » et 60 % en version « berline ». Combien de voitures a-t-il vendu ?

a) 700
b) 630
c) 820
d) 760
e) 800

Question 25. 40 % des adhérents d'une association sont des hommes. Les femmes célibataires représentent le quart des adhérents. Il y a 400 célibataires et 240 divorcés. Les autres sont tous mariés. Il y a 100 femmes de plus que d'hommes parmi les célibataires, mais autant d'hommes que de femmes divorcés. Combien y a-t-il d'hommes mariés ?

a) 120
b) 130
c) 150
d) 230
e) 270

Question 26. Lors de la représentation spéciale de l'opéra de Gershwin « *Porgy & Bess* », un théâtre proposait un tarif étudiant à 34 € et un tarif normal à 42 €. Combien de places au tarif étudiant ont été vendues sachant que le théâtre a vendu 11 entrées pour un total de 382 € ?

a) 0
b) 8
c) 1
d) 5
e) 10

Question 27. Un scooter Piaggoo 50 cm^3 met 3 heures pour faire trois fois le tour du périphérique circulaire parisien lorsque sa vitesse moyenne est de 39 km/h. Avec un Piaggoo 250 cm^3 la vitesse moyenne augmente d'un tiers. Combien de temps faut-il pour effectuer quatre tours du périphérique parisien avec un Piaggoo 250 cm^3 ?

a) 2 heures 55 minutes
b) 3 heures
c) 3 heures et 5 minutes
d) 3 heures et 15 minutes
e) 3 heures et 35 minutes

Question 28. Dans une finale du relais quatre fois 100 mètres le dernier relayeur de l'équipe de France reçoit le témoin avant le dernier relayeur américain. Quand le dernier relayeur américain démarre, le dernier relayeur français a déjà parcouru 10 mètres. Le dernier relayeur français effectue les 100 mètres à la vitesse de 36 km/h. À quelle vitesse le relayeur américain doit-il courir les 100 mètres pour passer exactement en même temps que le dernier relayeur français la ligne d'arrivée ?

a) 37 km/h
b) 40 km/h
c) 38,5 km/h
d) 38 km/h
e) 39 km/h

Question 29. La moyenne des âges de David, Thierry et Daniel est de 34 ans. François a 46 ans et 8 mois ; quelle est la moyenne des âges de David, Thierry, Daniel et François ?

a) 36 ans et 9 mois
b) 37 ans et 2 mois
c) 36 ans et 11 mois
d) 37 ans et 8 mois
e) 38 ans et 2 mois

Question 30. Soit ABC un triangle équilatéral de côté ℓ cm dont la surface est égale à 36 cm². On fabrique trois triangles équilatéraux AED, FBG et CIH de côtés a cm. Quelle est l'aire du pentagone DEFGHI sachant que $a = \frac{1}{3}\ell$?

a) 24 cm²
b) 32 cm²
c) $20\sqrt{3}$ cm²
d) 18 cm²
e) $26\sqrt{2}$ cm²

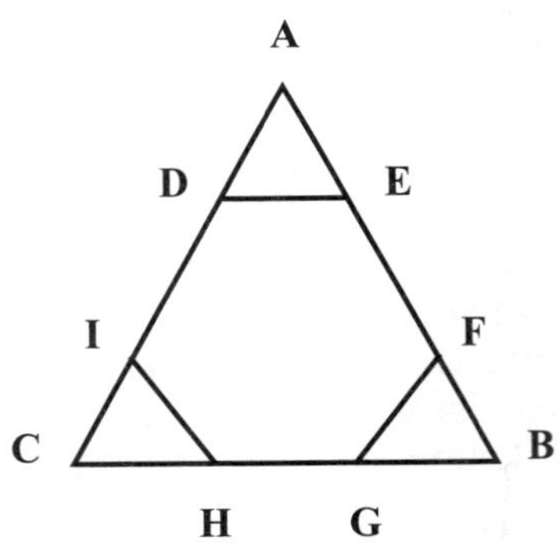

Ne pas tourner la page
avant expiration des 20 minutes.

Sous-test 3
Raisonnement & Argumentation

Durée : 20 minutes
15 questions

Consignes

Cette épreuve comporte 15 questions constituées chacune d'un paragraphe de quelques lignes et d'une question. Ces questions sont des questions de raisonnement qui ne nécessitent pas une connaissance approfondie de la logique formelle. Il est fortement conseillé aux candidats de lire et de relire très attentivement les paragraphes ainsi que les questions avant d'y répondre.

Cinq propositions sont formulées. Une seule est acceptable en fonction du paragraphe et de la question. Certaines traduisent une parenté de formulation ; aussi il est fortement conseillé, là encore, de lire et de relire très attentivement les cinq propositions de réponse.

Barème d'évaluation

Réponse exacte :	+ 4 points
Réponse inexacte :	- 1 point
Absence de réponse ou réponse multiple :	0 point

La note finale de cette épreuve sera comprise entre -15 et + 60.

L'utilisation de toute calculatrice
et de tout matériel électronique est interdite.

Démarrez le chronomètre pour 20 minutes de test.

Question 31. Dans les industries automobiles, les employés sur la chaîne de montage ont été remplacés par des robots afin de réduire les coûts. Cependant, les personnes ayant perdu leurs emplois toucheront les allocations du chômage puis le revenu minimum d'insertion afin de pouvoir vivre décemment. Finalement ces mêmes entreprises feront face à des hausses de taxes et de cotisations patronales rendant l'opération moins rentable qu'escompté.

Quelle proposition renforce la conclusion de l'auteur ?

a) La plupart des employés déjà licenciés n'ont toujours pas trouvé de travail.
b) Les entreprises qui n'ont pas réussi à automatiser leur chaîne de production ont vu leur chiffre d'affaires et leurs bénéfices chuter.
c) Les emplois créés par l'automatisation sont bien mieux rémunérés que les emplois supprimés par cette automatisation.
d) Les taxes et cotisations sont supportées par l'ensemble des entreprises.
e) L'investissement initial dans les robots est souvent plus important que les économies faites à court terme sur les salaires.

Question 32. Myriam, Bettina, Annabelle et Sophie appartiennent à la même promotion de l'EM Lyon. L'une d'elles est consultante en organisation, une autre trader sur les marchés financiers, une est responsable marketing et la dernière comédienne. Myriam et Annabelle n'ont jamais rien compris à la finance. Annabelle et Bettina ont toujours été étonnées que l'on puisse se lancer dans une carrière de comédienne après avoir fait une si prestigieuse école de commerce. Myriam et Sophie, ferventes militantes du mouvement alter-mondialiste détestent le marketing. Myriam aurait aimé devenir comédienne, mais elle n'a pu renoncer à la brillante carrière en entreprise qui s'offrait à elle.

Laquelle est consultante en organisation ?

a) Myriam
b) Bettina
c) Annabelle
d) Sophie
e) Il n'est pas possible de répondre.

Question 33. « Bien mal acquis ne profite jamais »

Quelle proposition explique le mieux le proverbe ci-dessus ?

a) Il est difficile de profiter des autres sans leur accord.
b) On ne peut jouir d'un bien obtenu de manière illicite ou illégitime.
c) Nul ne peut se targuer de faire du mal sans craindre les représailles d'autrui.
d) On ne peut jouir d'un bien obtenu avec peine.
e) On ne peut jouir d'un bien acheté dans de mauvaises conditions.

Question 34. Mon beau-père me répète toujours : « *Le meilleur compliment qu'on puisse faire à une cuisinière, c'est de finir son assiette.* »

Quel proverbe synonyme puis-je lui répondre ?

a) Le silence est d'or, la parole est d'argent.
b) Il n'y a pas d'amour, il n'y a que des preuves d'amour.
c) Les gens heureux n'ont pas d'histoire.
d) Il faut savoir tourner sa langue sept fois dans sa bouche avant de parler.
e) Le mensonge donne des fleurs mais pas de fruits.

Question 35. Dans le grand débat sur le dopage, il est reconnu que l'exercice physique extrême, quand il est pratiqué de manière prolongée, apporte chez les sportifs de haut niveau des perturbations biologiques, en particulier hormonales, nuisibles à la santé. Ainsi pendant les entraînements intenses et les compétitions, les athlètes féminines voient disparaître leurs règles et les médecins du sport doivent alors leur prescrire les traitements hormonaux appliqués aux femmes ménopausées.

Vers quelle conclusion s'oriente ce développement ?

a) Les athlètes devraient éviter de jouer avec leur équilibre biologique.
b) Si les athlètes réduisaient leur temps d'entraînement, ils n'auraient pas besoin de dopage.
c) Le dopage devrait être réservé aux femmes.
d) Les athlètes peuvent se doper dans la mesure où ils ne dépassent pas les seuils autorisés.
e) Les athlètes seraient encore plus menacés si les médecins ne pratiquaient pas une certaine forme de dopage.

Question 36. Warren Buffett, le célèbre investisseur, a déclaré récemment qu'il n'y a pas de problème managérial qui ne puisse se résoudre avec un bon plan de *stocks options*. Pourtant, c'est tout un art de manager une équipe. On croit parfois un peu naïvement qu'il suffit de poser des règles et de faire en sorte que chacun reçoive sa part du gâteau pour que les choses se passent bien au sein d'une organisation. Mais l'homme n'est pas un robot, il élabore des stratégies et il anticipe ; il ressent aussi les choses et est sensible à la reconnaissance.

Quelle conclusion peut-on en tirer ?

a) Un supérieur hiérarchique doit s'assurer de la collaboration des tiers par de bons salaires.
b) Un manager ne doit pas cesser de prodiguer ses compliments et ses encouragements à ses collaborateurs.
c) On peut toujours continuer de chercher une technique parfaite de management, la recette miracle n'existe pas.
d) Le management ne peut être une science.
e) Un homme ce sont des mains et un cerveau mais aussi un cœur et des tripes.

Question 37. Les joueurs d'échec sont connus pour avoir une faculté de concentration moyenne bien plus longue que les non joueurs. Le ministère de l'Éducation Nationale a recommandé dans une circulaire que les élèves à l'école primaire soient initiés aux échecs et apprennent à y jouer dès leur plus jeune âge parce que cela allongerait leur faculté de concentration. Dans une opinion contestataire, le directeur d'un IUFM a rétorqué qu'il n'y avait pas de preuve que ce bénéfice se matérialiserait.

Laquelle des propositions suivantes renforce le plus la recommandation dissidente du directeur d'IUFM ?

a) Les joueurs d'échec ont de plus grandes capacités cognitives.
b) Les enfants peuvent apprendre à jouer aux échecs plus facilement que les adultes.
c) Les enfants qui possèdent une forte capacité de concentration optent très souvent pour le jeu d'échec.
d) Les gens qui savent jouer aux échecs obtiennent également d'excellents scores au Tage Mage®.
e) Les jeunes amateurs d'échec sont meilleurs que les anciens.

Question 38. À la fin des vacances et au début de l'automne commence la saison des champignons. Stanley, célèbre consultant international qui a fait des champignons sa passion, est allé à quatre reprises à la recherche de champignons (respectivement les 4, 10, 15 et 21 octobre) et est rentré à des heures différentes (18h, 18h30, 19h30 et 20h), avec des paniers plus ou moins remplis (2, 4, 5 et 6 kg).
Voici quatre indices qui vous permettront d'identifier les caractéristiques de chaque « cueillette » :

- le premier jour (la première « cueillette ») Stanley a rapporté plus de 2 kg de champignons ;
- le 15 octobre, Stanley est rentré 30 minutes plus tard que le jour où il a fait la meilleure cueillette (ici meilleure s'apprécie seulement en termes de poids !) ;
- c'est avec 5 kg de champignons qu'il est rentré à 18h ; ce n'était pas le 4 octobre ;
- six jours après avoir ramassé 4 kg de champignons, il est rentré à 19h30.

Quelle quantité de champignons Stanley a-t-il ramassé lors de sa première sortie ?

a) 2 kg
b) 4 kg
c) 5 kg
d) 6 kg
e) Impossible de répondre

Question 39. En mission dans le désert, vous êtes à 800 km de votre camp de base au moment où votre camion tombe en panne. Vous n'avez aucun moyen de communication, mais vous disposez dans le camion d'un véhicule léger et de deux jerricanes de 45 litres chacun (pleins de carburant).
Le véhicule léger a un réservoir (déjà plein) de 10 litres, et peut parcourir en moyenne 12 km par litre de carburant. Vous devez transporter votre équipe et ne pouvez charger (à la fois) qu'un seul jerricane.

Quelle distance maximum parviendrez-vous à parcourir avec ces seules ressources ?

a) 840 km
b) 1 080 km
c) 540 km
d) 660 km
e) 1 800 km

Question 40. Selon les informations de presse et des notes d'analystes, les perspectives d'avenir des institutions financières se sont assombries. Elles devraient faire état de nouvelles pertes massives dues à la débâcle de l'immobilier, ce qui amputerait à nouveau leur bilan.

Vers quelle conclusion tend ce texte ?

a) Les perspectives d'avenir des institutions financières ne sont pas aussi sombres que ce qui a été annoncé par la presse.
b) Les institutions financières seraient contraintes de lever de l'argent frais pour équilibrer leurs bilans.
c) Les institutions financières vont poursuivre leurs investissements immobiliers.
d) Les perspectives d'avenir des institutions financières ont été assombries par les notes d'analystes.
e) La FED devra obligatoirement abaisser le loyer de l'argent pour permettre aux institutions financières de restaurer leur bilan.

Question 41. Bettina fabrique un collier de perles, elle dispose de 44 perles vertes, 58 roses et 111 bordeaux. Combien doit-elle au minimum enfiler de perles choisies au hasard pour avoir au moins deux couleurs différentes à son collier ?

a) 2
b) 155
c) 4
d) 59
e) 112

Question 42. Le jury de la célèbre émission IPESUP TV « *A la recherche de la nouvelle star du TAGE MAGE®* » a été particulièrement sévère hier soir lors du prime. Raphaël n'a pas reçu une note plus faible que celle de Tommy ; en revanche, Benjamin a été gratifié d'un score bien supérieur à celui de Raphaël. Enfin, Jean-Pierre a été tout juste repêché par le jury avec une note supérieure à celle de Benjamin. Quel candidat a été éliminé et ne sera pas présent au prochain prime de « *A la recherche de la nouvelle star du TAGE MAGE®* » sachant qu'aucun candidat n'a obtenu le même score ?

a) On ne peut pas le déterminer.
b) Jean-Pierre
c) Tommy
d) Benjamin
e) Raphaël

Question 43. David se retrouve devant 3 boites de bonbons qui sont toutes mal étiquetées. Sur la première boîte, l'étiquette indique « bonbons à la menthe », sur la deuxième boîte, l'étiquette indique « bonbons à l'anis » enfin, sur le troisième boîte, il est écrit « mélange de bonbon à la menthe et à l'anis ».

Quel est le nombre minimal de tirage(s) à effectuer pour pouvoir replacer avec certitude les étiquettes sur les boîtes correspondant à leur indication ?

a) 1 tirage
b) 2 tirages
c) 3 tirages
d) 19 tirages
e) Il est impossible de répondre.

Question 44. Cinq jours après le jour Y correspond à deux jours avant un mercredi. Le jour Y tombe cinquante et un jour après le jour X. On déduit alors que le jour correspondant à dix jours avant le jour X est un :

a) mercredi
b) jeudi
c) vendredi
d) samedi
e) dimanche

Question 45. Une boîte de 25 gâteaux est composée de 20 % de Petits Écoliers, de 40 % de Pépitos et de 40 % de Captain Choc. Jonathan n'aime que les Captain Choc. Marlène, sa maman choisit les gâteaux dans la boîte au hasard. Combien doit-il demander de gâteaux à sa maman pour être sûr d'avoir un Captain Choc à manger ?

a) 1
b) 11
c) 15
d) 16
e) 24

Ne pas tourner la page
avant expiration des 20 minutes.

Sous-test 4
CONDITIONS MINIMALES

Durée : 20 minutes
15 questions

Consignes

Chacun des 15 problèmes qui suivent comporte une question et deux informations étiquetées (1) et (2). Vous devez décider si ces informations sont suffisantes pour répondre à la question.

Vous cocherez :

A) Si l'information (1) permet à elle seule de répondre à la question, et si l'information (2) à elle seule ne permet pas de répondre à la question.

B) Si l'information (2) permet à elle seule de répondre à la question, et si l'information (1) à elle seule ne permet pas de répondre à la question.

C) Si les deux informations (1) et (2) ensemble permettent de répondre à la question, et aucune séparément ne le peut.

D) Si chaque information permet séparément de répondre à la question.

E) Si les deux informations ensemble ou séparément ne permettent pas de répondre à la question.

Sauf précision contraire, tous les nombres utilisés sont des nombres réels.

Barème d'évaluation

Réponse exacte :	+ 4 points
Réponse inexacte :	- 1 point
Absence de réponse ou réponse multiple :	0 point

La note finale de cette épreuve sera comprise entre -15 et + 60.

L'utilisation de toute calculatrice et de tout matériel électronique est interdite.

Démarrez le chronomètre pour 20 minutes de test.

A)	Si l'information (1) permet à **elle seule** de répondre à la question, et si l'information (2) à elle seule ne permet pas de répondre à la question.
B)	Si l'information (2) permet à **elle seule** de répondre à la question, et si l'information (1) à elle seule ne permet pas de répondre à la question.
C)	Si les deux informations (1) et (2) **ensemble** permettent de répondre à la question, et aucune séparément ne le peut.
D)	Si **chaque** information permet séparément de répondre à la question.
E)	Si les deux informations **ensemble ou séparément** ne permettent pas de répondre à la question.

Question 46. Soit n, un nombre entier. n est-t-il divisible par 5 ?

(1) $\frac{n}{121} = 55$
(2) n est divisible par 11.

Question 47. Soit un triangle ABC et D un point de BC, le triangle ABC est-il isocèle ?

(1) AD est une médiane de ABC.
(2) L'angle BDA vaut 90°.

Question 48. Jean-Pierre et Pierre-Jean Goret ont quitté Douai pour se rendre au Salon du *tunning* de Paris, un trajet de 319,5 km dans la même voiture. Ils conduisent chacun à leur tour, Jean-Pierre à la vitesse moyenne de 90 km/h. Sur quelle distance Pierre-Jean a-t-il conduit ?

(1) La vitesse de Jean-Pierre dépasse d'un quart celle de Pierre-Jean.
(2) La totalité du trajet a duré 3 heures et 57 minutes.

Question 49. La moyenne de trois nombres entiers est égale à 9. Quelle est la valeur du plus grand ?

(1) L'un des nombres est égal à 6.
(2) L'un des nombres est égal à 3.

A)	Si l'information (1) permet à **elle seule** de répondre à la question, et si l'information (2) à elle seule ne permet pas de répondre à la question.
B)	Si l'information (2) permet à **elle seule** de répondre à la question, et si l'information (1) à elle seule ne permet pas de répondre à la question.
C)	Si les deux informations (1) et (2) **ensemble** permettent de répondre à la question, et aucune séparément ne le peut.
D)	Si **chaque** information permet séparément de répondre à la question.
E)	Si les deux informations **ensemble ou séparément** ne permettent pas de répondre à la question.

Question 50. Dans une entreprise, comprenant uniquement des cadres et des techniciens, 40 % des employés sont des femmes. Quel est le pourcentage d'hommes cadre parmi les employés ?

(1) 30 % des cadres sont des femmes.
(2) 70 % des employés sont des cadres.

Question 51. Pour les vacances, la famille de Noa se rend en voiture à Raanana. La distance à parcourir est de 480 km. Pourra-t-elle faire le trajet sans ajouter de carburant ?

(1) Le réservoir de l'Espace contient 52 litres de carburant.
(2) La vitesse moyenne du trajet sera de 90 km/h.

Question 52. Soit un triangle rectangle ABC, quelle est sa surface ?

(1) La longueur du côté AB est de 5 cm.
(2) L'angle BCA mesure 30°.

Question 53. Sachant que 3a + 5b = 11 ; quelle est la valeur de a ?

(1) $a = 2b$

(2) $\frac{a}{-b} = -2$

A)	Si l'information (1) permet à **elle seule** de répondre à la question, et si l'information (2) à elle seule ne permet pas de répondre à la question.
B)	Si l'information (2) permet à **elle seule** de répondre à la question, et si l'information (1) à elle seule ne permet pas de répondre à la question.
C)	Si les deux informations (1) et (2) **ensemble** permettent de répondre à la question, et aucune séparément ne le peut.
D)	Si **chaque** information permet séparément de répondre à la question.
E)	Si les deux informations **ensemble ou séparément** ne permettent pas de répondre à la question.

Question 54. Jean a 30 € en poche. Il fait un achat de timbres pour un montant de $\mathbf{x}$ €. Quelle est la valeur de $\mathbf{x}$?

(1) ($\mathbf{x}$ - 2) est divisible par 7

(2) ($\mathbf{x}$ + 5) est divisible par 4

Question 55. On augmente la longueur $\boldsymbol{a}$ du côté d'un carré de 10 %. Quelle est, en mètres, la valeur de $\boldsymbol{a}$?

(1) Avant transformation, la surface du carré inscrit dont les sommets se confondent avec les milieux respectifs des côtés de ce carré est égale à 50 m².

(2) Après transformation, le périmètre est de 44 m.

Question 56. Dans une classe, la maîtresse donne trois images aux filles et deux images aux garçons. Elle a distribué autant d'images pour l'ensemble des filles que pour l'ensemble des garçons. Combien y a-t-il de garçons dans la classe ?

(1) La classe comporte trois garçons de plus que de filles.

(2) La classe comporte quinze élèves.

Question 57. Des canettes d'Imperial light de forme parfaitement cylindrique, de rayon 3 cm et de hauteur 7,08 cm sont conditionnées dans un carton. Combien de canettes contient ce carton ?

(1) Le volume du carton est 1 m^3.

(2) Le carton est de forme cubique.

A)	Si l'information (1) permet à **elle seule** de répondre à la question, et si l'information (2) à elle seule ne permet pas de répondre à la question.
B)	Si l'information (2) permet à **elle seule** de répondre à la question, et si l'information (1) à elle seule ne permet pas de répondre à la question.
C)	Si les deux informations (1) et (2) **ensemble** permettent de répondre à la question, et aucune séparément ne le peut.
D)	Si **chaque** information permet séparément de répondre à la question.
E)	Si les deux informations **ensemble ou séparément** ne permettent pas de répondre à la question.

Question 58. Quelle est la superficie, en hectares, d'un champ carré ?

(1) L'agriculteur met une journée pour le labourer.
(2) En marchant à 4 km/h, il lui faut 1 heure pour en faire le tour.

Question 59. Il est cinq heures du matin, Oullins s'éveille ! Dans une gare de banlieue les premiers trains pour Chaponost, Brindas et Craponne démarrent. Le train pour Craponne repartira à 6h12. Quel aura été le nombre de rotations du train pour Chaponost lorsque les trois trains repartiront ensemble au même instant pour la deuxième fois de la journée sachant que ces trains ont un cadencement régulier ?

(1) Le train pour Chaponost repart toutes les douze minutes.
(2) Le train pour Brindas repart toutes les 45 minutes.

Question 60. Un capital de 60 000 € est placé pour une première partie en obligations dont le taux de rendement annuel est garanti à 5 % annuel et pour une deuxième partie en actions. Au bout d'un an les actions ont rapporté 2 600 €. Quelle est la valeur de la partie du capital placée en action ?

(1) Les obligations ont rapporté 2 000 € au bout d'un an.
(2) Les actions ont produit un rendement annuel de 13 %.

Ne pas tourner la page
avant expiration des 20 minutes.

Sous-test 5
EXPRESSION

Durée : 20 minutes
15 questions

Consignes

Cette épreuve comporte différents types d'exercices :

1. Évaluer le degré de synonymie dans les reformulations.
2. Choisir la formulation qui reprend le mieux (correction et clarté) l'énoncé initial.
3. Choisir les mots qui assurent la cohérence du texte.

Attention !

- Soyez rapide.
- Soyez attentif aux consignes de chaque exercice.

Barème d'évaluation

Réponse exacte :	+ 4 points
Réponse inexacte :	- 1 point
Absence de réponse ou réponse multiple :	0 point

La note finale de cette épreuve sera comprise entre -15 et + 60.

L'utilisation de toute calculatrice et de tout matériel électronique est interdite.

Démarrez le chronomètre pour 20 minutes de test.

Recherche de synonymie

Consigne de 61 à 65 : Choisissez la reformulation dont le sens se rapproche le plus du passage / des passages souligné(s).

Question 61. Je suis impressionné par votre explication complexe de Kichijoji. Je n'y ai vu qu'un quartier bien achalandé, ce qui est rare à Tokyo.

a) qu'un quartier bien approvisionné
b) qu'un quartier fréquenté par de nombreux clients
c) qu'un quartier relié aux chalands du transport fluvial
d) qu'un quartier sûr
e) qu'un quartier relié aux champs et à leurs produits

Question 62. En sport, en particulier lors de performances physiques extrêmes, comme par exemple lors d'une course de fond où les coureurs vont au bout d'eux-mêmes, ils sont épuisés mais ressentent malgré tout une sensation de profond « bien-être ».

a) d'euphémisme
b) d'euphorbe
c) de litote
d) de paronomase
e) d'euphorie

Question 63. C'est un pur galimatias.

a) C'est une expression d'étymologie gallo-romaine.
b) C'est une expression tirée de la liturgie gallicane.
c) C'est un petit navire à rames et à voiles.
d) C'est un local aménagé sous les combles.
e) C'est un discours embrouillé et confus.

Question 64. La critique était sans appel : « Un roman bavard, qui laisse pantois ! ».

a) « Un roman bavard, qui laisse sur une mauvaise pente ! »
b) « Un roman bavard, qui laisse simulé ! »
c) « Un roman bavard, qui laisse stupide ! »
d) « Un roman bavard, qui laisse ramolli ! »
e) « Un roman bavard, qui laisse stupéfait ! «

Question 65. D'après Jérôme Kerviel, ses supérieurs l'encourageaient en fait à prendre des risques : « Tant que nous gagnons et que cela ne se voit pas trop, que ça arrange, on ne dit rien… ». Ébauchant une forme de *mea culpa*, Jérôme Kerviel a avoué : « En ce qui me concerne, cette valorisation à 1,4 milliard d'euros est importante, certes, mais arrivée trop rapidement -de 500 millions d'euros fin octobre 2007 à 1,6 milliard fin novembre- pour que je puisse la déclarer sans être inquiété.» Et Kerviel de conclure : « Je reconnais avoir pris de grosses positions, qui pourraient être qualifiées hors limite de mon mandat, que j'ai masquées par une opération fictive (...) Il est vrai que dans l'hypothèse où je veux garder une position importante sur un terme plus ou moins long, pour ne pas alerter mon manager, je passe une opération fictive de nature à laisser entendre que la position que j'ai prise est couverte par cette fausse opération, ce qui conduit dès lors à *flater* mon résultat. Ce qui produit mon gain, c'est ma position réelle uniquement et le jour où ma position fictive tombe, il y a une réactualisation de ma position ». <u>Pourtant, en agissant ainsi, le trader savait signer son arrêt de mort professionnel.</u>

a) Pourtant, en agissant ainsi, le trader était capable de signer son arrêt de mort professionnel.
b) Pourtant, en agissant ainsi, le trader était en mesure de signer son arrêt de mort professionnel.
c) Pourtant, en agissant ainsi, le trader avait la possibilité de signer son arrêt de mort professionnel.
d) Pourtant, en agissant ainsi, le trader était conscient de signer son arrêt de mort professionnel.
e) Pourtant, en agissant ainsi, le trader avait signé son arrêt de mort professionnel.

Correction linguistique

Consigne de 66 à 70 : Indiquez la formulation orthographiquement et grammaticalement la plus correcte, la plus claire et la plus élégante pour exprimer le sens du passage souligné.
Le choix a) reprend la formulation initiale.

Question 66. <u>Elle s'est apperçue de sa bêtise.</u>

a) Elle s'est apperçue de sa bêtise.
b) Elle s'est aperçue de sa bêtise.
c) Elle c'est aperçue de sa bêtise.
d) Elle s'est aperçu de sa bêtise.
e) Elle s'est apperçu de sa bêtise.

Question 67. Sur le plateau d'Oprah Winfrey, Mariah Carey embrasse goûllument son Nick Cannon en direct à la télé. Ils se sont littéralement jetés l'un sur l'autre et embrassés avec fougue sous les acclamations du public !

a) Sur le plateau d'Oprah Winfrey, Mariah Carey embrasse goûllument son Nick Cannon en direct à la télé. Ils se sont littéralement jetés l'un sur l'autre et embrassés avec fougue sous les acclamations du public !
b) Sur le plateau d'Oprah Winfrey, Mariah Carey embrasse goulumment son Nick Cannon en directe à la télé. Ils se sont littéralement jetés l'un sur l'autre et embrassés avec fougue sous les acclamations du public !
c) Sur le plateau d'Oprah Winfrey, Mariah Carey embrasse goulûment son Nick Cannon en direct à la télé. Ils se sont littéralement jetés l'un sur l'autre et embrassés avec fougue sous les acclamations du public !
d) Sur le plateau d'Oprah Winfrey, Mariah Carey embrasse goullument son Nick Cannon en direct à la télé. Ils se sont littéralement jetés l'un sur l'autre et embrassés avec fougue sous les acclamations du public !
e) Sur le plateau d'Oprah Winfrey, Mariah Carey embrasse goulûmment son Nick Cannon en direct à la télé. Ils se sont littéralement jetés l'un sur l'autre et embrassés avec fougue sous les acclamations du public !

Question 68. Après avoir reçu son score du Tage Mage, Domitille s'exclama : « les efforts que j'ai fournis n'ont servis à rien ! ».

a) « les efforts que j'ai fournis n'ont servis à rien ! ».
b) « les efforts que j'ai fourni n'ont servi à rien ! ».
c) « les efforts que j'ai fournis n'ont servi à rien ! ».
d) « les efforts que j'ai fourni n'ont servis à rien ! ».
e) « les efforts que j'ai fournies n'ont servies à rien ! ».

Question 69. Quelque soit la saison, les arbres étaient sans feuille, la terre sans verdure.

a) Quelque soit la saison, les arbres étaient sans feuille, la terre sans verdure.
b) Quelle que soit la saison, les arbres étaient sans feuilles, la terre sans verdure.
c) Quelle que soit la saison, les arbres étaient sans feuille, la terre sans verdure.
d) Quel que soit la saison, les arbres étaient sans feuille, la terre sans verdure.
e) Quelle que soit la saison, les arbres étaient sans feuilles, la terre sans verdures.

Question 70. Lies H., le compagnon de la femme verbalisée en avril pour conduite avec un niqab à Nantes, est intervenu à la télévision en affirmant : « Vous me déchûtiez de ma nationalité ! ».

a) Lies H., le compagnon de la femme verbalisée en avril pour conduite avec un niqab à Nantes, est intervenu à la télévision en affirmant : « Vous me déchûtiez de ma nationalité ! ».
b) Lies H., le compagnon de la femme verbalisée en avril pour conduite avec un niqab à Nantes, est intervenu à la télévision en affirmant : « Vous me décherrâtiez de ma nationalité ! ».
c) Lies H., le compagnon de la femme verbalisée en avril pour conduite avec un niqab à Nantes, est intervenu à la télévision en affirmant : « Vous me déchûtes de ma nationalité ! ».
d) Lies H., le compagnon de la femme verbalisée en avril pour conduite avec un niqab à Nantes, est intervenu à la télévision en affirmant : « Vous me décherriez de ma nationalité ! ».
e) Lies H., le compagnon de la femme verbalisée en avril pour conduite avec un niqab à Nantes, est intervenu à la télévision en affirmant : « Vous me déchoyez de ma nationalité ! ».

Cohérence

Consigne de 71 à 75 : complétez avec la suite la plus cohérente.

Question 71. Peu après minuit, Yakov Yourovski, nouveau chef de la maison Ipatiev, fait ………… dans les chambres. Il réveille la famille impériale et leur ordonne de se préparer et de descendre car une attaque est prévue la nuit même. La famille s'exécute et en moins de trois quart d'heure toute la famille impériale et leurs suivants sont près et leurs bagages bouclés.

a) corruption
b) irruption
c) éviction
d) infraction
e) éruption

Question 72. Hewitt Associates indique que « *le taux de satisfaction moyen des Français sur leur rémunération n'est que de 21 %* ». Plus d'une société sur deux déclare sentir ses « *managers en difficulté lors des échanges autour de la rémunération* », selon une autre recherche menée en avril par Hewitt auprès d'une cinquantaine d'employeurs. « .... », conclut l'étude : il s'agit à la fois de gérer les frustrations qui couvent, « *tout en maintenant la motivation* » des équipes. Les directions des ressources humaines (DRH) ont donc « *plus que jamais un rôle central et critique à jouer* », analyse Pierre Le Gunec. Elles disposent, selon lui, de plusieurs « *options* » pour faire face à cette situation de « *budgets réduits* ».

a) La bataille sera sanglante !
b) Haro sur les patrons !
c) Le défi est donc de taille !
d) La quadrature du cercle est bouclée !
e) Petits moyens est source de grande créativité !

Question 73. La crise économique se lit dans les comptes des trois majors françaises des travaux publics : Vinci, Bouygues et Eiffage. Leurs activités de construction souffrent, mais elles réussissent à afficher des résultats .... pour le premier semestre, grâce à leur diversification, à l'internationalisation ou aux concessions qui leur procurent de vraies rentes.

a) flatteurs
b) honorables
c) passables
d) mirifiques
e) honnêtes

Question 74. Il semble que les institutions de l'Union européenne incarnent, de façon parfois exacerbée, les déficiences des politiques nationales et les problèmes de nos démocraties : un pouvoir distant et mal contrôlé, un développement des tendances technocratiques, des formes diffuses de gouvernance, un abus de pouvoir des juges... En un mot, ...
Sans prétendre que tout fonctionne bien, il paraît possible de prendre un point de vue complètement opposé en montrant que, d'une part, les institutions européennes incarnent les transformations des démocraties et révèlent des évolutions que nous analysons mal au niveau national, et d'autre part, mettent en lumière les problèmes de la politique démocratique contemporaine, en exacerbant ces difficultés.

a) la démocratie est aujourd'hui malade de ses dysfonctionnements et de ses dérives et l'Europe risque de se retrouver devant le fait accompli.
b) tout ne fonctionne pas bien en Europe.
c) l'Europe n'est plus démocratique, son mode de gouvernance est de plus en plus autoritaire.
d) les institutions européennes sont malades des enjeux nationaux et de la lourdeur de son fonctionnement.
e) l'Europe serait l'expression la plus révélatrice d'une démocratie inaccomplie et malade, elle en cumulerait les dérives et les dysfonctionnements.

Question 75. Cette société qui se dessine à travers les blogs et les rapports sociaux sur Internet est marquée par un double mouvement : à la fois individualisme exacerbé et anonymat. Pour le sociologue japonais Azuma, la pulsion narcissique se cristallise .... sur l'anonymat de la blogosphère, engendrant une communication singulière, un nouveau type de relation entre les individus. Internet témoigne par ailleurs d'un désenchantement, d'une faille dans l'identité collective compensée par la technologie audiovisuelle.

a) notamment
b) évidemment
c) surtout
d) paradoxalement
e) maladroitement

Ne pas tourner la page avant expiration des 20 minutes.

Sous-test 6
LOGIQUE

Durée : 20 minutes
15 questions

Consignes

Les **huit premières questions** sont des problèmes d'intersection de deux séries. Chaque question contient deux séries, une série est présentée horizontalement et l'autre verticalement. Elles sont constituées de groupes de lettres ou de chiffres. Il s'agit pour vous de choisir parmi les cinq réponses qui vous sont proposées, le groupe de lettres ou de chiffres qui pourrait aussi bien appartenir à la série présentée horizontalement qu'à la série présentée verticalement et ainsi occuper **la place du point d'interrogation**.

Les **sept dernières questions** sont des problèmes de séries portant sur des données de nature spatiale. Chacune des séries est constituée de trois cases comprenant des graphiques suivies d'une case contenant un point d'interrogation. Les trois premières cases doivent vous permettre d'inférer le contenu de la case qui devrait occuper **la place du point d'interrogation**. La question porte donc sur le point d'interrogation et vous devez choisir votre réponse parmi les cinq propositions de réponse qui vous sont faites.

Barème d'évaluation

Réponse exacte :	+ 4 points
Réponse inexacte :	- 1 point
Absence de réponse ou réponse multiple :	0 point

La note finale de cette épreuve sera comprise entre - 15 et + 60.

L'utilisation de toute calculatrice et de tout matériel électronique est interdite.

Démarrez le chronomètre pour 20 minutes de test.

Question 76.

	3 5 3			
	6 8 6			
7 3 7	?	8 2 8	6 4 6	9 1 9
	1 3 1			
	7 9 7			

a) 1 8 1 b) 1 9 9 c) 4 3 4 d) 7 9 1 e) 4 6 4

Question 77.

			A D E	
			D G C	
			E J K	
W M S	Y S T	A F G	?	E L M
			I S D	

a) A B C b) E J L c) C M S d) C L G e) B A G

Question 78.

		2 0 3		
		5 0 6		
		8 0 9		
		6 0 7		
2 5 5	2 0 4	?	1 5 3	5 1

a) 3 0 4 b) 7 0 8 c) 3 5 7 d) 1 0 2 e) 3 0 6

Question 79.

	9 1			
	1 4 7			
	5 6			
	3 5			
1 5 4	?	3 3	1 3 2	7 7 0

a) 1 1 1 b) 5 6 c) 1 4 7 d) 1 6 5 e) 1 5 4

Question 80.

	D O J			
	E H P			
L M N	?	X Y Z	U V W	S T U
	G O P			
	H I A			

a) F P Q b) N O P c) O P Q d) F G H e) A B C

Question 81.

		1 2 2 1		
		2 7 7 2		
		4 1 1 4		
		3 7 7 3		
4 1 5 0	2 0 2 9	?	8 1 9 0	1 3 2 2

a) 3 1 1 3 b) 8 9 9 8 c) 6 2 2 6 d) 4 3 5 2 e) 7 4 8 3

Question 82.

	A B A			
	A F I			
A K A	?	A A L	M J A	A J Y
	B B E			
	T B C			

a) B H I b) C B D c) K K A d) F I A e) L A M

Question 83.

		5 7 6 4 3		
		6 4 8 5 2		
1 2 1 5	7 1 0	?	3 1 3 4	6 7 7 0
		5 5 5 5 5		
		3 7 6 6 3		

a) 1 4 1 7 b) 7 4 7 7 c) 7 7 8 0 d) 7 7 7 7 e) 2 4 7 7

Question 84.

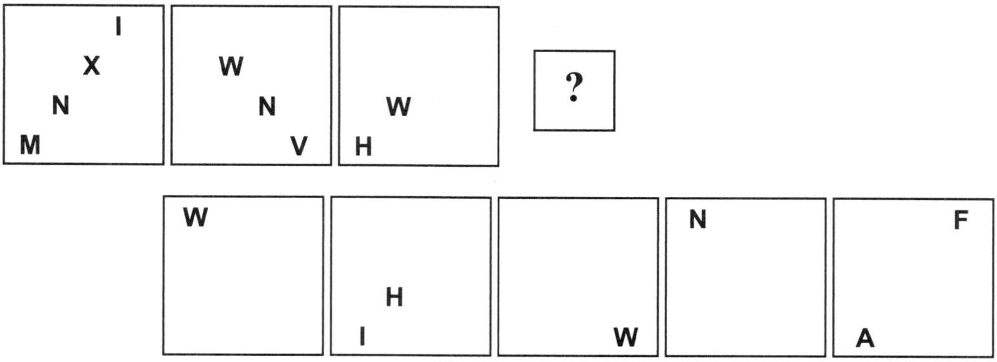

a) b) c) d) e)

Question 85.

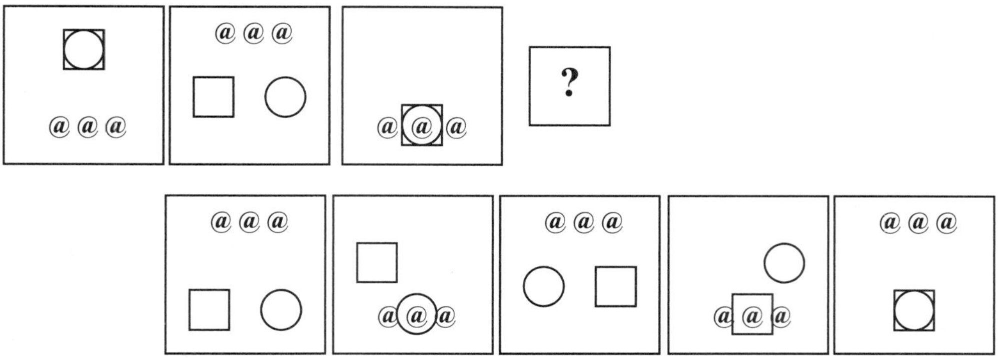

a) b) c) d) e)

Question 86.

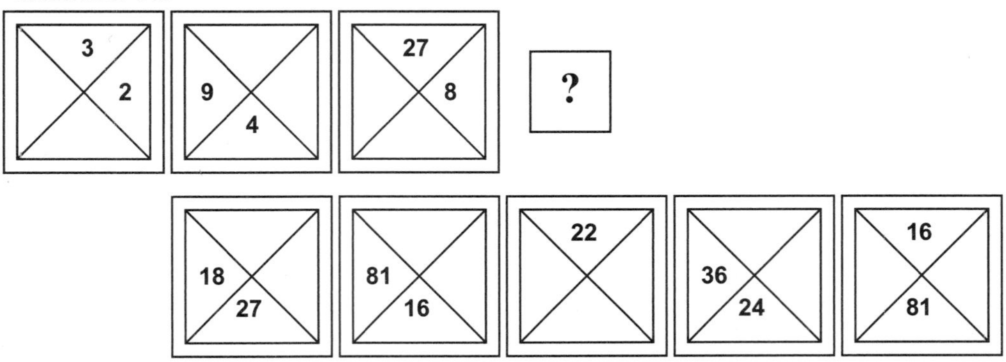

a) b) c) d) e)

Question 87.

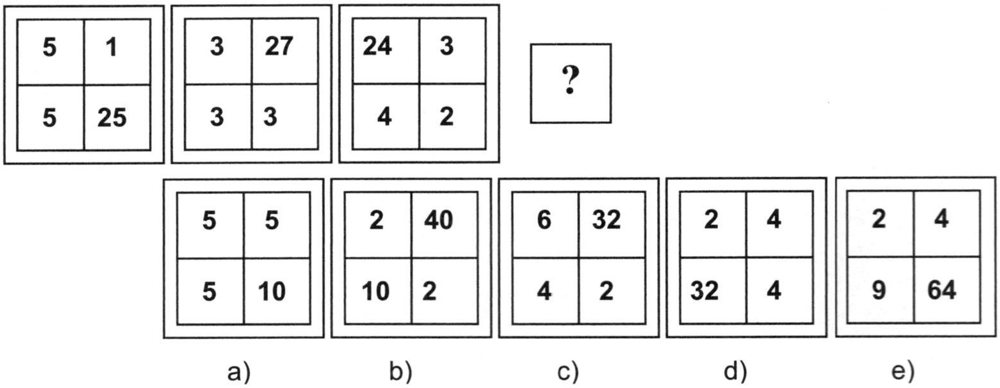

Question 88.

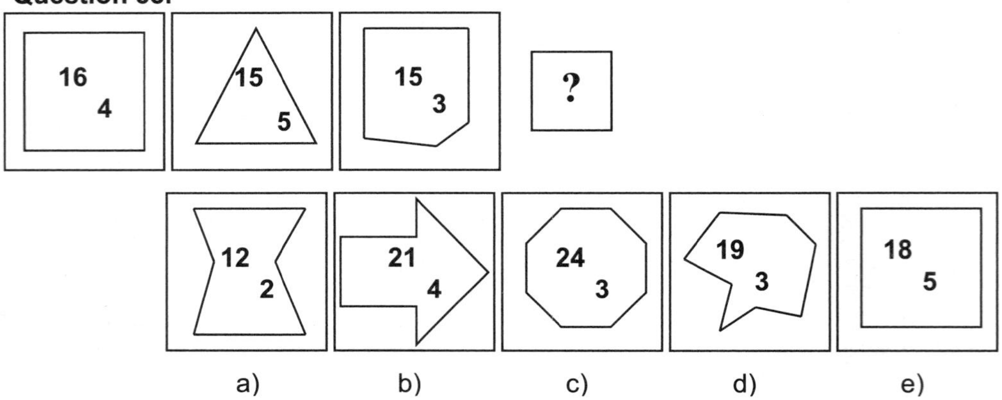

Question 89.

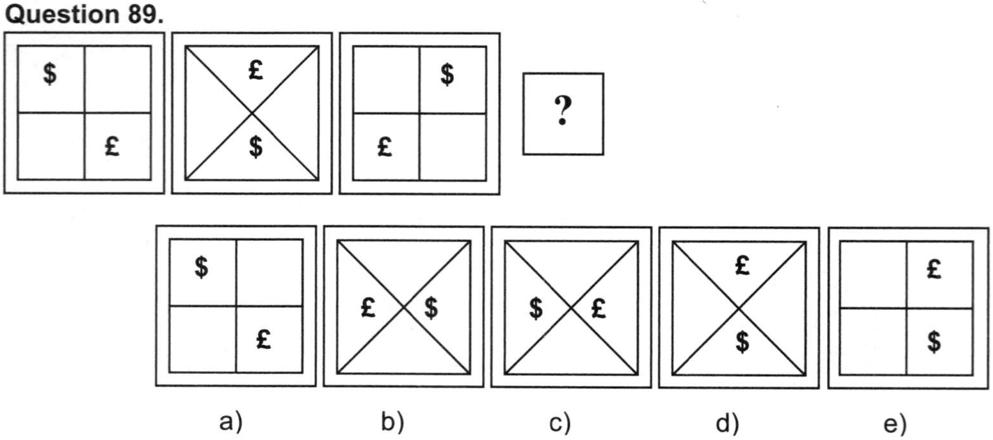

Question 90.

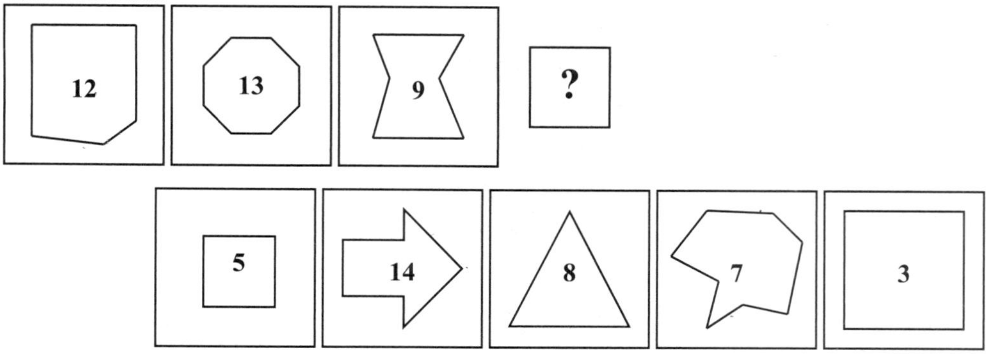

a) b) c) d) e)

Ne pas tourner la page
avant expiration des 20 minutes.

Calculez votre score à l'aide des grilles de correction en pages 670 et 671.

Calculez votre score à l'aide des grilles de correction en pages 670 et 671.

Cartographie de vos forces et faiblesses

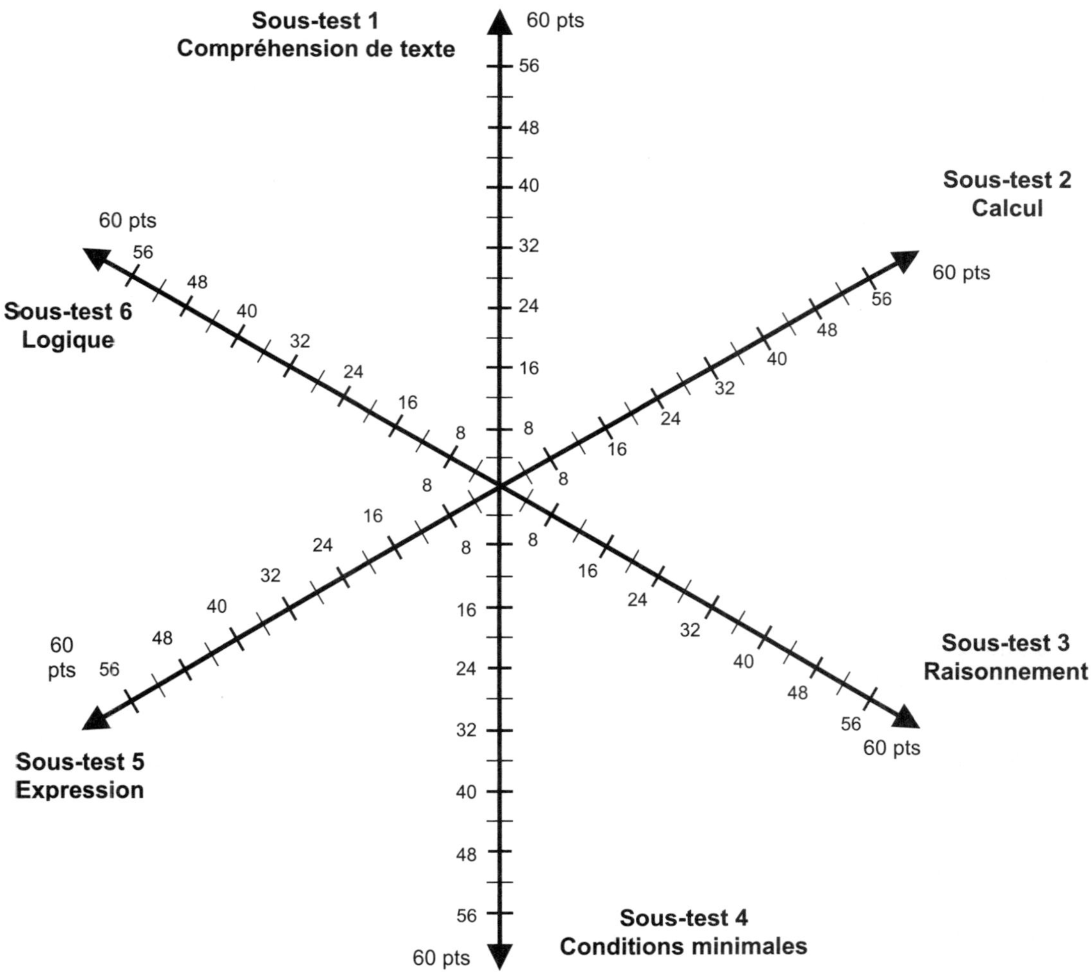

Comparez cette cartographie à celle du TAGE MAGE® blanc N°2 : quels ont été vos progrès ?

Correction détaillée

Question 1. Difficulté : ★★ *Réponse d)*

Un rôle accessoire signifie que, sans être ignoré, le problème de la monnaie commune n'apparaissait pas, à l'époque, comme un sujet majeur.

Question 2. Difficulté : ★ *Réponse b)*

Question 3. Difficulté : ★ *Réponse a)*

Attention au piège ! Il faut écarter la proposition 2 hors sujet à cette époque, mais la proposition 3 ne correspond pas, non plus, à ce qui est écrit dans le texte : il ne s'agit pas d'assurer le financement du plan Marshall (celui-ci était financé par les États-Unis) mais de simplifier les modalités de versement des aides.

Question 4. Difficulté : ★★★ *Réponse d)*

Les réponses a), b) et c) sont hors de propos. En retraçant l'histoire monétaire de l'Europe des années 1950 à la fin des années 1960, le texte est plus descriptif qu'analytique.

Question 5. Difficulté : ★★ *Réponse c)*

Les réponses a), b) et d) ne peuvent convenir. La réponse e) ne convient pas car « ne régler que les soldes » signifie payer ou percevoir le différentiel entre sortie (importations) et entrée de monnaie (exportations).

Question 6. Difficulté : ★★ *Réponse b)*

Disparate : qui contraste énormément

Question 7. Difficulté : ★★★ *Réponse a)*

Puisque « tout fait qu'on dégénère ».

Question 8. Difficulté : ★ *Réponse d)*

Vous aurez compris que la réponse c) ne décrit que partiellement le propos de la fable...

Question 9. Difficulté : ★ *Réponse e)*

La réponse b) ne convient pas car la notion de nourriture est symbolique dans le texte. Au second degré, la réponse d) pourrait convenir mais elle est « moins juste » que la réponse e).

Question 10. Difficulté : ★★ *Réponse c)*

Il s'agit dans cette fable de dénoncer la notion de lignée par le sang : Laridon et César ont le même sang et sont pourtant si différents...

Question 11. Difficulté : ★★★ *Réponse d)*

Les réponses a), b) et c) ne conviennent pas, il faut aussi écarter la réponse e) car les mesures évoquées ne doivent pas être adoptées successivement.

Question 12. Difficulté : ★ *Réponse e)*

Question 13. Difficulté : ★ *Réponse a)*

La personne interrogée parle de « son » gouvernement.

Question 14. Difficulté : ★★ *Réponse b)*

Les réponses b) et e) sont très proches, mais la notion de pari renvoie à la notion de probabilité.

Question 15. Difficulté : ★★ *Réponse e)*

Question 16. Difficulté : ★★★ *Réponse b)*

Calculons le volume de la pièce : $6 \times 3 \times 2,5 = 45\ m^3 = 45\ 000\ dm^3$

Calculons la masse de CO_2 contenu dans la pièce : $45\ 000 \times 0,8 = 36\ 000$ grammes

Déterminons maintenant le temps total nécessaire à l'épuisement du stock de CO_2 :

Durée totale = $\frac{36000}{10 \times 24}$ = 150 jours

Question 17. Difficulté : ★★ *Réponse c)*

Prix pour une personne après réduction : 9 690/3 = 3 230 €

Prix pour une personne avant réduction : 3 230/0,85 = 3 800 €

Question 18. Difficulté : ★ *Réponse e)*

<u>Tactique du consciencieux.</u> Laborieuse mais efficace.

Nous repérons les identités remarquables :

$(a - b)^2 = a^2 + b^2 - 2a \times b$

$4^2 = a^2 + b^2 - 2 \times 45$

$a^2 + b^2 = 106$

<u>Tactique du fainéant.</u> La plus rapide de loin.

Nous ne connaissons qu'un couple d'entiers dont le produit vaut 45 et tels que leur différence soit égale à 4 : 5 et 9.

Question 19. Difficulté : ★ *Réponse d)*

Une petite question mélangeant divisibilité et somme. Le piège est dans la question : les calculs vont nous donner le nombre de sièges vides et celle-ci porte sur le nombre de sièges occupés.

Il ne faudra pas oublier de multiplier le résultat obtenu par 3. Statistiquement, 25 % des candidats feront l'erreur le jour J !!
Si nous posons a le nombre de sièges vides, alors il y a 3a sièges occupés dans cette salle.
Et : 3a + a = 712 Donc : a = 712/4 = 178
La réponse est donc : 3×178 = 534

Question 20. Difficulté : ★★ *Réponse c)*

$$\frac{9^{53}}{243^{9}} = \frac{(3^{2})^{63}}{(3^{5})^{9}} = \frac{3^{126}}{3^{45}} = 3^{126-45} = 3^{81} = 3^{3\times27} = 27^{27}$$

Remarquez que 81 est pair.

Question 21. Difficulté : ★★ *Réponse b)*

Pourcentage de montres défectueuses :
5%×25% + 7%×35% + 10%×40%
= 1,25% + 2,45% + 4%
= 7,7%

Astuce : On peut aussi partir d'une base 100.

Astuce : pour calculer 10% d'un nombre il suffit de décaler d'un rang la virgule. Le calcul de 5% est tout aussi simple car c'est la moitié du résultat du calcul de 10%.
Astuce encore plus rapide : En lisant l'énoncé, vous pouvez facilement déduire que le résultat sera légèrement supérieur à 7 % (40 % à 10 %, 35 % à 7 % et seulement 25 % à 5 %). Nous pouvions donc répondre sans aucun calcul !

Question 22. Difficulté : ★ *Réponse b)*

Cette question nécessite quelques notions du Code de la route... Le pourcentage de pente correspond à l'altitude gagnée/perdue tous les 100 mètres.
Altitude de départ + Altitude gagnée sur 9 km + Altitude gagnée sur 7 km
= 400 + 6%×9 000 + 8%×7 000
= 400 + 540 + 560
= 1 500 mètres

Question 23. Difficulté : ★ *Réponse a)*

Tactique du consciencieux.
Nous cherchons : $\frac{1}{3}\times\frac{1}{19}\times\frac{1}{13}\times 5\,187=\frac{5\,187}{3\times19\times13}$

Calculons : $\frac{5\,187}{3}=1\,729$ Nous cherchons donc : $\frac{1\,729}{19\times13}$

Calculons : $\frac{1729}{19}=91$ Et : $\frac{91}{13}=7$

Tactique du malin.
Nous « sentons » que : 3×19×13 > 3×20×10
Donc : 3×19×13 > 600

Or clairement : $\frac{5\,187}{600} < 10$ Nous éliminons b), c) et e).

La réponse ne peut être que 7.

Tactique du fainéant.

Le dernier chiffre de l'opération : 3×19×13 est identique au dernier chiffre de l'opération 3×9×3 = 81.

Notre résultat (5 187) se terminant par 7, la réponse ne peut être que 7.

Utilisez les signaux émis par le concepteur du sujet !!

Question 24. Difficulté : ★★ *Réponse b)*

Posons N le nombre de voitures vendues. L'énoncé devient :

nbre breaks + nbre coupés + nbre berlines = nbre total de voitures vendues

$$\frac{2}{7}N + 72 + 60\%N = N$$

$$72 = N - \frac{3}{5}N - \frac{2}{7}N$$

$$72 = \frac{35-21-10}{35}N$$

$$72 = \frac{4}{35}N$$

$$N = 72\times\frac{35}{4} = \frac{72}{4}\times 35 = 630 \text{ véhicules}$$

Question 25. Difficulté : ★★★ *Réponse b)*

L'association compte 400 célibataires dont 100 femmes de plus que d'hommes.

Il y a donc 250 femmes célibataires et 150 hommes célibataires.

L'association compte 240 divorcés avec autant d'hommes que de femmes.

Il y a donc 120 femmes divorcées et 120 hommes divorcés.

Les 250 femmes célibataires représentent le quart des adhérents. L'association compte donc, au total, 1 000 adhérents, dont 40 % d'hommes soit 400 hommes.

Nombre d'hommes mariés = 400 - 150 - 120 = 130

Question 26. Difficulté : ★ *Réponse e)*

Tactique du consciencieux.

Posons X le nombre de billets vendus 34 € et Y le nombre de billets vendus 42 €. Il faut comprendre que la recette en billets vendus 34 € est égale à (34×X) € et que la recette en billets vendus 42 € est égale à (42×Y) €. L'énoncé devient alors :

$$\begin{cases} X + Y = 11 \\ 34X + 42Y = 382 \end{cases} \quad \begin{cases} X = 11 - Y \\ 34(11 - Y) + 42Y = 382 \end{cases} \quad \begin{cases} X = 11 - Y \\ 8Y + 374 = 382 \end{cases} \quad \begin{cases} X = 10 \\ Y = \frac{8}{8} = 1 \end{cases}$$

Tactique du malin.

Testons les solutions en commençant par la solution du milieu : 0, 1, 5, 8 et 10.

d) Il y a 5 billets à 34 €.

	Billets 34 €	Billets 42 €
Nombre de billets	5	6
Recette totale	170	252

Mais, (170 + 252 = 422) n'est pas égal à 382 €.

Le résultat étant supérieur au résultat attendu, nous éliminons a), c) et d).

Astuce : choisissez de travailler avec le nombre le plus « simple ».

e) Il y a 10 billets à 34 €.

	Billets 34 €	Billets 42 €
Nombre de billets	10	1
Recette totale	340	42

Et : 340 + 42 = 382 €

Question 27. Difficulté : ★★ *Réponse b)*

D = v×t = 39×3 = 117 km

La nouvelle vitesse sera de 52 km/h

Nous disposons de la vitesse et de la distance à parcourir, nous pouvons maintenant calculer le nouveau temps de parcours : $t = \frac{d}{v} = \frac{117 + 39}{52} = \frac{156}{52}$ = 3 heures

Question 28. Difficulté : ★ *Réponse b)*

Tactique du consciencieux.

Au moment du départ du dernier relayeur américain :

Relayeur français : D = 100 - 10 = 90 m ; V = 36 km/h

Alors : $t = \frac{D}{V} = \frac{0,09}{36} = 0,0025$ heure

Relayeur américain : D = 100 m ; t = 0,0025 h

Alors : $V = \frac{D}{t} = \frac{0,1}{0,0025} = 40$ km/h.

Tactique du fainéant.

L'américain doit parcourir $\frac{1}{10}$ de distance de plus que le français. Pour arriver en même temps que lui, il devra donc courir $\frac{1}{9}$ de fois plus vite que lui.

Soit : $36+36\times\frac{1}{9} = 40$ km/h

Question 29. Difficulté : ★ *Réponse b)*

L'addition des âges de David, Thierry et Daniel est égale à : 3×34 = 102 ans
Avec François, la somme des âges devient 148 ans et 8 mois.

La moyenne des âges des 4 amis est donc de : $\frac{148}{4}$ = 37 ans et $\frac{8}{4}$ = 2 mois

Soit 37 ans et 2 mois.

Question 30. Difficulté : ★★★ *Réponse a)*

Calculons la surface du triangle ADE, celle-ci est égale aux surfaces de FBG et CIH.

$S_{ADE} = \frac{1}{9} S_{ABC} = 4 \text{ cm}^2$ Théorème de Thalès

Alors : surface du pentagone = $S_{ABC} - 3 \times S_{ADE} = 36 - 12 = 24 \text{ cm}^2$

Question 31. Difficulté : ★ *Réponse c)*

La conclusion de l'auteur est que l'automatisation n'est pas si rentable qu'escompté. La réponse a) est hors de propos. Les réponses b), d) et e) démontrent la rentabilité d'une telle opération.

Question 32. Difficulté : ★★ *Réponse a)*

L'énoncé nous apprend que Myriam ne comprend rien à la finance (elle devait probablement dormir durant les cours !), qu'elle déteste le marketing et qu'elle n'est pas devenue comédienne. Elle exerce donc obligatoirement le métier de consultante en organisation.

Question 33. Difficulté : ★ *Réponse b)*

Question 34. Difficulté : ★★ *Réponse b)*

Question 35. Difficulté : ★★ *Réponse e)*

La pratique d'un sport de haut niveau entraîne des dérèglements qu'il faut traiter médicalement. Les autres solutions ne peuvent convenir.

Question 36. Difficulté : ★ *Réponse b)*

La réponse e) est farfelue. Les réponses a), c) et d) ne sont pas fausses mais ne concluent pas le raisonnement.

Question 37. Difficulté : ★★ *Réponse c)*

Comme pour l'œuf et la poule, la pratique des échecs renforce-t-elle la concentration ou bien est-ce une bonne capacité initiale de concentration qui oriente vers les échecs ?

Question 38. Difficulté : ★★★ *Réponse b)*

Question 39. Difficulté : ★★★ *Réponse a)*

Schématisez le parcours sur votre brouillon ! Aller : 15 l, dépôt du jerricane puis retour : 15 l. Prise du second jerricane et aller : 15 l. 180 km ont été parcourus et il reste 55 l dans les deux jerricanes.
Au total : 15 + 55 = 70 litres et 70×12 = 840 km

Question 40. Difficulté : ★★★ *Réponse b)*

Une rapide lecture nous permet d'éliminer les solutions a), c) et d) qui sont contraires à l'énoncé. Celui-ci nous apprend que de nouvelles pertes vont amputer les bilans des institutions financières, le raisonnement du texte tend à dire que celles-ci devront restaurer leurs équilibres financiers [b)]. En revanche, si une baisse des taux de refinancement par la FED a un impact indirect sur le bilan des institutions financières, la solution e) nécessiterait d'autres prémisses pour être valable.

Question 41. Difficulté : ★ *Réponse e)*

Imaginons que Bettina choisisse au hasard 111 perles bordeaux, alors son collier de 111 perles ne comptera qu'une seule couleur.
Mais un collier de 112 perles comptera forcément 2 couleurs.
Bien sûr un collier de 2 perles peut très bien compter deux couleurs, mais ce n'est pas certain.

Question 42. Difficulté : ★ *Réponse c)*

En ordonnant les notes des candidats de la plus élevée à la plus faible, nous obtenons : Jean-Pierre, Benjamin, Raphaël et Tommy.

Question 43. Difficulté : ★★ *Réponse a)*

Sur cette question il ne faut pas être distrait. L'information essentielle est que ces boîtes sont TOUTES mal étiquetées. Il suffit de tirer un bonbon de la boîte étiquetée « mélange » pour déterminer avec certitude son contenu, menthe ou anis. Puis par déduction, si le bonbon tiré est à la menthe alors la boîte étiquetée « menthe » contiendra les bonbons à l'anis et celle étiquetée « anis » contiendra le mélange ; et inversement si le bonbon tiré est à l'anis.

Question 44. Difficulté : ★★ *Réponse c)*

Le jour Y se trouve à 7 jours d'un mercredi, Y est donc un mercredi.
49 jours avant Y est un mercredi, donc 51 jours avant Y est un lundi. Le jour X est un lundi.
7 jours avant le X est un lundi, donc 10 jours avant X est un vendredi !

Question 45. Difficulté : ★ *Réponse d)*

Remarquons au préalable que nous avons 25 gâteaux dont 5 Petits Écoliers, 10 Pépitos et 10 Captain Choc.
Imaginons que l'on tire 15 gâteaux, alors il peut très bien n'y avoir que des Petits Écoliers et des Pépitos. En revanche, avec 15 + 1 = 16 gâteaux, le petit Jonathan aura forcément au moins 1 Captain Choc pour son goûter.

Question 46. Difficulté : ★ *Réponse A)*

1. Étape 1 : analyse de l'énoncé

On cherche à savoir si n est un nombre finissant par 0 ou 5.

2. Étape 2 : analyse de l'information (1) seule

N = 121×55 = 6 655 ; 6 655 est bien divisible par 5.

L'information (1) seule nous permet de répondre.

⇨ Nous gardons les solutions A et D.

3. Étape 3 : analyse de l'information (2) seule

L'information (2) seule ne nous permet pas de répondre.

Question 47. Difficulté : ★★ *Réponse C)*

1. Étape 1 : analyse de l'énoncé

Un triangle isocèle possède deux côtés de même longueur et deux angles égaux, sa médiane est une médiatrice.

2. Étape 2 : analyse de l'information (1) seule

AD est une médiane.

L'information (1) seule ne nous permet pas de répondre.

⇨ Nous gardons les solutions B, C et E.

3. Étape 3 : analyse de l'information (2) seule

Si l'angle BDA vaut 90° alors, AD est une hauteur de ABC.

L'information (2) seule ne nous permet pas de répondre.

⇨ Nous gardons les solutions C et E.

4. Étape 3,5 : analyse des informations (1) & (2) ensemble

AD est à la fois médiane et hauteur, AD est donc aussi la médiatrice de BC. Nous pouvons en déduire que ABC est isocèle.

Les deux informations (1) & (2) ensemble nous permettent de répondre.

Question 48. Difficulté : ★★★ *Réponse C)*

1. Étape 1 : analyse de l'énoncé

Une question délicate : $319{,}5 = 90 \times T_J + V_P \times T_P$

2. Étape 2 : analyse de l'information (1) seule

$V_J = V_P + \frac{1}{4} V_P$

$90 = \frac{5}{4} V_P$

$V_P = 90 \times \frac{4}{5} = 72$ km/h

Nous n'avons aucune indication de temps.

L'information (1) seule ne nous permet pas de répondre.

⇨ Nous gardons les solutions B, C et E.

3. Étape 3 : analyse de l'information (2) seule

$T_P + T_J$ = 3h57 = 3,95 heures **Astuce** : 57mn = 60mn - 3mn = 1h - 0,05h

L'information (2) seule ne nous permet pas de répondre.

⇨ Nous gardons les solutions C et E.

4. Étape 3,5 : analyse des informations (1) & (2) ensemble

Information (1) : V_J = 90 km/h et V_P = 72 km/h

Information (2) : $T_P + T_J$ = 3,95 heures

Alors : $319{,}5 = 90\times(3{,}95 - T_P) + 72\times T_P$

$18\times T_P = 36$

T_P = 2h

Donc : distance parcourue par Pierre-Jean = 72×2 = 144 km

Les deux informations (1) & (2) ensemble nous permettent de répondre.

Astuce : En conditions minimales, le jour de l'examen, si vous repérez au moins deux informations sur les trois (distance, vitesse ou temps) vous savez que vous pouvez répondre. Inutile de perdre du temps à calculer.

Question 49. Difficulté : ★★ *Réponse C)*

1. Étape 1 : analyse de l'énoncé

Posons X, Y et Z les valeurs respectives des trois nombres entiers : $\frac{X+Y+Z}{3}=9$

Donc : X + Y + Z = 27

Nous cherchons X.

2. Étape 2 : analyse de l'information (1) seule

L'information (1) seule ne nous permet pas de répondre.

⇨ Nous gardons les solutions B, C et E.

3. Étape 3 : analyse de l'information (2) seule

L'information (2) seule ne nous permet pas de répondre.

⇨ Nous gardons les solutions C et E.

4. Étape 3,5 : analyse des informations (1) & (2) ensemble

Alors : Z = 3, Y = 6 et X = 18

Les deux informations (1) & (2) ensemble nous permettent de répondre.

Question 50. Difficulté : ★ *Réponse C)*

1. Étape 1 : analyse de l'énoncé

Posons C_H, C_F, T_H et T_F les pourcentages respectifs de cadres hommes et femmes et de techniciens hommes et femmes par rapport au nombre total d'employés.

$C_F + T_F = 40\%$ et donc, $C_H + T_H = 60\%$

2. Étape 2 : analyse de l'information (1) seule

L'information (1) seule ne nous permet pas de répondre.

⇨ Nous gardons les solutions B, C et E

3. Étape 3 : analyse de l'information (2) seule

$C_H + C_F = 70\%$ Et donc : $T_H + T_F = 30\%$

L'information (2) seule ne nous permet pas de répondre.

⇨ Nous gardons les solutions C et E.

4. Étape 3,5 : analyse des informations (1) & (2) ensemble

Information (1) : $C_F = 30\% \times (C_F + C_H)$

Information (2) : $C_H + C_F = 70\%$

Donc, 21% des employés sont des femmes cadres et 49% des employés sont des hommes cadres.

Les informations (1) & (2) ensemble nous permettent de répondre.

Question 51. Difficulté : ★★ *Réponse E)*

1. Étape 1 : analyse de l'énoncé

Nous connaissons la distance à parcourir, nous cherchons donc la contenance du réservoir et la consommation au kilomètre de la voiture.

2. Étape 2 : analyse de l'information (1) seule

Le réservoir contient 52 litres.

L'information (1) seule ne nous permet pas de répondre.

⇨ Nous gardons les solutions B, C et E.

3. Étape 3 : analyse de l'information (2) seule

La vitesse moyenne ne nous permet pas de déterminer la consommation de la voiture.

L'information (2) seule ne nous permet pas de répondre.

⇨ Nous gardons les solutions C et E.

4. Étape 3,5 : analyse des informations (1) & (2) ensemble

Les informations (1) et (2) ensemble ne nous permettent pas de répondre.

Question 52. Difficulté : ★★ *Réponse C)*

1. Étape 1 : analyse de l'énoncé

La question est clairement posée.

2. Étape 2 : analyse de l'information (1) seule

AB = 5 cm

L'information (1) seule ne nous permet pas de répondre.

⇨ Nous gardons les solutions B, C et E.

3. Étape 3 : analyse de l'information (2) seule

BCA mesure 30°

L'information (2) seule ne nous permet pas de répondre.

⇨ Nous gardons les solutions C et E.

4. Étape 3,5 : analyse des informations (1) & (2) ensemble

Avec les 2 informations, vos vieux souvenirs de lycée relatifs à la trigonométrie doivent vous permettre de répondre C. Surtout ne vous lancez pas dans des calculs.

Les informations (1) & (2) ensemble nous permettent de répondre.

Question 53. Difficulté : ★ *Réponse D)*

1. Étape 1 : analyse de l'énoncé

L'énoncé est clair.

2. Étape 2 : analyse de l'information (1) seule

3(2b) + 5b = 11 car : a = 2b

b = 1 et a = 2

L'information (1) seule nous permet de répondre.

⇨ Nous gardons les solutions A et D.

3. Étape 3 : analyse de l'information (2) seule

$$\frac{a}{-b} = -2$$

Donc : a = 2b *C'est la même information qu'en (1) !*

L'information (2) seule nous permet de répondre.

Question 54. Difficulté : ★ *Réponse C)*

1. Étape 1 : analyse de l'énoncé

Nous cherchons à déterminer la valeur de **x**. L'énoncé nous apprend que **x** est inférieur ou égal à 30 € (Jean ne peut dépenser plus qu'il n'a !).

2. Étape 2 : analyse de l'information (1) seule

(**x** - 2) est divisible par 7. Tentons de lister les multiples de 7 possibles : 7, 14, 21 et 28.

Donc **x** peut être égal à : 9 €, 16 €, 23 € et 30 €.

L'information (1) seule ne nous permet pas de répondre.

⇨ Nous gardons les solutions B, C et E.

3. Étape 3 : analyse de l'information (2) seule

(**x** + 5) est divisible par 4. Tentons de lister les multiples de 4 possibles : 8, 12, 16, 20, 24, 28, 32. Donc **x** peut être égal à : 3 €, 7 €, 11 €, 15 €, 19 €, 23 € et 27 €.

L'information (2) seule ne nous permet pas de répondre.

⇨ Nous gardons les solutions C et E.

3. Étape 3,5 : analyse des informations (1) & (2) ensemble

Information (1) : **x** peut être égal à 9 €, 16 €, 23 € ou 30 €.

Information (2) : **x** peut être égal à 3 €, 7 €, 11 €, 15 €, 19 €, 23 € ou 27 €.

Donc **x** est forcément égal à 23 €.

Les informations (1) & (2) ensemble nous permettent de répondre

Question 55. Difficulté : ★★ *Réponse D)*

1. Étape 1 : analyse de l'énoncé

C'est un carré donc rappelez-vous que la surface est égal à $\mathbf{a}^2$ et son périmètre à $4\mathbf{a}$.

2. Étape 2 : analyse de l'information (1) seule

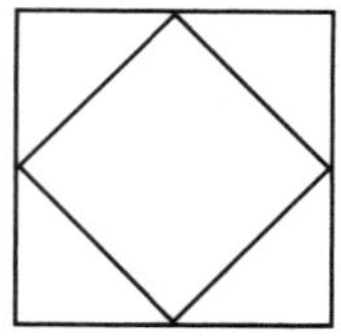

La surface du carré inscrit est égale à la moitié de la surface du carré.
Donc la surface du carré avant transformation est égale à 100 m² et a = 10 m.
L'information (1) seule nous permet de répondre.

⇨ Nous gardons les solutions A et D.

3. Étape 3 : analyse de l'information (2) seule

$4 \times 1{,}1a = 44$

$A = 10$ m

L'information (2) seule nous permet de répondre.

Question 56. Difficulté : ★ *Réponse D)*

1. Étape 1 : analyse de l'énoncé

Le mécanisme de pondération est assez mal dissimulé !
Posons F le nombre de filles et G le nombre de garçons, alors les filles recevront 3F images et les garçons 2G images.
L'énoncé nous apprend que : $3F = 2G$

2. Étape 2 : analyse de l'information (1) seule

$G = F + 3$

Il suffit alors de résoudre le système d'équations : $F = 6$ et $G = 9$
L'information (1) nous permet de répondre.

⇨ Nous gardons les solutions A et D.

3. Étape 3 : analyse de l'information (2) seule

$G + F = 15$

Il suffit alors de résoudre le système d'équations : $F = 6$ et $G = 9$
L'information (2) seule nous permet de répondre.

Question 57. Difficulté : ★★★ *Réponse C)*

1. Étape 1 : analyse de l'énoncé

Pour le plaisir : $\pi \times 3^2 \times 7{,}08 \approx 200$ cm³

2. Étape 2 : analyse de l'information (1) seule

Attention ne tombez pas dans le piège, l'indication de volume ne nous permet pas de répondre. Les mathématiques ne permettent pas de répondre à toutes les questions ! Nous sommes confrontés à un problème de physique.
L'information (1) seule ne nous permet pas de répondre.

⇨ Nous gardons les solutions B, C et E

3. Étape 3 : analyse de l'information (2) seule

L'information (2) seule ne nous permet pas de répondre.

⇨ Nous gardons les solutions C et E.

4. Étape 3,5 Analyse des informations (1) et (2) ensemble

Inutile de calculer, nous pouvons répondre.

Pour les plus curieux, la réponse est 3 584 cannettes et non pas 5 000 !

Les informations (1) & (2) ensemble nous permettent de répondre.

Question 58. Difficulté : ★★ *Réponse B)*

1. Étape 1 : analyse de l'énoncé

La donnée essentielle de l'énoncé est que le champ est carré.

2. Étape 2 : analyse de l'information (1) seule

Cette information est inexploitable.

L'information (1) seule ne nous permet pas de répondre.

⇨ Nous gardons les solutions B, C et E.

3. Étape 3 : analyse de l'information (2) seule

Le périmètre du champ : 4c = 4 km

Donc : c = 1 km et la surface est de 1 km^2, soit 100 hectares.

L'information (2) seule nous permet de répondre.

Question 59. Difficulté : ★★★ *Réponse C)*

1. Étape 1 : analyse de l'énoncé

Une question difficile à ne pas confondre avec une question portant sur les mouvements (croisement ou rattrapage), il s'agit ici de trouver des multiples : nous savons que les 3 trains redémarreront ensemble lorsque nous auront trouvé le PPCM.

Un train pour Craponne démarre toutes les 72 minutes.

2. Étape 2 : analyse de l'information (1) seule

Nous savons qu'à 6h12, les trains pour Craponne et Chaponost repartiront en même temps.

L'information (1) ne nous permet pas de répondre.

⇨ Nous gardons les solutions B, C et E.

3. Étape 3 : analyse de l'information (2) seule

Le PPCM entre 72 et 45 est 360.

Les trains pour Craponne et pour Brindas repartiront en même temps à 11 heures.

L'information (2) ne nous permet pas de répondre.

⇨ Nous gardons les solutions C et E.

3. Étape 3,5 : analyse des informations (1) & (2) ensemble

Les trois trains repartiront simultanément à 11 heures.

Les informations (1) & (2) ensemble nous permettent de répondre.

Question 60. Difficulté : ★★ *Réponse D)*

1. Étape 1 : analyse de l'énoncé

Posons X la partie placée en obligations, I les intérêts perçus sur les obligations et t le taux d'intérêt perçu sur les actions. Appliquons la formule des intérêts.

$I = X \times 5\% \times 1$

$2\,600 = (60\,000 - X) \times t\% \times 1$

2. Étape 2 : analyse de l'information (1) seule

I = 2 000 = X×5%×1

Alors : X = 40 000 €

Le capital placé en actions vaut 20 000 €

L'information (1) nous permet de répondre.

⇨ Nous gardons les solutions A et D.

3. Étape 3 : analyse de l'information (2) seule

2 600 = (60 000 - X)×13%×1

Alors : 60 000 - X = 20 000 €

L'information (2) seule nous permet de répondre.

Question 61. Difficulté : ★ *Réponse b)*

Un chaland est un client.

Question 62. Difficulté : ★★ *Réponse e)*

L'euphorbe est une plante qui produit du latex, la paronomase est une figure de rhétorique qui consiste à rapprocher dans la même phrase des mots dont le son est à peu près le même mais dont les sens sont différents.

Question 63. Difficulté : ★★★ *Réponse e)*

Question 64. Difficulté : ★ *Réponse e)*

Pantois signifie interdit, stupéfait.

Question 65. Difficulté : ★★ *Réponse e)*

Question 66. Difficulté : ★ *Réponse b)*

« S'apercevoir » est un verbe pronominal réfléchi, il s'accorde donc avec le sujet.

Question 67. Difficulté : ★ *Réponse c)*

Attention à l'orthographe de « goulûment » et de « direct ».

Question 68. Difficulté : ★★ *Réponse c)*

Règles d'accord du participe passé avec le COD.

Question 69. Difficulté : ★★★ *Réponse b)*

« Quelle que » se place directement devant le verbe être au subjonctif. Nous éliminons a) et d). Pour procéder à l'accord dans une tournure négative (sans, pas de,...), il faut vous poser la question : s'il y en a ? Nous éliminons c) et e).

Question 70. Difficulté : ★★ *Réponse e)*

Voici un verbe qu'il faut apprendre à conjuguer en ce moment !

Question 71. Difficulté : ★ *Réponse b)*

Une « irruption » est une entrée soudaine, une « éruption » est un jaillissement (éruption volcanique).

Question 72. Difficulté : ★★ *Réponse c)*

Les réponses a) et b) sont farfelues. La réponse d) est un contresens. Les réponses c) et e) sont proches mais la réponse e) apporte une information supplémentaire qui n'est pas validée dans la suite du texte.

Question 73. Difficulté : ★ *Réponse b)*

La crise est là mais les résultats ne sont pas si mauvais.

Question 74. Difficulté : ★ *Réponse e)*

« En un mot » introduit un bref résumé des idées développées dans le paragraphe. Les réponses a), c) et d) introduisent de nouveaux éléments. La réponse b) est trop succincte et ne résume que partiellement l'idée générale basée sur l'incarnation, c'est à dire le caractère exemplaire du cas européen.

Question 75. Difficulté : ★★★ *Réponse d)*

Le rapprochement entre narcissique et anonymat ne peut être que paradoxal.

Question 76. Difficulté : ★★ *Réponse e)*

Logique horizontale :

Le chiffre des centaines est égal au chiffre des unités.

➲ **Logique « répétition »**

☒ Nous éliminons b) et d).

Logique verticale :

Attention, fausse piste : chiffre des centaines = chiffre des unités. Il faut repérer que le chiffre des centaines = chiffre des unités = chiffre des dizaines - 2

➲ **Logique « somme »**

☒ Nous éliminons a) et c).

Question 77. Difficulté : ★ *Réponse d)*

Logique verticale :

Les premières et dernières lettres se suivent alternativement avec 2 rangs d'écart.

A D E

D G **C**

E J K

?

I S D

➲ **Logique « saut de lettres & position »**

☒ Nous éliminons a), b) et c).

Logique horizontale :

Les premières lettres se suivent avec 2 rangs d'écart : **W** x **Y** z **A** b **?** d **E**

L'alphabet est circulaire ! ➲ **Logique « saut de lettres »**

☒ Nous éliminons e).

Question 78. Difficulté : ★★ *Réponse d)*

Logique horizontale :

255, 204, 153 et 51 sont tous des multiples simples de 17.

➲ **Logique « multiples »**

☒ Nous éliminons a) et b).

Logique verticale :

Chiffre des dizaines = 0 ; et chiffre des unités = chiffres des centaines + 1

➲ **Logique « somme »**

☒ Nous éliminons c) et e).

Question 79. Difficulté : ★★ *Réponse e)*

Logique horizontale :

154, 33, 132 et 770 sont tous multiples de 11. ➲ **Logique « multiples »**

☒ Nous éliminons a), b) et c).

Logique verticale :

91, 147, 56 et 35 sont tous multiples de 7. ➲ **Logique « multiples »**

☒ Nous éliminons d).

Question 80. Difficulté : ★ *Réponse d)*

Logique horizontale :

LMN : les lettres L, M et N se suivent.

XYZ : les lettres X, Y et Z se suivent.

UVW : les lettres U, V et W se suivent.

STU : les lettres S, T et U se suivent. ➲ **Logique « suite de lettres »**

☒ Nous éliminons a).

Logique verticale :
Les premières lettres se suivent de haut en bas : D E ? G H

➲ **Logique « suite de lettres »**

☒ Nous éliminons b), c) et e).

Question 81. Difficulté : ★ *Réponse b)*

Logique horizontale :
41 + 9 = 50 ; 20 + 9 = 29 ; 81 + 9 = 90 ; 13 + 9 = 22

➲ **Logique « somme »**

☒ Nous éliminons a) et c).

Logique verticale :
Il y a un axe de symétrie entre les deux premiers chiffres et les deux derniers.

➲ **Logique « symétrie »**

☒ Nous éliminons d) et e).

Question 82. Difficulté : ★★★ *Réponse d)*

Logique verticale :
Une logique particulièrement complexe : la somme des rangs des lettres est égale à un carré : 4, 16, 9 et 25. ➲ **Logique « rangs »**

☒ Nous éliminons a) et c).

Logique horizontale :
La lettre A se trouve alternativement en première et en dernière position.

➲ **Logique « position »**

☒ Nous éliminons b) et e).

Question 83. Difficulté : ★ *Réponse b)*

Logique horizontale :
12 + 3 = 15 ; 7 + 3 = 10 ; 31 + 3 = 34 ; 67 + 3 = 70

➲ **Logique « somme »**

☒ Nous éliminons d) et e).

Logique verticale :
5 + 7 + 6 + 4 + 3 = 25
6 + 4 + 8 + 5 + 2 = 25
5 + 5 + 5 + 5 + 5 = 25
3 + 7 + 6 + 6 + 3 = 25 ➲ **Logique « somme »**

☒ Nous éliminons a) et c).

Question 84. Difficulté : ★★ *Réponse c)*

<u>1ère étape : Trouvez une logique</u>

Nous reconnaissons la logique des bâtonnets : M = 4 ; N = 3 ; X = 2 et I = 1

➲ **Logique « bâtonnets »**

<u>2ème étape : Élimination des solutions</u>

☒ Nous éliminons b), d) et e).

<u>1ère étape : Trouvez une logique</u>

La lettre à 4 bâtonnets effectue une rotation dans le sens des aiguilles d'une montre.

➲ **Logique « rotation »**

<u>2ème étape : Élimination des solutions</u>

☒ Nous éliminons c).

Question 85. Difficulté : ★★ *Réponse c)*

<u>1ère étape : Trouvez une logique</u>

Les trois signes @ sont alternativement en bas puis en haut.

➲ **Logique « position »**

<u>2ème étape : Élimination des solutions</u>

☒ Nous éliminons b) et d).

<u>1ère étape : Trouvez une logique</u>

Les carrés effectuent une rotation dans le sens inverse des aiguilles d'une montre et les ronds dans le sens des aiguilles d'une montre. ➲ **Logique « rotation »**

<u>2ème étape : Élimination des solutions</u>

☒ Nous éliminons a) et e).

Question 86 Difficulté : ★★ *Réponse b)*

<u>1ère étape : Trouvez une logique</u>

La paire de nombres se trouve alternativement en haut puis en bas.

➲ **Logique « position »**

<u>2ème étape : Élimination des solutions</u>

☒ Nous éliminons c) et e).

<u>1ère étape : Trouvez une logique</u>

Le nombre du dessus est multiplié par 3 : 3 / 9 / 27

Le nombre du dessous est multiplié par 2 : 2 / 4 / 8

➲ **Logique « multiples »**

<u>2ème étape : Élimination des solutions</u>

☒ Nous éliminons a) et d).

Question 87.

Difficulté : ★★★ *Réponse d)*

<u>1ère étape : Trouvez une logique</u>

25 = 1×5×5 ; 27 = 3×3×3 ; 24 = 3×2×4 ➲ **Logique « chiffres / produit »**

<u>2ème étape : Élimination des solutions</u>

☒ Nous éliminons a), c) et e).

<u>1ère étape : Trouvez une logique</u>

Le produit des chiffres effectue une rotation dans le sens inverse des aiguilles d'une montre.

➲ **Logique « rotation »**

<u>2ème étape : Élimination des solutions</u>

☒ Nous éliminons b).

Question 88.

Difficulté : ★ *Réponse a)*

<u>1ère étape : Trouvez une logique</u>

Le nombre à 2 chiffres est égal au produit du nombre à 1 chiffre et du nombre de côtés.

➲ **Logique « côtés »**

<u>2ème étape : Élimination des solutions</u>

☒ Nous éliminons b), d) et e).

<u>1ère étape : Trouvez une logique</u>

La somme du nombre à 1 chiffre et du nombre de côté est constante, égale à 8.

➲ **Logique « côtés »**

<u>2ème étape : Élimination des solutions</u>

☒ Nous éliminons c).

Question 89.

Difficulté : ★★ *Réponse c)*

<u>1ère étape : Trouvez une logique</u>

Les carrés sont alternativement divisés en carrés puis en triangles.

➲ **Logique « figures »**

<u>2ème étape : Élimination des solutions</u>

☒ Nous éliminons a) et e).

<u>1ère étape : Trouvez une logique</u>

Le signe $ effectue une rotation dans le sens inverse des aiguilles d'une montre et le signe £ effectue une rotation dans le sens des aiguilles. ➲ **Logique « rotation »**

<u>2ème étape : Élimination des solutions</u>

☒ Nous éliminons b) et d).

Question 90. Difficulté : ★★★ *Réponse a)*

<u>1ère étape : Trouvez une logique</u>

Accrochez-vous ! La différence entre le nombre inscrit et le nombre de côtés est successivement égale à : 7, 5 et 3.

Nous cherchons une différence égale à 1. ➲ **Logique « côtés »**

2ème étape : Élimination des solutions

☒ Nous éliminons b), c), d) et e).

IV – TAGE MAGE® blanc N°4

Le Test TAGE MAGE® est présent dans de nombreux concours (Passerelle 2, Tremplin 2, ESSEC, EM Lyon, Audencia), mais aussi dans la procédure de recrutement de nombreuses Grandes Écoles ou Universités en Mastères spécialisés (HEC, ESSEC,...), Masters (SAI, ...) et IAE.

Le Test TAGE MAGE® est un QCM de 2 heures.
Il s'agit d'une épreuve qui permet le recrutement de candidats possédant des cursus scolaires variés.

Il est composé de six sous-tests de 15 questions à résoudre en 20 minutes :

- ***Compréhension d'un test écrit :*** lecture de textes suivie par une série de questions de compréhension. Le retour aux textes est possible.
- ***Calcul :*** cette épreuve évalue la maîtrise de connaissances simples dans les domaines de l'arithmétique, de la géométrie, de l'algèbre et du calcul.
- ***Raisonnement :*** 15 questions de raisonnement logique.
- ***Conditions minimales :*** cette épreuve vise à contrôler la capacité d'analyse de la pertinence des informations en vue de la résolution d'un problème.
- ***Expression :*** épreuve destinée à tester l'aptitude à comprendre une information formulée dans un court message verbal puis à en trouver rapidement une reformulation ou une suite probable.
- ***Logique :*** 15 questions portant sur des croisements de séries de chiffres, de lettres ou de figures.

90 questions-types TAGE MAGE® en 120 minutes
5 choix multiples
Réponse juste : +4 points **Réponse fausse : -1 point**

Découpez la grille de réponses en page 695.

Remarque : Je vous conseille vivement de découper la grille de réponses et de vous entraîner à soigneusement noircir les cases. Vous le constaterez, cet exercice est moins évident qu'il n'y paraît. Gardez à l'esprit que chaque année, certains candidats ratent leurs concours pour un simple décalage de ligne !
Vous pourrez vous corriger et calculer votre score à l'aide de la grille de correction en fin d'ouvrage en page 672 Établissez la cartographie de vos forces et faiblesses et comparez-la à celle du TAGE MAGE® blanc N°3.

Let's go !

IV.1 – TAGE MAGE® blanc N°4 – Test blanc

Sous-test 1
COMPRÉHENSION D'UN TEXTE ÉCRIT

Durée : 20 minutes
15 questions

Consignes

Cette épreuve comporte trois textes numérotés 1, 2 et 3. Chacun de ces textes est suivi d'une série de questions. Chaque question vous présente cinq propositions qui peuvent porter sur différents niveaux de lecture :

- Informations « isolées » contenues dans le texte ;
- Idées principales, traitées dans un ou plusieurs paragraphes ;
- Position de l'auteur telle qu'elle se reflète dans le texte, etc.

Parmi les cinq propositions présentées dans le cadre de chaque question, certaines sont en contradiction flagrante avec le texte ; d'autres abordent des aspects qui n'y sont pas traités ; d'autres encore se rapprochent plus ou moins de ce qui est exprimé - directement ou indirectement - dans ce même texte.

La seule proposition considérée comme exacte est celle qui se rapproche le plus de ce qui est dit dans le texte. Les quatre autres propositions sont considérées comme fausses.

Barème d'évaluation

Réponse exacte :	+ 4 points
Réponse inexacte :	- 1 point
Absence de réponse ou réponse multiple :	0 point

La note finale de cette épreuve sera comprise entre -15 et + 60.

L'utilisation de toute calculatrice et de tout matériel électronique est interdite.

Démarrez le chronomètre pour 20 minutes de test.

Texte 1

La modification de la nature humaine relève-t-elle de la science-fiction ? William Heseltine, un des promoteurs du *Human Genome Project,* affirmait ainsi que « comme nous comprenons le processus de réparation du corps sur le plan génétique (...), nous allons devenir capables de maintenir ce même corps en fonctionnement normal, peut-être à perpétuité. » Si la prédication est notoirement difficile et risquée en terme de technologie, il est important toutefois d'imaginer plusieurs scenarii possibles, suggérant une gamme de nouveautés dont certaines sont tout à fait vraisemblables. La génétique et la biotechnologie ne se limitent pas, rappelons-le, à la simple ingénierie génétique. Au-delà du bébé éprouvette, c'est toute une révolution de la science biologique qui s'opère aujourd'hui. Dans un avenir très proche, l'homme se doit d'affronter des choix éthiques sur la génétique personnelle, l'usage des drogues, les recherches sur les embryons et le clonage humain, au-delà d'un débat qui semble se cloisonner au conflit entre scientifiques et religieux, et poser la question de la dignité de l'homme.

Le premier « chemin de l'avenir » n'a rien à voir avec la technologie, mais simplement avec l'accumulation de connaissances sur la génétique et le comportement. Au XXème siècle, la génétique a été particulièrement liée au comportement. Il s'est agi de comprendre la part de l'hérédité dans l'activité humaine et d'interroger la responsabilité de l'individu. Dans les premières décennies du siècle, l'argument de l'hérédité a été détourné par les racistes pour expliquer en quoi une race était supérieure à d'autres. En termes scientifiques, deux théories s'affrontent : l'essentiel du comportement est pour les uns transmis par l'hérédité (criminalité comme intelligence) tandis que pour les autres il a pour origine un capital culturel. Le problème de ces deux théories est que ni l'une ni l'autre n'est totalement soutenable à la lumière des données empiriques dont on dispose. Génétique comportementale et anthropologie des croisements culturels s'affrontent donc sur ce terrain. Le plus souvent, les études sont faites à partir de l'étude des jumeaux – idéalement de vrai jumeaux élevés séparément (on parlera de gémellité monozygote ou univitelline parce qu'issus de la division d'un même œuf fécondé). On sait que les univitellins ont le même ADN. Par l'étude des similitudes de comportements, on est en mesure de connaître la part d'hérédité et de socialité dans leur influence. La génétique comportementale montre souvent de fortes corrélations dans le comportement de vrais jumeaux, même lorsqu'ils ont été élevés par des parents différents. Mais toute la difficulté est d'établir des schémas universels dans la façon dont les hommes vivent et pensent. Pourtant, dans l'histoire de l'interprétation héréditaire des phénomènes sociaux, ce facteur est bien mobilisé par les sociologues. C'est bien de causalité génétique dont il est question, et elle intéresse aujourd'hui bien des scientifiques, notamment ceux qui ont participé au décodage du génome humain, achevé il y a deux ans. Les progrès des neurosciences cognitives sont de fait utilisés comme arguments dans le débat. Elles peuvent avoir des conséquences politiques considérables.

Question 1. Quelle a été l'utilisation du concept d'hérédité dans les théories racistes ?

a) Partant du postulat que certaines races sont supérieures aux autres, le concept d'hérédité permet d'expliquer que cette hiérarchisation est immuable.
b) Le concept d'hérédité permet de hiérarchiser les races.
c) La bêtise raciste est héréditaire, on ne peut rien y faire.
d) Au départ, les hommes étaient tous égaux mais le concept d'hérédité permet d'expliquer que les races se soient peu à peu hiérarchisées.
e) L'hérédité en interrogeant la responsabilité de l'individu permet de mettre chaque race face aux actions de ses membres.

Question 2. Quelle idée est rapportée par l'auteur du texte 1 à propos de la citation de William Heseltine ?

a) Bientôt les hommes vivront éternellement car sur le plan génétique, ils sont capables de créer des êtres indestructibles.
b) Sur le plan génétique, le corps est une formidable machine capable de se régénérer quasiment à perpétuité.
c) Les scientifiques ont désormais compris le fonctionnement normal du corps humain sur le plan génétique.
d) Les avancées scientifiques sur le plan génétique permettent d'accroître sensiblement les performances médicales et d'augmenter fortement l'espérance de vie humaine.
e) Pour maintenir le corps humain en fonctionnement normal perpétuel, il faut réparer la structure génétique du corps.

Question 3. En contexte, quel est le meilleur synonyme du terme « prédication » ?

a) homélie
b) divination
c) déviation
d) prédilection
e) prédiction

Question 4. Pour l'auteur du texte 1, l'homme se doit d'affronter des choix éthiques, quels sont-ils ?

1. Le test ADN de paternité.
2. La légalisation du cannabis.
3. Le stockage du sang de cordon ombilical.

a) 2 + 3
b) 1 + 3
c) Uniquement 3
d) Uniquement 2
e) 1 + 2

Question 5. Quelles conclusions peut-on tirer des études menées sur les jumeaux univitellins ?

1. On peut mesurer la part de socialité et d'hérédité.
2. Il y a forte corrélation dans leurs comportements.
3. Il est difficile d'en tirer des schémas universels.

a) 1 + 2
b) Uniquement 2
c) Uniquement 1
d) 1 + 3
e) 1 + 2 + 3

Question 6. Pour l'auteur du texte 1, « *l'essentiel du comportement est transmis par l'hérédité* ».

a) Très certainement
b) Pas du tout
c) Pas vraiment
d) Sans aucun doute
e) Plutôt oui

Texte 2 : Interview

Que peut-on attendre de cette deuxième rencontre économique entre les États-Unis et la Chine ?

Il ne devrait pas y avoir d'avancées substantielles. Les problèmes sont connus et ont été discutés déjà maintes fois. La question de la réévaluation du yuan est davantage un problème de timing. Tous les regards sont tournés vers l'Europe en ce moment pour voir si la crise qui s'y déroule peut déstabiliser les marchés mondiaux. Les dirigeants chinois sont extrêmement prudents et je pense qu'ils attendront la fin de l'année pour réexaminer leur politique en matière de monnaie.

Barack Obama a mis beaucoup d'emphase sur la relation Chine-États-Unis. Comment la jugez-vous ?

Cette administration a une relation avec la Chine qui est finalement plus acrimonieuse que celle de George Bush. C'est malheureux, parce que c'est sans doute celle qui est la plus importante. Les Chinois vont peut-être saisir l'opportunité de cette rencontre pour aplanir les choses mais il est certain qu'ils aimeraient plus de déférence et de respect. Ils apprécient peu d'être diabolisés sur la question du yuan par exemple.

Les Chinois sont-ils convaincus par les efforts promis par les États-Unis pour réduire leur déficit ?

Les politiques américains font toutes sortes de promesses, les Chinois vont surtout regarder s'ils agissent effectivement. Le problème c'est que la Chine n'a pas beaucoup d'autres alternatives aujourd'hui que d'investir dans des bons du Trésor américain. Aucun autre pays n'a de marchés aussi profonds et étendus que les États-Unis. Le recours à une autre monnaie de réserve serait beaucoup trop coûteux.

Question 7. Quelles raisons conduisent la Chine à investir dans des bons du Trésor américain ?

1. Le marché monétaire américain est le plus liquide au monde.
2. Le taux de change yuan/dollar est très avantageux pour la Chine et rend les bons du Trésor américain bon marché.
3. L'Europe est en crise, il serait donc trop coûteux de tout miser sur l'euro.

a) 1 + 2 + 3
b) 1 + 3
c) Ni 1, ni 2, ni 3
d) Uniquement 1
e) Uniquement 2

Question 8. Selon la personne interviewée, les relations entre la Chine et les États-Unis d'Obama sont exécrables.

a) Très certainement
b) Pas du tout
c) Probablement pas
d) En partie seulement
e) Comme toujours

Question 9. Selon la personne interrogée, que peut-on attendre de la deuxième rencontre économique entre les États-Unis et la Chine ?

a) Absolument rien.
b) Une réévaluation graduelle du yuan face au dollar américain.
c) Une éventuelle amélioration des relations entre les deux pays.
d) Certaines avancées sur le fond mais aucune sur la substance.
e) La résolution du problème de timing quant à la réévaluation du yuan.

Question 10. Quelle est l'état d'esprit de la personne interviewée ?

a) Alarmiste pour l'avenir, mesurée quant au présent et fataliste dans la tonalité de son discours.
b) Fataliste pour l'avenir, alarmiste quant au présent et mesurée dans la tonalité de son discours.
c) Préoccupée pour l'avenir, fataliste quant au présent et alarmiste dans la tonalité de son discours.
d) Mesurée pour l'avenir, préoccupée quant au présent et fataliste dans la tonalité de son discours.
e) Préoccupée pour l'avenir, fataliste quant au présent et mesurée dans la tonalité de son discours.

Texte 3. Le pouvoir d'achat

Plus large que celle du coût de la vie, la problématique du pouvoir d'achat conduit à s'interroger sur la construction de nouveaux indicateurs qui viseraient à rendre compte de l'évolution de la qualité de la vie, voire du bonheur ou du bien-être d'une société. C'est dire que la question du pouvoir d'achat est au cœur de la dynamique économique comme du dialogue social.

Du reste, la place éminente occupée par le thème du pouvoir d'achat durant la campagne pour l'élection présidentielle traduit bien l'importance de cette question que les Français placent aux premiers rangs de leurs préoccupations. Elle a cependant récemment été le lieu du divorce entre les experts, qui font état d'une réalité statistique indiquant une progression constante du pouvoir d'achat, et les ménages dont la perception, tout autre, apparaît biaisée par divers facteurs et notamment par une attention davantage tournée vers la hausse des prix que vers l'augmentation des revenus.

Il est vrai que celle des prix alimentaires apparaît particulièrement impressionnante, en raison de l'augmentation considérable du prix du pétrole qui alourdit le coût du transport de marchandises et des matières premières agricoles. Face à cette dynamique inquiétante des prix alimentaires, la loi de modernisation de l'économie vise à accroître la concurrence dans le secteur de la grande distribution et donc à faire baisser les prix pour stimuler le pouvoir d'achat des ménages.

Le pouvoir d'achat, c'est-à-dire la quantité de biens et services qu'il est possible de se procurer avec le revenu disponible, est mesuré par la confrontation de la dynamique des revenus et de celle des prix. Sur longue période, on observe une progression constante, quoique plus ou moins forte, du pouvoir d'achat : de 1960 à 1974, il a augmenté à un rythme soutenu (+ 5,7 % par an en moyenne) mais cette progression a, depuis 1974, quelque peu faibli (+ 2,1 % par an). En outre, de 1950 à 1968, le pouvoir d'achat des ménages a doublé puis de 1968 à 2000, il a, de nouveau, été multiplié par deux. Au cours des dernières années, l'INSEE rend compte d'une progression forte entre 1998 et 2002 (+ 3,4 % par an) et d'un ralentissement assez marqué de cette augmentation dans la période suivante : + 1,9 % par an de 2002 à 2006. Il existe donc un décalage entre la réalité statistique et la perception des ménages.

Question 11. Comment est mesurée l'évolution du pouvoir d'achat ?

a) C'est en valeur absolue la quantité de biens et de services qu'il est possible de se procurer.
b) C'est une évaluation du revenu disponible des ménages.
c) C'est une mesure de l'évolution de la qualité de vie des ménages.
d) C'est la mesure du coût de la vie retraitée de l'évolution des prix alimentaires.
e) C'est la quantité de biens et de services qu'il est possible d'acheter après avoir retraité l'inflation.

Question 12. Parmi les réponses suivantes, laquelle permet le mieux d'expliquer que le pouvoir d'achat est défini comme étant une notion plus large que le coût de la vie ?

a) Il prend en compte les besoins des ménages en matière de services à la personne.
b) La problématique qui le sous-entend vise à rendre compte de l'évolution de la qualité de la vie.
c) Il représente l'intégralité des prix des biens et services consommés par les ménages.
d) Il représente la capacité d'achat après impôts.
e) Il valorise des aspects de qualité de vie environnementale.

Question 13. La notion de pouvoir d'achat donne lieu à des incompréhensions, pour quelle raison ?

a) Du fait de la non prise en compte des coûts écologiques induits du « tout nucléaire ».
b) Du fait de l'élasticité des prix des denrées alimentaires.
c) Du fait de la stagnation des revenus disponibles sur longue période.
d) Du fait de l'absence de croissance écologique.
e) Du fait du divorce entre la perception de l'inflation par les ménages et les données statistiques officielles.

Question 14. Qu'en est-il de la problématique du pouvoir d'achat ?

1. Elle englobe la problématique du coût de la vie.
2. Elle influence le dialogue social.
3. Elle a biaisé la perception des ménages.

a) 1 + 2
b) Uniquement 1
c) 2 + 3
d) 1 + 2 + 3
e) Uniquement 3

Question 15. Depuis 1950, quelle est l'évolution du pouvoir d'achat des français ?

a) A plus que quadruplé.
b) A quasiment été multiplié par deux.
c) A augmenté par an en moyenne de plus de 5,7 %.
d) A presque triplé.
e) A augmenté de moins de 2,1 % par an en moyenne.

Ne pas tourner la page
avant expiration des 20 minutes.

Sous-test 2
CALCUL

Durée : 20 minutes
15 questions

Consignes

Cette épreuve est constituée de 15 questions pour lesquelles vous disposez de 20 minutes.

Les questions ne sont pas classées par ordre de difficulté.

Barème d'évaluation

Réponse exacte :	+ 4 points
Réponse inexacte :	- 1 point
Absence de réponse ou réponse multiple :	0 point

La note finale de cette épreuve sera comprise entre -15 et + 60.

L'utilisation de toute calculatrice et de tout matériel électronique est interdite.

Démarrez le chronomètre pour 20 minutes de test.

Question 16. Lors d'une randonnée dans les Andes péruviennes, Déborah s'élève en moyenne de 300 mètres par heure de marche ; au retour, elle descend de 450 mètres par heure de marche. À quelle altitude a pu parvenir Déborah sachant qu'elle est partie à 7 heures de l'auberge Wasjerabito qui se trouve à 3 000 mètres d'altitude, qu'elle s'est arrêtée 255 minutes au cours de son excursion et est revenue à son point de départ à 18h45mn ?

a) 4 275 mètres
b) 4 250 mètres
c) 4 300 mètres
d) 4 350 mètres
e) 4 375 mètres

Question 17. Deux nombres entiers ont pour somme 172. Le septuple de leur différence vaut 126. Quelle est la valeur de la moitié du plus grand ?

a) 23,5
b) 47,5
c) 38,5
d) 52
e) 28

Question 18. Un concessionnaire automobile a en stock 42 voitures rouges, 35 vertes, et 49 jaunes. Trois modèles Ariouch, Arichou et Archoui, sont disponibles dans ces trois couleurs. Un sixième des rouges, trois cinquièmes des vertes et trois septièmes des jaunes sont des Arichou. Combien de voitures en stock ne sont pas des Arichou ?

a) 89
b) 77
c) 68
d) 98
e) 84

Question 19. Un Airbus A320 d'Air France-KLM comprend 108 sièges. Au moment du décollage, il y a un siège vide pour deux sièges occupés. Combien y a-t-il de sièges vides dans l'avion après le décollage sachant que les trois stewards ont libéré leurs sièges pour assurer leur service ?

a) 33
b) 39
c) 48
d) 69
e) 72

Question 20. L'hôtel Villa d'Este sur le Lac de Côme pratique un tarif normal au printemps et à l'automne. Ce tarif est majoré de 25 % en été et réduit de 25 % en hiver. Un client qui a résidé 5 jours en août a payé 700 €. Quel serait le tarif par nuitée pour un client qui séjournerait 4 jours en janvier ?

a) 420 €
b) 84 €
c) 70 €
d) 336 €
e) 79 €

Question 21. Cette année, mon âge est un multiple de 17. Dans vingt et un ans, mon âge sera un nombre premier. Quel est mon âge ?

a) 46 ans
b) 85 ans
c) 34 ans
d) 68 ans
e) 76 ans

Question 22. Une caisse contenant 12 douzaines d'œufs pèse 5,7 kg pleine et 1 800 g vide. Quel est le poids moyen d'un œuf, sachant que la caisse contient aussi 300 g de paille pour éviter la casse ?

a) 15 grammes
b) 30 grammes
c) 50 grammes
d) 5 grammes
e) 25 grammes

Question 23. Un héritage est divisé en six parties égales. L'un des héritiers désirant bénéficier de la nouvelle législation relative aux droits de succession décide de renoncer à sa part au profit de ses quatre enfants, chacun recevant 56 000 €. Quel est le montant initial de l'héritage ?

a) 1 344 000 €
b) 336 000 €
c) 1 232 000 €
d) 224 000 €
e) 1 680 000 €

Question 24. Les élus d'une ville de 200 000 habitants ont décidé en 2003 d'installer un réseau Wimax payant. Un service commercial est alors créé afin d'inciter les habitants à s'abonner. En 2003, 4 440 clients se sont abonnés ce qui a représenté une charge moyenne de 370 clients par commercial. En 2013, le nombre de commerciaux avait baissé de 25 % par rapport à 2003, tandis que le nombre de clients avait augmenté de 20 %. Quelle est la charge moyenne par commercial en 2013 ?

a) 444
b) 532
c) 578
d) 592
e) 613

Question 25. Lors d'une épreuve de course poursuite, trois cyclistes roulent à des vitesses respectives de 13 km/h, 16 km/h et 18 km/h. Ils s'élancent sur une piste circulaire de 4 kilomètres à 10 heures. À quelle heure se retrouveront-ils tous sur la ligne de départ ?

a) 12h45mn
b) 13h
c) 13h30mn
d) 13h45mn
e) 14h

Question 26. Sur le site tagemaster.com, le candidat qui répond faux à une question perd une certaine somme. Cette somme est fixée de la façon suivante : à la première réponse fausse il perd 1 € ; lorsque ce même candidat répond faux une deuxième fois, il perd 2 € ; lorsqu'il répond faux une troisième fois, il perd 4 €, la quatrième fois 8 € et ainsi de suite. Le *Tage Mage® Winner* remporte le pot. Sachant que le plus mauvais des candidats a perdu 1 023 €, combien d'erreurs a-t-il commises ?

a) 13
b) 10
c) 11
d) 9
e) 8

Question 27. Un éleveur de vaches laitières stocke sa production dans une cuve cylindrique d'une capacité de 5 hectolitres. Il remplace sa cuve par une nouvelle cuve cylindrique dont le diamètre de la base est augmenté de 20 % et dont la hauteur diminue de 10 %. Quel est, en litres, sa nouvelle capacité de stockage ?

a) 54
b) 64,8
c) 486
d) 540
e) 648

Question 28. Lors du WEÏ, les nouveaux élèves de Rouen Business School intégrés via le concours Tremplin 2 sont divisés en vingt équipes. Chaque équipe va affronter l'ensemble des autres équipes, une fois le samedi et une fois le dimanche, dans une épreuve endiablée de course en sacs. Combien de rencontres auront lieu ?

a) 180
b) 190
c) 320
d) 380
e) 390

Question 29. On place une somme β (bêta) à un taux d'intérêt fixe. Le placement rapporte successivement 400 euros la première année et 416 euros la seconde. Quelle est la somme initialement placée sachant que les intérêts sont capitalisés ?

a) 1 100 €
b) 4 000 €
c) 8 000 €
d) 10 000 €
e) 11 000 €

Question 30. Un moteur à essence consomme en moyenne 60 % de carburant en plus qu'un moteur diesel. Quel pourcentage de carburant en moins consomme un moteur diesel par rapport à un moteur essence ?

a) 37,5 %
b) 42,5 %
c) 62,5 %
d) 67,5 %
e) 125 %

Ne pas tourner la page
avant expiration des 20 minutes.

Sous-test 3
Raisonnement & Argumentation

Durée : 20 minutes
15 questions

Consignes

Cette épreuve comporte 15 questions constituées chacune d'un paragraphe de quelques lignes et d'une question. Ces questions sont des questions de raisonnement qui ne nécessitent pas une connaissance approfondie de la logique formelle. Il est fortement conseillé aux candidats de lire et de relire très attentivement les paragraphes ainsi que les questions avant d'y répondre.

Cinq propositions sont formulées. Une seule est acceptable en fonction du paragraphe et de la question. Certaines traduisent une parenté de formulation aussi il est fortement conseillé, là encore, de lire et de relire très attentivement les cinq propositions de réponse.

Barème d'évaluation

Réponse exacte :	+ 4 points
Réponse inexacte :	- 1 point
Absence de réponse ou réponse multiple :	0 point

La note finale de cette épreuve sera comprise entre -15 et + 60.

L'utilisation de toute calculatrice et de tout matériel électronique est interdite.

 ***Démarrez le chronomètre pour 20 minutes de test.***

Question 31. La plupart des passagers aériens ne font pas attention aux consignes de sécurité données par les hôtesses de l'air avant le décollage. À moins que les compagnies aériennes ne trouvent un moyen plus efficace pour communiquer avec leurs passagers, la plupart des usagers ne sauront pas quoi faire en cas d'urgence.

Quelle proposition soutient le moins la conclusion ?

a) Les urgences à bord sont extrêmement rares, et en raison des améliorations technologiques elles vont probablement devenir de plus en plus rares.
b) La plupart des passagers qui ne sont pas attentifs connaissent déjà les consignes de sécurité des compagnies aériennes.
c) Lorsqu'elles présentent les points importants concernant la sécurité des avions à leurs passagers, les hôtesses doivent suivre un script rédigé par des ingénieurs de l'aéronautique de haut niveau.
d) En plus des consignes de sécurité données par les hôtesses, une carte avec toutes les consignes de sécurité est disponible sous le siège de chacun des passagers.
e) La plupart des passagers aériens, à moins d'être informés à l'avance sur le bon comportement à avoir en cas d'urgence, paniqueraient probablement s'il y avait une urgence réelle.

Question 32. Lors d'une session de Tage Mage®, Majid et Zoubida ont passé les mêmes six sous-tests, mais ont reçu le même score seulement au troisième sous-test (raisonnement & argumentation). Chaque sous-test est noté sur une échelle de -15 à + 60.

Laquelle des propositions suivantes appuie l'information qui permettrait de dire que le score de Zoubida est plus élevé que le score de Majid ?

a) Le score le plus élevé de Zoubida et le score le plus bas de Majid ont été obtenus dans le même sous-test.
b) Le score le plus bas de Zoubida et le score le plus élevé de Majid furent obtenus dans le sous-test de Raisonnement & Argumentation.
c) Zoubida a obtenu son score le plus bas au premier sous-test (compréhension), mais Majid a obtenu son score le plus bas au dernier sous-test (logique).
d) Zoubida a obtenu des scores plus élevés que Majid à trois sous-tests.
e) Le score le plus élevé de Majid était supérieure de 10 points au score le plus élevé de Zoubida.

Question 33. Les jeux sont partout : on joue dans les cafés comme dans les jardins publics, dans les casinos comme sur les téléphones mobiles, dans les cours de récréation comme dans les BDE. L'essentiel de cette activité multiforme se ramène au fait qu'elle est constituée par ses règles : le jeu existe de leur application stricte. Et c'est dans ce cadre que peut se réaliser la capacité d'action du joueur pour développer sa stratégie personnelle qui n'existe qu'en raison des règles et à l'intérieur de leurs limites.

Vers quelle conclusion s'oriente ce développement ?

a) Jouer permet de ne pas se poser de questions graves.
b) Le jeu est une drogue, il devient rapidement addictif.
c) Jouer rend libre.
d) Jouer permet d'occuper son temps libre.
e) On joue pour oublier la banalité de la vie ordinaire.

Question 34. Noa est plus petite qu'Aaron. Léa est plus grande que Jérémie. Aaron est plus petit que Jérémie. Quelle est la personne la plus petite ?

a) On ne peut pas le déterminer.
b) Léa
c) Aaron
d) Jérémie
e) Noa

Question 35. Dans l'entreprise actuelle, l'activité de col bleu a été progressivement remplacée par une activité de col blanc, le maniement de l'information et de l'intelligence a pris la place de la force musculaire. Dans ce nouveau paradigme, mesurer le travail revient à mesurer l'intelligence qui, elle, ignore les frontières physiques et temporelles de l'entreprise.

Vers quelle conclusion tend ce passage ?

a) C'est pourquoi les horaires de travail se prolongent à la maison et sont de plus en plus difficiles à définir.
b) Ainsi, les conditions de travail peuvent s'harmoniser entre les hommes et les femmes.
c) Aussi les gouvernements peuvent plus facilement envisager de réduire la durée légale du temps de travail.
d) De ce fait, le chômage touche aussi bien les cadres que les ouvriers.
e) Donc il est devenu difficile de distinguer un cadre d'un ouvrier.

Question 36. Pierre, Paul, Jacques et Matthieu ont tous les quatre reçu une voiture pour Noël. Les voitures sont du même modèle, mais de couleurs différentes : jaune, verte, bleue et rouge.
En fonction des propositions suivantes :

- Proposition 1 : si Pierre a la voiture rouge, Matthieu a la voiture verte ;
- Proposition 2 : si Paul a la voiture bleue, Matthieu a la voiture jaune ;
- Proposition 3 : si Pierre n'a pas la voiture rouge, Paul a la voiture bleue ;
- Proposition 4 : si Jacques a la voiture bleue, Paul a la voiture rouge ;

Parmi les affirmations suivantes, laquelle est obligatoirement fausse ?

a) Pierre conduit la voiture rouge.
b) Pierre ne peut pas conduire la voiture bleue.
c) Pierre conduit la voiture jaune.
d) Pierre conduit la voiture verte.
e) Pierre conduit une et une seule voiture.

Question 37. David et Grégory, assaillis de toutes parts, s'élancèrent à travers la campagne chaponoise. Grégory cria à son ami : « Plus nous galoperons vite, plus nous aurons de chances de faire de vieux os ! ».

Quel raisonnement correspond le mieux à l'exclamation de Grégory ?

a) Nos chances de ne pas mourir rapidement sont directement proportionnelles à la vitesse de notre galop.
b) Nous aurons beau accélérer, nos chances de faire de vieux os resteront faibles.
c) Nos chances de faire de vieux os sont indirectement proportionnelles à la vitesse de notre galop.
d) Pourvu que nous galopions, nos chances de faire de vieux os augmenteront.
e) Avec un puissant 4×4, nos chances de survies seraient bien supérieures.

Question 38. « L'enfer est pavé de bonnes intentions »

Quelle proposition explique le mieux le proverbe ci-dessus ?

a) Vouloir le mal pour son prochain ne conduit pas forcément à lui causer du tort.
b) Un homme malhonnête peut se montrer bon parfois.
c) De bonnes intentions ne servent à rien si elles ne s'accompagnent pas d'actes conséquents.
d) Il ne faut pas tenir compte de l'avis d'autrui pour discerner le bien et le mal.
e) Le mal et le bien sont des notions relatives.

Question 39. Vous êtes enfermé dans une cellule qui possède deux portes (A et B) gardées chacune par un gardien en armes. Parmi les deux gardiens, l'un dit forcément la vérité et l'autre ment systématiquement. Une seule porte vous permettra de vous échapper, combien de question(s) devez-vous poser aux gardiens pour pouvoir déterminer avec certitude la porte qui vous permettra de vous échapper ?

a) 1 question
b) 2 questions
c) 3 questions
d) 4 questions
e) Il n'est pas possible de répondre.

Question 40. Xavier Choubbat réalise un important programme de construction de maisons en défiscalisation à Gosiers, Guadeloupe. Dans chaque maison il y a soit un climatiseur soit un ventilateur mais jamais les deux. Seuls des ventilateurs sont installés dans les maisons ayant une cuisine aménagée Maboulpa. Shirley vient d'acheter une maison de ce programme.

Parmi les réponses suivantes, laquelle est obligatoirement fausse ?

a) Shirley a emménagé dans une maison comprenant une cuisine Maboulpa aménagée et un ventilateur.
b) Shirley a emménagé dans une maison comprenant une cuisine Maboulpa non aménagée et un ventilateur.
c) Shirley a emménagé dans une maison comprenant une cuisine Maboulpa aménagée et un climatiseur.
d) Shirley a emménagé dans une maison comprenant une cuisine Cuisinella non aménagée et un climatiseur.
e) Aucune des réponses proposées ne convient.

Question 41. Coup sur coup, plusieurs événements viennent de donner un relief nouveau à un malaise qui cheminait en Chine depuis plusieurs années : une explosion soudaine de suicides dans l'une des usines du géant Foxconn, qui emploie 800 000 personnes dans l'électronique ; une grève d'ampleur – mode d'expression incongru dans l'organisation socialiste – des ouvriers des usines chinoises de Honda. Et, ce qui est plus nouveau encore, la décision de Foxconn d'augmenter incontinent ses salaires de 20 % pour apaiser, bien qu'il s'en défende, la montée de l'exaspération des travailleurs exploités. Les cadences infernales et les salaires de misère (entre 107 et 179 euros) reconstituent dans l'« atelier du monde » les scandales sociaux qui ont engendré, dans l'Europe du XIXe siècle, la légitime révolution… socialiste.

Vers quelle conclusion tend ce passage ?

a) Travailleurs chinois, unissez-vous. C'est la lutte finale !
b) La Chine est à l'aube d'une nouvelle révolution marxiste.
c) La Chine va progressivement perdre son avantage compétitif basé sur des salaires faibles et un yuan sous-évalué.
d) Le développement chinois conduit irrémédiablement à une normalisation économique et sociale.
e) La hausse des salaires dans l'« atelier du monde » entraînera un renchérissement des produits manufacturés en Occident.

Question 42. Cinq personnes sont assises autour d'une table pentagonale. Chacune d'entre elles affirme : « mes deux voisins, celui de gauche et celui de droite, mentent tous les deux ». Combien y a-t-il de menteurs à table ?

a) 5
b) 3
c) 2
d) 1
e) 0

Question 43. Face au discours alarmiste des banquiers, le comité de Bâle a mené sa propre enquête : le groupe de travail mandaté sur cette question, formé de chercheurs des banques centrales d'une quinzaine de pays a conclu que la perte de croissance annuelle provoquée par le resserrement des ratios ne serait pas, même sous des hypothèses pessimistes, supérieure à 0,08% par an, soit presque dix fois moins que les prédictions apocalyptiques des banquiers. Parallèlement, des économistes universitaires, en particulier Kashyap et Stein aux USA, ont produit leur propre analyse de la question. Ils confirment les conclusions du groupe de travail de Bâle et mettent en lumière les contradictions du discours des banquiers : ceux-ci supposent que la rémunération requise par les actionnaires va augmenter fortement, alors que la logique économique prédit au contraire qu'elle devrait à terme baisser, le capital des banques devenant moins risqué. Les chercheurs concluent que tant qu'une phase de transition longue est autorisée (environ cinq ans), il n'y a pas à craindre d'impact macroéconomique négatif d'un resserrement des règles prudentielles. En effet, l'argument d'un assèchement brutal des capacités de financement par actions perd alors toute prise : Il suffit de laisser aux banques le temps d'augmenter leur capital par rétention des profits plutôt que par émission d'actions. Cela suppose qu'elles coupent leurs dividendes durant cette transition. Les forcer à le faire faciliterait le processus en évitant un jeu de communication difficile avec les actionnaires.

Parmi les cinq propositions quelle est celle qui s'intègre le moins dans cette argumentation ?

a) Les membres du groupe de travail du comité de Bâle sont indépendants des banques commerciales.
b) L'exigence de rémunération des actionnaires est proportionnelle au risque des actifs investis.
c) Une chute des dividendes dans le secteur financier entraîne automatiquement un désintérêt massif des investisseurs pour les banques.
d) La position des banquiers n'est pas neutre, ils défendent les intérêts de leur secteur.
e) Le resserrement des règles prudentielles se fera progressivement au cours de la prochaine décennie.

Question 44. Le secrétaire d'État américain au Trésor, Timothy Geithner, s'est engagé jeudi à trouver des alliés afin d'inciter la Chine à réformer sa politique de taux de change qui favorise selon Washington les exportations chinoises. Geithner a indiqué que les États-Unis profiteraient du sommet du G20 qui doit se tenir en novembre à Séoul pour tenter de mobiliser d'autres pays et inciter Pékin à accélérer le rythme d'appréciation du yuan. « Nous nous attendons à ce que la politique chinoise des taux de change soit au centre de l'attention » lors du G20, a déclaré Geithner, qui s'exprimait devant la commission bancaire du Sénat américain.

Parmi les proverbes ci-dessous, lequel illustre le mieux l'argumentation ?

a) L'union fait la force.
b) Lorsque l'on souhaite tuer son chien, on l'accuse d'avoir la rage.
c) Ce n'est pas parce que les choses sont difficiles que nous n'osons pas, c'est parce que nous n'osons pas qu'elles sont difficiles.
d) Il y a du plaisir à rencontrer les yeux de celui que l'on affronte.
e) Un seul homme peut déclencher la guerre mais il faut être deux pour faire la paix.

Question 45. Submergé de questions relatives au dernier scandale politico-judiciaire, le Président de la République a déclaré sur LaloozeTV : « Tous les avocats sont des menteurs, pourtant le mien, Maître Elkaouyn du cabinet Latham & Ouaknin est parfaitement honnête ».

Parmi ces cinq raisonnements, quel est celui utilisé par le Président ?

a) La couleur du cheval blanc d'Henri IV est le blanc.
b) Un avocat bon marché est rare, ce qui est rare est cher, donc un avocat bon marché est cher.
c) Quand il pleut je prends toujours mon parapluie, aujourd'hui il pleut et je n'ai pas mon parapluie.
d) La nuit tous les chats sont gris, les noirs comme les blancs mais aussi les gris.
e) Tous les irlandais sont roux, Bryan, mon ami irlandais est brun.

Ne pas tourner la page **_avant expiration des 20 minutes._**

Sous-test 4
CONDITIONS MINIMALES

Durée : 20 minutes
15 questions

Consignes

Chacun des 15 problèmes qui suivent comporte une question et deux informations étiquetées (1) et (2). Vous devez décider si ces informations sont suffisantes pour répondre à la question.

Vous cocherez :

A) Si l'information (1) permet à elle seule de répondre à la question, et si l'information (2) à elle seule ne permet pas de répondre à la question.

B) Si l'information (2) permet à elle seule de répondre à la question, et si l'information (1) à elle seule ne permet pas de répondre à la question.

C) Si les deux informations (1) et (2) ensemble permettent de répondre à la question, et aucune séparément ne le peut.

D) Si chaque information permet séparément de répondre à la question.

E) Si les deux informations ensemble ou séparément ne permettent pas de répondre à la question.

Sauf précision contraire, tous les nombres utilisés sont des nombres réels.

Barème d'évaluation

Réponse exacte :	+ 4 points
Réponse inexacte :	- 1 point
Absence de réponse ou réponse multiple :	0 point

La note finale de cette épreuve sera comprise entre -15 et + 60.

L'utilisation de toute calculatrice et de tout matériel électronique est interdite.

Démarrez le chronomètre pour 20 minutes de test.

A)	Si l'information (1) permet à **elle seule** de répondre à la question, et si l'information (2) à elle seule ne permet pas de répondre à la question.
B)	Si l'information (2) permet à **elle seule** de répondre à la question, et si l'information (1) à elle seule ne permet pas de répondre à la question.
C)	Si les deux informations (1) et (2) **ensemble** permettent de répondre à la question, et aucune séparément ne le peut.
D)	Si **chaque** information permet séparément de répondre à la question.
E)	Si les deux informations **ensemble ou séparément** ne permettent pas de répondre à la question.

Question 46. Soit n un entier. n est-t-il un nombre premier ?

(1) n est plus grand que 10.
(2) Le reste de la division de n par 2 est 0.

Question 47. Deux tonneaux A et B de contenances différentes sont de forme cylindrique. Le tonneau B est rempli à 80 % de sa capacité totale. Quel est le taux de remplissage du tonneau A ?

(1) Si l'on devait verser le contenu de A dans le tonneau B, le tonneau B serait alors rempli à 120 % de sa capacité totale.
(2) Si l'on devait verser le contenu de B dans le tonneau A, le tonneau A serait alors rempli à 75 % de sa capacité totale.

Question 48. Les trois associés de la société NINSAB détiennent les 10 000 titres de l'entreprise qu'ils ont fondée. Combien de titres possède l'associé le plus important ?

(1) L'un des associés détient 5 000 titres.
(2) Il y a un écart de 500 titres entre les deux associés les plus importants, le troisième détenant 500 titres.

Question 49. Soit N un nombre entier positif strictement inférieur à 10 tel que (N + 2) soit un nombre premier. Que vaut N ?

(1) (N + 3) est un carré parfait.
(2) (N + 7) est un cube parfait.

A)	Si l'information (1) permet à **elle seule** de répondre à la question, et si l'information (2) à elle seule ne permet pas de répondre à la question.
B)	Si l'information (2) permet à **elle seule** de répondre à la question, et si l'information (1) à elle seule ne permet pas de répondre à la question.
C)	Si les deux informations (1) et (2) **ensemble** permettent de répondre à la question, et aucune séparément ne le peut.
D)	Si **chaque** information permet séparément de répondre à la question.
E)	Si les deux informations **ensemble ou séparément** ne permettent pas de répondre à la question.

Question 50. Eddy possède plusieurs sortes d'animaux : 13 ne sont pas des mammifères et 17 ne sont pas des vaches. Combien Eddy possède-t-il de vaches ?

(1) Il ne possède que des poissons rouges, des moutons et des vaches.
(2) 24 ne sont pas des moutons.

Question 51. A-t-on $x > 1$?

(1) $x > x^2$
(2) $\frac{1}{x} > 1$

Question 52. La fréquentation du Musée Picasso le samedi est supérieure de 30 % à celle du vendredi. Combien de personnes sont présentes en moyenne le samedi ?

(1) Le vendredi, il se vend en moyenne 2 000 tickets d'entrée.
(2) Le samedi il y a 25 % de visiteuses de plus que de visiteurs.

Question 53. y est-il plus petit que x ?

(1) $x - y + 2 < 0$
(2) $x - y - 4 < 0$

Question 54. Un cycliste part d'une ville A vers une ville B distantes de plus de 80 kilomètres. À quelle heure est-il arrivé ?

(1) Il est parti à 15 h et a fait une seule pause de 15 minutes.
(2) Sa vitesse, quand il n'est pas arrêté, est en moyenne égale à 20 km/h.

A)	Si l'information (1) permet à **elle seule** de répondre à la question, et si l'information (2) à elle seule ne permet pas de répondre à la question.
B)	Si l'information (2) permet à **elle seule** de répondre à la question, et si l'information (1) à elle seule ne permet pas de répondre à la question.
C)	Si les deux informations (1) et (2) **ensemble** permettent de répondre à la question, et aucune séparément ne le peut.
D)	Si **chaque** information permet séparément de répondre à la question.
E)	Si les deux informations **ensemble ou séparément** ne permettent pas de répondre à la question.

Question 55. **x** est un nombre entier à trois chiffres multiple de 3, 5 et 7. Quelle est sa valeur ?

(1) **x** est le produit de deux nombres à deux chiffres a et b inférieurs à 25 et tels que (a - b) soit égal à 1.

(2) Les trois chiffres (c, d, u) qui constituent **x** sont tels que $d = c - 1$ et $u = d - 1$.

Question 56. Deux carreaux en verre A et B ont la même épaisseur, quel est le plus lourd ?

(1) La densité du carreau A est supérieure de 40 % à la densité du carreau B.

(2) Les deux carreaux sont des losanges, les diagonales du carreau A sont de mêmes longueurs que celles du carreau B.

Question 57. Paulette possède des économies deux fois supérieures à celle de Delphine. Elles font chacune un placement différent. Au bout d'un an, Delphine a encaissé un intérêt de 1 000 € tandis que Paulette n'a encaissé un intérêt que de 600 €. À quel taux Paulette a-t-elle placé ses économies ?

(1) Le taux de placement de Delphine est de 10 %.

(2) Le taux de placement de Paulette représente les trois dixièmes de celui de Delphine.

Question 58. Quelle est la valeur de x ?

(1) $x^2 - 16 = 9$

(2) $x^3 + 10x^2 + 25x = 0$

A)	Si l'information (1) permet à **elle seule** de répondre à la question, et si l'information (2) à elle seule ne permet pas de répondre à la question.
B)	Si l'information (2) permet à **elle seule** de répondre à la question, et si l'information (1) à elle seule ne permet pas de répondre à la question.
C)	Si les deux informations (1) et (2) **ensemble** permettent de répondre à la question, et aucune séparément ne le peut.
D)	Si **chaque** information permet séparément de répondre à la question.
E)	Si les deux informations **ensemble ou séparément** ne permettent pas de répondre à la question.

Question 59. Quel est le volume d'une pièce d'or antique ?

(1) Cette pièce est circulaire de rayon égal à 5 centimètres.
(2) Cette pièce est circulaire de périmètre égal à 31,4 cm, son épaisseur équivaut à 1/25ème de son rayon.

Question 60. Les salariés d'une entreprise sont ouvriers, employés ou cadres. Le nombre d'employés est le cinquième de celui des ouvriers, celui des cadres représente le dixième du total des salariés. Quel est le nombre total de salariés dans cette entreprise ?

(1) Le nombre d'employés est égal à une fois et demie celui des cadres.
(2) Les ouvriers forment les trois quarts des salariés.

Ne pas tourner la page
avant expiration des 20 minutes.

Sous-test 5
EXPRESSION

Durée : 20 minutes
15 questions

Consignes

Cette épreuve comporte différents types d'exercices :

1. Évaluer le degré de synonymie dans les reformulations.
2. Choisir la formulation qui reprend le mieux (correction et clarté) l'énoncé initial.
3. Choisir les mots qui assurent la cohérence du texte.

Attention !

- Soyez rapide.
- Soyez attentif aux consignes de chaque exercice.

Barème d'évaluation

Réponse exacte :	+ 4 points
Réponse inexacte :	- 1 point
Absence de réponse ou réponse multiple :	0 point

La note finale de cette épreuve sera comprise entre -15 et + 60.

L'utilisation de toute calculatrice et de tout matériel électronique est interdite.

Démarrez le chronomètre pour 20 minutes de test.

Recherche de synonymie

Consigne de 61 à 65 : Choisissez la reformulation dont le sens se rapproche le plus du passage / des passages souligné(s).

Question 61. Tout le jour, Victoria se promena pieds nus, se réjouissant également du doux et du rude, comme si le gazon sous ses pieds, fraîchement tondu par Patrick, devenait savoureux.

a) se réjouissant dans des mêmes proportions du doux et du rude,
b) se réjouissant aussi du doux et du rude,
c) se réjouissant en outre du doux et du rude,
d) se réjouissant de même du doux et du rude,
e) se réjouissant du doux plus que du rude,

Question 62. La signature du Niçois Loïc Rémy et celle, possible, du Toulousain André-Pierre Gignac ne correspondent pas aux premiers choix de l'entraîneur marseillais qui souhaitait enrôler l'attaquant brésilien de Séville, Luis Fabiano. Contraint de revoir ses choix sportifs lors d'un *mercato* particulièrement agité à l'OM, Didier Deschamps affirme qu'il sait s'adapter à la réalité.

a) qu'il est euphorique
b) qu'il est onirique
c) qu'il est flegmatique
d) qu'il est paroxystique
e) qu'il est pragmatique

Question 63. Cet homme politique est adepte de la « langue de bois », il adoucit sans cesse les expressions jugées trop choquantes.

a) il euphorise
b) il utilise des euphorbes
c) il utilise des litotes
d) il utilise des paronomases
e) il utilise des euphémismes

Question 64. Madame Bovary est le personnage éponyme du roman de Gustave Flaubert.

a) qui donne son nom à
b) qui est l'héroïne
c) qui est la muse
d) qui a la même orthographe
e) qui a une forte ressemblance phonétique

Question 65. On ne reprend pas son enfant après douze ans d'abandon. Si sincèrement que vous l'aimiez aujourd'hui, il reste pour vous un petit étranger.

a) Alors que vous l'aimiez sincèrement aujourd'hui, il reste pour vous un petit étranger.
b) À supposer que vous l'aimiez sincèrement aujourd'hui, il reste pour vous un petit étranger.
c) Vous l'aimez si sincèrement aujourd'hui qu'il reste pour vous un petit étranger.
d) Je ne doute pas que vous l'aimiez sincèrement aujourd'hui, mais il reste pour vous un petit étranger.
e) Si vous l'aimiez sincèrement aujourd'hui, il ne serait pas pour vous un petit étranger.

Correction linguistique

Consigne de 66 à 70 : Indiquez la formulation orthographiquement et grammaticalement la plus correcte, la plus claire et la plus élégante pour exprimer le sens du passage souligné.
Le choix a) reprend la formulation initiale.

Question 66. Le marché a, semble-t-il, plutôt retenu le versant négatif de ces évolutions. Le titre, qui fait moins bien que le marché depuis le début de l'année et se traite avec 20 % de décote environ sur sa valeur intrinsecque, a perdu 1,58 % vendredi à 15,84 euros.

a) Le marché a, semble-t-il, plutôt retenu le versant négatif de ces évolutions. Le titre, qui fait moins bien que le marché depuis le début de l'année et se traite avec 20 % de décote environ sur sa valeur intrinsecque, a perdu 1,58 % vendredi à 15,84 euros.
b) Le marché a, semble-t-il, plutôt retenu le versant négatif de ces évolutions. Le titre, qui fait moins bien que le marché depuis le début de l'année et se traite avec 20 % de décote environ sur sa valeur intrinsèque, a perdu 1,58 % vendredi à 15,84 euros.
c) Le marché a, semble-t-il, plutôt retenu le versant négatif de ces évolutions. Le titre, qui fait moins bien que le marché depuis le début de l'année et se traite avec 20 % de décote environ sur sa valeur aintrinsec, a perdu 1,58 % vendredi à 15,84 euros.
d) Le marché a, semble-t-il, plutôt retenu le versant négatif de ces évolutions. Le titre, qui fait moins bien que le marché depuis le début de l'année et se traite avec 20 % de décote environ sur sa valeur intrinsec, a perdu 1,58 % vendredi à 15,84 euros.
e) Le marché a, semble-t-il, plus tôt retenu le versant négatif de ces évolutions. Le titre, qui fait moins bien que le marché depuis le début de l'année et se traite avec 20 % de décote environ sur sa valeur intrainsèque, a perdu 1,58 % vendredi à 15,84 euros.

Question 67. Un Mirage F1 CT de l'escadron 2/33 Savoie s'est écrasé peu avant midi à proximité d'Orléans (Loiret) sur la commune de Gidy. Le pilote a pu s'éjecter, rapidement secouru par les services de secours, il s'en est tiré <u>sein et sauf</u>.

a) sein et sauf
b) seing et sauf
c) saint et sauf
d) sain et sauf
e) seint et sauf

Question 68. <u>Dans le film Billy le menteur de John Schlesinger, Julie Christie fit sensation, déboulant dans les rues de Londres, en minijupe, son attitude provoquante a choqué les spectateurs.</u>

a) Dans le film Billy le menteur de John Schlesinger, Julie Christie fit sensation, déboulant dans les rues de Londres, en minijupe, son attitude provoquante a choqué les spectateurs.
b) Dans le film Billy le menteur de John Schlesinger, Julie Christie fit sensation, déboulant dans les rues de Londres, en minijupe, son atitude provoquante a choqué les spectateurs.
c) Dans le film Billy le menteur de John Schlesinger, Julie Christie fit sensation, déboulant dans les rues de Londres, en minijupe, son attitude provocante a choquée les spectateurs.
d) Dans le film Billy le menteur de John Schlesinger, Julie Christie fit sensation, déboulant dans les rues de Londres, en minijupe, son attitude provoccante a choqué les spectateurs.
e) Dans le film Billy le menteur de John Schlesinger, Julie Christie fit sensation, déboulant dans les rues de Londres, en minijupe, son attitude provocante a choqué les spectateurs.

Question 69. <u>L'entreprise résoud ses dificultés pécunières.</u>

a) L'entreprise résoud ses dificultés pécunières.
b) L'entreprise résoud ses problèmes pécuniers.
c) L'entreprise résout ses problèmes pécuniaires.
d) L'entreprise résout ses problèmes pécuniers.
e) L'entreprise résolut ses difficultés pécunières.

Question 70. Hobbes ou Locke posaient des limites à l'action du pouvoir sur les individus. Pour des raisons différentes, ils traçaient une frontière entre un domaine public où s'exerce le pouvoir politique et un domaine privé qui lui échappe et <u>où chacun a la maîtrise de son fort intérieur.</u>

a) où chacun a la maîtrise de son fort intérieur.
b) où chacun a la maîtrise de son fors intérieur.
c) où chacun a la maîtrise de son for intérieur.
d) où chacun a la maîtrise de son fore intérieur.
e) où chacun a la maîtrise de son fiord intérieur.

Cohérence

Consigne de 71 à 75 : complétez avec la suite la plus cohérente.

Question 71. En définitive, les politiques répressives – car c'est bien de cela qu'il s'agit – actuellement en cours de construction et justifiées par les déclarations officielles, sont donc construites sur la base de faits divers comme les événements survenus ces derniers jours à Saint-Aignan, dans le Loir-et-Cher : on prétend que la criminalité augmente. .... les rues de France et de Navarre sont plus sûres qu'il y a un siècle.

a) Néanmoins,
b) En effet,
c) Pour preuve,
d) Bien sûr
e) Car

Question 72. « *C'est le moment de donner une impulsion pour parvenir à des améliorations substantielles dans l'intégration sociale et économique de la population Rom* ». Voici une belle preuve .... qui imprègne la « Déclaration de Cordoue » adoptée au second Sommet européen sur les Roms qui s'est tenu le 9 avril dernier en Espagne. L'écho en a toutefois été faible dans les média !

a) de la nonchalance
b) du climat délétère
c) de l'ingénuité
d) du volontarisme
e) de l'ambiance survoltée

Question 73. La matinée a été plus ou moins ensoleillée sur notre département, après une nuit bien étoilée et souvent glaciale. Rapidement, la dégradation, perçue depuis quelques jours, sous la forme d'une petite dépression causant actuellement une vigilance orange neige et verglas de Météo France sur 61 départements, survole notre département pour se positionner entre nos rivages et le Golfe de Gênes. En résumé, le temps se couvre, l'orage est ....

a) imminent
b) immanent
c) éminent
d) pressant
e) arrivé

Question 74. La commission Attali 2 est plus ambitieuse et préconise pour sa part 75 milliards d'euros d'économies sur trois ans pour arriver à l'objectif d'un déficit de 3 % du PIB. Ces 75 milliards d'euros à couper du budget national ne seraient **.........** valables que dans le cadre d'une croissance stable de 2 %, et seraient revus à la hausse en cas de nouveau tassement de l'économie mondiale. Selon les pistes et les recommandations publiées par Les Échos, de tels chiffres seraient atteints en poursuivant les mesures déjà engagées par l'exécutif.

a) en outre
b) in fine
c) en définitive
d) notamment
e) en vain

Question 75. Qui sont les Roms ? Généralement d'origine roumaine, les Roms constituent une minorité transnationale à distinguer des Tsiganes. Roms et Tsiganes partagent **........** des traits culturels communs. Le flou qui entoure le terme de Roms est dû à l'absence de définition juridique établie en France, comme au sein de l'Union. Pour les instances européennes, l'utilisation du terme de Roms vise aussi les Tsiganes. Les 27 ont pour chacun d'entre eux un usage variable de la terminologie. La pratique administrative française utilise quant à elle l'acception de « gens du voyages », qui comprend aussi bien les Roms, les Tsiganes, les Circassiens que les Manouches. Si l'acception Tsigane est à l'œuvre depuis longtemps, celle de Rom présente aujourd'hui une pertinence politique forte : « L'identité Rom se rapporte davantage à une identité politique qu'à une identité folklorico-culturelle ».

a) notamment
b) pourtant
c) principalement
d) probablement
e) à l'évidence

Ne pas tourner la page avant expiration des 20 minutes.

Sous-test 6
LOGIQUE

Durée : 20 minutes
15 questions

Consignes

Les **huit premières questions** sont des problèmes d'intersection de deux séries. Chaque question contient deux séries, une série est présentée horizontalement et l'autre verticalement. Elles sont constituées de groupes de lettres ou de chiffres. Il s'agit pour vous de choisir parmi les cinq réponses qui vous sont proposées, le groupe de lettres ou de chiffres qui pourrait aussi bien appartenir à la série présentée horizontalement qu'à la série présentée verticalement et ainsi occuper **la place du point d'interrogation**.

Les **sept dernières questions** sont des problèmes de séries portant sur des données de nature spatiale. Chacune des séries est constituée de trois cases comprenant des graphiques suivies d'une case contenant un point d'interrogation. Les trois premières cases doivent vous permettre d'inférer le contenu de la case qui devrait occuper **la place du point d'interrogation**. La question porte donc sur le point d'interrogation et vous devez choisir votre réponse parmi les cinq propositions de réponse qui vous sont faites.

Barème d'évaluation

Réponse exacte :	+ 4 points
Réponse inexacte :	- 1 point
Absence de réponse ou réponse multiple :	0 point

La note finale de cette épreuve sera comprise entre - 15 et + 60.

L'utilisation de toute calculatrice
et de tout matériel électronique est interdite.

Démarrez le chronomètre pour 20 minutes de test.

Question 76.

		2 4 4		
		5 1 0 1 0		
4 9 7	1 1	?	9 3	2 5 5
		6 1 2 1 2		
		1 2 2		

a) 6 4 8 b) 8 8 8 c) 7 1 4 1 4 d) 3 6 6 e) 1 6 4

Question 77.

		O P A		
		F G B		
Q H I	A D E	?	D Q R	P U V
		H I P		
		M N L		

a) V W F b) J E F c) I G A d) K L M e) D M N

Question 78.

2 0 4	4 5 9	?	1 0 2	3 2 3
		3 8 7		
		4 4 4		
		1 0 2		
		6 3 9		

a) 1 5 3 b) 3 2 3 c) 1 7 d) 3 3 3 e) 3 4 0

Question 79.

	W A B			
	M R R			
	J N O			
P S T	?	T E M	V A P	X U E
	A E F			

a) R I X b) R V X c) F Z K d) C G H e) R O F

Question 80.

		4 0 5		
		7 0 2		
		2 0 7		
4 3 1	6 3 3	?	7 4 3	4 0 4
		7 8 3		

a) 6 4 2 b) 7 0 7 c) 9 7 2 d) 8 8 2 e) 9 9 9

Question 81.

	K K M			
	K I L			
	G K O			
G O P	?	O S T	S U V	W W X
	P K K			

a) K L N b) A F G c) K Q R d) M O P e) K J I

Question 82.

	R S M			
	K L M			
	B C B			
F L M	?	Q V W	M C D	T S T
	X Y P			

a) Q R T b) N O P c) D B C d) M N K e) J I J

Question 83.

	5 8 5 9			
	1 2 1 3			
5 2 8 2	?	3 3 3 8	3 8 6	4 9 4
	2 6 2 7			
	4 5 4 6			

a) 3 2 3 3 b) 5 3 5 4 c) 9 7 9 8 d) 6 5 3 3 e) 3 4 3 5

Question 84.

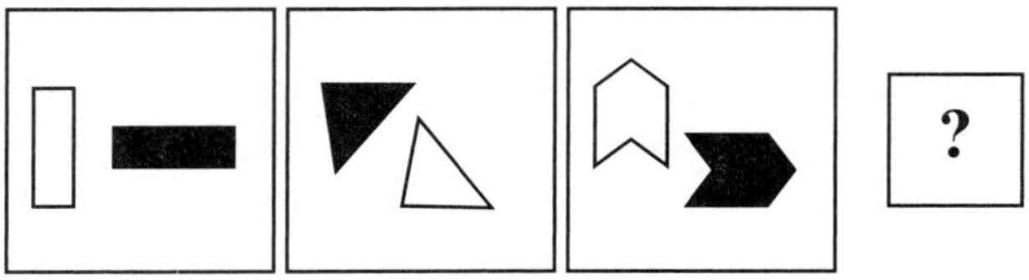

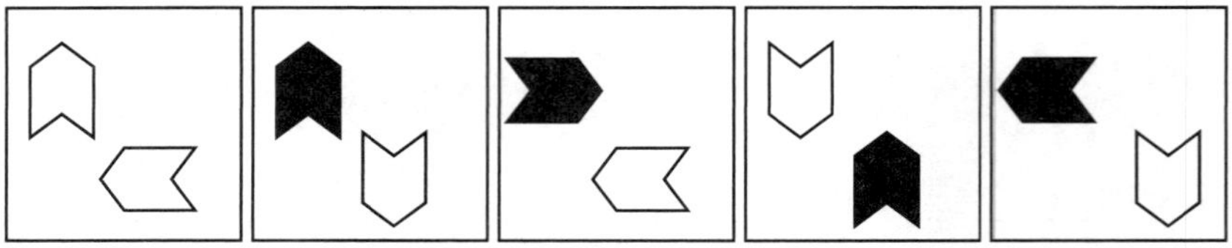

a) b) c) d) e)

Question 85.

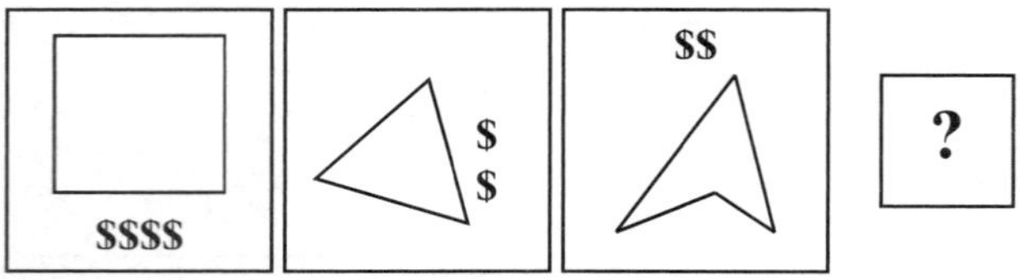

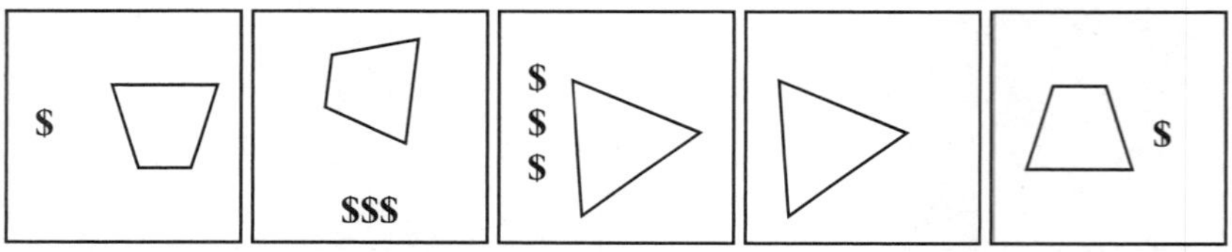

a) b) c) d) e)

Question 86.

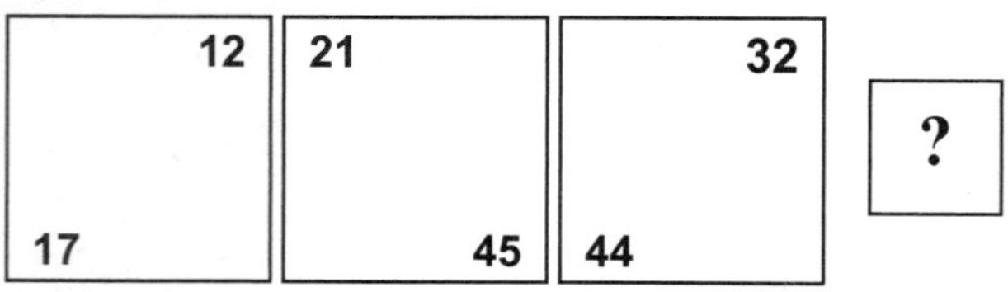

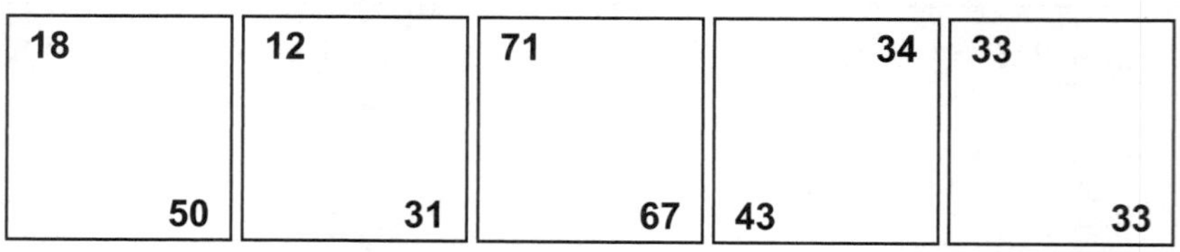

a) b) c) d) e)

Question 87.

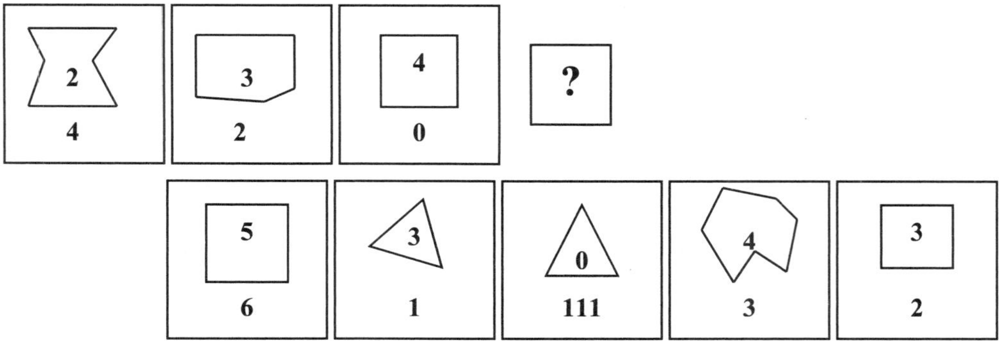

a) b) c) d) e)

Question 88.

998 Z	5738 W	2783 T	?

a)	b)	c)	d)	e)
4355 Q	357 N	2381 R	999 Q	318 S

Question 89.

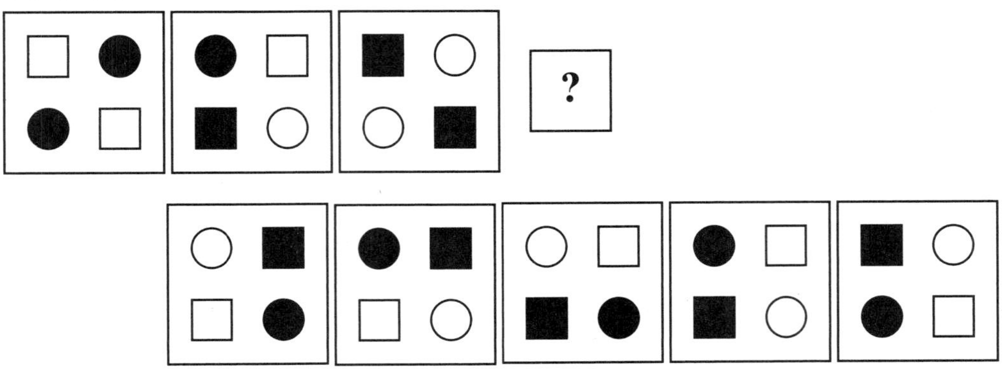

a) b) c) d) e)

Question 90.

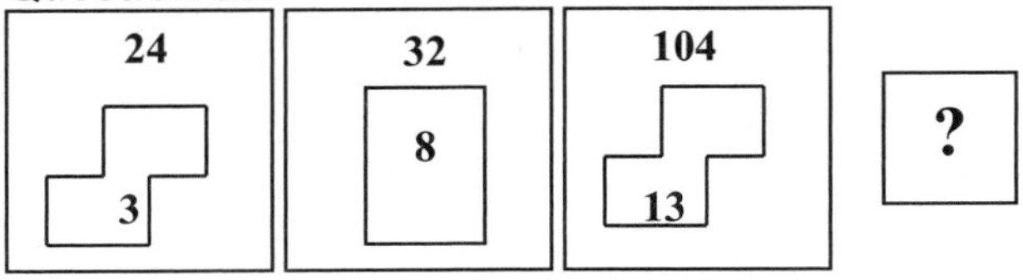

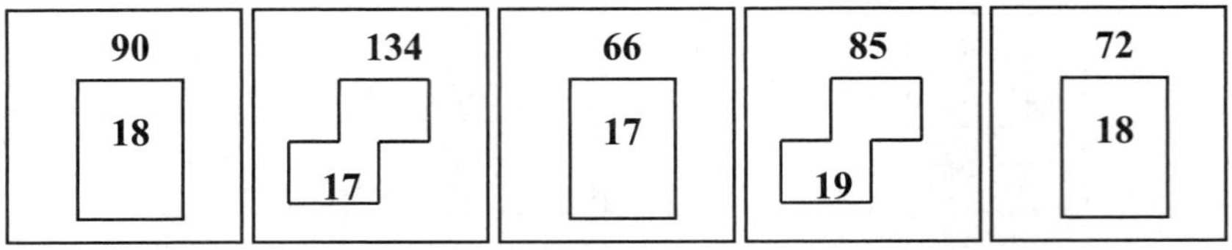

a) b) c) d) e)

Ne pas tourner la page
avant expiration des 20 minutes.

Calculez votre score à l'aide de la grille de correction en pages 672 et 673.

Calculez votre score à l'aide de la grille de correction en pages 672 et 673.

Cartographie de vos forces et faiblesses

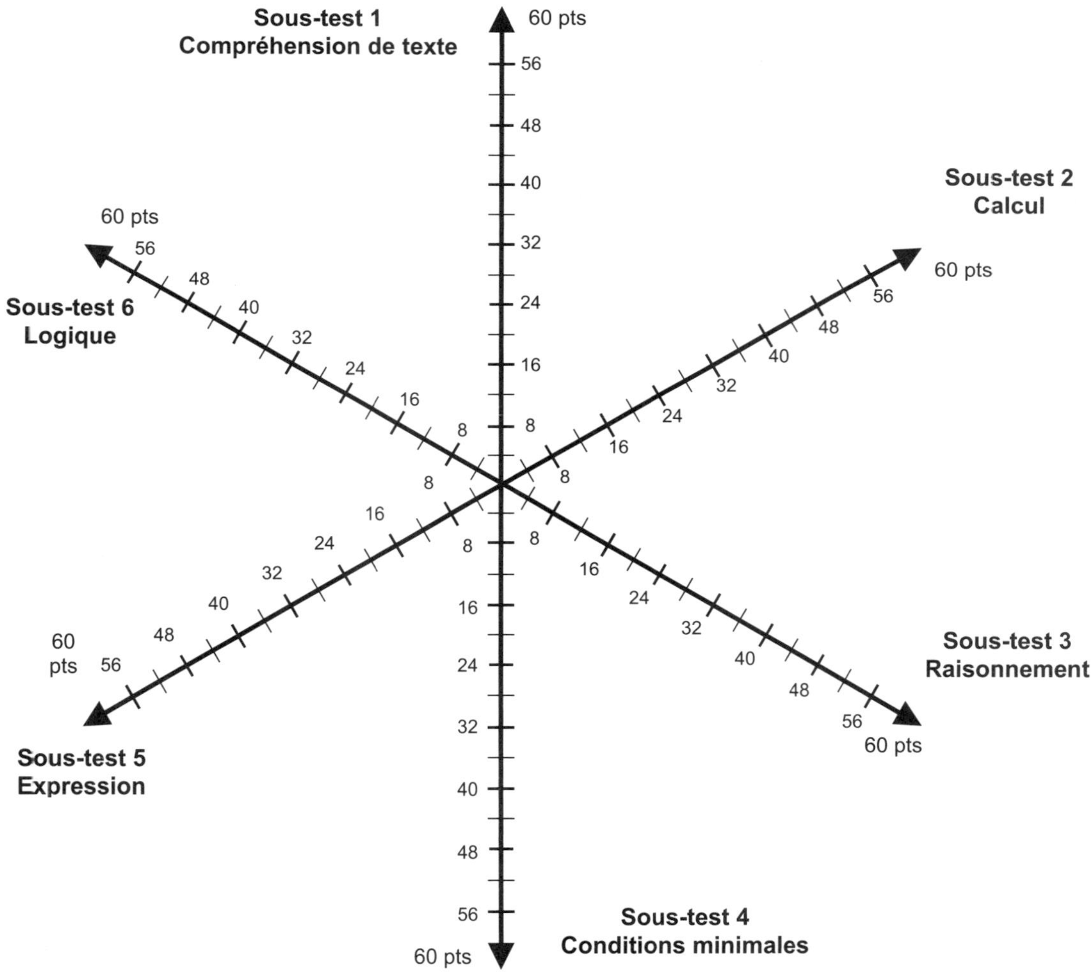

Établissez la cartographie de vos forces et faiblesses et comparez-la à celle du TAGE MAGE® blanc N°3 : quels ont été vos progrès ?

Correction détaillé

Question 1. Difficulté : ★★ *Réponse a)*

En écartant la notion de capital culturel, les tenants des théories racistes ont détourné l'argument de l'hérédité.

Question 2. Difficulté : ★★ *Réponse d)*

Question 3. Difficulté : ★ *Réponse e)*

La prédication est l'action de répandre la parole divine. En contexte, ce terme signifie prédire avec une foi quasi-religieuse l'immortalité prochaine de l'homme !

Question 4. Difficulté : ★★★ *Réponse b)*

Le test de paternité renvoie à la génétique personnelle, le stockage du cordon ombilical permet de sauvegarder des cellules souches hématopoïétiques. La question de la légalisation du cannabis extrapole l'allusion à l'usage de drogues.

Question 5. Difficulté : ★★ *Réponse e)*

Question 6. Difficulté : ★ *Réponse c)*

Il faut écarter les réponses a), b) et d) trop affirmatives. En définitive, pour l'auteur, on ne peut attribuer l'essentiel du comportement ni à la seule hérédité ni à la seule socialité.

Question 7. Difficulté : ★★★ *Réponse d)*

Pour la personne interviewée, « aucun autre pays n'a de marchés aussi profonds et étendus » (1), en revanche, la proposition (3) n'est pas un argument avancé et la proposition (2) est fausse puisque le débat porte justement sur la sous-évaluation du yuan.

Question 8. Difficulté : ★ *Réponse a)*

L'interviewé les qualifie d'acrimonieuses, c'est à dire d'âpres, d'agressives.

Question 9. Difficulté : ★★ *Réponse c)*

Il ne devrait pas y avoir d'avancées sur le fond des dossiers (« substantielles ») mais la rencontre pourrait permettre d'améliorer une relation qualifiée aujourd'hui d'acrimonieuse.

Question 10. Difficulté : ★★★ *Réponse e)*

Si l'auteur entrevoit des changements possibles, il pense que la situation actuelle est bloquée.

Question 11. Difficulté : ★★★ *Réponse e)*

La question porte sur l'évolution et non seulement sur le pouvoir d'achat.

Question 12. Difficulté : ★ *Réponse b)*

Question 13. Difficulté : ★★ *Réponse e)*

La perception des ménages est biaisée par une attention davantage tournée vers la hausse des prix que vers l'augmentation des revenus.

Question 14. Difficulté : ★★ *Réponse a)*

La problématique du pouvoir d'achat est plus large que celle du coût de la vie et a été un thème majeur de la campagne présidentielle. En revanche, elle n'a pas biaisé la perception des ménages, c'est au contraire la perception des ménages qui biaise le débat sur le pouvoir d'achat.

Question 15. Difficulté : ★ *Réponse a)*

Le pouvoir d'achat a doublé de 1950 à 1968, encore doublé de 1968 à 2000 puis augmenté à un rythme de 1,9 % et 2,4 % par la suite. Il a donc plus que quadruplé de depuis 1950.

Question 16. Difficulté : ★★ *Réponse d)*

Évidemment, la distance ou hauteur parcourue par Déborah est la même à l'aller qu'au retour. Sa vitesse de descente étant 1,5 fois plus élevée que sa vitesse de montée, la durée de la montée sera 1,5 fois plus longue que la durée de descente. Elle s'est arrêtée 255 minutes ce qui équivaut à 4h25min.

$$\begin{cases} t_M = 1{,}5 \times t_D \\ t_M + t_D = 7{,}5\text{h} \end{cases} \qquad \begin{cases} t_M = 4{,}5 \text{ heures} \\ t_D = 3 \text{ heures} \end{cases}$$

Au retour, Déborah a descendu : 3 x 450 = 1 350 mètres

Question 17. Difficulté : ★★ *Réponse b)*

Leur différence est égale à : 126/7 = 18

Commençons par tester la solution du milieu :

c) 38,5×2 - 18 = 59, et, 59 + 77 = 136

136 étant plus petit que le résultat attendu (172), nous éliminons a), c) et e).

d) 52×2 - 18 = 86, et, 86 + 104 = 190

Nous éliminons d) et je sais que la réponse est 95.

Astuce. Une astuce consistait à voir que :

172 = (solution×2 - 18) + solution×2 = 4×solution - 18

Question 18. Difficulté : ★ *Réponse b)*

$$(42+35+49)-(\frac{1}{6}\times 42+\frac{3}{5}\times 35+\frac{3}{7}\times 49)=126-(7+21+21)=126-49=77$$

Question 19. Difficulté : ★ *Réponse b)*

Tactique du consciencieux.

Si nous posons a le nombre de sièges vides, alors il y a 2a sièges occupés.

Et, 2a + a = 108, donc a = 108/3 = 36 ; donc 39 sièges vides (3 stewards se sont levés).

Tactique du fainéant.

Nous savons que 3a = 108, donc la réponse se termine forcément par le chiffre 9 (i.e. 6 + 3). 69 ne fonctionnant pas, la solution est forcément 39.

Question 20. Difficulté : ★★★ *Réponse b)*

Nous pouvons éliminer a) et d) car nous ne cherchons pas le coût total des 4 nuitées.

Calculons le tarif d'une nuitée en été : $P_{Eté} = 700/5 = 140$ €

Attention, il s'agit ici de revenir à un prix qui a été majoré de 25%, il faut donc le diviser par 1,25 car : $P_{Eté} = 1{,}25 \times P_{Normal}$

Donc : $P_{Normal} = 140/1{,}25 = 112$ €

Calculons le tarif d'une nuitée en hiver : $P_{Hiver} = 0{,}75 \times P_{Normal} = 0{,}75 \times 112 = 84$ €

Question 21. Difficulté : ★★ *Réponse d)*

La solution doit être un multiple de 17 : éliminons a) et e).

À cette page de l'ouvrage, vous devez parfaitement connaître les nombres premiers !

Question 22. Difficulté : ★ *Réponse e)*

Calculons le poids total des 144 œufs :

poids de la caisse total - paille - poids de la caisse vide = 5,7 - 0,3 - 1,8 = 3,6 kg

Calculons le poids d'un œuf : $\frac{3{,}6}{144} = \frac{3{,}6}{36 \times 4} = \frac{1}{40}$ = 0,025 kg = 25 grammes

Question 23. Difficulté : ★ *Réponse a)*

Soit H, le montant total de l'héritage initial.

Chaque héritier de la première génération en reçoit : $\frac{1}{6}H$

Chaque enfant de la seconde génération reçoit : $\frac{1}{4} \times \frac{1}{6}H = \frac{1}{24}H$

L'énoncé nous apprend que : $\frac{1}{24}H = 56\ 000$ €

Donc : $H = 56\,000 \times 24 = 1\,344\,000$€

Question 24. Difficulté : ★★ *Réponse d)*

En 2003 : 4 440/370 = 12 commerciaux

En 2011 : Nombre de clients = 4 440×1,2 = 5 328 clients

Nombre de commerciaux = 12×0,75 = 9 commerciaux

Calculons maintenant le nombre de clients par conseiller :

$\frac{5\,328}{9}=\frac{5\,400-72}{9}=600-8$ = 592 clients/conseiller

Question 25. Difficulté : ★★★ *Réponse e)*

1. Lecture MCPS de la question (Mécanisme, Connaissances, Pièges, Solutions)

Une question de mouvement particulièrement délicate. Il s'agit de trouver le PPCM du nombre de tours, c'est à dire le PPCM de l'inverse de leurs vitesses respectives.

2. Quelle tactique de résolution ?

Nous pouvons appliquer la formule, mais une astuce nous permettra de gagner du temps.

3. Résolution.

Tactique du consciencieux.

Cycliste 1 : un tour de piste en $\frac{4}{13}$ h, il parcourt donc $\frac{13}{4}$ tours par heure.

Cycliste 2 : un tour de piste en $\frac{4}{16}=\frac{1}{4}$ h, il parcourt donc 4 tours par heure.

Cycliste 3 : un tour de piste en $\frac{4}{18}=\frac{2}{9}$ h, il parcourt donc $\frac{9}{2}$ tours par heure.

Le PPCM de $\frac{13}{4}$, 4 et $\frac{9}{2}$ est 4.

Au bout de 4 heures, le premier cycliste aura effectué 13 tours, le second 16 tours et le dernier 18 tours.

Tactique du fainéant.

La longueur de la piste étant de 4 km, nous cherchons un temps (exprimé en heure) multiple de 4. Parmi les solutions proposées, seule la solution e) remplit cette condition !

Question 26. Difficulté : ★★★ *Réponse b)*

Pour les plus besogneux :

1 + 2 + 4 + 8 + 16 + 32 + 64 + 128 + 256 + 512 = 1 023 €

Donc 10 tours

Pour les plus matheux :

$$1023=1\times\frac{1-2^{n+1}}{1-2}$$

$$1\,024=2^{n+1}$$

n = 9

Donc de 0 à 9, 10 tours.

Correction détaillée

Question 27. Difficulté : ★★ *Réponse e)*

Rappelons la formule de calcul du volume d'un cylindre : base×hauteur = $\pi r^2 \times h$

Volume du cylindre avant transformation : $\pi r^2 \times h$ = 5 hl = 500 litres

Volume après transformation :

$$\begin{aligned} &\pi(1{,}2r)^2 \times 0{,}9h \\ &= 1{,}44 \times 0{,}9 \times \pi r^2 \times h \\ &= 1{,}296 V_{\text{avant transformation}} \\ &= 1{,}296 \times 500 \\ &= 648 \text{ litres} \end{aligned}$$

Question 28. Difficulté : ★★ *Réponse d)*

Quel énoncé complexe pour une question si souvent rencontrée : un affrontement de course en sacs entre deux équipes d'étudiants fraîchement intégrés est assimilable à une salutation entre deux personnes.

Nous cherchons donc à calculer le nombre de salutations entre 20 personnes qui se seraient toutes saluées deux fois : $2 \times \frac{20 \times 19}{2} = 380$

Question 29. Difficulté : ★ *Réponse d)*

Ne vous laissez pas déstabiliser par l'absence de donnée chiffrée. Les intérêts sont capitalisés donc les intérêts versés la première année produisent 16 € d'intérêts la deuxième année :

$$\begin{aligned} &400 \times t_i \times 1 = 16\ € \\ &t_i = \frac{16}{400} = 4\ \% \end{aligned}$$

La somme initiale se calcule : $\frac{400}{4\%}$ = 10 000 €

Question 30. Difficulté : ★ *Réponse a)*

$$\begin{aligned} &M_{essence} = M_{diesel} + 60\% \times M_{diesel} \\ &M_{essence} = 1{,}6 \times M_{diesel} \\ &M_{diesel} = \frac{1}{1{,}6} M_{essence} \\ &M_{diesel} = 0{,}625 \times M_{essence} \\ &M_{diesel} = 62{,}5\% \times M_{essence} \\ &M_{diesel} = M_{essence} - 37{,}5\% \times M_{essence} \end{aligned}$$

Question 31. Difficulté : ★ *Réponse b)*

Question 32. Difficulté : ★★ *Réponse b)*

Si le même score (obtenu dans le troisième sous-test) constitue le score le plus élevé pour Majid et le plus faible pour Zoubida, alors celle-ci a forcément obtenu un meilleur score total que Majid.

Question 33. Difficulté : ★★★ *Réponse c)*

Il faut procéder par élimination. Les réponses a), b), d) et e) ne sont pas présentes dans le texte, en revanche il est dit que le joueur déploie sa liberté d'action dans le cadre de l'application de règles strictes.

Question 34. Difficulté : ★ *Réponse e)*

En classant les personnages du plus petit au plus grand, nous obtenons : Noa, Aaron, Jérémie et Léa.

Question 35. Difficulté : ★★ *Réponse a)*

Les réponses b) et d) apportent des informations supplémentaires, ce ne sont pas des conclusions. La réponse e) est fausse et la réponse c) ne découle pas forcément du texte.

Question 36. Difficulté : ★★★ *Réponse c)*

En schématisant :

PR → MV
LB → MJ
Pas PR → LB
JB → PR

Alors, PJ → LB → RJ ce qui est contradictoire !

Question 37. Difficulté : ★★★ *Réponse a)*

« Plus… plus… » permet de construire un système de variation directement proportionnelle, comme « moins… moins… » ou « autant… autant… ».

Question 38. Difficulté : ★ *Réponse c)*

Question 39. Difficulté : ★★ *Réponse a)*

Il suffit de demander à n'importe lequel des deux gardiens : « Quelle indication donnerait l'autre gardien sur la bonne porte ? ».
Si la question est posée au gardien qui dit la vérité, il prendra en compte que l'autre garde ment et vous dira que celui-ci indiquera la porte X (qui sera la mauvaise porte !).
Si la question est posée au gardien qui ment, il prendra en compte que l'autre garde dit la vérité et vous dira que celui-ci indiquera la porte Y (qui sera la bonne porte), mais comme celui-ci ment, il vous dira que l'autre gardien indiquera la porte X (qui sera la mauvaise porte).
Ainsi, en procédant comme cela, vous êtes certain que la réponse du gardien, qu'il soit menteur ou non, correspondra à la mauvaise porte !

Question 40. Difficulté : ★ *Réponse c)*

Question 41. Difficulté : ★ *Réponse d)*

La réponse a) est farfelue, la réponse b) est absurde (la Chine est, politiquement du moins, un pays socialiste). Les réponses a) et e) introduisent de nouveaux éléments.

Question 42. Difficulté : ★★ *Réponse b)*

Il y en a trois : un qui ment sur les deux éléments de son affirmation (ses deux voisins disent en fait la vérité) et deux qui mentent sur l'un de leur voisin (l'un dit la vérité, l'autre ment effectivement).

Question 43. Difficulté : ★★★ *Réponse c)*

Les propositions a), b), d) et e) soutiennent l'argumentation.

Question 44. Difficulté : ★★ *Réponse a)*

Par élimination.

Question 45. Difficulté : ★ *Réponse e)*

Question 46. Difficulté : ★ *Réponse C)*

1. Étape 1 : analyse de l'énoncé

On cherche à savoir si n est égal à 2, 3, 5, 7, 11, 13, 17, 19, 23, 29, 31, 37, 41, 43, 47, 53, 59, 61, 67, 71, 73, 79, 83, 89, 97, etc. (une piqûre de rappel ne fait pas de mal).

2. Étape 2 : analyse de l'information (1) seule

$n > 10$

L'information (1) seule ne nous permet pas de répondre.

⇨ Nous gardons les solutions B, C et E.

3. Étape 3 : analyse de l'information (2) seule

Si le reste de la division de n par 2 est égal à 0 alors n est pair.

L'information (2) seule ne nous permet pas de répondre.

⇨ Nous gardons les solutions C et E.

4. Étape 3,5 : analyse des informations (1) & (2) ensemble

Information (1) : $n > 10$

Information (2) : n est pair

Alors, n ne peut être un nombre premier car le seul nombre premier pair est 2.

Attention : non est une réponse en conditions minimales.

Les informations (1) & (2) ensemble nous permettent de répondre.

Question 47. Difficulté : ★★★ *Réponse C)*

1. Étape 1 : analyse de l'énoncé

Posons Q_A et Q_B les quantités contenues dans les tonneaux A et B et V_A et V_B les volumes des tonneaux A et B. Nous avons : $Q_B = 0,8 \times V_B$

2. Étape 2 : analyse de l'information (1) seule

$Q_A + Q_B = 1{,}2 \times V_B$

Donc : $Q_A = 0{,}4V_B$

L'information (1) seule ne nous permet pas de répondre.

⇨ Nous gardons les solutions B, C et E.

3. Étape 3 : analyse de l'énoncé (2) seule

$Q_A + Q_B = 0{,}75 \times V_A$

L'information (2) seule ne nous permet pas de répondre.

⇨ Nous gardons les solutions C et E.

4. Étape 3,5 : analyse des informations (1) & (2) ensemble

Information (1) : $Q_A = 0{,}4V_B$

Information (2) : $Q_A + Q_B = 0{,}75 \times V_A$

Alors : $1{,}2 \times V_B = 0{,}75 \times V_A$

Et : $V_B = \frac{0{,}75}{1{,}2} = 0{,}625 \times V_A$

Donc : $Q_A = 0{,}4 \times V_B = 0{,}4 \times 0{,}625 \times V_A = 0{,}25 \times V_A$

Les informations (1) & (2) ensemble nous permettent de répondre.

Question 48.

Difficulté : ★★ *Réponse D)*

1. Étape 1 : analyse de l'énoncé

Posons X, Y et Z les valeurs respectives des nombres de titres des trois associés. Nous savons que $X > Y > Z$, et, $X + Y + Z = 10\ 000$

Nous cherchons la valeur de X.

2. Étape 2 : analyse de l'information (1) seule

Comme, $X > Y > Z$, alors, $X = 5\ 000$ titres.

L'information (1) seule nous permet de répondre.

⇨ Nous gardons les solutions A et D.

3. Étape 3 : analyse de l'information (2) seule

$Z = 500$ et $X = Y + 500$

Alors : $Z = 500$ titres, $Y = 4\ 500$ titres et $X = 5\ 000$ titres

L'information (2) seule nous permet de répondre.

Question 49.

Difficulté : ★ *Réponse D)*

1. Étape 1 : analyse de l'énoncé

Les valeurs de $(N + 2)$ peuvent être : 3, 5, 7 ou 11. Ainsi les valeurs possibles de N sont : 1, 3, 5 ou 9.

2. Étape 2 : analyse de l'information (1) seule

Si $(N + 3)$ est un carré parfait, alors $N = 1$.

L'information (1) seule nous permet de répondre.

⇨ Nous gardons les solutions A et D.

3. Étape 3 : analyse de l'information (2) seule

Si $(N + 7)$ est un cube parfait, alors $N = 1$.

L'information (2) seule nous permet de répondre.

Question 50. Difficulté : ★★ *Réponse C)*

1. Étape 1 : analyse de l'énoncé

Souvenirs des cours de sciences naturelles du collège (Ah, mon TP de dissection de grenouille !) : un mammifère est un animal vertébré avec des mamelles.

2. Étape 2 : analyse de l'information (1) seule

Les vaches et les moutons sont des mammifères donc Eddy possède 13 poissons rouges.

L'information (1) seule ne nous permet pas de répondre.

⇨ Nous gardons les solutions B, C et E

3. Étape 3 : analyse de l'information (2) seule

L'information (2) seule ne nous permet pas de répondre.

⇨ Nous gardons les solutions C et E.

4. Étape 3,5 : analyse des informations (1) & (2) ensemble

Posons N le nombre total d'animaux, alors :

nombre de vaches + nombre de moutons = nombre de mammifères

$(N - 17) + (N - 24) = (N - 13)$

$N = 28$ Alors Eddy possède 11 vaches.

Les informations (1) & (2) ensemble nous permettent de répondre.

Question 51. Difficulté : ★★ *Réponse D)*

1. Étape 1 : analyse de l'énoncé

La question est clairement énoncée.

2. Étape 2 : analyse de l'information (1) seule

Si $x > x^2$ Alors : $0 < x < 1$ car $x^2 \geq 0$

L'information (1) seule nous permet de répondre.

⇨ Nous gardons les solutions A et D.

3. Étape 3 : analyse de l'information (2) seule

Si $\frac{1}{x} > 1$ Alors : $0 < x < 1$

L'information (2) seule nous permet de répondre.

Question 52. Difficulté : ★ *Réponse A)*

1. Étape 1 : analyse de l'énoncé

La question est clairement énoncée.

2. Étape 2 : analyse de l'information (1) seule

Il y a 2 000 visiteurs le vendredi, et donc 1,3×2 000 = 2 600 visiteurs le samedi.

L'information (1) seule nous permet de répondre.

⇨ Nous gardons les solutions A et D.

3. Étape 3 : analyse de l'information (2) seule

Cette information est inutile.

L'information (2) seule ne nous permet pas de répondre.

Question 53. Difficulté : ★ *Réponse A)*

1. Étape 1 : analyse de l'énoncé

L'énoncé est clairement posé.

2. Étape 2 : analyse de l'information (1) seule

$$\left| \begin{array}{l} x - y + 2 < 0 \\ x + 2 < y \end{array} \right.$$

Nous pouvons répondre non à la question.

L'information (1) seule nous permet de répondre.

⇨ Nous gardons les solutions A et D.

3. Étape 3 : analyse de l'information (2) seule

$$\left| \begin{array}{l} x - y - 4 < 0 \\ x < y + 4 \end{array} \right.$$

Nous pouvons trouver des cas pour y < x [5 et 6] et des cas pour y > x [15 et 6]

L'information (2) seule ne nous permet pas de répondre.

Question 54. Difficulté : ★★★ *Réponse E)*

1. Étape 1 : analyse de l'énoncé

L'énoncé est clairement posé.

2. Étape 2 : analyse de l'information (1) seule

L'information (1) seule ne nous permet pas de répondre.

⇨ Nous gardons les solutions B, C et E.

3. Étape 3 : analyse de l'information (2) seule

Attention au piège, la distance entre les deux villes est de plus de 80 km, nous ne la connaissons pas.

L'information (2) seule ne nous permet pas de répondre.

⇨ Nous gardons les solutions C et E.

4. Étape 3,5 : analyse des informations (1) & (2) ensemble

Nous n'avons aucune donnée concernant la distance parcourue.

Les informations (1) & (2) ensemble ne nous permettent pas de répondre.

Question 55. Difficulté : ★★★ *Réponse B)*

1. Étape 1 : analyse de l'énoncé

X est multiple de 3, 5 et 7, il est donc multiple de 105. Les valeurs possibles sont : 105, 210, 315, 420, 525, 630, 735, 840 et 945.

2. Étape 2 : analyse de l'information (1) seule

X est le produit de 2 entiers consécutifs inférieurs à 25.

Alors, X peut être égale à 210 (14×15) ou 420 (20×21)

L'information (1) ne nous permet pas de répondre.

⇨ Nous gardons les solutions B, C et E.

3. Étape 3 : analyse de l'information (2) seule

d = c - 1 : valeurs possibles 105 ou 210

u = d - 1 : valeur possible 210

L'information (2) seule nous permet de répondre.

Question 56. Difficulté : ★★★ *Réponse C)*

1. Étape 1 : analyse de l'énoncé

Attention nous cherchons le poids du plus lourd.

2. Étape 2 : analyse de l'information (1) seule

Densité de A = 1,4×Densité de B

L'information (1) seule ne nous permet pas de répondre.

⇨ Nous gardons les solutions B, C et E.

3. Étape 3 : analyse de l'information (2) seule

Si les diagonales sont de mêmes longueurs, les surfaces des deux losanges sont égales. De plus, nous savons que les deux carreaux ont la même épaisseur, ils ont donc le même volume.

L'information (2) seule ne nous permet pas de répondre.

⇨ Nous gardons les solutions C et E.

4. Étape 3,5 : analyse des informations (1) & (2) ensemble

Information (1) : Densité de A = 1,4×Densité de B

Information (B) : Volume de A = Volume B

Donc, le carreau A est plus lourd que le carreau B.

Les informations (1) & (2) ensemble nous permettent de répondre.

Question 57. Difficulté : ★★ *Réponse A)*

1. Étape 1 : analyse de l'énoncé

Appliquons la formule des intérêts aux données de l'énoncé.

$S_P = 2 \times S_D$

Paulette : | $I_P = S_P \times t_P \times \text{temps}$
| $600 = 2S_D \times t_p \times 1$

Delphine : | $I_D = S_D \times t_D \times \text{temps}$
| $1\,000 = S_D \times t_D \times 1$

Alors, en combinant les 2 équations obtenues : $t_D = \dfrac{1000}{S_D}$ et $t_p = \dfrac{3}{10} t_D$

Astuce : observez dès à présent l'information (2), nous savons d'ores et déjà que nous ne pourrons pas l'utiliser. Nous gardons les solutions A ou E.

Nous cherchons t_P.

2. Étape 2 : analyse de l'information (1) seule

Nous savons que $t_D = 10\%$, alors : $t_p = \dfrac{3}{10} \times 10\% = 3\%$

L'information (1) seule nous permet de répondre.

Remarque : cet exercice illustre l'importance d'une bonne analyse de l'énoncé.

Question 58. Difficulté : ★★ *Réponse C)*

1. Étape 1 : analyse de l'énoncé

Nous cherchons une seule valeur pour x.

2. Étape 2 : analyse de l'information (1) seule

$X^2 - 16 = 9$

$X^2 - 25 = 0$ Identité remarquable

$(x - 5)(x + 5) = 0$

Donc, x est égal à 5 ou -5.

L'information (1) seule ne nous permet pas de répondre.

⇨ Nous gardons les solutions B, C et E.

3. Étape 3 : analyse de l'information (2) seule

$X^3 + 10X^2 + 25X = 0$ Ne soyez pas effrayé(e) par les cubes.

$X \times (X^2 + 10X + 25) = 0$ Identité remarquable : $a^2 + 2^2b + b^2 = (a + b)^2$

$X \times (X + 5)^2 = 0$

Donc, x est égal à 0 ou -5.

L'information (2) seule ne nous permet pas de répondre.

⇨ Nous gardons les solutions C et E.

4. Étape 3,5 : analyse des informations (1) & (2) ensemble

Information (1) : x est égal à 5 ou -5.

Information (2) : x est égal à 0 ou -5.

Donc x = -5

Les informations (1) & (2) ensemble nous permettent de répondre.

Question 59. Difficulté : ★★ *Réponse B)*

1. Étape 1 : analyse de l'énoncé

Nous cherchons le volume.

2. Étape 2 : analyse de l'information (1) seule

$S = \pi r^2 = \pi \times 5^2 = 25\pi\ cm^2$ Mais il manque la hauteur.

L'information (1) seule ne nous permet pas de répondre.

⇨ Nous gardons les solutions B, C et E.

3. Étape 3 : analyse de l'information (2) seule

Périmètre = P = $2\pi r$

Alors : $2r \approx 10$ cm et $r \approx 5$cm et $h \approx 5/25 \approx 0{,}2$ cm

Donc : $S \approx 25\pi\ cm^2$ et $V \approx 5\pi\ cm^3$

L'information (2) seule nous permet de répondre.

Question 60. Difficulté : ★★ *Réponse E)*

1. Étape 1 : analyse de l'énoncé

Posons V, le nombre d'ouvriers, E, le nombre d'employés, et, C, le nombre de cadres. L'énoncé devient alors :

$V = 5 \times E$

$V + E + C = 10 \times C$

Nous cherchons la valeur de (V + E + C).

Correction détaillée

2. Étape 2 : analyse de l'information (1) seule

$E = 1{,}5 \times C$

L'information (1) ne nous permet pas de répondre.

⇨ Nous gardons les solutions B, C et E.

3. Étape 3 : analyse de l'information (2) seule

$V = \frac{3}{4} \times (V + E + C)$

L'information (2) seule ne nous permet pas de répondre.

⇨ Nous gardons les solutions C et E.

3. Étape 3,5 : analyse des informations (1) & (2) ensemble

Astuce : Nous n'avons aucune donnée chiffrée !

Les deux informations (1) & (2) ensemble ne nous permettent pas de répondre.

Question 61. Difficulté : ★ *Réponse a)*

Question 62. Difficulté : ★★ *Réponse e)*

Question 63. Difficulté : ★★ *Réponse e)*

L'euphémisme est une figure de style qui consiste à adoucir une idée déplaisante.

Question 64. Difficulté : ★★ *Réponse a)*

Question 65. Difficulté : ★ *Réponse d)*

« Si sincèrement que » signifie « même si ».

Question 66. Difficulté : ★ *Réponse b)*

Orthographe des mots intrinsèque et plutôt.

Question 67. Difficulté : ★ *Réponse d)*

Question 68. Difficulté : ★★★ *Réponse e)*

Une attitude provocante (adjectif et non participe présent).

Question 69. Difficulté : ★★ *Réponse c)*

Conjugaison de résoudre et orthographe de pécuniaire.

Question 70. Difficulté : ★★ *Réponse c)*

Question 71. Difficulté : ★ *Réponse a)*

Les deux arguments s'opposent.

Question 72. Difficulté : ★★ *Réponse d)*

Question 73. Difficulté : ★★ *Réponse a)*

Imminent signifie « près de survenir ». Immanent signifie qui agit de l'intérieur des êtres. Éminent : qui s'élève au-dessus, pour pouvoir prétendre être un « éminent candidat au Tage Mage », il vous faudra encore améliorer votre score...

Question 74. Difficulté : ★★ *Réponse a)*

« En outre » est une locution synonyme de « en plus », il s'agit dans le paragraphe d'apporter une information supplémentaire.

Question 75. Difficulté : ★ *Réponse b)*

Il y a une opposition entre le fait de distinguer les Roms des Tziganes et leurs traits culturels communs.

Question 76. Difficulté : ★★ *Réponse d)*

Logique horizontale :

$7^2/7, 1^2/1, 3^2/3, 5^2/5$ ➲ **Logique « carré / chiffre »**

☒ Nous éliminons b) et c).

Logique verticale :

2/2×2/2×2 ; 5/2×5/2×5 ; 6/2×6/2×6 ; 1/2×1/2×1

➲ **Logique « chiffre / multiple »**

☒ Nous éliminons a) et e).

Question 77. Difficulté : ★ *Réponse d)*

Logique verticale :

OPA : les lettres O et P se suivent avec 1 rang d'écart.
FGB : les lettres F et G se suivent avec 1 rang d'écart.
HIP : les lettres H et I se suivent avec 1 rang d'écart.
MNL : les lettres M et N se suivent avec 1 rang d'écart.

➲ **Logique « suite de lettres »**

☒ Nous éliminons b), c) et e).

Logique horizontale :

QHI : les lettres H et I se suivent avec 1 rang d'écart.
ADE : les lettres D et E se suivent avec 1 rang d'écart.
DQR : les lettres Q et R se suivent avec 1 rang d'écart.
PUV : les lettres U et V se suivent avec 1 rang d'écart.

➲ **Logique « suite de lettres »**

☒ Nous éliminons a).

Correction détaillée

Question 78.
Difficulté : ★★ *Réponse a)*

Logique horizontale :

204, 459, 102 et 323 sont tous des multiples de 17.

➲ **Logique « multiples »**

☒ Nous éliminons d).

Logique verticale :

387, 444, 102 et 639 sont tous des multiples de 3.

➲ **Logique « multiples »**

☒ Nous éliminons b), c) et e).

Question 79.
Difficulté : ★★★ *Réponse b)*

Logique verticale :

WAB : les lettres W et B se suivent avec 5 rangs d'écart (WxyzaB).

MRR : les lettres M et R se suivent avec 5 rangs d'écart (MnopqR).

JNO : les lettres J et O se suivent avec 5 rangs d'écart (JklmnO).

AEF : les lettres A et F se suivent avec 5 rangs d'écart (AbcdeF).

➲ **Logique « saut de lettres »**

☒ Nous éliminons a), d) et e).

Logique horizontale :

P S T ? **T** E M **V** A P **X** U E

Les premières lettres se suivent avec 2 rangs d'écart : **P** q **R** s **T** u **V** w **X**

➲ **Logique « saut de lettres »**

☒ Nous éliminons c).

Question 80.
Difficulté : ★★ *Réponse c)*

Logique horizontale :

4 = 3 + 1 ; 6 = 3 + 3 ; 7 = 4 + 3 ; 4 = 0 + 4 ➲ **Logique « somme / chiffres »**

☒ Nous éliminons d) et e).

Logique verticale :

405, 702, 207 et 783 sont tous des multiples de 9.

➲ **Logique « multiples »**

☒ Nous éliminons a) et b).

Question 81.
Difficulté : ★ *Réponse c)*

Logique verticale :

La lettre K oscille entre la 2ème et la 1ère place du groupe.

➲ **Logique « position »**

☒ Nous éliminons b) et d).

Logique horizontale :
GOP : les lettres O et P se suivent.
OST : les lettres S et T se suivent.
SUV : les lettres U et V se suivent.
WWX : les lettres W et X se suivent.

➲ **Logique « suite de lettres »**

☒ Nous éliminons a) et e).

L'aviez-vous remarqué ? Les premières lettres se suivent avec 4 rangs d'écart.

G O P ? **O** S T **S** U V **W** W X

Question 82. Difficulté : ★★ *Réponse b)*

Logique horizontale :
FLM : les lettres L et M se suivent.
QVW : les lettres V et W se suivent.
MCD : les lettres C et D se suivent.
TST : les lettres S et T se suivent. ➲ **Logique « suite de lettres »**
☒ Nous éliminons a) et d).

Logique verticale :
RSM : les lettres R et S se suivent.
KLM : les lettres K et L se suivent.
BCB : les lettres B et C se suivent.
XYP : les lettres X et Y se suivent. ➲ **Logique « suite de lettres »**
☒ Nous éliminons c) et e).

Question 83. Difficulté : ★★ *Réponse b)*

Logique verticale :
58 + 1 = 59 ; 12 + 1 = 13 ; 26 + 1 = 27 ; 45 + 1 = 46

➲ **Logique « chiffre / chiffre +1 »**

☒ Nous éliminons d).

Logique horizontale :
5 + 2 + 8 + 2 = 3 + 3 + 3 + 8 = 3 + 8 + 6 = 4 + 9 + 4 = 17

➲ **Logique « somme »**

☒ Nous éliminons a), c) et e).

Question 84. Difficulté : ★★★ *Réponse e)*

1ère étape : Trouvez une logique
La figure noire est alternativement positionnée à gauche puis à droite.

➲ **Logique « position »**

2ème étape : Élimination des solutions
☒ Nous éliminons a) et d).

1ère étape : Trouvez une logique

La translation entre les deux figures correspond à une rotation de 90°.

➲ **Logique « rotation »**

2ème étape : Élimination des solutions

☒ Nous éliminons b) et c).

Question 85. Difficulté : ★★ *Réponse a)*

1ère étape : Trouvez une logique

Les signe $ effectuent une rotation dans le sens inverse des aiguilles d'une montre.

➲ **Logique « rotation »**

2ème étape : Élimination des solutions

☒ Nous éliminons b), d) et e).

1ère étape : Trouvez une logique

Plus compliqué ! La différence entre le nombre de côtés et le nombre de signes $ est croissante : 0, 1 et 2. ➲ **Logique « côtés »**

2ème étape : Élimination des solutions

☒ Nous éliminons c).

Question 86. Difficulté : ★★★ *Réponse a)*

1ère étape : Trouvez une logique

La somme des chiffres est égale à : 11, 12 et 13

➲ **Logique « somme »**

2ème étape : Élimination des solutions

☒ Nous éliminons b), c) et e).

1ère étape : Trouvez une logique

Diagonales inversées. ➲ **Logique « position »**

2ème étape : Élimination des solutions

☒ Nous éliminons d).

Question 87. Difficulté : ★ *Réponse c)*

1ère étape : Trouvez une logique

La somme des chiffres est égale au nombre de côtés de la figure.

➲ **Logique « côtés »**

2ème étape : Élimination des solutions

☒ Nous éliminons a), b) et e).

1ère étape : Trouvez une logique

Les figures se composent de 6, 5 et 4 côtés. ➲ **Logique « côtés »**

2ème étape : Élimination des solutions

☒ Nous éliminons d).

Question 88.

Difficulté : ★ *Réponse a)*

<u>1ère étape : Trouvez une logique</u>

AJT-vous ! La somme des chiffres est égale au rang de la lettre.

➲ **Logique « rang de lettre »**

<u>2ème étape : Élimination des solutions</u>

☒ Nous éliminons b), c), d) et e).

Question 89.

Difficulté : ★★ *Réponse c)*

<u>1ère étape : Trouvez une logique</u>

Les diagonales de carrés et de ronds sont opposées.

➲ **Logique « position »**

<u>2ème étape : Élimination des solutions</u>

☒ Nous éliminons e).

<u>1ère étape : Trouvez une logique</u>

Une figure sur deux effectue une rotation, alternativement la première puis la seconde.

➲ **Logique « rotation »**

<u>2ème étape : Élimination des solutions</u>

☒ Nous éliminons a), b) et d).

Question 90.

Difficulté : ★★ *Réponse e)*

<u>1ère étape : Trouvez une logique</u>

Le produit du nombre inscrit et du nombre de côtés est égal au nombre externe.

➲ **Logique « côtés »**

<u>2ème étape : Élimination des solutions</u>

☒ Nous éliminons a), b), c) et d).

V – TAGE MAGE® blanc N°5

Le Test TAGE MAGE® est présent dans de nombreux concours (Passerelle 2, Tremplin 2, ESSEC, EM Lyon, Audencia), mais aussi dans la procédure de recrutement de nombreuses Grandes Écoles ou Universités en Mastères spécialisés (HEC, ESSEC,…), Masters (SAI, …) et IAE.

Le Test TAGE MAGE® est un QCM de 2 heures.
Il s'agit d'une épreuve qui permet le recrutement de candidats possédant des cursus scolaires variés.

Il est composé de six sous-tests de 15 questions à résoudre en 20 minutes :

- ➲ ***Compréhension d'un test écrit :*** lecture de textes suivie par une série de questions de compréhension. Le retour aux textes est possible.
- ➲ ***Calcul :*** cette épreuve évalue la maîtrise de connaissances simples dans les domaines de l'arithmétique, de la géométrie, de l'algèbre et du calcul.
- ➲ ***Raisonnement :*** 15 questions de raisonnement logique.
- ➲ ***Conditions minimales :*** cette épreuve vise à contrôler la capacité d'analyse de la pertinence des informations en vue de la résolution d'un problème.
- ➲ ***Expression :*** épreuve destinée à tester l'aptitude à comprendre une information formulée dans un court message verbal puis à en trouver rapidement une reformulation ou une suite probable.
- ➲ ***Logique :*** 15 questions portant sur des croisements de séries de chiffres, de lettres ou de figures.

90 questions-types TAGE MAGE® en 120 minutes
5 choix multiples
Réponse juste : +4 points **Réponse fausse : -1 point**

Découpez la grille de réponses en page 697.

Remarque : Je vous conseille vivement de découper la grille de réponses et de vous entraîner à soigneusement noircir les cases. Vous le constaterez, cet exercice est moins évident qu'il n'y paraît. Gardez à l'esprit que chaque année, certains candidats ratent leurs concours pour un simple décalage de ligne !
Vous pourrez vous corriger et calculer votre score à l'aide de la grille de correction en fin d'ouvrage en page 674. Établissez la cartographie de vos forces et faiblesses et comparez-la au TAGE MAGE® blanc N°4.

Let's go !

Sous-test 1
COMPRÉHENSION D'UN TEXTE ÉCRIT

Durée : 20 minutes
15 questions

Consignes

Cette épreuve comporte trois textes numérotés 1, 2 et 3. Chacun de ces textes est suivi d'une série de questions. Chaque question vous présente cinq propositions qui peuvent porter sur différents niveaux de lecture :

- Informations « isolées » contenues dans le texte ;
- Idées principales, traitées dans un ou plusieurs paragraphes ;
- Position de l'auteur telle qu'elle se reflète dans le texte, etc.

Parmi les cinq propositions présentées dans le cadre de chaque question, certaines sont en contradiction flagrante avec le texte ; d'autres abordent des aspects qui n'y sont pas traités ; d'autres encore se rapprochent plus ou moins de ce qui est exprimé - directement ou indirectement - dans ce même texte.

La seule proposition considérée comme exacte est celle qui se rapproche le plus de ce qui est dit dans le texte. Les quatre autres propositions sont considérées comme fausses.

Barème d'évaluation

Réponse exacte :	+ 4 points
Réponse inexacte :	- 1 point
Absence de réponse ou réponse multiple :	0 point

La note finale de cette épreuve sera comprise entre -15 et + 60.

L'utilisation de toute calculatrice et de tout matériel électronique est interdite.

Démarrez le chronomètre pour 20 minutes de test.

Texte 1 : interview

L'essor du management public trouve selon vous son origine dans la révolution conservatrice menée par Mme Thatcher. Quelle rupture a-t-elle introduite dans le fonctionnement de l'État britannique ?

Lorsqu'elle prend la direction du Parti conservateur britannique en 1977, la Grande-Bretagne traverse une crise économique, sociale et politique plus aiguë qu'ailleurs, au point que le pays était considéré comme « l'homme malade de l'Europe ». Au centre de cette crise, des services publics notoirement inefficaces. Influencée par Friedrich von Hayek, Mme Thatcher considère que « le gouvernement n'est pas la solution, mais le problème ». L'une de ses priorités sera donc de revoir de fond en comble les politiques publiques et l'administration de l'État. Le projet de Mme Thatcher n'est pas un projet libéral au sens classique du terme, qui parierait sur l'introduction de règles de marché et le laisser-faire. C'est un projet néolibéral dont l'ambition est de réformer l'État pour transformer la société en une « société de marché » en l'occurrence, où les principes de l'économie de marché orientent et contraignent les comportements des organisations et des individus. C'est ce qui en fait un projet révolutionnaire.

Les réformes profondes engagées ont débouché dans les années 1980 sur une forte centralisation de l'État, grâce au renforcement des ressources et des moyens de contrôle à la disposition du Premier Ministre. Elles instaurent, par ailleurs, l'équivalent d'une Cour des comptes, mais fondée sur le modèle de l'audit, qui passe au peigne fin l'appareil d'État. Traditionnellement évaluée par les pairs, l'action publique l'est désormais par des experts extérieurs. Autre innovation, le pilotage de l'État s'effectue désormais par le biais d'un appareillage d'indicateurs de performance. Dernier volet, la privatisation de nombreux services publics et l'introduction de mécanismes de marché au sein de l'État, avec notamment la mise en concurrence des écoles ou des hôpitaux.

Question 1. Pourquoi peut-on parler de révolution thatchérienne ?

a) Car la réforme a été totale et radicale
b) Car la réforme vise à changer les bases de la société
c) Car la réforme a été violente et particulièrement rapide
d) Car la réforme a décapité l'État
e) Car les citoyens se sont violemment révoltés

Question 2. Selon la personne interviewée, quelles sont les principales réformes initiées par Margaret Thatcher ?

1. La privatisation de services publics
2. La décentralisation des principaux centres de décision
3. L'audit interne systématique des administrations

a) 1 + 2 + 3
b) Uniquement 1
c) 1 + 3
d) Uniquement 2
e) 1 + 2

Question 3. Quelle mesure adoptée par Margaret Thatcher n'est pas mentionnée dans l'interview ?

a) la mise en concurrence de services publics
b) la recherche d'efficience dans le fonctionnement administratif
c) la libéralisation des marchés boursiers
d) l'accroissement des contrôles sur l'administration
e) le changement de philosophie administrative

Question 4. Quel est le but ultime du projet libéral de Mme Thatcher ?

a) laisser s'épanouir l'initiative individuelle
b) réformer l'État
c) ce n'est pas un projet libéral
d) réformer les politiques publiques
e) s'en remettre aux lois du marché

Question 5. Pourquoi avoir initié une telle réforme au Royaume-Uni ?

1. Pour résorber un chômage endémique
2. Sous la pression de Friedrich von Hayek
3. En raison de l'intensité de la crise

a) Uniquement 1
b) 2 + 3
c) 1 + 2 + 3
d) Uniquement 3
e) 1 + 2

Texte 2

Il existe bien entendu de nombreuses formes de comportements violents dans la société actuelle. Mais il y a, par ailleurs, un décalage à peu près total entre d'un côté, l'évolution historique objective (qui prouve que nous vivons dans une société de moins en moins dangereuse) et de l'autre côté, les peurs et les discours sur la violence qui augmente sans cesse, qui se répand partout... Plusieurs facteurs y contribuent. Les plus évidents et les plus quotidiens sont la récupération politique et la mise en scène médiatique. Il n'y a qu'à allumer la télévision ou la radio pour entendre un politicien crier que la violence est partout, que c'est insupportable et que, bien entendu, après avoir bien réfléchi à la question, il est en mesure de nous tirer d'affaire. Ou bien, pour tomber sur une émission parlant de crime sous forme de « reportage » ou sous forme de fiction. Enfin, bien sûr, il y a ces 24 ou 48 heures périodiques durant lesquelles on ne parle plus que du fait divers survenu à tel ou tel endroit du pays. Il existe, ainsi, une sorte de spectacle permanent de la violence dans notre société médiatique. Et quand cette logique de spectacle rencontre la logique politicienne du besoin de faire peur, le cocktail est explosif.

La fin de la campagne présidentielle de 2002 en demeure la plus claire illustration. On se souviendra, en effet, de l'affaire Paul Voise, le « papy d'Orléans », survenue l'avant-veille du premier tour des élections présidentielles. Ce vieux monsieur vivant dans une cabane en bois au fond d'un jardin, qui aurait été agressé par X inconnus qui voulaient prétendument le racketter, devint l'incarnation médiatique de La Victime en France. Au terme d'une concurrence féroce suscitant une surenchère affligeante, les télévisions parvinrent à en faire un véritable drame national. Mais bien entendu, il ne se trouva pratiquement plus aucun journaliste pour signaler dans les semaines et les mois suivants que la police ne parvenait pas à trouver les coupables, puis pour informer les citoyens de l'issue finale du procès : un non-lieu, faute de preuve.

Question 6. Comment l'auteur du texte 2 considère-t-il l'affaire du « papy d'Orléans » ?

a) Une affaire tragiquement représentative de la réalité
b) Le symbole de la faiblesse du troisième âge
c) L'exemple de l'exagération médiatique
d) La manifestation de l'inefficacité de la justice
e) Un fait divers affligeant par sa banalité

Question 7. Selon l'auteur du texte 2, quel élément concourt à rendre notre société plus violente ?

a) les peurs qui irriguent le corps social
b) les discours des hommes politiques
c) le cinéma et la fiction télévisuelle
d) l'auteur ne dit pas cela
e) les difficultés économiques

Question 8. Quel titre correspondrait le mieux au texte 2 ?

a) Les citoyens confrontés à la violence
b) La violence : un phantasme politico-médiatique
c) Les hommes politiques confrontés à la violence
d) Les médias doivent-ils tout montrer ?
e) La violence : un drame ordinaire

Question 9. Quelle combinaison d'éléments, l'auteur du texte 2 critique-t-il ?

1. la récupération politique de faits divers
2. la spectacularisation de la violence
3. l'impuissance de la justice

a) Uniquement 1
b) 1 + 2 + 3
c) 1 + 3
d) 1 + 2
e) 2 + 3

Texte 3

Hacker sur le retour, Jay habite la ville de San José, en Californie. La quarantaine venue, il parle de son passé de programmeur avec les accents d'un ex-sportif de haut niveau : « Quand j'avais du code à écrire, j'y allais à fond. Mais, d'un certain point de vue, ce n'était qu'un prétexte. Ce que je kiffais vraiment, c'était tout le récit héroïque qui allait avec : Regarde, mec, j'ai fait 36 heures sans arrêt... Regarde j'ai perdu 2 kg, et alors un autre copain disait qu'il avait fait mieux, qu'il avait fait 48 heures, qu'il n'avait pas pris une douche deux semaines durant. » Si l'on devait esquisser un portrait de l'internaute, d'après les paroles de Jay, ce serait celui d'un compulsif qui n'existe que par et pour son ordinateur, un accro tassé derrière son écran, des jours d'affilée.

Il est évident que tous les internautes sont loin de se définir ainsi. Toutefois, la figure du *geek* solitaire et socialement maladroit imprègne notre imaginaire. Nous en oublions que ce stéréotype a été introduit il y a plus de trente ans, soit bien avant l'arrivée du Web, et renvoyait alors simplement à la figure de l'informaticien. C'est dans un ouvrage de 1976, *Computer Power and Human Reason*, que Joseph Weizenbaum dressa le portrait de ce « forcené de l'ordinateur », à la mise « négligée » et à l'hygiène « approximative ». Aujourd'hui encore, l'emmuré, le *no-life* qui pallie une solitude douloureuse en multipliant les contacts en ligne est un grand favori des romanciers populaires, des commentateurs et des analystes culturels en quête de raccourcis.

Mais, pour peu que l'on mette à distance cette idée reçue, une image bien différente se dessine. Avec presque 2 milliards d'internautes connectés en réseau aujourd'hui, la structure démographique des populations en ligne reproduit de manière grandissante les régularités d'âge, de sexe et de niveau socioculturel du monde hors-ligne. Les usages informatiques ont cessé d'être l'apanage d'adolescents boutonneux ou d'introvertis névrosés.

Question 10. Quel titre correspond-il le mieux au texte 3 ?

a) Sociologie du geek et du hacker
b) Les clichés ont la vie dure
c) Internet ou la nouvelle solitude
d) Internet : du roman à la réalité
e) La culture geek : un phénomène adulescent

Question 11. Comment Joseph Weizenbaum définit-il un « *geek* » ?

1. un fanatique d'internet
2. un adolescent mal habillé
3. un être à l'hygiène douteuse

a) 1 + 2 + 3
b) 1 + 3
c) Uniquement 1
d) 1 + 2
e) Uniquement 3

Question 12. Pour l'auteur du texte 3, à quoi correspond la figure du « forcené de l'ordinateur » ?

a) un poncif
b) une réalité sociologique
c) une idée reçue néanmoins fondée
d) une création littéraire
e) une insulte

Question 13. Laquelle de ces phrases ne correspond-elle pas à la réalité décrite par le texte 3 ?

a) Les profils sociologiques de l'internaute sont très variés.
b) Dans l'inconscient collectif, le *geek* est solitaire et quelque peu asocial.
c) Certaines personnes peuvent rester plusieurs jours devant leur ordinateur.
d) Deux milliards d'êtres humains sont connectés à internet.
e) Le *geek* est un hacker solitaire et compulsif.

Question 14. Le mot *geek* peut être utilisé comme raccourci de :

1. forcené
2. fanatique
3. informaticien

a) 1 + 2
b) 1 + 2 + 3
c) Uniquement 3
d) 2 + 3
e) 1 + 3

Question 15. Laquelle de ces phrases ne concerne pas Jay ?

a) Jay est un hacker vieillissant.
b) Jay réalise des programmes informatiques.
c) Jay est un hacker en exercice.
d) Jay a des amis hackers.
e) Jay évoque sa passion avec enthousiasme.

Ne pas tourner la page
avant expiration des 20 minutes.

Sous-test 2
CALCUL

Durée : 20 minutes
15 questions

Consignes

Cette épreuve est constituée de 15 questions pour lesquelles vous disposez de 20 minutes.

Les questions ne sont pas classées par ordre de difficulté.

Barème d'évaluation

Réponse exacte :	+ 4 points
Réponse inexacte :	- 1 point
Absence de réponse ou réponse multiple :	0 point

La note finale de cette épreuve sera comprise entre -15 et + 60.

L'utilisation de toute calculatrice et de tout matériel électronique est interdite.

Démarrez le chronomètre pour 20 minutes de test.

Question 16. Sachant que Julie a gagné une fois et demie le salaire de Rebecca, quelle somme a gagné Déborah qui a gagné 50 % du salaire de Rebecca ?

a) 50 % du salaire de Julie
b) une fois et demi le salaire de Julie
c) le double du salaire de Julie
d) 2 fois le sixième du salaire de Julie
e) quatre tiers du salaire de Julie

Question 17. Si l'on reconstitue l'opération ci-dessous en remplaçant chaque tiret par le chiffre adéquat, quel est le chiffre qui apparaît le plus souvent dans la multiplication reconstituée ?

$$\begin{array}{rcccccc}
 & & & & 4 & - & 5 \\
\times & & & & 7 & - & 1 \\
\hline
 & & & & - & 8 & - \\
 & & 1 & - & - & 0 & \\
 & - & 3 & - & 5 & & \\
\hline
 & - & - & - & - & 8 & -
\end{array}$$

a) 8
b) 4
c) 9
d) 3
e) 5

Question 18. Dans une entreprise 25 % des employés sont des femmes et 35 % des employés sont des cadres. On sait que 20 % des cadres sont des femmes. Quel est le pourcentage d'hommes parmi les employés non cadres ?

a) 39,5 %
b) 83 %
c) 72,5 %
d) 52 %
e) 67,5 %

Question 19. Dans une école maternelle on fait passer un test de langage aux 25 enfants de la grande section au cours d'une seule journée. Le matin 10 élèves sont testés et la moyenne de leur performance est égale à 8. L'après-midi les 15 élèves restant sont testés et la moyenne de leur performance est égale à 11. Quelle est la moyenne des performances pour l'ensemble des 25 élèves ?

a) 9,8
b) 9, 5
c) 9,9
d) 10,2
e) 9,2

Question 20. Pour trois personnes, un pâtissier confectionne un gâteau de 3 cm de hauteur et de 28 cm de diamètre. Quel doit être, en centimètres, le rayon d'un gâteau confectionné pour 12 personnes si l'on veut que chaque personne reçoive une part équivalente à celle du gâteau pour 3 personnes ?

a) 7
b) 14
c) 28
d) 49
e) 56

Question 21. Sarah possède trois fois plus de girafes prénommées Sophie qu'Esther. Si elle donnait à Esther cinq girafes, elle ne posséderait alors que deux fois plus de girafes qu'Esther. Combien Sarah possède-t-elle de girafes prénommées Sophie ?

a) 42
b) 44
c) 45
d) 47
e) 48

Question 22. Un appartement carré a pour périmètre vingt-huit mètres. Les deux colocataires décident de le couper en deux rectangles non identiques. L'une des pièces a pour périmètre vingt mètres. Quel est le périmètre de l'autre pièce rectangulaire?

a) 12 mètres
b) 14 mètres
c) 18 mètres
d) 22 mètres
e) 16 mètres

Question 23. Trois candidats se sont présentés à une élection. 12 740 personnes ont participé au scrutin. On a dénombré 20 % de bulletins blancs. Le candidat arrivé en tête a respectivement obtenu 634 et 427 voix de plus que ses deux adversaires. Combien de voix, le candidat arrivé en troisième position a-t-il obtenu ?

a) 3 751
b) 3 117
c) 3 324
d) 3 005
e) 2 997

Question 24. 30 personnes assistent à un *Speed Dating*. La première jeune fille rencontre 9 jeunes hommes, la seconde jeune fille 10, la troisième jeune fille 11 et ainsi de suite jusqu'à la dernière jeune fille qui a rencontré tous les jeunes hommes de la soirée. Combien y avait-il de jeunes hommes à cette soirée ?

a) 11
b) 13
c) 16
d) 19
e) 21

Question 25. François, Marquis de la Pannouze, place trois sommes inégales sur des comptes rémunérés 5 %, 6,25 % et 10 %. Au bout d'un an, chacun de ses comptes lui rapporte 50 000 € d'intérêts. De quelle somme totale disposait-il au départ ?

a) 2,3 millions d'euros
b) 2,25 millions d'euros
c) 2,4 millions d'euros
d) 2,35 millions d'euros
e) 2,125 millions d'euros

Question 26. Dan et Anaïs décident de se retrouver entre Saint-Mandé et Levallois distantes de 60 kilomètres. Ils se croisent au bout d'une heure à 35 km de Levallois. Quelle est l'expression de la vitesse d'Anaïs en fonction de la vitesse de Dan, le moins rapide des deux ?

a) $0{,}8xV_{Dan}$
b) $1{,}0xV_{Dan}$
c) $1{,}2xV_{Dan}$
d) $1{,}4xV_{Dan}$
e) $1{,}6xV_{Dan}$

Question 27. Déborah a deux bouteilles de vinaigrette (mélange uniquement d'huile et vinaigre) dans son armoire. La première d'un litre contient 20 % de vinaigre tandis que la seconde d'une contenance d'un litre et demi est composée aux trois quarts d'huile. Ayant besoin d'une bouteille Déborah mélange les 2 vinaigrettes. Quelle sera la teneur en vinaigre de la vinaigrette ainsi obtenue ?

a) 25 %
b) 24 %
c) 23 %
d) 21 %
e) 19 %

Question 28. Pour l'achat de trois steaks hachés, Chaly Tov, (rue Hamelin Paris $16^{\text{ème}}$) offre le quatrième. Ce boucher a fait une livraison de 96 steaks hachés chez Sandy. Combien en a-t-elle obtenu de gratuits ?

a) 24
b) 32
c) 36
d) 28
e) 26

Question 29. En 2007, Mélina avait cinq fois l'âge de sa fille Noa. En 2017, Noa aura les deux cinquièmes de l'âge de Mélina. Quel est, aujourd'hui en 2012, l'âge de Mélina ?

a) 25 ans
b) 35 ans
c) 45 ans
d) 55 ans
e) 65 ans

Question 30. Dans la figure ci-dessous, l'angle DBC mesure 42°. Quelle est la mesure de l'angle CAD ? (le dessin n'est pas réalisé à l'échelle) ?

a) 34,5°
b) 47,5°
c) 59,5°
d) 69,5°
e) 22,5°

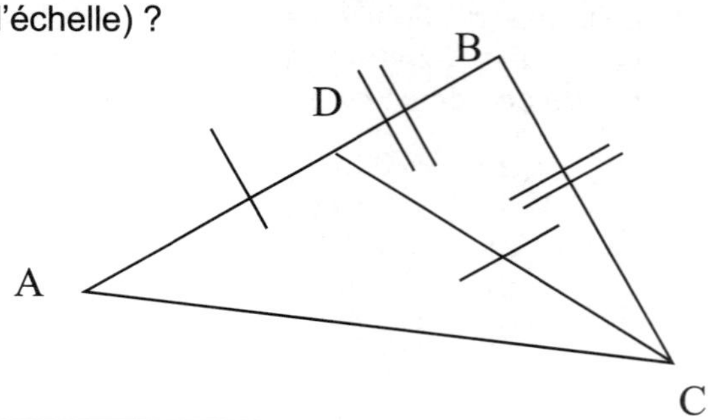

Ne pas tourner la page
avant expiration des 20 minutes.

Sous-test 3
Raisonnement & Argumentation

Durée : 20 minutes
15 questions

Consignes

Cette épreuve comporte 15 questions constituées chacune d'un paragraphe de quelques lignes et d'une question. Ces questions sont des questions de raisonnement qui ne nécessitent pas une connaissance approfondie de la logique formelle. Il est fortement conseillé aux candidats de lire et de relire très attentivement les paragraphes ainsi que les questions avant d'y répondre.

Cinq propositions sont formulées. Une seule est acceptable en fonction du paragraphe et de la question. Certaines traduisent une parenté de formulation aussi il est fortement conseillé, là encore, de lire et de relire très attentivement les cinq propositions de réponse.

Barème d'évaluation

Réponse exacte :	+ 4 points
Réponse inexacte :	- 1 point
Absence de réponse ou réponse multiple :	0 point

La note finale de cette épreuve sera comprise entre -15 et + 60.

L'utilisation de toute calculatrice et de tout matériel électronique est interdite.

Démarrez le chronomètre pour 20 minutes de test.

Question 31. Savoir si la vie a existé sur Mars est encore une question ouverte, reconnaît la NASA. Son slogan des années 1990, « Suivez l'eau », s'est avéré décevant. Certes, pour que la vie apparaisse, H_2O est indispensable. Mais il faut qu'elle ait le temps d'interagir avec son environnement. Les *Rovers Spirit* et *Opportunity* ont confirmé sa présence passée. Ils ont vu les traces d'écoulement qu'elle a laissées sur le sol, les sulfates qui sont les preuves de son évaporation.

Vers quelle conclusion ce passage tend-il ?

a) La vie sur Mars a existé comme l'atteste la présence d'eau, mais personne n'a pu le prouver.
b) L'eau sur Mars n'est pas une condition suffisante pour justifier d'une forme de vie.
c) Deux robots de la NASA vont devoir confirmer la présence d'eau sur Mars.
d) La NASA compte changer prochainement son slogan qui s'est révélé inopérant.
e) Mars fait l'objet de recherches infructueuses à la NASA depuis les années 1990.

Question 32. Aujourd'hui, des machines de toutes sortes – presque toutes mues par des énergies fossiles – accomplissent le travail que réalisaient auparavant esclaves ou serviteurs. Ces « esclaves énergétiques » font à présent notre lessive, cuisinent à notre place, nous transportent à l'autre bout du monde, nous divertissent, et font pour nous la majeure partie des travaux pénibles nécessaires à notre survie ou à notre confort.

Laquelle de ces propositions représente-elle l'essentiel du point de vue exposé ci-dessus ?

a) L'homme est devenu esclave des énergies fossiles.
b) La technique a besoin d'énergie fossile pour fonctionner.
c) L'homme a inventé une forme non-humaine d'esclavage.
d) La technique a considérablement simplifié notre vie.
e) L'homme et la technique entretiennent une relation d'esclavage mutuel.

Question 33. Les hommes politiques européens n'ont pas saisi la chance de faire avancer l'Europe vers une gouvernance économique et une solidarité renforcées. À ceux qui pensaient que l'Europe se façonnait à coups de crises et avaient foi dans sa réussite irrépressible, il semble désormais que le jeu d'équilibriste qui consiste à être toujours au bord du gouffre a échoué et nous y précipite.

Parmi ces cinq raisonnements, quel est celui utilisé dans cette argumentation ?

a) Les hommes politiques européens sont dépassés par la crise.
b) La crise réveille un sentiment européen fort.
c) La gouvernance économique s'avère une impasse pour réformer l'Europe.
d) Les vieilles solutions politiques européennes ne fonctionnent plus.
e) Le projet politique européen traverse une grave crise.

Question 34. Le tirage de la super cagnotte du Loto se fait le premier vendredi 13 de chaque année. Le dernier tirage a eu lieu le 13 mai 2012.

À quelle date aura lieu le prochain tirage ?

a) Le 13 novembre 2013
b) Le 13 janvier 2013
c) Le 13 octobre 2013
d) Le 13 décembre 2013
e) Le 13 mai 2013

Question 35. Dans une urne, il y a 1 bille de couleur blanche, 4 billes de couleur bleue, 5 billes de couleur verte, 4 billes de couleur rouge, 5 billes de couleur jaune, 4 billes de couleur grise et 2 billes de couleur noire. Combien, au minimum doit-on tirer de billes, pour être sûr d'en obtenir une de chaque couleur ?

a) 6
b) 11
c) 24
d) 25
e) 26

Question 36. Soyons lucides, c'est un climat complètement différent du nôtre qui attend les générations futures mais aussi celles qui sont aujourd'hui dans les cours d'école. Ce changement climatique n'est en effet ni probable ni lointain, il menace déjà les populations les plus vulnérables et aggrave les inégalités sociales.

Avec quelle hypothèse l'auteur de ce passage serait-il le plus en accord ?

a) Le changement climatique va appauvrir notre civilisation.
b) Le réchauffement climatique est déjà largement perceptible.
c) Le changement climatique représente un défi économique majeur.
d) Les pauvres souffrent plus des problèmes écologiques que les riches.
e) Les générations futures ont conscience de l'impératif climatique qui se pose.

Question 37. Il en est de la démocratie française comme de la circulation automobile. Elle subit régulièrement des embouteillages qu'elle a le plus grand mal à résorber. Pour les transhumances urbaines, l'embarras est quotidien, pare-chocs contre pare-chocs. Pour la joute politique, il n'est que quinquennal : l'approche de l'élection présidentielle fait brusquement grossir la longue file des candidats.

Quel argument soutient-il le mieux la conclusion ?

a) La multiplication des candidats nuit à la vie démocratique.
b) L'élection présidentielle connaît un embouteillage de candidats.
c) La vie démocratique doit comprendre la réalité quotidienne.
d) Les électeurs ne savent pas qui choisir et ralentissent le rythme des élections.
e) La vie démocratique ne connaît pas de feux rouges.

Question 38. Rony Brauman n'aime pas le manichéisme ni la guerre, Bernard-Henri Lévy soutient qu'au nom de la lutte contre le Mal, il faut parfois savoir la faire « sans l'aimer ». Tous deux sont d'incontournables arpenteurs, acteurs et observateurs engagés d'une planète déchirée.

Quelle est la meilleure conclusion ?

a) Rony Brauman et Bernard-Henri Lévy ont plus de points communs que de différences.
b) Rony Brauman et Bernard-Henri Lévy s'opposent sur leur analyse de la situation géopolitique.
c) Rony Brauman ne soutient pas des interventions militaires, à la différence de Bernard-Henri Lévy.
d) Bernard-Henri Lévy n'est pas manichéiste mais pense que la guerre est utile.
e) Rony Brauman et Bernard-Henri Lévy ne vont jamais sur le terrain mais n'en sont pas moins des contempteurs de la guerre.

Question 39. Lorsque 1 453 jours seront passés depuis le mercredi 30 décembre 2012, quel jour serons-nous ?

a) vendredi
b) samedi
c) dimanche
d) lundi
e) mardi

Question 40. Noa et Aaron sont deux des enfants de Mélina.
Noa dit : « *j'ai deux fois plus de frères que de sœurs* ».
Aaron dit : « *j'ai autant de frères que de sœurs* ».

Combien Mélina a-t-elle d'enfants ?

a) 3
b) 4
c) 5
d) 6
e) 7

Question 41. C'est un dossier de plus de cent pages, complet et très référencé, qu'ont reçu les principaux fournisseurs d'accès à Internet (FAI) et moteurs de recherche français. Publiée par PC impact (PDF), l'assignation transmise à ces entreprises par trois syndicats professionnels de la vidéo détaille, pas à pas, le plan de lutte de l'industrie cinématographique contre les sites de streaming illégal. Un système qui pourrait aussi s'adapter à d'autres types de sites.

Quel est le titre qui convient le mieux à ce texte ?

a) Streaming versus industrie du cinéma : la bataille juridique.
b) Le streaming concurrence dangereusement l'industrie cinématographique.
c) Internet : le premier pas vers un contrôle accru.
d) Les fournisseurs d'accès à internet répliquent.
e) Une industrie du cinéma désemparée.

Question 42. Le recul des idéologies et le progrès de l'individualisation dans la société ont touché aussi le cercle familial, où la transmission des engagements s'est atténuée. Mais s'il y a moins de clanisme, d'esprit d'allégeance, la politique demeure un sujet de fâcherie possible entre parents comme entre amis. Avec la télévision, la politique entre dans la vie quotidienne, elle est familière, c'est-à-dire qu'on en parle en famille.

Parmi ces cinq propositions, quelle est celle qui peut être considérée comme vraie en fonction du texte ?

a) La politique traverse une grave crise.
b) Les citoyens préfèrent regarder la télévision plutôt que parler politique.
c) La télévision concourt au recul des idéologiques et à la simplification de la politique.
d) La télévision contribue à l'éveil politique au sein de la famille.
e) Avec la télévision, l'homme politique fait partie de la famille.

Question 43. Il paraît qu'un jour, Turgot vint voir le roi Louis XVI et lui tint ce propos : *« Sire, il faut faire payer les pauvres ».* Le roi aurait répondu *« mais mon cher Turgot, les pauvres sont si pauvres »* et Turgot aurait alors répondu *« oui, mais ils sont si nombreux ».*

Parmi ces cinq principes quel est celui qui illustre le mieux la pensée de Turgot ?

a) Beaucoup de petits ruisseaux font de grandes rivières.
b) A chacun selon ses moyens.
c) Qui ne travaille pas, ne mange pas.
d) L'impôt doit être payé par tout le monde.
e) L'argent va à l'argent.

Question 44. Cinq jours après le jour Y correspond à deux jours avant un mercredi. Le jour Y est cinquante et un jour après le jour X. On déduit alors que le jour correspondant à onze jours avant le jour X est un :

a) mercredi
b) vendredi
c) jeudi
d) samedi
e) dimanche

Question 45. Svetlana, Petrouchka, Iryna et Natasha concourent toutes les quatre à la nouvelle émission « *Qui veut épouser Jonathan Bakhoubza ?* ». Ces quatre ravissantes slaves se retrouvent après le dernier prime-time et discutent de leur classement. Elles en viennent à comparer les notes obtenues lors de l'épreuve de calcul mental en maillot de bain (le péché mignon du beau célibataire… le calcul mental, pas le maillot de bain !). Aucun n'a obtenu la même note. Il apparaît que Natasha n'a pas obtenu une note inférieure à celle de Petrouchka, qu'Iryna n'a pas obtenue une note inférieure à celle de Natasha et que Svetlana n'a pas un niveau de calcul mental inférieur à celui d'Iryna. Qui a obtenu la troisième note la plus élevée ?

a) On ne peut pas le déterminer.
b) Svetlana
c) Petrouchka
d) Iryna
e) Natasha

Ne pas tourner la page avant expiration des 20 minutes.

Sous-test 4
CONDITIONS MINIMALES

Durée : 20 minutes
15 questions

Consignes

Chacun des 15 problèmes qui suivent comporte une question et deux informations étiquetées (1) et (2). Vous devez décider si ces informations sont suffisantes pour répondre à la question.

Vous cocherez :

A) Si l'information (1) permet à elle seule de répondre à la question, et si l'information (2) à elle seule ne permet pas de répondre à la question.
B) Si l'information (2) permet à elle seule de répondre à la question, et si l'information (1) à elle seule ne permet pas de répondre à la question.
C) Si les deux informations (1) et (2) ensemble permettent de répondre à la question, et aucune séparément ne le peut.
D) Si chaque information permet séparément de répondre à la question.
E) Si les deux informations ensemble ou séparément ne permettent pas de répondre à la question.

Sauf précision contraire, tous les nombres utilisés sont des nombres réels.

Barème d'évaluation

Réponse exacte :	+ 4 points
Réponse inexacte :	- 1 point
Absence de réponse ou réponse multiple :	0 point

La note finale de cette épreuve sera comprise entre -15 et + 60.

L'utilisation de toute calculatrice et de tout matériel électronique est interdite.

Démarrez le chronomètre pour 20 minutes de test.

A)	Si l'information (1) permet à **elle seule** de répondre à la question, et si l'information (2) à elle seule ne permet pas de répondre à la question.
B)	Si l'information (2) permet à **elle seule** de répondre à la question, et si l'information (1) à elle seule ne permet pas de répondre à la question.
C)	Si les deux informations (1) et (2) **ensemble** permettent de répondre à la question, et aucune séparément ne le peut.
D)	Si **chaque** information permet séparément de répondre à la question.
E)	Si les deux informations **ensemble ou séparément** ne permettent pas de répondre à la question.

Question 46. L'entier n est-il pair ?

(1) n est le carré d'un nombre entier.
(2) (n + 2) est divisible par 2.

Question 47. Un épargnant dispose d'une somme X qu'il divise en deux parts inégales. La première est placée sur un produit financier rapportant 5 % et la deuxième sur un produit financier rapportant 8 % par an. Au bout d'un an l'ensemble lui a rapporté 380 €. Quel est le montant de X ?

(1) L'une des parts a rapporté 280 €.
(2) X est inférieur à 6 000 €.

Question 48. Pour participer à un championnat mondial d'athlétisme le Qatar a sélectionné 108 athlètes. Combien y a-t-il de femmes sélectionnées ?

(1) Le nombre d'hommes est un multiple de 9 et le nombre de femmes est un multiple de 27.
(2) Il y a trois fois plus d'hommes que de femmes.

Question 49. Trois amis, Robert, Bertrand et José ont gagné au Loto après avoir joué un billet commun. Ils décident de se partager les gains en fonction de leur participation aux frais d'achat du billet. Quelle somme Robert a-t-il gagné ?

(1) Le gain de Robert correspond au quart des gains de Bertrand et José.
(2) José a versé une somme quatre fois supérieure à celle de Bertrand lors de l'achat du billet.

A)	Si l'information (1) permet à **elle seule** de répondre à la question, et si l'information (2) à elle seule ne permet pas de répondre à la question.
B)	Si l'information (2) permet à **elle seule** de répondre à la question, et si l'information (1) à elle seule ne permet pas de répondre à la question.
C)	Si les deux informations (1) et (2) **ensemble** permettent de répondre à la question, et aucune séparément ne le peut.
D)	Si **chaque** information permet séparément de répondre à la question.
E)	Si les deux informations **ensemble ou séparément** ne permettent pas de répondre à la question.

Question 50. Un triangle ABC est rectangle en A. Quelle est, en mètres, la longueur de son hypoténuse ?

(1) La surface du triangle vaut 72 m².

(2) Le triangle ABC est tel que les deux côtés formant l'angle droit sont égaux.

Question 51. Jim, Jules et Jean travaillent dans la même entreprise. Quel est celui qui a le salaire le plus bas ?

(1) L'addition des salaires de Jules et de Jim est inférieure à l'addition des salaires de Jean et Jim.

(2) L'addition des salaires de Jules et Jean est inférieure à l'addition des salaires de Jim et Jean.

Question 52. Soit un nombre entier à trois chiffres multiple de 11. Quelle est sa valeur ?

(1) Le chiffre des dizaines vaut 9.

(2) Le triple de la somme du chiffre des unités et du chiffre des centaines vaut 27.

Question 53. Un car doit parcourir un trajet d'une distance de 300 kilomètres. Durant le premier tiers de la distance, il roule à 70 km/h et durant le deuxième, il roule à 90 km/h. Quelle est la durée totale du trajet ?

(1) Le car a mis une heure et quinze minutes pour parcourir le dernier tiers de la distance.

(2) La vitesse durant le dernier tiers de la distance est égale à la moyenne des vitesses des deux premiers tiers de la distance.

A)	Si l'information (1) permet à **elle seule** de répondre à la question, et si l'information (2) à elle seule ne permet pas de répondre à la question.
B)	Si l'information (2) permet à **elle seule** de répondre à la question, et si l'information (1) à elle seule ne permet pas de répondre à la question.
C)	Si les deux informations (1) et (2) **ensemble** permettent de répondre à la question, et aucune séparément ne le peut.
D)	Si **chaque** information permet séparément de répondre à la question.
E)	Si les deux informations **ensemble ou séparément** ne permettent pas de répondre à la question.

Question 54. Soient x, y et z trois nombres réels tous les trois inférieurs à 100. Combien sont positifs ?

(1) $y + z = 150$
(2) $x + y + z = 210$

Question 55. N est un entier, N est-il un cube ?

(1) La racine carrée de N vaut 1.
(2) Lorsque N est divisé par lui-même, il est alors égal à N^2.

Question 56. Un gâteau est partagé à la fin d'un dîner entre des convives assis autour d'une table ronde. Chacun se sert en prenant la moitié de ce qu'il y avait lorsque le plateau lui est parvenu. Quelle proportion de la quantité initiale du gâteau reste-t-il après un tour complet de table ?

(1) Il y a quatre convives autour de la table.
(2) Le dernier convive a mangé un huitième de la quantité mangée par le premier convive.

Question 57. Combien vaut le rayon du cercle C_1 ?

(1) L'aire du cercle C_1 divisée par son périmètre est égale à la moitié de son rayon.
(2) Le périmètre du cercle C_1 augmente de 2π mètres lorsqu'on augmente son rayon de 1 mètre.

A)	Si l'information (1) permet à **elle seule** de répondre à la question, et si l'information (2) à elle seule ne permet pas de répondre à la question.
B)	Si l'information (2) permet à **elle seule** de répondre à la question, et si l'information (1) à elle seule ne permet pas de répondre à la question.
C)	Si les deux informations (1) et (2) **ensemble** permettent de répondre à la question, et aucune séparément ne le peut.
D)	Si **chaque** information permet séparément de répondre à la question.
E)	Si les deux informations **ensemble ou séparément** ne permettent pas de répondre à la question.

Question 58. Paul a investi 3 000 € dans deux actions cotées en bourse différentes. Au bout d'un an, la première lui a rapporté 30 % de la somme investie, la deuxième lui a rapporté 40 % de la somme investie. Quelle somme Paul a-t-il gagné ?

1) Paul a investi deux fois plus d'argent dans la première que dans la deuxième.
2) Le gain de Paul s'élève à 400 € pour son investissement dans la deuxième action.

Question 59. Sachant que [2x + 3y = 5], quelle est la valeur numérique de x ?

(1) x est inférieur ou égal à y.
(2) x et y sont deux entiers positifs ou nuls.

Question 60. Soit un nombre multiple de 19 compris entre 45 et 399. Que vaut ce nombre ?

(1) Ce nombre s'écrit avec le chiffre 6.
(2) Ce nombre s'écrit avec le chiffre 7.

Ne pas tourner la page
avant expiration des 20 minutes.

Sous-test 5
EXPRESSION

Durée : 20 minutes
15 questions

Consignes

Cette épreuve comporte différents types d'exercices :

1. Évaluer le degré de synonymie dans les reformulations.
2. Choisir la formulation qui reprend le mieux (correction et clarté) l'énoncé initial.
3. Choisir les mots qui assurent la cohérence du texte.

Attention !

- Soyez rapide.
- Soyez attentif aux consignes de chaque exercice.

Barème d'évaluation

Réponse exacte :	+ 4 points
Réponse inexacte :	- 1 point
Absence de réponse ou réponse multiple :	0 point

La note finale de cette épreuve sera comprise entre -15 et + 60.

L'utilisation de toute calculatrice
et de tout matériel électronique est interdite.

Démarrez le chronomètre pour 20 minutes de test.

Recherche de synonymie

Consigne de 61 à 65 : Choisissez la reformulation dont le sens se rapproche le plus du passage / des passages souligné(s).

Question 61. Sa mine valétudinaire inquiétait tous ceux qui l'approchaient.

a) méchante
b) malade
c) méprisante
d) hirsute
e) exaltée

Question 62. L'enquête révéla de nombreuses déficiences dans le processus de production.

a) nombreuses difficultés
b) nombreuses qualités
c) nombreux défauts
d) nombreux déboires
e) nombreux intervenants

Question 63. Lorsqu'on lui fait benoîtement remarquer qu'il est en tort, elle rétorque qu'elle n'a jamais cessé de le défendre.

a) Lorsqu'on signale discrètement
b) Lorsqu'on indique fermement
c) Lorsqu'on assure avec force
d) Lorsqu'on souligne hypocritement
e) Lorsqu'on insiste avec douceur

Question 64. Il n'est que de voir le peu d'empressement qu'il met à faire cesser les diatribes contre lui.

a)	Il est uniquement vu	les catilinaires dont il est victime
b)	Il ne voit que	les propos injurieux qui lui sont adressés
c)	Il observe seulement	les louanges dithyrambiques son égard
d)	Il constate simplement	les commentaires acerbes dont il bénéficie
e)	Il suffit d'observer	les critiques véhémentes à lui adressées

Question 65. <u>Elle n'est que plus honorée de faire partie de ce cénacle qu'il consulte fréquemment.</u>

a) Son honneur est plus fort que de le conseiller souvent.
b) Elle est plus heureuse encore d'être de ce groupe souvent interrogé.
c) Elle est uniquement fière d'intégrer ce conseil influent.
d) Elle s'enorgueillit de participer à ses réunions très écoutées.
e) Elle pourrait être plus reconnue en raison de son rôle de conseil.

Correction linguistique

Consigne pour la question 66 : Combien de mots sont mal orthographiés (fautes d'accord ou d'orthographe) ?

Question 66. Et en ces temps de crise, elles utilisent à fonds cette capacité de rachat, qui rassurent les prêteurs. Ainsi la banque du Japon a-t-elle lancé un programme d'acquisition de 470 milliards d'euros de titres, dont une partie d'obligations nationales. La banque d'Angleterre, elle, atteindra vers la fin de l'année les 320 milliards d'euros de rachat de dette depuis 2009. La Fed américaine, enfin, prévoit d'investir 600 milliards de dollars dans les bons du trésor d'ici à juin 2012.

a) deux fautes
b) cinq fautes
c) six fautes
d) trois fautes
e) une faute

Consigne de 67 à 70 : Indiquez la formulation la plus correcte (orthographe et grammaire) et/ou la plus claire, éventuellement la plus élégante (style), pour exprimer le sens du passage souligné. Le choix a) reprend la formulation initiale.

Question 67. <u>Si nous avons ainsi décidé de tout chambouller - de vous proposer d'avantage de reportages, d'enquêtes et de portraits-, ce n'est pas pour le simple plaisir de changer ou de vous surprendre.</u>

a) Si nous avons ainsi décidé de tout chambouller - de vous proposer d'avantage de reportages, d'enquêtes et de portraits-, ce n'est pas pour le simple plaisir de changer ou de vous surprendre.
b) Si nous avons ainsi décidé de tout chambouler - de vous proposer d'avantage de reportages, d'enquêtes et de portraits-, ce n'est pas pour le simple plaisir de changer ou de vous surprendre.
c) Si nous avons ainsi décidé de tout chambouller - de vous proposer davantage de reportages, d'enquêtes et de portraits-, ce n'est pas pour le simple plaisir de changer ou de vous surprendre.
d) Si nous avons ainsi décidé de tout chambouler - de vous proposer davantage de reportages, d'enquètes et de portraits-, ce n'est pas pour le simple plaisir de changer ou de vous surprendre.
e) Si nous avons ainsi décidés de tout chambouller - de vous proposer davantage de reportages, d'enquètes et de portraits-, ce n'est pas pour le simple plaisir de changer ou de vous surprendre.

Question 68. Il était censé <u>le donner à moi</u> rapidement.

a) le donner à moi
b) me l'avoir donné
c) à moi, le donner
d) qu'il me l'eut donné
e) me le donner

Question 69. J'ai réussi à trouver ce livre <u>à cause de</u> tes conseils.

a) à cause de
b) eu égard à
c) en raisons de
d) grâce à
e) par la faute de

Question 70. Tu ne m'écoutes pas, c'est exactement <u>qu'est-ce que je dis</u>.

a) qu'est-ce que je dis
b) que dis-je
c) comme je le dis
d) ce que je dis
e) que le je dis

Cohérence

Consigne de 71 à 74 : Complétez avec le mot, l'expression, la phrase assurant la meilleure cohérence avec l'énoncé de départ de chaque question.

Question 71. Aboutissement d'une cristallisation des ………, Mai 1968 ……… une véritable déflagration et pousse la radicalisation politique jusqu'à son acmé.

a)	mécontentements sociaux	suscite
b)	revendications sociales	naît d'
c)	accords sociaux	établit
d)	protestations sociales	explose
e)	problèmes sociaux	est vue comme

Question 72. La population ressent donc la menace terroriste ……… les autorités gouvernementales refusent toujours de la qualifier ainsi.

a) nonobstant
b) à l'opposé
c) incidemment
d) tandis que
e) par conséquent

Question 73. Dans ce travail, l'entourage présidentiel ……… en raison de l'intense activité programmatique par lui déployée.

a) devient fort marginal
b) acquiert une importance majeure
c) travaille peu
d) s'active sans hâte
e) n'arrive pas à réfléchir

Question 74. Gemosolar est la seule centrale commerciale à utiliser .... basée sur le transfert de chaleur au moyen de sel fondu, ce qui lui permet de continuer à .... de l'électricité jusque tard dans la nuit grâce à la chaleur stockée dans le réservoir de sel.

a)	une technologie	produire
b)	une méthode	consommer
c)	un procédé	vendre
d)	une démarche	éclairer
e)	une idée	commercialiser

Consigne pour la question 75 : Quelle est l'expression qui ne convient pas en remplacement des points de suspension ?

Question 75. Par ailleurs, si l'on prenait le parti .... ces problèmes institutionnels pour s'attacher à l'étude du fonctionnement de l'académie, on éprouverait une certaine déception.

a) de remiser
b) d'oublier
c) d'omettre
d) de négliger
e) de s'abstraire

Ne pas tourner la page
avant expiration des 20 minutes.

Sous-test 6
LOGIQUE

Durée : 20 minutes
15 questions

Consignes

Les **huit premières questions** sont des problèmes d'intersection de deux séries. Chaque question contient deux séries, une série est présentée horizontalement et l'autre verticalement. Elles sont constituées de groupes de lettres ou de chiffres. Il s'agit pour vous de choisir parmi les cinq réponses qui vous sont proposées, le groupe de lettres ou de chiffres qui pourrait aussi bien appartenir à la série présentée horizontalement qu'à la série présentée verticalement et ainsi occuper **la place du point d'interrogation**.

Les **sept dernières questions** sont des problèmes de séries portant sur des données de nature spatiale. Chacune des séries est constituée de trois cases comprenant des graphiques suivies d'une case contenant un point d'interrogation. Les trois premières cases doivent vous permettre d'inférer le contenu de la case qui devrait occuper **la place du point d'interrogation**. La question porte donc sur le point d'interrogation et vous devez choisir votre réponse parmi les cinq propositions de réponse qui vous sont faites.

Barème d'évaluation

Réponse exacte :	+ 4 points
Réponse inexacte :	- 1 point
Absence de réponse ou réponse multiple :	0 point

La note finale de cette épreuve sera comprise entre - 15 et + 60.

L'utilisation de toute calculatrice
et de tout matériel électronique est interdite.

Démarrez le chronomètre pour 20 minutes de test.

Question 76.

		F U G		
		T W U		
		X J Y		
		H P I		
Q R L	V W T	?	K L U	E F Y

a) K L N b) L F U c) A C B d) U F R e) C D D

Question 77.

			8 1	
			1 4 4	
1 0 4	3 9	1 4 3	?	2 6
			4 9	
			2 5	

a) 1 6 9 b) 9 1 c) 1 2 1 d) 8 5 e) 6 4

Question 78.

		T Z A		
A H P	M W Z	?	G I Y	C B D
		A Y K		
		V A L		
		D X A		

a) F A K b) A F P c) B A J d) F G J e) L B A

Question 79.

			2 8	
			7 3	
			1 9	
5 2	7 8	3 9	?	6 5
			6 4	

a) 2 6 b) 2 8 c) 5 5 d) 8 3 e) 9 1

Question 80.

I I Z	T K A	?	V O B	F Q X
		X T Z		
		B P W		
		V Q Y		
		C N U		

a) W M O b) R G N c) A M Y d) A P Q e) T U Y

Question 81.

				3 7
				1 3
				1 9
				3 1
4 5	7 8	3 4	8 9	?

a) 7 8 b) 1 7 c) 4 1 d) 2 3 e) 1 2

Question 82.

	I I I			
	K L D			
J H L	?	K J O	T K Z	D L L
	R C F			
	A X B			

a) F I K b) P I Z c) J I H d) R E D e) A W B

Question 83.

1 6 4 2 0				
3 2 8 4 0				
2 4 6 3 0				
	5 5 5 5 5	8 7 5 4 1	9 6 3 3 4	8 5 4 3 5
8 2 1 0				

a) 2 8 7 3 5 b) 3 6 9 4 5 c) 4 1 5 d) 5 5 6 9 0 e) 7 8 4 3 3

Question 84.

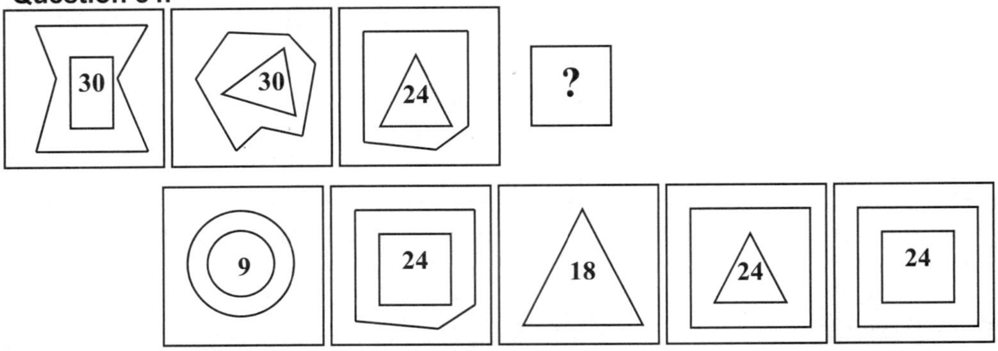

a) b) c) d) e)

Question 85.

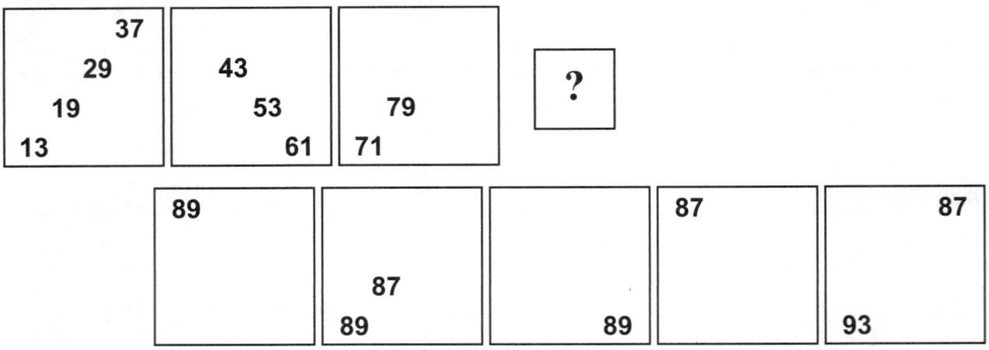

a) b) c) d) e)

Question 86.

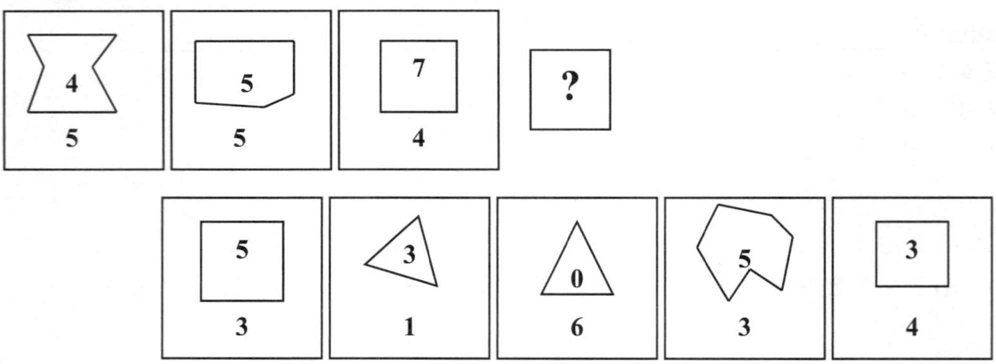

a) b) c) d) e)

Question 87.

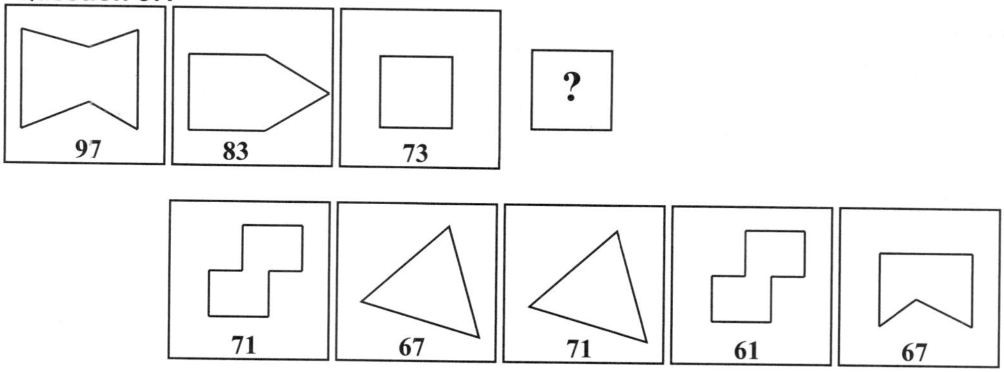

a) b) c) d) e)

Question 88.

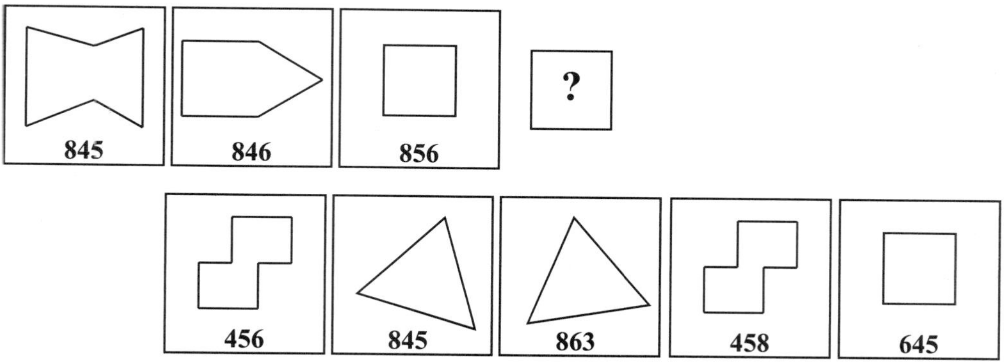

a) b) c) d) e)

Question 89.

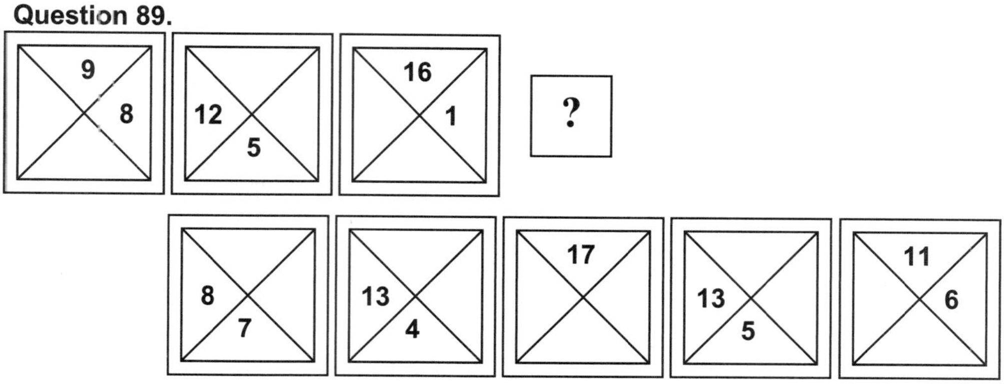

a) b) c) d) e)

Question 90.

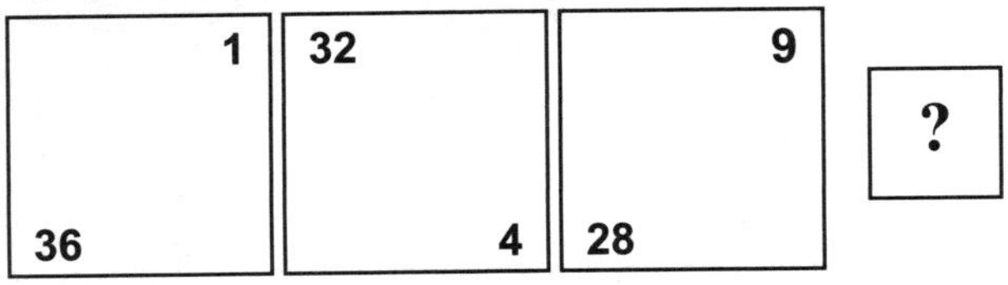

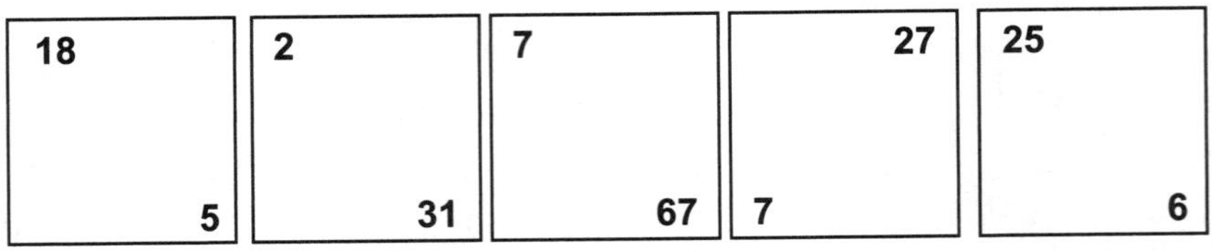

a) b) c) d) e)

Ne pas tourner la page avant expiration des 20 minutes.

Calculez votre score à l'aide de la grille de correction en pages 674 et 675.

V.2 – TAGE MAGE® blanc N°5 - Correction

Calculez votre score à l'aide de la grille de correction en pages 674 et 675.

Cartographie de vos forces et faiblesses

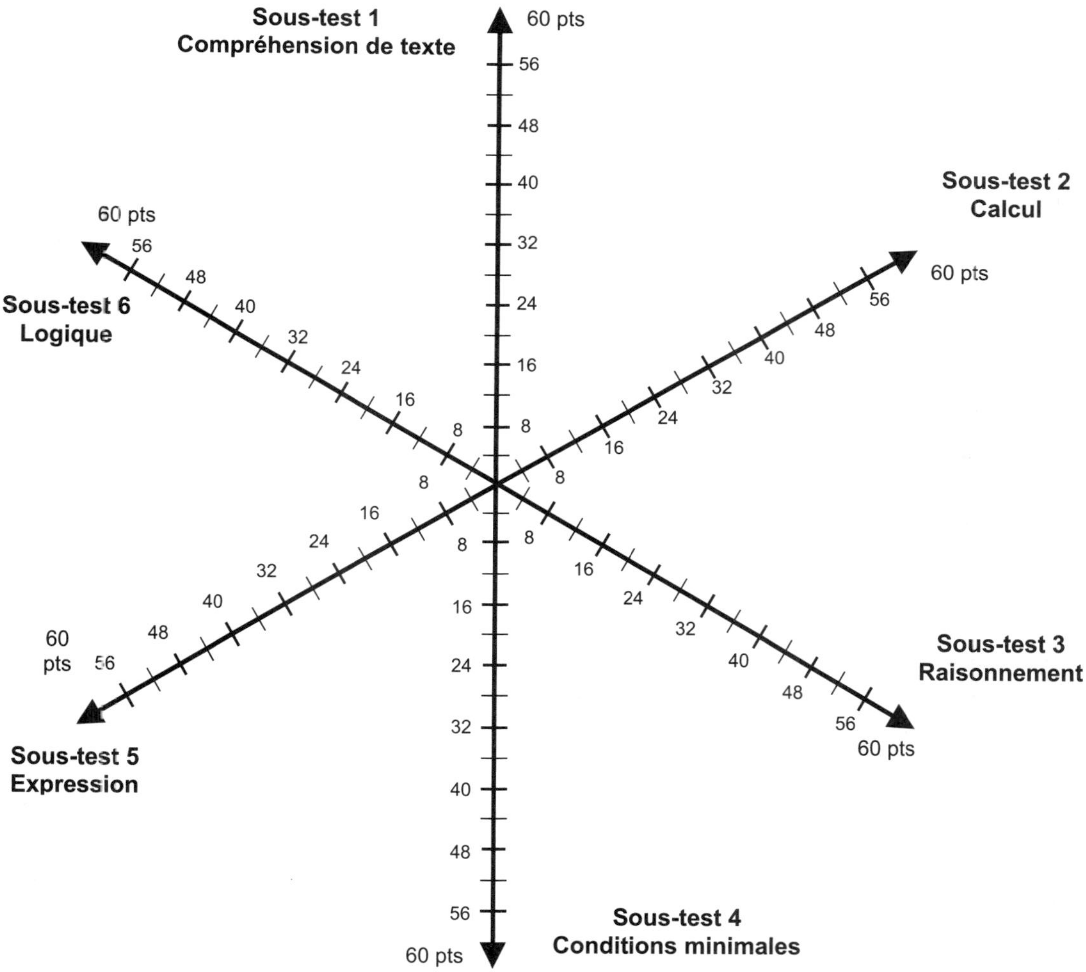

Établissez la cartographie de vos forces et faiblesses et comparez-la à celle du TAGE MAGE® blanc N°4 : quels ont été vos progrès ?

Correction détaillée

Question 1. Difficulté : ★ *Réponse b)*

Pour la personne interrogée, ce qui en fait un projet révolutionnaire, c'est que l'ambition de M. Tatcher est de réformer l'État pour transformer la société.

Question 2. Difficulté : ★★ *Réponse b)*

La proposition 1/ est vraie, la 2/ n'est aucunement abordée dans le texte. Enfin, la proposition 3/ est fausse, au contraire, l'action est désormais évaluée par des experts extérieurs.

Question 3. Difficulté : ★ *Réponse c)*

Attention, il s'agit d'une mesure qui n'est pas mentionnée.

Question 4. Difficulté : ★★★ *Réponse c)*

Cette question est délicate. Les propositions a), b), d) et e) sont toutes justes. C'est pourquoi vous devez vous concentrer sur la notion de « but ultime » et choisir la réponse c).

Question 5. Difficulté : ★★ *Réponse d)*

Le chômage est probablement une des raisons, mais celui-ci n'est pas mentionné dans le texte. Attention, c'est influencé par F. von Hayek que M. Tatcher met en œuvre sa révolution néolibérale aucunement sous sa contrainte.

Question 6. Difficulté : ★ *Réponse c)*

Pour l'auteur cette affaire est une illustration évidente de cette logique de spectacle.

Question 7. Difficulté : ★★ *Réponse d)*

L'auteur ne dit pas que notre société est plus violente, au contraire, pour lui, les peurs augmentent alors que la société est objectivement moins dangereuse.

Question 8. Difficulté : ★ *Réponse b)*

Ce titre traduit bien l'idée centrale du texte : il existe un décalage entre la violence réelle de la société et le sentiment de peur.

Question 9. Difficulté : ★★★ *Réponse d)*

Le non-lieu dans l'affaire Paul Voise ne traduit pas forcément l'impuissance de la justice.

Question 10. Difficulté : ★★ *Réponse b)*

L'objectif général du texte est de montrer le décalage actuel entre l'image du geek et sa réalité.

Question 11. Difficulté : ★★★ *Réponse e)*

Soyez attentif(ve) ! Weizenbaum utilise l'expression « forcené de l'ordinateur » ce qui ne signifie pas exactement « fanatique d'internet ».

Question 12. Difficulté : ★★ *Réponse a)*

Question 13. Difficulté : ★ *Réponse e)*

Cette image est révolue.

Question 14. Difficulté : ★★ *Réponse b)*

Le mot geek, dans l'imaginaire collectif, englobe ces trois notions.

Question 15. Difficulté : ★ *Réponse c)*

Jay nous parle de son passé de programmeur, il est désormais retiré.

Question 16. Difficulté : ★★ *Réponse d)*

Faites simple et prenez une base 100 pour le salaire de Rebecca : son salaire s'élève à 100 €
Si Julie a gagné une fois et demie le salaire de Rebecca alors Julie a gagné 150 €.
Calculons du salaire de Déborah : Y = 0,5×100€ = 50 €
50 € équivaut au tiers de 150 € soit 2 fois le sixième du salaire de Julie.

Question 17. Difficulté : ★★★ *Réponse e)*

Je sais que :

```
      4 - 5
×         1
    -------
      - 8 -
```

Je sais que : 1×8 = 8 Je peux donc déjà placer 8 à la place du tiret.
Donc : 4 8 5×1 = 485
Je connais le premier nombre de ma multiplication.
Je peux aussi descendre le 5 dans le résultat final.

```
        4 8 5
×       7 - 1
      -------
        4 8 5
    1 - - 0
  - 3 - 5
-------------
  - - -  - 8 5
```


Correction détaillée

Continuons.

485×7 = 3 395

La multiplication devient donc :

```
        4 8 5
  ×     7 - 1
        -----
        4 8 5
    1 - - 0
  3 3 9 5
  -----------
  3 - - - 8 5
```

À ce stade, une astuce s'impose : le produit de 485 par le chiffre manquant donnera un résultat se terminant par 0 (1 - - 0).

Le chiffre manquant est donc pair. Et le résultat est obligatoirement compris entre 1 000 et 2 000.

Donc, le chiffre manquant est 4 et a multiplication devient :

```
        4 8 5
  ×     7 4 2
        -----
        4 8 5
    1 9 4 0
  3 3 9 5
  -----------
  3 5 9 3 8 5
```

Le chiffre le plus fréquent est 5.

Question 18. Difficulté : ★★ *Réponse c)*

Nous savons que 20% des 35% de cadres sont des femmes.

Alors 80% des 35% de cadres sont des hommes, soit :

0,8×0,45 = 28% d'hommes cadres par rapport à l'effectif global de l'entreprise

Comme 75% des employés sont des hommes, il y a donc :

75% - 28% = 47% d'hommes non cadres par rapport à l'effectif global de l'entreprise

En conséquence, le pourcentage d'homme parmi les employés non cadres se calcule :

$$\frac{47\%}{65\%} = \frac{47}{65} \approx 72{,}5\%$$

Question 19. Difficulté : ★ *Réponse a)*

Nous cherchons :

$$\frac{10\times8+15\times11}{25}$$

$$=\frac{2\times8+3\times11}{5}$$ **Astuce** : divisez numérateur et dénominateur par 5

$$=9{,}8$$ **Astuce** : $\frac{49}{5}=\frac{50-1}{5}=10-0{,}2$

Question 20. Difficulté : ★★ *Réponse c)*

Posons x, le coefficient d'augmentation du rayon, alors :

$4(\pi r^2 h) = \pi(xr)^2 h$

$4(\pi\times14^2\times3) = \pi(x^2 14^2)\times3$ Simplifions par $\pi\times14^2\times3$

$4 = x^2$

$2 = x$

Le gâteau doit mesurer : 14×2 = 28 cm de rayon

Question 21. Difficulté : ★ *Réponse c)*

Un simple système d'équations avec H, le nombre de girafes de Sarah et R, celui d'Esther :

$$\begin{cases} H = 3R \\ H - 5 = 2(R + 5) \end{cases}$$

Nous remplaçons H par sa valeur : 3R

$$\begin{cases} 3R - 5 = 2R + 10 \\ R = 15 \text{ et } H = 45 \end{cases}$$

Question 22. Difficulté : ★ *Réponse d)*

Une question de géométrie originale, vous devez connaître la formule du périmètre (4a).

Si l'appartement a pour périmètre 28 m, les côtés mesurent 7 m.

De plus si les locataires coupent la pièce en deux ils obtiendront deux rectangles ayant pour longueur 7 m.

Calculons la valeur des largeurs : (20 - 7 - 7)/2 = 3 m

Les largeurs de l'autre rectangle mesureront : 7 - 3 = 4 m

Le périmètre du second rectangle se calcule : 7 + 7 + 4 + 4 = 22 m

Question 23. Difficulté : ★★ *Réponse b)*

Attention, le nombre de voix est ici exprimé en fonction du vainqueur et la question porte sur le nombre de voix du candidat arrivé en troisième position ... Par ailleurs, ne négligeons pas l'information portant sur les 20% de bulletins blancs.

Posons V le nombre du voix du vainqueur, l'énoncé devient alors :

nbre de voix du 1er + nbre de voix du 2ème + nbre de voix du 3ème = nbre de votants - bulletins blancs

$V + (V - 634) + (V - 427) = 12\,740 - 20\%\times 12\,740$
$3V - 1\,061 = 12\,740 - 2\,548$
$3V = 10\,192 + 1\,061$
$3V = 11\,253$
$V = 3\,751$

Attention, 3 751 correspond au nombre de voix reçu par le vainqueur et nous savons que le troisième en a reçu 634 de moins, soit : 3 117 voix

Question 24. Difficulté : ★★★ *Réponse d)*

Testons les solutions en commençant pas la solution du milieu (nous gagnerons du temps) :
c) g = 16, alors f = 14 et la 14ème fille rencontre : 14 + 8 = 22 garçons → Non
Le résultat étant plus important que le résultat attendu, nous éliminons a), b) et c).
d) g = 19, alors f = 11 et la 11ème fille rencontre : 11 + 8 = 19 garçons → OUI

Question 25. Difficulté : ★★ *Réponse a)*

Posons X le montant de la 1ère somme, Y le montant de la 2ème somme et Z le montant de la 3ème somme. L'énoncé devient :

$X\times 5\%\times 1 = 50\,000$ Alors : $X = \dfrac{50000}{5\%} = 1\,000\,000$ €

$Y\times 6{,}25\%\times 1 = 50\,000$ Alors : $Y = \dfrac{50\,000}{6{,}25\%} = 800\,000$ €

$Z\times 10\%\times 1 = 50\,000$ Alors : $Z = \dfrac{50\,000}{10\,\%} = 500\,000$ €

La somme totale vaut : 1 000 000 + 800 000 + 500 000 = 2 300 000 €

Question 26. Difficulté : ★ *Réponse d)*

Rappelez-vous pour cet exercice que : D = Vxt
Anaïs et Dan ont passé le même temps de trajet avant de se rencontrer donc : $T_{Dan} = T_{Anaïs}$
De plus, si Anaïs et Dan se retrouvent à 35 km de Levallois cela veut donc dire qu'Anaïs a parcouru 35 km et Dan 25 km (si Dan est le moins rapide, c'est lui qui parcourt la distance la plus courte).

$T_{Dan} = T_{Anaïs}$
$25/V_{Dan} = 35/V_{Anais}$
Alors : $V_{Anais} = \dfrac{35}{25} V_{Dan}$
$V_{Anais} = \dfrac{7}{5} V_{Dan}$
Enfin : $V_{Anais} = 1{,}4\ V_{Dan}$

Question 27.

Difficulté : ★★ *Réponse c)*

Calculons la quantité totale de vinaigre pur contenue dans ces deux bouteilles :

$20\% \times 1 + \frac{1}{4} \times 1{,}5 = 0{,}2 + 0{,}375 = 0{,}575$ litre de vinaigre pur

Déterminons la concentration en vinaigre :

$$\frac{Q_{\text{vinaigre}}}{Q_{totale}} = \frac{0{,}575}{2{,}5} = \frac{575}{2\,500} = \frac{250+250+75}{2\,500} = 10\% + 10\% + 3\% = 23\%$$

Question 28.

Difficulté : ★ *Réponse a)*

Si le boucher offre 1 steak pour 3 achetés alors, il propose des lots de 4 steaks pour le prix de 3 et il offre 1 steak pour chaque lot de 4.

Il a donc offert : $\frac{96}{4} = 24$ steaks

Attention, vous ne devez surtout pas diviser le nombre total de steaks par 3 ... c'est le piège dans lequel tombent de nombreux candidats.

Question 29.

Difficulté : ★★ *Réponse b)*

Posons M l'âge de la mère <u>aujourd'hui</u>, et F l'âge de la fille <u>aujourd'hui</u>. L'énoncé devient :
En 2007, il y a 5 ans : (M - 5) = 5(F -5)

En 2017, dans 5 ans : $\frac{2}{5}$ (M + 5) = (F + 5)

$$\begin{cases} (M-5) = 5(F-5) \\ \frac{2}{5}(M+5) = (F+5) \end{cases} \quad \begin{cases} M = 5F - 20 \\ 2(5F-20) + 10 = 5F + 25 \end{cases} \quad \begin{cases} M = 5F - 20 \\ 5F = 55 \end{cases} \quad \begin{cases} M = 35 \\ F = 11 \end{cases}$$

Vous pouviez aussi partir directement des réponses proposées pour gagner du temps (tactique du malin).

Question 30.

Difficulté : ★ *Réponse a)*

Souvenez-vous que dans un triangle isocèle deux angles sont égaux et que la somme des angles dans un triangle vaut 180°.
Dans le triangle isocèle DBC, les angles BDC et BCD sont égaux.

La valeur se calcule : BDC = BCD = $\frac{180-42}{2}$ = 69°

L'angle ADC se calcule : 180° - 69° = 111°
Dans le triangle isocèle ADC, les angles DAC et DCA sont égaux.

Leur mesure se calcule : DAC = DCA = $\frac{180-111}{2}$ = 34,5°

Question 31. Difficulté : ★★ *Réponse b)*

La présence d'eau sur Mars a été démontrée par les deux robots, mais l'existence d'une vie martienne non.

Question 32. Difficulté : ★★★ *Réponse c)*

Nous pouvons éliminer les propositions a), b) et e). La réponse d) est juste, mais elle ne représente pas l'essentiel du point de vue car la notion d'esclavage est primordiale dans le texte.

Question 33. Difficulté : ★★ *Réponse e)*

La proposition b) est fausse. La a) est un constat et les propositions c) et d) sont des conséquences.

Question 34. Difficulté : ★★★ *Réponse b)*

Si le 13 mai 2012 tombe un vendredi alors nous avons :

> Lundi 13 juin 2012
> Mercredi 13 juillet 2012
> Samedi 13 août 2012
> Mardi 13 septembre 2012
> Jeudi 13 octobre 2012
> Dimanche 13 novembre 2012
> Mardi 13 décembre 2012
> Vendredi 13 janvier 2013

Question 35. Difficulté : ★ *Réponse d)*

Il y a : 1 + 4 + 5 + 4 + 5 + 4 + 2 = 25 billes dans l'urne

Il faut donc tirer toutes les billes pour être sûr d'obtenir une bille de chaque couleur (et notamment la bille blanche).

Question 36. Difficulté : ★ *Réponse d)*

Les réponses a), c) et e) ne sont absolument pas exprimées dans le paragraphe. La proposition b) est vraie mais elle ne traduit pas l'hypothèse principale du texte concernant l'inégalité et la vulnérabilité face aux problèmes écologiques.

Question 37. Difficulté : ★★ *Réponse a)*

Pour l'auteur, la multiplication des candidats à la fonction suprême est aussi néfaste pour la démocratie que les embouteillages pour la circulation automobile.

Question 38. Difficulté : ★ *Réponse c)*

C'est l'opposition entre ces deux personnages qui constitue l'information essentielle du paragraphe.

Question 39. Difficulté : ★★★ *Réponse c)*

1 453 jours correspondent à 207 semaines et 4 jours. Dans 1 453 jours nous serons donc un dimanche.

Question 40. Difficulté : ★★ *Réponse e)*

D'après l'information d'Aaron, nous savons que Mélina a un nombre impaire d'enfants (2 fois le nombre de frères d'Aaron + Aaron), soit : 3, 5 ou 7 enfants
D'après l'information de Noa, nous savons que le nombre d'enfants de Mélina moins un est un multiple de 3 (3 fois le nombre de sœurs de Noa), soit : 4 ou 7 enfants
Mélina a donc 7 enfants. Waouh !!

Question 41. Difficulté : ★ *Réponse a)*

Le terme assignation est une expression juridique qui signifie « sommation de comparaitre en justice ».

Question 42. Difficulté : ★ *Réponse d)*

Les propositions b) et c) sont fausses. La réponse a) n'est pas abordée dans le texte et la réponse e) est farfelue.

Question 43. Difficulté : ★ *Réponse a)*

Et beaucoup d'entrainement font les excellentes notes au TAGE MAGE® !

Question 44. Difficulté : ★★★ *Réponse c)*

S'il y a 7 jours entre mercredi et Y, Y tombe un mercredi.
51 jours avant mercredi est un lundi et 11 jours avant un lundi est un jeudi.

Question 45. Difficulté : ★ *Réponse e)*

Question 46. Difficulté : ★ *Réponse B)*

1. **Étape 1 : analyse de l'énoncé**

La question est clairement énoncée.

2. **Étape 2 : analyse de l'information (1) seule**

L'information (1) ne nous permet pas de répondre.

⇨ Nous gardons les solutions B, C et E.

3. **Étape 3 : analyse de l'information (2) seule**

Si (N + 2) est divisible par 2, alors (N + 2) est pair et N est donc pair.
L'information (2) seule nous permet de répondre.

Question 47. Difficulté : ★★★ *Réponse C)*

1. Étape 1 : analyse de l'énoncé

En posant X_1 la première partie, l'énoncé devient : $X_1 \times 5\% \times 1 + (X - X_1) \times 8\% \times 1 = 380$

2. Étape 2 : analyse de l'information (1) seule

L'information (1) nous apprend que X1 <u>ou</u> $(X - X_1)$ a rapporté 280 €.

Si X_1 a rapporté 280 € :

$X_1 \times 5\% \times 1 = 280$

$X_1 = \frac{280}{5\%} = 5\,600$ €

Et :

$(X - 5\,600) \times 8\% \times 1 = 100$

$X - 5\,600 = 1\,250$

$X = 6\,850$ €

Si $(X - X_1)$ a rapporté 280 € :

$X_1 \times 5\% \times 1 = 100$

$X_1 = 2\,000$ €

Et :

$(X - 2\,000) \times 8\% \times 1 = 280$

$X - 2\,000 = 3\,500$

$X = 5\,500$ €

Nous ne pouvons pas savoir si X vaut 6 850 € ou 5 500 €.

L'information (1) seule ne nous permet pas de répondre.

⇨ Nous gardons les solutions B, C et E.

3. Étape 3 : analyse de l'information (2) seule

L'information (2) seule ne nous permet pas de répondre.

⇨ Nous gardons les solutions C et E.

4. Étape 3,5 : analyse des informations (1) & (2) ensemble

Information (1) : $X = 6\,850$ € ou $X = 5\,500$ €

Information (2) : $X < 6\,000$ €

Alors : $X = 5\,500$ €

Les deux informations (1) et (2) ensemble nous permettent de répondre.

Question 48. Difficulté : ★★ *Réponse B)*

1. Étape 1 : analyse de l'énoncé

Logiquement, le nombre de femmes sélectionnées est compris entre 0 et 108 !

2. Étape 2 : analyse de l'information (1) seule

Le nombre de femmes peut être : 27, 54, 81 ou 108

108 étant multiple de 27, le nombre d'hommes (108 - nombre de femmes) est forcément multiple de 27 et donc de 9.

L'information (1) seule ne nous permet pas de répondre.

⇨ Nous gardons les solutions B, C et E.

3. Étape 3 : analyse de l'information (2) seule

Posons F le nombre de femmes et H le nombre d'hommes : $H = 3F$

Nous savons que : $F + H = 108$

Donc : $4F = 108$

$F = 27$ et $H = 81$

L'information (2) seule nous permet de répondre.

Question 49. Difficulté : ★ *Réponse E)*

1. Étape 1 : analyse de l'énoncé

Posons R, B et J les gains respectifs de Robert, Bertrand et José.
Nous cherchons R.

2. Étape 2 : analyse de l'information (1) seule

$B + J = 4R$

L'information (1) seule ne nous permet pas de répondre.

⇨ Nous gardons les solutions B, C et E.

3. Étape 3 : analyse de l'information (2) seule

$J = 4B$

L'information (2) seule ne nous permet pas de répondre.

⇨ Nous gardons les solutions C et E.

4. Étape 3,5 : analyse des informations (1) & (2) ensemble

Information (1) : $B + J = 4R$
Information (2) : $J = 4B$

Les deux informations (1) et (2) ensemble ne nous permettent pas de répondre.

Astuce : Remarquez que nous n'avons aucune donnée chiffrée, nous ne pouvons donc répondre.

Question 50. Difficulté : ★★★ *Réponse C)*

1. Étape 1 : analyse de l'énoncé

Le triangle ABC est rectangle en A, alors d'après le théorème de Pythagore :
$BC^2 = AB^2 + AC^2$

2. Étape 2 : analyse de l'information (1) seule

$S_{ABC} = 72$

$\frac{1}{2}(AB \times AC) = 72$

$AB \times AC = 144$

L'information (1) seule ne nous permet pas de répondre.

⇨ Nous gardons les solutions B, C et E.

3. Étape 3 : analyse de l'information (2) seule

Le triangle ABC est isocèle, alors : $AB = AC$
D'après le théorème de Pythagore, nous pouvons écrire : $BC^2 = 2AB^2$
L'information (2) seule ne nous permet pas de répondre.

⇨ Nous gardons les solutions C et E.

4. Étape 3,5 : analyse des informations (1) & (2) ensemble

$AB \times AC = AB^2 = 144$ Nous savons que : $A'B' = A'C'$

Donc : $BC^2 = = 2AB^2 = 288$

$BC = \sqrt{288}$ cm $= \frac{\sqrt{288}}{100}$ mètres

Les deux informations (1) et (2) ensemble nous permettent de répondre.

Correction détaillée

Question 51. Difficulté : ★ *Réponse C)*

1. Étape 1 : analyse de l'énoncé

Notons Ji, Ju et Je les salaires respectifs de Jim, Jules et Jean.

2. Étape 2 : analyse de l'information (1) seule

Alors : $\left| \begin{array}{l} Ju + Ji < Je + Ji \\ Ju < Je \end{array} \right.$

L'information (1) seule ne nous permet pas de répondre.

⇨ Nous gardons les solutions B, C et E.

3. Étape 3 : analyse de l'information (2) seule

Alors : $\left| \begin{array}{l} Ju + Je < Ji + Je \\ Ju < Ji \end{array} \right.$

L'information (2) seule ne nous permet pas de répondre.

⇨ Nous gardons les solutions C et E.

4. Étape 3,5 : analyse des informations (1) & (2) ensemble

Information (1) : $Ju < Je$

Information (2) : $Ju < Ji$

Donc, Jules perçoit le salaire le plus faible.

Les deux informations (1) et (2) ensemble nous permettent de répondre.

Question 52. Difficulté : ★★★ *Réponse E)*

1. Étape 1 : analyse de l'énoncé

Ce nombre entier à trois chiffres peut s'écrire CDU.

2. Étape 2 : analyse de l'information (1) seule

Ce nombre peut s'écrire : C9U

L'information (1) ne nous permet pas de répondre.

⇨ Nous gardons les solutions B, C et E.

3. Étape 3 : analyse de l'information (2) seule

Donc : $\left| \begin{array}{l} 3\times(U + C) = 27 \\ U + C = 9 \end{array} \right.$

L'information (2) seule ne nous permet pas de répondre.

⇨ Nous gardons les solutions C et E.

4. Étape 3,5 : analyse des informations (1) & (2) ensemble

CDU vaut 198, 297, 396, 495, 594, 693, 792, 891 ou 990.

Vous remarquerez que tous ces nombres sont divisibles par 11.

Les deux informations (1) et (2) ensemble ne nous permettent pas de répondre.

Astuce : un nombre à trois chiffres est divisible par 11 si le chiffre des dizaines est égal à la somme des chiffres des extrémités. Nous pouvions directement le déduire à la lecture de l'énoncé.

Question 53. Difficulté : ★★ *Réponse D)*

1. Étape 1 : analyse de l'énoncé

Nous savons que : $100 = 70 \times t_1$ et $100 = 90 \times t_2$

Donc : $t_1 = 100/70$ h ≈ 1h26mn et $t_2 = 100/90$ h ≈ 1h7mn

2. Étape 2 : analyse de l'information (1) seule

Temps total ≈ 3h48mn

L'information (1) seule nous permet de répondre.

⇨ Nous gardons les solutions A et D.

3. Étape 3 : analyse de l'information (2) seule

$V_3 = \frac{70+90}{2} = 80$ km/h Donc : $t_3 = 100/80 = 1{,}25$h = 1h15 mn

Temps total ≈ 3h48mn

L'information (2) seule nous permet de répondre.

Question 54. Difficulté : ★★ *Réponse B)*

1. Étape 1 : analyse de l'énoncé

La question est clairement énoncée.

2. Étape 2 : analyse de l'information (1) seule

Si [y + z = 150], y et z sont forcément positifs, pour être plus précis, y et z sont compris entre 50 et 100 car n'oubliez pas que x, y et z sont inférieurs à 100.

Nous n'avons en revanche aucune information concernant x.

L'information (1) seule ne nous permet pas de répondre.

⇨ Nous gardons les solutions B, C et E.

3. Étape 3 : analyse de l'information (2) seule

Si [x + y + z = 210], x, y et z sont forcément positifs, pour être plus précis, x, y et z sont compris entre 10 et 100 car n'oubliez pas que x, y et z sont inférieurs à 100.

L'information (2) seule nous permet de répondre.

Question 55. Difficulté : ★ *Réponse D)*

1. Étape 1 : analyse de l'énoncé

La question est clairement énoncée.

2. Étape 2 : analyse de l'information (1) seule

N est donc aussi un cube car le cube de 1 est... 1 !

L'information (1) seule nous permet de répondre.

⇨ Nous gardons les solutions A et D.

3. Étape 3 : analyse de l'information (2) seule

$\frac{N}{N} = N^2$

$N = N^3$

N = 1 est la seule solution.

L'information (2) seule nous permet de répondre.

Question 56. Difficulté : ★ *Réponse D)*

1. Étape 1 : analyse de l'énoncé

Attention, nous cherchons une proportion et non une valeur.

2. Étape 2 : analyse de l'information (1) seule

S'il y a 4 convives, il reste : $1 \times 0{,}5^4 = 1/16^{\text{ème}}$ du gâteau

L'information (1) seule nous permet de répondre.

⇨ Nous gardons les solutions A et D.

3. Étape 3 : analyse de l'information (2) seule

Sachant que le premier convive a pris la moitié du gâteau, le dernier convive a donc mangé :

$1/2 \times 1/8 = 1/16^{\text{ème}}$ du gâteau

Cette quantité est équivalente à la quantité restante.

L'information (2) seule nous permet de répondre.

Question 57. Difficulté : ★ *Réponse E)*

1. Étape 1 : analyse de l'énoncé

La question est clairement énoncée.

2. Étape 2 : analyse de l'information (1) seule

Il suffit d'apprendre vos formules (aire et périmètre) pour récolter 4 points, cette première information n'en est qu'une application basique !

L'information (1) seule ne nous permet pas de répondre.

⇨ Nous gardons les solutions B, C et E

3. Étape 3 : analyse de l'information (2) seule

Même piège !

⇨ Nous gardons les solutions C et E

4. Étape 3,5 : analyse des informations (1) & (2) ensemble

Les deux informations (1) et (2) ensemble ne nous permettent pas de répondre.

Question 58. Difficulté : ★★ *Réponse D)*

1. Étape 1 : analyse de l'énoncé

Nous cherchons le gain total de Paul sur les deux placements.

2. Étape 2 : analyse de l'information (1) seule

Paul a donc placé 2 000 € sur la première action et 1 000 € sur la seconde.

La somme gagnée par Paul se calcule : $30\% \times 2\,000 + 40\% \times 1\,000 = 1\,000$ €

L'information (1) seule nous permet de répondre.

⇨ Nous gardons les solutions A et D.

3. Étape 3 : analyse de l'information (2) seule

Le montant placé sur la deuxième action se calcule : $\dfrac{400}{40\%} = 1\,000$ €

Paul a donc placé 2 000 € sur la première action et 1 000 € sur la seconde.

La somme gagnée par Paul se calcule : $30\% \times 2\,000 + 40\% \times 1000 = 1\,000$ €

L'information (2) seule nous permet de répondre.

Question 59.
Difficulté : ★★★ *Réponse B)*

1. Étape 1 : analyse de l'énoncé

La question est clairement énoncée.

2. Étape 2 : analyse de l'information (1) seule

$x \leq y$

L'information (1) seule ne nous permet pas de répondre.

⇨ Nous gardons les solutions B, C et E

3. Étape 3 : analyse de l'information (2) seule

La seule valeur pour x et y est 1 car ils ne peuvent être nuls.

L'information (2) seule nous permet de répondre.

Question 60.
Difficulté : ★★ *Réponse C)*

1. Étape 1 : analyse de l'énoncé

Listons toutes les valeurs possibles de ce nombre : 57, 76, 95, 114, 133, 152, 171, 190, 209, 228, 247, 266, 285, 304, 323, 342, 361, 380 ou 399

Astuce : 19 = 20 – 1 donc N×19 = N×20 - N

2. Étape 2 : analyse de l'information (1) seule

Les valeurs possibles sont : 76, 266 ou 361

L'information (1) seule ne nous permet pas de répondre.

⇨ Nous gardons les solutions B, C et E.

3. Étape 3 : analyse de l'information (2) seule

Les valeurs possibles sont : 57, 76, 171 ou 247

L'information (2) seule ne nous permet pas de répondre.

⇨ Nous gardons les solutions C et E.

4. Étape 3,5 : analyse des informations (1) & (2) ensemble

Ce nombre est forcément égal à 76.

Les deux informations (1) et (2) ensemble nous permettent de répondre.

Question 61.
Difficulté : ★★★ *Réponse b)*

Valétudinaire signifie qui est souvent malade, maladif.

Question 62.
Difficulté : ★ *Réponse c)*

Une déficience est une insuffisance ou une défaillance. En contexte, il faut choisir ici défaut.

Question 63.
Difficulté : ★★★ *Réponse d)*

Benoit vient du verbe bénir, par ironie, on l'utilise aujourd'hui dans le sens d'hypocrite (une dévotion doucereuse pour reprendre l'expression exacte du Littré !).

Question 64.
Difficulté : ★★★ *Réponse e)*

Une diatribe est un discours violent et injurieux.

Question 65. Difficulté : ★★ *Réponse b)*

Question 66. Difficulté : ★ *Réponse a)*

Et en ces temps de crise, elles utilisent à **fond** cette capacité de rachat, qui **rassure** les prêteurs. Ainsi la banque du Japon a-t-elle lancé un programme d'acquisition de 470 milliards d'euros de titres, dont une partie d'obligations nationales. La banque d'Angleterre, elle, atteindra vers la fin de l'année les 320 milliards d'euros de rachat de dette depuis 2009. La Fed américaine, enfin, prévoit d'investir 600 milliards de dollars dans les bons du trésor d'ici à juin 2012.

Question 67. Difficulté : ★ *Réponse d)*

Attention aux mots « chambouler » et « davantage » (l'adverbe à différencier d'un avantage).

Question 68. Difficulté : ★★★ *Réponse e)*

Les réponses a), c) et d) sont fausses. La b) pose un problème de temps.

Question 69. Difficulté : ★ *Réponse d)*

Question 70. Difficulté : ★ *Réponse d)*

Ouèch ! Ouaich !

Question 71. Difficulté : ★★★ *Réponse a)*

Question 72. Difficulté : ★ *Réponse d)*

Les deux éléments de la phrase s'opposent.

Question 73. Difficulté : ★★★ *Réponse b)*

Le président déploie une intense activité programmatique, son entourage est donc d'autant plus important.

Question 74. Difficulté : ★★ *Réponse a)*

Question 75. Difficulté : ★ *Réponse e)*

Question 76. Difficulté : ★★ *Réponse e)*

<u>Logique horizontale :</u>

La seconde lettre suit la première avec un rang d'écart. ➲ **Logique « suite de lettres »**

☒ Nous éliminons b), c) et d).

<u>Logique verticale :</u>

La dernière lettre suit la première avec un rang d'écart. ➲ **Logique « suite de lettres »**

☒ Nous éliminons a).

Question 77. Difficulté : ★ *Réponse a)*

Logique verticale :

81, 144, 49 et 25 sont les carrés respectifs de 9, 12, 7 et 5.

➲ **Logique « carrés »**

☒ Nous éliminons b) et d).

Logique horizontale :

104, 39, 143 et 26 sont tous multiples de 13. ➲ **Logique « multiples »**

☒ Nous éliminons c) et e).

Question 78. Difficulté : ★★★ *Réponse c)*

Logique verticale :

TZA, AYK, VAL et DXA contiennent tous la lettre A. ➲ **Logique « répétition »**

☒ Nous éliminons d).

Logique horizontale :

Les premières et dernières lettres se suivent avec 3 rangs d'écart : **D** e f **G** h i **?** k l **M** n o **P**

➲ **Logique « saut de lettres »**

☒ Nous éliminons a), b) et e).

Question 79. Difficulté : ★★ *Réponse e)*

Logique verticale :

2 + 8 = 7 + 3 = 1 + 9 = 6 + 4 = 10 ➲ **Logique « somme »**

☒ Nous éliminons a) et d).

Logique horizontale :

52, 78, 39 et 65 sont tous multiples de 13. ➲ **Logique « multiples »**

☒ Nous éliminons b) et c).

Question 80. Difficulté : ★★★ *Réponse c)*

Logique horizontale :

Les secondes lettres de chaque groupe se suivent avec 2 rangs d'écart : **I** j **K** l ? n **O** p **Q**

➲ **Logique « saut de lettres »**

☒ Nous éliminons b), d) et e).

Logique verticale :

Les dernières et premières lettres de chaque groupe se suivent : U V W X ?

➲ **Logique « suite de lettres »**

☒ Nous éliminons a).

Question 81. Difficulté : ★★ *Réponse d)*

Logique verticale :

37, 13, 19 et 31 sont tous des nombres premiers. ➲ **Logique « nombres premiers »**

☒ Nous éliminons a) et e).

Correction détaillée

Logique horizontale :
45 : les chiffres 4 et 5 se suivent.
78 : les chiffres 7 et 8 se suivent.
34 : les chiffres 3 et 4 se suivent.
89 : les chiffres 8 et 9 se suivent. ➲ **Logique « suite de chiffres »**
☒ Nous éliminons b) et c).

Question 82. Difficulté : ★★★ *Réponse c)*

Logique verticale :
AJT-vous ! La somme des rangs des lettres est constante :
III = 9 + 9 + 9 = 27
KLD = 11 + 12 + 4 = 27
RCF = 18 + 3 + 6 = 27
AXB = 1 + 24 + 3 = 27 ➲ **Logique « rang de lettre »**
☒ Nous éliminons a), b) et e).
Logique horizontale :
Les deuxièmes lettres de chaque groupe se suivent avec 1 rang d'écart : H ? J K L
➲ **Logique « suite de lettres »**
☒ Nous éliminons d).

Question 83. Difficulté : ★★ *Réponse a)*

Logique verticale :
16/4/20 : 4×4/4/5×4
32/8/40 : 4×8/8/5×8
24/6/30 : 4×6/6/5×6
8/2/10 : 4×2/2/5×2 ➲ **Logique « multiples »**
☒ Nous éliminons d) et e).
Logique horizontale :
5 + 5 + 5 + 5 + 5 = 8 + 7 + 5 + 4 + 1 = 9 + 6 + 3 + 3 + 4 = 8 + 5 + 4 + 3 + 5 = 25
➲ **Logique « somme »**
☒ Nous éliminons b) et c).

Question 84. Difficulté : ★ *Réponse e)*

1ère étape : Trouvez une logique
Le nombre inscrit correspond au triple de la somme du nombre total de côtés des deux figures. ➲ **Logique « côtés »**
2ème étape : Élimination des solutions
☒ Nous éliminons a), b), c) et d).

Question 85. Difficulté : ★ *Réponse a)*

1ère étape : Trouvez une logique

Nous reconnaissons une suite (ou plutôt un saut) de nombres premiers.

➲ **Logique « nombres premiers »**

2ème étape : Élimination des solutions

☒ Nous éliminons b), d) et e).

1ère étape : Trouvez une logique

Le nombre premier le plus élevé effectue une rotation dans le sens des aiguilles d'une montre.

➲ **Logique « rotation »**

2ème étape : Élimination des solutions

☒ Nous éliminons c).

Question 86. Difficulté : ★★ *Réponse d)*

1ère étape : Trouvez une logique

La somme des chiffres et du nombre de côtés est égale à 15.

➲ **Logique « côtés »**

2ème étape : Élimination des solutions

☒ Nous éliminons a), b), c) et e).

Question 87. Difficulté : ★★★ *Réponse b)*

1ère étape : Trouvez une logique

Les figures sont composées respectivement de 6 côtés, 5 côtés et 4 côtés.

➲ **Logique « côtés »**

2ème étape : Élimination des solutions

☒ Nous éliminons a), d) et e).

1ère étape : Trouvez une logique

Les nombres sont tous premiers et se suivent avec un saut d'un nombre premier :
67, 71, 73, 79, 83, 89 et 97

➲ **Logique « nombres premiers »**

2ème étape : Élimination des solutions

☒ Nous éliminons c).

Question 88. Difficulté : ★★ *Réponse a)*

1ère étape : Trouvez une logique

Le produit des chiffres et du nombre de côtés est constant et égal à : $4\times5\times6\times8$

➲ **Logique « côtés »**

2ème étape : Élimination des solutions

☒ Nous éliminons b), c), d) et e).

Question 89. Difficulté : ★ *Réponse b)*

<u>1ère étape : Trouvez une logique</u>

La paire de nombres se trouve alternativement en haut puis en bas.

➲ **Logique « position »**

<u>2ème étape : Élimination des solutions</u>

☒ Nous éliminons c) et e).

<u>1ère étape : Trouvez une logique</u>

La somme totale des nombres est égale à 17. ➲ **Logique « somme »**

<u>2ème étape : Élimination des solutions</u>

☒ Nous éliminons a) et d).

Question 90. Difficulté : ★★★ *Réponse e)*

<u>1ère étape : Trouvez une logique</u>

La juxtaposition des chiffres forme un carré parfait et ceux-ci sont ordonnés :

361 / 19^2 ; 324 / 18^2 ; 289 / 17^2 ➲ **Logique « carrés »**

<u>2ème étape : Élimination des solutions</u>

☒ Nous éliminons a), b), c) et d).

VI – TAGE MAGE® blanc N°6

Le Test TAGE MAGE® est présent dans de nombreux concours (Passerelle 2, Tremplin 2, ESSEC, EM Lyon, Audencia), mais aussi dans la procédure de recrutement de nombreuses Grandes Écoles ou Universités en Mastères spécialisés (HEC, ESSEC,...), Masters (SAI, ...) et IAE.

Le Test TAGE MAGE® est un QCM de 2 heures.
Il s'agit d'une épreuve qui permet le recrutement de candidats possédant des cursus scolaires variés.

Il est composé de six sous-tests de 15 questions à résoudre en 20 minutes :

- ***Compréhension d'un test écrit :*** lecture de textes suivie par une série de questions de compréhension. Le retour aux textes est possible.
- ***Calcul :*** cette épreuve évalue la maîtrise de connaissances simples dans les domaines de l'arithmétique, de la géométrie, de l'algèbre et du calcul.
- ***Raisonnement :*** 15 questions de raisonnement logique.
- ***Conditions minimales :*** cette épreuve vise à contrôler la capacité d'analyse de la pertinence des informations en vue de la résolution d'un problème.
- ***Expression :*** épreuve destinée à tester l'aptitude à comprendre une information formulée dans un court message verbal puis à en trouver rapidement une reformulation ou une suite probable.
- ***Logique :*** 15 questions portant sur des croisements de séries de chiffres, de lettres ou de figures.

90 questions-types TAGE MAGE® en 120 minutes
5 choix multiples
Réponse juste : +4 points **Réponse fausse : -1 point**

Découpez la grille de réponses en page 699.

Remarque : Je vous conseille vivement de découper la grille de réponses et de vous entraîner à soigneusement noircir les cases. Vous le constaterez, cet exercice est moins évident qu'il n'y paraît. Gardez à l'esprit que chaque année, certains candidats ratent leurs concours pour un simple décalage de ligne !
Vous pourrez vous corriger et calculer votre score à l'aide de la grille de correction en fin d'ouvrage en page 676. Établissez la cartographie de vos forces et faiblesses et comparez-la à celle du TAGE MAGE® blanc N°5.

Let's go !

VI.1 – TAGE MAGE® blanc N°6 – Test blanc

Sous-test 1
COMPRÉHENSION D'UN TEXTE ÉCRIT

Durée : 20 minutes
15 questions

Consignes

Cette épreuve comporte trois textes numérotés 1, 2 et 3. Chacun de ces textes est suivi d'une série de questions. Chaque question vous présente cinq propositions qui peuvent porter sur différents niveaux de lecture :

- Informations « isolées » contenues dans le texte ;
- Idées principales, traitées dans un ou plusieurs paragraphes ;
- Position de l'auteur telle qu'elle se reflète dans le texte, etc.

Parmi les cinq propositions présentées dans le cadre de chaque question, certaines sont en contradiction flagrante avec le texte ; d'autres abordent des aspects qui n'y sont pas traités ; d'autres encore se rapprochent plus ou moins de ce qui est exprimé - directement ou indirectement - dans ce même texte.

La seule proposition considérée comme exacte est celle qui se rapproche le plus de ce qui est dit dans le texte. Les quatre autres propositions sont considérées comme fausses.

Barème d'évaluation

Réponse exacte :	+ 4 points
Réponse inexacte :	- 1 point
Absence de réponse ou réponse multiple :	0 point

La note finale de cette épreuve sera comprise entre -15 et + 60.

L'utilisation de toute calculatrice et de tout matériel électronique est interdite.

Démarrez le chronomètre pour 20 minutes de test.

Texte 1

Ce qui se passe à Moscou a un air de déjà-vu. Les mauvaises langues disent même que certaines idées, dont celle de faire renaître un grand espace eurasien autour de la Russie, « sentent la naphtaline ». Mais cela n'a pas empêché les membres de Russie Unie, le parti au pouvoir, de formuler une fois de plus ce projet qui, en forme de serpent de mer, apparaît régulièrement dans le discours panrusse, qu'il soit officiel ou pas. La nouveauté, cette fois-ci est que « l'espace économique commun » cher à Vladimir Poutine, qui réunirait la Biélorussie, la Russie et le Kazakhstan, pourrait s'étendre à tous les pays de l'ex-URSS et inclure aussi d'autres pays « loyaux aux intérêts économiques russes ». A ce stade, il s'agirait de la Finlande, de la Hongrie, de la République tchèque, de la Bulgarie, de la Mongolie, du Vietnam, du Venezuela et de Cuba.

On remarquera que, outre les alliés traditionnels de Moscou, cette liste inclut quatre États membres de l'Union Européenne. Et il s'agit là de la deuxième nouveauté, de loin la plus importante, de ce projet : il enfonce un coin dans une Europe qui, aux dires de tous ses dirigeants, connaît sa plus grave crise depuis la Deuxième guerre mondiale. « Celui qui veut restaurer l'Union Soviétique n'a pas de tête. Celui qui ne la regrette pas n'a pas de cœur », a dit un jour Vladimir Poutine. Force est de constater que, cette fois-ci, l'idée n'est pas aussi insensée notamment parce qu'elle arrive à un moment de grande faiblesse de l'Union Européenne, le seul grand ensemble pour l'instant encore viable sur le Vieux continent. Et c'est aussi à cette lumière qu'il faut voir la déclaration du représentant russe dans l'Alliance atlantique, le turbulent Dimitri Rogozine qui a affirmé que Moscou devrait « sérieusement considérer » la demande de plus 20 000 Serbes du Kosovo d'acquérir la nationaliste russe. Ces derniers pourraient ainsi devenir les premiers citoyens de ce futur grand espace qui rappelle furieusement les inscriptions laissées par les Tchetniks serbes sur les maisons qu'ils venaient d'incendier – « de Belgrade à Vladivostok ! ». D'ailleurs, Dimitri Rogozine a aussi expliqué qu'une « légion étrangère » constituée de mercenaires slaves dans l'Armée russe serait une très bonne idée.

Pour l'instant, outre l'économie, c'est la langue qui devrait constituer le ciment de ce nouvel espace. Moscou compte faire de la langue de Pouchkine une des langues officielles de l'Union Européenne, mais pour cela, il faut recueillir un million de signatures dans au moins sept pays de l'Union, rappelle le quotidien *Kommersant* de Moscou. Motivée aussi par la nostalgie, la constitution de cette nouvelle Eurasie serait dépourvue d'idéologie – sauf l'intronisation de Moscou comme centre et nouveau pôle d'influence dans le monde.

Question 1. Quel titre correspond le moins au texte 1 ?

a) L'appétit de pouvoir russe
b) Un projet dépassé
c) Eurasie versus Europe ?
d) La Russie des Balkans au Pacifique
e) L'expansionnisme russe

Question 2. Quelles sont les nouveautés du projet de Vladimir Poutine ?

1. Il englobe des affidés jusqu'en Amérique
2. Il concerne certains pays de l'Union Européenne
3. Il concerne les anciens pays de l'URSS

a) Uniquement 1
b) 1 + 2 + 3
c) 1 + 2
d) Uniquement 2
e) 2 + 3

Question 3. Quel adjectif ne peut-il pas s'appliquer au projet de Vladimir Poutine ?

a) hégémonique
b) panrusse
c) confédéral
d) impérialiste
e) expansionniste

Question 4. Que signifie l'affirmation de l'auteur du texte 1 « *il enfonce un coin dans une Europe…* » ?

a) Il entre de manière détournée en Europe.
b) Il place violemment ses pions en Europe.
c) Il déstabilise l'Europe.
d) Il entre en collision avec l'Europe.
e) Il agresse l'Europe.

Question 5. Quel espace n'est-il pas concerné par le projet de Vladimir Poutine ?

a) l'Amérique
b) l'Asie
c) l'Europe
d) l'Ibéro-Amérique
e) l'Océanie

Question 6. Quelle déclaration de Vladimir Poutine est rapportée dans le texte 1 ?

a) Vladimir Poutine déclare vouloir ressusciter l'URSS.
b) Vladimir Poutine déclare être nostalgique de l'URSS.
c) Vladimir Poutine déclare s'inspirer de l'URSS.
d) Vladimir Poutine déclare imiter l'URSS.
e) Vladimir Poutine déclare fuir le modèle de l'URSS.

Texte 2

Pour l'instant, nous ne savons pas encore grand-chose des trois extrémistes de droite de Thuringe, Beate Z., Uwe M. et Uwe B. Et pourtant, voilà comment je me représente les choses : si j'étais venue de la campagne, plutôt que de la ville, si non seulement mon père, mais aussi ma mère avait connu la déchéance après la chute du Mur, si, dans mon école, les durs avaient noué leurs rangers avec des lacets blancs plutôt que rouges, si leurs aînés, au lieu d'être propriétaires et d'ouvrir des galeries à Leipzig-Connewitz, avaient tabassé les immigrés aux arrêts de bus – peut-être que moi aussi, je me serais retrouvée sur cette pente savonneuse qui, dans la plupart des cas, commence de façon inoffensive, mais peut aboutir à une catastrophe. Aujourd'hui, dix personnes ont été tuées.

Et je ne peux donc me défaire du sentiment que mon parcours n'est séparé de celui de ces trois brutes néonazies que par une ligne ténue. Ils ont, à peu près, mon âge. Et c'était à cela que ressemblait la vie en Allemagne de l'Est au milieu des années 1990. D'une rudesse et d'un cynisme aussi flous que constants. Comme si c'était en nous, adolescents, que la léthargie, l'absurdité et l'hypocrisie des années 1980 en RDA et les désillusions de la réunification avaient trouvé une forme commune.

Dès l'école, il fallait, après la chute du Mur, décider si l'on était de gauche ou de droite. Impossible d'aller au-delà. Et l'on s'habillait, fréquentait bars et clubs, manifestait en conséquence. On en connaissait beaucoup qui avaient déjà volé une voiture ou mis le feu à une maison inoccupée, qui fourguaient de la drogue, ou cachaient une arme sous leur lit.

L'écrivain de Leipzig Clemens Meyer a dépeint cette époque avec précision dans son roman, *Als wir träumten* (Tandis que nous rêvions ?). Il a été salué pour sa description du sous-prolétariat. À vrai dire, nous étions nombreux à être comme ça, et cela n'avait pas vraiment de rapport avec le sous-prolétariat, plutôt avec un sentiment de perdition qui était plus fort que la compréhension que l'on avait de soi.

Question 7. Que peut-on affirmer au sujet de l'auteur du texte 2 ?

a) L'auteur comprend les trois extrémistes.
b) L'auteur compatit au sort des trois extrémistes.
c) L'auteur pardonne le geste des trois extrémistes.
d) L'auteur justifie l'action des trois extrémistes.
e) L'auteur analyse le parcours des trois extrémistes.

Question 8. Quels facteurs explicatifs, l'auteur met-il en exergue concernant l'attitude des trois extrémistes ?

1. la vie en ex-RDA après la chute du Mur
2. l'influence historique du nazisme
3. les conditions de la réunification allemande

a) 1 + 2 + 3
b) Uniquement 1
c) 1 + 2
d) 1 + 3
e) Uniquement 3

Question 9. Qu'est-ce qui sépare l'auteur de ces trois extrémistes ?

a) un sentiment de perdition
b) l'expérience de la violence
c) la situation sociale
d) l'âge et la maturité
e) la vie en Allemagne de l'Est

Question 10. Qu'est-il reproché aux trois extrémistes ?

a) d'être néo-nazis
b) d'avoir tué dix personnes
c) de recourir à la violence
d) de vendre de la drogue
e) de détenir des armes

Texte 3

15 mai 2011. À l'appel du site Internet du collectif *Democracia real Ya* (Démocratie réelle maintenant), des milliers de manifestants défilent dans 58 villes d'Espagne. « Nous ne sommes pas des marchandises aux mains des politiques et des banquiers », scandent-ils. 21 % de chômage, parmi lesquels 45 % chez les jeunes de moins de 25 ans, la loi Sinde (équivalent de la loi Hadopi) qui vise à empêcher le piratage sur Internet, la Constitution jugée peu représentative, les motifs de contestation ne manquent pas. À Madrid, ils sont 50 000 à descendre dans la rue. Le soir venu, 200 d'entre eux refusent de se séparer et établissent le premier campement sur la place de la Puerta del Sol. Au matin, la police déloge les campeurs. Dès lors, des messages sont lancés sur le réseau social Twitter, invitant les volontaires à reprendre possession de la place. Point kilométrique zéro des routes espagnoles, la Puerta del Sol devient le symbole et le point de départ de la « *Spanish revolution* ».

Dans la mobilisation des militants, l'organisation des assemblées ou la diffusion des revendications, blogs et réseaux sociaux jouent un rôle crucial. Particulièrement Twitter, dont le format court (140 caractères) impose une simplification du message. Les canaux d'entrée sont multiples : 65 000 personnes suivent les messages du compte « officiel » madrilène Acampadasol. D'autres cherchent les informations par mots-clés, indiqués par un *hashtag* (#). Parmi les plus populaires, on retrouve les mots d'ordre : #yeswecamp (en référence au « *yes we can* » de la campagne de Barack Obama), #NoNosVamos (#NousNePartonsPas), ou #Notenemosmiedo (#Nousnavonspaspeur).

Au fil des messages Twitter, le mouvement du 15 mai se structure et définit une ligne idéologique. Les *tweets* (messages) sont tantôt le reflet des discussions en assemblée, tantôt les précèdent. Juan José Hurtado explique dans un tweet que « le leader est celui qui apporte une idée pour aller de l'avant, idée qui parvient à un consensus ».

Question 11. Quel support a joué un rôle décisif dans la mobilisation des manifestants espagnols ?

a) La presse traditionnelle
b) La télévision
c) Les réseaux sociaux
d) Le bouche à oreille
e) Le tractage

Question 12. Pourquoi la Puerta del Sol incarne-t-elle un lieu emblématique ?

a) son nom est légendaire depuis plusieurs siècles
b) elle se situe au cœur de Madrid, capitale du pays
c) elle a une signification historique très forte
d) elle est le départ de toutes les routes
e) elle est située dans un quartier étudiant et populaire

Question 13. Quels sont les motifs de manifestation ?

1. la dégradation de la situation économique
2. le manque de représentativité politique
3. le poids des agences de notation et des marchés financiers

a) 1 + 2 + 3
b) Uniquement 1
c) 1 + 2
d) 2 + 3
e) 1 + 3

Question 14. Parmi les propositions suivantes, laquelle est-elle exacte ?

a) 45 % des chômeurs sont des jeunes en âge d'être actif.
b) Le taux de chômage chez les jeunes est de 45 %.
c) 10 % de la population active sont des jeunes chômeurs.
d) 21 % des 45 % de jeunes sont des chômeurs.
e) Le chômage touche près de 21 % des jeunes actifs ou inactifs.

Question 15. Quel chiffre correspond à la réalité ?

a) 120 000 tweets ont été échangés
b) 58 villes accueillent des manifestants depuis le début
c) 65 000 personnes ont manifesté
d) 50 000 personnes suivent les messages du compte officiel
e) 200 campeurs dorment sur la Puerta del Sol

Ne pas tourner la page avant expiration des 20 minutes.

Sous-test 2
CALCUL

Durée : 20 minutes
15 questions

Consignes

Cette épreuve est constituée de 15 questions pour lesquelles vous disposez de 20 minutes.

Les questions ne sont pas classées par ordre de difficulté.

Barème d'évaluation

Réponse exacte :	+ 4 points
Réponse inexacte :	- 1 point
Absence de réponse ou réponse multiple :	0 point

La note finale de cette épreuve sera comprise entre -15 et + 60.

L'utilisation de toute calculatrice et de tout matériel électronique est interdite.

Démarrez le chronomètre pour 20 minutes de test.

Question 16. On augmente la longueur de l'arête d'un cube de 6 cm alors que son volume initial était de 343 cm^3. Quelle est l'aire du nouveau cube après modification ?

a) 169 cm^2
b) 1 014 cm^2
c) 1 114 cm^2
d) 2 197 cm^2
e) 3 197 cm^2

Question 17. Cette année mon âge est un multiple de 11. Dans trois ans, mon âge sera un carré dont la somme des deux chiffres est égale à sept. Quel est mon âge ?

a) 11 ans
b) 22 ans
c) 33 ans
d) 66 ans
e) 78 ans

Question 18. Une association de charité reçoit de la part d'un confiseur un carton de 1 500 chocolats et un carton de 1 000 sucettes. On réalise alors des lots comprenant chacun 4 chocolats et 3 sucettes. Combien manquera-t-il de sucettes pour épuiser le stock de chocolats ?

a) 125
b) 138
c) 117
d) 120
e) 132

Question 19. Dans un camping hébergeant 80 personnes, il est possible de s'inscrire à des activités :

- 15 campeurs pratiquent le canoë,
- 30 campeurs pratiquent la randonnée à pied,
- 20 campeurs pratiquent le tir à l'arc.

Sachant que 10 campeurs pratiquent au moins deux activités et que 5 pratiquent les trois, combien de campeurs ne pratiquent aucune activité ?

a) 15
b) 20
c) 25
d) 30
e) 35

Question 20. Dans un élevage de lapins, la progression du nombre de bêtes est de 25 % par an. Fin 2009, l'élevage comprenait 3 369 bêtes. En quelle année a-t-il dépassé les 1 500 bêtes ?

a) 2006
b) 2007
c) 2004
d) 2005
e) 2003

Question 21. Soit un rectangle divisé en six carrés inégaux numérotés de A à F. Le carré B a une surface de 144 cm² et les carrés E et D sont identiques avec une surface de 64 cm² chacun.
Quelle est la longueur de ce rectangle ?

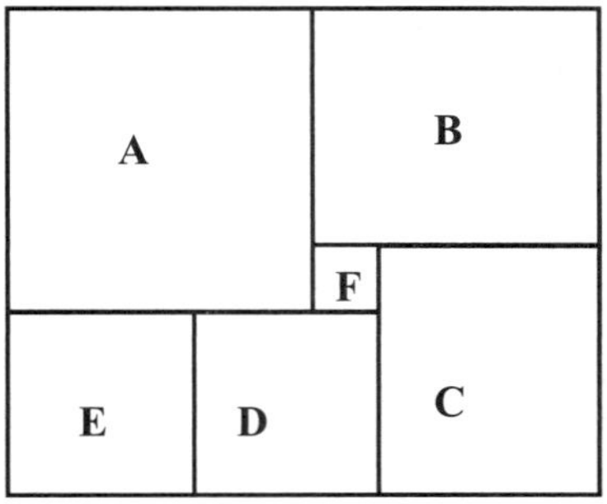

a) $12\sqrt{2}$ cm
b) 22 cm
c) 26 cm
d) 32 cm
e) 24 cm

Question 22. Pour la rentrée scolaire, dans un hypermarché, deux cahiers et trois stylos coûtent 6 € et trois cahiers et deux stylos coûtent 7 €.
Quel est le prix d'un cahier ?

a) 80 centimes d'euros
b) 2 euros
c) 120 centimes d'euros
d) 0,6 euros
e) 180 centimes d'euros

Question 23. Une compagnie aérienne dessert 21 villes en Europe. Toutes les villes sont reliées entre elles par un vol quotidien. Combien de lignes aériennes existe-t-il ?

a) 410
b) 190
c) 105
d) 405
e) 420

Question 24. a, b et c sont trois nombres entiers consécutifs impairs tels que : 20<a<b<c<30 et tel que a soit un nombre premier.
Quelle est la valeur de (b + c) ?

a) 44
b) 52
c) 49
d) 50
e) 55

Question 25. Si j'avais eu 5 fois plus d'argent, j'aurai pu constituer mon bouquet avec 32 roses de plus. De combien de roses est constitué mon bouquet ?

a) 8
b) 10
c) 12
d) 14
e) 16

Question 26. Deux voitures partent à la même heure de deux villes A et B distantes de 240 km. Elles se croisent à 80 km de la ville B. Quelle est l'expression de la vitesse moyenne de la voiture partie de la ville B en fonction de la vitesse de la voiture partie de la ville A ?

a) $\frac{8}{10}$

b) $\frac{1}{3}$

c) $\frac{1}{4}$

d) $\frac{7}{9}$

e) $\frac{1}{2}$

Question 27. Un présentoir à vernis à une capacité de stockage de 80 pièces de différentes couleurs : « azur », « paradise » et « camouflage ». Le nombre de vernis « azur » est égal au tiers du nombre de vernis « paradise » et « camouflage » et si l'on rajoute 10 vernis « paradise » sur le présentoir, il y a alors le même nombre de vernis « paradise » que de « camouflage ». Combien y a-t-il de vernis « camouflage » ?

a) 20
b) 25
c) 30
d) 35
e) 40

Question 28. Dans une famille il y a trois frères et sœurs, on sait que la moyenne de leur âge est 14 ans, que la moyenne des âges du plus grand et du plus petit est 15 ans. Quel est l'âge du cadet ?

a) 12 ans
b) 13 ans
c) 14 ans
d) 11 ans
e) 10 ans

Question 29. Un particulier commande des travaux à un artisan. Ils sont évalués à 22 200 € TTC. La TVA est alors à 20 %. Au moment de la réalisation des travaux la TVA n'est plus que de 5 %. Quel est le montant de l'économie réalisée par ce particulier ?

a) 2 500 €
b) 2 775 €
c) 3 000 €
d) 1 950 €
e) 1 775 €

Question 30. Un éleveur achète cinq chiens de la même espèce. En les pesant deux par deux, toutes les combinaisons donnent les résultats suivants : 90 kg, 92 kg, 93 kg, 94 kg, 95 kg, 96 kg, 97 kg, 98 kg, 100 kg, et 101 kg. Quelle est la valeur obtenue si l'on additionne les poids des cinq chiens ?

a) 222 kg
b) 230 kg
c) 239 kg
d) 244 kg
e) 252 kg

Ne pas tourner la page
avant expiration des 20 minutes.

Sous-test 3
Raisonnement & Argumentation

Durée : 20 minutes
15 questions

Consignes

Cette épreuve comporte 15 questions constituées chacune d'un paragraphe de quelques lignes et d'une question. Ces questions sont des questions de raisonnement qui ne nécessitent pas une connaissance approfondie de la logique formelle. Il est fortement conseillé aux candidats de lire et de relire très attentivement les paragraphes ainsi que les questions avant d'y répondre.

Cinq propositions sont formulées. Une seule est acceptable en fonction du paragraphe et de la question. Certaines traduisent une parenté de formulation aussi il est fortement conseillé, là encore, de lire et de relire très attentivement les cinq propositions de réponse.

Barème d'évaluation

Réponse exacte :	+ 4 points
Réponse inexacte :	- 1 point
Absence de réponse ou réponse multiple :	0 point

La note finale de cette épreuve sera comprise entre -15 et + 60.

L'utilisation de toute calculatrice et de tout matériel électronique est interdite.

Démarrez le chronomètre pour 20 minutes de test.

Question 31. Un adage populaire énonce « que le mendiant finit toujours par mordre la main de celui qui le nourrit ».

Quelle est la situation qui ne correspond pas à ce principe ?

a) Les enfants trop gâtés sont insupportables.
b) Donner sans contrepartie une augmentation de salaire conduit toujours les salariés à en réclamer davantage.
c) L'absence de règles conduit les adolescents à la délinquance.
d) Subventionner les entreprises en manque de compétitivité permet de sauver beaucoup d'emplois.
e) Faire les devoirs d'un enfant à sa place le conduit à l'échec scolaire.

Question 32. Trois personnes se tiennent debout devant vous. Une femme est à la gauche d'un homme, une personne allemande est à la droite d'une personne française et la personne belge n'est pas à côté d'une femme. Quelle personne se trouve au centre ?

a) une femme allemande
b) un homme français
c) un homme allemand
d) un homme belge
e) une femme française

Question 33. Nous nous représentons mentalement les propriétaires d'esclaves comme des brutes cruelles, sadiques, inhumaines. Mais ce faisant, nous oublions un peu trop facilement la banalité de la condition servile dans les siècles passés. À la fin du XVIIIème siècle, plus des trois quarts de l'humanité vivait dans une condition ou une autre d'asservissement, soit esclaves, soit serfs.

Quelle est la proposition qui conclut le mieux ce propos ?

a) L'abolition de l'esclavage est chose récente.
b) On ne saurait juger le passé sur des critères modernes.
c) Tous les propriétaires d'esclaves n'étaient pas brutaux.
d) Le progrès de la liberté façonne l'histoire.
e) Être esclave était chose courante auparavant.

Question 34. La réunion du G20, groupe de 19 pays plus l'Union européenne, qui devait être l'apogée de la renaissance du projet européen avec le monde en appui, a fait long feu. L'Europe est maintenant seule et doit prendre son destin en mains.

Quel argument soutient-il le plus la conclusion ?

a) Le G20 a considérablement aidé le projet européen à s'autonomiser.
b) Le monde avait les yeux rivés sur le destin européen, ce n'est malheureusement plus le cas.
c) Après l'échec du G20, l'Europe se retrouve seule face à son destin.
d) Le G20 a refusé d'aider l'Europe à se réformer.
e) Entre l'Union européenne et le G20, le torchon brûle.

Question 35. La lutte contre les émissions de gaz à effet de serre mais aussi l'adaptation aux conséquences du changement climatique ne sont donc plus des options sur un agenda politique déjà chargé, il s'agit d'une nécessité. Nécessité qui a hélas bien du mal à s'imposer, surtout depuis le sentiment de rendez-vous raté le sommet de la terre de Rio en 2012

Quel argument soutient-il le moins la conclusion ?

a) Le sommet de Rio n'a pas favorisé une prise de conscience écologique.
b) L'homme ne peut plus repousser l'évidence du changement climatique.
c) Les autorités politiques doivent prendre en compte des impératifs écologiques.
d) Si le sommet de Rio avait eu lieu, la prise de conscience se serait opérée.
e) La nature commande à nos destinées plus que la volonté politique.

Question 36. Pour la première fois, une telle intervention a été légalisée par le Conseil de sécurité de l'ONU. Elle n'en est pas légitime pour autant. Je m'inquiète de ce triomphe d'une conception militaire de la protection, non par pacifisme de principe mais parce que son bilan est calamiteux. La victoire par les armes sur le régime à abattre n'est en effet que le début de l'histoire.

Parmi ces cinq propositions, quelle est celle qui peut être considérée comme fausse en fonction du texte ?

a) Les instances internationales ne décident pas de ce qui est légitime.
b) Les interventions guerrières ne résolvent point les problèmes.
c) La militarisation des moyens d'action est problématique.
d) Le pacifisme doit l'emporter sur l'esprit belliqueux.
e) Une intervention militaire ne traite jamais qu'un aspect du problème politique.

Question 37. « Un tien vaut mieux que deux tu l'auras ».

Parmi ces cinq raisonnements, quel est celui qui correspond le mieux à ce dicton ?

a) « A » est à « a » ce que « B » est à « b ».
b) A maintenant vaut plus que A plus tard.
c) A est une conséquence de C mais pas B.
d) A est supérieur à B si A est plus sûr que B.
e) A vaut plus que C même si C vaut plus que B.

Question 38. Les remous entraînés par le risque de défaillance des dettes souveraines de certains États européens, notamment la Grèce, étaient en train de s'apaiser, en raison des décisions judicieuses, quoique tardives, prises le 21 juillet. La spéculation, voyant s'éloigner ses espérances de profit, a cherché de nouvelles occasions. Elle pensait les trouver en Italie.

Vers quelle conclusion ce passage tend-il ?

a) Les turbulences de la crise grecque ont durablement déstabilisé le système financier.
b) Les mouvements de spéculation contribuent à entretenir la crise.
c) L'Italie présente les mêmes signes de faiblesse que la Grèce.
d) La spéculation est encouragée par le caractère tardif des réponses politiques.
e) La défaillance des dettes souveraines constitue un problème majeur pour l'Europe.

Question 39. Agnès est née un 8 juin, cette année son anniversaire tombe un mardi, quel jour de la semaine tombera l'anniversaire de David, son mari, sachant qu'il est né un 1er octobre ?

a) Lundi
b) Mardi
c) Mercredi
d) Jeudi
e) Vendredi

Question 40. Comme en 2008-2009, une vague de grèves touche les provinces exportatrices chinoises, affectées par le ralentissement mondial. La dernière fronde en date a pour cadre la capitale économique du pays, Shanghai. Des centaines d'ouvriers d'une usine d'électronique y sont en grève depuis trois jours. Les grévistes dénoncent des « licenciements massifs », soit plus d'un millier de personnes, avec des indemnités insuffisantes. Le tout sur fond de déménagement du site industriel. Selon une organisation de défense des travailleurs basée à Hongkong, *China Labour Watch*, des heurts avec la police auraient fait plusieurs blessés.

Quel est le titre qui convient le mieux à ce texte ?

a) Chine : des mouvements de protestation sociale marginaux.
b) La crise avive les tensions sociales en Chine.
c) La répression des grévistes chinois s'organise.
d) La Chine : un modèle de développement ?
e) La crise n'épargne pas la Chine.

Question 41. Un nénuphar dont la surface double tous les jours, met 99 jours pour couvrir la surface d'un étang de 100 m². Combien de temps mettront huit nénuphars pour couvrir cet étang ?

a) 96 jours
b) 48 jours et 12 heures
c) 33 jours
d) 75 jours
e) 98 jours

Question 42. La perspective d'avoir un Parlement égyptien dominé par des islamistes, dont beaucoup sont issus de groupes ultraconservateurs, provoque l'inquiétude des milieux politiques laïques, ainsi que de la communauté chrétienne copte (6% à 10% de la population). Les partis islamistes se sont donc efforcés ces dernières heures de dissiper ces inquiétudes. Mais certains n'ont pas caché que leurs scores élevés les mettaient aussi en position de faire prévaloir leurs idées.

Quelle justification peut-on apporter à cette apparente contradiction ?

a) Le verdict de la démocratie doit être respecté.
b) Tous les islamistes n'inquiètent pas les milieux laïcs.
c) Les coptes ont pesé sur les partis islamistes pour les modérer.
d) Les islamistes redoutent une alliance des laïcs et des coptes.
e) Il n'y a pas d'unité des islamistes égyptiens.

Question 43. Une association réunit son assemblée générale le premier lundi de chaque trimestre (de janvier à mars, d'avril à juin, de juillet à septembre et d'octobre à décembre). À quelle date aura lieu la première réunion sachant que le 1er janvier tombe un mardi ?

a) le 4
b) le 5
c) le 6
d) le 7
e) le 8

Question 44. Dans les pays en voie de développement, on constate bien souvent un flagrant déséquilibre des pouvoirs entre les entreprises multinationales et l'État. Au Nigeria, le secteur du pétrole et du gaz représente environ 97 % des revenus en devises du pays et contribue à hauteur de 79,5 % aux recettes du gouvernement. Personne ne saurait attendre des compagnies pétrolières qu'elles changent leur fusil d'épaule et cessent d'esquiver leurs responsabilités et les contrôles dès qu'elles le peuvent.

Parmi ces cinq propositions, quelle est celle qui peut être considérée comme vraie en fonction du texte ?

a) Les entreprises pétrolières amorcent un changement stratégique au Nigeria.
b) Le Nigeria est suffisamment riche pour se passer des entreprises pétrolières.
c) Les entreprises pétrolières possèdent les moyens de désobéir à l'État nigérian.
d) Le Nigeria a établi une coopération harmonieuse avec les entreprises pétrolières.
e) Les entreprises pétrolières refusent de ne pas se soumettre à des contrôles au Nigeria.

Question 45. « Abondance de biens ne nuit pas. »

Que signifie ce dicton ?

a) On vit aussi bien pauvre que riche.
b) La richesse matérielle conduit à la pauvreté spirituelle.
c) La richesse spirituelle ne fait pas obligatoirement le bonheur.
d) La richesse matérielle n'est pas un obstacle au bonheur.
e) La pauvreté n'est pas primordiale pour être heureux.

Ne pas tourner la page
avant expiration des 20 minutes.

Sous-test 4
CONDITIONS MINIMALES

Durée : 20 minutes
15 questions

Consignes

Chacun des 15 problèmes qui suivent comporte une question et deux informations étiquetées (1) et (2). Vous devez décider si ces informations sont suffisantes pour répondre à la question.

Vous cocherez :

A) Si l'information (1) permet à elle seule de répondre à la question, et si l'information (2) à elle seule ne permet pas de répondre à la question.

B) Si l'information (2) permet à elle seule de répondre à la question, et si l'information (1) à elle seule ne permet pas de répondre à la question.

C) Si les deux informations (1) et (2) ensemble permettent de répondre à la question, et aucune séparément ne le peut.

D) Si chaque information permet séparément de répondre à la question.

E) Si les deux informations ensemble ou séparément ne permettent pas de répondre à la question.

Sauf précision contraire, tous les nombres utilisés sont des nombres réels.

Barème d'évaluation

Réponse exacte :	+ 4 points
Réponse inexacte :	- 1 point
Absence de réponse ou réponse multiple :	0 point

La note finale de cette épreuve sera comprise entre -15 et + 60.

L'utilisation de toute calculatrice
et de tout matériel électronique est interdite.

Démarrez le chronomètre pour 20 minutes de test.

A)	Si l'information (1) permet à **elle seule** de répondre à la question, et si l'information (2) à elle seule ne permet pas de répondre à la question.
B)	Si l'information (2) permet à **elle seule** de répondre à la question, et si l'information (1) à elle seule ne permet pas de répondre à la question.
C)	Si les deux informations (1) et (2) **ensemble** permettent de répondre à la question, et aucune séparément ne le peut.
D)	Si **chaque** information permet séparément de répondre à la question.
E)	Si les deux informations **ensemble ou séparément** ne permettent pas de répondre à la question.

Question 46. Un propriétaire possède un champ rectangulaire. À la suite d'un remembrement, la longueur de son champ est diminuée de 15 mètres alors que sa largeur est augmentée de 15 mètres. Quelles étaient la longueur et la largeur de son champ avant le remembrement ?

(1) Le périmètre du champ est le même avant et après le remembrement à savoir 200 mètres.
(2) Après le remembrement le champ est carré.

Question 47. Il est cinq heures du matin. Dans une gare de banlieue les premiers trains pour trois destinations différentes démarrent. À quelle heure, les trois trains pour les trois destinations redémarreront-ils ensemble au même instant ?

(1) Pour la première destination, un train démarre toutes les douze minutes.
(2) Pour les deuxième et troisième destinations, le cadencement entre deux trains est toujours un multiple impaire de 12 minutes.

Question 48. Sarah et Esther sont deux cousines nées à quatre mois d'intervalle, qui est la plus petite ?

(1) Sarah est plus petite que sa cousine Ève.
(2) Ève est plus grande que sa sœur Esther.

Question 49. Le prix d'un véhicule automobile a baissé régulièrement du mois de février au mois de septembre à raison de 5 % par mois. De quelle somme le prix de cette automobile a-t-il baissé du mois de mars au mois de juillet ?

(1) Son prix au mois de février était de 10 000 €.
(2) Son prix au mois de septembre était de 6 983,37 €.

A)	Si l'information (1) permet à **elle seule** de répondre à la question, et si l'information (2) à elle seule ne permet pas de répondre à la question.
B)	Si l'information (2) permet à **elle seule** de répondre à la question, et si l'information (1) à elle seule ne permet pas de répondre à la question.
C)	Si les deux informations (1) et (2) **ensemble** permettent de répondre à la question, et aucune séparément ne le peut.
D)	Si **chaque** information permet séparément de répondre à la question.
E)	Si les deux informations **ensemble ou séparément** ne permettent pas de répondre à la question.

Question 50. Deux amies Adrienne et Rolande réalisent ensemble le même travail. Si Adrienne le réalisait toute seule, elle mettrait 20 minutes. Combien faut-il de temps pour qu'elles le réalisent ensemble ?

(1) Le temps nécessaire pour réaliser le travail à deux est inférieur à 15 minutes.

(2) Rolande réalise le travail toute seule en 15 minutes.

Question 51. Un éleveur de chiens se rend à une foire agricole pour vendre un lot de 300 chiens de deux espèces différentes, des caniches et des labradors. Le nombre de caniches représente les deux tiers du lot. À la fin de la foire la moitié des chiens du lot ont été vendus. Combien reste-t-il de caniches à l'éleveur à la fin de la foire ?

(1) À la fin de la foire, le nombre de labradors restant représente le quart du nombre de caniches restant.

(2) À la fin de la foire, le nombre de caniches restant est un multiple du nombre de labradors restant.

Question 52. André et Bernard se rendent tous les deux à la boulangerie du centre-ville de Chaponost. André, Chaponois depuis 1997, habite le lotissement du Clos-Robert qui se trouve à cheval sur les villes de Chaponost et de Francheville-le-haut, Bernard n'est Chaponois que depuis 2004 et habite le lotissement des Acacias qui touche la ville de Brindas. Aujourd'hui, ils viennent de jouer une partie de tennis au centre sportif des Aqueducs et partent donc du même endroit. Quelle est la vitesse moyenne de Bernard sachant qu'il part 10 minutes après André ?

(1) La voiture d'André est en rodage et le mécanicien lui a fortement déconseillé les vitesses excessives, il a donc roulé, en moyenne, à 30 km/h.

(2) Le centre du village est fortement encombré car c'est jour de marché, les deux amis arrivent cependant à se rejoindre au bout de deux kilomètres.

A)	Si l'information (1) permet à **elle seule** de répondre à la question, et si l'information (2) à elle seule ne permet pas de répondre à la question.
B)	Si l'information (2) permet à **elle seule** de répondre à la question, et si l'information (1) à elle seule ne permet pas de répondre à la question.
C)	Si les deux informations (1) et (2) **ensemble** permettent de répondre à la question, et aucune séparément ne le peut.
D)	Si **chaque** information permet séparément de répondre à la question.
E)	Si les deux informations **ensemble ou séparément** ne permettent pas de répondre à la question.

Question 53. ***y*** est un nombre entier positif à trois chiffres. Le chiffre des centaines est 9. Quel est le chiffre des dizaines ?

(1) L'addition des chiffres des dizaines et des unités est égale au chiffre des centaines.
(2) Le chiffre des unités est la racine carrée du chiffre des centaines.

Question 54. N est-il divisible par 24 ?

(1) N est divisible par 2 et 3.
(2) N est divisible par 8 et 7.

Question 55. En considérant que les cartons sont totalement pleins et que leur poids (vide) est négligeable, combien de flacons de parfum de 50 ml peut-on mettre dans un carton ?

(1) Deux cartons remplis pèsent 20 kilogrammes.
(2) Un flacon représente un volume de 50 cm^3 et la masse volumique d'un flacon de parfum est de 2 000 kg/m^3.

Question 56. C et D sont deux cercles. Quelles est la circonférence du cercle C sachant que le rayon du cercle D mesure 10 cm ?

(1) Le rayon du cercle C est deux fois plus grand que le diamètre du cercle D.
(2) L'aire du cercle D est égale au quart de la moitié de l'aire du demi-cercle C.

A)	Si l'information (1) permet à **elle seule** de répondre à la question, et si l'information (2) à elle seule ne permet pas de répondre à la question.
B)	Si l'information (2) permet à **elle seule** de répondre à la question, et si l'information (1) à elle seule ne permet pas de répondre à la question.
C)	Si les deux informations (1) et (2) **ensemble** permettent de répondre à la question, et aucune séparément ne le peut.
D)	Si **chaque** information permet séparément de répondre à la question.
E)	Si les deux informations **ensemble ou séparément** ne permettent pas de répondre à la question.

Question 57. Quelle est la proportion d'élèves bruns dans la classe ?

(1) Parmi les filles, la moitié sont brunes et 67,5 % ont les cheveux bouclés.
(2) Les garçons sont blonds ou bruns, on compte un blond pour quatre bruns et 48,5 % des garçons ont les cheveux bouclés.

Question 58. De combien de caisses doit-on décharger le container A pour qu'il fasse le même poids que le container B ?

1) Le container A contient des caisses 2 fois plus lourdes que les caisses du container B.
2) Le container A contient, à l'origine, 6 caisses de plus que le container B qui en a 20.

Question 59. Soient deux entiers positifs P et M. Calculez (P – M) sachant que M est égal au cinquième de P ?

(1) $2P + 4M = 42$
(2) Le produit de P et M est divisible par cinq et strictement compris entre 20 et 50.

Question 60. Quel est l'âge de Paulette sachant qu'elle est trois fois plus âgée que Sandy qui a elle-même moins de 35 ans ?

(1) L'addition des deux chiffres de l'âge de Paulette est égale à 9.
(2) L'âge de Sandy est un multiple de 5.

Ne pas tourner la page
avant expiration des 20 minutes.

Sous-test 5
EXPRESSION

Durée : 20 minutes
15 questions

Consignes

Cette épreuve comporte différents types d'exercices :

1. Évaluer le degré de synonymie dans les reformulations.
2. Choisir la formulation qui reprend le mieux (correction et clarté) l'énoncé initial.
3. Choisir les mots qui assurent la cohérence du texte.

Attention !

- Soyez rapide.
- Soyez attentif aux consignes de chaque exercice.

Barème d'évaluation

Réponse exacte :	+ 4 points
Réponse inexacte :	- 1 point
Absence de réponse ou réponse multiple :	0 point

La note finale de cette épreuve sera comprise entre -15 et + 60.

L'utilisation de toute calculatrice et de tout matériel électronique est interdite.

Démarrez le chronomètre pour 20 minutes de test.

Recherche de synonymie

Consigne de 61 à 65 : Choisissez la reformulation dont le sens se rapproche le plus du passage / des passages souligné(s).

Question 61. J'entends que cette affaire soit traitée rapidement.

a) Je comprends
b) Je souhaite
c) Je conçois
d) Je réalise
e) J'exige

Question 62. Il a irrémédiablement compromis la confiance placée en lui.

a) définitivement
b) immédiatement
c) soudainement
d) étonnamment
e) suffisamment

Question 63. Il est vrai que l'ensemble de ses amis ne fait pas montre du même inaltérable empressement.

a) n'expose pas la même absolue rapidité.
b) ne fait pas preuve de la même solide prévenance.
c) ne se distingue pas par des qualités identiques.
d) ne met pas en avant la même inusable vitalité.
e) ne fait pas la manifestation de son souhait de vitesse.

Question 64. Une franchise qui lui vaut quelques sarcasmes dans ses rangs, où l'on moque ses interventions jugées simplistes.

a)	quolibets	se gausse de ses discours
b)	railleries	tourne en ridicule ses propos
c)	plaisanteries	rit de ses prises de parole
d)	insultes	s'amuse de son propos
e)	méchancetés	conte ses réalisations

Question 65. Vous verrez qu'il y a une augmentation croissante des patients qui ont été aiguillés vers cette unité.

a) Vous observerez un constant accroissement des patients piqués dans ce service.
b) Vous verrez croître le nombre de patient envoyés par cette section de soins.
c) Vous remarquerez que les patients ponctionnés dans ce sens va en grandissant.
d) Vous constaterez que de plus en plus de malades ont été orientés vers ce département de soin.
e) Vous vous rendrez compte de l'importance des prises de sang réalisées dans ce service médicalisé.

Correction linguistique

Consigne pour la question 66 : Combien de mots sont mal orthographiés (fautes d'accord ou d'orthographe) ?

Question 66. Une grosse moitiée des conventions collectives sont un peu plus généreuses : l'employeur est tenu de verser un complément de salaire dès le quatrième jours d'absence. Si le gouvernement peut modifier les règles pour les indemnisations versées par la Sécu, il n'a aucune prise sur les conventions collectives négociées branche par branche. Le quatrième jours de carence qui se dessinent sera donc à la charge de l'employeur.

a) une faute
b) quatre fautes
c) deux fautes
d) cinq fautes
e) trois fautes

Consigne de 67 à 70 : Indiquez la formulation la plus correcte (orthographe et grammaire) et/ou la plus claire, éventuellement la plus élégante (style), pour exprimer le sens du passage souligné. Le choix a) reprend la formulation initiale.

Question 67. Il s'agit d'un choix éditorial fort, d'un parti pris politique que nous voulons sans ambiguité.

a) Il s'agit d'un choix éditorial fort, d'un parti pris politique que nous voulons sans ambiguité.
b) Il s'agit d'un choix éditorial fort, d'un parti pris politique que nous voulons sans ambiguïté.
c) Il s'agit d'un choix éditorial fort, d'un parti prit politique que nous voulons sans ambiguïté.
d) Il s'agit d'un choix éditorial fort, d'un parti prit politique que nous voulons sans ambiguité.
e) Il s'agit d'un choix éditorial for, d'un parti pris politique que nous voulons sans ambiguïté.

Question 68. Il était scencé m'octroyer ce privilège.

a) scencé m'octroyer
b) censé m'octroyer
c) sencé m'octroyer
d) sencé m'octroier
e) censsé m'octroier

Question 69. Il s'est révélé très compréensif et m'a pardonné mon erreur.

a) compréensif
b) compréhensible
c) compréhensif
d) comprenant
e) compréhenssif

Question 70. C'est à dessein que je n'ai pas répondu à ses attaques.

a) dessein
b) dessin
c) dessaint
d) dessaints
e) descin

Cohérence

Consigne de 71 à 74 : Complétez avec le mot, l'expression, la phrase assurant la meilleure cohérence avec l'énoncé de départ de chaque question.

Question 71. Au même titre que la calamité du raccourci, ... plus long chemin entre deux points, la malédiction de la mauvaise file semble être une loi universelle de la conduite.

a) qualifié de
b) qui s'avère toujours le
c) afin d'effectuer le
d) qui permet de réaliser le
e) sans lequel il reste le

Question 72. La pratique puise néanmoins .... dans le poids déterminant du Président dans .... des ministres mais crée un système difficilement gérable pour le Premier ministre.

a)	son utilité	la pluralité
b)	sa justification	l'activité
c)	son intérêt	l'amitié
d)	sa cohérence	la nomination
e)	son intelligence	le jeu

Question 73. À titre d'exemple, la traque du terroriste Carlos (en Libye, au Venezuela ou en Afrique de l'Est), ... des projets d'assassinats, sont décidés et suivis au sein de ce groupe.

a) excepté
b) voire
c) nonobstant
d) en outre
e) mais

Question 74. Inculpé pour .... économiques, l'ancien président ivoirien devrait être .... par la Cour pénale internationale.

a)	pillages	auditionné
b)	vols	consigné
c)	délits	déféré
d)	profits	salué
e)	crimes	jugé

Consigne pour la question 75 : Quelle est l'expression qui ne convient pas en remplacement des points de suspension ?

Question 75. .... l'académie à la seule formation initiale et continue des professionnels du renseignement génère une véritable frustration.

a) Empêcher
b) Cantonner
c) Limiter
d) Restreindre
e) Reléguer

Ne pas tourner la page avant expiration des 20 minutes.

Sous-test 6
LOGIQUE

Durée : 20 minutes
15 questions

Consignes

Les **huit premières questions** sont des problèmes d'intersection de deux séries. Chaque question contient deux séries, une série est présentée horizontalement et l'autre verticalement. Elles sont constituées de groupes de lettres ou de chiffres. Il s'agit pour vous de choisir parmi les cinq réponses qui vous sont proposées, le groupe de lettres ou de chiffres qui pourrait aussi bien appartenir à la série présentée horizontalement qu'à la série présentée verticalement et ainsi occuper **la place du point d'interrogation**.

Les **sept dernières questions** sont des problèmes de séries portant sur des données de nature spatiale. Chacune des séries est constituée de trois cases comprenant des graphiques suivies d'une case contenant un point d'interrogation. Les trois premières cases doivent vous permettre d'inférer le contenu de la case qui devrait occuper **la place du point d'interrogation**. La question porte donc sur le point d'interrogation et vous devez choisir votre réponse parmi les cinq propositions de réponse qui vous sont faites.

Barème d'évaluation

Réponse exacte :	+ 4 points
Réponse inexacte :	- 1 point
Absence de réponse ou réponse multiple :	0 point

La note finale de cette épreuve sera comprise entre - 15 et + 60.

L'utilisation de toute calculatrice et de tout matériel électronique est interdite.

Démarrez le chronomètre pour 20 minutes de test.

Question 76.

G N H				
O A P				
J C K				
U F V				
?	G L K	E T S	C E D	A X W

a) G B H   b) N D P   c) I K J   d) U B A   e) Q S R

Question 77.

	8 4			
	1 4			
	1 6 1			
3 1 4	?	5 3 8	1 5 6	2 3 5
	6 3			

a) 9 9   b) 2 3 3   c) 1 8 9   d) 4 2   e) 4 3 7

Question 78.

		J I H		
		R S I		
F L M	U O P	?	L V W	E R S
		X Y L		
		X W K		

a) D Q K   b) M I J   c) W U H   d) E D E   e) S T H

Question 79.

		4 1 2		
		5 1 5		
		6 1 8		
5 4 1	3 2 1	?	7 2 5	8 4 4
		8 2 4		

a) 7 6 5   b) 7 2 1   c) 9 2 7   d) 2 1 1   e) 7 2 8

Question 80.

		O Z Q		
V Z X	T X W	?	P X Y	Z X C
		P Y Q		
		B T Q		
		M K Q		

a) Q D X b) Z J H c) X Q Q d) X O P e) I X Q

Question 81.

		3 9		
7 0	1 6	?	2 5	6 1
		2 6		
		6 5		
		9 1		

a) 5 2 b) 7 8 c) 8 1 d) 4 3 e) 4 6

Question 82.

		A F G		
		B C D		
J K O	S T K	?	Z A M	B C G
		D J K		
		E M N		

a) K L R b) A B F c) C D E d) C K L e) C L E

Question 83.

		7 7 5 3		
		2 2 3 1		
		4 4 7 5		
8 8 2 2	6 4 8 2	?	5 8 7 0	9 1 5 5
		8 8 9 7		

a) 5 5 6 4 b) 4 4 5 7 c) 5 5 6 3 d) 5 5 5 3 e) 9 9 6 4

Question 84.

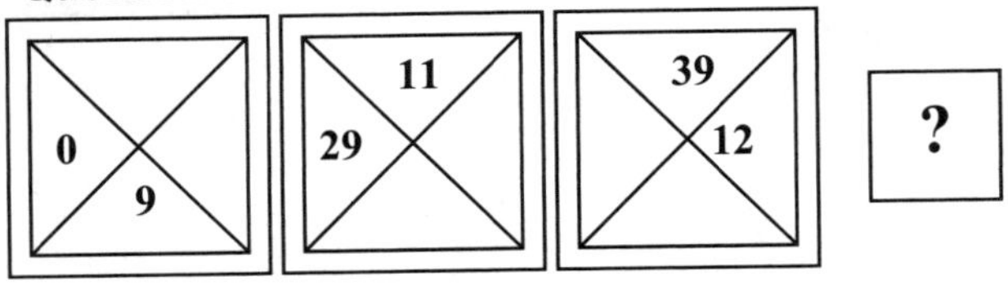

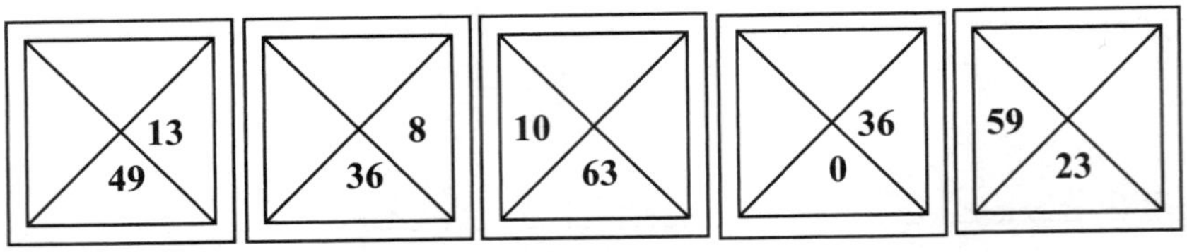

a) b) c) d) e)

Question 85.

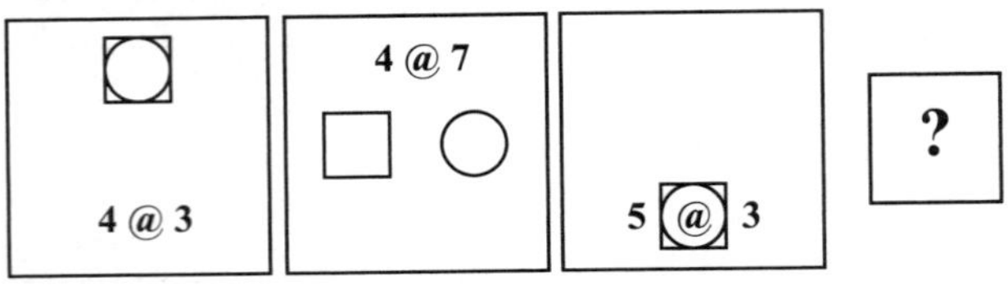

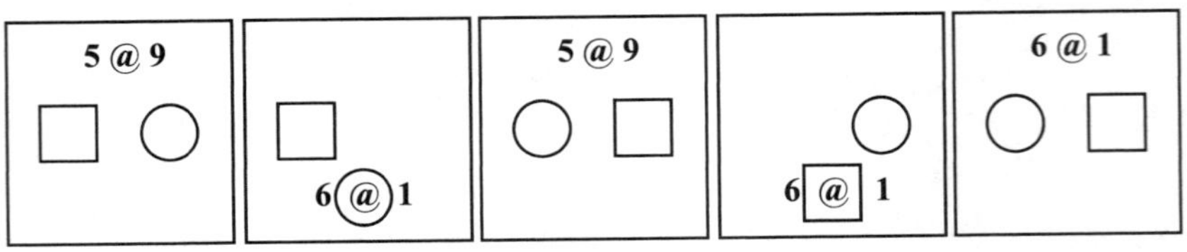

a) b) c) d) e)

Question 86.

52 Z	46 W	40 T	?

a)	b)	c)	d)	e)
34 Q	26 N	36 R	32 Q	38 S

Question 87.

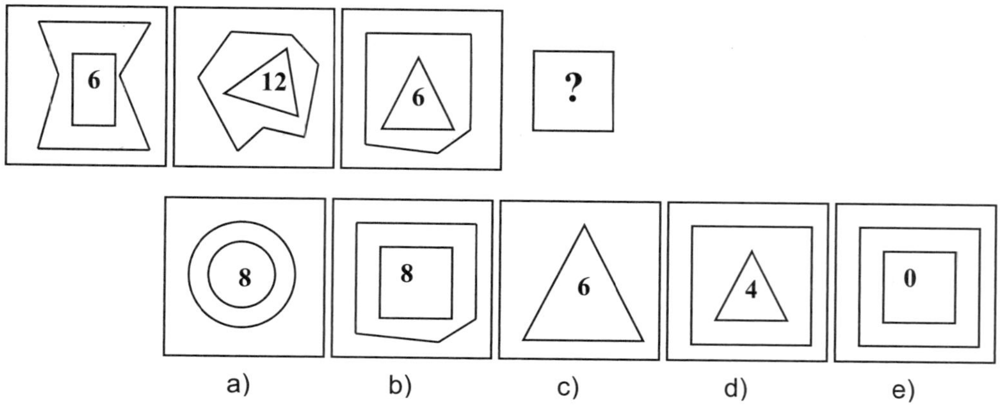

Question 88.

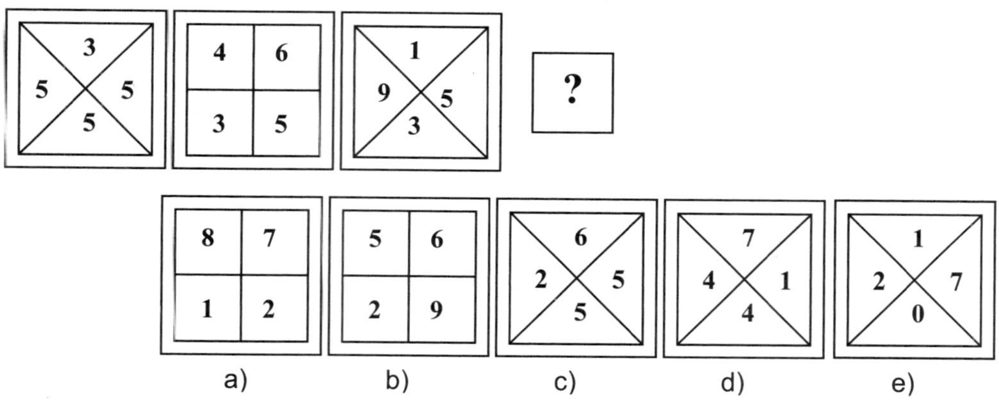

Question 89.

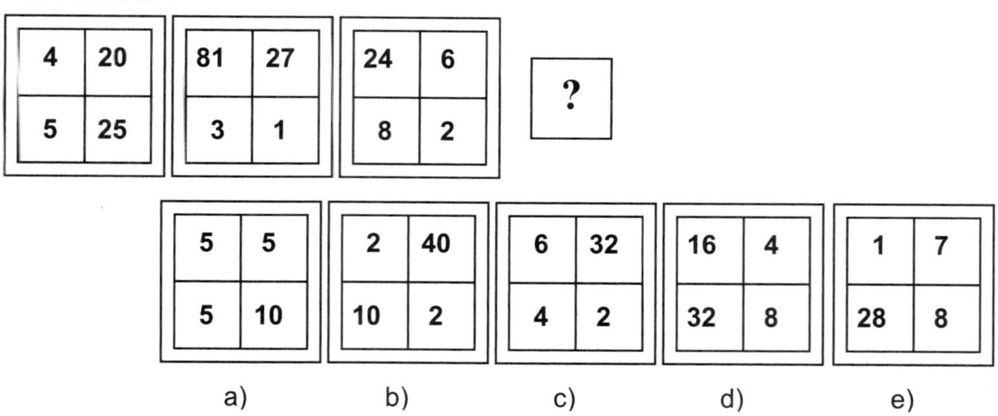

Question 90.

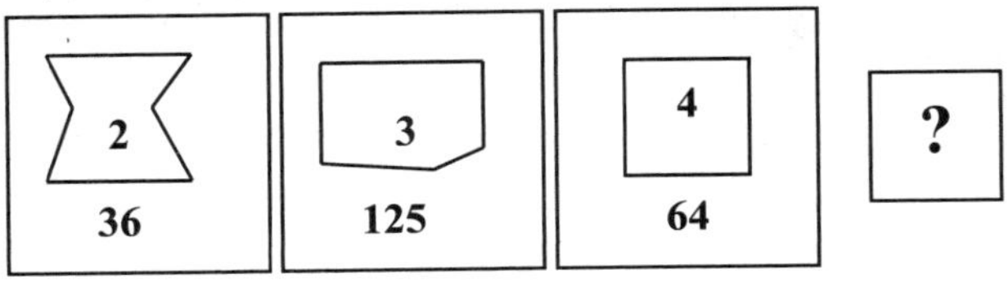

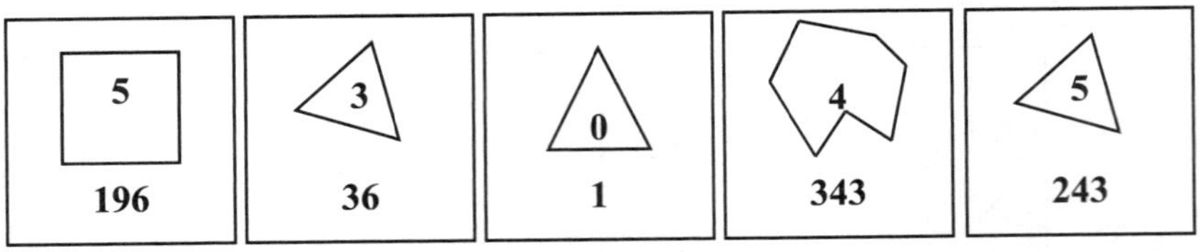

a) b) c) d) e)

Ne pas tourner la page
avant expiration des 20 minutes.

Calculez votre score à l'aide de la grille de correction en pages 676 et 677.

VI.2 – TAGE MAGE® blanc N°6 - Correction

Calculez votre score à l'aide de la grille de correction en pages 676 et 677.

Cartographie de vos forces et faiblesses

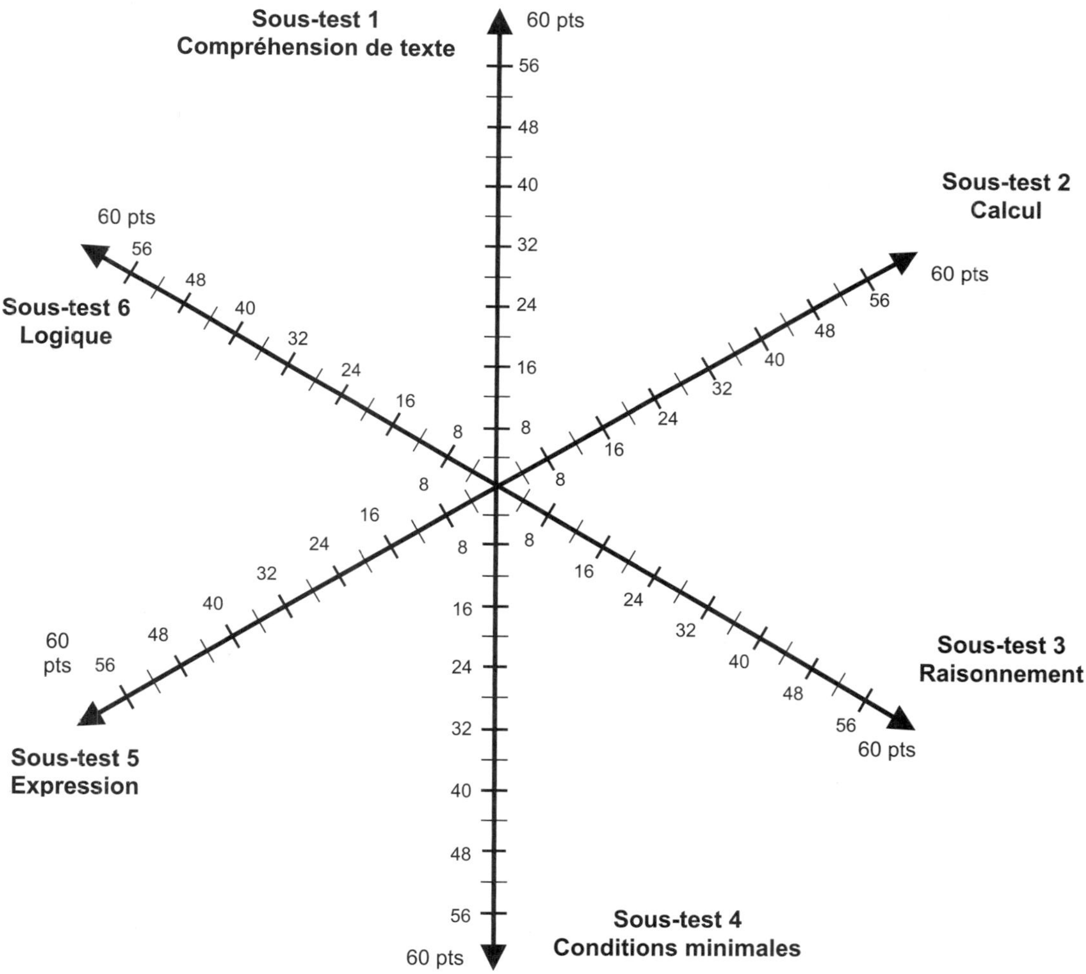

Établissez la cartographie de vos forces et faiblesses et comparez-la à celle du TAGE MAGE® blanc °5 : vous ne devriez avoir que des forces, est-ce cas ?

Correction détaillée

Question 1. Difficulté : ★★ *Réponse b)*

Attention au piège, nous cherchons le titre qui correspond le moins : les propositions a), c), d) et e) reprennent les grandes lignes du texte.

Question 2. Difficulté : ★★★ *Réponse c)*

Pour l'auteur, la réelle nouveauté du projet n'est pas de concerner les anciens pays de l'URSS (ce qui est logique) mais d'inclure des pays de l'Union Européenne (Hongrie, Tchéquie), de l'Asie (Vietnam) et d'Amérique (Cuba, Venezuela).

Question 3. Difficulté : ★ *Réponse c)*

Le projet de Vladimir Poutine évoqué dans le texte est hégémonique, panrusse, impérialiste et expansionniste, en revanche, il n'est pas confédéral : dans l'esprit de Poutine, c'est la Russie qui en aurait les commandes.

Question 4. Difficulté : ★★ *Réponse c)*

Détourner des pays membres de l'Union Européenne vers une autre union serait déstabilisant pour l'Europe.

Question 5. Difficulté : ★ *Réponse e)*

Question 6. Difficulté : ★ *Réponse b)*

Poutine déclare que « qui ne regrette pas l'URSS n'a pas de cœur ».

Question 7. Difficulté : ★ *Réponse e)*

Le texte lui-même est une analyse du parcours des trois extrémistes, en aucun cas l'auteur ne compatit, ne pardonne, ne justifie ni même ne cherche à comprendre.

Question 8. Difficulté : ★★ *Réponse d)*

L'influence historique semble ne pas être une donnée significative pour l'auteur puisqu'elle n'est pas évoquée dans le texte.

Question 9. Difficulté : ★★★ *Réponse c)*

Dès les premières lignes, on comprend que l'auteur ne vient pas du même milieu social : il ne vient pas de la campagne, ses parents n'ont pas connu la déchéance après la chute du mur,...

Question 10. Difficulté : ★ *Réponse b)*

Question 11. Difficulté : ★ *Réponse c)*

Principalement le réseau de microblogging Twitter.

Question 12. Difficulté : ★ *Réponse d)*

La Puerta del Sol est le point kilométrique zéro des routes espagnoles (Notre-Dame de Paris en France). Siège de l'IPESUP !

Question 13. Difficulté : ★★ *Réponse c)*

Le poids des agences de notation n'est pas expressément mentionné dans le texte même si les banquiers sont l'objet du courroux des jeunes manifestants.

Question 14. Difficulté : ★★★ *Réponse b)*

Question 15. Difficulté : ★ *Réponse e)*

Question 16. Difficulté : ★★ *Réponse b)*

Attention, nous recherchons l'aire totale du nouveau cube et non son volume.
Si le cube initial a pour volume $343 cm^3$ son arête mesure 7 cm.
Calculons l'aire du nouveau cube sachant que la nouvelle arête mesure : 7 + 6 = 13 cm
$(7 + 6)\times(7 + 6)\times6 = 1\,014\ cm^2$

Question 17. Difficulté : ★ *Réponse b)*

La solution doit être un multiple de 11 : j'élimine e)
Le résultat (solution + 3) doit être un carré : j'élimine a) et d)
Le résultat (solution + 3) doit donner un nombre dont la somme des chiffres est égale à 7 : j'élimine c)

Question 18. Difficulté : ★ *Réponse a)*

Si les sucettes sont épuisées en premier, c'est que nous devons débuter notre raisonnement à partir des chocolats.
Calculons le nombre possible de lots confectionnés avec le stock de chocolats disponible :

$\frac{1\,500}{4} = 375$ lots de 4 chocolats

Calculons la « consommation théorique » de sucettes pour 375 lots : $375\times3 = 1\,125$
Il manque donc 125 sucettes.

Correction détaillée

Question 19. Difficulté : ★★★ *Réponse d)*

Comprenez que les campeurs pratiquant 2 activités ont été comptés 2 fois et que les campeurs pratiquant 3 activités ont été comptés 3 fois.

De plus, parmi les campeurs pratiquant **au moins 2 activités**, il y a 5 campeurs qui pratiquent exactement 3 activités et donc 5 campeurs qui pratiquent exactement 2 activités.

En appelant C, R et T, les nombres respectifs de campeurs pratiquant le canoë, la randonnée et le tir, on obtient :

(C ou R ou T)
= C + R + T - (2 activités) - (3 activités)
= 15 + 30 + 20 - 10 - 5

Nous pouvons aussi exprimer le nombre de personnes pratiquant au moins une activité comme le nombre total de campeurs moins le nombre de campeurs ne pratiquant aucune activité :

(C ou R ou T)
= nombre total – nombre ne pratiquant aucune activité
= 80 - x

Alors : $80 - x = 15 + 30 + 20 - 10 - 5$
$x = 30$

Question 20. Difficulté : ★★★ *Réponse a)*

Une question délicate d'application de la formule des intérêts composés : $S_n = S_0 \times (1 + t)^n$

Testons les solutions en commençant par la solution du milieu : 2003, 2004, 2005, 2006 et 2007.

d) $S_{2009} = S_{2005} \times 1{,}25^4$
$3\,369 \approx S_{2005} \times 2{,}44$
$S_{2005} \approx 1\,380$ → Non

Nous pouvons éliminer e), c) et d).

a) $S_{2009} = S_{2006} \times 1{,}25^3$
$3\,369 \approx S_{2006} \times 1{,}95$
$S_{2006} \approx 1\,725$ → OUI

Question 21. Difficulté : ★★★ *Réponse c)*

La longueur des côtés du carré B vaut : $\sqrt{144} = 12$ cm

La longueur des côtés des carrés E et D vaut : $\sqrt{64} = 8$cm

Tentons d'exprimer la longueur des côtés du carré C.

En fonction de B : côté de C = côté de B – côté de F = $12 - c_F$

En fonction de D : côté de C = côté de D + côté de F = $8 + c_F$

Alors : $12 - c_F = 8 + c_F$

Et : $2c_F = 4$

$c_F = 2$ cm

Par conséquent, la longueur du rectangle se calcule :

côté de E + côté de D + côté de B - côté de F
$= 8 + 8 + 12 - 2$
$= 26$ cm

Question 22. Difficulté : ★★ *Réponse e)*

Soit C et S les prix respectifs d'un cahier et d'un stylo. Alors :

$$\begin{cases} 2C + 3S = 6 \\ 3C + 2S = 7 \end{cases} \quad \begin{cases} 2C + 3S = 6 \\ S = 3{,}5 - \frac{3}{2}C \end{cases} \quad \begin{cases} 2C - \frac{9}{2}C + 10{,}5 = 6 \\ S = 3{,}5 - \frac{3}{2}C \end{cases}$$

$$\begin{cases} 10{,}5 - 6 = \frac{5}{2}C \\ S = 3{,}5 - \frac{3}{2}C \end{cases} \quad \begin{cases} 9 = 5C \\ S = 3{,}5 - \frac{3}{2}C \end{cases} \quad \begin{cases} C = 1{,}8 \text{ €} \\ S = 0{,}8 \text{ €} \end{cases}$$

Question 23. Difficulté : ★ *Réponse e)*

Soyons logiques. Chaque ville dessert 20 autres villes.
Il y a donc : 21×20 = 400 + 20 = 420 lignes
Voilà l'exemple même d'une question déstabilisante dont la résolution, vous en conviendrez, est vraiment facile !

Question 24. Difficulté : ★ *Réponse b)*

Les réponses sont ici aussi importantes que l'énoncé. Notez aussi que a, b et c sont des entiers impairs, (b + c) est donc forcément pair !
Nous pouvons d'ores et déjà éliminer c) et e).
Testons les réponses :
a) si (b + c) = 44, alors 2b + c = 44, et donc, b = 21, c = 23, et, a + 19. → Non
b) si (b + c) = 52, alors 2b + c = 52, et donc, b = 25, c = 27, et, a = 23.
23 est un nombre premier. → OUI
d) si (b + c) = 50, alors 2b = + c = 50, et donc, b = 24, c = 26, et, a = 22. →Non

Question 25. Difficulté : ★★ *Réponse a)*

Posons X, le montant initial d'argent.

Comprenez que 4X permet d'acheter 32 roses, c'est donc que : $X = \frac{32}{4} = 8$ roses

Question 26. Difficulté : ★ *Réponse e)*

Nous avons déjà vu ce mécanisme à de nombreuses reprises, ne vous laissez pas déstabiliser par le mot « expression », il s'agit tout simplement d'exprimer V_B en fonction de V_A.

$$\left| \begin{array}{l} V_B \times t = 80 \\ V_A \times t = 160 \end{array} \right.$$

Correction détaillée

Alors : $V_B = \frac{1}{2} V_A$

Question 27. Difficulté : ★★ *Réponse d)*

Soit A, P et C les nombres respectifs de vernis « azur », « paradise » et « camouflage ».
Alors :

$$\begin{cases} A + P + C = 80 \\ A = \frac{1}{3}(P + C) \\ P + 10 = C \end{cases} \quad \begin{cases} A + P + C = 80 \\ 3A = P + C \\ P + 10 = C \end{cases} \quad \begin{cases} A = 20 \\ 60 = P + C \\ P + 10 = C \end{cases} \quad \begin{cases} A = 20 \\ P = 60 - C \\ 2C = 70 \end{cases}$$

$$\begin{cases} A = 20 \\ P = 25 \\ C = 35 \end{cases}$$

Question 28. Difficulté : ★★ *Réponse a)*

Nous appellerons G l'âge de l'ainé, P l'âge du benjamin, et M l'âge du cadet. Alors :

$$\begin{cases} \frac{G+M+P}{3} = 14 \\ \frac{G+P}{2} = 15 \end{cases} \quad \begin{cases} G + M + P = 42 \\ G + P = 30 \end{cases} \quad \begin{cases} M = 12 \\ G + P = 30 \end{cases}$$

Question 29. Difficulté : ★★★ *Réponse b)*

Nous savons que : $Prix_{TTC} = (1 + Taux_{TVA}) \times Prix_{HT}$

$Prix_{HT\ initial} = \frac{22\ 200}{1,2} = 18\ 500$ €

Nous pouvons désormais calculer les deux montants de TVA :
Avec une TVA à 20%, le montant de la TVA vaut : $18\ 500 \times 20\% = 18\ 500 \times 0,2 = 3\ 700$ €
Avec une TVA à 5%, le montant de la TVA vaut : $18\ 500 \times 5\% = 18\ 500 \times 0,05 = 925$ €
L'économie réalisée se calcule donc : $3\ 700 - 925 = 2\ 775$ €

Question 30. Difficulté : ★★★ *Réponse c)*

Nous cherchons le poids total des cinq chiens, i.e. la somme de leurs poids respectifs ou la somme de leur poids moyen.
Pour calculer le poids moyen des chiens, il nous suffit d'additionner les différentes mesures et de diviser par le nombre total de chiens pesés.
L'éleveur a effectué 10 pesées, lors de chacune d'elle, il a pesé 2 chiens.
Le nombre total de chiens pesés est donc : $10 \times 2 = 20$

Calculons le poids moyen d'un chien :

$$\frac{90+92+93+94+95+96+97+98+100+101}{20}=\frac{956}{20}= 47,8 \text{ kg}$$

Le poids total des 5 chiens est donc : 47,8×5 = 239 kg

Question 31. Difficulté : ★ *Réponse b)*

Le raisonnement de la proposition d) est inverse de celui de l'adage populaire.

Question 32. Difficulté : ★★ *Réponse c)*

De gauche à droite, nous avons : une femme française, un homme allemand et un homme belge

Question 33. Difficulté : ★ *Réponse b)*

Nous cherchons une conclusion, si les propositions a), c), d) et e) ne sont pas contraires au texte, elles ne le concluent pas.

Question 34. Difficulté : ★ *Réponse c)*

Question 35. Difficulté : ★★ *Réponse d)*

La conclusion du texte est que la nécessité écologique a, hélas, bien du mal à s'imposer. La proposition a) est farfelue au regard de cette conclusion.

Question 36. Difficulté : ★★ *Réponse d)*

La réponse d) est fausse, l'auteur pose le problème de la légitimité de la guerre, il ne promeut pas le pacifisme.

Question 37. Difficulté : ★ *Réponse d)*

« Un tien vaux mieux que deux tu l'auras » signifie que « mieux vaut tenir que courir » !

Question 38. Difficulté : ★★★ *Réponse b)*

Les propositions a), c), d) et e) ne sont pas fausses, mais elles ne concluent pas le texte.

Question 39. Difficulté : ★★★ *Réponse e)*

Nous avons donc :	Mardi 8 juin
	Jeudi 8 juillet
	Dimanche 8 août
	Mercredi 8 septembre
	Vendredi 8 octobre
Et donc :	Vendredi 1er octobre (7 jours plus tôt)

Correction détaillée

Question 40. Difficulté : ★★ *Réponse b)*

Question 41. Difficulté : ★★ *Réponse a)*

Si la surface du nénuphar double tous les jours, le nénuphar deviendra l'équivalent de 8 nénuphars 3 jours plus tard.
Il faut donc 96 jours à 8 nénuphars pour recouvrir le lac.

Question 42. Difficulté : ★ *Réponse e)*

La réponse se trouve dans le « mais certains ».

Question 43. Difficulté : ★ *Réponse d)*

Si le 1er janvier tombe un mardi, alors le 7 janvier tombe un lundi.

Question 44. Difficulté : ★★ *Réponse c)*

Question 45. Difficulté : ★ *Réponse d)*

Question 46. Difficulté : ★★ *Réponse C)*

1. **Étape 1 : analyse de l'énoncé**

Posons L et l la longueur et la largeur avant remembrement, et posons L' et l' la longueur et la largeur après remembrement : L' = L – 15 et l' = l + 15

2. **Étape 2 : analyse de l'information (1) seule**

Périmètre avant remembrement : P = 2L + 2l = 200 Alors : L + l = 100

Attention, si la longueur est diminuée de 15 m et la largeur augmentée de 15 m, il est évident que le périmètre reste inchangé !

L'information (1) seule ne nous permet pas de répondre.

⇨ Nous gardons les solutions B, C et E.

3. **Étape 3 : analyse de l'information (2) seule**

Si le champ après remembrement est carré, alors : L' = l'
Et : L – 15 = l + 15
Donc : L = l + 30

L'information (2) seule ne nous permet pas de répondre.

⇨ Nous gardons les solutions C et E.

4. **Étape 3,5 : analyse des informations (1) & (2) ensemble**

Information (1) : L + l = 100
Information (2) : L = l + 30
Par substitution, nous obtenons : l = 35 m et L = 65 m
Les deux informations (1) et (2) ensemble nous permettent de répondre.

Question 47. Difficulté : ★★ *Réponse E)*

1. Étape 1 : analyse de l'énoncé

Nous savons que les 3 trains redémarreront ensemble lorsque nous aurons trouvé le PGCM de leur cadencement.

2. Étape 2 : analyse de l'information (1) seule

L'information (1) seule ne nous permet pas de répondre.

⇨ Nous gardons les solutions B, C et E.

3. Étape 3 : analyse de l'information (2) seule

L'information (2) seule ne nous permet pas de répondre.

⇨ Nous gardons les solutions C et E.

4. Étape 3,5 : analyse des informations (1) & (2) ensemble

Nous ne pouvons déterminer le PGCM de leur cadencement.
Les deux informations (1) et (2) ensemble ne nous permettent pas de répondre.

Question 48. Difficulté : ★ *Réponse E)*

1. Étape 1 : analyse de l'énoncé

La question est clairement énoncée.

2. Étape 2 : analyse de l'information (1) seule

Sarah < Ève
L'information (1) seule ne nous permet pas de répondre.

⇨ Nous gardons les solutions B, C et E.

3. Étape 3 : analyse de l'information (2) seule

Esther < Ève
L'information (2) seule ne nous permet pas de répondre.

⇨ Nous gardons les solutions C et E.

4. Étape 3,5 : analyse des informations (1) & (2) ensemble

Les deux informations (1) et (2) ensemble ne nous permettent pas de répondre.

Question 49. Difficulté : ★★ *Réponse D)*

1. Étape 1 : analyse de l'énoncé

Application de la formule des intérêts composés : $S_n = S_0 \times (1{,}05)^n$

2. Étape 2 : analyse de l'information (1) seule

$S_{septembre} - S_{février} = S_{février} \times (1{,}05)^6 - S_{février}$

Remarque : il est inutile de calculer, nous pouvons répondre.
L'information (1) seule nous permet de répondre.

⇨ Nous gardons les solutions A et D.

3. Étape 3 : analyse de l'information (2) seule

$$S_{septembre} - S_{février} = S_{septembre} - \frac{1}{1{,}05^6} S_{septembre}$$

Remarque : il est inutile de calculer, nous pouvons répondre.
L'information (2) seule nous permet de répondre.

Correction détaillée

Question 50. Difficulté : ★★ *Réponse B)*

1. Étape 1 : analyse de l'énoncé

Une application de la formule des rendements (ou temps de travail) : $Q = v \times t$

Adrienne : 1 travail = $V_A \times \frac{1}{3}$ Sa vitesse est donc de : 3 travaux/h

Adrienne et Rolande ensemble : 1 travail = $(V_A + V_R) \times t = (3 + V_R) \times t$

Nous cherchons t.

2. Étape 2 : analyse de l'information (1) seule

L'information (1) seule ne nous permet pas de répondre.

⇨ Nous gardons les solutions B, C et E.

3. Étape 3 : analyse de l'information (2) seule

Roland : 1 travail = $V_R \times \frac{1}{4}$ Sa vitesse est donc de : 4 travaux/h

Alors : 1 travail = $(V_A + V_R) \times t$

1 travail = $7 \times t$

Et : $t = \frac{1}{7}$ h

L'information (2) seule nous permet de répondre.

Question 51. Difficulté : ★ *Réponse A)*

1. Étape 1 : analyse de l'énoncé

Posons C et L les nombres respectifs de caniches et de labradors avant la foire, et C' et L' les nombres respectifs de caniches et labradors après la foire. Nous savons que :

$$\begin{cases} C + L = 300 \\ C = \frac{2}{3} \times 300 = 200 \text{ et } L = 100 \\ C' + L' = 150 \end{cases}$$

Nous cherchons C'.

2. Étape 2 : analyse de l'information (1) seule

$L' = \frac{1}{4} C'$

Or : $C' + L' = 150$

Donc : $C' + \frac{1}{4} C' = 150$

Enfin : $C' = 120$

L'information (1) seule nous permet de répondre.

⇨ Nous gardons les solutions A et D.

3. Étape 3 : analyse de l'information (2) seule

L'information (2) seule ne nous permet pas de répondre.

Question 52.

Difficulté : ★★★ *Réponse C)*

1. Étape 1 : analyse de l'énoncé

Une question portant sur un rattrapage, ordonnons les informations dans un tableau.

	André	Bernard
Vitesse	V_A	V_B
Temps	$t + \frac{1}{6}$	t
Distance	D	D

André a roulé 10 mn de plus que Bernard.

2. Étape 2 : analyse de l'information (1) seule

$V_A = 30$ km/h

L'information (1) seule ne nous permet pas de répondre.

⇨ Nous gardons les solutions B, C et E.

3. Étape 3 : analyse de l'information (2) seule

$V_A \times (t + \frac{1}{6}) = V_B \times t = 2$

L'information (2) seule ne nous permet pas de répondre.

⇨ Nous gardons les solutions C et E.

4. Étape 3,5 : analyse des informations (1) & (2) ensemble

Il est inutile de résoudre l'exercice. Que de complications pour une question aussi basique !

Les deux informations (1) et (2) ensemble nous permettent de répondre.

Question 53.

Difficulté : ★★ *Réponse C)*

1. Étape 1 : analyse de l'énoncé

Y s'écrit de la forme 9DU.

2. Étape 2 : analyse de l'information (1) seule

$D + U = 9$

L'information (1) seule ne nous permet pas de répondre.

⇨ Nous gardons les solutions B, C et E.

3. Étape 3 : analyse de l'information (2) seule

$U^2 = 9$ Donc : $U = 3$

L'information (2) seule ne nous permet pas de répondre.

⇨ Nous gardons les solutions C et E.

4. Étape 3,5 : analyse des informations (1) & (2) ensemble

y vaut 963.

Les deux informations (1) et (2) ensemble nous permettent de répondre.

Question 54. Difficulté : ★ *Réponse C)*

1. Étape 1 : analyse de l'énoncé

La question est clairement énoncée.

2. Étape 2 : analyse de l'information (1) seule

L'information (1) seule ne nous permet pas de répondre.

⇨ Nous gardons les solutions B, C et E.

3. Étape 3 : analyse de l'information (2) seule

L'information (2) seule ne nous permet pas de répondre.

⇨ Nous gardons les solutions C et E.

4. Étape 3,5 : analyse des informations (1) & (2) ensemble

N est divisible par 3 et par 8 et donc, N est divisible par 24.

Les deux informations (1) et (2) ensemble nous permettent de répondre.

Question 55. Difficulté : ★★★ *Réponse C)*

1. Étape 1 : analyse de l'énoncé

Nous cherchons le nombre de flacons. Je vous rappelle que nous ne connaissons pas la masse volumique.

2. Étape 2 : analyse de l'information (1) seule

Nous savons désormais qu'un carton pèse 10 kg.

L'information (1) seule ne nous permet pas de répondre.

⇨ Nous gardons les solutions B, C et E

3. Étape 3 : analyse de l'information (2) seule

Une masse volumique de 2 000 kg/m^3, donne un volume de 0,005 m^3.

L'information (2) seule ne nous permet pas de répondre.

⇨ Nous gardons les solutions C et E

4. Étape 3,5 : analyse des informations (1) & (2) ensemble

Nous savons qu'un carton pèse 10 kg, ce qui équivaut 5 000 cm^3 et donc à 100 flacons.

Les deux informations (1) et (2) ensemble nous permettent de répondre.

Question 56. Difficulté : ★★ *Réponse D)*

1. Étape 1 : analyse de l'énoncé

Rappelons la formule de la circonférence : $2\pi R$

2. Étape 2 : analyse de l'information (1) seule

$R_c = 4\ R_d$ Donc : circonférence de C = $2\pi R_c = 80\pi$ cm

L'information (1) seule ne nous permet pas de répondre.

⇨ Nous gardons les solutions B, C et E

3. Étape 3 : analyse de l'information (2) seule

$$2\pi R_d^{\ 2} = \frac{1}{4}\times\frac{1}{2}\times\frac{1}{2}\times\ \pi R_c^{\ 2}$$

$$R_d^{\ 2} = \frac{1}{16}R_c^{\ 2}$$ donc : $R_c = 4\ R_d$ C'est la même information !

L'information (2) seule nous permet de répondre.

Question 57. Difficulté : ★ *Réponse E)*

1. Étape 1 : analyse de l'énoncé

La question est clairement énoncée.

2. Étape 2 : analyse de l'information (1) seule

50 % des filles sont brunes.

L'information (1) seule ne nous permet pas de répondre.

⇨ Nous gardons les solutions B, C et E

3. Étape 3 : analyse de l'information (2) seule

80 % des garçons sont bruns.

L'information (2) seule ne nous permet pas de répondre.

⇨ Nous gardons les solutions C et E

4. Étape 3,5 : analyse des informations (1) & (2) ensemble

Attention, ces 2 informations nous permettent de connaitre la proportion de bruns chez les filles et les garçons en revanche nous ne connaissons pas la répartition des genres dans la classe.

Les deux informations (1) et (2) ensemble ne nous permettent pas de répondre.

Question 58. Difficulté : ★ *Réponse C)*

1. Étape 1 : analyse de l'énoncé

La question est clairement énoncée.

2. Étape 2 : analyse de l'information (1) seule

L'information (1) seule ne nous permet pas de répondre.

⇨ Nous gardons les solutions B, C et E

3. Étape 3 : analyse de l'information (2) seule

Le container A contient 26 caisses et le container B contient 20 caisses.

L'information (2) seule ne nous permet pas de répondre.

⇨ Nous gardons les solutions C et E

4. Étape 3,5 : analyse des informations (1) & (2) ensemble

Sachant que les caisses du container A sont deux fois plus lourdes que celles du container B, le container A a un poids équivalent à 52 « caisses B », nous devrons retirer l'équivalent de 32 « caisses B » c'est à dire 16 caisses du container A.

Les deux informations (1) et (2) ensemble nous permettent de répondre.

Question 59. Difficulté : ★★★ *Réponse D)*

1. Étape 1 : analyse de l'énoncé

Nous savons que : $P = 5M$

2. Étape 2 : analyse de l'information (1) seule

	$2P + 4M = 42$
Alors :	$14M = 42$
Donc :	$M = 3$ et $P = 15$
Enfin :	$P - M = 12$

L'information (1) seule nous permet de répondre.

⇨ Nous gardons les solutions A et D.

Correction détaillée

3. Étape 3 : analyse de l'information (2) seule

Alors : $20 < P \times M < 50$
$20 < 5M^2 < 50$
$4 < M^2 < 10$

Donc : M = 3 et P = 15 car M est positif.

Enfin : P - M = 12

L'information (2) seule nous permet de répondre.

Question 60. Difficulté : ★★ *Réponse C)*

1. Étape 1 : analyse de l'énoncé

Posons P et Y les âges respectifs de Paulette et Sandy. Nous savons que : $P = 3 \times Y$

2. Étape 2 : analyse de l'information (1) seule

L'information (1) ne nous permet pas de répondre.

⇨ Nous gardons les solutions B, C et E.

3. Étape 3 : analyse de l'information (2) seule

Listons les valeurs possibles de l'âge de Sandy : 5, 10, 15, 20, 25, 30 ou 35 ans

Alors, Paulette peut avoir : 15, 30, 45, 60, 75, 90 ou 105 ans

L'information (2) seule ne nous permet pas de répondre.

⇨ Nous gardons les solutions C et E.

4. Étape 3,5 : analyse des informations (1) & (2) ensemble

Information (1) : L'addition des chiffres de l'âges de Paulette est égale à 9.

Information (2) : Paulette peut avoir 15, 30, 45, 60, 75, 90 ou 105 ans

Paulette a obligatoirement 45 ans.

Les deux informations (1) et (2) ensemble nous permettent de répondre.

Question 61. Difficulté : ★★ *Réponse b)*

Le verbe entendre exprime ici une volonté.

Question 62. Difficulté : ★ *Réponse a)*

Irrémédiable signifie littéralement « à quoi on ne peut remédier ».

Question 63. Difficulté : ★★★ *Réponse b)*

Question 64. Difficulté : ★★ *Réponse b)*

Les propositions a) et b) sont très proches, mais le terme discours n'est pas synonyme d'intervention.

Question 65. Difficulté : ★ *Réponse d)*

Question 66. Difficulté : ★★★ *Réponse b)*

Une grosse **moitié** des conventions collectives sont un peu plus généreuses : l'employeur est tenu de verser un complément de salaire dès le quatrième **jour** d'absence. Si le gouvernement peut modifier les règles pour les indemnisations versées par la Sécu, il n'a aucune prise sur les conventions collectives négociées branche par branche. Le quatrième **jour** de carence qui se **dessine** sera donc à la charge de l'employeur.

Question 67. Difficulté : ★★ *Réponse b)*

Orthographe de l'adjectif « fort », du terme « parti pris » et du mot « ambiguïté ».

Question 68. Difficulté : ★ *Réponse b)*

Attention à ce piège récurrent, « censé » signifie « regardé comme, réputé », « sensé » signifie « qui a du bon sens, conforme au bon sens ».

Question 69. Difficulté : ★ *Réponse c)*

Question 70. Difficulté : ★ *Réponse a)*

Question 71. Difficulté : ★ *Réponse b)*

Vous comprenez la contradiction entre un raccourci et le plus long chemin.

Question 72. Difficulté : ★★ *Réponse d)*

Les réponses b) et d) sont proches, mais la seconde partie de la phrase explique que cette pratique est peu cohérente.

Question 73. Difficulté : ★ *Réponse b)*

L'adverbe voire (avec un « e ») est synonyme de « même », « et même ».

Question 74. Difficulté : ★★★ *Réponse e)*

Les réponses c) et e) sont proches, mais un problème grammatical nous oblige à éliminer c) : être déféré devant et non pas par.

Question 75. Difficulté : ★★ *Réponse a)*

Question 76. Difficulté : ★★ *Réponse c)*

Logique verticale :

La dernière lettre suit la première avec un rang d'écart. ➲ **Logique « suite de lettres »**

☒ Nous éliminons b) et d).

Logique horizontale :

La deuxième lettre suit la dernière avec un rang d'écart.

De plus, les premières lettres se suivent avec 2 rangs d'écart : A b C d E f G h ?

➲ **Logique « saut de lettres »**

☒ Nous éliminons a) et e).

Correction détaillée

Question 77. Difficulté : ★ *Réponse c)*

Logique horizontale :

314 : 3 + 1 = 4

538 : 5 + 3 = 8

156 : 1 + 5 = 6

235 : 2 + 3 = 5 ➲ **Logique « chiffres / somme »**

☒ Nous éliminons b) et d).

Logique verticale :

84, 14, 161 et 63 sont tous multiples de 7. ➲ **Logique « multiples »**

☒ Nous éliminons a) et e).

Question 78. Difficulté : ★★ *Réponse d)*

Logique horizontale :

La dernière lettre suit la deuxième avec 1 rang d'écart. ➲ **Logique « suite de lettres »**

☒ Nous éliminons a), c) et e).

Logique verticale :

Alternativement, la deuxième lettre suit la première et la première suit la deuxième.

➲ **Logique « suite de lettres »**

☒ Nous éliminons b).

Question 79. Difficulté : ★★ *Réponse c)*

Logique verticale :

412 : 4 / 4×3

515 : 5 / 5×3

618 : 6 / 6×3

824 : 8 / 8×3 ➲ **Logique « chiffre / multiple »**

☒ Nous éliminons a), d) et e).

Logique horizontale :

5/41 : 5 = 4 + 1

3/21 : 3 = 2 + 1

7/25 : 7 = 2 + 5

8/44 : 8 = 4 + 4 ➲ **Logique « somme / chiffres »**

☒ Nous éliminons b).

Question 80. Difficulté : ★★ *Réponse c)*

Logique verticale :

OZQ, PYQ, BTQ et MKQ se terminent tous par la lettre Q. ➲ **Logique « répétition »**

☒ Nous éliminons b) et d).

Logique horizontale :
VZX, TXW, PXY et ZCX contiennent tous la lettre X.
De plus, les dernières et premières lettres se suivent : V W ? Y Z

➲ **Logique « suite de lettres »**

☒ Nous éliminons a) et e).

Question 81. Difficulté : ★ *Réponse a)*

Logique horizontale :
7 + 0 = 1 + 6 = 2 + 5 = 6 + 1 = 7 ➲ **Logique « somme »**
☒ Nous éliminons b), c) et e).
Logique verticale :
39, 26, 35 et 91 sont tous multiples de 13. ➲ **Logique « multiples »**
☒ Nous éliminons d).

Question 82. Difficulté : ★★ *Réponse c)*

Logique verticale :
Les deux dernières lettres de chaque groupe se suivent.
De plus, les premières lettres se suivent. ➲ **Logique « suite de lettres »**
☒ Nous éliminons a), b) et e).
Logique horizontale :
Les deux premières lettres de chaque groupe se suivent. ➲ **Logique « suite de lettres »**
☒ Nous éliminons d).

Question 83. Difficulté : ★★★ *Réponse a)*

Logique verticale :
Une logique particulièrement délicate : les deux premiers chiffres de chaque groupe forment un nombre qui est un multiple de 11.
De plus, la différence entre le troisième et le quatrième chiffre est toujours égale à 2.

➲ **Logique « différence »**

☒ Nous éliminons b) et c).
Logique horizontale :
8 + 8 + 2 + 2 = 6 + 4 + 8 + 2 = 5 + 8 + 7 + 0 = 9 + 1 + 5 + 5 = 20

➲ **Logique « somme »**

☒ Nous éliminons d) et e).

Question 84. Difficulté : ★★★ *Réponse d)*

1ère étape : Trouvez une logique

La différence entre les nombres augmente de 9 : 9, 18 et 27

➲ **Logique « multiples »**

2ème étape : Élimination des solutions

☒ Nous éliminons b) et c).

1ère étape : Trouvez une logique

Les chiffres tournent dans le sens des aiguilles d'une montre.

➲ **Logique « rotation »**

2ème étape : Élimination des solutions

☒ Nous éliminons a) et e).

Question 85. Difficulté : ★ *Réponse c)*

1ère étape : Trouvez une logique

Les carrés effectuent une rotation dans le sens inverse des aiguilles d'une montre et les ronds dans le sens des aiguilles d'une montre.

➲ **Logique « rotation »**

2ème étape : Élimination des solutions

☒ Nous éliminons a), b) et d).

1ère étape : Trouvez une logique

Les nombres formés par les deux chiffres qui entourent le signe @ sont des nombres premiers qui se suivent : 43, 47 et 53 ➲ **Logique « nombres premiers »**

2ème étape : Élimination des solutions

☒ Nous éliminons e).

Question 86. Difficulté : ★★ *Réponse a)*

1ère étape : Trouvez une logique

Le nombre correspond au double du rang de la lettre.

➲ **Logique « rang de lettre »**

2ème étape : Élimination des solutions

☒ Nous éliminons b) et d).

1ère étape : Trouvez une logique

Les lettres se suivent avec 3 rangs d'écart : ? r s **T** u v **W** x y **Z**

➲ **Logique « saut de lettres »**

2ème étape : Élimination des solutions

☒ Nous éliminons c) et e).

Question 87. Difficulté : ★★★ *Réponse e)*

<u>1ère étape : Trouvez une logique</u>

Le chiffre correspond au triple de la différence du nombre de côtés.

➲ **Logique « côtés »**

<u>2ème étape : Élimination des solutions</u>

☒ Nous éliminons a), b), c) et d).

Question 88. Difficulté : ★ *Réponse b)*

<u>1ère étape : Trouvez une logique</u>

5 + 2 + 5 + 5 = 4 + 6 + 4 + 3 = 9 + 1 + 5 + 2 = 17 ➲ **Logique « somme »**

<u>2ème étape : Élimination des solutions</u>

☒ Nous éliminons a), c) et e).

<u>1ère étape : Trouvez une logique</u>

Les figures sont alternativement divisées en triangles puis en carrés.

➲ **Logique « forme »**

<u>2ème étape : Élimination des solutions</u>

☒ Nous éliminons d).

Question 89. Difficulté : ★★ *Réponse d)*

<u>1ère étape : Trouvez une logique</u>

4×25 = 5×20

3×27 = 1×81

24×2 = 8×6 ➲ **Logique « produit »**

<u>2ème étape : Élimination des solutions</u>

☒ Nous éliminons a), c), d) et e).

Question 90. Difficulté : ★★★ *Réponse c)*

<u>1ère étape : Trouvez une logique</u>

Le nombre extérieur correspond au nombre de côté élevé à la puissance indiquée par le chiffre intérieur. ➲ **Logique « côtés »**

<u>2ème étape : Élimination des solutions</u>

☒ Nous éliminons a), b), d) et e).

Correction détaillée

VII – TAGE MAGE® blanc N°7

TAGE MAGE® blanc N°7
avec analyse statistique de vos performances sur
www.tagemaster.com/ellipses

Rendez-vous sur le site pour activer votre test en ligne.

tagemaster
masterise ton score aux concours !

Votre préparation est sur le point de s'achever, après un long entraînement et six TAGE MAGE® blancs, vous êtes en mesure d'affronter le concours.

Mais notre rôle pédagogique tant pour les Éditions Ellipses que pour moi-même ne se limite pas à vous fournir du contenu brut, nous souhaitons avec ***Objectif 600 au TAGE MAGE®*** explorer un nouvel univers pédagogique et valider à la fois la bonne assimilation de ce contenu et vous permettre de vous évaluer concrètement. C'est pourquoi **nous vous proposons composer ce septième TAGE MAGE® blanc interactif sur Internet afin de bénéficier d'une analyse statistique de vos performances :**

1. Chronomètre intégré ;

2. Analyse graphique de votre grille de réponse ;

3. Évolution de votre prise de points en fonction du temps ;

4. Positionnement de votre score par rapport aux autres candidats.

Let's go !

ANNEXES

Grilles de réponses et de correction

Je vous conseille vivement de détacher les grilles de réponses, celles-ci s'apparentent aux grilles des concours et, vous le constaterez, leur maniement n'est pas évident.
Pour répondre aux questions, vous devez **NOIRCIR SOIGNEUSEMENT** la case correspondant à la bonne réponse.

Grille de correction du « Diagnostic test »

Sous-Test 1

	A	B	C	D	E
Question 1			■		
Question 2			■		
Question 3				■	
Question 4	■				
Question 5			■		

5 questions en 7 mn

Sous-Test 2

	A	B	C	D	E
Question 6			■		
Question 7				■	
Question 8				■	
Question 9		■			
Question 10					■

5 questions en 7 mn

Sous-Test 3

	A	B	C	D	E
Question 11					■
Question 12	■				
Question 13			■		
Question 14			■		
Question 15				■	

5 questions en 7 mn

Sous-Test 4

	A	B	C	D	E
Question 16			■		
Question 17	■				
Question 18				■	
Question 19					■
Question 20			■		

5 questions en 7 mn

Sous-Test 5

	A	B	C	D	E
Question 21		■			
Question 22			■		
Question 23					■
Question 24	■				
Question 25		■			

5 questions en 7 mn

Sous-Test 6

	A	B	C	D	E
Question 26					■
Question 27					■
Question 28		■			
Question 29		■			
Question 30	■				

5 questions en 7 mn

Calcul de votre score

Réponse juste : + 4 points
Réponse fausse : - 1 point
Sans réponse : 0 point

Test 1 : _____ / 20 points

Test 2 : _____ / 20 points

Test 3 : _____ / 20 points

Test 4 : _____ / 20 points

Test 5 : _____ / 20 points

Test 6 : _____ / 20 points

Grille de correction des sous-tests de calcul

Objectif 600 - Calcul - Test 1

	A	B	C	D	E
Question 1				■	
Question 2		■			
Question 3				■	
Question 4			■		
Question 5			■		
Question 6				■	
Question 7		■			
Question 8	■				
Question 9		■			
Question 10			■		
Question 11				■	
Question 12				■	
Question 13					■
Question 14				■	
Question 15				■	

15 questions en 20 mn

Objectif 600 - Calcul - Test 2

	A	B	C	D	E
Question 1				■	
Question 2			■		
Question 3		■			
Question 4					■
Question 5				■	
Question 6			■		
Question 7				■	
Question 8				■	
Question 9				■	
Question 10			■		
Question 11	■				
Question 12			■		
Question 13	■				
Question 14					■
Question 15				■	

15 questions en 20 mn

Objectif 600 - Calcul - Test 3

	A	B	C	D	E
Question 1					■
Question 2					■
Question 3	■				
Question 4				■	
Question 5	■				
Question 6				■	
Question 7			■		
Question 8		■			
Question 9	■				
Question 10			■		
Question 11				■	
Question 12					■
Question 13			■		
Question 14		■			
Question 15					■

15 questions en 20 mn

Objectif 600 - Calcul - Test 4

	A	B	C	D	E
Question 1			■		
Question 2	■				
Question 3			■		
Question 4				■	
Question 5		■			
Question 6					■
Question 7					■
Question 8					■
Question 9					■
Question 10		■			
Question 11	■				
Question 12				■	
Question 13		■			
Question 14	■				
Question 15			■		

15 questions en 20 mn

Calcul de votre score

Réponse juste : + 4 points
Réponse fausse : - 1 point
Sans réponse : 0 point

Test 1 : _____ / 60 points

Test 2 : _____ / 60 points

Test 3 : _____ / 60 points

Test 4 : _____ / 60 points

Grille de correction des sous-tests de conditions minimales

Conditions minimales - Test 1

	A	B	C	D	E
Question 1		X			
Question 2	X				
Question 3			X		
Question 4					X
Question 5		X			
Question 6				X	
Question 7				X	
Question 8	X				
Question 9				X	
Question 10				X	
Question 11				X	
Question 12				X	
Question 13		X			
Question 14					X
Question 15					X

15 questions en 20 mn

Conditions minimales - Test 2

	A	B	C	D	E
Question 1	X				
Question 2		X			
Question 3		X			
Question 4				X	
Question 5			X		
Question 6	X				
Question 7					X
Question 8				X	
Question 9			X		
Question 10				X	
Question 11			X		
Question 12			X		
Question 13					X
Question 14		X			
Question 15					X

15 questions en 20 mn

Conditions minimales - Test 3

	A	B	C	D	E
Question 1					X
Question 2			X		
Question 3	X				
Question 4					X
Question 5	X				
Question 6				X	
Question 7	X				
Question 8	X				
Question 9		X			
Question 10			X		
Question 11					X
Question 12			X		
Question 13			X		
Question 14				X	
Question 15	X				

15 questions en 20 mn

Calcul de votre score

Réponse juste : + 4 points
Réponse fausse : - 1 point
Sans réponse : 0 point

Test 1 : _____ / 60 points
Test 2 : _____ / 60 points
Test 3 : _____ / 60 points

Grille de correction des sous-tests de compréhension

Objectif 600 - Compréhension 1

	A	B	C	D	E
Question 1		■			
Question 2			■		
Question 3					■
Question 4				■	
Question 5					■
Question 6	■				
Question 7			■		
Question 8				■	
Question 9					■
Question 10	■				
Question 11				■	
Question 12		■			
Question 13			■		
Question 14			■		
Question 15	■				

15 questions en 20 mn

Objectif 600 - Compréhension 2

	A	B	C	D	E
Question 1		■			
Question 2				■	
Question 3	■				
Question 4		■			
Question 5				■	
Question 6					■
Question 7		■			
Question 8			■		
Question 9					■
Question 10				■	
Question 11			■		
Question 12				■	
Question 13					■
Question 14	■				
Question 15		■			

15 questions en 20 mn

Calcul de votre score

Réponse juste : + 4 points
Réponse fausse : - 1 point
Sans réponse : 0 point

Test 1 : _____ / 60 points

Test 2 : _____ / 60 points

Grille de correction des sous-tests d'expression

Objectif 600 - Expression 1

	A	B	C	D	E
Question 1			■		
Question 2	■				
Question 3	■				
Question 4		■			
Question 5		■			
Question 6				■	
Question 7				■	
Question 8	■				
Question 9				■	
Question 10		■			
Question 11		■			
Question 12		■			
Question 13					■
Question 14				■	
Question 15				■	

15 questions en 20 mn

Objectif 600 - Expression 2

	A	B	C	D	E
Question 1			■		
Question 2			■		
Question 3		■			
Question 4				■	
Question 5	■				
Question 6					■
Question 7	■				
Question 8				■	
Question 9	■				
Question 10			■		
Question 11		■			
Question 12					■
Question 13			■		
Question 14				■	
Question 15	■				

15 questions en 20 mn

Calcul de votre score

Réponse juste : + 4 points
Réponse fausse : - 1 point
Sans réponse : 0 point

Test 1 : _____ / 60 points

Test 2 : _____ / 60 points

Grille de correction des sous-tests de raisonnement & argumentation

Raisonnement & Argumentation 1

	A	B	C	D	E
Question 1					■
Question 2		■			
Question 3					■
Question 4				■	
Question 5			■		
Question 6		■			
Question 7				■	
Question 8	■				
Question 9				■	
Question 10					■
Question 11		■			
Question 12			■		
Question 13					■
Question 14					■
Question 15	■				

15 questions en 20 mn

Raisonnement & Argumentation 2

	A	B	C	D	E
Question 1		■			
Question 2	■				
Question 3		■			
Question 4		■			
Question 5					■
Question 6				■	
Question 7					■
Question 8					■
Question 9			■		
Question 10				■	
Question 11				■	
Question 12				■	
Question 13					■
Question 14			■		
Question 15		■			

15 questions en 20 mn

Calcul de votre score

Réponse juste : + 4 points
Réponse fausse : - 1 point
Sans réponse : 0 point

Test 1 : _____ / 60 points

Test 2 : _____ / 60 points

Grille de correction des sous-tests de logique

Objectif 600 - Logique - Test 1

	A	B	C	D	E
Question 1		■			
Question 2			■		
Question 3	■				
Question 4		■			
Question 5				■	
Question 6			■		
Question 7					■
Question 8		■			
Question 9			■		
Question 10				■	
Question 11	■				
Question 12			■		
Question 13		■			
Question 14					■
Question 15				■	

15 questions en 20 mn

Objectif 600 - Logique - Test 2

	A	B	C	D	E
Question 1		■			
Question 2			■		
Question 3			■		
Question 4			■		
Question 5		■			
Question 6		■			
Question 7		■			
Question 8			■		
Question 9			■		
Question 10		■			
Question 11			■		
Question 12			■		
Question 13	■				
Question 14				■	
Question 15	■				

15 questions en 20 mn

Objectif 600 - Logique - Test 3

	A	B	C	D	E
Question 1					■
Question 2	■				
Question 3	■				
Question 4	■				
Question 5				■	
Question 6			■		
Question 7					■
Question 8	■				
Question 9			■		
Question 10					■
Question 11	■				
Question 12				■	
Question 13			■		
Question 14			■		
Question 15	■				

15 questions en 20 mn

Calcul de votre score

Réponse juste : + 4 points
Réponse fausse : - 1 point
Sans réponse : 0 point

Test 1 : _____ / 60 points
Test 2 : _____ / 60 points
Test 3 : _____ / 60 points

Grille de correction du « TAGE MAGE® blanc 1 »

Sous-Test 1 - Compréhension

	A	B	C	D	E
Question 1				X	
Question 2		X			
Question 3				X	
Question 4		X			
Question 5					X
Question 6			X		
Question 7					X
Question 8					X
Question 9	X				
Question 10				X	
Question 11			X		
Question 12			X		
Question 13	X				
Question 14				X	
Question 15		X			

15 questions en 20 mn

Sous-Test 2 - Calcul

	A	B	C	D	E
Question 16			X		
Question 17				X	
Question 18				X	
Question 19	X				
Question 20			X		
Question 21					X
Question 22			X		
Question 23			X		
Question 24					X
Question 25	X				
Question 26		X			
Question 27				X	
Question 28			X		
Question 29	X				
Question 30				X	

15 questions en 20 mn

Sous-Test 3 - Raisonnement

	A	B	C	D	E
Question 31	X				
Question 32				X	
Question 33					X
Question 34		X			
Question 35					X
Question 36			X		
Question 37				X	
Question 38		X			
Question 39			X		
Question 40			X		
Question 41		X			
Question 42		X			
Question 43			X		
Question 44				X	
Question 45				X	

15 questions en 20 mn

Calcul de votre score

Attention, les scores obtenus lors de ces entraînements ne peuvent constituer une indication précise du score obtenu le jour J. Les conditions n'étant pas les mêmes (notamment le stress), le différentiel entre les deux scores peut atteindre plus ou moins 100 points sur 600.

Réponse juste : + 4 points
Réponse fausse : - 1 point
Sans réponse : 0 point

Sous-test 1 : _____ / 60 points

Sous-test 2 : _____ / 60 points

Sous-test 3 : _____ / 60 points

Grille de correction du « TAGE MAGE® blanc 1 »

Sous-Test 4 - Conditions minimales

	A	B	C	D	E
Question 46	X				
Question 47			X		
Question 48					X
Question 49			X		
Question 50					X
Question 51		X			
Question 52		X			
Question 53			X		
Question 54		X			
Question 55	X				
Question 56		X			
Question 57			X		
Question 58	X				
Question 59					X
Question 60					X

15 questions en 20 mn

Sous-Test 5 - Expression

	A	B	C	D	E
Question 61				X	
Question 62			X		
Question 63				X	
Question 64			X		
Question 65		X			
Question 66	X				
Question 67				X	
Question 68			X		
Question 69	X				
Question 70			X		
Question 71					X
Question 72					X
Question 73				X	
Question 74			X		
Question 75	X				

15 questions en 20 mn

Sous-Test 6 - Logique

	A	B	C	D	E
Question 76				X	
Question 77		X			
Question 78					X
Question 79				X	
Question 80					X
Question 81					X
Question 82			X		
Question 83				X	
Question 84				X	
Question 85				X	
Question 86				X	
Question 87		X			
Question 88					X
Question 89				X	
Question 90	X				

15 questions en 20 mn

Calcul de votre score

Réponse juste : + 4 points
Réponse fausse : - 1 point
Sans réponse : 0 point

Sous-test 4 : ____ / 60 points

Sous-test 5 : ____ / 60 points

Sous-test 6 : ____ / 60 points

Score total : ____ / 360 points

Pour obtenir une approximation de votre score, divisez le total obtenu par 6 et multipliez-le par 10.

Score total : ____ / 600 points

Grille de correction du « TAGE MAGE® blanc 2 »

Sous-Test 1 - Compréhension

	A	B	C	D	E
Question 1			X		
Question 2				X	
Question 3					X
Question 4			X		
Question 5		X			
Question 6	X				
Question 7	X				
Question 8		X			
Question 9		X			
Question 10					X
Question 11				X	
Question 12	X				
Question 13		X			
Question 14		X			
Question 15				X	

15 questions en 20 mn

Sous-Test 2 - Calcul

	A	B	C	D	E
Question 16				X	
Question 17				X	
Question 18		X			
Question 19				X	
Question 20					X
Question 21	X				
Question 22					X
Question 23				X	
Question 24					X
Question 25		X			
Question 26		X			
Question 27				X	
Question 28		X			
Question 29			X		
Question 30		X			

15 questions en 20 mn

Sous-Test 3 - Raisonnement

	A	B	C	D	E
Question 31			X		
Question 32				X	
Question 33	X				
Question 34			X		
Question 35				X	
Question 36					X
Question 37	X				
Question 38					X
Question 39			X		
Question 40			X		
Question 41		X			
Question 42				X	
Question 43	X				
Question 44				X	
Question 45		X			

15 questions en 20 mn

Calcul de votre score

Attention, les scores obtenus lors de ces entraînements ne peuvent constituer une indication précise du score obtenu le jour J. Les conditions n'étant pas les mêmes (notamment le stress), le différentiel entre les deux scores peut atteindre plus ou moins 100 points sur 600.

Réponse juste : + 4 points
Réponse fausse : - 1 point
Sans réponse : 0 point

Sous-test 1 : _____ / 60 points

Sous-test 2 : _____ / 60 points

Sous-test 3 : _____ / 60 points

Grille de correction du « TAGE MAGE® blanc 2 »

Sous-Test 4 - Conditions minimales

	A	B	C	D	E
Question 46	X				
Question 47			X		
Question 48					X
Question 49			X		
Question 50			X		
Question 51					X
Question 52			X		
Question 53				X	
Question 54				X	
Question 55	X				
Question 56	X				
Question 57		X			
Question 58				X	
Question 59			X		
Question 60		X			

15 questions en 20 mn

Sous-Test 5 - Expression

	A	B	C	D	E
Question 61			X		
Question 62		X			
Question 63			X		
Question 64		X			
Question 65				X	
Question 66				X	
Question 67		X			
Question 68		X			
Question 69		X			
Question 70				X	
Question 71		X			
Question 72	X				
Question 73	X				
Question 74				X	
Question 75			X		

15 questions en 20 mn

Sous-Test 6 - Logique

	A	B	C	D	E
Question 76			X		
Question 77		X			
Question 78			X		
Question 79	X				
Question 80					X
Question 81	X				
Question 82		X			
Question 83	X				
Question 84			X		
Question 85	X				
Question 86			X		
Question 87	X				
Question 88	X				
Question 89	X				
Question 90					X

15 questions en 20 mn

Calcul de votre score

Réponse juste : + 4 points
Réponse fausse : - 1 point
Sans réponse : 0 point

Sous-test 4 : _____ / 60 points

Sous-test 5 : _____ / 60 points

Sous-test 6 : _____ / 60 points

Score total : _____ / 360 points

Pour obtenir une approximation de votre score, divisez le total obtenu par 6 et multipliez-le par 10.

Score total : _____ / 600 points

Grille de correction du « TAGE MAGE® blanc 3 »

Sous-Test 1 - Compréhension

	A	B	C	D	E
Question 1				■	
Question 2		■			
Question 3	■				
Question 4				■	
Question 5			■		
Question 6		■			
Question 7	■				
Question 8				■	
Question 9					■
Question 10			■		
Question 11				■	
Question 12					■
Question 13	■				
Question 14		■			
Question 15					■

15 questions en 20 mn

Sous-Test 2 - Calcul

	A	B	C	D	E
Question 16		■			
Question 17			■		
Question 18					■
Question 19				■	
Question 20			■		
Question 21		■			
Question 22		■			
Question 23	■				
Question 24		■			
Question 25		■			
Question 26					■
Question 27		■			
Question 28		■			
Question 29		■			
Question 30	■				

15 questions en 20 mn

Sous-Test 3 - Raisonnement

	A	B	C	D	E
Question 31			■		
Question 32	■				
Question 33		■			
Question 34		■			
Question 35					■
Question 36		■			
Question 37			■		
Question 38		■			
Question 39	■				
Question 40		■			
Question 41					■
Question 42			■		
Question 43	■				
Question 44			■		
Question 45				■	

15 questions en 20 mn

Calcul de votre score

Attention, les scores obtenus lors de ces entraînements ne peuvent constituer une indication précise du score obtenu le jour J. Les conditions n'étant pas les mêmes (notamment le stress), le différentiel entre les deux scores peut atteindre plus ou moins 100 points sur 600.

Réponse juste : + 4 points
Réponse fausse : - 1 point
Sans réponse : 0 point

Sous-test 1 : ____ / 60 points

Sous-test 2 : ____ / 60 points

Sous-test 3 : ____ / 60 points

Grille de correction du « TAGE MAGE® blanc 3 »

Sous-Test 4 - Conditions minimales

	A	B	C	D	E
Question 46	■				
Question 47			■		
Question 48			■		
Question 49			■		
Question 50			■		
Question 51					■
Question 52			■		
Question 53				■	
Question 54			■		
Question 55				■	
Question 56				■	
Question 57			■		
Question 58		■			
Question 59			■		
Question 60				■	

15 questions en 20 mn

Sous-Test 5 - Expression

	A	B	C	D	E
Question 61		■			
Question 62					■
Question 63					■
Question 64					■
Question 65					■
Question 66		■			
Question 67			■		
Question 68			■		
Question 69		■			
Question 70					■
Question 71		■			
Question 72			■		
Question 73		■			
Question 74					■
Question 75				■	

15 questions en 20 mn

Sous-Test 6 - Logique

	A	B	C	D	E
Question 76					■
Question 77				■	
Question 78				■	
Question 79					■
Question 80				■	
Question 81		■			
Question 82				■	
Question 83		■			
Question 84			■		
Question 85			■		
Question 86		■			
Question 87				■	
Question 88	■				
Question 89			■		
Question 90	■				

15 questions en 20 mn

Calcul de votre score

Réponse juste : + 4 points
Réponse fausse : - 1 point
Sans réponse : 0 point

Sous-test 4 : _____ / 60 points

Sous-test 5 : _____ / 60 points

Sous-test 6 : _____ / 60 points

Score total : _____ / 360 points

Pour obtenir une approximation de votre score, divisez le total obtenu par 6 et multipliez-le par 10.

Score total : _____ / 600 points

Grille de correction du « TAGE MAGE® blanc 4 »

Sous-Test 1 - Compréhension

	A	B	C	D	E
Question 1	■				
Question 2				■	
Question 3					■
Question 4		■			
Question 5					■
Question 6			■		
Question 7				■	
Question 8	■				
Question 9			■		
Question 10					■
Question 11					■
Question 12		■			
Question 13					■
Question 14	■				
Question 15	■				

15 questions en 20 mn

Sous-Test 2 - Calcul

	A	B	C	D	E
Question 16				■	
Question 17		■			
Question 18		■			
Question 19		■			
Question 20		■			
Question 21				■	
Question 22					■
Question 23	■				
Question 24				■	
Question 25					■
Question 26		■			
Question 27					■
Question 28				■	
Question 29				■	
Question 30	■				

15 questions en 20 mn

Sous-Test 3 - Raisonnement

	A	B	C	D	E
Question 31		■			
Question 32		■			
Question 33			■		
Question 34					■
Question 35	■				
Question 36			■		
Question 37	■				
Question 38			■		
Question 39	■				
Question 40			■		
Question 41				■	
Question 42				■	
Question 43			■		
Question 44	■				
Question 45					■

15 questions en 20 mn

Calcul de votre score

Attention, les scores obtenus lors de ces entraînements ne peuvent constituer une indication précise du score obtenu le jour J. Les conditions n'étant pas les mêmes (notamment le stress), le différentiel entre les deux scores peut atteindre plus ou moins 100 points sur 600.

Réponse juste : + 4 points
Réponse fausse : - 1 point
Sans réponse : 0 point

Sous-test 1 : _____ / 60 points

Sous-test 2 : _____ / 60 points

Sous-test 3 : _____ / 60 points

Grille de correction du « TAGE MAGE® blanc 4 »

Sous-Test 4 - Conditions minimales

	A	B	C	D	E
Question 46			■		
Question 47			■		
Question 48				■	
Question 49				■	
Question 50			■		
Question 51				■	
Question 52	■				
Question 53	■				
Question 54					■
Question 55		■			
Question 56			■		
Question 57	■				
Question 58			■		
Question 59		■			
Question 60					■

15 questions en 20 mn

Sous-Test 5 - Expression

	A	B	C	D	E
Question 61	■				
Question 62					■
Question 63					■
Question 64	■				
Question 65				■	
Question 66		■			
Question 67				■	
Question 68					■
Question 69			■		
Question 70			■		
Question 71	■				
Question 72				■	
Question 73	■				
Question 74	■				
Question 75		■			

15 questions en 20 mn

Sous-Test 6 - Logique

	A	B	C	D	E
Question 76				■	
Question 77				■	
Question 78	■				
Question 79		■			
Question 80			■		
Question 81			■		
Question 82		■			
Question 83		■			
Question 84					■
Question 85	■				
Question 86	■				
Question 87			■		
Question 88	■				
Question 89			■		
Question 90					■

15 questions en 20 mn

Calcul de votre score

Réponse juste : + 4 points
Réponse fausse : - 1 point
Sans réponse : 0 point

Sous-test 4 : _____ / 60 points

Sous-test 5 : _____ / 60 points

Sous-test 6 : _____ / 60 points

Score total : _____ / 360 points

Pour obtenir une approximation de votre score, divisez le total obtenu par 6 et multipliez-le par 10.

Score total : _____ / 600 points

Grille de correction du « TAGE MAGE® blanc 5 »

Sous-Test 1 - Compréhension

	A	B	C	D	E
Question 1		■			
Question 2		■			
Question 3			■		
Question 4			■		
Question 5				■	
Question 6			■		
Question 7				■	
Question 8		■			
Question 9				■	
Question 10		■			
Question 11					■
Question 12	■				
Question 13					■
Question 14		■			
Question 15			■		

15 questions en 20 mn

Sous-Test 2 - Calcul

	A	B	C	D	E
Question 16				■	
Question 17					■
Question 18			■		
Question 19	■				
Question 20			■		
Question 21			■		
Question 22				■	
Question 23		■			
Question 24				■	
Question 25	■				
Question 26				■	
Question 27			■		
Question 28	■				
Question 29		■			
Question 30	■				

15 questions en 20 mn

Sous-Test 3 - Raisonnement

	A	B	C	D	E
Question 31		■			
Question 32			■		
Question 33					■
Question 34		■			
Question 35				■	
Question 36				■	
Question 37	■				
Question 38			■		
Question 39			■		
Question 40					■
Question 41	■				
Question 42				■	
Question 43	■				
Question 44			■		
Question 45					■

15 questions en 20 mn

Calcul de votre score

Attention, les scores obtenus lors de ces entraînements ne peuvent constituer une indication précise du score obtenu le jour J. Les conditions n'étant pas les mêmes (notamment le stress), le différentiel entre les deux scores peut atteindre plus ou moins 100 points sur 600.

Réponse juste : + 4 points
Réponse fausse : - 1 point
Sans réponse : 0 point

Sous-test 1 : _____ / 60 points

Sous-test 2 : _____ / 60 points

Sous-test 3 : _____ / 60 points

Grille de correction du « TAGE MAGE® blanc 5 »

Sous-Test 4 - Conditions minimales

	A	B	C	D	E
Question 46		X			
Question 47			X		
Question 48		X			
Question 49					X
Question 50			X		
Question 51			X		
Question 52					X
Question 53				X	
Question 54		X			
Question 55				X	
Question 56				X	
Question 57					X
Question 58				X	
Question 59		X			
Question 60			X		

15 questions en 20 mn

Sous-Test 5 - Expression

	A	B	C	D	E
Question 61		X			
Question 62			X		
Question 63				X	
Question 64					X
Question 65		X			
Question 66	X				
Question 67				X	
Question 68					X
Question 69				X	
Question 70				X	
Question 71	X				
Question 72				X	
Question 73		X			
Question 74	X				
Question 75					X

15 questions en 20 mn

Sous-Test 6 - Logique

	A	B	C	D	E
Question 76					X
Question 77	X				
Question 78			X		
Question 79					X
Question 80			X		
Question 81				X	
Question 82			X		
Question 83	X				
Question 84					X
Question 85	X				
Question 86				X	
Question 87		X			
Question 88	X				
Question 89				X	
Question 90					X

15 questions en 20 mn

Calcul de votre score

Réponse juste : + 4 points
Réponse fausse : - 1 point
Sans réponse : 0 point

Sous-test 4 : _____ / 60 points

Sous-test 5 : _____ / 60 points

Sous-test 6 : _____ / 60 points

Score total : _____ / 360 points

Pour obtenir une approximation de votre score, divisez le total obtenu par 6 et multipliez-le par 10.

Score total : _____ / 600 points

Grille de correction du « TAGE MAGE® blanc 6 »

Sous-Test 1 - Compréhension

	A	B	C	D	E
Question 1		■			
Question 2			■		
Question 3			■		
Question 4			■		
Question 5					■
Question 6			■		
Question 7					■
Question 8				■	
Question 9			■		
Question 10		■			
Question 11			■		
Question 12				■	
Question 13			■		
Question 14		■			
Question 15					■

15 questions en 20 mn

Sous-Test 2 - Calcul

	A	B	C	D	E
Question 16		■			
Question 17		■			
Question 18	■				
Question 19				■	
Question 20	■				
Question 21			■		
Question 22					■
Question 23					■
Question 24		■			
Question 25	■				
Question 26					■
Question 27				■	
Question 28	■				
Question 29		■			
Question 30			■		

15 questions en 20 mn

Sous-Test 3 - Raisonnement

	A	B	C	D	E
Question 31		■			
Question 32			■		
Question 33		■			
Question 34			■		
Question 35				■	
Question 36				■	
Question 37				■	
Question 38		■			
Question 39					■
Question 40		■			
Question 41	■				
Question 42					■
Question 43				■	
Question 44			■		
Question 45				■	

15 questions en 20 mn

Calcul de votre score

Attention, les scores obtenus lors de ces entraînements ne peuvent constituer une indication précise du score obtenu le jour J. Les conditions n'étant pas les mêmes (notamment le stress), le différentiel entre les deux scores peut atteindre plus ou moins 100 points sur 600.

Réponse juste : + 4 points
Réponse fausse : - 1 point
Sans réponse : 0 point

Sous-test 1 : _____ / 60 points

Sous-test 2 : _____ / 60 points

Sous-test 3 : _____ / 60 points

Grille de correction du « TAGE MAGE® blanc 6 »

Sous-Test 4 - Conditions minimales

	A	B	C	D	E
Question 46			■		
Question 47					■
Question 48					■
Question 49				■	
Question 50		■			
Question 51	■				
Question 52			■		
Question 53			■		
Question 54			■		
Question 55			■		
Question 56				■	
Question 57					■
Question 58			■		
Question 59				■	
Question 60			■		

15 questions en 20 mn

Sous-Test 5 - Expression

	A	B	C	D	E
Question 61		■			
Question 62	■				
Question 63		■			
Question 64		■			
Question 65				■	
Question 66		■			
Question 67		■			
Question 68		■			
Question 69			■		
Question 70	■				
Question 71		■			
Question 72				■	
Question 73		■			
Question 74					■
Question 75	■				

15 questions en 20 mn

Sous-Test 6 - Logique

	A	B	C	D	E
Question 76			■		
Question 77			■		
Question 78				■	
Question 79			■		
Question 80			■		
Question 81	■				
Question 82			■		
Question 83	■				
Question 84				■	
Question 85			■		
Question 86	■				
Question 87					■
Question 88	■				
Question 89				■	
Question 90					

15 questions en 20 mn

Calcul de votre score

Réponse juste : + 4 points
Réponse fausse : - 1 point
Sans réponse : 0 point

Sous-test 4 : _____ / 60 points

Sous-test 5 : _____ / 60 points

Sous-test 6 : _____ / 60 points

Score total : _____ / 360 points

Pour obtenir une approximation de votre score, divisez le total obtenu par 6 et multipliez-le par 10.

Score total : _____ / 600 points

Grille de réponses des sous-tests de calcul

Objectif 600 - Calcul - Test 1

	A	B	C	D	E
Question 1					
Question 2					
Question 3					
Question 4					
Question 5					
Question 6					
Question 7					
Question 8					
Question 9					
Question 10					
Question 11					
Question 12					
Question 13					
Question 14					
Question 15					

15 questions en 20 mn

Objectif 600 - Calcul - Test 2

	A	B	C	D	E
Question 1					
Question 2					
Question 3					
Question 4					
Question 5					
Question 6					
Question 7					
Question 8					
Question 9					
Question 10					
Question 11					
Question 12					
Question 13					
Question 14					
Question 15					

15 questions en 20 mn

Objectif 600 - Calcul - Test 3

	A	B	C	D	E
Question 1					
Question 2					
Question 3					
Question 4					
Question 5					
Question 6					
Question 7					
Question 8					
Question 9					
Question 10					
Question 11					
Question 12					
Question 13					
Question 14					
Question 15					

15 questions en 20 mn

Objectif 600 - Calcul - Test 4

	A	B	C	D	E
Question 1					
Question 2					
Question 3					
Question 4					
Question 5					
Question 6					
Question 7					
Question 8					
Question 9					
Question 10					
Question 11					
Question 12					
Question 13					
Question 14					
Question 15					

15 questions en 20 mn

Vous devez **NOIRCIR SOIGNEUSEMENT** la case correspondant à la bonne réponse.
Calculez votre score à l'aide de la grille de correction page 660.

Grille de réponses des sous-tests de conditions minimales

Conditions minimales - Test 1

	A	B	C	D	E
Question 1					
Question 2					
Question 3					
Question 4					
Question 5					
Question 6					
Question 7					
Question 8					
Question 9					
Question 10					
Question 11					
Question 12					
Question 13					
Question 14					
Question 15					

15 questions en 20 mn

Conditions minimales - Test 2

	A	B	C	D	E
Question 1					
Question 2					
Question 3					
Question 4					
Question 5					
Question 6					
Question 7					
Question 8					
Question 9					
Question 10					
Question 11					
Question 12					
Question 13					
Question 14					
Question 15					

15 questions en 20 mn

Conditions minimales - Test 3

	A	B	C	D	E
Question 1					
Question 2					
Question 3					
Question 4					
Question 5					
Question 6					
Question 7					
Question 8					
Question 9					
Question 10					
Question 11					
Question 12					
Question 13					
Question 14					
Question 15					

15 questions en 20 mn

Vous devez **NOIRCIR SOIGNEUSEMENT** la case correspondant à la bonne réponse.
Calculez votre score à l'aide des grilles de correction page 661.

Grille de réponses des sous-tests de compréhension de texte

Compréhenson de texte - Test 1

	A	B	C	D	E
Question 1					
Question 2					
Question 3					
Question 4					
Question 5					
Question 6					
Question 7					
Question 8					
Question 9					
Question 10					
Question 11					
Question 12					
Question 13					
Question 14					
Question 15					

15 questions en 20 mn

Compréhension de texte - Test 2

	A	B	C	D	E
Question 1					
Question 2					
Question 3					
Question 4					
Question 5					
Question 6					
Question 7					
Question 8					
Question 9					
Question 10					
Question 11					
Question 12					
Question 13					
Question 14					
Question 15					

15 questions en 20 mn

Grille de réponses des sous-tests d'expression

Objectif 600 - Expression 1

	A	B	C	D	E
Question 1					
Question 2					
Question 3					
Question 4					
Question 5					
Question 6					
Question 7					
Question 8					
Question 9					
Question 10					
Question 11					
Question 12					
Question 13					
Question 14					
Question 15					

15 questions en 20 mn

Objectif 600 - Expression 2

	A	B	C	D	E
Question 1					
Question 2					
Question 3					
Question 4					
Question 5					
Question 6					
Question 7					
Question 8					
Question 9					
Question 10					
Question 11					
Question 12					
Question 13					
Question 14					
Question 15					

15 questions en 20 mn

Vous devez **NOIRCIR SOIGNEUSEMENT** la case correspondant à la bonne réponse.
Calculez votre score à l'aide des grilles de correction pages 662 et 663.

Grille de réponses des sous-tests de raisonnement & argumentation

Raisonnement & Argumentation 1

	A	B	C	D	E
Question 1					
Question 2					
Question 3					
Question 4					
Question 5					
Question 6					
Question 7					
Question 8					
Question 9					
Question 10					
Question 11					
Question 12					
Question 13					
Question 14					
Question 15					

15 questions en 20 mn

Raisonnement & Argumentation 2

	A	B	C	D	E
Question 1					
Question 2					
Question 3					
Question 4					
Question 5					
Question 6					
Question 7					
Question 8					
Question 9					
Question 10					
Question 11					
Question 12					
Question 13					
Question 14					
Question 15					

15 questions en 20 mn

Vous devez **NOIRCIR SOIGNEUSEMENT** la case correspondant à la bonne réponse.
Calculez votre score à l'aide des grilles de correction page 664.

Grille de réponses des sous-tests de logique

Logique - Test 1

	A	B	C	D	E
Question 1					
Question 2					
Question 3					
Question 4					
Question 5					
Question 6					
Question 7					
Question 8					
Question 9					
Question 10					
Question 11					
Question 12					
Question 13					
Question 14					
Question 15					

15 questions en 20 mn

Logique - Test 2

	A	B	C	D	E
Question 1					
Question 2					
Question 3					
Question 4					
Question 5					
Question 6					
Question 7					
Question 8					
Question 9					
Question 10					
Question 11					
Question 12					
Question 13					
Question 14					
Question 15					

15 questions en 20 mn

Logique - Test 3

	A	B	C	D	E
Question 1					
Question 2					
Question 3					
Question 4					
Question 5					
Question 6					
Question 7					
Question 8					
Question 9					
Question 10					
Question 11					
Question 12					
Question 13					
Question 14					
Question 15					

15 questions en 20 mn

Vous devez **NOIRCIR SOIGNEUSEMENT** la case correspondant à la bonne réponse.
Calculez votre score à l'aide des grilles de correction page 665.

Grille de réponses du « TAGE MAGE® blanc 1 »

Sous-Test 1 - Compréhension

	A	B	C	D	E
Question 1					
Question 2					
Question 3					
Question 4					
Question 5					
Question 6					
Question 7					
Question 8					
Question 9					
Question 10					
Question 11					
Question 12					
Question 13					
Question 14					
Question 15					

15 questions en 20 mn

Sous-Test 2 - Calcul

	A	B	C	D	E
Question 16					
Question 17					
Question 18					
Question 19					
Question 20					
Question 21					
Question 22					
Question 23					
Question 24					
Question 25					
Question 26					
Question 27					
Question 28					
Question 29					
Question 30					

15 questions en 20 mn

Sous-Test 3 - Raisonnement

	A	B	C	D	E
Question 31					
Question 32					
Question 33					
Question 34					
Question 35					
Question 36					
Question 37					
Question 38					
Question 39					
Question 40					
Question 41					
Question 42					
Question 43					
Question 44					
Question 45					

15 questions en 20 mn

Sous-Test 4 - Conditions minimales

	A	B	C	D	E
Question 46					
Question 47					
Question 48					
Question 49					
Question 50					
Question 51					
Question 52					
Question 53					
Question 54					
Question 55					
Question 56					
Question 57					
Question 58					
Question 59					
Question 60					

15 questions en 20 mn

Sous-Test 5 - Expression

	A	B	C	D	E
Question 61					
Question 62					
Question 63					
Question 64					
Question 65					
Question 66					
Question 67					
Question 68					
Question 69					
Question 70					
Question 71					
Question 72					
Question 73					
Question 74					
Question 75					

15 questions en 20 mn

Sous-Test 6 - Logique

	A	B	C	D	E
Question 76					
Question 77					
Question 78					
Question 79					
Question 80					
Question 81					
Question 82					
Question 83					
Question 84					
Question 85					
Question 86					
Question 87					
Question 88					
Question 89					
Question 90					

15 questions en 20 mn

Vous devez **NOIRCIR SOIGNEUSEMENT** la case correspondant à la bonne réponse.
Calculez votre score à l'aide des grilles de correction pages 666 et 667.

Grille de réponses du « TAGE MAGE® blanc 2 »

Sous-Test 1 - Compréhension

	A	B	C	D	E
Question 1					
Question 2					
Question 3					
Question 4					
Question 5					
Question 6					
Question 7					
Question 8					
Question 9					
Question 10					
Question 11					
Question 12					
Question 13					
Question 14					
Question 15					

15 questions en 20 mn

Sous-Test 2 - Calcul

	A	B	C	D	E
Question 16					
Question 17					
Question 18					
Question 19					
Question 20					
Question 21					
Question 22					
Question 23					
Question 24					
Question 25					
Question 26					
Question 27					
Question 28					
Question 29					
Question 30					

15 questions en 20 mn

Sous-Test 3 - Raisonnement

	A	B	C	D	E
Question 31					
Question 32					
Question 33					
Question 34					
Question 35					
Question 36					
Question 37					
Question 38					
Question 39					
Question 40					
Question 41					
Question 42					
Question 43					
Question 44					
Question 45					

15 questions en 20 mn

Sous-Test 4 - Conditions minimales

	A	B	C	D	E
Question 46					
Question 47					
Question 48					
Question 49					
Question 50					
Question 51					
Question 52					
Question 53					
Question 54					
Question 55					
Question 56					
Question 57					
Question 58					
Question 59					
Question 60					

15 questions en 20 mn

Sous-Test 5 - Expression

	A	B	C	D	E
Question 61					
Question 62					
Question 63					
Question 64					
Question 65					
Question 66					
Question 67					
Question 68					
Question 69					
Question 70					
Question 71					
Question 72					
Question 73					
Question 74					
Question 75					

15 questions en 20 mn

Sous-Test 6 - Logique

	A	B	C	D	E
Question 76					
Question 77					
Question 78					
Question 79					
Question 80					
Question 81					
Question 82					
Question 83					
Question 84					
Question 85					
Question 86					
Question 87					
Question 88					
Question 89					
Question 90					

15 questions en 20 mn

Vous devez **NOIRCIR SOIGNEUSEMENT** la case correspondant à la bonne réponse.
Calculez votre score à l'aide des grilles de correction pages 668 et 669.

Grille de réponses du « TAGE MAGE® blanc 3 »

Sous-Test 1 - Compréhension

	A	B	C	D	E
Question 1					
Question 2					
Question 3					
Question 4					
Question 5					
Question 6					
Question 7					
Question 8					
Question 9					
Question 10					
Question 11					
Question 12					
Question 13					
Question 14					
Question 15					

15 questions en 20 mn

Sous-Test 2 - Calcul

	A	B	C	D	E
Question 16					
Question 17					
Question 18					
Question 19					
Question 20					
Question 21					
Question 22					
Question 23					
Question 24					
Question 25					
Question 26					
Question 27					
Question 28					
Question 29					
Question 30					

15 questions en 20 mn

Sous-Test 3 - Raisonnement

	A	B	C	D	E
Question 31					
Question 32					
Question 33					
Question 34					
Question 35					
Question 36					
Question 37					
Question 38					
Question 39					
Question 40					
Question 41					
Question 42					
Question 43					
Question 44					
Question 45					

15 questions en 20 mn

Sous-Test 4 - Conditions minimales

	A	B	C	D	E
Question 46					
Question 47					
Question 48					
Question 49					
Question 50					
Question 51					
Question 52					
Question 53					
Question 54					
Question 55					
Question 56					
Question 57					
Question 58					
Question 59					
Question 60					

15 questions en 20 mn

Sous-Test 5 - Expression

	A	B	C	D	E
Question 61					
Question 62					
Question 63					
Question 64					
Question 65					
Question 66					
Question 67					
Question 68					
Question 69					
Question 70					
Question 71					
Question 72					
Question 73					
Question 74					
Question 75					

15 questions en 20 mn

Sous-Test 6 - Logique

	A	B	C	D	E
Question 76					
Question 77					
Question 78					
Question 79					
Question 80					
Question 81					
Question 82					
Question 83					
Question 84					
Question 85					
Question 86					
Question 87					
Question 88					
Question 89					
Question 90					

15 questions en 20 mn

Vous devez **NOIRCIR SOIGNEUSEMENT** la case correspondant à la bonne réponse.
Calculez votre score à l'aide des grilles de correction pages 670 et 671.

Grille de réponses du « TAGE MAGE® blanc 4 »

Sous-Test 1 - Compréhension

	A	B	C	D	E
Question 1					
Question 2					
Question 3					
Question 4					
Question 5					
Question 6					
Question 7					
Question 8					
Question 9					
Question 10					
Question 11					
Question 12					
Question 13					
Question 14					
Question 15					

15 questions en 20 mn

Sous-Test 2 - Calcul

	A	B	C	D	E
Question 16					
Question 17					
Question 18					
Question 19					
Question 20					
Question 21					
Question 22					
Question 23					
Question 24					
Question 25					
Question 26					
Question 27					
Question 28					
Question 29					
Question 30					

15 questions en 20 mn

Sous-Test 3 - Raisonnement

	A	B	C	D	E
Question 31					
Question 32					
Question 33					
Question 34					
Question 35					
Question 36					
Question 37					
Question 38					
Question 39					
Question 40					
Question 41					
Question 42					
Question 43					
Question 44					
Question 45					

15 questions en 20 mn

Sous-Test 4 - Conditions minimales

	A	B	C	D	E
Question 46					
Question 47					
Question 48					
Question 49					
Question 50					
Question 51					
Question 52					
Question 53					
Question 54					
Question 55					
Question 56					
Question 57					
Question 58					
Question 59					
Question 60					

15 questions en 20 mn

Sous-Test 5 - Expression

	A	B	C	D	E
Question 61					
Question 62					
Question 63					
Question 64					
Question 65					
Question 66					
Question 67					
Question 68					
Question 69					
Question 70					
Question 71					
Question 72					
Question 73					
Question 74					
Question 75					

15 questions en 20 mn

Sous-Test 6 - Logique

	A	B	C	D	E
Question 76					
Question 77					
Question 78					
Question 79					
Question 80					
Question 81					
Question 82					
Question 83					
Question 84					
Question 85					
Question 86					
Question 87					
Question 88					
Question 89					
Question 90					

15 questions en 20 mn

Vous devez **NOIRCIR SOIGNEUSEMENT** la case correspondant à la bonne réponse.
Calculez votre score à l'aide des grilles de correction pages 672 et 673.

Grille de réponses du « TAGE MAGE® blanc 5 »

Sous-Test 1 - Compréhension

	A	B	C	D	E
Question 1					
Question 2					
Question 3					
Question 4					
Question 5					
Question 6					
Question 7					
Question 8					
Question 9					
Question 10					
Question 11					
Question 12					
Question 13					
Question 14					
Question 15					

15 questions en 20 mn

Sous-Test 2 - Calcul

	A	B	C	D	E
Question 16					
Question 17					
Question 18					
Question 19					
Question 20					
Question 21					
Question 22					
Question 23					
Question 24					
Question 25					
Question 26					
Question 27					
Question 28					
Question 29					
Question 30					

15 questions en 20 mn

Sous-Test 3 - Raisonnement

	A	B	C	D	E
Question 31					
Question 32					
Question 33					
Question 34					
Question 35					
Question 36					
Question 37					
Question 38					
Question 39					
Question 40					
Question 41					
Question 42					
Question 43					
Question 44					
Question 45					

15 questions en 20 mn

Sous-Test 4 - Conditions minimales

	A	B	C	D	E
Question 46					
Question 47					
Question 48					
Question 49					
Question 50					
Question 51					
Question 52					
Question 53					
Question 54					
Question 55					
Question 56					
Question 57					
Question 58					
Question 59					
Question 60					

15 questions en 20 mn

Sous-Test 5 - Expression

	A	B	C	D	E
Question 61					
Question 62					
Question 63					
Question 64					
Question 65					
Question 66					
Question 67					
Question 68					
Question 69					
Question 70					
Question 71					
Question 72					
Question 73					
Question 74					
Question 75					

15 questions en 20 mn

Sous-Test 6 - Logique

	A	B	C	D	E
Question 76					
Question 77					
Question 78					
Question 79					
Question 80					
Question 81					
Question 82					
Question 83					
Question 84					
Question 85					
Question 86					
Question 87					
Question 88					
Question 89					
Question 90					

15 questions en 20 mn

Vous devez **NOIRCIR SOIGNEUSEMENT** la case correspondant à la bonne réponse.
Calculez votre score à l'aide des grilles de correction pages 674 et 675.

Grille de réponses du « TAGE MAGE® blanc 6 »

Sous-Test 1 - Compréhension

	A	B	C	D	E
Question 1					
Question 2					
Question 3					
Question 4					
Question 5					
Question 6					
Question 7					
Question 8					
Question 9					
Question 10					
Question 11					
Question 12					
Question 13					
Question 14					
Question 15					

15 questions en 20 mn

Sous-Test 2 - Calcul

	A	B	C	D	E
Question 16					
Question 17					
Question 18					
Question 19					
Question 20					
Question 21					
Question 22					
Question 23					
Question 24					
Question 25					
Question 26					
Question 27					
Question 28					
Question 29					
Question 30					

15 questions en 20 mn

Sous-Test 3 - Raisonnement

	A	B	C	D	E
Question 31					
Question 32					
Question 33					
Question 34					
Question 35					
Question 36					
Question 37					
Question 38					
Question 39					
Question 40					
Question 41					
Question 42					
Question 43					
Question 44					
Question 45					

15 questions en 20 mn

Sous-Test 4 - Conditions minimales

	A	B	C	D	E
Question 46					
Question 47					
Question 48					
Question 49					
Question 50					
Question 51					
Question 52					
Question 53					
Question 54					
Question 55					
Question 56					
Question 57					
Question 58					
Question 59					
Question 60					

15 questions en 20 mn

Sous-Test 5 - Expression

	A	B	C	D	E
Question 61					
Question 62					
Question 63					
Question 64					
Question 65					
Question 66					
Question 67					
Question 68					
Question 69					
Question 70					
Question 71					
Question 72					
Question 73					
Question 74					
Question 75					

15 questions en 20 mn

Sous-Test 6 - Logique

	A	B	C	D	E
Question 76					
Question 77					
Question 78					
Question 79					
Question 80					
Question 81					
Question 82					
Question 83					
Question 84					
Question 85					
Question 86					
Question 87					
Question 88					
Question 89					
Question 90					

15 questions en 20 mn

Vous devez **NOIRCIR SOIGNEUSEMENT** la case correspondant à la bonne réponse.
Calculez votre score à l'aide des grilles de correction pages 676 et 677.

Fiche RÉSULTATS

Suivi de votre score sur 600

Pour visualiser votre progression, placez vos scores sur le graphique ci-dessous.

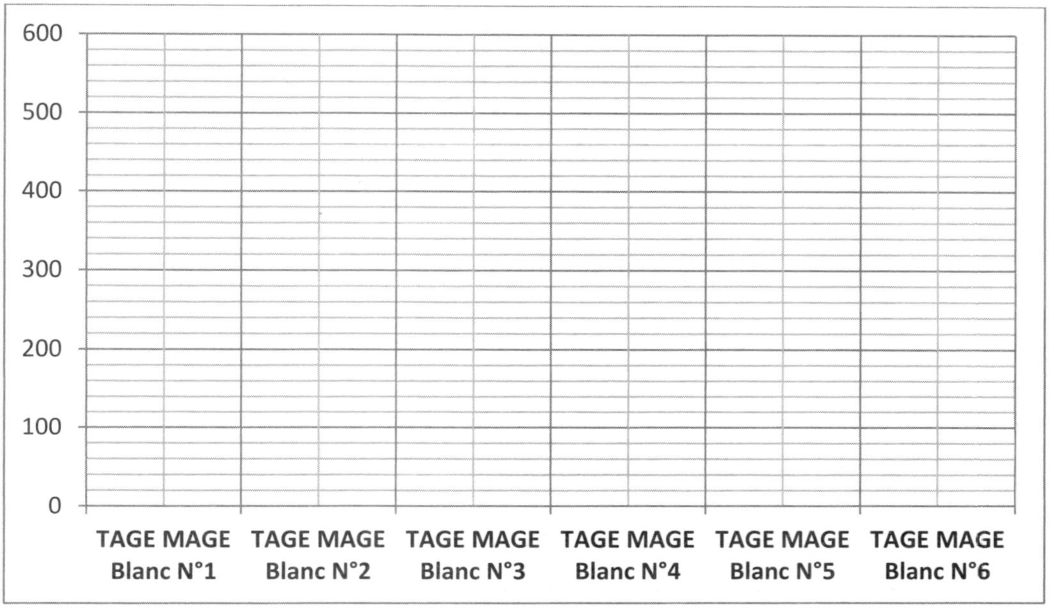

Fiche RÉSULTATS

Suivi de votre score sur le sous-test 1 - Compréhension

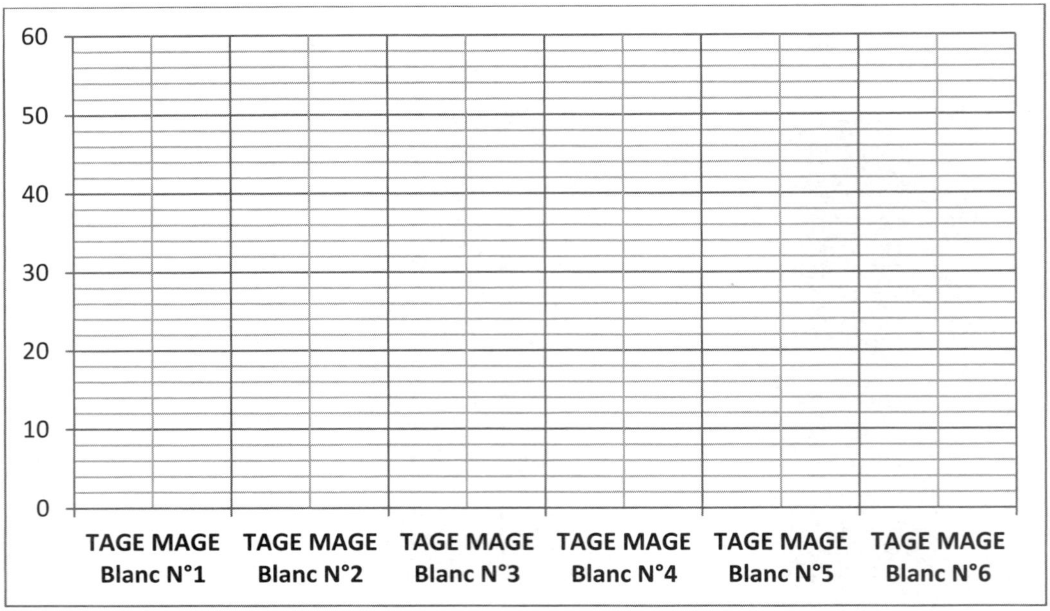

Suivi de votre score sur le sous-test 2 - Calcul

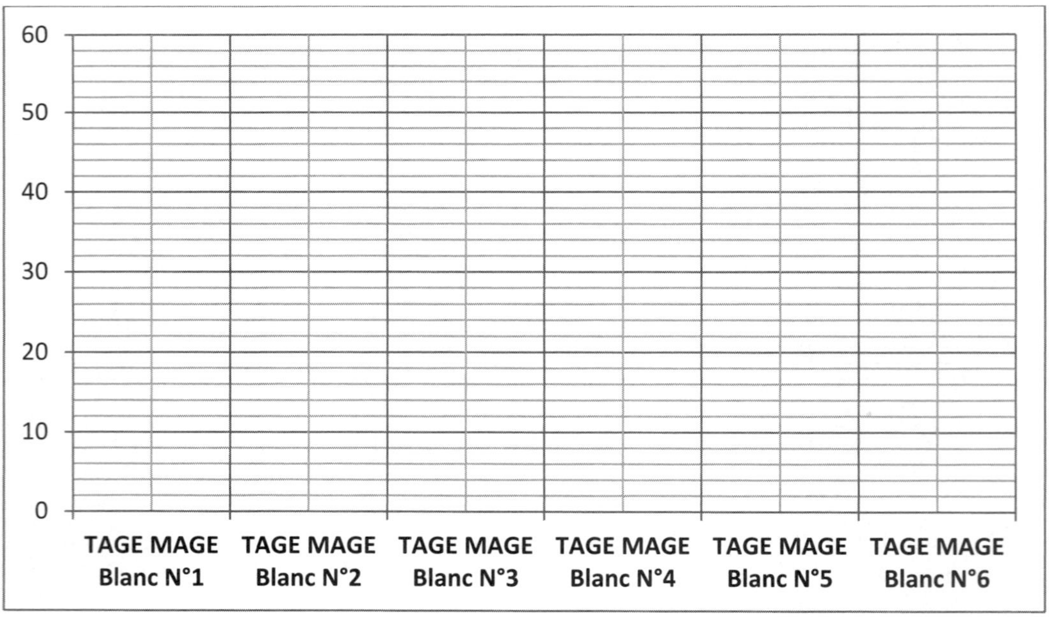

Fiche RÉSULTATS

Suivi de votre score sur le sous-test 3 – Raisonnement & Argumentation

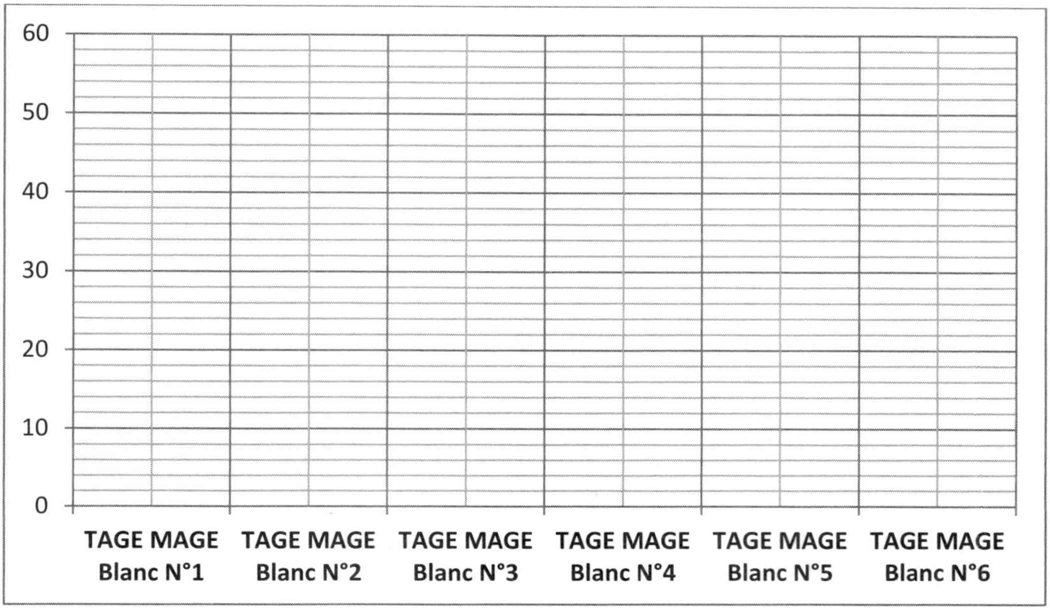

Suivi de votre score sur le sous-test 4 – Conditions minimales

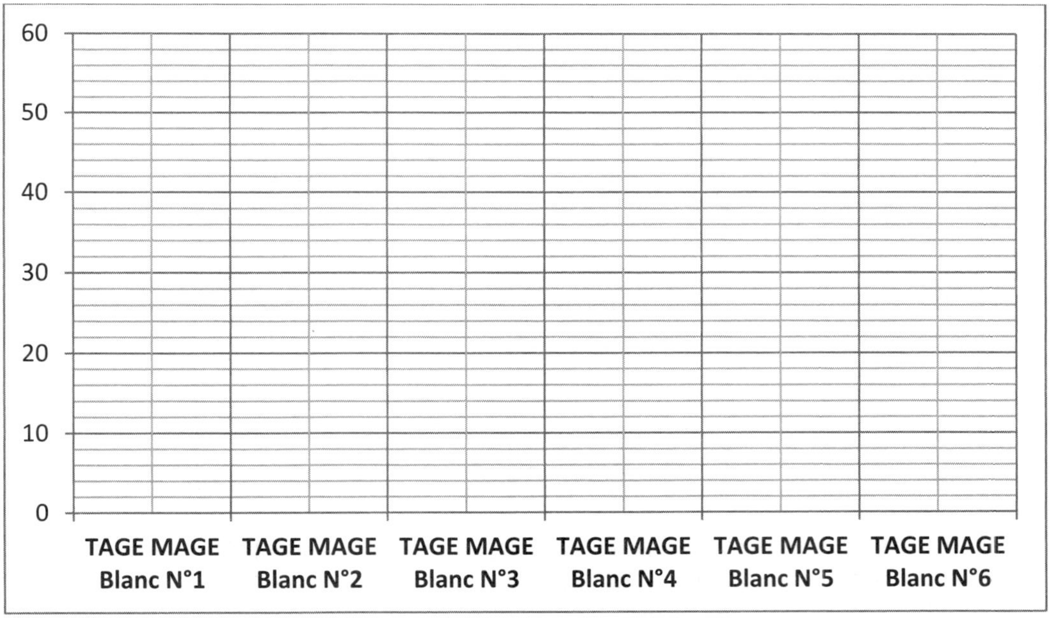

Fiche RÉSULTATS

Suivi de votre score sur le sous-test 5 - Expression

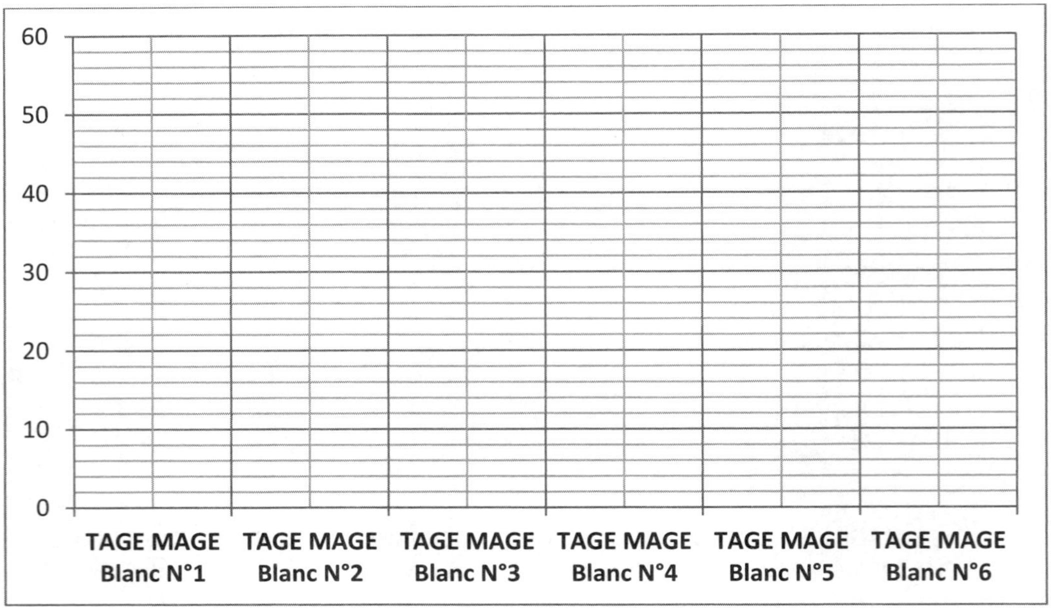

Suivi de votre score sur le sous-test 6 - Logique

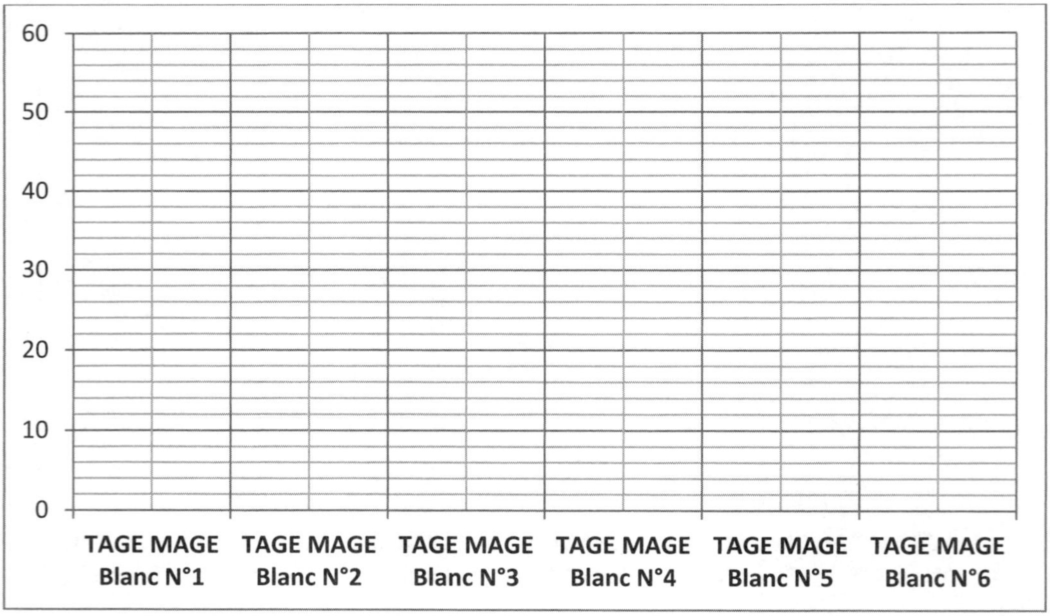

Fiche MÉTHODES

Fiche MÉTHODES

Fiche ASTUCES

Fiche ASTUCES

Fiche SAVOIR-FAIRE

Fiche SAVOIR-FAIRE

Fiche ERREURS

Fiche ERREURS

NOTES PERSONNELLES

NOTES PERSONNELLES

NOTES PERSONNELLES

NOTES PERSONNELLES

NOTES PERSONNELLES

NOTES PERSONNELLES

NOTES PERSONNELLES

CPi
AUBIN IMPRIMEUR

Achevé d'imprimer en décembre 2012
N° d'impression 1212.0158
Dépôt légal, janvier 2013
Imprimé en France